美国故事大王教你和孩子说话

熊莹老师告诉你：与孩子实现真正有效交流的15种方法

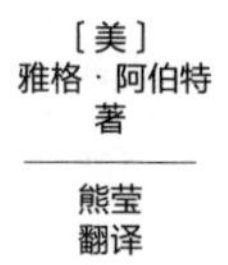

[美]
雅格·阿伯特
著

熊莹
翻译

四川科学技术出版社
·成都·

图书在版编目（CIP）数据

美国故事大王教你和孩子说话 / (美) 雅格·阿伯特著 ; 熊莹翻译 . -- 成都 : 四川科学技术出版社 , 2019.6

ISBN 978-7-5364-9469-5

Ⅰ . ①美… Ⅱ . ①雅… ②熊… Ⅲ . ①家庭教育 Ⅳ . ① G78

中国版本图书馆 CIP 数据核字（2019）第 102125 号

美国故事大王教你和孩子说话

MEIGUO GUSHI DAWANG JIAO NI HE HAIZI SHUOHUA

著　　者 〔美〕雅格·阿伯特

翻　　译 熊　莹

出 品 人 钱丹凝
策 划 人 王长江
责任编辑 张　琪
封面设计 异一设计
出版发行 四川科学技术出版社
成都市槐树街 2 号　邮政编码 610031
官方微博　http://e.weibo.com/sckjcbs
官方微信公众员：sckjcbs
成品尺寸 145mm × 210mm
印　　张 7.75　字数 155 千
印　　刷 三河市天润建兴印务有限公司
版　　次 2020 年 5 月第 1 版
印　　次 2020 年 5 月第 1 次印刷
定　　价 45.00 元
ISBN 978-7-5364-9469-5

邮购：四川省成都市槐树街 2 号　邮政编码 610031
电话：028-87734035　电子信箱：SCKJCBS@163.COM

一个 7 岁的孩子和他的父母上了公交车，孩子在拥挤的车厢里面钻来钻去，门口的人差点被他绊倒。后来有人站起来给小孩让座，他直直地坐下。“给叔叔说谢谢！”爸爸提醒孩子。结果孩子问：“哪里有叔叔？我叔叔在上海呢，谁是我的叔叔？”一旁的妈妈告诫他：“长辈给你让座，你应该马上谢谢他！”孩子朝让座的人做了个鬼脸说：“叔叔不用谢！”爸爸妈妈一时无语。

这孩子坐了一站地，就开始朝站在身边的爸爸裤子上蹬脚，留下一串脚印，乐得哈哈大笑。“你再踢一脚我就把你赶下车！”爸爸命令道。孩子连踢好几脚，爸爸奈何不了他，只得换了一个他踢不到的地方站着。结果孩子转而踢妈妈去了……

“现在的孩子怎么这么不听话？”作为家长，你肯定对此深有感触。是的，天凉了让加件衣服就是不加，让吃饭就是不吃，来

客人了就是不叫叔叔阿姨，就是要把屋子弄得乱七八糟，就是不愿意做作业等等，全是怎么说都不听。

无数家长为孩子听不进自己的话烦恼，家里充满呵斥和吵嚷声，可是没用，火药味越发浓烈，问题却解决不了。

要是有一本书能让你改进和孩子说话的效果，说出话来孩子就会听，你会吃惊吗？

不必惊奇，《美国故事大王教你和孩子说话》将为你提供一套和孩子交流的神奇方法，比如讲故事、角色扮演、图画引导等，这些充满爱意的方法会使孩子很容易接受你的要求和忠告。

该书已经在美国家庭中流传140多年，并被翻译成数十种文字风靡全球。千千万万家庭的实践证明本书介绍的这套方法行之有效，的的确确能帮助家长走进孩子的内心，与孩子达成美妙的交流沟通，让孩子在家长的引导下身心健康发展。

译　者

目录

第 7 章　纠正孩子的“幼稚错误”时，你应该如何说？

第 8 章　孩子乱折腾时，你应该怎么说？

第 9 章　发现孩子撒谎时，你应该怎么说？

第 10 章　孩子总听不进你的话，你应该如何说？

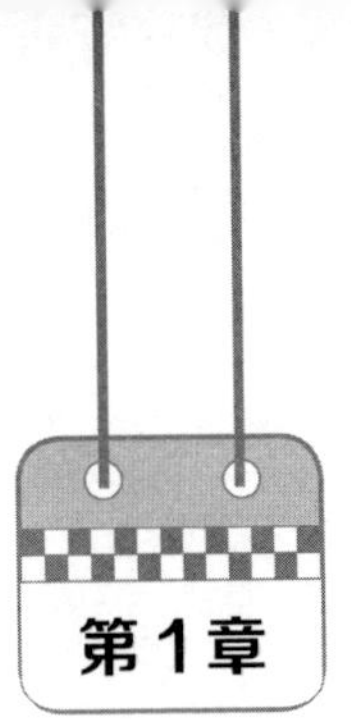

和孩子说话的效果决定你能否教好孩子

在孩子的心智尚未健全时，人类赖以理解外在事物和管理自我行为的各种功能，尚未在小孩子身上得到发育；他们处于待开发的状态，家长的指导可以对他们的成长发育起到巨大的作用。

教育孩子的使命之一：引导孩子成长

家长对孩子最主要的责任有以下两方面。首先，家长要为孩子提供物质条件使其身体得以正常发育；其次，家长要在孩子的心理发展上给予正确的引导。这两方面的责任都很重要。期待孩子从幼儿阶段就依靠自己的力量成长，意味着家长对孩子的理性思维有着巨大的误解。因为他们的理性思维能力较差，是无法控制自己行为的，所以期望孩子自己自然成长是徒劳的。

事实上，心智的发展比身体的发育速度慢得多，因此家长在教育孩子的过程中，必须站在更高或者至少更为长远的理性角度

对孩子进行指导。在美国，人们一般认为，男孩年满 7 到 10 岁，就已经具备了独立生存的生理条件；但他的心智发展还不成熟，还不能独立地处理好自己的事情，并且从法律上来说他的年龄只有达到现在的两倍以上才能为自己的行为负责。

所以,孩子越爱和家长交流,家长对孩子的教育就越容易展开,孩子受到的伤害就会越少。

教育孩子的使命之二：维护孩子的成长空间

关于听之任之在孩子教育中的坏处人们已经讨论过很多了，人们谴责放任行为的理由是它迁就了有害或错误的行为，这是无可厚非的。但是损害并不在于放任本身，即不在于满足孩子愿望的做法，而在于得到放任的错误和危险的行为。一般而言，孩子们并不是被迁就，而是他们那些无害的愿望受到了过多的束缚和阻止。实际上，当孩子的一些愿望不涉及罪恶或者危险的行为时，这种充满孩子气的愿望和冲动甚至不切实际的想法越是能得到满足，越是对孩子有利。

因此，当孩子问:“我可以这样做吗”或者“我可以那样做吗”时，家长应该考虑的问题不是这件事本身是明智还是愚蠢，即家长站在孩子的角度通过自己的想法和感受来看这事是否愚蠢，而只能看这件事是否有害。如果有害，就坚决制止；如果没有害处，就应该以热情友好的态度答应孩子。

有效指导＋尊重，和孩子说话的核心准则

一位妈妈穿过田间小路来到村庄，建议她的小女儿路易莎和她一起散步。

路易莎想知道她可不可以邀请表妹玛丽一起去。“可以，”她妈妈说，“不过，我想她不在家；但是如果你愿意的话，可以去看看。”

路易莎去看了一下，几分钟后回来说玛丽不在家。

“没关系，”她妈妈说，“你想邀请她，说明你很有礼貌。”

她们开始散步。路易莎在草地上跑来跑去，时不时地回到妈妈身边，给她带来几朵花儿和收集到的小东西，妈妈看了看这些东西，看上去对路易莎的好奇和快乐又赞许又怜爱，甚至还指出那些小东西上面路易莎自己并没有发现的有趣之处。

最后，路易莎发现一只蝴蝶。

“妈妈，”她说，“这儿有一只蝴蝶，我可以抓它吗？”

“你可以试试。”妈妈说。

路易莎跑着试图抓住那只蝴蝶，直到感觉累了，她才回到妈妈身边，看上去有点失望。

“我抓不住它，妈妈。”

“没关系，”妈妈说，“无论如何你花了很多时间来尝试。也许过会儿你能看到另一只蝴蝶，还可能发现一只小鸟，试试看能不能抓住它。”

路易莎再次跑开，玩耍起来，既满足又高兴。

小路前面一侧不远处长着一棵高大繁茂的树，一根短短的、半腐烂的原木横在树下，上面几乎长满了悬钩子、青草和野花。

“路易莎，”妈妈说，“你看见脚边有漂亮花儿的那棵树了吗？”

“是的，妈妈。”

“我希望你别靠近那棵树，到路的这边来，等走过这段路才可以到另一边去。”

路易莎马上听从了，但是当横穿小路的时候，她看着妈妈，询问为什么不能靠近那棵树。

“我很高兴你想知道为什么，”妈妈回答，“等我们走过去就告诉你。”

路易莎继续在路的另一边走着，直到把那棵树抛在身后，她才跑到妈妈身边寻求答案。

“因为我听说那儿有一个黄蜂窝。”妈妈说。

“一个黄蜂窝！”路易莎重复道，现出警惕的神情。

“是的，”妈妈说，“我担心黄蜂会蜇到你。”

路易莎沉默了一会儿，然后回头看着那棵树说：“真高兴我没靠近那里。”

“我也很高兴你那么快就听了我的话，”妈妈说，“我知道即使我不告诉你为什么，你也会马上听话的。我不想提前告诉你原因，怕你经过那棵树的时候感到害怕。但是我知道你即使不知道原因也会听我的话，你总是这样做，所以我非常愿意在散步的时候带你出来。”

路易莎听了这番夸奖非常满意，这增加和巩固了她心中的服从意识，其效果比对错误的行为进行责备或者惩罚好得多。

“可是，妈妈，”路易莎问，“你怎么知道那棵树那里有黄蜂窝？”

“一个小男孩告诉我的。”妈妈回答。

“你真的觉得那里有个黄蜂窝吗？”路易莎问。

“不，”妈妈回答，“我不觉得那里真有，男孩子们非常喜欢设想一些这样的东西。”

“那么你能让我去那儿看看吗？”路易莎问。

“那里可能真有一个呢，我想你不过去的话安全一点。”

路易莎再次开始了探索之旅，在田野上四处跑动，直到最后没有力气为止，她才回到妈妈身边，上气不接下气，十分疲倦。路易莎说她太累了不能往前走了。

“我也累了，”妈妈说，“我们最好找个地方坐下休息。”

“去哪找呢？”路易莎问。

“我看见前面不远有一块大石头，”妈妈说，“那儿怎么样？”

“我去试试。”路易莎说，她看上去恢复了正常呼吸节奏，跑到石头那里。这时妈妈也来到了旁边。

这是她们散步过程中的一些小插曲。

我们从这个例子中看到，有效管教和最大限度的尊重是结合在一起的；它们不但没有互相冲突，还能互相协调。实际上，可以在实现最大限度地尊重孩子的前提下很容易地展开教育。显然，思考一下就可以发现，这两者之间并不是像人们认为的那样是完全对立的。孩子可以被高度尊重，同时又被教育得很好。他们也许不停地受到阻挠、挫败，他们的生活会被一系列的烦恼、限制和拒绝弄得十分可悲，但同时，却得不到任何管教。

与路易莎类似，妈妈带汉娜穿过田野到村庄去，不过汉娜的妈妈的目的是不同的，她以让女儿帮忙把包裹拿回家为由请她陪自己走这段路。

“好的，妈妈，”汉娜答复妈妈的邀请，“我愿意去，我还想去问问表妹萨拉愿不愿一起去。”

“噢，不，”妈妈反对道，“你为什么要萨拉去？她只会给我们添麻烦。”

“她不会添麻烦的，妈妈，我想去问问她。”汉娜说。她一边戴上帽子一边朝大门走去。

“别去，汉娜，”妈妈坚持说，“你不能去，今天我不允许萨拉和我们一起去。”

汉娜没有理会这条禁令，直接跑去找萨拉。几分钟后她回来了，说萨拉不在家。

“我很不高兴，”妈妈说，“我告诉过你不要去问她，你却不听我的话，这样做很不对。我都不愿带你一起出去了。”

汉娜跑到小路上，没有理会妈妈的指责和威胁，她知道这些话只是说说而已。

妈妈跟在后面。当她们到达牧场的时候，汉娜开始在草坪上跑来跑去。

“汉娜！”妈妈用严厉和责备的语调说道，“你这样跑来跑去是在干什么？等我们走到村子时你会累坏的，过来和我一起安安静静地走。”

但是汉娜丝毫不在意妈妈的阻止，她继续在石块和灌木丛之间跑动，偶尔给妈妈送过去几朵花儿和收集到的小东西。

“这些东西一点用处都没有，孩子，”妈妈说，“它们只是些普

通的青草和垃圾。另外，我告诉你不要跑那么远的。你为什么不能像个明智的人，过来沿着小路安静地走呢？”

汉娜不理睬妈妈唠唠叨叨的命令，继续到处乱跑。

“汉娜，”妈妈重复道，“回到路上来。我一遍又一遍告诉你，你必须和我一起走，你一点都不在意我说了什么。一会儿你可能掉到什么洞里去，或者让灌木丛给划破衣服、被野蔷薇钩住。无论如何，你不许再远离小路一步。”

汉娜继续随意跑动，并不在意妈妈的指示，继续寻找花儿和好玩的小东西，离小路越来越远，过一段时间之后再回到路上。

“汉娜，”妈妈说，“你必须在小路上走。另外，前面有棵带黄蜂窝的树，别靠近它；要是走近了，会被蜇的。”

汉娜继续向前搜寻各种野花，渐渐地离那棵树越来越近。

“汉娜！”妈妈喊了起来，“我告诉你不许靠近那棵树。你肯定会被蜇的。”

汉娜没有停步——略带一些迟疑和小心——朝那棵树走去，她没有看到黄蜂窝的踪影，开始收集长在树下的野花。

“汉娜！汉娜！”妈妈叫道，“我告诉你不要靠近那棵树！如果你想要那些花的话，赶快摘好离开那里。”

汉娜慢悠悠地按自己的节奏摘着花儿。

“你肯定会被蜇到的。”妈妈说。

“我不信这儿有什么黄蜂窝。”汉娜回答。

“黄蜂窝，”妈妈说，“是个黄蜂窝。”

“我不信有黄蜂窝。”汉娜说。

“有的，”妈妈反驳道，“那些男孩子说这里有的。”

“什么都没有，”汉娜说，“那些男孩觉得哪儿都有黄蜂窝这样的东西，其实并没有。”

过了一会儿，汉娜摘了足够的野花，慢悠悠地走向妈妈。

“我告诉你了不要到那棵树那里。”妈妈责备地说。

“你告诉我在那一定会被蜇的，”汉娜反对说，“可是我没被蜇到。”

“好吧，你可能被蜇到。”妈妈边说边往前走。

不久，汉娜就说自己累了，不能再走了，希望停下来休息。

“不行，”妈妈回答，“我告诉你如果继续那样跑会觉得累的，可你不听，所以，现在我也不许你停下来。”

汉娜说无论如何她必须停下来休息，她坐在路边的一截原木上。妈妈说，自己会继续走，让汉娜一人留在那里好了。于是，妈妈继续走，可还是会不时地回头看看，叫汉娜跟上来，但是汉娜没有过来。最后，妈妈找了个地方坐下，等孩子过来。

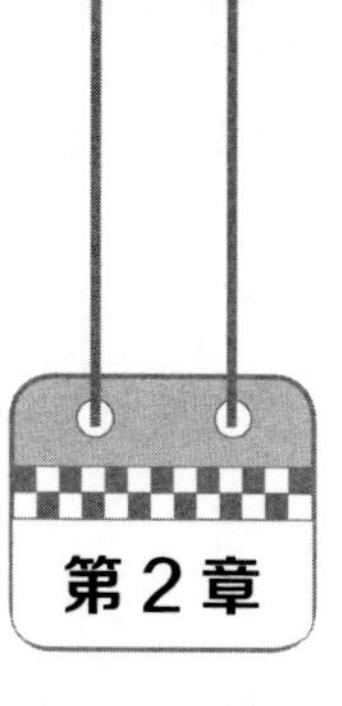

第2章

先调动孩子的愉悦情绪

——和孩子说话的守则之一

科学的教育应是以一种镇定、平静而缓和的方式影响孩子的情绪，或者让孩子产生一种愉悦的情绪，从而开始抑制错误、鼓励正确行为的教育。与之相反的做法则会激怒孩子，或者让他们焦虑不安并感到痛苦。

避免引起孩子的负面情绪，循序渐进展开教育

虽然具体的和孩子说话的方式可以多种多样，但是从本质和过程以及这类方式引起的情绪及精神变化来看，其立足点在于：循序渐进，避免引起孩子的对立、痛苦或害怕等不良情绪。为了让读者了解关注孩子情绪的重要性，我将描述一个实际的事例。事情的过程是真实的。

一天，4 岁的路易莎想跟妈妈要一个苹果。“你不是已经有了

吗？”妈妈问。

“我只有一个苹果。”路易莎回答。

“好吧，让布里吉特再给你一个。”妈妈说。

路易莎说的不是真的，她已经吃了两个苹果了。布里吉特感觉到路易莎可能在撒谎，但她认为自己不应该去揭穿路易莎，所以什么也没说。

路易莎的妈妈——虽然在答复孩子要求的时候感到一丝怀疑——但并没有讲出来，而是又给了孩子一个苹果。然后，当她发现真相的时候，并没有说什么。这一天好像什么都没有发生过一样平静地过去了。到了上床睡觉的时间，妈妈帮孩子脱下衣服，把她放到床上，一直高高兴兴地和她玩耍，以便让孩子进入一种满足和愉快的精神状态，与妈妈建立起一种关爱与和谐的亲密联系。然后，当孩子祈祷完毕、就要准备睡觉时，妈妈坐到一张摆放在孩子床头旁的椅子上，慈爱地把手放在孩子手上，开始给孩子讲故事。

“从前，有一个小男孩，他的名字叫厄内斯特，他长得挺帅气，高高的个子，已经5岁了。”

路易莎只有4岁。

“他是一个很帅气的孩子，有着蓝色的眼睛、卷曲的头发，也是个很好的孩子。他不喜欢做错事，每当犯了什么错误，他都会不高兴。很多孩子，特别是那些好孩子，在做了错事以后都会不高兴，也许你也会这样呢。”

“是的，妈妈，我也会的。”路易莎说。

“很高兴听你这样说，”妈妈回答，“这很好。”

“有一天，”妈妈继续她的故事，“厄内斯特和他的小表妹安娜到叔叔家去，想让叔叔给他们一些苹果。叔叔有一个美丽的大花园，园子里有棵苹果树，结满了最好的苹果，个头大大的，颜色红红的，汁水又多又甜，孩子们非常喜欢这棵树上的果子。厄内斯特和安娜希望跟叔叔要一些苹果，叔叔答应说给他们每人三个，告诉他们去花园里等他过来，不许自己从树上摘果子。但是如果他们发现地下落了苹果，就可以把它们拿走；如果个数不够每人三个的话，他过来后，就从树上摘下足够的果子，凑齐每人三个给他们。

“所以孩子们来到花园里朝树下看，他们发现那里有两个苹果，就捡了起来每人吃掉一个，然后坐在那里等叔叔回来。这时安娜提议，不要告诉叔叔他们已经发现了两个苹果，这样他就会从树上再给每人摘三个苹果了；但是，如果叔叔知道了他们已经各自吃掉一个，那么孩子们每人只能再得到两个苹果。厄内斯特说叔叔会问起来的，安娜说，‘没关系，我们可以告诉他没发现地上有苹果。’

“厄内斯特看上去想了一会儿，然后他摇摇头说，‘不，我们不应该对叔叔说谎！’

“所以，当看到叔叔过来的时候，他对表妹说，‘来，安娜，我们告诉叔叔到底是怎么回事。’他们朝叔叔跑过去，告诉叔叔在树下发现两个苹果和每人吃掉一个的事，叔叔按照承诺给了每人两个苹果，孩子们带着满意和愉快的心情回到了家。

“如果一起说谎的话，他们每人可能多得到一个苹果；但要是那样做，回家的时候就会觉得惭愧和不快乐。”

讲完故事，妈妈停顿了一下，给孩子时间稍作思考。

“我觉得，”停顿之后，妈妈终于开口了，“像他们那样说出事实是最好的做法。”

“我也这样觉得，妈妈，”路易莎垂下眼睛，看上去有点困惑。

“可是，你知道，”妈妈补充道，语调十分柔和，“今天你没有告诉我实际上布里吉特已经给过你苹果了。”

路易莎沉默了一阵，看着妈妈的脸，然后伸出胳膊环住妈妈的脖子，说，“妈妈，我决定以后再也不对你说谎了。”

当然，故事并不一定在这里终止，但路易莎会信守她的诺言。这是很好的一课，只进行一次就可以见效，而且还是用如此柔和的方式，没有紧张的气氛和任何的恼怒情绪与心理冲击。而且，没有任何一个了解孩子思维运作方式的人会怀疑这次谈话中方向引导的正确性。

本书推荐的家教方法，不会给孩子正处于逐渐发育时期的脆弱大脑和神经系统带来粗暴与令人痛苦的影响，而且丝毫不会减弱家长的权威，也不会降低施行者的道德责任水平，反而是最有效、最有把握和最安全的教育方式。

不要把命令突然加给孩子，要给他的情绪留一段缓冲期

纠正孩子的错误行为，最不合适的时机便是孩子不理睬或者不情愿地执行你发出的命令的时候，因为那时候无论怎样描绘这些好处，只会使理性和说服的过程影响与降低教育的效果。

家长必须注意，尽量不要突然间把令人不快的命令加到孩子身上，而是给他的思想留出一点余地，让他自己意识到将要承担何种职责。

当约翰尼和玛丽在地板上高兴地玩积木，也许刚刚完成一座塔的时候，如果他们的妈妈突然出现在房间里，宣布他们必须立刻停下上床睡觉，并且把积木塔推倒、将积木扫进篮子里，然后把孩子

们赶去脱衣服——这不啻给了孩子的神经系统一次突如其来的、痛苦的袭击，会大大增加他们被迫放弃游戏的失望和痛苦的体验。

如果仅仅缓冲一分钟的话，就足以使他们的思维更加容易地意识到应该做些什么及其必要性。

如果妈妈走进来的时候面带微笑，带着感兴趣、愉快和赞许的表情观察一下他们的杰作，然后说："孩子们，该睡觉了，但我很高兴看到你们完成了这座塔。"

像这样拖延一分钟，可以缓解变化的突然性，让孩子相对容易地遵从家长的吩咐上床睡觉，而不是非常伤脑筋和痛苦地执行命令。

采取同样的方式也能结束孩子们的晚间聚会。女主人可以稍微提前一点来到房间，对孩子们说"只能再玩一个游戏"，或者"只能再玩两个游戏"，也可以根据情况说"聚会必须结束了"，以便更为容易地结束聚会，以免等到结束的时间来临才突然出现在正兴高采烈玩游戏的孩子们中间，唐突地对他们宣布时间到了，让其停下游戏做好准备回家，从而给他们带来突然而至的烦恼、失望，还可能是愤怒。

因此，无论出于什么原因，当需要孩子停止游戏时，最好先提醒他们一下，哪怕只是提前几分钟："约翰，再过一两分钟我想让你帮我拿点木柴，你现在可以收拾一下做好准备。""玛丽，就要到你做功课的时间了，最好先把娃娃放到摇篮里让她睡觉吧。""孩子们，再过 10 分钟你们就该上学了，所以别用笛子吹新曲子了，已经开始吹的可以等完成再说。"

根据相同的原则，如果孩子们在室外活动——玩球、溜冰或者放风筝的话，可以摇铃铛提醒他们，提前 5 分钟用铃声作为早期的信号和警告，能让孩子更容易接受。

当然，你并不总是能很方便地发出这些信号以及做好时间上的准备，有时也没必要这样做。采取这类方式的时机需要家长做出判断，如果只知道简单地做出一些死板的规定，认为孩子无论何时都应该执行的话，无疑是愚蠢的。家长只需理解这项原则，在你方便时或容易采用的时候应用即可。你会在实践中发现这样做的价值，观察到类似做法是如何带来好处的，还将发现这些做法的适用范围要比自己设想的大得多。

总而言之，家长一定要帮助孩子减轻遵从自己命令的困难，有时还要通过把服从命令与令人愉快的事物联系起来，尽量消除孩子的失望和苦恼情绪。

附录：三种错误的家教方式

很多家长习惯于采用体罚、恐吓和责备等方法来让孩子听话，但这三种模式都或多或少具有粗暴性，极易引起孩子的愤怒、恐惧或紧张等负面情绪。

体罚：最粗暴的管教

体罚首先是身体上的处罚。孩子可能被鞭打，或者长时间保持一种被束缚的、不舒服的姿势绑到床柱上，或者在孤独和黑暗的环境中保持沉默，或者遭受其他形式的体罚。

无疑，这类做法的目的是纠正或者消除孩子的缺点，但它们无论成功与否，都属于粗暴的行为，会冲击到孩子的神经系统，有时会使孩子产生痛苦和恐惧的情绪，也会对家长充满憎恨和愤怒。某些情况下这种愤恨的情绪会达到极端的程度。年幼孩子的大脑组织非常脆弱，正处于最为娇弱和敏感的发育阶段，如果这种极端焦躁和忧虑通过脑组织传输到感觉中枢，极易对孩子的正常发育造成影响。

这种极端脑部冲击的负面影响可能持续短短几个小时，不会留下什么伤痕；但是，另一方面，我们有充足的理由相信，如果这种混乱的状况重复多次出现，就会阻碍器官和组织的正常健康发育，可能引发精神错乱或彻底的精神崩溃，在未来引发非常严重的后果。我们也许无法知道这种做法是否带来永久性的影响，但是无论如何，这都属于暴力手段。

恐吓：最不负责任的管教

处理上述事例的第二级别的粗暴方式是使人情绪激动、痛苦的恐吓手段：通过向孩子描述幽灵、鬼怪以及其他恐怖的怪物形象并告诉孩子如果他们做错了事，这些怪物到了晚上就会来把他们带走，或者用可怕的方式来惩罚孩子使他们感到痛苦或恐怖，从而服从家长的意愿。

弄虚作假永远不会是什么正当的行为。当父母对孩子说这些自己根本不相信的话时，自己也根本无法做到镇定自若。负疚感使他们觉得尴尬，这种感觉至少会使他们的谎言露馅儿，并使得孩子对他们的说法将信将疑。虽然孩子无法设想父母会告诉自己一些其明知不存在的事情，但也会察觉到父母说的不是实话，或者看上去说的不像是确有其事。

我们中的很多家长，虽然并不打算借助鬼魂、妖精、巨人、

精灵或者妖怪先生和妖怪太太的力量吓唬与管控孩子，但他们有时也会用“坏人”或者“监狱”以及某些超自然的、不那么恐怖的故事威胁孩子，借以维护自己摇摇欲坠的权威。他们似乎觉得虽然妖精并不存在，但监狱总是有的，因此吓唬孩子说警察要来把他们抓进监狱的谎话。

虽然通过虚构各种令人恐惧的图景并不会给孩子身体上带来直接的伤害，但会给他们脆弱的脑组织造成极大的冲击。他们时常会感到焦躁不安、恐惧，身处黑暗和孤独的环境时类似的体验会再度出现，如果受到其他因素的刺激，甚至会出现暂时的精神失常。实际上，这些景象引起的那种异常紧张的神经兴奋有时会造成真正的精神错乱，虽然很多情况下随着年龄的增长会最终克服这些阴影，但也可能引起持久的不幸后果。

责备与胁迫：后患无穷的管教

下面要讲的第三种对待孩子的方式，在我们的教育方法中也许更为常见，虽然从特点上说更为柔和，但我们仍要根据其过程和影响把它归为粗暴的方式。这第三种方式包括苛刻严厉的责备、对说谎的公开指责和羞辱、郑重其事地夸大事件的可怕后果，甚至强调现世和来世的报应与惩罚等。这三种方式的初衷都是刺激或打击孩子的精神，作为促使他们忏悔和“洗心革面”的手段。

虽然从实质性伤害方面来看，这算不得暴力的方法，但它们带来的焦虑对孩子脆弱的神经和情感造成的影响有时却有着极为粗暴的本质。如果家长成功地以这种方式给孩子留下了难以磨灭的印象，那么这个孩子，特别是女孩，会变得焦虑和沮丧，她的神经系统将遭到极大的扰乱。即使她的情绪经过一段时间会得以平复，问题也很可能重新爆发。也许她会在夜晚醒来，产生一种难以名状的紧张和恐惧感，跑到妈妈的床上寻求保护并摆脱悲痛感。

你可能会说，经历这种暂时的痛苦总比继续犯错误要好。虽然这也许是事实，但如果可以在免除痛苦的前提下帮孩子改正错误，岂不是更好的选择？

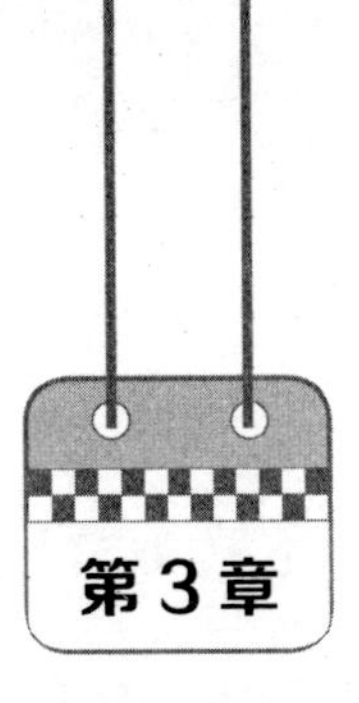

与孩子建立情感共鸣

——和孩子说话的守则之二

情感共鸣就是家长的教育要紧密结合孩子的感受，这需要家长更好地理解孩子的想法和需求。

情感共鸣的神奇力量

情感共鸣的本质和行为表现都具有极大的神秘性，但我们通过一个最简单的动作就能形象地感受到它的力量——张开双臂的动作。当看到一个张开双臂的人或是有这个想法的人，另一个人在神经和肌肉的作用下也会有做同样动作的冲动。这就是情感共鸣的力量。

人们的心理因素会受到一种相同或类似方式的影响。当我们与那些有趣、快乐或是忧伤的人在一起时，尽管我们还不清楚为什么也会感到有趣、快乐或是忧伤，但这种现象确实存在。一个快乐、活泼的人可以让他所到之处顿时变得生机盎然；但是，一个闷闷不乐、忧郁的人会让周围的人产生一种低落的情绪。一个

雄辩的人与我们进行私人谈话时，并不一定能打动我们；但在大庭广众之下，尽管他的演讲词或情绪在与我们私聊时基本一样，我们也会感觉激情澎湃。同样，当我们自己读到一则笑话时，可能会一笑置之；而当我们在剧院里听到它时，却能引起台下一阵阵雷鸣般的掌声，因为此时这种快乐被很多人共享了，这种快乐的情绪会在观众间相互传递。

通过上面的两个例子，我们可以确信，一个人的情感不仅可以传达给另一个人，而且在传达的过程中会得到增加与强化；尤其是在许多人共享的情况下，这种共同的情感还会被大大地提升。这就好比燃烧着的炭可以使未燃烧的炭燃烧起来，把它们放到一起时，往往比在分开时燃烧得更为猛烈。

关于情感共鸣的力量，我们还可以找到很多事例。这些事例说明，人的想法并不总是像他们乐于想象的那样受理性的影响和控制。

人们总是从他们喜爱或是认同的人那里获得共鸣。因而，在人们成年之后，会固定于这些他们赖以成长的宗教或政治联系，从他们认同的人那里获得共鸣。他们信奉这样那样的教条和系统，不只是因为他们自己确信不疑，还因为他们认同的那个人也相信。

一个英国男孩，长大之后属于哪个政党，几乎完全取决于他的父亲、兄弟和他的叔叔是哪个政党。他确实可能会对大人们的想法产生怀疑，但是他追随某个政党，并不是因为大人们给出了论据，也不是大人们有什么让男孩信服的手段，而是他在与大人的情感共鸣中产生了一种认同感。如果他是一个受欢迎的男孩，在同伴中被拥戴，那么他属于哪个党派较于那些具有逻辑性或是综合性的说教来，更能使其他孩子产生追随那个政党的意愿。

而对那些在成年之后改变了自己宗教信仰的人来说，对于他们的这种改变，人们通常会认为是出现了一些使他们认同的论据。而实际上，这种改变往往可以追溯到那些对他们产生影响的人身上。如果仔细审视，则能发现其中并没有一些所谓论据的影响，而只是有一种静默，甚至是无声无息的由情感共鸣所产生的认同感散发出来的一种神奇力量。因此，要想让别人的观点变得与我们一样，我们就必须要让对方首先认同我们，还要避免与他们争论，只需让他们了解我们的观点与想法。

有句名言是“身教甚于言传”，这也从另一个角度证明了由情感共鸣导致的认同感所拥有的巨大力量。因此，在人类的心灵中，通过情感共鸣使他人产生认同比理智说教产生的影响力要大得多。

对孩子来说，在接纳别人的观点或情感时，对对方的认同感能产生巨大的作用。这不仅体现在教育他们分辨是非的原则上，而且体现在一些普遍的观点和情感中。

孩子会对打雷或鬼怪产生恐惧心理，是因为他们认为自己的

家长、哥哥或姐姐同样会感到害怕。但是，如果家长不相信什么鬼怪，他们也就不会产生恐惧了。他们了解家长的价值取向以后，就会形成同样的观念。

同样，孩子所形成的大部分错误、愚蠢的观点，也并不是由错误的说教造成的，而是源于他对所爱的人产生的认同感，这就好像一种“传染病”。

孩子的想法和情感自觉地与周围他所喜爱的人保持和谐一致，并不断重复这些人的行为。所以，一位成功的家长应该在孩子性格形成阶段给予其帮助，使孩子认同与热爱自己，然后，家长只要让孩子模仿自己的言行就足够了。

理解孩子行为的背后动机，赢得孩子的认同

威廉的姑姑玛利亚来到他和妈妈居住的村庄探望他们。一天，姑姑和9岁的威廉出去散步，当他们沿着人行道走的时候，看到两个男孩子在放风筝。其中一个孩子站在人行道上，被缠绕的线搞得有点窘迫。

当威廉和姑姑走到这个孩子身边时，他大声嚷道：“嘿，你这家伙，快把你的风筝拿开，让我们过去。”

小家伙赶忙让开，但挂在树杈上的风筝线缠得更紧了。

这时，玛利亚就可以对威廉进行柔和又友好的教育。她可以对威廉说，对待那些身处困境的人，不管他们是老是少，都应该表现出自己的关切和友爱之情。向别人提供帮助会让我们更加快乐。威廉会怎样看待这样一件事很大程度上取决于他当时的心理状态。但是在绝大多数情况下，这个时候给的建议，即使是以温柔的方式提出，也会让这个小男孩感觉到轻微的指责，从而关上心门以示对抗,就像含羞草的叶子一碰就合上。回答可能会是“他没事站在人行道上，挡住了我的路”。

威廉和姑姑走了几步，姑姑停下来，迟疑地说道：“回去帮那个男孩子解开风筝线怎么样，他是小家伙，不像你那么懂得怎么弄风筝和风筝线。”

这里，玛利亚采用了一种赞美的语气，让威廉帮助那个遇到困难的男孩，这就好比含羞草的叶子在受到了友好而又亲切的触摸之后，又慢慢张开了一样。

“好的，”威廉说，“我们去吧。”

所以他的姑姑转过来往回走了一两步说：“你去吧，用不着我。我在这等你回来。我觉得你用不着我帮忙，如果你需要，我就过去。”

“好的，”威廉道，“我自己能行。”

威廉欣然跑过去帮小男孩解开了风筝线，带着乐呵呵的笑脸回到姑姑那，两人继续走。

直到散步结束，姑姑都没再进一步提这件事，直到进门的时候，她说：“我们散步很愉快，你把我照顾得很好，而且你能帮助那个男孩理清他的线我很高兴。”

“我也是。”威廉说。

现在有些人可能会说威廉那么不客气地对待那个孩子是不对的，或者至少他应该考虑到那个孩子的困境；而他的姑姑在对待这件事情的过程中，在应该直接指出或者公开纠正的时候却掩盖了他的错误。但是当分析这个例子的时候，我们会发现，无论从他的心理状态还是从道德角度，都不能确定威廉的行为有什么错。像这一类的事情其实是很复杂的，对于这件事所带来的影响及其相互之间的联系，站在不同的角度，每个人都会有不同的看法。即便是一个成年人，也不见得能看清楚一件事情的全貌。更何况是一个小孩子，我们就更不能苛求他了。

我们审视孩子对自己行为的判断时，应该考虑到孩子本人心里对此的看法。

在这个例子里，威廉只想到他的姑姑，希望她顺利方便地通过，那个把风筝线缠在树上的孩子，那个时候，对他来说只是姑姑路上的障碍，他那么处理，让那个孩子走开只是单纯对姑姑好的表现。

自己不好的态度会让别人感到厌烦，而给予别人帮助则会减少别人的痛苦。对于这一理念，威廉还没有足够的感知能力，甚至在他的脑海中根本不存在这样的概念。我们可能会说他应该想到这些，但是一个孩子的心灵还是有待健全的。在处理事情的时候，采取不同的措施会产生不同的结果，这种即时的认知能力他还没有形成。事实上，如果我们想让他考虑到那个男孩所遇到的困境，或者在别人遭遇麻烦的时候给予帮助，就需要像玛利亚姑姑一样给予他帮助。我们自己经历了长期的社会生活，才懂得如何去全面地考虑一件事，才认识到：即使是同一行为，如果执行的方式不同，产生的后果就会完全不一样。

孩子的心智还没有成熟，无法对事情的后果有自主性的认识，因而我们不应因此而责怪他们。

比方说，一个小女孩给姐姐的植物浇水。她一心想着把这件事做好。于是，她把浇水罐装得太满了，以至于水溢出来弄湿了放在桌上的书。对这一结果的解释很简单：她只想着如何帮姐姐的植物浇水，而没想到装满的水有可能会溢出来把书弄湿，她全神贯注，没有其他想法。如果我们要求她在做事时一定要想到事情的两个方面，这就好比我们要让她在短时间内长大一些，听起来相当滑稽。

最具有说服力的例子就是我们通常所谓的愚蠢的恐惧。

一种恐惧是不是愚蠢，不应用可能发生的危险的绝对事实来评判，而要看对此抱有疑问的人对这件事本身了解程度的深浅。比如说，一位女士穿行在一个大城市的人行横道上，看见有一个工人正在将一个巨大而又沉重的铁柜缓缓吊起，铁柜在人行道大约 20 尺的上空停住了。她害怕从下面穿过，而指挥工程的工头却能够在悬重下穿梭自如，他或许会嘲笑那个女人愚蠢的恐惧。但是或许，这种恐惧在工头看来是愚蠢的而对她则不是，因为工头知道上面机器的性能和安全性，而她不知道。她只知道有时候起重时应当采取预防措施，不然会发生事故，但是她不知道也无从知道在这次操作中，工作人员是否做了足够的预防措施。所以，她实际上是展示了良好的常识，而不是愚蠢。

这个例子很好地解释了大量经常被称为愚蠢的恐惧。就个人对事实的认识程度而言，她只是敏感地恐惧而一点也不愚蠢。

一个12岁的城市女孩到乡村度暑假，想到河边找哥哥一起玩，但在穿过一片田地的时候看到一头牛后便停了下来。她回到家，就被嘲笑是多么愚蠢："怕牛！"

但是她为什么不能怕牛呢？她听过很多牛顶人的故事。所以在某些特定的情形下，她无法预知、估计危险存在的程度到底有多大。农夫的女儿嘲笑城市女孩，是因为她知道牛的脾性，她给它们挤奶、喂它们吃食，上百次地把它们拴在槽上，所以对她来说，害怕穿过一片牛正在吃草的田地是一件多么愚蠢的事情。而对一个来自城市、一个对牛一无所知的女孩子来说，是情有可原的。

此时，农夫的女儿或许会走上前，对这位城市女孩做出保证：牛的脾性是多么的温驯，从牛的身边经过一点都不危险。但是这样的保证也难以改变城市女孩的看法，因为她同样也不了解这位农夫的女儿。同样，城市女孩也无法判断别人所持的观点和情感是否可靠：这头牛可能并不像他们想象的那么温驯；也可能是那些盲目乐观的人的误解而已，这些都是说不定的事情。还有，这头牛可能只对熟悉的人很温驯，但是可能会攻击陌生人。在这种情况下，一个孩子需要的是人们的同情与理解，而不是奚落与嘲笑。

在这个例子中，假如这个女孩后来遇见了这位农夫的儿子约瑟夫，他是一位帅气的年轻人，有着棕色的皮肤，穿着朴素的衣服。他是一位天生的绅士，是那种在平凡外表下却拥有一颗成熟的心的人，过着从容的生活却不见一丝的附庸风雅。当他看到牛群之外那个神情踌躇的女孩时，他走到她身边。

“是的，”在听到女孩对此事说明之后，约瑟夫说，“你是对的，牛有时会变得很凶险，我知道这一点。你对在农村遇到陌生的事物时刻保持警惕，这完全是合理的。但是，你看到的这头牛恰好是一头很温驯的牛，而且我会陪你一起走过这片田野。”

所以，他陪她穿过田野，在路上停下来对牛说了几句话，拿出口袋里的苹果喂它。

这个年轻人正是本着对这位小女孩的同情与理解的精神，最终帮她克服了恐惧。

要俘获孩子的心，就必须让自己的思维适应孩子

毫无疑问，巩固孩子对家长的信心和爱，最有效的就是分享并理解他们的愿望、快乐和悲伤、恐惧。不管他们的观点、想法或天马行空般的想象有多么的幼稚，不管这些事情是否与责任有关，家长都应该理解他们。的确，在和孩子交往的过程中，我们越是有孩子气，就越能亲近他们，越能与他们形成更亲密的关系。

一位绅士，想在一个陌生的小镇上安居。他觉得如果自己能够与街上的小孩子友好相处的话，就会方便许多。他可以采用很多不同的方法来达到目的，比如下面这个最简单又有效的办法。

一天，在进村的路上，两个小孩在玩骑马游戏，一个小孩扮马，

一个小孩骑。绅士走近时，两个小孩稍微停了一下，以便让陌生人过去。他面带微笑地停下来看着他们，然后又一本正经地对骑士说:“你的马是第一流的，卖吗？他看上去精神好极了。”那匹“马”听到这种赞美之词，立刻高兴地腾跃起来。“你得出高价。你得好好照顾他。给他喂很多草，天气热的时候别总是骑他。如果你打算买他，希望你让我知道。”

说完，这位绅士接着赶路了。而这匹“马”和“骑士”继续在街上愉快地飞奔着。他这样做，不仅使孩子玩耍的时候增加了乐趣，而且也让他们建立了友好的关系。绅士并没有做任何其他事情去增强或是维系它，但这种关系还是会持续很长一段时间。即使在接下来的几个月里，他与男孩都未碰面，但在日后见面的时候，男孩们还是会向他报以感激的微笑。

从这个例子可以看出，这位绅士不管用什么礼物都不太可能立即与孩子建立那样友好的关系。除非，这些“礼物”能够表现一种友好的情感，或是具有类似的作用，即对孩子采取一种在情感上产生共鸣的方式。

如果一位叔叔对他的侄子或侄女所关心的事情毫无兴趣，无论他给他们送多么昂贵又漂亮的礼物，他也很难和他们形成一种亲密的关系。孩子喜欢他，就如同喜欢那棵会结出苹果的树、能让他们喝上牛奶的奶牛一样。这种情感，还不如与他们一起玩耍的小猫咪之间的感情深厚，甚至连玩具娃娃都不如。

索弗洛尼亚小姐到一户人家去拜访，一个七八岁大的孩子正在地板上玩。在谈话的间歇，她称这个孩子“我的小女孩”，并叫她到自己身边来，这样的称呼让小女孩觉得自己很“小”。她不需要提醒自己的小，犹豫着要不要过去。

妈妈说：“宝贝，过来跟这位姐姐握握手。”

孩子不情愿地过来了，索弗洛尼亚小姐问她叫什么名字、几岁啦、上没上学、学些什么、是不是喜欢上学等等来哄她。

小女孩只想快点摆脱无聊的客人，回去自己玩。随后她对这位客人形成了思维定式，即她是只会跟自己谈论课程及学校的人，而不是可以交往的人。

一会儿，索弗洛尼亚小姐走后，奥蕾莉娅小姐走了进来，和妈妈聊了一会儿天之后，她走过去看见孩子在搭积木。

抱着极大的兴趣看了一会儿之后，她问孩子有没有娃娃，孩子回答说有4个。奥蕾莉娅小姐就问她最喜欢哪一个并表示很想看看那个，孩子非常高兴，跑去把4个都带了过来。奥蕾莉娅小姐把它们拿在手里谈论着它们并和它们说话。最后在孩子回去玩时，孩子在内心感觉找到了一个新朋友。

因此，我们要俘获孩子的心，就必须走进他们的世界。他们不可能走进我们的世界来靠近我们，他们没经验也不理解。但是，我们是从他们那时候过来的，我们可以走进他们的世界，唯此我们才能贴近他们。

为了更有效地形成情感共鸣，家长在情感上必须是真诚的，而不能有一点虚假。在我们心中，要重新燃放一些儿时的观念或想象，在某种感情上和他们融为一体。只有这样，我们对孩子所说的、所做的才能表现出真正的兴趣，而不是伪装。孩子有一种天生的本能，可以看出别人在分享他们的情感与想法时所表现出的情感是真还是假。那些一味地在表面上假装的人，无论伪装得多么娴熟，在孩子眼中都会露馅儿。

很多家长可能会说，他们没有时间去考虑孩子的想法，他们忙于讨生活或者其他的事情，但是这不需要时间，这不是时间问题而是态度问题。

比如，一位农夫的妻子正忙于熨衣服、缝补，给丈夫和孩子准备早饭，10 岁大的小女儿跑过来给她展示自己用蕾丝给娃娃做的围巾。这位正在忙碌的妈妈可能会说："好，不过一边玩去，我很忙。"因为这是最简单最容易说出口的。但是同样的容易，同样的迅速，

她也可以说:“多漂亮的围巾，快带着漂亮的米娜蒂出去玩吧！”

第一种方式会让孩子带着一丝失望走开，而另一种则让她高兴，并更可能在母女之间形成一种情感共鸣。

一个整天忙于生意的商人，回家吃晚饭看到他15岁的儿子从学校回来，一起上楼梯的时候他说:“詹姆斯，希望你今天在学校表现很乖。”詹姆斯不知道该说什么，不感兴趣或者有一搭没一搭地回答。父亲继续说他希望儿子用功读书，把握好时间，未来生活是否成功就取决于年轻时是不是努力。训话结束后，父子二人便各自回房间了。

父亲这些教诲的出发点是好的，在这种情形下，父亲给予的建议也许会取得一些好的效果。但是，这并不会让父子的情感变得更加亲近。

如果父亲没有给儿子这些老生常谈的建议，而是问:“詹姆斯，现在男孩中最流行哪种款式的溜冰鞋？”在得到詹姆斯的回答之后，他告诉詹姆斯自己对此的想法，并问他是否能在一个较短的时间内取得很大的进步。同时，父亲还问到了这些溜冰鞋等专利发明所带来的影响之类的问题。

父子间这样的对话，虽然也较简短，但却会使父子关系更加亲密。这样做不仅有助于强化父子俩的感情纽带，也会使男孩更容易接受父亲的建议和教导。

人们千万不要对此产生误解，以为在对这些例子进行讲解时，家长是想在孩子的心中留下这样的印象：他们已经放弃了之前树立起来的权威，靠着跟孩子谈论溜冰鞋这样的事情来重新建立！在这里的讲解只不过是为了说明，这两种不同的谈话方式能够产生不同的结果。

作为家长，如果他们想在孩子的心中取得地位或是保持对孩子的影响，那么在有些时候，就必须要放下身段，走进孩子的世界。在孩子的世界里，有他们所要关心的事情。

我们不是旁观者或是找碴儿的人，而应该是分享者。在某些方面，我们要适当地参与和分享他们的观点与情感。

毋庸置疑，孩子在面对学业上应该承担的责任，或是必须严肃对待的职业选择、对长辈的尊敬等问题时，他们的思想与行动必须要与家长的要求相一致。在这些涉及原则的事情上，他们必须要服从家长，而不是让家长迁就他们。

但是，对于孩子的行为，家长应该理解并尽量去与孩子分享，

以达到一种情感上的共鸣。无论这些行为在家长眼中显得多么的幼稚可笑，家长都不应该干涉。比如，对于自己周围陌生事物的有益探索及发现各种新奇事物等，则不能强迫孩子遵守家长定下的法则，最好是顺从他们的意愿。在这些事情上，家长越是让他们充分地享受自由，就越是能够收到好的效果。

在对孩子进行管教的所有方法中，这是最为有效的途径之一。这种方法不仅可以阻止家长干涉孩子的计划与思想，也能够让孩子自得其乐。

总之，如果家长想进入他们的世界，就必须让自己的思想和观点适应他们。

孩子犯错时，家长应先给予同情和理解

宽恕就是爱。心灵上对于犯下罪行的人采取宽大仁慈的方法，不仅可以让犯人正确认识到自己对同胞所犯下的罪行，也为他们诚心悔改打下了一个牢固的基础。

孩子犯错之后，我们也应该给予他们足够的同情与理解，当然，我们只是对孩子在不断尝试及面对诱惑时所犯的错误表示同情，而不是对他们犯错本身这种行为进行放纵和迁就。

比如，一个男孩由于挨罚而垂头丧气地从学校回到家，乱发牢骚。在这种情况下，家长可能会马上说："我一点也不可怜你。你活该！"

这只会让孩子更加心烦意乱，而对他认识到自己的错误毫无帮助。他的心智还不健全，不可能认识到复杂事情的各个方面，自己也无法知道某种行为是错误的。无论老师和家长多么想当然地认为他是错的，但是他却一点概念也没有。此时，孩子心里没有别的，只是专注于他自己的痛苦回忆、愤怒和不满情绪，现在再加上家长这样说只会令他更难受。

这位家长对此事的看法同样是狭隘的。站在家长的角度看，她认为如果自己对犯错的孩子表示出善意与同情的话，就是在纵容孩子，是在和孩子一起反抗那位老师。所以，现实生活中，很多家长可能会做的，都是坚定地站在老师一边，帮着老师一起数落自己的孩子。

在这种情况下，家长真正适宜的做法是：首先，要安慰和稳定住孩子愤怒的情绪。如果需要的话，还要倾听他对整个事情的讲述。在这期间，不要反驳孩子的话，无论在心底是多么不同意孩子的观点。一方对事情的倾听并不会使另一方因此而得利；相反，这是家长对事实有一个不偏不倚的判断，进而做出正确决定的唯一途径。

在孩子处于困境的时候，家长要尽量地给予同情与理解，并且充分考虑到可能导致孩子犯错的多方面因素，多给予孩子一些

安慰，以此缓和他愤怒的情绪。这样，家长也可以对孩子所遭受的痛苦进行深入的了解，而不会始终纠缠于孩子犯错的起因之中。过一段时间，等孩子心灵上的骚动真正平复下来以后，家长就可以找一个合适的时机，更轻松有效地让孩子认识到自己错在哪里。

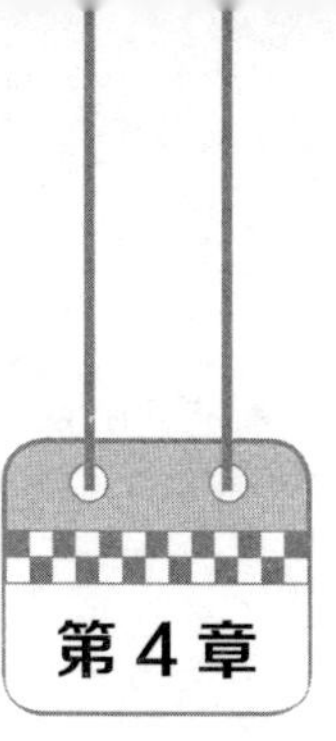

第4章 和孩子一起编故事，讲故事

孩子的大部分幼年时光都沉浸在一个理想世界中——他们的痛苦，他们的快乐，他们的喜悦，他们的恐惧，很大程度上都是幻想和想象的产物，与他们周围的现实几乎没有任何联系。事实上，在一定范围内，孩子的年龄越小，似乎就更易于受想象力的影响，他的思想和心情也就越容易通过想象被感知和被影响。

在幼年时期，客观现实与主观幻想似乎总是难解难分，只有具备足够的现实经历和相当大的智力发展之后，两者的区别才慢慢清晰起来。只有经过足够的进步和现实经历之后，孩子们才有可能明白，一个做工粗糙、外观丑陋的洋娃娃是没有生命的，与现实中可爱的人完全不同。

这些事实明确表明，对于孩子表现出的这些初级思维活动，所有家长都应该感到高兴，而且应该鼓励孩子积极实施。家长还可以设计一些智力开发方案，有效帮助孩子进行思维活动，了解并影响他们的内心感受。在此过程中，尤其要注意想象力的开发利用。如果运用得当的话，激发想象力将收到非常神奇的教育效

果，使教育过程变得生动有趣，效率大大提高。相反，如果不利用想象力，单纯对他们进行教育，他们就会觉得非常枯燥、无聊，效果也不好。

先吸引孩子的注意力，然后再激发他们的想象力

对于任何从事儿童教育的人来说，如果真正理解了想象力的重要价值，就会马上发现这种方式是多么有效，利用它可以找到无穷无尽的教育手段，而且根本不必依靠枯燥说教就可以对孩子实施影响。

事实上，一位掌握此种技能的客人对于孩子思想的影响力可能比他们的家长还要大。很多家长，即使利用了所有威胁、斥责，甚至惩罚手段都不能让他们乖乖听话。但是，他们常常惊讶地发现，这样一位客人，通过一些非常平静、柔和、毫不做作的交流方式，可以建立起对孩子的绝对威信，这难免让家长觉得非常神秘，甚至有些不可思议。

事实上，我们可以综合利用很多方法获得对孩子的权威，其中充分利用孩子的想象力或许是最重要的一种手段。

一天，一位年轻的老师放学回到自己寄宿的家庭，发现这家

的孩子们正拿着洋娃娃在院子里玩，而且愤怒地争论着什么。在这种情况下，很多人的第一个冲动就是坐在孩子身边，批评他们。虽然他们批评的口吻很慈爱、很柔和，告诉他们这样争论是错误的、不明智的，说这样一件事不值得争得面红耳赤。告诉他们愤怒会让别人感到不舒服、不快乐。所以，争论不仅是一种错误的做法，甚至是愚蠢的表现。

然而，假设这位老师不像其他人那样用这种干巴巴的说理方式进行教育，而是利用孩子们的想象力，以洋娃娃为对象间接地表达劝告和批评。她把洋娃娃拿在手中，询问她们的名字，哪个是妈妈，哪个是女儿。

假设小女孩的名字是贝拉和阿拉明塔，妈妈的名字是露西和玛丽。

“但是，我希望单独问问阿拉明塔。”她说。她把洋娃娃举到面前，利用想象力与她进行了一次长时间对话。根据这位年轻女老师的个人技巧和才能，对话具有一定的鼓舞性和创造性。

可以想象得到，这次对话足以吸引孩子们的注意力，让他们开始全神贯注地进行想象。

她询问每个小女孩的名字，以及她们都是哪个洋娃娃的妈妈。

接着，让每位妈妈代替洋娃娃回答问题。此时，孩子们的思想完全进入了想象状态，认为洋娃娃确实是有生命力的，在妈妈面前应该举止得体。

这位年轻的女老师可以继续给她们讲故事，让她们在倾听过程中明白争吵是愚蠢的、错误的，达到批评和教育的目的。我们发现，通过这种方式对孩子的思想实施影响比直接批评效果要好得多。与此同时，虽然讲故事的口吻可能很严厉，但是不会在孩子们的头脑中产生消沉和郁闷的感受。事实上，这种方式之所以可以收到如此有效的批评效果，是因为它并不是为了在他们心里产生愤恨感和恼怒的情绪，而是通过娱乐和喜悦的方式对孩子们进行教育。

假设老师对洋娃娃说："你真漂亮，而且看上去非常友好。我认为你的确对人非常和善。"

然后，她转向孩子们，悄悄问道："她们有没有吵过架啊？"

"有时会。"一个孩子说，马上进入了老师设计的引导计划中。

"啊！"老师叹了一口气，然后又转向洋娃娃："我听说，你们有时会争论甚至争吵，对此我感到非常遗憾。这样做很愚蠢。只有非常愚蠢的小孩才会争论或者争吵。像你们这样漂亮的小女孩不应该这样。懂得谦让和友好要好得多。如果你们其中的一个人说了一些另外一个人不同意的话，不要争论，争论是很愚蠢的行为。如果其中的一个人有什么东西是另外一个想要的，应该等待而不是争吵，这种做法要好得多。争吵会引发仇恨感。此外，争吵也会破坏你们的美丽。如果小孩争吵，样子看上去就像小无赖。”

这位老师可以继续以这种方式讲故事，以非常严肃的口吻与洋娃娃讲话，告诉她们做人的道理。同时，孩子们会非常认真地倾听老师的讲话内容。结果，我们会发现，这种方式比直接批评她们效果要好得多。

事实上，这种游戏方式能够非常有效地打开孩子们的心扉，让他们接受成年人的正确引导。如果利用这种表演方式，即使直接批评他们，孩子们也会很容易地接受。

最后，老师可以以同样严肃的口吻对孩子们说：

“这是你们孩子的一个严重缺点，非常严重。你们会发现，这是一个很难纠正的缺点。你们必须针对这一问题对她们进行教育。不过，首先，你们必须做她们的好榜样。孩子常常模仿妈妈的行为，包括好的和坏的行为。如果你们相互之间总是非常友好、非常和善，她们也会那样的。”

利用图画，给孩子虚构一个益智故事

家长激发孩子想象力最简单、最容易的方法之一是，向孩子展示图片时，扮演其中的人物和动物与孩子对话，孩子都很喜欢这种游戏方式。例如，家长把孩子放在自己膝盖上，向他展示这样一张图片——其中有个小女孩，胳膊下夹着一些书。于是，家长可以这样说：

“小女孩，你要到哪里去呀——我去上学。(此时，妈妈的声调应该稍作变化，以模拟小女孩的声音）啊！你去上学。可是，你的年龄看上去还不到上学的年龄啊。在学校里，谁是你的同桌啊——乔治·威廉姆斯。乔治·威廉姆斯？他是个好孩子吗——是的，他是个很好的小男孩。噢，我很高兴你有这样一个好同桌，他对你非常友好。你肯定感到非常高兴吧？”只要她的孩子愿意听，这种对话就可以一直继续下去。

妈妈还可以这样说：“你叫什么名字，小女孩——我叫露西。这名字真好听！你住哪儿呀——我住在那棵树下的房子里。啊！

我看到那座房子了。你的房间在房子的什么部位——我的房间就是那个开着窗户的地方。我看见了。你的房间里都有什么东西呀——有一张床，靠近窗户还有一张桌子。我的洋娃娃就放在桌子上。我有一个摇篮，让洋娃娃坐在里面，还有一个小箱子存放她的衣服。还有……”妈妈可以继续说下去，详细描述房间中的很多物品，不断激发孩子的兴趣和想象力。

这是一种十分愉快的练习方式，可以有效地激发孩子刚刚发育的大脑器官，引导他们进行思维活动。通过这种练习，孩子在脑海中可以较为形象地描绘各种场景，他们会感到这是一种十分愉快的游戏方式。

此外，孩子可能对与图片中的动物对话非常感兴趣，通过角色和场景变化，可以有效地开发他的各种智力功能。

例如，可以这样展开对话：“这张图片中有一只松鼠。我要问问它住在哪里：‘小松鼠，小松鼠，你等一等，我要和你说说话。我想让你告诉我，你住在什么地方——我住在洞里。你的洞在哪里呀——就在后面树林的一根大木头下面。’是吗？”（现在，你要对孩子说）“我看到大木头了，你看到了吗？用你的手指去摸摸。是的，就是它。但是，我没有看到洞穴。”（现在，用另外一种语

气对松鼠说）“我没有看到你的洞穴呀——噢，你不会看到的，因为我不想让别人看到我的家。我把它安置在地面上一个隐蔽的地方，所以人们不会看到。我希望我能看到你的家，我还希望往里看看，看看里面都有什么东西。小松鼠，你的洞里都有什么呀——我的家就在那里，还有我的孩子们。你有几个孩子啊？”只要你愿意，这种对话就可以继续下去。

显然，家长可以利用这种对话形式间接地对孩子进行很多方面的引导和教育，也可以以此向孩子们有效地灌输做人的道理。这种方法对于家长来说执行起来很容易，也很有趣，对于孩子也具有巨大的吸引力。

这是一种非常简单的教育方法。如果家长从来没有用过这种方法，他就会惊讶地发现，这是一种非常容易实施而且奥妙无穷的教育形式。孩子总是希望让家长给他们讲故事，他们一时又不知道应该讲什么内容，并总是认为自己应该凭空想象出一个故事。这种方法是一个很不错的应急手段。

当孩子请自己讲故事时，家长可以说：“很好，我给你讲一个故事。但是，我必须借助一张图片才能完成。从书里给我找一张图片。”

于是，孩子拿来一张图片，什么类型的都可以。任何图片都可以让一个具有普通智力水平的成年人找到无数可以谈论的话题，从而激发孩子的兴趣和乐趣。我们举一个很极端的例子。

假如孩子拿来的是一张质量粗糙的铅笔画，上面只有一根柱子，其他什么都没有。你可以想象一个小男孩藏在柱子后面，然后把他叫出来，让他回答一个问题。之后，与他展开长时间的对话，询问他在玩什么，为什么躲在那里，他与小伙伴们还有什么其他游戏方式。

或者，你也可以直接与那根柱子对话。问问它来自什么地方，是谁把它放在地上的，放在那里干什么，以前在森林里它是一棵什么样的树。按照这一方法，这种对话不仅可以暂时激发孩子的乐趣，还可以满足他的好奇心，向他灌输很多有益的信息，可以极大地促进他的智力发育。

你还可以问这根柱子有什么亲属，它可能回答说自己有很多很多兄弟姐妹。它的一些兄弟姐妹生活在城市里，名字叫作路灯杆，它们的工作是支撑电灯给路人照明。还有一些兄弟姐妹站成长长的一排，让电话线从一个地方延伸到世界的另外一个地方，名字叫作电线杆。以此类推，故事情节可以无穷无尽。如果这样一张简单的立柱图片都能让我们想到这么多故事情节，孩子拿来的任何其他图片就都能激发我们无穷的想象力。

或许，有的家长会想，如果想有效地利用这种方式讲故事，

就需要具备相当多的智慧和技巧，的确如此。换言之，这种教育方式需要具备多方面的丰富知识和技巧，甚至说应该具有相当的天赋。但是，在开始阶段，它的要求却非常低。而且，充分掌握这种技能也相当容易。

拟人化，和孩子的玩具展开一次趣味对话

家长在教育孩子的过程中，可以将任何无生命物体人格化，并将它们当成有生命、有智慧的人来对待。假如你的孩子生病了，有些发烧和烦躁不安。在给他穿衣服的过程中，你可能意外地用一根针刺了他一下。由于病痛，这种刺痛感让孩子表现出烦躁和气恼的神情。此时，如果你愿意，你可以告诉他不要这样烦躁，你不是故意刺他的，不要为了这么一件小事就大发脾气，等等。这样告诫孩子之后，一般情况下他就会变得安静。利用这一原则，你可以这样说：

“这根针是不是刺痛你了？我要抓住那个小坏蛋，看看它会怎么说。啊，它在这里，我抓到它了！我要牢牢地抓住它。请安静地坐在我的腿上，我们听听它是怎么为自己辩解的。

“嘿，刺人的小家伙，看着我，告诉我你叫什么名字——我的名字叫针。啊，你叫针，是吗？你长得真亮啊！你怎么这么亮啊——喔，人们制造我的时候把我打磨亮的。是吗！人们是怎么把你制造出来的——他们是在机器里把我制造出来的。在机器里？真有趣！在机器里怎么制造啊？请详细告诉我们！

“他们使用的原料是钢线。首先，机器先切割一段足够长的钢线，然后再送到机器的另外部位，把我加工出来。在第一个部位，我被弄得笔直。你是不是看到我长得非常直啊——是的，你确实很直。然后，我又去了设备的另外一个部位，加工我的头部。接着，我又去了另外一个地方，打磨我的尖部。之后，我又进行了抛光处理，披上了一身银装，使我看上去特别光亮白洁。”

故事可以一直进行下去。只要孩子感兴趣，妈妈就可以继续讲，以银针的口吻叙述它一系列的人生探险。最后，让它去刺一个生病的小孩。

任何一位家长都能判断出，相对于拟人化的方法，没有任何其他方法能有效地安慰孩子烦躁不安的情绪，让他重新回到安静自然的心理状态。

此外，家长不仅自己要善于创造让孩子喜欢的想象方式，同时还要帮助并鼓励孩子进行创造性想象。

如果你的小女儿正拿着她的洋娃娃玩，你在处理自己事情的过程中，应该不时抬起头来，以很正式、很认真的方式对洋娃娃和孩子说几句话，就像洋娃娃是有生命、有情感的人一样。

如果你的儿子正在院子里玩自己的木马，而你正在整理自己的鲜花，就可以庄重地问他为什么喜欢这个木马，是不是想卖掉它。这匹马会不会咬人，会不会从草地跑出去。告诫孩子，骑着它上山时，速度不要太快。如果马的体温很高时，不要喂它燕麦。于是，孩子马上就会认真地与家长交谈，如果你继续和他一起想象，他的兴趣就会大大提高。

利用这一教育原则，除了暂时能给孩子带来快乐以外，还有另外一个非常重要的益处。通过参与他们的游戏，即便是一小会儿，你也会与他们进行亲密的心灵沟通，比任何其他方式都能让他们更愿意与你相伴。

每一次有想象力的对话，都让你离孩子的心更近一步

善于思考的家长在阅读了本部分内容以后，马上就会发现，孩子们对洋娃娃有着浓厚的兴趣，在与洋娃娃玩耍的过程中，他们内心充满了真实感。这种认识为家长教育孩子提供了无穷的机

会，他们可以通过各种各样的方法进入孩子的内心，影响孩子的思想和行为。

对于教育孩子的成年人来说，能够激发孩子想象力的方法几乎是无穷无尽的，通过这种方式可以有效地向他们灌输道德意识，影响他们的行为。

假设一个小男孩刚刚有了一个新皮球。当他正准备拿着球出去玩时，爸爸把球拿过来很认真地观察着。他来回转动着皮球，仔仔细细地看了它的每一面，然后又放到耳边认真听着。

于是，小男孩很好奇地问爸爸在做什么。爸爸说："我听它在说什么。"

"它在说什么呢，爸爸？"

"它说，你不能和它玩得时间太长。"

"为什么呢？"

"我来问问它，为什么不行？"（爸爸重新把球放到耳边倾听）

"它怎么说的，爸爸？"

"它说，如果时间太长，它就会从你身边逃走。它说，你会靠近建筑物玩耍，它的意思是说，当你扔它或者拍打它的时候，它就可能撞到窗户上，打破玻璃，人们就会把球从你身边拿走。"

“但是，我不会靠近窗户玩的。”

“它还说，只要你靠近建筑物玩，它就有可能跑到屋顶上，卡在烟筒后边，或者滚到下水道中，你就拿不出来了。”

“但是，爸爸，我根本不会靠近建筑物。”

“那么，你玩的地方地面可能有洞，或者附近有灌木丛，这样它就会藏起来。”

“不会的，爸爸，我会非常小心地观察地面，如果什么地方有危险，我是不会在那里玩的。”

“好吧，我们看看你是不是的确会这样。但是，这个小家伙总是想藏在什么地方。”

于是，小男孩出去玩的时候就会非常小心，而且比直接告诫他效果要好得多。

一位农村学校的老师带领一群年龄稍大一些的男孩劈木柴为将来生火之用。一天，课间休息时，他来到劈木现场了解工作情况，发现孩子们将一块木头放在旁边。他们说，他们劈不开这块木头。

这位老师看着地上的木头说：“是的，对此我一点儿也不感到奇怪。我认识这块木头，我以前见过它。它的名字叫老瘤头。它说，一群孩子，即使拿着大木槌和大木楔也不可能把它劈开。它说，只有成年男人才能把它劈开。”

男孩们站在那里盯着那块木头，表情凝重地听老师讲这番话。

“它真是这样说的吗？”一个男孩说道，“乔，我们再试试。”

“没用的，”老师说，“如果它能遵守诺言的话，它是不会裂开的。还有另外一个家伙（老师用手指了指），它的名字叫长条扭。如果你在它身上劈开一条小缝，你会看到它的内部长满了扭结在一起的细小纹路，所以它才会非常结实。想劈开它，必须要一把非常锋利的斧子。但是，它其中的细长条缠绕得非常紧，我想你们是劈不开的。它说，它永远不会向男孩屈服。”

说完之后，这位老师便走开了。无须多言，那些了解男孩子的人们都会预见，不久之后，当这位老师再回到工作现场时，看到“老瘤头”和“长条扭”都被彻底劈开了。男孩们站在码放整齐的木柴旁边，脸上显出得意与胜利的喜悦。

4 岁的约翰尼和姐姐一起出去散步。在回家的路上，离家还有半英里的距离时，因为刚才一直在采鲜花和追逐蝴蝶，约翰尼一脸疲倦地回到姐姐身边，说自己再也走不动了，要姐姐背着他。

姐姐说："我不能背着你，但是我会告诉你我们应该怎么做。我们走到第一个小酒馆时，就停下来休息一会儿。你看到路的拐弯处那块平平的大石头了吗？那里就是小酒馆，现在请你扮演我的先行官。一个先行官会骑着马以最快的速度前进，告诉酒馆老板客人一会儿就到，要在里面吃晚饭。所以，请你以最快的速度跑到小酒馆，告诉那里的老板，公主一会儿就到。我就是公主，请他为我们准备一顿丰盛的晚餐。"

于是，小男孩开始奔跑起来，然后在石头那里等着姐姐到来。等姐姐到了以后，他们会一起坐一会儿。在此期间，姐姐会引导他利用想象与酒馆老板对话，之后继续往家走。

此时，姐姐可以接着说："现在，我必须请我的先行官拿一封信去邮局。你看到前面那道篱笆了吗？那里就是邮局。我们假设木板中的夹缝就是信箱。请拿好这封信（姐姐从口袋里拿出事先准备好的一张小纸片，把它折好代表一封信），把它投到信箱里面。然后，你通过那个夹缝和邮政局长讲一讲，告诉他尽快把信邮寄出去。"

除非这个小男孩已经极度劳累，否则通过这样的方式，他的疲劳感就会消失，不仅在继续赶路的过程中不会发牢骚，而且还会非常高兴。

以上这些微不足道的案例只是为了说明，利用想象力教育孩子的原则在实践中可以有无数的变化方式，如果家长或老师经过努力掌握了这一技能，就可以在教育孩子过程中获得无穷的收益。但是，每一个成年人都必须通过个人实践和个人经历才能掌握这一技能。

上述一般性指导只能提供一些建议，告诉大家如何开始，以后主要靠自己去摸索和实践。

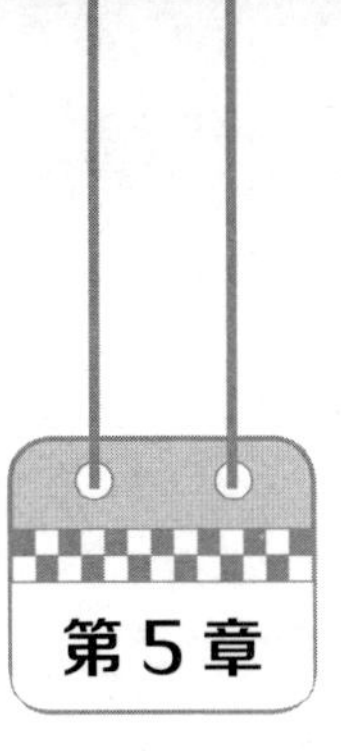

赞扬孩子时，你应该怎么说？

我们总是认为，孩子正确做事应该是再自然不过的了；如果孩子做了错事，则是不自然和不正常的表现。因此，当他们做得正确时，我们就会认为没有什么值得说的；只有孩子们做错了事，我们才会注意到他们的行为。当然，之后便会对他们进行批评和指责。所以，我们就会想当然地认为，教育孩子的方式主要是在他们身上挑毛病并予以惩罚，从而阻止他们做错事，而不是引导和鼓励他们沿着正确的方向进步。

怎么赞扬，可以让孩子变得更自信？

接下来，我们将详细比较有限度的赞扬和批评这两种教育方式的不同效果。

例如，在身心成长的过程中，孩子需要学会走路和说话这两种基本技能。在学习过程中，家长从来不讲孩子的缺点、错误和

不足，而是一味地赞扬与鼓励。

当孩子第一次试图独立行走时，他的步态显得非常无力、蹒跚而又笨拙。但是，家长的脸上总是流露出非常激动的神情，甚至高兴地大呼小叫，她真是太幸福了。或许，这位家长还会将旁边房间的人叫出来，看她小宝贝的出色表演！她绝对不会说孩子的步态不完美或者有什么不足，不会说他是那样摇摇摆摆，不会说他伸出手笨拙地保持身体平衡的样子，不会说他走起来歪歪扭扭,不会说他脸上惊恐的表情以及任何缺点。因为,只有不断鼓励、不断练习，所有问题才都会予以纠正。

的确，在那种情况下，家长是不会对孩子挑剔的，因为对于一个蹒跚学步的孩子来说，他根本不能完全理解家长的批评。但是，家长可以通过眼神和姿态表达对孩子步态不完美的关切，而且孩子也可以理解。不过，孩子看到的都是家长满意和快乐的表示，这对于他的鼓励作用十分明显。看到自己走路的尝试给人们带来了快乐，他就会为自己的成功感到更加骄傲和自豪，然后愈发卖力地练习。

这种情形同样发生在孩子学说话的过程中。刚刚咿呀学语时，家长根本不注意他所犯的错误、缺点和不足，当然也就很少把它们指出来。相反，孩子从家长的表现得到鼓励，认为自己的话很容易被家长理解，而且家长显得非常高兴。于是，他就会更加积极地讲话，根本没有意识到家长宽容了他所有的缺点，因为他实在太小了。他也不知道，自己讲的话需要大量纠正、修改和改进，才能达到真正令人满意的效果。

所以，刚刚学说话的孩子早晨从婴儿床上醒来时，就会伸着小手向妈妈说："我要起来。"这时，妈妈就会马上过来抱他，满脸带笑地说："我的小宝贝，起来吧。"这样，孩子就会很高兴，认为自己讲话不仅可以让妈妈高兴，而且让她特别满意。于是，他也会因为自己的进步感到特别满意。结果，在学习走路和说话的过程中，孩子总会不断进步并充满热情和渴望。他们坚持不懈地主动练习，不会因此要求家长对自己的进步承诺某种奖励，也不用担心发生错误遭到惩罚。

或许，我们不能把他们在飞快的进步和练习过程中体会到的快乐完全归结于家长的赞扬和鼓励，但是，可以肯定的是，赞扬和鼓励对于他们的进步具有决定性的作用。毋庸置疑，如果孩子在学习说话和走路的过程中，家长打断他们的练习，并且非常耐心地告诉他们所存在的缺点、不足和错误，并且将这种做法变成每日的必修课，不仅会大大伤害孩子练习的积极性和热情，而且还会严重妨碍他们的进步速度。

为了更加全面地理解赞扬和鼓励的作用，我们转向另外一个极端，将我们的教育方法尽可能地与上面讲述的内容对立起来。

在这一问题上，学校或者补习班的写作课就是一个非常恰当的例子。

写作有困难的学生常常心惊胆战地将自己的作文交给老师。如果这位老师和蔼而又善解人意，可能模棱两可和含糊其辞地表扬说："对于一个初学者来说，已经相当不错了。"或者说："对于第一次写作来说，是一篇好文章。"然后，这位老师用从容而又细致的方式开始讲评文章，试图揭示其中的每一个不足、败笔、错误、欠缺，以及其他问题。而且，听讲的不仅包括作者本人，还有全班同学或他的朋友，其剖析批驳之细简直达到了苛刻的程度。虽然他的初衷是善意的，他批评的口气也可能非常柔和，但是整个讲评过程从头到尾都是批评和挑剔。

这样一来，在这些学生交上作文以后，常常会感到如坐针毡。尤其是当他拿着自己经过批改的文章回到座位上以后，更会感到极度沮丧和羞辱，结果必然是彻底失去自信。

有人可能说，老师指出学生作文的不足对于他们的进步是绝对必要的，因为只有让他们认识到自己的不足，他们才会予以改正。从一定程度上来说，这种观点是正确的。但是，不能像我们日常生活中所做的那样，过于强调批评的作用。除了指出学生的不足之外，还有很多很好的方法可以帮助学生获得进步。

我认为，老师大可不必向学生指出所有错误和不足，只需讲述或者评论其中的优点，同时注意其中带有普遍性的问题，以便调整自己将来的授课内容，帮助学生改掉这些缺点。当然，讲解这些问题时，老师的表达方式应该立足于普遍适用的写作技巧，以及一般应避免的问题和不足，而不要或者尽可能少地提及学生作文中所犯的错误。

与批评方式相比，这种教学方式不但同样可以帮助学生养成正确表述和准确表达的习惯，而且不会让他们因回想起自己过去的错误而感到羞辱，这对于他们以后的写作会起到更大的帮助和鼓励作用。按照老师这样给出的指导意见，学生就会避免过去所犯的错误，而且很多时候可能不会意识到自己曾经有过这样的错误。

聪明的家长会找到很多类似的教育方式，帮助孩子学习正确的做事方式，同时又不必批评他们的错误，让他们心情低落。

需要特别值得注意的是，本章所讲的多赞扬少批评的教育方式旨在纠正孩子由于无知、粗心或者不良习惯等表现出的缺点，不适用于那些主观故意的错误行为。当他们故意或有意违抗家长的命令，公开蔑视家长的权威时，就必须采取其他措施，或者至少应该增加一些有效的教育手段。

怎么赞扬，可以让孩子懂事？

为了避免将问题复杂化，我们首先从一个极为简单的实例入手，即纠正孩子出入房间时开关门声音太大这一毛病。

乔治和查理是两个 5 岁左右的小男孩，都有这种毛病。我们假设，他们的妈妈使用了两种截然相反的方式试图改正他们的不良习惯。乔治的妈妈采用的方法是，当孩子行为正确时对他进行赞扬和鼓励；而查理的妈妈则在发现孩子行为错误时，采用批评和惩罚的方式。

乔治的故事

一天早晨，乔治为了问妈妈一个问题，猛地冲进妈妈的房间，把门撞得山响，彻底破坏了房间内原有的宁静。从某种意义上来说，他的这一举动不应受到指责，因为他根本不知道自己破坏了妈妈房间的宁静。他所有的注意力都放在了自己要问的问题上。所以，他不仅没有故意制造麻烦，而且根本不知道自己给妈妈带来了麻烦。

妈妈没有对他大声开关门的行为提出批评，坦然地回答了他的问题。然后，乔治走了出去。当然，关门的声音还是和开门一样大。

我们假设，当他下次再进来时，完全偶然地，他开关门的声音稍稍小了一些。这样，妈妈就有了一次对他进行教育的机会。

“乔治，”妈妈说，“我发现你进步了。”

“进步？”乔治重复道，根本没明白妈妈的意思。

“是的，”妈妈说，“你是进步了。进入房间时，你开门关门的声音不是特别大了。与以前相比，声音小了。有些男孩子，每次进入一个房间，都会把门弄得山响，那样很不好。如果从现在开始，你不断进步，不久你就会像一个有修养的绅士那样安静地进入房间了。”

下次，当乔治再进入房间时，他克制住自己推门而入的冲动，小心翼翼地打开房门。

他向妈妈提出了自己的问题。这次，妈妈对他的表现非常满意，大大赞扬了一番。

“乔治，这次你开关门的表现完全就像一位绅士，”她说，“我知道，为了不打扰我，为了不吓我一跳，你做出了很大努力。所以，今天我也会尽最大的努力满足你的要求。”

查理的故事

相反，查理的妈妈采用了另外一套完全不同的教育模式。我们假设，有时查理进门时相当安静，举止也很得体。但是，他的妈妈完全忽视了这些。她认为，查理本来就应该这样做。于是，慢慢地，为了渴望得到妈妈的认可，查理开始变得越来越喧闹。此时，他的妈妈开始指责起来。她大声地对查理吼道：

“查理，吵死人了！你进门时就不能小点儿声吗？不要摔门好不好？如果你再不小点声，我就完全禁止你进来或者出去。”

查理很清楚，这是妈妈虚张声势的威胁。然而，妈妈的态度和指责让他内心有些恼怒。唯一积极的效果就是，下次进入房间时，他会尝试将声音稍稍变小一些，看看妈妈可以容忍什么程度，表面上屈服于妈妈的命令。

事实上，对于妈妈愤怒的指责，他应该老老实实地说自己不明白为什么不能那么大声。他不知道，门响的声音为什么让妈妈生气，因为他并不觉得这有什么不对。相反，他很喜欢大声开关门。孩子们天性喜欢喧闹，尤其是他们自己制造这些噪音时，就会更加高兴。但对于成年人来说，这些声音会让他们感到不舒服，甚至十分痛苦。自然，查理对整件事情的认识就会非常模糊。

慢慢地，查理就会形成一种观念：妈妈的话很奇怪，是她自己情感非理性的流露，她内心存在某种特别爱挑剔和特别爱发怒的性情，常常会无缘无故地对他发脾气。于是，他就会简单地认为妈妈“性格十分怪异”，尽管他知道不应该这样形容妈妈。换言之，妈妈的批评在他心里产生的影响是，妈妈是错的，他的行为根本没有什么值得指责的地方。

所以，尽管这种教育方式偶尔能阻止孩子的某些外在错误表现，甚至产生些许积极效果，但是同时也会使孩子产生消极情绪；它对孩子精神的伤害可能是相当大的，也会使他怀疑妈妈的公正和善意。

在看完这个实例之前，我们必须注意到，在乔治妈妈的教育方式中，妈妈的纠正方式并没有彻底改变乔治的错误行为。这只是一个开始，一个向着正确方向引导孩子的开始。方法虽然不错，但只是整个教育过程的第一步而已。它对乔治内心产生了积极作用，鼓励他按正确的方式做事。这是一件了不起的事情，但是，归根结底，仍然是整个教育过程的一个环节而已——我们不仅要让他们知道正确的做事方式，同时还要鼓励他们开始积极转变。下面，我们就分析赞扬与鼓励在更为重要的教育环节中所起的作用。

在采取了上面所描述的第一个教育步骤之后，乔治的妈妈应该寻找一些合适的机会实施进一步的教育。此时，乔治的注意力

必须集中，不能受其他事情的打扰。例如，晚上当他躺到自己的床上，就在自己和他道晚安之前；或者，当她正在工作，乔治没有玩耍，而是很安静地坐在她的身边时，都是不错的教育机会。

"乔治，"妈妈说，"我想给你提供一个计划。"

此时，乔治显得十分渴望，很想知道那是个什么计划。

"你知道吗，今天你那么安静地走进我的房间，我真是太高兴了。"

对此，乔治自然记得很清楚。

妈妈接着说："对于噪音，大人和孩子的态度存在着巨大的反差，这是一件十分有趣的事情。孩子几乎总是非常喜欢各种各样的噪音，尤其是他们自己弄出的响声；但是，我认为，成年人非常不喜欢这些声音。如果家里来了好几个孩子，而我告诉他们自由自在地在各个房间跑来跑去，尽情地大声开关所有房门，我想他们肯定很喜欢。他们会认为，这是一件非常开心的事。"

"是的，"乔治说，"的确是这样，他们肯定很喜欢。我希望有一天你能让我们这样开心地玩一次。"

妈妈接着说："但是，成年人绝对不会喜欢你们的这种娱乐方式。相反，这种喧闹会让他们非常不安，不论这些声音是他们发出的，还是别人发出的，都是这样。当孩子们进入成年人所在的房间大声开关门的时候，他们就会很不喜欢。因此，如果哪个孩子像大人那样非常礼貌地安静进入房间，成年人就会非常喜欢他。”

这一解释是建立在乔治正确行为基础之上的，为此他还得到了妈妈的表扬，所以他在思想和情绪上就很愿意接受。但是，如果因为违反了成年人的行为准则遭到妈妈的批评和斥责，他就会对妈妈的这一解释持抵触和排斥情绪。

“是的，妈妈，”他说，“我永远会记着尽可能小声地开门和关门。”

“嗯，我知道你是这么想的，”妈妈马上附和道，“但是，有时你可能会忘记。所以，你应该制订一个计划，经常提醒自己，直到养成安静的习惯。现在，我想向你建议这样一个计划，帮助你养成这个好习惯。一旦你养成了习惯，保持安静就一点儿也不困难了。

“这个计划就是:每当你进入房间的声音太大时,我就会说‘噪音’。然后，你就轻轻地退出去，关上门。之后，安静而有礼貌地再次开门进来。你进来之后不会遭到惩罚，因为我知道你不是故意那样大声的，所以你不应受到责备。我们这个计划只是为了提醒你，让你养成安静而又礼貌地进入房间的习惯。”

如果妈妈以这种方式进行疏导，乔治肯定会欣然接受这个计划。

妈妈接着说："如果我说'噪音'，你必须出去并再次进入房间让自己很扫兴，或者让你心里闷闷不乐，我就不建议你执行这个计划。不过，我知道你会愿意接受这个计划，即使你认为这是一种惩罚，你也必须自愿退出房间，像一个真正的男子汉那样接受惩罚。而且，当你再次安静地进入房间时，你必须看上去很愉快、很高兴，因为你在忠实地履行自己的计划。"

计划开始实施以后，当乔治第一次退出去，而且态度确实诚恳时，妈妈必须注意到他的表现，并给予积极赞扬。

我们可以肯定这个方法将非常成功地纠正孩子的不良行为，就像水可以灭火那样效果明显。在此过程中，不论孩子还是家长的心里都不会突然出现烦躁、恼怒和情绪低落的现象。相反，这个计划会让双方都很满意，也很快乐。他们两人的内心沟通会越来越多、越来越强。

与此相反，很多家长却不能看到孩子的进步，反而将注意力都集中在孩子出现的错误上。

怎么赞扬，可以让孩子进步快？

大多数情况下，孩子都会讲真话；但是在某些时候，尤其诱惑足够强时，他们便会撒谎。我们不会注意这些情况，理所当然地认为，他们永远会表达自己的真实想法。我们只是在孩子偶尔受某种诱惑撒谎时才采取行动，对他们进行指责和惩罚。他可能有 19 次自愿放弃了原本属于弟弟妹妹的东西，有时甚至是经过了一番激烈的内心斗争；但是，第 20 次时，内心斗争的结果使他做出了错误选择，试图蛮横地保住自己手中的东西。我们没有注意到他之前 19 次都正确的做法，但是第 20 次表现错误时，就会走过去拧他的耳朵以示惩戒。

错误的教育方式源于错误的内在思想，即孩子表现良好是一件理所当然的事情。所以，当他们做事正确时，家长什么都不会说；但是只有他们做错了事才被视为异常和例外情况，才需要家长的干预。事实上，这种理所当然的事情完全不像他们理解的那样。在别的孩子抢走自己的玩具以后，一个孩子会在很短的时间内感到对方的错误行为给自己造成的伤害，但是不久便会淡忘并

去抢其他孩子的东西。

对于讲真话也是如此。刚刚学会讲话以后，他们最初的动机就是讲清自己眼前的问题，根本不会想到让自己的话永远符合事实真相这一“神圣使命”。牺牲自己的利益保护他人的合法权益，即使谎言对自己有益也坚持讲真话等等原则，是人们在生活过程中一点一点培养并获得的，而且需要较长的时间。

童年时期的道德感，不是一种强烈而稳定的行为原则。因此，我们也不能以它为依据规范人们的行为或者要求人们严格遵守它所规定的义务。相反，道德感就像一株非常柔嫩的幼苗，它的魅力与效力是慢慢发展和绽放出来的。因此，那些负责教育孩子的人们应该具有极大的耐心和爱心，在他们最初的教育引导工作取得一定成效后，赞扬和鼓励对道德感培养的效果要远远高于批评与惩罚的作用。

当然，我们鼓励对孩子的正确行为进行鼓励，并不是让家长对自己的孩子不加区别地进行赞扬甚至恭维——这只会让孩子变得越来越骄傲和虚荣，根本不会产生任何积极效果。相反，家长应该按照一定的限度和限制，观察和评论孩子的正确行为，而不是挑剔他们的错误。这一原则在指导和规范孩子行为的过程中具有重要的意义。

切记！赞扬不是用金钱购买孩子的顺从

像惩罚可能陷入误区一样，盲目的表扬与奖励也可能变成一种贿赂讨好的行为，如同用金钱购买孩子的顺从一样。如果是买来的善行，并且假设这善行称得上是“美德”的话，显然是一种极为劣等的品质。

对顺从行为的某项奖励，如果要以贿赂的形式表现出来，还不如直接对此行为明码标价——因为贿赂严格来讲就是购买——不是因为孩子做得正确，而是怕他做错。

一个夏日的午后，一位妈妈到村子里去，把孩子们留在院子里玩，让在厨房里干活儿的苏珊透过敞开的窗户看管他们。她认为孩子们在院子里会很安全，唯一让人担心的是他们可能跑出大门到街上去。

面对这种情况时，如果家长想运用奖励而不是惩罚的方式达到目的，她可以根据自己的教育方式决定奖品是物质或者别的东西。

如果家长习惯了直接用物质交换顺从，她可能会直接告诉孩子们，自己要离开家一会儿，他们可以在院子里玩，但不能走出大门；另外，她将带回一些橘子或者糖果，奖励给听话的孩子，不听话则什么也得不到。

这种承诺可能会对孩子产生巨大影响。当然，本质上讲这仍属于用物质交换顺从。并非要说这一定是个坏主意，但我相信还有更好的做法。

假设在上述例子中，家长在出门之前，简单地告诉孩子们不能走出大门，但不做任何承诺，然后，带一些糖果回家，进门的时候只需询问苏珊孩子们是否听话、有没有离开院子，如果苏珊回答“是”,家长可以对孩子点点头,面带满意和愉快的表情说:“我觉得他们一定会听话的,我非常高兴,下次仍然可以信任孩子们。”

然后，当一天快要结束时，也许在孩子们快要忘记刚才的事情的时候，家长可以找机会把他们叫过来，说有东西要给他们。

“我今天外出的时候，让你们在院子里玩，不许走出大门，你们听了我的话。也许你们想到路上去玩，但因为妈妈不允许，所以没有去。我很高兴你们能听话，我在村子里的时候想到你们，认为你们一定会听话。你们让我很放心，如果你们是不听话的孩子，我会感到心神不安的，可我却觉得安心。买完东西后，我给你们买了一些糖果，它们在这儿。你们可以到那边的地毯上分着吃，玛丽可以选一颗，然后是简；然后玛丽再选一颗，再轮到简；直到都挑完为止。”

读者也许会说，这与直接把靠听话换来的奖品发给孩子本质上没有什么区别。我承认，从本质的某些方面来讲，二者是相同的事情，但是，它们采取的形式不同。

形式的不同可以带来迥异的效果。如果直接答应孩子们，假设达到要求，就能获得奖励，他们当然地会认为交易是约定的自然结果。当他们满足了奖励的条件时，会觉得奖品是应得的，认为必须有奖品才合理，他们还会按照约定讨要奖品。这种倾向会消除孩子正确行事的责任感，让他们行事时觉得可以有随意性，既可以做正确的事而获得奖品，又可以做不正确的事而不要奖励。

从这个例子，我们可以得出如下结论：

不应该预先规定孩子符合怎样的条件就能得到何种奖励，然后当作协议一样进行商谈，因为这样会使他们认为这是自己付出之后应该得到的报酬。家长应该对孩子的顺服行为应表现出一种满意和高兴的自然情绪，并对孩子正确的行为表达赞赏。

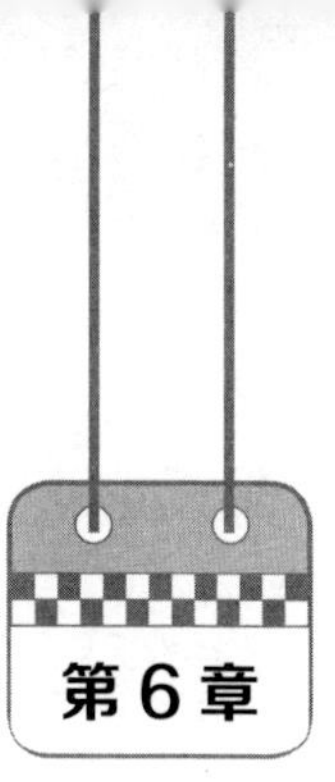

惩罚孩子时，你应该怎么说？

适当的惩罚是引导孩子的重要手段。其原理就是使孩子明白如果不听从或者不理睬家长的命令，就总是会引起一些小麻烦、不方便或者物质方面的损失。这里最重要的词是“总是”，要让他知道不听话的行为只会伤害自己而不会对其有任何好处，通过这样做来使家长的规定起效。

惩罚不是对孩子过错的报复，而应着眼于对错误的认知

惩罚不是对孩子过错的报复，而是一种补救措施，其目的是阻止违规行为造成不良后果。

家长对孩子、教师对学生的惩罚，应该排除惩罚报复的成分，尽量着眼于未来的利益和好处来施行惩罚。

这条原则如果被完全主动地认可，就大大简化了家长和教师惩罚孩子的目的。如果能坚持该原则，那么最重要、最突出的结

果将会是：

完全有效地消除了惩罚时可能引起愤怒或者激动反应的做法——严厉刺耳的语调、不悦或愤怒的眼神、所有粗暴或者威胁的手势以及其他所有能够表达气愤或狂怒的行为。如果在惩罚过程中避免这些举动，转而以慈爱的态度代之，就能够疗救孩子的不足之处，给他们的成长带来好处。因为粗暴惩罚只能代表对过去错误行为的惩治或者报复，没有其他作用。

惩戒者必须充分理解惩罚的本质是治疗和补救——换言之，其目的是为了未来的利益，他们应该把这些原则刻在脑子里，从而采取正确的方式以取得成功。他们会很快养成永远都不威胁、不在愤怒中惩罚孩子的习惯，从而在发现孩子有错时能够冷静思考，找出最有效的纠正方式。

家长们时常认为，如果表现出类似愤怒的情绪或者至少是非常的不高兴，这对于使孩子意识到自己犯了错来说是必要的，然而，我认为这种想法并不对。真正能给孩子留下深刻印象的是我们的做法，而不是我们在行动时所表现出来的愤怒或者不悦的情绪。为了说明这点，我来举一个例子。

“玛丽，”玛丽的姨妈简说道，她是来郊区探望玛丽的妈妈的，“我今天下午要到村子里去一趟，如果你愿意，可以和我一起去。”

玛丽当然十分愿意接受这个邀请。

姨妈继续说："有一段路是从田野中穿过的，走到那里的时候你不能离开这条路，因为今早下了雨，我怕路旁的青草还没有干透。"

"好的，简姨妈，我会一直在路上走的。"玛丽说。

于是她们结伴出发了。走到通向那条小路的栅栏门时，简姨妈说："记住，玛丽，你必须在这路上走。"

玛丽没说什么，向前跑了起来。不久她就踩在草丛边上，然后又发现了一处青草长得比较矮又有阳光照耀的地方，她大胆地跑了过去，发现自己的鞋子并没有湿，就抬起一只脚给姨妈看，说道："看，姨妈，草一点儿也不湿。"

"我看也是，"姨妈说，"虽然我不确定是这样。但是，你过来，"她伸出手补充道，"我决定不去村子里了，我们回家吧。"

"噢！简姨妈！"玛丽说，一边跟着姨妈回到小路上一边问，"为什么啊？"

"我改变主意了。"姨妈说。

"什么事让你改变主意的？"

这时，姨妈已经抓住了玛丽的手，她们一起沿着小路朝家的方向走去。

"因为你不听我的话。"她说。

"为什么，姨妈？"玛丽说，"我走的地方草一点儿都不湿。"

“对，”姨妈说，“草非常干。”

“那么我走在上边就没什么坏处。”玛丽说。

“一点坏处都没有。”姨妈说。

“那么，你为什么要回家？”玛丽问。

“因为你不听我的话。”姨妈回答。

“你看，”姨妈说，“因为你是个小孩子，所以不会明白，当你长大点儿就会理解的。现在我不会因为你不知道就责备你，你太小了。”

“我不知道什么呢？”玛丽问。

“如果我跟你解释，恐怕你不会完全理解的。”姨妈说。

“试试看吧。”玛丽说。

“好吧，你看，”姨妈回答，“如果哪个小孩不听我的话，我就不会安心。虽然青草是干的，没有什么害处，但是前面有条小溪，我会告诉你不要到小溪的边上去，怕你掉到里面。虽然如此，如果你觉得没有危险的话，会继续往前走，就像你觉得草是干的那样坚持自己的做法，无视我不让你离开小路的叮嘱。所以，你看，对于不听话的小孩，我觉得和他们一起散步是没有什么安全感的。”

当然，这时的玛丽会极力保证，无论发生什么事，自己以后一定顺从姨妈的指挥，并开始恳求姨妈带她到村子里去。

“不，”姨妈说，“我不敢相信你的保证，虽然我不怀疑你愿意诚实地履行诺言。但是，我们出门之前你也答应我不离开小路来着，但是，等到出现了能够诱惑你的东西，你就无法信守承诺了，不过你会学到一些东西。当我下次外出，路上十分安全的时候还会带上你的；如果我在这儿住的这段日子里，你能完全听我的话，无论有什么样的危险，我都可以带你到任何地方。”

简姨妈用柔和但坚定的方式拒绝继续前往村子，她们开始往家走。不过，姨妈很快岔开了话题，不再继续谈论玛丽的过错，她给玛丽讲故事、帮她采野花，就像什么都没发生过一样；回到家的时候，也没提玛丽不听话的事儿。到这里，惩罚已经给孩子留下了十分深刻的印象——其中没有出现责备和愤怒，连不悦的情绪都没流露出来。

让我们将上述教育模式与责备和威胁的做法比较一下，假设姨妈当时生气地叫住了玛丽：

“玛丽！玛丽！赶快回到路上来。我告诉过你不要离开小路的。你真是个淘气的孩子，不听我的话。下次你再不听话，我就直接送你回家。”

玛丽也许会觉得烦恼和生气，甚至对自己说：“简姨妈今天的脾气真坏呀！”但是，“下次”的时候，这样的错误她会照犯不误。

如果家长们能够放弃愤怒、责备和威胁的方式，把准备“下次”才做的事情提到“现在”来做，他们马上就会发现这对双方都很有好处。

显然，这种做法更加注重“纠正”而不是“惩罚”，玛丽失去一次到村子里去的机会，不是因为她“罪有应得”，而是因为继续允许她朝前走是不安全的。

有些家长也许会说，玛丽和她的姨妈的故事理论上说得通，但实际生活中作为家长不会那么有时间、有办法去采取这种柔和的方式。他们可能会说，我们不能停下不去，因为我们每次到村子里几乎都有重要的事情，为了惩罚一个不听话的孩子而折回家的话会浪费整个下午的时间。

其实不必每次都这样做，偶尔为之就可以。只要有一两次坚持这条原则，让孩子认为下次如果还有这样的事，妈妈或者姨妈一定会惩罚自己，就能尽快纠正他们的错误。其实，上面的例子中，如果玛丽在早期阶段就受到这样的训练，当大人禁止她离开小路时，她就绝不会违抗。

惩罚的本质并不是报复，而是补救和感化，其目的不在于还过去的事情以公正，只是给未来的安全和幸福做出保证。

惩罚的关键是及时，不是严厉程度

惩罚应该立足于必然性而不是严厉性。很少有孩子因为把手指放到烛火中而严重烧伤的，因为他们总是被轻微烫到的时候已经有效地学会了保护自己，只有每次都被烫到，保持始终不变的惩罚才能达到这个目的。

家长们常常不懂得这一点。他们喜欢用责备和威胁来纠正习惯性的过错，对孩子们宣布他们“下次”要怎样做；他们不是在孩子每一次犯错的时候都施以安静、轻微的惩罚，而是偶尔针对严重的违规采取严厉的教育方式。

比如，对于一个已经养成不关门习惯的孩子，当天气很冷的时候偶尔受到责备，或者偶尔在衣橱里给关上半个小时，这样做永远不会帮他改正错误。假设在门旁设置一个机器人，每次这孩子忘记关门的时候，都会朝他大喊：“门！”以此作为信号让他回来关门，然后坐到旁边的椅子上数到 10。如果能够坚持执行这一小惩罚，便会在短期内改掉孩子的毛病。

当然，不能把家长当作机器人，因为他们不能老在那里待着。

但是，家长可以认识到这个原则，然后尽量地执行它——换言之，只要他们在那里，就要实现这项惩罚。虽然这样纠正孩子错误的速度没有机器人来得快，但也能在很短的时间内解决。

惩罚应适度，不要给孩子带来痛苦或不适

假设一旦犯错就能立即得到惩戒的话，那么惩罚方式可以是轻之又轻的。你可以选一块特定的地方作为“监狱”——如沙发一角、椅子、凳子等合适的地方。做这些安排的时候要尽量排除紧张和不愉快的气氛，尤其在刚开始时更要注意这一点。

一位没有技巧或者不能适当地理解孩子受惩罚的情绪和心理反应的家长，很有可能一开始就斥责孩子。

“你越来越不听话了，一件事我得重复三四遍你才能去做。现在，我得设立一个‘监狱’，就在那个黑黑的衣柜里，每次你不听话，我就让你在里面待上半小时。现在，记住了！从下次开始！”

习惯用胁迫手段教育孩子的家长除了威胁孩子以外，很少采取其他手段。因此，当孩子第一次违抗家长的时候，如果并没有

给他惹来多大的麻烦，家长就不会说什么。下一次，当出现的问题稍微严重一点时，家长很有可能认为将孩子在黑暗的衣橱里关上半个小时的惩罚并不合适。最后，当出现了极为任性和严重的违抗事件时，碰上家长心情好，由于某些原因，并不想把“可怜的小东西”关到衣柜里；或者，因为家里有客人，所以不愿发脾气。因此，就像孩子一开始就料到的那样，这些所谓的处罚规定就成了一纸空文而已。

如果家长采取灵活和圆通的手段，事件的处理就能得到不同的结果。让我们假设，某一天，妈妈正在做针线活或者其他家务，孩子们正在她身边玩耍，妈妈告诉他们在一些有名的学校里，当男孩子们不听话，或者破坏规矩时，就会被关进某种监狱里。也许她会把自己编造的例子告诉孩子：比如不愿意去的男孩要被强行送到那儿，如果到了监狱还拒不服从的话，还要待上更长时间；还有其他贵族出身的男孩，不仅身材高大、相貌英俊，还是运动场上的好手，他们做错了事的时候乐于被监禁起来，像个男子汉那样接受惩罚，并且由于这个原因，很快就恢复了自由。

然后，妈妈告诉孩子她也要实行类似的方案，让孩子在屋子里选择一处合适的地方作为“监狱”——也许是沙发的一头，角落里的小凳或者用过的、给当成猫舍的箱子。我曾听说有人曾经把离门前的楼梯的位置作为孩子的禁闭之地，在那里坐上最多一

分钟，就可以算作一个有年幼孩子的家庭对孩子最严厉的惩罚了。

当某个孩子违反了规定或者指令——例如，冬天进门的时候没有把门关好；或者在妈妈读书的时候打断她，而不是安静地站在她身旁，等到她从书中抬起头来，允许孩子开口说话为止；或者对他人使用暴力，如推搡、拉扯、抢夺玩具或者位置；或者妈妈叫他的时候，没有马上过去；或者在其他情况下，没有马上遵守命令时——妈妈可以简单地说："玛丽！"或者"詹姆斯！监狱！"说这句话的时候她没有任何不悦的情绪，总是面带微笑，就像在玩"监狱游戏"一样；然后，当孩子在接受惩罚的地方待上几分钟之后，她可以说："你自由了！"使孩子重获自由。

我相信有些家长读到这里，会说这种教育方法只不过是无足轻重的儿戏；真正有问题的孩子那种天生的淘气劲儿、不服管教的作风和顽固的性格永远不会通过这种方法得到真正的教育与根治。在试用中，无论家长采取的方式看上去多么无足轻重、形同儿戏，只要他们能做到坚持不懈、不屈不挠和果决，并把这些品质与惩罚方式相结合，就能建立最完善的权威。

我知道一位妈妈，她把孩子训练得几乎能完美地执行自己的命令，其惩罚孩子的唯一方式，是要求其违反规矩后单脚站立，根据错误的严重程度数到 5、10 或者 20。当然，这位妈妈在孩子很小的时候就开始了训练，让他们绝对顺从自己的意志。

另外，这些惩罚之所以有效，是因为没有给犯规的孩子施加任何痛苦或不适，而主要着重于在每次违规之后让他们清楚地意识到自己做了错事。虽然惩罚是如此轻微，但是如果任何违规或者任性的做法都无法逃脱惩罚，或者都能得到合适的惩戒，就能达到教育的目的。无论在什么情况下，能够使惩罚发挥效力的永远是其必然性，而不是严厉性。

我们来谈一下乔治的例子。他是个 17 岁的年轻人，在城里待了两年之后，准备回家住上一段时间——他发现妈妈病了，而弟弟埃格伯特很不听话，非常难以管教。

“我首先要做的是让埃格伯特听话，”乔治了解了事态之后，对自己说。他起初对弟弟采取的教育方式，完全属于柔和有礼但有效的惩戒。

10 岁大的埃格伯特，非常喜欢钓鱼，但是大人不让他一个人去。他的妈妈虽然在某些事情上软弱和优柔寡断，却非常坚定地不许他独自前往。所以，埃格伯特已经习惯于服从这一规矩。如果他妈妈对其他事情也持有如此坚决态度的话，他也会乖乖按照命令行事的。

他的哥哥回到家中的第二天，埃格伯特首先意识到的就是乔治可以和他一起去钓鱼。

“我不知道，”乔治回答，语气犹豫不决，“我不知道和你一起钓鱼是否合适，因为我不敢肯定你能一直听我的话。”

埃格伯特做出了非常积极的保证，因此得到了许可。乔治饶有兴味地帮助埃格伯特处理钓鱼工具，尽力与弟弟建立友善的关系，然后他们就出发了。正值冬天，他们走上一段林间小路，来到一个岔路口，两条路分别延伸向一片树林，它们都能通到河边，但中间得跨越一条小溪，其中一条路上有座桥，另一条没有。乔治说应该走前一条路，而埃格伯特却不理睬他的建议:“不，我宁愿走这里。”边说边走上另一条路。

“我早就觉得你不会听我的话，”乔治说，转身跟在埃格伯特身后走上后一条路，并没有提出进一步的反对。埃格伯特马上断定乔治就像其他人一样好对付。

当前方的小溪出现在他们视线中时，乔治发现有根细细的原木横跨在上面，表面像是一座桥的样子。他告诉走在前面的埃格伯特，在他过来之前不要独自走过那段原木，但埃格伯特回答说没有危险，他可以自己过去，随后就大胆地走了过去。乔治来到小溪旁，发现那根木头比较结实粗壮，便也跟着弟弟走了过去。“我告诉你我能过去。”埃格伯特说。“是的，”乔治回答，“你是对的，你能过去。那根原木很稳当，我觉得它是座不错的桥。”

埃格伯特说自己能单脚跳着过去，乔治让他试试，自己则帮弟弟拿着渔竿。乔治跟着他走过原木，然后告诉他自己很抱歉，因为他认为两人这次不能去钓鱼了。埃格伯特询问缘由，乔治说这是私人原因，不能告诉弟弟，但在晚上睡觉前会对他说明，同时还有个故事要讲给他听。

埃格伯特好奇地想知道是什么原因让哥哥改变了计划，也想听听那个故事。不过他仍然因为没能钓鱼而感到非常失望，并且有点生气,但如果不明白原因,很难对乔治发多大的脾气。而乔治，虽然说过他的原因是正当的——直到他们离开家，在去钓鱼的路上才发现出现了麻烦，但他镇定地坚持到了晚上再解释原因然后慢慢地走回家的态度，实在让人费解。

埃格伯特宣布，无论如何他都不想回家。如果不能去钓鱼，他宁愿待在树林里。乔治欣然同意他的做法。“我可以坐在树下这块平坦的石头上，”乔治说，“我口袋里装了一本书。你可以在树林里想玩多久就玩多久，也许还会发现一只松鼠什么的；要是发现了松鼠就告诉我，我帮你抓。”说着，他拿出书，坐在树下读了起来。埃格伯特闷闷不乐地瞎转了几分钟，开始往回走，宣称他要回家。

虽然如此，乔治不但没有显示出丝毫不悦的迹象，还在路上和弟弟友好地交谈，照常陪他玩，这样做使得埃格伯特的心情又

好了起来。整个下午乔治都选择友善的措辞与弟弟谈话，帮助他完成各种功课，尽力陪他消遣娱乐，没有一句抱怨或者表现出不满的情绪。

埃格伯特睡着之前，乔治来到他的床边，和弟弟玩闹一番，把他哄得特别高兴，然后说自己准备向他解释白天那件事的原因。

“我决定不去钓鱼的理由，”他说，“是因为我发现你不听我的话。”

埃格伯特沉默了一会儿，说自己并没有不听哥哥的话。乔治提起他走了那条不该走的小路的事情，还有违抗命令自己过独木桥，还有宣称走那条路可以最快赶到河边。但埃格伯特说自己知道那根原木既结实又稳固，走在上面绝不会掉下来。“所以你认为有充分的理由不听我的话。”乔治说。“是的。”埃格伯特得意地说。“事情无非是这样，”乔治说，“你会听话，但是如果你认为自己有充分的理由，就不听话。很多男孩都这样做事，这让我想起那个准备讲给你的故事，是关于一些士兵的。”

乔治给埃格伯特讲了一个很长的故事。一位上校派一名队长和一组士兵执行特殊任务，队长擅自带领小队渡过了一条小河，这样做违背了上校让他待在河那一边的命令，队长认为渡河是更为正确的决定，结果他们都被隐藏在附近灌木丛中的敌人俘虏了——上校知道那里有敌人，而队长不知道。乔治用几句非常有说服力的评论结束了他的故事，他选择了符合埃格伯特思维特点的讲述方式，说明一个好士兵应该绝对服从上级的命令，而不是按照自己认为的所谓更好的方式行事。

他又联系到另一个故事。一位军官，深得将军的信任——认为他能够无条件地绝对服从自己的所有命令，被将军派出执行重要任务，虽然他不知道任务的原因，但迅速地执行了命令，成功地达到了目的。乔治从故事中选取了一个埃格伯特能够理解的角色，描述了这个角色很多有趣的细节，最后从故事中提炼出有教育意义的结论。

乔治从故事中提炼出的寓意，并不像一些读者和很多缺乏技巧性的读者可能想的那样，即埃格伯特作为一个小孩子，应该服从权威的命令。相反的，乔治对他说："我的建议是，如果你长大了成为将军，一定要把任务交给能够无条件地服从命令的人去完成，否则绝不要相信他们。"埃格伯特非常严肃地答应下来，宣布他"一定会照做"。

乔治跟弟弟说了声晚安，然后走开了。第二天，他告诉埃格伯特，不要因为自己没有学会服从命令而感到沮丧。"很多年龄比你大的男孩，"他说，"他们没有学过这一课；但是你会学到。对于我有权决定的事情，你只有完全按照我的指示去做，我才能和你去钓鱼或者干其他好玩的事情。但是你很快就能学会服从命令，那时

我们就可以在一起做现在我们不能做的有趣的事儿。”

任何对青少年的思维方式有一定了解的人都可以断定，乔治借助这些原则进行教育，能够在短期内在埃格伯特身上产生绝对的效果。

控制自己的情绪，赢得孩子对惩罚的配合

上文的例子看上去非常简单，成功也来得容易。但是，要注意，这不仅仅是一个事例！虽然从事例中可以看出，只要具备坚定、冷静和果断的态度就能实现目标，但是，遗憾的是，家长们恰恰无法满足这些简单的要求。他们无法管住自己的孩子，是因为他们无法控制自己。

所以，家长们首先应该学会的技巧是：惩罚过程中绝对要避免出现愤怒的眼神和言辞。如果你发现孩子的过错引起了你的怒火，请停止对事态的判断，推迟所有决定，直到愤怒平息为止；不妨冷静慎重地考虑应怎样做；不要总想着如何发泄你的怨恨，要为孩子的利益着想。一旦你决定了要做什么，就要以坚决的方式来执行自己的决定——坚定而灵活——但是请记住，千万不要

带有任何不悦甚至暴力的情绪。

在纠正孩子过错的过程中，家长们应该学会的另外一个技巧是：赢得孩子对惩罚的配合。这样做有很多优点：让孩子对改正错误感兴趣，使得惩罚更为有效，还可以消除孩子头脑中的所有不满和怨恨。

7 岁的小埃格伯特拥有孩子们普遍具备的习惯之一，就是在自己穿衣的时候浪费大量时间，因而当闹钟第二遍响起的时候，往往还没有做好吃早饭的准备。他的妈妈承诺说，如果他自己想一个办法改掉这个毛病，就会给予奖励。

“我不知道怎么做能帮你改好，”她说，“不过，要是你能想出什么成功的办法，我会带你坐马车做一次短途旅行。”

“多远？”埃格伯特问。

“10 英里，”妈妈说，“我会带你坐马车前往 10 英里范围内任何你想去的地方，如果你能找到改正自己坏习惯的办法。”

“我觉得你应该惩罚我。”埃格伯特小心翼翼地说。

“你说得对，”妈妈说，“你自己想一种合适的惩罚方式，由我来做，只要能改正你的毛病。我会给你两个星期的时间改变，如果两周内改不掉坏毛病，我会认为惩罚的程度不够，或者方式不对；但是如果这办法在两周内管用，我就带你去旅行。”

埃格伯特想知道为什么要他自己来想办法，他希望姐姐玛丽能够帮忙，妈妈允许他向任何人寻求帮助。玛丽想了一会儿说，如果他不按时穿好衣服，早餐喝水时就只能得到一块糖而不是四块。

埃格伯特早餐时总要喝一杯加四块糖的水。第一遍钟6点半就响了，而早餐要到7点半开始。他姐姐认为半个小时足够用来穿衣服，埃格伯特应该每天早晨7点钟之前到楼下报告自己已经准备好吃早餐，如果做不到，就只能在他的水杯里放一块糖而不是四块。

但是两人在要求埃格伯特几点下楼报到的问题上起了争执：埃格伯特认为要求他在早餐前准备好就已经足够了，但是玛丽不同意。“当半个小时就够用的时候，”她说，“给你整整一个小时穿衣服，也许能够保证你准时吃早餐，但是没法改掉你的毛病。这会让你在穿衣服的时候玩上半个小时，还不用接受惩罚；但是，只有确保没有玩的时间，才能真正改掉你的坏习惯。”

因此，他们决定穿衣服的时间只有半小时。

埃格伯特的妈妈说，自己有一点担心如果失败了就只能得到一块糖的方法是否合适。

“这计划可能会成功，”她说，“我非常希望你试一下；但是我担心，当你穿衣服时想停下来玩一会儿，你会说，反正无论如何我都能吃到一块糖，就顺从了玩的诱惑。所以，如果规定失败了的话一块糖也得不到，对你来说更保险一些。这样做你的计划或许能成功，可以试试看。我会尽量保证惩罚轻一些来达到最好效果。”

这种教育模式使得埃格伯特能够在惩罚中配合家长改掉坏习惯。诚然，即使这样安排，让事情自行运转也不一定有效。但从其他例子和方法中可以看出，家长只有严格、坚定和持续地监控孩子，才能实现目的。

早期训练中，我们不能用孩子的努力代替家长的监护，但是可以充分利用孩子的合作来完成训练。

因此，无论什么样的惩罚方式，只要其必然性得到了保证，那么即使是好玩的惩罚也能达到纠正错误的目的。比如说，乔治就是一个例子。

乔治总是喜欢和比自己小一两岁的妹妹阿米莉亚吵架斗嘴。

当他的妈妈某天晚上在他的床边讲完一个故事，谈起这个问题时，他的情绪十分平静。“我知道这很傻，”他对妈妈说，“但是有时我就是没法控制，我会忘记。”

“那么你必须接受一些惩罚来让自己记住。”妈妈说。

“可是，有时候是她的错，”乔治说，“那么她就该受罚。”

“不，”妈妈回答，“在上流社会，当一位女士和一位绅士发生争执的时候，人们总是认为应该责备绅士。”

“但是阿米莉亚和我没在什么上流社会。”乔治说。

“你应该这样要求自己，”妈妈说，“无论如何，作为哥哥和妹妹吵嘴，说明你缺少足够的理智来避免这一切，如果你年龄大一点，变得更聪明，就会更加理智。”

“好吧，妈妈，什么样的惩罚呢？”乔治问。

“你真的愿意接受惩罚来改正错误吗？”妈妈问。

乔治表示愿意。

“那么，”妈妈说，“我建议每次你和阿米莉亚吵嘴，都得把夹克反过来穿在身上一小会儿，作为愚蠢的标志。”

乔治被这个主意逗得开心不已，他说自己很喜欢这项惩罚，那一定很有趣。妈妈对他说，前两三次可能很好玩，但以后这惩罚只能带来烦恼。不过，既然决定了把这当作惩罚，他就必须遵守，每次发现自己和妹妹吵架，必须立即停止，把夹克反过来；如果他忘记了这事儿，妈妈就会帮他做，妈妈发现之后只需简单地说：“夹克！”那么乔治就得执行命令。

“不管我俩谁犯了错，我都要这样做？”乔治问。

“你总是最应该挨批评的人，”妈妈回答，“或者说，当一个男孩子和妹妹玩的时候，如果两人吵架，男孩几乎都是最该受责备的。妹妹可能一开始做错了什么事，但哥哥应该因为继续这个错误并引起了争吵而受到批评。如果妹妹犯了小错，哥哥应该让着她，不要在意才对；如果是大错，哥哥即使走开把妹妹留在那里也不要和她吵架。所以，你看，大多数吵架的情况下都是你的责任。当然有时你是完全无辜的，如果受到了不该受的惩罚，也要像个男子汉那样承担下来。这是任何制度下都应该履行的责任。”

“我们拿出两周的时间来试行这个计划，”妈妈接着说，“所以，现在记住了，每次我听见你和阿米莉亚吵嘴，你必须脱下夹克反过来穿上——不管你觉得自己该不该挨批——保持几分钟。你可以随意多穿或者少穿几分钟，只要认为这次惩罚足够帮你改正错误就可以。两周结束的时候，我们就会看到这个计划有没有用了。”

妈妈接着说：“现在，闭上眼睛睡觉吧。你是个愿意改掉坏习惯的好孩子，而且情愿主动和妈妈合作，所以我毫不怀疑你会随和地顺从这项惩罚，不会给我添什么麻烦。”

后来，乔治与妹妹吵嘴的次数越来越少，两周之后，妈妈告诉乔治，他们“出色地”完成了计划——她认为，目前看来让他把夹克反过来穿的惩罚已经不必要了，建议他以摘下帽子倒过来戴，作为新的惩戒方法。

好的教育并不拘泥于发明新办法，或者一定要按上面那样与孩子谈话——这种手段的效果取决于两周内的实验计划是否得到了忠实、正确和严格的执行。

换言之，在惩罚孩子的时候不需要拘泥于故事中所采用的具体形式，只需保证家长对孩子的训练措施得到有效的实施即可。当然，这些措施不能包括威胁、责备、愤怒或者不悦的成分。

在纠正孩子过错的过程中，家长们应该学会的第三个技巧是：让孩子明白错在哪里，以消除孩子的抵触心理。

假设一名3到4岁的孩子独自跑到大街上，最适当的惩罚就是要求他在一天中剩下来的时间待在房间里，在妈妈的监控下活动。这样做，就比让他早上床一小时，或者让他接受一些跟自己的错误毫无联系的惩罚要好得多，因为最需要避免的事情，就是激起孩子的愤怒和怨恨，这样做会削弱惩罚的效果。

在本例中，如果大人不允许这个孩子到院子里去，只让他待在屋子里由妈妈看管，妈妈则不应该一遍遍地重复孩子的错误，或者通过监禁孩子表达自己的不悦来加重惩罚的力度；相反，家长应该尽力缓解孩子的压力。

“把你关在屋子里我很抱歉，”她可以说，“在院子里玩能让你更高兴，但那不安全。我不会因为你跑出去过多批评你，像你这样的小傻瓜经常干这种事儿，我想你是觉得外面很好玩才到街上去的。虽然很好玩，但不安全。等你长大点儿，没那么傻了，我会放心地让你去院子玩，不用看着你了。现在，我可以陪你在房间里玩儿。”

以此种方式和语气表现出来的惩罚，有利于尽可能地避免惹怒孩子，比起任何严厉、苛刻和憎恶的态度来，能更有效地达到纠正错误的目的。

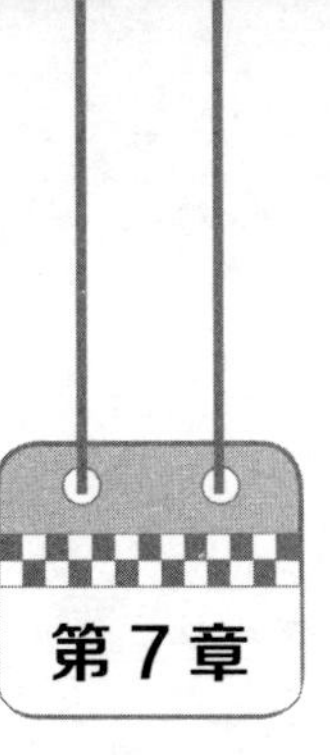

纠正孩子的“幼稚错误”时，你应该如何说？

孩子存在的大多数问题、所犯的错误以及所做的荒唐事，完全是由于他们的无知造成的。任何哲学原理，无论是针对外部问题还是研究心理活动的，对于孩子来说都是难以理解的。他们可能接受过这方面的一些教育，但是没有充分理解和认识其真正含义。所以，家长们应该利用一些技巧仔细地观察，以判断自己在孩子身上发现的某种行为是由无知或者缺乏经验造成的，还是主观故意的捣乱行为。对于后者应该采取什么措施比较合适我们暂且不予论述；对于前者显然应该采取引导的方式，而不是批评。

愉悦感比痛苦感更能有效地帮助孩子纠正错误

一天，一位妈妈进入房间，发现约翰尼正和表妹简激烈辩论到底谁长得高——约翰尼非常固执地认为自己是最高的，因为他是男孩。他的哥哥詹姆斯当时也在场，为他们逐一测了身高，发

现约翰尼确实更高。

约翰尼认为自己比表妹高而感到骄傲和快乐，这本身并没有什么不对，不过他非常骄傲地坚持认为自己因此就比表妹强就有点儿愚蠢。尽管如此，这也只是由于他的无知造成的。他还没有学会一个重要的处事原则——其实，世界上大概有一半的人终生都没有明白这个道理——即如果我们具有某种优势，应该设法让它自然而然地显露出来，而不是以炫耀的方式要求别人接受，前者才是更加明智的做法。开始时，约翰尼完全可以承认简有可能比自己高，然后安静地等待测量结果，这种做法更加聪明。

不过，约翰尼才 5 岁，所以我们不能批评他没有学会这个处理问题的技巧，况且还有很多成年人从来都没有学会这一方法。

此外，他辩论的逻辑也是站不住脚的——认为一个男孩就肯定比同年龄的女孩个子高。不过，这也没有什么好指责的。他的这一观点是一种似是而非的认识——逻辑学术语叫作推定。然而，孩子推理能力的发展过程是极其缓慢的。他们几乎没有接受过任何逻辑学方面的教育，所以我们也就不可能指望这样一个小孩可以清楚地分辨逻辑思维中的假象和事实等极为复杂的概念，这些属于逻辑推理中的前提与结论之间的关系。

在这个案例以及类似案例中，如果我们希望孩子在没有获得足够教育的情况下，就能够马上明白成年人都很难理解的逻辑问题，是不现实的。即使成年人也有相当一部分不能区分正确的辩论方式与荒谬可笑、不合逻辑的诡辩之间的区别。

总之，在这个案例中，我们对约翰尼需要做的并不是奚落和嘲笑，不是批评他的错误推理方式，也不能通过斥责和惩罚让他改掉炫耀的毛病，我们需要对他进行正确引导。

不过，这种引导最好不要在发生问题后马上实施。如果你的孩子正在吹嘘自己，你试图当场告诉他那样做是愚蠢的，他就会认为你是在故意找碴儿。于是，他的思想马上就会进入戒备状态，这样你就很难让他接受你的观点了。

例如，在这个案例中，如果约翰尼的妈妈试图当场告诉儿子：吹牛是愚蠢行为。如果我们确实有某些优秀品质，就应该通过事实证明，而不是自己主动吹嘘。他倾听时可能很勉强、很紧张，因为他认为这是一种变相的指责。如果他是一个很有教养的孩子，或许会耐心听妈妈讲话，但是不会在内心留下多少印象。如果他以前没有得到正确的教育，就极有可能打断妈妈的话，或者干脆跑开继续玩自己的游戏。

相反，如果这位妈妈稍作等待，等孩子们的争论和身高测量结束并把这件事忘记以后，寻找一个合适的机会实施必要的指导，效果会更好。

当约翰尼玩累了，回到妈妈的身边静静地看着她做事或者请她给自己讲故事；或者晚上将他安顿在小床上准备入睡时，妈妈这样对他说：

"我要给你讲两个小男孩的故事，他们分别叫杰克和亨利。在我讲完以后，希望你告诉我他们之中哪个人的表现更值得称赞。他们在同一所学校的同一个班上学，班上只有他们两个人。亨利是最勤奋的学生，是最优秀的。杰克没有他学习好，而且因为这个班只有两名学生，所以他是学习成绩最差的。

"一天，家里来了客人。一位女士问他们学习怎么样。杰克马上说：'很好。我在班上排第二名。'于是，这位女士表扬了他，认为他肯定是一个好学生，因为他在班上的排名很高。然后，她又问亨利在班上的成绩排名。他说：'我排名倒数第二。'

"这位女士感到有些惊讶，因为她和其他在场的人都认为亨利是最好的学生。另外，他们有些疑惑的是，亨利说话的表情有些古怪。此时，老师走了进来，向大家做了解释。她说，两个孩子在同一班学习，而且班上只有他们两个学生。所以，亨利是学习最好的，是倒数第二名，杰克是最差的，也是排名第二。老师解释之后，杰克心里很难受，觉得很丢脸。相反，虽然没有讲出真相，亨利却十分高兴。"

妈妈讲完了故事，问道：“现在，请你告诉我，这两个小男孩哪个更好呢？”

约翰尼说：“亨利更好。”

“是的，”妈妈说，“如果一个人拥有某些优点，不应该通过自我吹嘘而应以更为聪明的方式表现，这才是更加聪明的做法。”

亨利和杰克的故事与约翰尼和表妹的争论没有直接呼应，甚至约翰尼根本没有意识到两者之间的关系。妈妈在讲故事时也没有必要从逻辑上完全对应约翰尼的问题，迫使他回想起自己的行为。只要故事与他的行为之间存在一定的相似性就足够了，这样他就有足够的兴趣和思想准备，愿意接受故事中体现的教育意义。当然，如果家长愿意，也可以提高故事与孩子问题的相似性。

“我再给你讲一个故事。”妈妈说，“集市上有两个人，他们分别叫托马斯和菲利普。”

“托马斯正在吹嘘自己的力气。他说，他比菲利普力气大多了。‘或许，你的力气确实比我大。’菲利普说。然后，托马斯指着地面上的一块大石头，向菲利普提出挑战，看谁能将它投得更远。‘好的，’菲利普说，‘我试试吧，但是我想，你很有可能比我投得远，因为我知道你力气很大。’于是，他们进行了比赛。结果，菲利

普比托马斯投得远多了。此时，托马斯脸上显出非常羞愧的表情，悻悻地走开了。菲利普虽然没有吹嘘自己，但是他更成功地证明了自己的力气。”

“是的，”约翰尼说，“我也这样认为。”

如果妈妈愿意，还可以把故事情节设计得与约翰尼的表现更加相似，但是不要引起他内心的抵触情绪，同时还要保证他接受故事的教育意义。她甚至可以将约翰尼的表现编成故事，不过要修改其中人物的姓名。这样，约翰尼内心就不会有不舒服的感觉。如果自己的行为成为受批评的直接对象，孩子都会感到不舒服。令人惊讶的是，我们只需对故事的外在形式稍作改变，就足以转移他们的注意力，让他们心悦诚服地接受故事的道理。

约翰尼的妈妈可以这样说：“一本书里讲过这样一个故事，两个小男孩正在激烈地争论谁最高。如果让你给大家编这个故事，你觉得这两个小男孩应该用什么名字比较好呢？”

约翰尼给出两个小男孩的名字之后，妈妈可以继续讲述，故事情节可以与约翰尼和表妹的争论极为相似，最后引出必要的指导和建议。她会发现，只需利用十分普通的技巧和方法表述故事内容，她希望陈述的教育意义就能很容易地被儿子接受。原因很简单，故事情节没有直接与儿子联系起来，所以他就不会感到故事中包含着批评自己的成分。在这些情况下，妈妈只需对故事情节稍作改动，就能避免孩子在故事中对号入座，消除听故事过程中出现的任何痛苦或不舒服的感觉。他可能朦胧地意识到你在暗示他，但是不会产生任何恼怒或抵触情绪。

我们这样分析的目的是为了说明，如果我们从深层次的本质特征来看，孩子表现出的缺点和错误都是由于无知和缺乏经验所致，而不是故意做错事。所以，对待这类错误，不能态度粗暴，不能借机对孩子指责和惩罚。

这些情况下，孩子不应受到指责和惩罚，他需要的是我们正确地引导。这种教育就如照亮他们未来的前进方向，而不是给他们带来痛苦，迫使他们意识到自己所犯的错误。通过一定的朦胧化技巧，我们就能顺利地帮助他们改正过去的错误。

事实上，在这种情况下，家长会发现愉悦感比痛苦感更能有效地帮助孩子纠正错误。换言之，在处理此类问题时，家长的教育方式越让孩子感到愉快和易于接受——也就是，如果家长将引导孩子走的道路设计得越有吸引力，就越能让自己的小宝贝走向成熟——教育效果也就越好。

宽容孩子的无知

在上边讲述的案例中，孩子思想的不成熟主要在于他们不了解精神品质和精神活动规律，以及正确推理的原则。因此，他们所犯的错误和所遭遇的失败大部分都不应遭到成年人的批评，这完全是由孩子不了解外部世界的自然规律、事物特征和品质所致。

例如，一位父亲送给自己七八岁的儿子一把小刀，并叮嘱他一定小心。于是，对于那些他能理解的危险，他会十分小心。但是，当他试图用小刀把一块木头刻成一架风车时，把刀片弄坏了。对此，我们不能责怪他太粗心，而是应该告诉他刀片的强度，以及回火后所具有的特性和效果。

小男孩曾经看到爸爸用手钻钻孔，而且觉得刀片比手钻大——至少从一个方向上来说是这样的，它的宽度比手钻大——于是，他便自然而然地认为，刀片比手钻强度更大。出现这种错误，我们不能对他进行斥责或者惩罚，而是应该向他解释，告诉他必要的物理知识。

一个同样年龄的小女孩——我们假设是一个农村的小女孩——当妈妈准备早饭时，她很希望帮忙，提着一罐牛奶走出厨房。因为太满了，罐子中的牛奶有一部分洒到了地上。

妈妈看到地上的牛奶，完全忘记了小女孩当初的良好动机，只是认为她在捣乱，马上对她进行了严厉训斥。

其实，发生这一事故的原因很简单，小女孩还不懂，在不规则运动状态下液体运动和摇荡的规律。她还没有接受过这方面的理论教育，而且因为太小，还不能通过个人经验或者观察获取这方面的必要知识。

总之，孩子所犯的错误有很大一部分都是这样的：他们并不是存心捣乱，也不能简单地称之为粗心大意，完全是因为他们对于自己面对的物体性质和品质还没有足够的了解。

可以肯定地说，孩子们确实常常犯类似的错误。小男孩的爸爸已经警告过他不要用他的小刀乱砍乱划，小女孩的妈妈也曾经告诫过她不要端牛奶罐子。然而，在这两个案例中，他们的问题在于违反了家长的告诫，而不是自己行为造成的破坏。如果他们的行为只是造成了一些破坏，不存在主观故意和品质问题，对他

们进行指责和惩罚完全不是合理的或正确的。

就如第二个实例一样，孩子行为造成的破坏本身对她就是一个很大的惩罚了。

上述案例与大部分成年人所遭遇的事故和灾难极其相似。

当一位船长驾船从港口出发时，天气状况不是很好，经过几个小时的酝酿之后，几乎可以肯定会出现强烈的暴风雨。结果，他撞入了风暴之中，中桅和上部索具都被风刮跑了。当船长离开港口时的天气状况不足以让他意识到危险即将来临，而且他有着丰富的航行经验，一般情况下都可以做出正确的判断：如果船主意识到这些问题，就不会因为船只的损失对他指责。

但是，我们通常批评孩子没有注意到周围可能发生的危险，要求他们像我们一样拥有同样的经验和知识，所以一旦发现他们缺乏这些知识，就会对他们批评和指责。

事实上，在很多时候，不论孩子还是成年人，他们掌握的知识足以让他们意识到潜在的危险，但是现实情况可能过于陌生、环境非常不同，所以他们就可能不会把危险因素和破坏性后果联系起来。

写作这本书时，我听说刚刚发生了一场事故，它能很好地说明这一问题。

一群工人正在开发一段铁路隧道，当工作面距离入口好几英里时，运进了好多炸药准备爆破岩石。但是，很意外地，他们将连有电线的炸药放到了距离临时铁轨很近的位置。本来，炸药是需要利用电池才能起爆的，但是此时天空中跑过了一团乌云，其中包含的电荷通过临时铁轨导入了隧道。结果，炸药被起爆，几个工人当场丧生。

没人指责这群不幸的工人过于粗心，因为雷电事故实在罕见，是他们完全没有预料到的。

批评会极大地伤害孩子的学习热情

或许，在教育孩子过程中，所谓的学校教育给他们带来了最多不应有的批评甚至惩罚，人们根本没有考虑到，他们之所以发生错误完全是由自己的思想还不成熟所致。

很多家长为孩子拼写进步缓慢感到失望，对他们大发牢骚。他们完全忘记了，在日常英语对话中频繁使用的词汇就高达 8 000 到 10 000 个。孩子们必须单独记忆这些单词，除了发音有一点儿提示作用外，完全依靠死记硬背。

例如，我们自己已经习惯了 bear 这个词，当我们要表达狗熊这个动物时，我们马上就会想到 b-e-a-r 这几个字母，并且很自然地想象到这些字母的正确顺序和组合起来的含义，以及用什么发音来表达其具体含义。但是，对于孩子来说，这些字母所包含的特征和功能根本不能帮助他们想象，或者在被告知的情况下也无助于记忆。当这个词表示一个动物时，他可能写成 bear、bare、bair、bayr，或者如 where 的结构一样写成 bere。

对于“你”这个单词，我们马上就会拼写出来——y-o-u。对于我们来说，这几乎是世界上最简单的事情了。但是，对于小学生来说，他们可能仅凭发音判断，将这个单词写成 y-u。于是，我们可能哈哈大笑，让他感到非常的手足无措，就好像自己做了一件极其愚蠢的事情一样。但是，除了通过极为艰苦、毫无意义、非常枯燥无味的死记硬背以外，他根本无法知道应该写成 you、yu、yoo、ewe 还是 yew； 像 flue 那样写成 yue，还是像 do 那样写成 yo，当然也就不知道在什么时候、什么情况下应该用不同的拼写方式。

因此，我们必须明白孩子是以机械方式学习这一事实。此外，我们还要注意到，每天他们用于或者能够用于拼写学习的时间很少，而在他们 12 岁或者 15 岁时，我们希望他们能够正确拼写的常用单词量有可能是 1 万到 1.2 万个（韦氏词典的收词量已经超过了 10 万个）。我们把这些因素都考虑进去，如果一位父亲在年仅 12 岁或 14 岁的女儿给自己写来的信中发现只有三四个单词拼写错误，他就应该十分高兴和满意。于是，他应该将自己的满意告诉女儿，鼓励她，而不是老盯着那几个写错的单词，让她为自己的拼写错误感到羞愧，最终情绪低落、丧失信心。

这个道理同样适用于孩子的阅读和写作学习，他们同样需要克服很多困难。例如，对于 hit 中的三个字母，一个孩子读出来的声音可能是 aitch、eye、tee，结果别人就会认为他指的是 achite，而不是 hit 这个单词。

在孩子学习知识的过程中，成年人对他们所犯的错误或失误进行批评或嘲笑，会极大地伤害他们的学习热情，可以说，这是扼杀他们自尊心的头号杀手。其实，对于他们所犯的大部分错误，我们都不应该提出批评。

毫无疑问，批评或者嘲笑一个孩子很愚笨是一种极其没有爱心，甚至可以说是很残忍的行为。我们应该知道，我们所认为的他智力上的任何缺陷，无论从哪种角度来看，都不可能是他“自己”的过错。他的智力水平取决于他的神经系统，如果这个系统存在缺陷，他自己根本无力左右，就像一个孩子天生脸部畸形、失明、耳聋，或者任何其他肢体残疾一样，都是人力不可改变的。

如果确实有某个孩子在这些方面的某一项赶不上其他孩子，

他的家长或老师也应该给予特别的关心和照顾。如果这个孩子近视，在学校上课时就应该给他安排一个尽可能方便的座位，让他方便地看到黑板或者地图。如果这个孩子的听力不好，就要让他靠近讲台。对于其他类似的原因，如果你认为某个学生能力较差，应该以各种可能的方式柔和而又慈爱地帮助他。只要有可能，你就应该尽量鼓励他，尽量不让其他人和他自己意识到自己的缺陷，而且学校和家庭应该坚持不懈地密切合作，确保这些工作的贯彻实施。

此外，任何时候，我们都应该让那些负责孩子教育的成年人明确牢记区分出于恶意、故意、有意不履行明确职责的孩子的错误和那些部分或全部由于他们智力或身体不成熟而导致的任何可能的麻烦。在我们的工作过程中，无论我们面对的是植物、动物还是人类精神，对于所有处于幼年时期的问题，我们都应表现出极大的爱心。

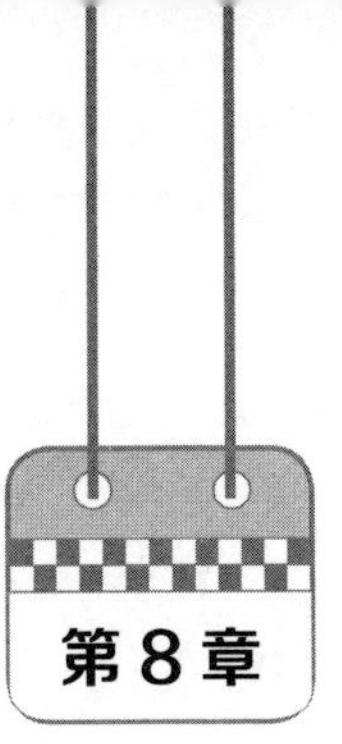

孩子乱折腾时，你应该怎么说？

今天，多数家长都不用再为孩子的营养不足而担心，相反他们更应该关注孩子的营养过剩问题。

在身体代谢过程中，孩子所吃食物所含能量的释放方式多种多样，最主要的有：其一，体温的维持；其二，肌肉收缩、四肢运动，以及不同器官的活动；其三，与大脑和神经活动有关的意识现象。

孩子的所有肌肉动作和脑力活动都是一种内在能量的外在释放，而这种能量是完全不受他们主观意志所控制的。他们必须以这种或者那种方式消耗掉这些能量。如果我们不允许他们按照自己的方式消耗能量，限制他们肢体或者其他身体部位的外在活动，这种能量就会破坏孩子脆弱的内在系统。

关于这一点，我们可以从那些长期单独囚禁的成年人身上得到验证。他们吃下的食物所蕴含的能量在生命代谢作用下释放到体内系统中。由于长期监禁，他们一直处于安静和孤独状态，所有正常的和自然的能量释放渠道都被堵塞，于是这些能量便开始

破坏他们的内部系统，导致精神或其他重要身体器官的功能紊乱，甚至引发精神错乱或者死亡。

是什么让孩子一直不断地折腾？

我们经常看到一只小鸟在地上蹦蹦跳跳一段时间，然后又在树枝和地面之间来来回回地飞行。在观察它的这些行为时，我们首先感到奇怪的是，它为什么总是这样不安分；略作思考以后，我们更对它这种无目的、无意义的行为感到疑惑。它在地上小跑几步，然后又在树枝上蹦跳一会儿，接着又返回地面，然后又煞有介事地对着草丛啄上几下，似乎认为或者假装认为其中有什么吃的东西。再然后，它抬起头斜着眼睛看了看，正好看到头顶上的一根树枝，于是马上飞到上边。它在树枝上逗留了一会儿，兴致很高地歌唱一番，突然飞回地面，跑上几步，停一停，再跑几步，再停一停，向周围看一看，似乎在思考下面应该做什么。最后，终于飞起来，消失在我们的视野之外。如果我们跟着它，而且有足够的耐心长时间观察，就会发现它整天都在重复这些动作，永无休止。

有时，我们认为，小鸟之所以这样做，是在寻找食物。但是，稍作思考我们便会知道，它的嗉囊非常小，装不下多少食物。于是，我们马上便会明白，它表面上的啄食行为大多数情况下都是无意义的娱乐举动；它永无休止的移动并不是为了到某个地方去，完全是因为这样可以给它带来快乐；它到处蹦蹦跳跳、四处啄食，并不是为了寻找自己喜欢的东西，完全是因为它喜欢蹦跳和啄食的动作。

真正的解释是，它吃的食物在其体内发挥了作用，最初来自阳光而后又被植物转化的能量正在释放。这个力量必须寻找一个释放途径，小鸟发现通过无休止的运动可以让自己的肌肉和大脑一直处于活跃状态，从而可以很好地消耗这些能量。外界的各种物体将它的注意力吸引过去，促使它以某种特定方式消耗体内的能量。但是，这些活动的根本动因来自它的内部思想，而不是外部诱发因素。

即便外界物体不能激发它的活动欲望，它的活动需求也丝毫不会减弱。一只被圈禁在笼子里的狮子，只要能有让它迈两步的富余空间，它就会来来回回不断地走动。由于被圈禁，它体内的重要器官必须消耗食物所包含的能量，所以必须以某种形式实现这一目的。

很多家长不会专门安下心来认真思考，或者说很少有心情观察小鸟永无休止的运动。但是，孩子永不消停的举动则会强迫他们予以关注，因为这些举动影响了他们安静的生活或安适愉快的心情。他们非常奇怪，不清楚到底是什么诱因让孩子一直不断地、毫无明确动机或者目的地折腾和活动。因为想不出任何可能的动因，家长就会认为这种躁动不安的行为是无缘由的、没有道理的，所以是一种性格缺陷，必须给予批评或惩罚。当然，有时他们也会设置人为限制试图纠正孩子的这些毛病。

事实上，孩子好动的动因并不是希望实现什么具体目的，而是为了释放内在能量给他们带来快感，让这些能量通过自然渠道得到释放，伴随的成就感可以让他们非常满足。

对于好动的孩子来说，具有吸引力的是行为本身，而不是要实现什么目的。

如果我们将一张弓和一些箭交给一个孩子，并让他到园子里玩耍，如果他恰好找不到合适的目标，他就很有可能漫无目的地朝着天空射击。但是，如果他看到某个物体可以作为射击目标，他的注意力就有可能转移过去。他可能朝任何可以当作目标的物体射击，比如谷仓上面的藤蔓、树上的苹果，或者篱笆上的绳结。他这样做并不是为了要击中藤蔓、苹果或者绳结，完全是出于内心的一时冲动。如果有什么东西可以射击，他内心便会生出这种冲动。

这种情况同样适用于孩子无休止的肌肉活动。他可能走进房间，然后坐在自己所看到的第一把椅子上。接着，他又会跳起来，跑向第二把、第三把，直至坐遍所有椅子。他这样做并不是专门为了试试坐上去是否舒服，他只是希望不断移动，而椅子恰好是一个不错的媒介，激发了他内心的冲动。

如果在户外，他同样可以针对不同物体进行活动——明明旁边有敞开的大门，他非要从篱笆上翻过去；放着脚下的路不走，非要爬到墙头上一步一步地往前挪；看到一根柱子就要攀爬，其实他并不是有什么具体目的，只是为了活动肌肉而已；看到一道陡峭的河岸，他也会毫不犹豫地攀登，其实河岸顶上并没有他需要的东西。

换言之，孩子们之所以要做一些事，其目的并不是为了事情本身，而是为了做事这一过程。很多时候，家长并不了解这一点，所以常常提出一些愚蠢的问题。例如，“乔治，你为什么一定要爬那道篱笆？旁边就有敞开的大门，干吗不走？”“詹姆斯，你爬那棵树到底能给你带来什么好处？你自己也知道上面什么东西也没有，甚至连一个鸟窝都没有。”“露西，你为什么总是不断蹦蹦跳跳的，还到处乱跑？那把椅子不是挺好的吗，为什么总是不断换来换去？”

假如孩子们知道自己行为的内在道理，可能就会说：“我爬篱笆并不是为了希望走到另外一边去；我往河岸上爬也不是因为那

里有什么东西；我在屋里到处跑，并不是为了去某个特定的地方。这完全是因为我们内在的能量驱使着我们这样做，而且只要周围有适合的东西，我们就会利用。”

永远不要对孩子的好动进行批评

如果你愿意，可以通过不让他们吃饭的方式终止他们能量的供应；但是，如果你决定必须继续为他们提供饮食的话，你就不能抱怨他们不保持安静。在你让孩子吃完早餐以后，他的身体系统就会吸收其中的能量，如果此时你指责他总是乱走乱动，就是在指责他健康的身体和愉快的心情。

一方面为孩子提供食物，一方面又试图限制因此引发的结果，这种行为就像火车司机一边不断往蒸汽机锅炉里面加煤，一边却关闭发动机、关闭所有阀门、关闭安全阀一样不可思议。这样，他就会发现自己最不愿意看到的结果，机器的所有连接部位都会嘶嘶冒气。只有连接部分松动才能让内部汹涌的能量得到释放，从而避免压力过大导致设备的彻底破坏。

孩子在学校的嘀咕和调皮，以及在家里制造的噪音、不礼貌的行为、小小的恶作剧，90% 都是他们内部过高能量的释放，完全没有其他意义。

总之，我们应该尽可能地表扬和鼓励孩子的活动，而不是批评或者压制。我们应该尽力将他们从错误的道路上带出来，避免他们的行为伤害到自己或者给其他人制造麻烦。然而，我们绝对不能完全堵死这些道路，而应告诉他们更好的方向，并引导他们走向那里。

每隔一段时间，就让孩子的活动模式变化一次

在鼓励孩子进行活动和引导他们正确娱乐的过程中，我们应该着眼于提高他们的身体发育和健康水平，但不要抱过高的期望。

当动物某个系统的器官处于形成和发育阶段时，这些器官只能在很短时间内正常工作而不致疲劳。这就是说，所有幼年时期的动物必须不断改变自己的活动方式，或者说，不断交替实施运动和休息。

一个 40 岁的农民，他的所有身体器官都已彻底发育和成熟，整天伐木也不会过度劳累。在他晚上回到家以后，他也会坐在壁炉附近的靠背椅上休息 3 个小时，思考自己的农耕细节或者第二天的工作计划，以便让大脑处于工作状态。这样，他的生命力在

连续多个小时中会用在肌肉运动上，然后在肌肉休息期间，会通过大脑的活动进一步释放内部能量。

但是，对于孩子来说，他们的活动模式必须每隔很短一段时间就变化一次。只需 5 分钟的劳动就会让他感到疲劳，于是接下来 5 分钟的休息会让他很高兴。如果只身一人，他可能坐在自己的摇摆木马上玩一会儿，然后走到你的身边，要求你给他讲故事。听故事的过程中，他的肌肉便处于休息状态，体内的能量便用在大脑的思维活动中。如果你的故事太长，他的大脑就会出现疲劳。于是，他本能地就会让体内能量转移到肌肉活动上。

如果他不是一个人玩摇摆木马，有人陪伴着他，他的身体活动似乎会持续较长时间。但是，事实上他不会那样做，他会不时停下来和小伙伴说话，让肌肉暂时得到休息。于是，生命力便用在了思考和情感表达上。

对于他们这种反复无常的举动，我们不应该予以责备。这种活动模式的频繁变化很有必要，所以他们不适合任何形式的单调持续的活动状态——一般情况下，正是这种活动状态才能促进任何有益结果的出现。

为孩子提供最安全、最合适的活动渠道

家长和老师必须了解这些生理学规律，并运用于他们的活动过程中，使他们的计划和安排符合这些规律。

对于年龄很小的孩子来说，持续任何一项活动的时间，尤其是脑力活动的时间，必须很短，而且必须频繁地与其他活动形式交替进行。身体运动和脑力思考形式之间的这种快速交替，以及相应情绪的呼应融合，即孩子所谓的游戏活动，不能仅仅被看成一种简单的兴趣爱好，而是一种非常必要的生活内容。必须把游戏当成他们学习过程中的一个重要组成部分，而且这一观点不仅适用于孩子，同样适用于所有成年人。

对于年龄较大的孩子来说，在我们这个国家条件最好的学校中，已经提供了一些合适的条件以适应他们的这一需要。但是，在家里，妈妈常常不知道如何满足这一目的，甚至很多人根本不了解孩子对游戏的渴望和必要性。

至于实现这一目标的方法——也就是为孩子提供最安全、最合适的活动渠道，让他们体内的能量得到彻底的释放，要尽量减

少他们的不便和麻烦——很大程度上取决于家长的聪明智慧、创造性和正确的判断力。如果家长充分意识到孩子不断运动的倾向，甚至制造混乱和噪音的行为，只能说明他的生命体征非常正常。他体内的能量充盈应该是一件值得庆幸的事情，我们应该给予合理引导，而不是指责和限制。这一认识是家长在教育孩子方面一个质的飞跃。

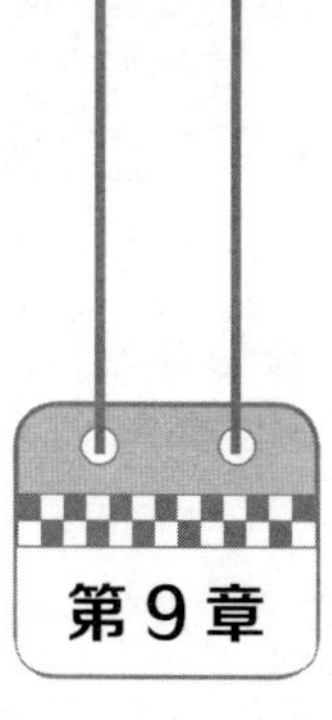

发现孩子撒谎时，你应该怎么说？

讲真话的真正含义是什么呢？这个问题很简单，就是我们有义务让自己所讲的话与事实的真实情况一致。毫无疑问，这个责任属于一般性原则，但是它又有很多例外情况，要定义这些例外的情况并使之与讲真话的一般理解相一致，往往非常复杂、非常深奥。想要孩子尽快知道两者的必要区别，将是一件非常难得的事情。

是什么让孩子爱上撒谎？

语言和语言产生的相应印象与现实保持一致的必要性是人与人之间的社会关系的基础。然而，除非受成年人指导，孩子们是无法自己理解这一问题的。我们既没有理由要求孩子通过任何种类的本能、直觉、初步的道德感，抑或通过自己非常原始的思维推理能力，明白这种必要性； 而且，即使通过上述两种方法他们

明白了自己应该坚持这种思想，但是通过不断观察自己周围其他人使用语言的情况，他们也会发现这些自己常常效仿的人时常言行不一致，所以他们的头脑很快就会彻底发生混乱。

一位妈妈将自己四五岁的小儿子放到膝盖上给他讲故事，目的是为了让他高兴。

她这样讲道："当我还是个小男孩的时候，我独自生活着。我将自己所有的面包和奶酪都摆放在小推车的木板上。"之后，她的故事还会继续下去。妈妈实现了自己讲故事的目的，孩子高兴了。

妈妈讲故事的声音进入他的耳朵，他的脑海中出现了一些神奇的景象，这些奇妙的现象让他非常感兴趣，也非常高兴。他脑海中出现的景象是：一个小男孩独立生活，把面包和奶酪放在高高的木板架上，后来又试图用一辆小车带着小媳妇回家。但是，最后小推车折断了，小媳妇和所有其他东西都摔了下来。至此，故事结束了。

他并没有从哲学角度思考这一问题，让他最高兴的内容是，仅仅通过妈妈的声音，他的头脑中就出现了一些鲜活而又奇妙的形象，这给他带来了很大的快乐。

如果他以自己十分原始的思维方式分析一下，马上就会知道，妈妈给他讲的故事并不是真实的——也就是说，妈妈所说的话和在头脑中所产生的形象没有与之对应的客观现实。他知道，首先他的妈妈从来不是一个小男孩，也不是一个人生活，所以也就不会自己将面包和奶酪放在架子上。如果他进行任何思考的话，他认为，整个故事，包括手推车坏掉以及所有情节，仅仅是一些语言而已，是妈妈为了让他高兴才说的。

后来，妈妈给了他一块蛋糕，然后他拿着到院子里面玩。他姐姐也正好在那里，要求他分给自己一点儿蛋糕。他犹豫了一会儿。他对姐姐的要求进行了一番思考，在头脑中想象着分一半蛋糕给姐姐的情景。但是，最后他决定不这么做，自己全吃了。

过了一段时间，当他回到屋里时，妈妈偶尔问起蛋糕的问题。他说，他分了一半给姐姐。听了这话，妈妈看上去很开心。其实，他原来就知道，妈妈一定会高兴的。事实上，他之所以这样说，就是为了让妈妈感到高兴。他说的话根本不代表任何实际情况，只是头脑中闪过的一个想法而已。

从一定意义上来说，他这样说就是为了让妈妈高兴。他这样做的所有细节都与妈妈刚才讲的故事完全一致，即她是一个小男孩的时候曾经独自生活。妈妈说这些话的目的就是为了让他高兴，

所以现在他这样说，也是为了让妈妈高兴。

读者可能惊讶地说，为了让妈妈高兴，让孩子产生这样一种思想动机对于他的成长来说，无论如何都不是有益的，也不是合适的。人们可能认为，孩子这样做的目的是为了避免自己遭受指责，或者获得一些不应得到的赞扬。毫无疑问，如果我们站在成年人的角度分析这一动机——这种分析对于我们来说是小菜一碟——我们就会发现，孩子这样做的动机，虽然有些模糊，但是确实存在。

但是，孩子是不会进行分析的。他也没有能力进行分析。他不会考虑自己行为的最终结果，也不会寻找促使自己采取行动的背后存在哪些复杂的冲动。在这个案例中，我们所能做的合理推断是，他脑海中出现的只是一种本能的感受，即如果他说自己吃了所有蛋糕，妈妈就会不高兴地皱眉，或者至少会表现出痛苦和失望的表情，也有可能说出一些令他不高兴的话；然而，如果他说自己把蛋糕分了一半给姐姐，她就会看上去很满意、很高兴。这就是他所能预见的所有内容。

在他那个年龄，他的大脑还处于一种非常原始的状态，所以他也只能考虑这么多。因此，当妈妈问起的时候，他的大脑对当时出现的冲动做出了反应，为了让妈妈高兴，而不是让她痛苦，他选择了那种表达方式。对于这一行为的秘密动机，或许确实是他的最终目的，但是因为隐藏得太深，他根本不会有所意识。

事实上，成年人也常常在内心深处自私动机的影响下采取行动，对此我们也是毫无意识的。所以，如果我们这样去评判一个孩子，未免有点儿过于苛刻了。

对于孩子来说，区分什么时候他们说的话必须与实际情况保持严格一致，什么时候完全可以仅仅体现自己的印象和想象，这是个十分复杂的问题。

除此之外，他们还要面对另外一个巨大的成长障碍，这个问题很少有人考虑，事实上，很多家长根本没有理解它——那就是，在童年时期，现实与孩子头脑中纯粹的想象界限非常模糊。

即使在成年人的思想中，现实与想象也经常被混淆。我们经常必须停下来思考一会儿，才能确定我们意识到的内心的一种认识是对现实的一种记忆，还是过去某个时间，甚至特别久远的时间以前，由于阅读、倾听或者完全处于幻想在自己脑海中想象的重新浮现。

“这到底是事实呢，还是我的幻想？”这种疑问我们听到的太多了。曾经有人信誓旦旦地在法庭作证，他们认为自己确实亲眼见过某件事，但实际完全是他们在脑海中的主观想象。因为这些想象出来的景象非常清晰、非常逼真，一段时间之后，它与我们确实见证过的、与事实相符的印象纠缠在了一起，已经难以分辨。

例如，我们可能回忆起过去看到的火灾景象——一座建筑在

着火，一位消防员通过梯子爬到窗口去救人。此时，这种景象的形成可能有几种形式。第一，我们可能在前一天晚上确实亲眼看到了这样一幅场景;第二，有人向我们叙述了这样一幅场景;第三，我们在写故事时，想到了这样一幅场景；第四，我们可能在做梦时见到了这样一幅场景。这是我们头脑中重新浮现景象的四种场景原型，我们目前回想起的这一景象大多数情况下都包含某些特征，可以让我们马上确定真正的场景原型是什么。

也就是说，在脑海中出现的景象包含有某种欺骗性，即它们可能来自我们曾经亲眼见证过的事实，也可能来自另外一个人对我们的转述，还可能是某种状态下我们自己的幻想，甚至是纯粹的梦想。我们很难明白目前内心浮现的图像到底是否来自真实的场景。我们可能很轻松地说:“噢，这是我们的记忆啊。”但是，记忆只是一个词而已。在这种情况下，这个词只代表我们过去看到、听到、想象到、梦想到的景象，与这个场景是否真实无关。

对于孩子来说，他们的感知能力和意识能力，对头脑不同印象和感受的区分性特征的识别能力都是不成熟的。他们的脑海中充满了各种纠结或混合在一起的奇妙感受、认识、想象和记忆，孩子们无法自动将它们区分开来。因而，为了整理和管理这些活动，孩子们需要一个完整的训练和教育过程。

首先，你要告诉孩子讲真话是他的义务

我们不能指望孩子从一开始就理解并感受讲真话的义务，同样，我们也不能希望他们掌握成人在社交活动中履行的其他各种行为原则。我们不能指望在地上爬着去拿同一个玩具的婴儿本能地感觉到应该让对方玩一段时间。我们必须教给孩子讲真话的原则，就像我们必须教给他们有关公平、正义、权利的原则一样。

我知道，还有一种不同的观点为人们所广泛接受，即人们似乎普遍认为，在某些情况下，如果讲假话比讲真话能够产生更多积极效果，那么这种行为就是可以被人们接受的。但是，我们很容易就会发现，如果我们知道自己周围的某些人持有这种哲学观，我们对他们讲话所有合理的信任就会不复存在。因为我们永远不知道，他们现在所讲的话不是属于那些他们出于权宜考虑没有告诉我们真实情况的类别——也就是说，为了某种有益的结果，他们向我们讲假话的类别。

所以，我们必须让孩子完全明白讲真话是一种义务，而不要让他们养成为了眼前利益讲假话的习惯。我们必须尽力确保他们

尽快接受最高的道德标准，将讲真话作为自己的人生原则。

一般来说，他们会通过实践经验掌握这些原则——由于违反这些原则，他们会遭遇困难与挫折，迫使他们不断进步。但是，尽职尽责的家长会通过合适的引导方式以非常简单轻松的教育活动让孩子掌握必要的相关知识。

如果一位妈妈发现自己年龄很小的孩子常常不讲真话，也不应该感到痛苦与悲观失望；相反，她应该更加重视教育的必要性，通过新的方法教育孩子做人的道理，通过训练让他们掌握并履行这些原则。

少发牢骚，多鼓励

对于年龄特别小的孩子，妈妈不应对他们违背行为原则实施过于严厉的惩罚，也不要对孩子大发牢骚，发泄不满情绪。

大多数情况下，妈妈应该采取指导而不是发泄愤怒或实施恶意惩罚的方式对待孩子。在某种情况下，当孩子能够抵制某些环境下的诱惑坚持讲真话时，妈妈应该通过赞许和喜悦的表情鼓励他们。当孩子坚持讲真话时，通过向他表明你已经注意到并感到高兴，妈妈的这种行为可以更有效地鼓励孩子对坚持真理的真正热爱，所起的作用比 10 次批评甚至惩罚还要好得多。

当然，对于那些故意为恶的人，确实应该受到谴责；但是，正如本章已经指出的，孩子的是非感还没有彻底形成，所以不应该将这一原则用在他们身上。

区别对待孩子是不讲真话还是故意欺骗

不要把欺骗这种严重的罪错与不讲真话这种错误混淆起来。例如，一个人丢了一条腿，他完全可以装一条假肢，而且可以收到以假乱真的效果——他甚至可以通过安装假肢达到“故意”欺骗人们的目的，让人们认为他的两条腿都是真的。但是，如果他明确说出自己的这条腿不是人工制造的，就是很严重的错误。

我们完全可以将一枚白垩做成的鸡蛋放到一只母鸡的窝里欺骗它；然而，如果母鸡能听懂人类语言，而且我们假定它“拥有某些我们应该尊重的权利”，我们仍然“告诉”它这是一枚真蛋，我们的行为则是错误的。

这些案例表明，通过虚假的表象进行欺骗——有时，这种做法是正确的——和虚假的语言陈述进行欺骗有着极大的不同，我认为后者永远是错误的。

因为孩子的思维能力和辨别是非的能力还很不完善，我们会适当宽容他们讲假话的行为。但是，不能因为有了这种宽容，我们就可以降低他们心中的是非标准，让他们以为我们并不觉得欺骗是一个严重错误，甚至在某些极端情况下，是可以被我们接受的。我们可以说，“我们没有必要在任何时候都讲真话”。但是，为了让他们完全理解其中的含义，我们必须补充一点——永远不要讲欺骗的话。

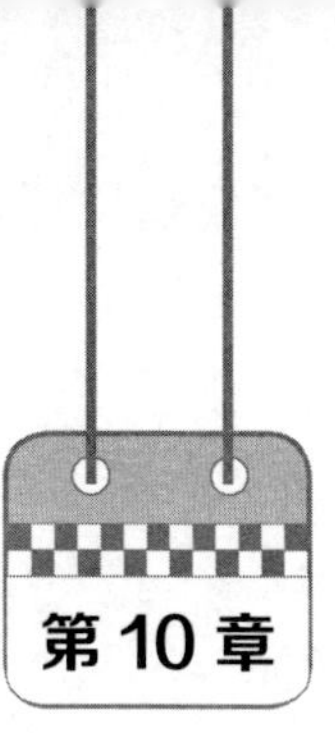

孩子总听不进你的话，你应该如何说？

有些家长希望自己年龄很小的孩子具有理性，这本身就是一种非理性的做法。因为孩子的智力还没有完全发育，对于现实属性的分析和认识还很不完善，他们的思维能力还处于一种原始的或者正在形成的阶段。因为他们还不成熟，所以希望他们根据实际需要完成某些功能，就像希望一个婴儿利用自己非常纤细的胳膊进行任何有益的劳动一样，是不现实的。

孩子为什么总把你的话当成耳旁风？

有时，当家长看着躺在自己怀抱中的婴儿时，会发现他在非常专心地盯着房间里的东西——例如，窗户透过的明亮的光线或者灯光、墙壁上的图画——于是这位家长便会想，孩子到底在想什么。事实上，或许他什么也没有想，他只是在实施看这个动作——也就是说，外部物体的光线进入他的眼睛，在他的感觉系统产生

图像，仅此而已。他只是在看而已。

或许，前一天他的脑海中出现过类似的图像，但是因为年龄太小，记忆中以前形成的图像可能根本不会在他的意识中重新浮现。也就是说，他的意识没有与眼前的景象联系起来，以前的图像没有再次出现在脑海里。此外，他也不会对记忆中的图像和眼前的景象进行对比。

相反，家长看到今天的景象时，可能会想起昨天所看到的东西，并在脑海中对二者进行对比。所以，在感觉和回忆作用的刺激下，她的脑海中便有很多“想法”被唤醒——例如，这盏灯用的是一种新燃油，比另外一盏更加明亮。于是，她便决定在自己所有的灯中都使用这种油，并且还会向自己的朋友推荐，以及其他无穷无尽的想法。但是，婴儿根本没有，也不可能有这些想法，因为他的思维功能还没有发育，而且他也没有过去的感觉体验帮助自己进行这些思维活动。他只是察觉到眼前的情景，仅此而已。

虽然孩子的意识会逐步发展，但是在整个青少年时期其根本状态是一样的。也就是说，被感知过程直接占用的感觉器官和思维器官是最早发育的。因此，在孩子的整个发育阶段，事物的感觉属性和行为所产生的直接和即时影响具有决定性影响。

因此，家长在对孩子进行教育的过程中，不能对他们分辨是非的能力抱以过高的期望，应该由家长决定所有重要问题，并利用自己的经验和推理能力指导孩子的成长。事实上，家长必须培养和训练孩子的推理能力与思考能力，不能期望孩子在很小的时候就具备足够的智力完成繁重的思维活动，也不能指望他们承担重要的任务。

总而言之，家长在处理孩子推理能力和判断能力时，要像农民呵护自己的小马驹一样，在合理的范围内，既训练它，又让它干活，但是永远不会让它干特别重的活。

当孩子的心智还未成熟时，家长不能放弃自己的决定权

在某些重要问题上，例如：上学、吃药、生病或天气不好时在室内休息、拜访他人、选择玩伴和朋友等等很多事情，家长都不能让孩子真正掌握决定权，这样做是不安全的。对于这些事情，你要为他们做决定，然后让他们服从；换言之，你不要说："喔，我不会做这个或者那个，因为……"然后，向孩子解释理由。相反，你应该这样说："是的，我毫不怀疑你喜欢做这件事情，如果我是你的话，我也会喜欢的。但是，这是不可能的。"

让孩子吃药时，不要为了照顾他们的情绪用半个小时的时间

向他们讲道理，或者使用诡计希望让他们心甘情愿地服用。你只需将药交给他说："我知道，这药不好吃，但是必须吃。"如果孩子拒绝服从，不要拖延时间，在不表露恼怒神情的前提下，马上尽可能柔和地给他灌下去。在孩子的心情平复之后，把你的这个小病号放到膝盖上，向他讲道理——当然，所有这些做法的前提是孩子的病不是很严重。你可以这样说："刚才，你不想吃药，我们必须给你灌下去，我希望没有让你特别伤心。"

此时，孩子可能发些牢骚。

"你不喜欢吃药，我一点儿也不感到惊讶。很多小孩子还不懂道理，所有动物，包括马匹和奶牛，生病以后都特别不愿意吃药，所以人们不得不给它们灌下去。或许，你还会有好多次拒绝服药，直到你长大之后才会明白，主动服药比被大人强迫灌下去要容易得多。"

然后，你可以给他讲一个给马灌药的故事。告诉他，因为马不知道像人那样主动服药，人们费了好大的劲儿才将药给这匹生病的马灌下去。

这件事只是为了说明一个普遍原则——一些情况下，决定权的的确确不能由孩子掌握，此时家长应该马上为他们做出决定，通过让他们服从家长权威的方式采取行动，这既有助于孩子的舒适与快乐，同时也便于家长成功实现教育目的。

如果家长非常勉强地听孩子没完没了地替自己辩解，要求家长允许他们做他们深信自己可以正确决定的事情；或者如果孩子不是完全错误——这种情况还是很多的，然后与他们进行辩论，这都是毫无意义的。因为他们特别执着于自己的希望，所以根本不会接受你给出的道理，这种做法不仅不会培养他们的理性分析能力，反而会让他们产生混乱和疑惑，妨碍他们的健康成长。

给孩子更多的自主权，训练他们的心智

如果孩子通过推理和判断得出的结论可以让他们安全地决定自己的行动，此时允许他们进行推理和判断就会产生非常有益的效果。在这种情况下，你可以向他们提供必要的信息帮助他们进行推理判断，但是不可生硬地提供建议，让他们感到尴尬或者影响他们正常实施判断。以这种精神让他们自行设计自己花园的布局，决定散步或骑马的路线，如何花费自己的零花钱，同时给予一定的限制，避免让他们遭受危险与伤害或者干扰他人。

在孩子年龄稍大以后，你可以让他负责一次旅行次要内容的安排工作，照顾一定数量的手提包裹，选择车上的座位，选择目的地，抵达之后帮助处理一些事务。只要你的确相信孩子有能力做好某些工作，就可以让他负责，然后尽量给予较少和较轻的监

督，给他自主权。

如果发现他很认真或者成功完成任务，要及时表扬。如果发现他由于缺乏经验或者不成熟犯了错误或者发生失败，不要过分关注，或者说在一般情况下根本不要流露惊讶的神情。

总之，在重要问题上，如果他的感情或希望已经深深纠缠其中，不要试图让他提供判断或者进行推理，而应完全利用你的权威做出决定。但是，在一些次要问题上，如果采用各种不同方案不会导致严重的问题，就可以让他提供判断意见并遵守他的决定。如果他乐意，可以赋予他责任以及相应的权力。

面对分歧，要学会引导，而不是对抗

不要与孩子争论。与孩子进行争论——其实与任何人进行争论一样——试图说服他们否定自己的意愿，完全是无益和徒劳的，更不用说因此产生的烦恼和疑惑了。在这种情况下，辩论很快就会演变成令人烦恼的、完全无益的争论。究其原因主要在于孩子只能看到所讨论问题的一些较明显和较直接的关系与结果。事实上，他们也只能做到这些，并依据这些内容形成自己的观点。

相反，家长可以在更大的范围内看待问题，考虑得出结论所依据的前提以及孩子根本没有注意到的影响因素。所以，为了让孩子的思想与自己的思想保持和谐一致，家长的正确方法是不要嘲笑孩子的推理方式，不要责备他眼光过于短浅，态度也不要专横或者盛气凌人。家长应该以镇定和安静的态度向孩子解释他们没有注意到的因素。

基于此，也为了让孩子进入倾听和乐于接受的心理状态，避免所有辩论甚至所有引导的努力化为泡影，我们必须非常真诚地倾听孩子讲话，给予最大的配合，让他的意见得到充分尊重。总之，要尽可能地像孩子那样看待他的观点，并让他了解我们的这种态度。这样，孩子就会非常乐意接受我们提出的其他考虑因素，让他们明白这些因素必须予以考虑才能得出最终判断。

有一个非常健康而且精力旺盛的男孩，他的意识和勇气也在飞快地健康发展。他正在给妈妈读一个故事：一天晚上，一个小偷拿着袋子偷偷溜进一所房子后面的储藏室盗窃食物。结果，被主人发觉后落荒而逃。此时，小男孩抬起头，非常勇敢地说："如果我在那里并有一把枪，我会当场把他击毙。"

此时，如果妈妈希望让小男孩的思维推理发生混乱和迷惑，或者批驳他的想法，可以这样说：

“胡说，乔治！这样说大话是没用的。在那种情况下，你是没有胆量开枪的，更别说杀人了。你要做的第一件事就是赶紧逃命并藏起来。此外，以那种方式杀人是很不道德的。你可能为此以谋杀罪被判处绞刑。我们不能以暴制暴，所以你不能这样心安理得地谈论杀人的行为。”

对于妈妈的这番猛烈抨击，这个可怜的小男孩似乎有些手足无措，或许只能保持沉默。在他的头脑中，对自卫权、勇气、生命的神圣价值，不抵抗原则的性质与限制等等概念的认识还很幼稚，很不成熟，在家长的斥责下，会变得一团糟。结果，经过一段时间的困惑和烦恼之后，他就会自言自语地说：“不管怎么样，我一定会杀了他。”

家长这样的教育方式不仅不能让他认识到自己的想法是错误的，而且还会让他在心里筑起一道墙，拒绝接受家长的任何意见。

但是，如果家长站在小男孩的角度看待这个问题的结果和联系——也就是，那些最直接和最近的结果和联系——充分考虑它们的影响力，她就会与儿子在思想上建立有效沟通，引导他考虑其他重要但不明显的因素。

当孩子吹牛说要击毙那个盗贼时，假设家长这样说：

“喔，毫无疑问，你的话有一定的正义性。”

“是的，”小男孩回答道，“他是咎由自取。”

“当一个人实施犯罪时，”妈妈接着说，“他就会面临各种各样的风险，因为人们必须保护自己的财产，乃至生命安全。所以，或许，如果人们将他击毙，他是没有权利为自己辩解的。”

“他一点儿权利都没有。”小男孩说。

“但是，我们必须还要考虑其他一些因素，”妈妈说，“虽然这些因素并不说明我们对待他的方式是不公正的，但是可以证明我们击毙他是错误的。”

“什么因素呢？”小男孩问。

妈妈很坦率地承认了孩子对这个问题看法中正确的方面，与孩子取得一致意见，使他在心理上愿意接受妈妈对他的观点进行进一步指导——这些指导与他所说的话不会发生直接冲突，而是一些补充，一些“另外”需要考虑的因素。

“首先，”妈妈接着说，“如果你击毙了他，你必须处理他的尸体。那么，我们应该怎么处理呢？”

此时，妈妈可以说：“我们将如何处理他的尸体？”或“你怎

么处理他的尸体？”这两种表达方式的效果是截然不同的，如果处理不当就会让他产生强烈的抵触心理。

“哦，”小男孩回答道，“我们把他送到他的居住地，让他的亲朋好友把他带走。如果他生活在城市里，我们可以给警察打电话。”

“嗯，这是个好计划，”妈妈说，“如果附近有警察，我们会报警。但是，还有地毯和地板上的血迹，怎么办？”

“储藏室的地面不会有地毯。”小男孩说。

“是的，”妈妈回答，“你说得很对，那么血迹就不是什么大问题了。但是，那个盗贼可能不会马上死，警察可能需要一段时间才能赶到，所以我们会看到他在地上极其痛苦地挣扎。这会给我们留下非常可怕的记忆，并且会在我们脑海中保留很长一段时间。”

妈妈还可以接着解释，如果那个男人有妻子儿女，孩子一生都会为自己杀死了对方的丈夫和父亲感到内疚。虽然从这个盗贼来看，我们并没有对他做什么不公正的事情。

在小男孩激动的心情过去之后，妈妈可以继续提醒小男孩，盗贼这样做是因为贫穷、孩子们吃不上面包，因此他才会铤而走险进行盗窃。虽然不能因此说他的行为是正确的，但是某种程度上可能减轻导致他死亡的罪责。另外，他童年时期可能没有受过良好的教育，没有受过正确的指导，很小时就被生活所迫养成了行窃和偷盗的习惯。

妈妈还可以向孩子解释很多类似的考虑因素，让他明白，无论严格的法律条款是如何规定对这个盗贼进行处罚的，我们都不能为了对方的一个小罪就要了他的命。而且，法律规定，除非在极端情况下，比如自己马上会有生命危险时，否则杀死他人属于不当行为。

家长不应该直接对抗孩子所说的话，而应向他提供新信息，让他除了考虑自己已经想到的问题，还要考虑这些因素。这种对话方式不仅可以十分有效地纠正孩子的认识，还会让他明白，在做任何重大的决定前，我们不仅要注意那些最直接、最明显的关系，更要重视这样做的影响和结果。所以，通过避免任何形式的冲突，孩子们从心理上就会容易接受我们的建议，同时提高自己的推理分析能力。

本章希望说明和强调的原则是：

1. 孩子赖以实施判断和思维推理的意识能力发育比较晚，在幼年时期还没有足够的能力和成熟性，还不足以让他们自行承担重要的人生行为。

2. 因此，孩子的家长不能让他们进行任何重要的尝试，或者让他们承担任何重要的任务。在一些重要问题上，在孩子的行为

倾向和心理感受上，家长必须完全依赖自己的权威，表达自己的判断，不要盲目相信自己有能力改变孩子的判断。

3. 但是，在安全的情况下，家长可以让孩子担负起一些责任，给他们一定的自主权，促进他们的分析判断能力。

4. 家长可以拓展孩子的思维范围，通过与他们讨论各种不同情况所涉及的处事原则，让他们养成以更宽的视角分析各类问题的能力。

这种讨论必须以安静、柔和、细心的方式展开，家长必须尽可能站在孩子的立场上看待他们的意见，尽力帮助他们发展自己的分析判断能力，承认其正确和积极的方面。此外，还要让他们注意其他应该考虑的问题，态度要柔和，充满期待，不要生硬，要让他们以轻松愉快的方式循序渐进地发展自己的分析判断能力。

总之，培养孩子的智力能力就像我们教孩子学走路，不要过于急切地拉着他们往前走，要让他们按照自己的能力一步一步缓缓迈进，要让你的行动与他们的自然状态和谐统一。要鼓励他们，让他们知道自己的努力可以带来可喜的和有益的效果。换言之，在培养孩子的思维和推理能力时，我们不能一开始就让他们承担过于繁重的任务，而应让他们自然而然地进步。在这一过程中，要适当鼓励他们自己工作，而不应把所有任务都从他们手里抢走，越俎代庖。

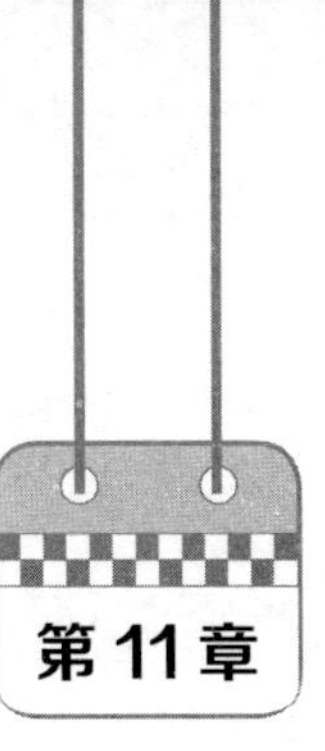

孩子经常提各种要求，你应该如何引导他？

在决定有关孩子的健康、交友、性格培养、教育进步等重大问题时，家长应该在孩子幼小的头脑中建立并维持一个清晰的认识，即此类重要问题的决定权完全由家长负责。

虽然孩子的感受和愿望都应予以尊重，但是从总体上来说，家长不应与孩子就此类问题进行讨论，也不应对他们的反对意见给予任何形式的答复。家长只需像法官接收法庭当事人的文件一样接受孩子的反对意见，但仍然坚持自己的决定。

家长在事后可以向孩子进行充分解释，但是需要注意，正在处理某一实际问题时，不要这样做。因为这会让家长的解释表现出说服的特征，削弱他们的权威性，无益于让孩子服从自己的决定。如果能让孩子看到并理解家长命令的合理性当然是一件好事，但前提是在让他们认识到这种合理性的同时，不能让他们认为理解其中的道理是服从命令的条件。

家长应该以这种方式彻底建立自己在所有对孩子目前和以后生活具有重大影响问题中的权威，利用自己的远见和智慧处理这

些问题，不应受孩子暂时的冲动和想象的影响。

然而，对于其他问题，家长则应该给孩子最大的自由权，如此才能收到最佳的教育效果。让孩子在自己的活动、娱乐，甚至各种奇奇怪怪反复无常的幻想中拥有最大的自主权，实际是为他们发展自己的身体和智力能力提供“行动自由”；这些能力的行动自由可以确保他们获得快速和健康的发展。

一言以蔽之，家长处理决定权的原则是：确保自己对有关孩子健康、性格成长、学习进步等方面的绝对权威；对于其他问题，家长应该让孩子自行处理，并给他们尽可能多的自主权。例如，当孩子正在玩耍时，他们走到你的身边要求你批准他们做某件事，不要从你自己是否喜欢的角度进行考虑，只需考虑是否有非常现实和非常必要的反对意见即可。

先要做一个好的倾听者

法庭的诉讼程序是一种非常合理、非常优秀的处理问题的方式，法官先倾听当事人的陈述，然后再做出裁决。然而，很多家长教育孩子时使用的方法却正好与之相反。绝大多数家长似乎更愿意先做决定，然后再听取孩子的意见——也就是说，当孩子走过来向他们提出要求或者建议时，他们常常马上以不容置疑的口吻予以拒绝，然后又和孩子进行长时间的讨论。在讨论过程中，一方只是简单地坚持和强烈要求，另外一方则慢慢减弱自己的反对力度，直到双方都很勉强地达成一致意见。

我们经常看到一位父亲和孩子在院子里玩这样一个游戏：父亲双手抓住一根木棒的两端，孩子则紧紧抓住中间部位，两人都用力往回拉。最后，爸爸做出让步，让孩子把木棒拿走。这是锻炼孩子手臂力量的一个好方法。但是，在对待孩子提出的要求时，很多家长也使用了类似方法，让他们培养并巩固了一种“逗弄”习惯。家长先是拒绝，经过一段时间的僵持，他们的反对力度慢慢减弱，最后让孩子取得胜利，实现了自己的要求。为了避免孩子养成这样的习惯，或者打破已经养成的这种习惯，先倾听后决定这种非常简单的方式能够收到绝对有益的效果。

有两个名叫威廉和詹姆斯的小男孩在院里和小妹妹露西玩了一会儿之后，来到妈妈身边，计划开挖一个鱼塘。他们希望争得妈妈同意，在院子的一角挖一个洞，然后放上水，之后再从小溪里弄几条鱼放到里边。

听到他们的计划，这位妈妈没有听他们解释，便马上说：

“噢不，我不会同意的。这是一个非常愚蠢的计划。你们会把

自己弄成泥猴。还有，你们也抓不到鱼，即便你们真的抓住了，鱼也不会活的。地上的草也很厚，你们挖不了洞。”

但是，威廉说他们可以用自己的小铲子把草挖掉。他们已经试过了，发现没有问题。

詹姆斯说，他们也试过了抓鱼，发现可以用一把长柄勺子这样做。露西说，他们会非常小心，不会打湿衣服，也不会弄得浑身泥点。

“但是,你们必须站在小溪边,那样你们的鞋子肯定会弄湿的,”妈妈说，“这一点你们是避免不了的。”

“不，妈妈，”詹姆斯说，“那里有一块平坦的大石头，我们可以站在它的上面，我们的鞋子一滴水也不会沾上。你看！”

一边说着，詹姆斯把脚抬起来，让妈妈看他的鞋子确实很干。

他们之间的讨论还在进行，妈妈提出反对意见——和往常一样，一半内容都是她的主观想象，目的只是为了维护自己的权威——但是一个又一个地被孩子们否决，或者抛在一边。最后，就像在一场比赛中落败一样，妈妈不得不勉勉强强、犹犹豫豫地同意了，孩子们也烦恼地出去实施自己的计划。此时，他们认为妈妈根本不了解他们，不愿意帮助他们实现自己快乐的计划，所以在内心和情感上都与她产生了隔阂。

而且，在妈妈的指引下，他们上了一堂生动的辩论课。通过这次辩论，他们发现，就如以前类似的经历一样，妈妈最初的决定根本不是不可改变的。他们只需不断反驳妈妈的意见，回答她提出的质疑，尤其坚持自己的强硬态度，他们就一定能够获得胜利。

此外，这位妈妈的教育方式也破坏了她在孩子心中的形象，他们认为妈妈总是故意和他们快乐的想法过不去。

记住，失败和成功都会让孩子学到很多

当孩子向你提出要求或者表达某种愿望时，如果其中不包含非常重要的因素，在决定回答方式时，通常来说，家长不应该简单地自问——这样做明智吗？他们会成功吗？他们会高兴吗？如果换成我，我是否愿意这样做？相反，他们只需考虑一个简单的问题——这样做有没有危害或者危险？如果没有，就应该欣然而又热情地同意孩子的要求。因为对于孩子来说，失败和成功都可以让他们很快乐，有时学到的东西也一样多，对于他们的智力和能力具有同等的促进作用。

在上面的这个案例中，为了很好地处理这一问题，这位妈妈首先需要分析一下，对于孩子的计划是否存在决定性的反对意见。

或许，这可能取决于当时孩子们衣服的整洁状态以及他们的行动可能对院落造成破坏的严重程度。

反过来，很多情况下，这个问题又取决于家长对院落整洁，孩子健康、发育、快乐等标准要求的高低。假如她看到——大多数情况下，她只需扫一眼便能知道——孩子们的新尝试不会造成严重的破坏，只是从他们计划的结果来看他们的想法是愚蠢的，而且完全不可能成功；不过，由于考虑到孩子们充满热情，有益或无益的劳动都对他们的身心健康发育有好处，此时完全没有必要提出反对意见。

于是，她马上回答道："好的，如果你们喜欢，可以。或许，我可以帮助你们设计一下这个工作。"

说完以后，妈妈可以指出这个计划可能遇到的障碍和困难，但是绝对不会让孩子们认为是对他们计划的反对，而是为了让他们的计划更完善。于是，孩子们便认为妈妈与自己"一伙的"，而不是专门与他们作对。

"你们计划怎么处理挖出的土？"妈妈问道。

或许，孩子们根本没有想过这一问题。

妈妈接着说："你们看这样行不行。你们把挖出的土放在小推车上，不要扔掉。假如你们的计划没有成功——事实上，人们在实施任何计划时，都会考虑到不成功怎么办，这是成熟和明智的表现——那时，你们就可以很方便地把土弄回去，再把坑填好。”

孩子们认为这是一种不错的做法。

“在你们把坑挖好了以后，怎么往里面加水啊？”妈妈又问。

他们说，他们会用提桶从压水机里取水。

“那么，你们怎么保证提水时不会打湿自己的裤子和鞋子？”

“噢，我们会非常小心的。”威廉回答道。

“你们看这样行不行，每次提水时只装半桶，”妈妈建议说，“虽然你们需要多取几趟水，但是总比弄得浑身是水要好。”

孩子们认为妈妈的这个提议很好。

这样，用一种十分融洽和相互体谅的方式，妈妈将自己预见到的各种问题都讲了出来——她没有采取反对的方式，而是站在孩子的角度提出建议，在毫无困难的情况下帮助他们思考，借此教育他们应该谨慎小心。

在提醒孩子必须注意的细节之后，家长便可以让他们出去执行自己的计划。他们在地上挖了坑，把草和土放在手推车上，每次从取水机提半桶水到坑里，但是发现水很快就渗到了地下。此外，坑里的水非常混浊，水面上还浮满了草叶、草梗和尘土。于是，他们开始怀疑，即使自己成功地抓到鱼放进去，也看不到它们。

尽管如此，他们仍然坚持拿着长柄勺去小溪捕鱼。

然而，在前往小溪的路上，他们从路边采了一些野花。此时，露西忽然想到，在院子里弄一个花园比挖掘鱼塘要好得多。她说，鲜花比小鱼漂亮多了。所以，他们返回去找妈妈，告诉她他们改变了计划。他们要求妈妈准许他们出去一会儿，他们发现了一个地方，那里的土质很松软，是沙土地，所以很容易挖。他们计划把地里盛开的花朵移栽到那里。

“我们放弃了开挖鱼塘的计划，”他们说，“因为鲜花比小鱼漂亮多了。”

妈妈并没有指责他们在执行计划的过程中反复无常，而是说：“我想你们是对的。小鱼在小溪中游泳时才会显得特别漂亮，但是经过移栽和小心护理的鲜花更漂亮。不过，首先你们应该回去用小推车上的土把你们的鱼塘填好。在你们弄好了自己的花园，把鲜花栽进去之后，我建议你们回来拿喷壶，给它们好好浇浇水。”

有人可能会说，我们应该教育孩子养成稳健和坚持的好习惯，如果像这位妈妈如此纵容孩子的反复无常，会让他们养成非常不好的思想倾向。对这一问题的回答是，孩子必须在不同的时间和季节获得不同的经验教训。在自己玩耍时，他们会通过游戏方式获得快乐，坚持和系统性思考不在他们考虑的范围之内。

所以，我们应该追求的目标是，锻炼并改善他们的身体器官，开发他们的幻想和想象力以及对自然界进行观察的能力。希望他们严肃对待自己的计划，养成系统性和坚忍不拔的精神，这些虽然是不可忽视的重要素质，但是在这种情况下是不适宜的。

家长处理孩子的要求和愿望的一般性规则

家长处理孩子的要求和愿望的一般性规则是：对于一些非常重要的问题，家长应独立决定，然后将决定告诉孩子，不要出于希望让他们服从而说明原因。

对于所有非根本性的问题，家长应该让孩子具有最大限度的行动自主权。

对于孩子的规则是，一旦家长宣布决定，他们必须永远遵守，不得提出质疑。在家长提问时,要立即回答,不得反对或存有异议。

如果这些规则全部建立并得到良好执行，我们就会发现家庭教育变得非常容易，一家人生活得其乐融融。为了彻底实现这一目标，家长应该做的是：

首先，要清晰地理解这些规则，然后通过一种镇定、安静、

柔和但不容妥协的坚持维护这些规则。

然而，不幸的是，虽然这些品质看似简单，在现实中却相当罕见。如果我们要求的不是柔和而坚定的行动一致性以及心态的稳定性，而是瞬间激情、冲动、反复无常，甚至暴力，反而在现实中更容易发现。我们很少发现在教育孩子的过程中，家长总能以镇定、安静、柔和、体贴的态度做出决定。

其次，在面对所有重要问题时，她总是先思考，再宣布自己的决定。但是，一旦决定，她讲话的口气就会很坚决，不容违抗。相反，如果一些事情不会给孩子以及他人造成伤害，她就会很热情、很愉快地满足孩子的要求，给予他们最大的自由和快乐。

不幸的是，在现实中，我们常常发现家长在一些非常重要的问题上对孩子的死缠烂打做出让步，愚蠢地纵容和娇惯他们。对于一些次要问题，即使满足孩子的愿望和要求也不会造成任何伤害，他们反而极力反对、否定、拒绝，这实在是非常错误的做法。

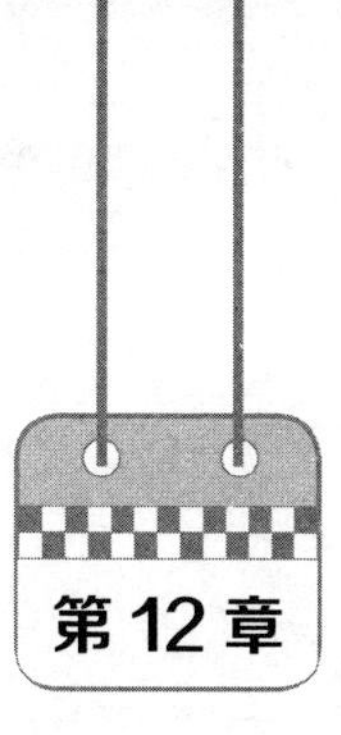

孩子总是有没完没了的问题，你应该如何回答他？

爱问问题是孩子普遍存在的、特别鲜明的一种性格特征。对于家长来说，这种特征就像一扇敞开的大门，通过它可以非常容易地了解孩子的思想和情感。它提供的众多教育机会和教育手段可以为家长们带来巨大的快乐；如果他们能很好地利用，孩子的这些问题也会给孩子自己带来极大的好处。

在本章，我将向孩子的家长、老师，以及所有有机会照看孩子的人进行一些这方面的解释和一般性指导。我相信，很多家长刚刚看到我提出的一些教育原则时会很惊讶。他们可能认为我的观点十分怪异，甚至完全是荒诞不经的。但是，我希望经过理性分析以后，他们会明白这些规则是合理的、恰当的。

孩子爱问问题是一个好习惯

孩子的好奇心并不是缺点，所以我们永远不要批评他们爱问问题，也不要让他们认为这种做法是一种性格缺陷。相反，这是一个好习惯，应该尽可能地给予鼓励。

我们必须记住，当一个孩子的观察能力得到发展以后，他就会觉得自己周围的每一件事情都很神秘，甚至奥妙无穷。为什么有些东西很坚硬，有些则很柔软？为什么有些东西会滚动，有些则静止不动？为什么自己倒在沙发上不会受伤，但是倒在地板上却会很痛？当他沿着椅子的横木往上爬时，为什么它会倒，而楼梯的台阶却很结实，在上面攀爬一点儿危险都没有？为什么有的东西是黑色的，有的是红色的，还有的则是绿色的？为什么水滴会从他的手上或衣服上自动滑落，而泥巴则不会？为什么他可以在地面上挖土，但是在地板上却挖不动……

所有这些事情对他来说都很神秘。于是，他会一直不断地保持好奇和疑问的状态进行心灵探险，不仅要知道所有这些东西的名称，而且还希望扩展自己的观察内容，从自己周围发现更多令他惊奇的现象。对于他来说，家长的鼓励以及任何一位聪明朋友的帮助都是难得的资源，可以有效地让他获得知识，发展自己的思维和推理能力。

所以，请牢记，孩子爱提问的性格不是缺点，正说明他的思维活动在不断增加，说明他渴望通过这种唯一的手段不断观察自己周围奇怪和奇妙的现象，增加自己的知识，拓展自己的视野。

当然，有时家长不方便回答孩子的问题，所以有的孩子必须克制自己的情绪，以后再向家长提问。但是，即使在这些场合，他们爱问问题的性格也不应被看作一种缺点。永远不要称呼他是“一个小问题精”;不要说“我烦死了,你总是没完没了地问问题”;也不要说“你真是个喋喋不休的话匣子，即使约伯的耐心也会被你耗尽”;更不要说“如果你能安静地坐上半个小时，不说一句话，我就给你一件礼物”。

如果你必须专心工作，不能回答他的问题，你应该告诉他，你希望可以和他说话、回答他的问题；但是你现在很忙，不能那样做。然后，你可以让他去做另外一些事情，要求他保持安静。但是，即便如此，在你进行阅读、写信、制订工作计划以及任何其他不宜被打断的事情过程中，你都必须每隔 10 分钟或者 15 分钟关注他一下，以防他无所事事感到厌烦。你应该给他一两分钟

的时间，简单说几句话，给他一个放松思想压力的机会。

回答孩子的问题要尽可能简短

通常情况下，对孩子提出的问题回答要尽可能简短。

面对孩子提出的问题，如果家长给出完整而详细的解释，对于他们两个人都是一件很累人的事情。相反，如果只给出简短的回答，让他们在相关知识上仅仅前进一步，对于家长来说却是很容易做到的。同时，这也正是孩子所需要的解答方式。

一个夏日傍晚，洗过澡之后，爸爸妈妈驾着马车出去兜风，小约翰尼坐在他们两人之间的座位上。爸爸妈妈正在交谈，不希望被打扰。

约翰尼看到东方的天空中有一片云，上面显出一道彩虹。在惊喜地叫了一声之后，他便问妈妈彩虹是怎么形成的。听到问题之后，妈妈稍加思考，认为这个现象太复杂，不可能给他一个非常明确的解释，所以感到有些为难，又有些烦恼。但是，她又不想打断自己与丈夫的谈话，所以她没有理睬约翰尼的问题。看到妈妈没有回答，约翰尼很快又问了一遍：“妈妈，妈妈，彩虹是怎么出现的？”

此时，妈妈的注意力不得不转移到约翰尼的问题上，她可以说自己不能解释这个问题——因为他太小，理解不了其中的道理；也可能训斥他几句，说他不应该问这么多问题，打扰了爸爸妈妈的谈话。

另外一个场景：

听到约翰尼的问题之后，妈妈沉吟了一会儿，带着慈爱的笑容柔和而又简短地说：“太阳。”然后，继续和爸爸说话。约翰尼很满意地说道：“哦！”对于他来说，太阳制造了彩虹是一个很大、很新的问题，这样一个简单的回答就足以让他思考好一阵了，家长也可以不受打扰地继续交谈。过了一会儿，约翰尼又问道：

“妈妈，太阳是怎么制造出彩虹的？”

妈妈以同样的表情回答道：“通过照射云彩。”然后，在约翰尼非常认真地思考这一问题时，她继续和丈夫交谈，丝毫没有受到影响。

约翰尼安静地思考了一会儿，抬头看看太阳，又看看彩虹，看到彩虹所在的云彩正好对着太阳，准备进一步询问。于是，他说：

“妈妈，太阳是怎么通过照射云彩形成彩虹的？”

妈妈说，云彩中有数以百万计的小雨滴，太阳照射之后，使这些小水滴变成了彩色，就像地面上的露珠一样，所有这些色彩结合起来就形成了彩虹。

对于约翰尼来说,这些景象足以让他好好思考一阵子了。当然，他可能还有其他问题，但是妈妈仍然用非常简短的话语向他解释。不过，此时他对彩虹的好奇心已经得到了满足，不再询问，而是转向了另外一个事物。

以这种方式回答孩子的问题非常简单，但是足以让他们思考好长一段时间，对于家长从事的一般性活动不会造成严重影响。而且，如果家长真正爱自己的孩子，对于他们的思维能力和推理能力的培养非常重视，看到他们满意的神情以及思想上的进步，足以弥补自己活动中出现的短暂停顿。

回答应该采用对话而非教导的方式

在回答孩子提出的问题时，不能只追求形式上的简短，每一次回答都应该经过精心设计，以尽可能少地向他们传递信息。

猛地一看，这种观点有点儿奇怪，但是道理其实很简单：在为孩子提供精神食粮时，你必须像真正给他食物一样——将食物分成很多小块让他吃，每次只给他一小块。如果你每次给他太多食物，就有可能把他噎住。学习知识也是如此。

一个初冬的早晨，下了这年的第一场雪。约翰尼很着迷地趴在窗前看了好一阵，然后问妈妈："妈妈，雪是怎么形成的？"

此时，如果妈妈认为应该给他一个完整的答案，她的注意力必须暂时从自己的工作中抽出来，经过一阵复杂的思考以后，讲解水汽从江河湖海以及潮湿地带的蒸发上升到空中，形成小雪花，后来又穿过空气回到地面的复杂过程。

小男孩认真地听着，试图努力理解这一解释。但是，这个问题太复杂，涉及的知识面太广，他觉得一头雾水。而且，这个问题不仅复杂广博，而且所有内容对他来说都是完全陌生的。

相反，如果妈妈按照我们提倡的交流原则，每次只给他提供很小一部分信息，约翰尼的问题可能会引起如下的一番交谈：妈妈给出的回答都很简短，可以不假思索地说出。这样，她的工作便不会受到严重影响，除非需要回答的问题必须特别考虑。

"妈妈，"约翰尼说，"雪是怎么形成的？"

“它们是来自天空的雪片，”妈妈说，“好好观察观察！”

“哦！”约翰尼说。他和其他小孩子一样发出了满意的声音。他看着雪花一朵朵飘落，视线也随着一起摇摆。或许，他会静静地观察一会儿，神态非常专注，充分认识到一场暴风雪其实是由很多很多雪花从天空降落而成。

对于成年人来说，这是再熟悉不过的事情了，没有什么值得观察的。但是，对于小约翰尼来说，通过分析这一现象，他知道原来只是看到满天雪花飞舞，脑海里只是有这个总体印象，现在则知道大雪其实是由一朵朵雪花从天空飘落而成。对于他来说，这就是一大进步。通过这一步，他锻炼了自己原始的观察力，并进行了认真思考，从而耗费了好长一段时间。

最后，在他对这一概念非常熟悉之后，他或许又会这样问道：“雪花是从哪里来的，妈妈？”

“从天上。”

“哦！”约翰尼说道，再次现出非常满意的神情。

有人可能认为，妈妈的这些话是毫无意义的，或者没有给孩子提供什么有价值的信息，但是，事实上，她的这些话确实给约翰尼提供了重要而又新鲜的信息，它们促使他进一步思考和询问。对他来说，从天上，意味着雪花来自很高很高的地方。妈妈的话告诉他，这些雪花并不像他看到的那样，来自离地面不远的地方，而是很远很远。

思考了一会儿，他可能又会问道：

“妈妈，天空有多高？”

对此，有的妈妈可能觉得无法回答这个问题，于是只能说“我不知道”。因为没有多少人知道形成雪花的云团在大气层中的准确高度。但是，这个准确的信息并不是孩子所需要的。如果妈妈知道这一点，她就不必为此费尽心思告诉他准确的高度。

“妈妈，雪花是在多高的天空中形成的？”小男孩问道。

“啊，很高，比房子的屋顶还要高。”妈妈回答道。

“和烟筒顶一样高吗？”

“不，比那还要高。”

“和月亮一样高？”

“不，没有那么高。”

“那么，到底多高呢，妈妈？”

“和小鸟飞行的高度差不多。”

“哦！”约翰尼说道，对这个回答显然非常满意。

的确，妈妈的回答并不准确，但是正是这种不准确性才是他们对话的价值所在。即使她手边有权威资料，一个明确而又精确的答案也是完全不适合当时的对话情景的。

即使解决不了问题，家长的回应也是最重要的

在回答孩子提出的问题时，没有必要总是提供信息。仅仅对问题本身进行一些交谈，就能给孩子提供一个倾听和使用语言的机会，很多时候这就足够了。

我们必须牢记，利用语言表达思想的能力或者陈述外部事物的能力，是孩子正在掌握的一项新技能。和其他所有新技能一样，仅仅通过使用这一技能，就能给孩子带来很多快乐。

如果一个非常健康而又精力旺盛的人突然掌握了飞行的技巧，他就会利用自己的翅膀不断地从一个地方飞到另外一个地方，而且乐此不疲。他这样做并不是为了参观那些很高地方的某些具体东西，而是因为他发现自己可以这样飞行是一件非常愉快的事情，所以他会不断练习自己的这项新技能。

孩子讲话也是这个道理。很多时候，他们不断讲话完全是出

于讲话本身的乐趣，而不是因为讲话的内容。所以，你只需和他们交谈，并允许他们谈论自己喜欢的任何事情，不论你是否向他们提供了什么新信息，他们都会很快乐。

如果一位妈妈完全理解了这一项规则，再次面对孩子没完没了的问题时，就会省去很多麻烦。很多时候，回答的关键就在于要对问题说点东西，不论你说的话是否包含有益信息。

如果一个孩子问：为什么星星总是一闪一闪的？妈妈回答道："因为它们实在太亮了。"她的这一回答和试图从科学角度详细解释一样可以让孩子感到满意。如果孩子问：为什么他可以在镜子中看到自己？妈妈可以说："你看到的是自己的影像。人们把它叫作影像。你拿一本书过来，看看是不是也可以看到它的一个影像啊。"听到这种解释，孩子会很高兴，也会很满意。

这种回答也不像人们认为的那样，是毫无用处的。他们为孩子提供了练习语言的机会。如果运用得当，这些回答可以极大地拓展孩子的语言知识，从而也会提高他们对语言所代表的思想和现实的认识。

当玛丽和爸爸在花园里散步时，玛丽问道："爸爸，是什么东

西造成了一些玫瑰是白色的，另外一些又是红色的？”“啊，这个问题很有趣，是不是？”爸爸回答道。“是的，确实非常有趣。是什么造成这种结果的？”“肯定有某种原因，”爸爸说道，“还有一种类似的现象，有的苹果很甜，有的则很酸。这也很有趣。”“是的，确实很有趣。”玛丽说。“树叶似乎总是绿色的，”爸爸接着说，“但是在秋天则会变成黄色、红色和褐色。”

类似这样的对话，不必非要回答最初的问题，但是仍然会让孩子感到满意，甚至像解释这一现象的尝试一样，可以有效培养孩子的思维能力和语言能力。了解了这一点，妈妈就可以避免因为回答孩子的众多问题严重影响自己的工作。否则，她必须停下来好好思考一个难以解释的问题，给孩子提供一个满意的答案，或者干脆不予理睬。

要随时准备说“我不知道”

在回答孩子的问题时，妈妈要随时心甘情愿地说“我不知道”。

很多时候，家长和老师非常讨厌这样说，因为他们以为经常说自己不知道，就会降低自己在孩子或学生心目中的形象。所以，无论遇到多么困难的问题，他们都会努力给出某种解释，希望让孩子满意。

这是一个很严重的错误。孩子或学生越早知道知识是无穷无尽的，那些比他们年长的人或者有所成就的人只是掌握了所有知识中很小的一部分，对大家都会产生更好的结果。在孩子看来，我们之所以受他们尊敬，在于我们给出的解释清晰、公正、令人满意，而不在于我们任何时候总是试图给出解释。

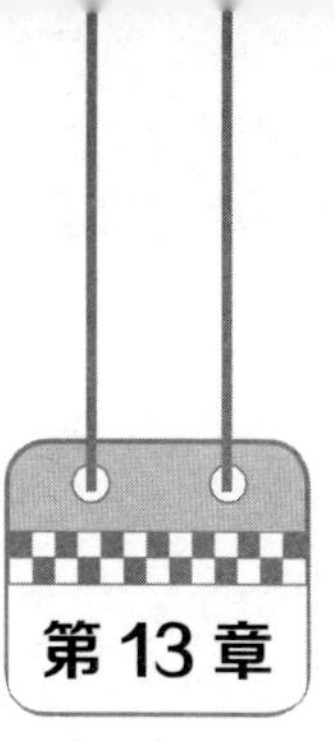

如何引导孩子养成正确的行为习惯？

习惯决定命运。和孩子说话，对孩子进行教育的目标就是让孩子养成正确的习惯。

在培养和纠正孩子习惯时，我们就要用到前面讲到的家教原则和工具。其中，惩罚和奖励是最为简单，也是最为现成的教育方法，不需要家长具备什么崇高或者不平凡的品质，只需保持柔和有礼、坚持不懈和良好的判断力即可。

此外，还有其他方法可供家长们借鉴。虽然它们并不能作为惩罚与奖赏的替代品，但与这些措施之间存在联系并相辅相成，而且其结果的影响力更为深远、有效和长久。

最小的压力＋多次的练习，让孩子快速养成好习惯

有些家长首先想到的可能是他们并不知道除了奖励服从和惩罚违抗之外，还能采取什么样的其他方法来培养和纠正孩子的习

惯。为了展示其中一些方法，让我们来看一个特别的事例。

一位17岁的年轻女士玛丽前往拜访自己的姐姐，她发现姐姐的孩子阿道弗斯和露西亚完全处于无人管教的状态。他们的妈妈采取劝哄、告诫、建议、讲道理的办法约束他们，遇到问题的时候就用“我不会这样做”或者“我不会那样做”的话来说服孩子，从来没有命令他们做过什么。所以，孩子们过着随心所欲的生活。他们的妈妈对孩子的不听话和违抗举动感到很奇怪，当孩子的不顺从给她带来很大的不便时，她就会严厉地责备他们，但这些责备毫无效果。

“我要做的第一件事，”看到这种情况后，玛丽对自己说，“是教会孩子们服从——至少是服从我。我会立刻让他们得到教训。”

因此，她建议孩子们带自己去花园看花儿，并宣称如果他们这样做，她会给每人做一个花束。她告诉孩子们自己能够做出非常美丽的花束，只要他们能提供帮助，并且在摘花和插花的时候无条件地服从她的指示。

孩子们答应了。玛丽和他们来到花园，在花园里走来走去，发出一连串的命令告诉孩子该做什么或者不该做什么。她摘了一些花，把其中的一部分给一个孩子，另一些给另一个孩子，让他们举着或拿着花儿——伴随着针对很多细节的特别指令，比如把一些花放在一起、另一些分开放、应该怎样拿花，等等。

然后，她把孩子们领到一个小亭子里，那儿有一张长椅，给他们讲解如何把花儿按照顺序摆放在椅子上，如何小心地保证不接触到已经摆好的花儿。另外，还要在椅子的中间部分留出一块空地。他们问这是干什么用的，玛丽说他们过一会儿就会明白："你们必须按照我说的做。"她又补充道："也许我应该过后再向你们解释为什么，或者你们会自己发现原因。"

如此这般忙碌一番，收集了足够数量和种类的花儿之后，玛丽坐在之前留出的空位上，把座位上的两份花儿分给孩子们，根据每份花儿的特点给予不同的指令，按照自己的需要指示孩子应怎样做，然后她把送过来的花编成两个花束分别发给两个孩子。

接着，玛丽给孩子们布置了任务，让他们自己制作花束，同时告诉他们每一个制作步骤。如果她的目标是培养孩子的品位和判断力，那么最好是允许他们自己选花、自行决定如何安排；但是，玛丽是在教孩子服从，或者说开始帮他们养成服从的习惯。因此，下命令的次数越多、内容越详细越好，假如这些命令对孩子们来说不过分、命令的次数和细节不让他们伤脑筋，他们一般都会欣然接受。

花束做好之后，玛丽把自己做的花束分给两个孩子，将孩子们做的花束放在起居室壁炉台上的玻璃瓶里；然后和孩子们一起

站在房间中央欣赏这些作品。

“它们是多么漂亮啊！我们干得多棒啊！这都是因为你们好好听了我的话，我说的每一件事你们都准确地做好了。”

训练孩子养成良好习惯的第一课精彩地结束了。诚然，这只是第一课，训练刚刚开始，但这是一个很好的开端。无疑，如果玛丽按照计划继续她的训练，用不了几周，就会在孩子们心中建立好的形象，让他们乐意聆听自己的意见。

这种训练的基本准则在于：玛丽知道孩子们的服从性很差，经不起任何严肃的考验，只有给他们最小的压力，进行多次的练习才能帮他们养成习惯。她让孩子们做各种各样的事情，每件事做起来都很简单，但需要孩子付出一些轻微的努力和自我否定，完成过程中玛丽还给他们制定了很多小禁令；她在孩子思维中把听从意见和愉快合作的理念联系在一起，知道他们在有条不紊、忙忙碌碌地摘花和插花过程中会感到有趣，并且通过最后的表扬进一步巩固了这种联系。

玛丽知道，尽管好习惯一经建立，就很难从孩子身上完全抹去，但他们的思维如同脆弱濒死的植物，需要非常精心地培育，使其获得健康和生命力。她的管理方式恰恰符合这些特性，采用简单的小练习来推行这些原则，避免严苛的测试，从而使孩子开始形成某种行为习惯。

不过，这类训练的效果取决于不能让孩子形成对奖励的期待和对惩罚的畏惧。开始的时候不要承诺把花束给孩子们，也不能最后作为奖励发给他们。孩子们会看到在协同行动中合作就能受益，最后，他们会因为做了正确的事情而感到满意。但是，这些益处不是以奖励的形式出现的，这种训练课程的效果完全植根于不同的原则。

我们在这里不能详细地逐一讲述玛丽每天对孩子的训练细节，也无法完全再现她的学生学习服从的各个阶段，只能为希望采取此种训练方式的家长们列举一些值得注意的重点。

1. 千万不要期待孩子能够完全自觉地表现得驯服和易于管教，也绝对不要因为他们不顺从而加以责备或者施以报复性的惩罚，而应该明白孩子的驯服和顺从是家长明智、谨慎、持续而柔和的训练的结果。

2. 如果孩子已经养成了不听话和违抗命令的习惯，不要期望通过对他们施加突然、偶尔和粗暴的影响，同时伴随着谴责和威胁，或者对他们宣布你准备让他们“改过自新”来使其向好的方向转变。企图改变孩子坏倾向的上述做法，好比试图用锤子弄直一棵正在生长的树的弯曲的枝干。

3. 不要在一开始的时候宣布你将怎样做，或者批评孩子过去

所犯的错误。而且，要清楚地认识到孩子意识里面的一些不好的自然倾向很可能是继承自他们的家长，也许就是从你自己那里获得的。无论孩子的行为习惯中存在什么样的错误，都一定是不适当的训练引起的，家长一定要采取小心谨慎、循序渐进、稳定坚决的手法来教育孩子，从而使弯曲的枝干逐渐恢复原位，要尽量利用各种创造和技巧。另外，除了一些非常罕见和例外的情况，如家长的能力不足等，借由认真、谨慎的训练都可以达到既定的目标。

及时发现孩子的正确行为，并给予表扬

在帮助孩子养成正确的习惯时，只需在他们做出正确行为的时候进行评价，让他们知道你已经注意到了，就可以取得非常理想的效果。比较常见的情况是，当孩子在地毯上玩耍时，家长偶尔召唤其中的一个孩子。

例如：“玛丽，帮点小忙。”玛丽立刻听从命令离开游戏，直接来到家长这边，而家长却没有对孩子迅速听从吩咐的行为做出任何评价，而把它当作一件天经地义的事情。家长的失败之处在于，当玛丽醉心于手头的事情，没有马上到家长那里去的时候，家长会说：“玛丽，我叫你的时候，你应该马上过来，不要让我等

你。”而当玛丽立刻过来时，家长却什么都不说。

玛丽被责备一番后回到自己的游戏中，心中有些困惑，也许还会颇为沮丧。

现在的玛丽，在被如此教育之后或许会更为及时地听从家长的吩咐，但她不会刻意地追求更大的进步，她会不情愿地、慢吞吞地向好的方向转变。但是，如果在她第一次准时到达家长身边、完成差事准备回到游戏中时，她的家长说：“我叫你的时候，你能离开游戏马上过来，这样做很对，我对你在游戏的时候仍然能够立刻听从吩咐而感到非常高兴！”玛丽会开心地回去接着玩耍。这段小插曲会让她对立刻服从命令的原则产生发自内心的、热诚的兴趣。

约翰尼正和他的妈妈一起在田野中散步，他看到一只蝴蝶，于是跑去追它。当他离开小路跑到乱石堆和灌木丛中，超出妈妈认为的安全范围时，妈妈叫约翰尼回来。在很多情况下，如果孩子听到呼唤后没有马上过来，他很可能受到责备；如果孩子立刻回来，妈妈也不会说什么。这两种情况都不会对孩子产生什么明确的影响。

但是，如果他的妈妈说：“约翰尼，我叫你的时候你马上照做了，在快要抓住蝴蝶的时候听到呼唤，能立刻停下来回到妈妈身边很不容易，可是你做到啦。”约翰尼会受到引导，希望下次妈妈叫他的时候自己更加及时地跑过去。

诚然，可以借助很多方法告诉孩子你已经注意到和欣赏他们服从命令的努力。不过，毫无疑问的是，我们还需避免一种误解：只在孩子做得对的时候进行肯定和表扬，而做错的时候却什么都不说，这是一个很大的误区。

另外，还有一种误解，虽然比前一种更易于被忽视，但仍然非同小可，即经常性的表扬和轻率的夸奖会使孩子产生自负与自傲的情绪。我们必须避免这些情况的发生，同时还要趋利避害，这需要家长施以技巧和多加练习。

当孩子听从命令时，只要你能够适时给予表扬，哪怕你的技巧很笨拙，那么相比只对孩子错误的举动表达自己的不满而言，这样的做法也不失为一种训练孩子正确行事的有效手段。

受到人们的夸奖时，孩子们会自发地希望下次做得更好，其正面效果远远超过在他们犯错后予以批评。换言之，诱导孩子向善要比阻止孩子从恶容易得多。

以生动有趣的方式，让孩子接受你的劝诫

最令孩子厌烦的事情莫过于聆听那些以直接而简单的形式出现的忠告了，也许以这种形式向他们提建议的做法给他们的性格

形成带来的影响最小。我这样说是有充分理由的，因为孩子的概括和归纳能力尚未发展出来，所以不会记住多少概括性或者带有一定抽象性的忠告，大人提的建议必须与他们的日常生活息息相关——即使这样，也会令孩子不快，因为他们必然认为这是一种变相的批评。实际上，这种建议本身就带有一半责备的性质，因为其围绕的话题几乎离不开家长新近观察到的孩子的错误、缺点和失败。针对其行为举止给予孩子一般性忠告和指导，必须以明确性和实践性为主，同时也要注意完全不要和孩子曾经犯过的错误联系起来。当然，我们提出建议的方式越有利于孩子的未来发展越好。

给予忠告的方式多种多样，需要家长掌握一定的智慧创造出适当的手段，并运用适度的技巧和灵活性来保证其成功。不过，假如家长一心希望以柔和的方式帮助孩子养成好习惯的话，就能比较容易获得这些必要的技巧和灵活性。

詹姆斯利用学院放假的机会来到叔叔家，那儿有他 8 岁的堂弟沃尔特和 6 岁的堂妹安。詹姆斯来到他们的房间，发现里面乱糟糟的，一边放着一排书架，书本横七竖八地躺在上面；角落里有一只盛玩具的箱子，里面胡乱放着些破烂的玩具；房间里还有两张桌子，一张靠着墙，另一张摆在房间中央，两张桌子上堆满

了垃圾。这时，如果詹姆斯正儿八经地给孩子们进行一番讲解，批评房间凌乱不堪，让他们收拾好自己的东西的话，最有可能的结果就是孩子们不会希望詹姆斯再来他们的房间了。

不过，詹姆斯采取了不同的对策。他和孩子们在房间中转了几圈，欣赏了他们的各种“财宝”，对这些东西的好处赞叹一番，却不提出任何批评。之后，他坐到火炉前，让两个孩子分别坐在自己的膝盖上——开始和他们聊天。安手中拿着一本图画书，有些书页被撕掉了，剩下的书页皱皱巴巴地卷在一起。

“现在，沃尔特，”詹姆斯说，“我得给你提点忠告，告诉你进了大学之后应该怎样做。不久你就长成小伙子啦，可能也要上大学呢。”

长成小伙子和上大学的想法让沃尔特很是高兴，他的情绪进入了一种“易于接受”的状态——即主观上乐于接受和赞同詹姆斯的提议。

接着，詹姆斯构建了一幅令人愉快的图景——沃尔特离开家进入了大学——利用很多细节性的描述来满足堂弟的幻想，最后把话题转移到谈论堂弟的房间上，告诉他那些学者是如何对待自己的房间的——某些人的房间是如何的混乱，每样东西都乱七八糟，因此他们一点都不讨人喜欢；而其他人房间中的物品则安排得有条不紊，保持得相当整洁，无论谁走进来，都会感受到整个房间散发出令人陶醉的吸引力。

“他们架子上的书都整齐地码放着，”他说，“全部按照顺序排好——大小近似地放在一起。安，你跳下来到自己的书架那儿去，照着我说的样子把书在中间的架子上放好，给沃尔特看看我说的是什么意思。”

安从他膝盖上跳下来，非常愉快地按照詹姆斯的指示把书排好，当她完成一排架子，立即开始整理下一排，但是詹姆斯说现在不用继续整理，如果她愿意的话，可以下次再做。“现在回到我身边来，”詹姆斯补充道，“听听剩下的忠告。”

“我建议你在大学里坚持按照一定的顺序摆放架子上的书，”詹姆斯继续说，“研究仪器和橱柜也要这样整理。因为在大学里，你知道，你可能会得到各种研究仪器，还有一柜子标本，而不是玩具。如果你拿到这些东西，我建议你把它们整整齐齐地放在架子上。”

讲到这里，詹姆斯转动了一下椅子，这样他和孩子们就能看到放玩具的箱子，沃尔特从堂哥膝盖上爬下来，跑到玩具箱那边，开始匆忙地收拾里面的玩具。

“很好，”詹姆斯说，“就应该这样做。但是现在不用在意。我认为你上了大学会很好地整理自己的研究仪器和橱柜的；如果你愿意，可以在自己还是个小孩子的时候就按照顺序摆放玩具。不

过，现在回来接着听我的忠告。”

于是，沃尔特跑过来继续坐在詹姆斯的膝盖上。

“我还要建议你，”詹姆斯接着说道，“在大学时好好照看自己的书，保持书籍的整洁和漂亮是一个十分令人愉快的好习惯，而且，毕业之后你可以留着大学里用过的书，把它们作为年轻时的纪念品保留一辈子，如果这些书按照适当的顺序放在一起，你会更加重视它们的。”

这时，安打开了手中的书，开始整理书上的卷边，并把书页抚平。

简而言之，詹姆斯通过掌握适当的时机，利用孩子的想象力，给自己的忠告赋予实践意义，完全避免了对孩子们当前所作所为的责备，不仅使孩子乐于接受，还非常真诚地欢迎这些建议。

任何一位看出并能清楚理解这个例子中涉及的教育原则的家长，都具备足够的智慧对孩子进行类似的教育，他们将发现自己可以利用的手段是多种多样的，凭借这些方法很容易就能赢得孩子的心。而当指示和忠告以数落和责备的形式出现的时候，是不会给孩子留下什么印象的。

然而，有些人读到这里却欠缺足够的思考，不能清楚地看出上述事例中包含的原则，无法理解其中的意义——不会将这件事看作种种教育方式的其中之一，他们也许会说："噢，这非常好，詹姆斯的口才很不错，他在拜访期间能够在很短的时间内吸引孩子的注意力，但我们不能肯定这样的谈话能在孩子心中留下永久性的甚至是长期的印象。还有，我们更无法确定的是，这样做能不能给孩子对秩序的认识带来有效的改变。"

孩子们的精神和思想世界，确乎是按照"一条一条的戒律和箴言"的形式建造起来的。而詹姆斯的这样一场谈话无非只是反映了其中的一条戒律而已，这是确定无疑的。如果指望通过这样的一节课程就能有效和完全地达到最终目的是没有道理的，就像只浇一次水并不能满足植物的生长要求一样，更不用说使它开花结果了。

但是，家长可以经常把自己不得不对孩子提出的建议或指导，披上像例子中那样的想象力的"外衣"。例如，建议他们在旅行中应该怎样做，或者当他们去乡村地区拜访朋友时应如何表现；或者，对于男孩来说，家长可以假设他长大后帮一位农夫在农场中干活儿、在商店中做店员、成为管理一艘船的船长、担任将军在战斗中指挥军队等场景；对于女孩，家长可以告诉她在欧洲旅行的时候应该避免什么样的危险、坏习惯或者坏行为，或者当她们长成年轻的女士之后，在外出野餐、短途旅行、参加音乐会或者晚间聚会，以及进行年轻人喜欢的其他数不清的活动时应该注意

些什么。家长运用自己所掌握的智谋和技巧说服孩子，用有趣的小插曲和细节吸引他们，就会发现自己正走上通往孩子内心的宽敞大路，在他们心中建立起自己所主张的正确的道德原则。你可以和孩子们一起愉快地、轻而易举地从这些原则中受益。

戴拉有个妹妹名叫玛利亚，还有一个表妹叫简。简经常来找玛利亚玩儿，她们俩在一起的大部分时间就是玩娃娃。除了给这些娃娃们换装、带它们出去玩，还经常跟它们说很多话，给它们很多有用信息和有价值的教导。

现在，戴拉想方设法地通过这些娃娃对孩子的想法施加影响。她会马上像孩子那样对待玩具娃娃，把它们当作真人一样对待；当着其他孩子的面，总是很认真地和它们说话。这样不仅能让孩子们高兴，而且也能向孩子们传达一种有用的信息，有时会给孩子留下有益而持久的影响。

例如，当简去玛利亚家里玩的时候，她们会手拿娃娃，像对着真人一样跟娃娃说话。她们把娃娃放在膝盖上，整个下午都盯着它们，对它们的表现发表自己的看法。如果戴拉尝试着用同样的手段有计划地对她们训话，她们很可能马上会变得烦躁不安，而且可能会引起负面影响。但是，如果是对玩具娃娃训话，她们就会感觉很有趣，津津有味地听着。相对于直白的方式，戴拉的这种做法会收到更明显的效果。戴拉是这样做的：

戴拉说："我的孩子，你还好吗？我很高兴你来到这里。你很漂亮啊！你们玩得很开心，你们一定从来都没吵过架吧。我发现，当你们都想要同一件东西时，不会发生争吵，而是会忍让另一方。等到别人用完了，自己才去用。虽然你的年龄最小，但表现得很乖。"

之后她对简用另一种语调问："简，她是不是一个很乖的孩子？"

"是啊，她是一个很乖的孩子。但是她最近生病了。"

"啊！"戴拉的语气充满了担忧，她再次看着娃娃说："我听说你病了，你的面色看起来很不好，你一定要保重好自己啊。如果你感觉难受，就必须让妈妈带你来找我，我会给你一些治病的药。我知道你生病的时候，总能像一个小英雄那样勇敢地服药，而不会让我们担心。"

戴拉拿出一个小瓶"药"，假装要为玩具娃娃喂药。在娃娃生病的时候，玛利亚和简非常乐意让戴拉给它们治病，特别是戴拉每次都自己先尝一下，以此给娃娃们做一个榜样。

有时，为了防止娃娃突然生病，戴拉会让孩子们自己把药拿来。但有时候，娃娃们病得很重的时候，孩子们作为"妈妈"必须不断地试药来鼓励自己生病的孩子服药。所以这个药瓶里的药很快就被用光了。戴拉便常常在药瓶中装满水，然后放一些白糖，这样新药就又准备好了。

戴拉不仅利用娃娃作为教育小孩子的直接手段，有时还可通过娃娃间接地教育她们。例如，孩子们在阳台上玩积木和其他玩具，尽兴以后，把一堆玩具扔在阳台上不管不顾，又开始在客厅里玩她们的娃娃了。

戴拉来到客厅，装出一副神秘兮兮的样子，低下头悄悄地对她们说:“我想告诉你们一个秘密，让娃娃们在这里吧，我不想让她们知道。”

讲完之后，戴拉蹑手蹑脚地走出客厅，两个孩子跟着她一起轻轻地走了出来。戴拉指着那些玩具说:“看，你们的玩具还留在这里呢。在娃娃看到它们之前，你们快点把这些玩具收拾起来。我不想让她们知道，她们的妈妈没有好好照顾这些玩具。因为，如果她们知道了这件事，她们就会认为自己也能这样做。到那时，你们就会遇到许多麻烦。我相信，你们一定会让她们知道，每次玩完玩具之后，一定要把它们收拾好。你们要为娃娃做出一个好榜样。所以,快点把这些玩具收拾好,我保证不会跟她们讲这件事。”

随后，孩子们手脚利落地把这些玩具收好了。

我们可以看到，用这样的方法处理这件事是很有效的。与对孩子进行直接斥责与说教相比，这种方法能够避免孩子产生不悦之情。

平时，我们对孩子的指责会让他们产生不愉快的情绪。但是，这种方法却不会让他们感到有一点的不开心，反而会使他们觉得有趣。如果能用这种方法让孩子怀着一种快乐的心情去改正自己的错误，对家长和孩子都会产生好的影响。

在适当的时间，家长通过这种方式对孩子进行教育，就能像戴拉一样成功展开对孩子的教育，使孩子愿意听从她的意见，听从她的指挥而不是绝对地屈从一种权威。如果只是一味寻找孩子的错误，或忽视家长对孩子应有的认同感，那么教育就不会取得任何的成效。

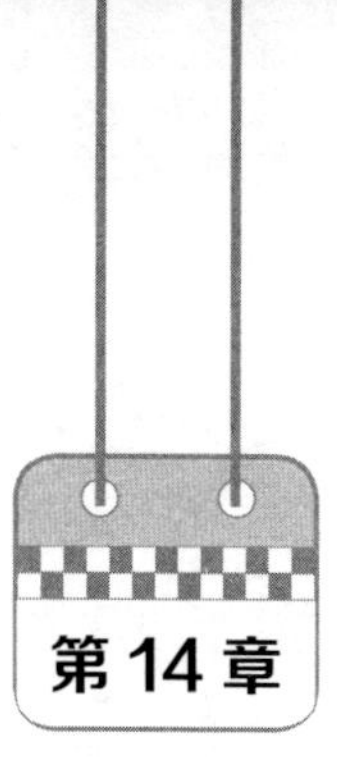

第14章

如何引导孩子养成正确的财富观？

在教育孩子的过程中，如何花钱这一问题十分重要。这一问题之所以极为重要，首先，教会孩子如何花钱可以为我们提供很好的教育机会，帮助孩子培养和开发正确的判断能力及解决现实问题的智慧；其次，实际消费过程具有某种特殊意义，它可以促使我们考虑利用哪些合适的方式处理孩子们的愿望和要求。

最重要的一课是节制

如果家长在孩子的幼年时期毫无节制地给他提供金钱，只要他提出要求便予以满足，而且他要得越勤给得越多，就会让孩子养成通过死缠烂打或卑躬屈膝的态度满足个人私欲的习惯，从而让他无法获得正确的消费知识，更无法理解节俭观念以及认真规划消费过程对于未来幸福生活的重大意义。

显然，在这种教育方式下，这个孩子就不会珍惜自己的金钱，

不会建立任何消费计划，更不会为了明天更有意义的目标而克制今天的消费欲望。他获得金钱的来源，虽然时断时续而且数额不确定，但是能够满足他的愿望，于是他便认为这种金钱供应是无限的；因为他获得的金钱数量不是取决于自身的节俭行为、富有远见的规划或者任何并不完善的理财技能，而是完全取决于自己一再的央求或者死磨硬泡的坚持，所以家长的这种教育方式不会促使他培养出任何优秀品质，只会让他沿着错误的方向越走越远。

换言之，这种教育方式所产生的效果不会帮助孩子培养和发展这些优秀品质，孩子长大成人以后也不会以节俭谨慎和善于谋划的方式处理自己面对的日常事务——而这些品质正是成功人生和获取财富的正确途径；相反，这种教育方式只会促使他们培养卑贱的思想品格，通过谄媚或者粗鲁无礼的顽固坚持达到获得金钱的最终目的。

用正确的方式给孩子发放零花钱

毋庸置疑，在教育男孩和女孩的过程中，一个极为重要的方面就是，无论他们将继承巨额财富，还是将来通过自己的勤奋努力享受殷实的小康生活，甚至终生赤贫，都必须学会正确管理和使用金钱。

通过向他们提供固定而又数量明确的金钱，然后鼓励他们负责管理，适当予以引导、鼓励和帮助，可以非常有效地促使他们培养这一品质。

从家长角度来说——可以是父亲也可以是妈妈——决定采取系统的、有规律性的拨款计划，给孩子提供零花钱，并让他们自由处置，可以有两种实施方式：

其一，按照约定的时间和数额向孩子支付金钱；

其二，为孩子开设一个账户，让他负责管理其中的款项，同时帮助他支取现金。

这两种方法都有各自的优点，具体选用主要取决于孩子的年龄，以及家长记录款项的方便程度。

对于一位从商的父亲来说，他已经习惯了账簿操作，可以制作一个迷你账簿，放在自己的钱包中。

如果是一位讲求条理性的家长，可以在自己的桌子或其他地方保存账簿，这种方式将是一个不错的选择。这种管理方式可以让孩子有机会了解有关账目管理的大量知识，甚至可以在幼年时期培养他们系统化管理个人事务的能力，从而形成系统性和准确性品质。这种方式能够在孩子心目中产生十分明显的影响，即使在他们还没有学会阅读前，他们也完全可以明白家长已经做了书

面记录，并感到十分骄傲与快乐，这会对他们产生非常积极的作用，促使他们养成精确和系统理财的习惯，从而终身受益。

接下来，我将详细介绍这两种方式：

1. 直接提供现金

这是向孩子提供零花钱最简单的方式。一旦执行这一方案，家长就应提前准备好相应金钱，按照约定的时间以准确的数额完成拨款。

在与孩子商定支付一定数额零花钱的计划以后，例如，每星期六向他提供 6 美分、12 美分、25 美分，甚至更多，那么妈妈——如果是由妈妈实施这一计划——必须把这个计划看成一种神圣的偿债行为，必须完全按照约定兑现诺言。

如果付款时，这位妈妈总是漫不经心或者粗心大意地忘记了自己的义务，或者当到达支付时间时没有准备金钱，并为自己寻找各种各样的借口，她就在孩子心目中树立了一个十分消极的形象，也就不可能指望孩子学会金钱管理方面应有的规律性、准时性和系统性。

一般情况下，在零花钱支付给孩子之后，不要让他们随身携带，应该给他们一个钱包或者其他安全的容器，但是必须由他们自行全权保管，同时由他们自己承担由于粗心大意带来的所有损失风险。妈妈必须牢记，这项教育计划的最终目的是为了让孩子培养自行管理金钱的能力，所以绝对不能越俎代庖替他们保管。

总之，这些钱应该以极为准时的方式支付给他们，尤其在计划实施初期必须严格遵守；同时，应告诉孩子，从把钱交给他们的那一刻起，其保管权和相关费用都由他们自行负责。

2. 开设账户

第二种方案是为孩子开设专门账户，这是一种非常合理的方式，不过很多家长会感到十分为难，认为这样会给自己带来太多麻烦。为此，她可以准备一个小账簿，根据孩子的数量确定页数，让每一个账户有两页。这个账簿应该按照会计记账方式管理，每一个孩子的名字都写在两页账户的开始部分。之后，每当应支付一笔零花钱时，应该在贷方写入相应金额；实际支付时，在借方写入对应金额。

利用记账方式管理孩子的零花钱可以避免在预定时间支付费用的麻烦，因为账户可以显示余额情况。

此外，与按约定时间向孩子支付现金的方式相比，账户方式还有一个很大的优势，它可以让家长有机会保留一定时期内所产生的利息，从而促使孩子了解生产性投资的本质与价值，让他们熟悉储蓄可以衍生资产的原理。

账户利息总体上要高于普通利息水平，以便向孩子支付小金额费用时可以利用这一账户，但是也不能太高。对此，应进行谨

慎的判断和分析，对于这一计划的其他方面也应进行类似工作。

制订了这种账户计划并开设账户之后，就没有必要像直接支付现金形式那样麻烦，不必按约定时间执行。在上次入账之后，可以选择任何合适的时间再次入账。当孩子希望用钱时，家长可以查看他的账户，了解是否存在结余。如果存在，孩子就有权支取结余限额以内的金钱。

对于孩子的账户可以一个月进行一次清算，也可以在任何合适的时候实施这一工作，账户结余和衍生利息可以结转下一期账户。

对于家长来说，这些工作并不麻烦，反而可以给他们带来兴趣和快乐，对于孩子也是如此。它也不会占用太多的时间，但是可以在潜移默化当中让孩子获益良多。

如果父亲是一名商人，我想他对孩子个人账户中的积蓄不会像对待自己银行账户中的金钱那样斤斤计较；不过，我认为，如果他对理财有着正确的认识，就会对这两种账户的使用情况非常敏感而谨慎。

如果这位父亲有着高尚的情感，尤其他特别重视将来孩子成年或者即将成年时所具有的优秀理财品质，明白他对孩子的理财能力有着多么重大的影响关系，他就会在孩子很小的时候通过引导和率先垂范的方式让他们建立起精确、系统、谨慎的理财习惯，全方位地培养孩子的理财素质。

零花钱的支配权应由孩子自己全权掌握

对于孩子的零花钱，其支配权应由他们自己全权掌握，唯一的限制是，他们购买的东西不能对他们造成伤害或者存在危险，也不能妨碍他人或者给他人造成不便。

对于孩子如何消费，家长可以提供必要的信息或者建议，但是不能表现为他一厢情愿的愿望。因为整个计划的最终目的是为了让孩子练习理财，培养和强化他们在金钱利用方面的分析判断能力；正如我们不能抱着孩子就希望他们学会走路一样，如果不给他们适当的自有支配权，他们是不可能真正学会理财的。

如果一个小男孩希望用自己的金钱购买一副弓箭，家长可以拒绝他的要求，因为这具有一定的潜在风险。

但是，如果这个小男孩希望买一个风筝，家长就应同意他的想法——只不过他们认为风筝太大他控制不了，或者认为附近树木太多，他不可避免地会让风筝挂在树上——家长绝对不能以此为理由拒绝孩子的要求。如果孩子愿意倾听，家长可以向孩子充分解释这些危险，但是不要流露出他自己不希望儿子购买风筝的

意愿。他可以这样说:“这些是你可能遭遇的不利因素,但是如果你经过了非常认真的考虑,你也可以购买。”

之后,当孩子遇到了这些困难时,当他发现自己控制不了这个大风筝,或者风筝挂在了树上时,家长也不能以教训的口吻说:“我早就告诉了你这些困难。可是,你就是不听我的劝告,现在后悔了吧。”相反,他必须帮助孩子,努力缓解他的失望情绪:“不要担心,虽然这的确是一个损失,但是你是经过审慎考虑决定这样做的。我们都有类似的经历,虽然我们经过了充分的思考,但是失败还是有可能发生。在以后利用金钱的过程中,你可能还会犯很多其他错误,甚至遭受重大损失;但是,这次的经历可以让你变得更加坚强、更加聪明,像个男子汉一样面对失败。”

和孩子模拟各种商业活动

一位家长通过管理孩子零花钱的方式帮助他们涉足正规商业交易活动以后,很有可能进一步扩大战果,以严肃的商业方式和系统理财手段让他们参与其他经济活动。

如果他的一个儿子希望通过积攒自己的零花钱购买一块手表,

现在已经攒了一半的费用，这位父亲就可以提议借给他剩余的钱，并以手表为抵押，直到他以后攒够了钱手表才能真正属于他；父亲可以写一个简单的抵押契约，说他向儿子提供了贷款购买这块手表，两人同意以该手表为还款保证，在儿子将贷款还清以前，不具有对该手表的绝对拥有权。

在孩子的成长过程中，家长与孩子之间可以进行大量类似理财活动。对于双方来说，每一次活动不仅是一件很有趣、很快乐的事情，同时也是最好的沟通教育方式；不仅可以教育直接参与此项活动的孩子，对其他孩子也起到一定的鼓励引导作用。从中，孩子可以获得商业交易的相关经济知识，还可以让他们养成系统性和商业性头脑，处理自己的相关事务。

模仿社会活动中人与人之间的正规商业行为，在家长与孩子间进行各种各样的交易活动，可以极大地激发他们的兴趣，而且这些活动的方式可以是千变万化的。

在此，我想向读者引用一个实例：一群孩子建立了一家自己的“银行”，并且运行了很多年，效果非常好。其中一个孩子被大家推举为行长，另外一个担任司库，一个担任出纳。司库负责管理一本分类账，其中列举了各位股东信息、持股情况，股票比例与孩子的年龄成正比。银行大楼是一个小玩具，代表着保险柜，

需要的时候可以收入支出一些小额金钱；股东们对于银行如何获利几乎一无所知，不过在现实生活中一些大型金融机构的大多数股东对此同样也不了解。这个银行每过6个月清算一次，当然也可以以其他时间长度为清算周期。之后，宣布分红情况，股东们会以非常正式的方式收取红利。

这些方式不仅使孩子的童年非常快乐，而且可以使他们成年以后站在更高的起点上进入商业社会，掌握相当数量的理财经验和专业技能；如果没有类似经历，他们就只能通过艰难的学习甚至痛苦的经历才能获得类似经验与技能。

当然，为了成功实施上述这些理财计划，家长需要具备一定的智慧、技能、系统性、耐心、连贯性等素质；但是，在家长具备了这些素质之后，他们所付出的时间、精力与因此给孩子带来的利益，以及对未来成功人生的重大作用相比，简直就是微不足道的。

或许，粗略看来，有人可能认为上述方法很简单，可以轻而易举地纠正孩子在理财方面的错误思想和习惯；表面看来的确如此，因为这里讲述的教育原则确实非常简单、非常浅显。但是，前提是家长应该具备相应的品质，而这些品质正是现实中非常罕见的。

深思熟虑制订详细计划，沉稳老练地提出建议，态度和蔼而又坚定不移地贯彻实施，极其诚实地让孩子拥有自主权并承担相应责任，以宽容的精神对待孩子在执行计划过程中发生的错误和过失——所有这些素质以及其他相关品质很少有家长能够完全具备。

与孩子达成协议，许诺他每个星期六会拿到一笔钱，但是过了两三周以后便抛之脑后；当孩子来要钱时，又不耐烦地说："哦，现在别来烦我，我忙着呢，而且，我现在手头也没钱。"或者在孩子在一周的前两三天把钱花光以后，走到家长身边耍赖，要求再给一些钱时，有的家长可能很不高兴地说："你这样很快就把钱花完了是不对的，我非常失望，以后再也不给你钱了。不过，这次我原谅你，但是下不为例，一定记着。"或者，在紧急情况下挪用孩子为某一特定目的攒下的钱，然后忘记或者故意不还给他——像这样不严格或者没有坚持性地执行教育计划肯定会遭遇彻底失败。

换言之，以这种态度教育孩子按照正确原则学习理财或者培养他严格而又诚信地履行理财义务的习惯，一定会以失败而告终。

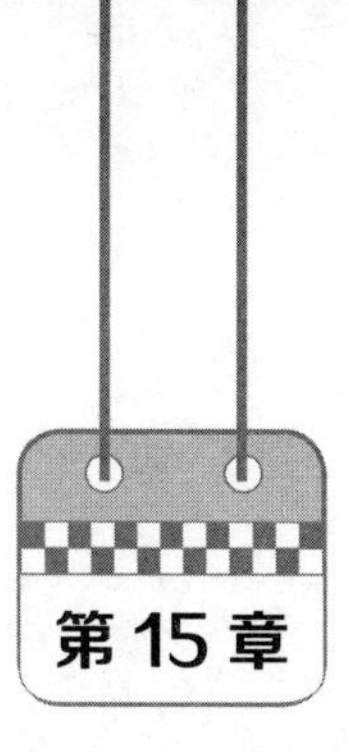

如何引导孩子学会感恩?

如果孩子对自己缺乏感恩之心，家长常常十分伤心。他们最渴望得到儿女的爱。他们为了赢得孩子的爱，会做出任何牺牲，向孩子表达自己的爱；但是，自己的努力似乎完全徒劳，根本没有得到孩子应有的回报。儿女们向他们展示的好像只有自私。他们只有在遇到麻烦时才会回到家长身边，当身处险境时，他们甚至会急急忙忙地飞回家长身边，认为家长是满足他们所有愿望的主要力量。

家长应该率先垂范

对于缺乏感恩之心的孩子，家长可以通过一些适当的努力帮助孩子培养这种爱心，可以在较早的时间、以较大的影响力促使它的出现。这种教育方式完全适用于对孩子其他道德情感的培养，即通过对他们所爱之人施加影响的方式达到这一目的。

培养孩子的同情心不应简单地将其称为义务，而是你应率先垂范，表现出对人的同情；如果你对那些冒犯了你的人总是表现出强烈的仇恨，怒容满面，强烈谴责，就会很容易让孩子养成愤怒和仇恨的性格。为了唤醒他们的感恩之心，你应该首先对别人的善意帮助表示感激，以引导的方式促使他们产生心理共鸣。

鼓励是培养孩子感恩之心的最佳手段

批评绝不是培养孩子感恩之心的最佳手段。如果一个孩子流露出特别强烈的情绪，不愿意遵从家长的愿望，家长或许可以向他直白地讲述孩子有义务服从家长的管教，对于家长的善意有义务心存感激，并心甘情愿地为家长做自己能做的事情。但是，这种口头上的教训可能根本不起任何作用。不论家长的批评口吻多么柔和、多么和蔼，孩子都会认为是对自己的指责，会从内心产生抵触情绪。他会认为这是一种静静忍受的教训，但是根本不会产生任何心理触动。

相反，当孩子愿意做出一些小小的牺牲帮助家长，或者让家长快乐时，家长应该适时抓住机会进行这种教育，这样他就会认为这是家长对自己的赞许，而不是责难，效果会完全不同。无论如何，在这种情况下，孩子内心不会对这样的情感进行抵触，而是敞开心扉接受它们，家长与孩子之间的对话也会非常顺利有益，只有在这样的条件下，说教才能产生作用。

我们假设，一个春天的早晨，妈妈和自己七八岁的女儿站在门边，倾听附近树上小鸟的歌唱。她指着树梢，轻轻地说："听！"

当鸟叫声停止时，妈妈满脸愉快地看着女儿说：

"这个小鸟给我们唱了这样一首好听的歌曲，我们送给它一些面包渣作为奖赏。"

"好啊！"小女孩说。

"你去给它好吗？"妈妈问道。

"好的，妈妈，我想给它很多面包渣。你认为它确实是在为我们歌唱吗？"

"我不知道它是不是在专门为我们歌唱，"妈妈说，"我们不知道鸟儿歌唱的内容到底是什么含义。我想，它们很高兴看到我们，否则不可能有那么多小鸟来到我们家；我不知道这个小鸟之所以歌唱是不是因为看到我们站在门边感到高兴才这样做的。"

小女孩也会这样想，然后高兴地跑开拿一片面包，弄成面包渣洒在路上。

整个过程会对孩子的内心产生触动，培养她的感恩情绪。当然，这件事情的效果不会特别大，但是这种教育方式是正确的。它就像一滴雨露，滴落在种子刚刚萌芽破土而出的嫩芽上。在你走开之后，雨水会流淌下去，促进嫩芽进一步扎根生长。

当你让女儿坐在门口的台阶上，让她给小鸟洒下面包渣的时候，她的内心就会充满你向她传播的情感，如果这是第一次，感恩之心就会在她心中慢慢生根发芽。

当然，利用小鸟的歌唱展开对话，在孩子内心培养感恩之心，只适用于年龄很小的孩子。对于年龄较大的孩子，虽然教育原则是一样的，但是选择的教育环境和处理方式应该适合他的年龄。

罗伯特是一个12岁的小男孩，他正在生病，康复期间，比他大两岁的姐姐玛丽一直非常认真地照顾他。她给他端饭，给他拿书和玩具，并时不时地逗他开心。在他完全康复以后，一个阳光明媚的春天早晨，他正坐在院子里，陪着他的妈妈说道：

“在你生病期间，玛丽对你真是太好了！”

“是的，”罗伯特说，“她对我真的很好。”

“如果你想为她做点什么，”妈妈接着说，“我可以帮你制订一个好计划。”

如果没有这次对话，罗伯特可能根本想不到向姐姐表达谢意；然而此时，他却说自己很愿意向姐姐表示感谢。

“那么，”妈妈说，“你可以为她建一个花园。我可以给你划出一块地，让你为她设计一个足够大的花坛，这样她就能栽放自己的鲜花；之后，你可以把那块地掘好、耙平，设计成小花坛，播种。我会替你购买花籽，帮助你为她建设花园，因为她也为我提供了很多帮助，就像她帮助你一样。”

“好的，”罗伯特说，“我会的。”

“你现在身体恢复了健康，已经很强壮了，所以你可以轻而易举地完成这项工作，”妈妈接着说，“但是，如果你不愿意为她建这个花园，我可以请其他人来做。如果你想自己亲手做，我想她会感受到你的感激和爱，会非常高兴。”

“是的，”罗伯特说，“我非常愿意做这件事，我今天就做。”

然而，如果妈妈没有提出这个建议，他可能根本不会想到为姐姐做这件事，也不会想到任何其他表示感激的回报，以感谢自己患病期间姐姐无微不至的关怀。换言之，他心中是存在感激之情的，或者说他心中有着感恩的种子，但是需要妈妈的引导，使它演变为具体的行动。

在这件事情中，我们需要注意的是，通过妈妈的引导，他不仅可以产生感恩的愿望，而且可以促使他马上采取行动。这种情绪得到强化和发展，可以无须在直接要求的前提下自然生长，并且下一次有可能演变为自发行为。这种品质的产生就像一粒种子在不是特别理想的环境下刚刚发芽、破土而出一样，需要外界给予小小的帮助和鼓励；通过在合适的时间洒下几滴雨露，就会进一步促使它生长发育，帮助它获得一定的力量和活力，然后在无须外界任何帮助的情况下顺利成长。

绝不可把感恩当成让孩子服从自己的借口

在培养孩子的感恩之心时，妈妈不能心存任何秘密的和自私的目的。

一个名叫埃格伯特的小男孩，也像罗伯特一样生过病，姐姐露西也对他进行了精心照顾。但是，一天下午，一群小伙伴来找他，于是他便跑到妈妈身边，要求和大家一起出去钓鱼。此时，他的心中充满希望，很想得到妈妈的许可。但是，妈妈不想让他出去，因为马上就要下雨了。她认为，埃格伯特还没有完全康复，并且担心出现其他危险。

他们的对话是这样的：

“啊，不，埃格伯特，如果我是你，我是不会在今天下午出去钓鱼的。我认为马上就要下雨了。而且，现在天气凉爽，非常适合在院子里工作，露西非常希望建一个花园。你知道，在你生病期间，她对你关怀备至——她为你做了很多事情，对吧？所以，为她建一个花园可以很好地向她表示你的感谢。我敢肯定，对于姐姐的关怀，你不会无动于衷。”

然后，他们讨论了建设花园的一些细节问题，在此期间，埃格伯特仍不甘心，不时地央求妈妈，准许他出去钓鱼。他说，自己可以在别的时候建那个花园。最后，妈妈非常勉强地同意了他的愿望，但是在表达同意时又讲了一大套有关优秀品德的道理。在儿子准备离开时，她说他真的不应该去，说自己会一直担心，让孩子非常扫兴。

显然，这种教育方式，虽然表面上妈妈要求儿子培养感激之情，但是对于这种情感的出现与培养根本毫无益处，即使孩子心中有这样刚刚萌芽的想法也没有效果；而且，只会让孩子自私和无情的心理变得愈发强烈。

因此，和所有道德品质的培养一样，感恩情绪的教育不能通

过生硬的说教和机械照搬的方式实施。家长需要一定的策略和技巧，最重要的是心态要诚实端正。妈妈必须真心地希望孩子心中产生积极的愿望，而不是仅仅流于形式让他努力，实际却是为了实现家长心中暂时的目的。孩子可以很容易看穿家长各种各样伪装的借口。有时,他们的确会伪装自己,但是对于他人的虚假表示，他们会轻而易举地识破。

世界科幻大师丛书
主编：姚海军

地球归零

（上册）

［美］大卫·布林 著　袁枫 译

四川科学技术出版社

图书在版编目(CIP)数据

地球归零：上册　下册 /（美）大卫·布林著；袁枫译. -- 成都：四川科学技术出版社，2024. 7.
（世界科幻大师丛书）. -- ISBN 978-7-5727-1433-7

Ⅰ. I712.45

中国国家版本馆CIP数据核字第2024YX8080号

图进字号：21-2021-85

世界科幻大师丛书

地球归零（上册，下册）

SHIJIE KEHUAN DASHI CONGSHU
DIQIU GUILING（SHANGCE，XIACE）

丛书主编　姚海军
著　　者　[美]大卫·布林
译　　者　袁　枫

出 品 人　程佳月
责任编辑　兰　银　姚海军
特约编辑　颜　欢
封面绘画　刘振宇
封面设计　王莹莹
版面设计　王莹莹
责任出版　欧晓春
出　　版　四川科学技术出版社
成都市锦江区三色路238号　邮政编码 610023
官方微博：http://weibo.com/sckjcbs
官方微信公众号：sckjcbs
传真：028-86361756
成品尺寸　140mm×203mm　　印　　张　34.25
字　　数　640千　　插　　页　6
印　　刷　四川省南方印务有限公司
版　　次　2024年7月第1版
印　　次　2024年8月第1次印刷
定　　价　115.00元(全两册)

ISBN 978-7-5727-1433-7

邮 购：成都市锦江区三色路238号新华之星A座25楼　邮政编码：610023
电 话：028-86361770

目 录

目 录

恐怕大家都知道，作为作家时，我有些乐观主义倾向。因此，在这部小说所展现的未来中，智慧多过愚昧……希望或许也压倒了绝望，一切似乎顺理成章。

其实，这部小说所投射出的未来，已经是我现在能够想象出的最让人振奋的明天了。

只要想到这些，我就会备感清醒。

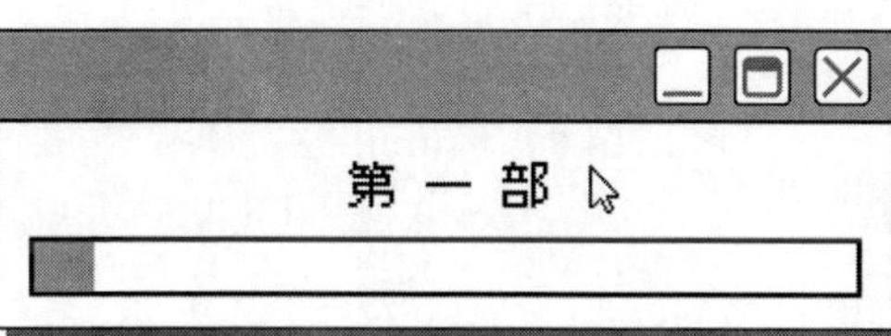
第 一 部

行　星

超新星首先出现，瞬间照亮宇宙，光芒夺目，之后便衰退成充斥着新生原子的气体云，曲曲弯弯，绚烂多彩。旋涡盘绕着不断上升，直到其中一个开始燃烧——新的恒星就此诞生。

初生的太阳身披尘埃与电子做成的长裙，两者都在不断旋转。气体和石块，还有这样那样的物质碎片落进裙摆的皱褶里，积聚成色彩黯淡的团块……这就是行星……

一个小小的世界绕恒星旋转着，距离适中，其自身条件也说得过去：

质量：刚刚够吸引一两颗路过的小行星。

卫星：只有一颗，剧烈碰撞后的产物，但足以牵引潮汐。

旋转：让气流在蒸汽缭绕的大气层里翻腾。

密度:不同的物质融合又再分离,产生没什么用的表面熔渣。

温度:高温是这颗行星唯一的“声音”,但却很微弱,被太阳发出的隆隆巨响所淹没。再说,在红外线的尖厉叫声中,一颗行星又能向浩瀚宇宙诉说些什么呢?

“这是存在的,”声音重复着,一遍又一遍,“这是一块凝结而成的巨石,辐射温度约为三百摄氏度,按照星球的标准来衡量,实在是微不足道。

“这颗微粒,这粒尘埃,确实存在。”

一句再简单不过的声明,很难引起宇宙的重视,但仍是这个分布着沸腾咸水洼的岩石世界发出的讯号。

可之后,在那些水洼之中,逐渐产生某种前所未有的物质。那东西极其微小,只不过是些褪色的斑点,随处可见。可从那一刻起,行星的声音变了,音色起了微妙的变化,仍旧微弱且模糊,然而,那声音现在似乎在说:“我……在……”

地　核

愠怒的神祇恶狠狠地瞪着阿莱克斯。倾斜的阳光投射下阴影，遮住毛利战神——特乌王那精雕细琢的双颊和吐出的舌头。阿莱克斯注视着特乌的雕像，心想：这位神灵的脾气可真坏。不过，要是我被竖在这里，沦为亿万富豪办公室墙上的装饰品，也会深有同感吧。

阿莱克斯突然想到，特乌王的木头鼻子就相当于日晷的晷针。其投影伴随着角落里一台二十世纪古老钟表稳定的嘀嗒声缓缓移动，记录着时间。雕像的侧影逐渐拉长，颇有些暧昧地伸向一个微光闪烁的紫晶洞——乔治·哈顿众多地质类珍藏中的又一代表。阿莱克斯跟自己打了个赌，西沉的太阳被山岭遮住之前，雕像的影子无法到达它的目标。

照这样下去，乔治·哈顿也到不了。这家伙究竟在哪儿？如果他压根儿不打算现身，又何必答应与我们见面呢？

尽管阿莱克斯清楚现在是几点，但还是看了看表。他发觉自己紧张到不断用脚敲击着一旁的桌腿，于是赶忙停了下来。

珍[1]和斯坦平时怎么告诫你的？"耐心点儿，阿莱克斯。"

耐心确实并非他最为人称道的优点，然而，过去几个月，他在这方面进步了很多。尤其是当你保守着一个秘密，而该秘密或许意味着世界将要终结时，你就会变得极为专注。

他瞟了一眼好友兼前任导师斯坦·戈德曼，安排这次会面的正是他和坦戈帕鲁集团的董事长。斯坦显然没被老板的拖沓影响，这位上了年纪的理论家身材颀长，此刻正全神贯注地读着最新一期的《物理评论》杂志。

想让他分心根本不可能。阿莱克斯叹口气，再次打量起乔治·哈顿的办公室来，希望能了解一下这个人。

当然，会议桌装配着最优质、最新式的嵌板，能够连通世界数据网。一块时事显示屏占据着整面墙，可以分块儿实时显示地球任何位置的影像——行驶在武汉上空的飞艇……北非村落的日出……世界上任何城市的灯火。

入口处，神兽的全息影像闪烁着微光，而离书桌最近的那些才是哈顿最钟爱的珍品，是他这辈子在地壳中采掘得来的矿藏——包括一大块血锆石，它竖立在底座上熠熠放光；上方则摆着一副毛利

① 珍妮弗·沃灵的昵称。

人作战时戴的面具。让阿莱克斯印象深刻的是,二者都出自火烫的坩埚—— 一种是天然矿物,另一种则是社会产物。二者也都展示出极强的抗压能力。或许这也反映了乔治·哈顿某方面的性格。

但话说回来,也可能根本没有任何深意。阿莱克斯历来不擅鉴人,去年的遭遇就是明证。

突然只听“咔嗒”一声,走廊的门嗡嗡响着向两边开启,一名棕色皮肤的高挑男子走了进来,他气喘吁吁、浑身是汗。

“啊!你俩并没有见外,这很好。抱歉让你们久等了,斯坦,拉斯蒂格博士。请原谅,再稍等我一会儿。”他伸展开宽厚的肩膀,脱掉被汗水浸透的球衣,大步走向窗边,俯瞰奥克兰港[①]的帆船。

*他就是乔治·哈顿吧。*阿莱克斯边想边放下先前伸出的那只手,坐了回去。*没必要那么拘谨,我想这样就好。*

哈顿透过卫生间敞开的门,高声喊道:“因为伤病,我们的比赛一再推迟!幸运的是,这些都是小事。但我相信你能理解,坦戈帕鲁团队需要我时,我不能让他们失望,尤其是决赛这种对阵日本电力的关键战役!”

一般来说,已过知天命之年的商人为了一场橄榄球比赛,就将早先的约定搁到一边,这或许是有些奇怪。但这位肤色棕黑的大个子此刻正在卫生间擦拭身体,似乎全然不自觉,倒因比赛胜利而容光焕发。阿莱克斯瞄了一眼昔日恩师,他目前就在新西兰为哈顿工

---

① 位于美国加利福尼亚州奥克兰市的一座港口。

作。斯坦只是耸耸肩，好像在说，亿万富豪难免特立独行。

哈顿身穿浴袍出现在两人面前，用毛巾擦着头发，“你想喝点什么吗，拉斯蒂格博士？你呢，斯坦？”

“不用，谢谢。”阿莱克斯说。斯坦较刚才放松了许多，要了加泉水的格兰菲迪威士忌。接着，哈顿坐进长毛绒转椅，将两条长腿伸到杉木桌旁。

不管怎么样，阿莱克斯清楚，线索到这儿就断了，这是我最后的希望。

这位毛利富商本身也是位工程师，此刻，他正用那双犀利的棕色眸子凝视着阿莱克斯，“我听说，你想聊聊伊基托斯事件，拉斯蒂格博士。还有从你指缝中溜走的那个微型黑洞。说实话，我以为你已经厌倦为此事耿耿于怀了。当时，某些媒体人士怎么称呼它来着？好像是‘中国综合征’[①]吧？”

斯坦接过话茬儿：“总有那么一小撮人热衷于炮制耸人听闻的消息，他们在网络上大放厥词，引发了五分钟的恐慌，然后科学团体就出面证实了，阿莱克斯的那个微小奇点最终将会消散，不会造成任何危害。它实在太小，本身就无法存在太长时间。”

哈顿挑了挑一侧浓黑的眉毛，“此话当真，拉斯蒂格博士？”

伊基托斯事件发生以来，阿莱克斯已经无数次面对过这个问

---

① 1970年代的说法，这种说法认为，如果美国的核电厂发生核融事故，那灼热的燃料溶液就会穿透地壳、地幔和地心，直达地球另一端的中国。这就是“中国综合征”。

题。时至今日,他也储备了无数种答案——从用于应对媒体访问的、五秒钟的简短摘要,到接受参议院调查时,十分钟催眠曲般的冗长陈述……一直到长达数小时的深奥计算,只为了让他的物理界同行们放宽心。他真的应该已经习惯了这个问题,但恰恰相反,这个问题仍然像首次被提起一样,让他尴尬不已。

“告诉我,拉斯蒂格。”在秘鲁的那个灰蒙蒙的午后,暴动的学生将阿莱克斯的实验室点燃的时候,记者佩德罗·曼内拉看着那一幕追问道,“告诉我,你制造出的那东西不会吞噬一切,不会一路冲到中国去。”

打那以后,撒谎对他而言就成了条件反射般的行为。现在,想要改掉这种习惯,还真挺费劲。“嗯,斯坦向您透露了什么?”他问乔治·哈顿,乔治粗犷的五官仍因出汗而闪着光泽。

“他只是说你有秘密未曾透露,媒体、法院甚至还有十几个国家安全机构对你围追堵截……你都三缄其口。今时今日,这本身就够令人印象深刻了。

“但我们新西兰毛利人有种说法,”他接着说,“欺瞒酋长乃至神灵者,必须面对他亲手创造出的恶魔。

“你可曾创造出恶魔,拉斯蒂格博士?”

这问题够直接。阿莱克斯意识到为何哈顿会让他想起佩德罗·曼内拉。秘鲁的那个潮湿傍晚,满目疮痍的街巷和运河上弥漫着催泪瓦斯。这两位大个子说起话来,活像好莱坞的神祇,两者都习惯刨根问底。

曼内拉追着阿莱克斯，上到吱嘎作响的酒店阳台，只是为了将烈火熊熊的发电厂尽收眼底。当主控大楼轰然坍塌，水泥粉末铺天盖地时，那位记者正用他的摄像机拍摄全景。学生们欢呼雀跃，恰好给曼内拉提供了生动的场面，以回馈网络上观看他直播的人。

“那帮暴徒切断了电缆，拉斯蒂格，”记者先生在拍摄的同时，不忘打破砂锅问到底，“导致你的黑洞脱离了磁笼。然后，它掉进地球里了，不是吗？那现在会发生什么呢？它会再次出现在世间某处，把那个倒霉的地方点着，接着烧个精光吗？

“你在这里制造出的究竟是什么，拉斯蒂格？终会将我们吞噬的野兽吗？”

就在那时，阿莱克斯听出了曼内拉的弦外之音。这位声名在外的调查专家并不是在寻求真相，他想要的只是安慰。

“没，我当然没有。”阿莱克斯记得自己那天是怎么回答曼内拉的，也记得从那之后是如何回答其他所有提问者的。如今，他总算可以抛却谎言，这让他倍感宽慰。

“没错，哈顿先生。我想我制造出了真正的恶魔。”

斯坦·戈德曼猛地抬起头。在此之前，阿莱克斯甚至没有向昔日恩师吐露实情。抱歉，斯坦。他心想。

沉默在持续，哈顿紧盯着他，“你是说……奇点没有像专家们所说的那样消散。它或许仍在地底某处，吸取地核的物质？”

阿莱克斯能够理解哈顿的疑惑。人类的头脑很难想象这种东西,比原子还小,却重达百万吨。细小到可以穿过密度最大的岩石,却注定得在重力旋涡中绕着地心盘旋。总是饥焰中烧,饿到无法形容,但吃得越多,饿得越厉害……

光是想想就会让人对上下的概念突然产生怀疑,甚至让稳固的基本信念产生动摇。阿莱克斯尝试做出解释:

“将军们带我参观了他们的发电厂……开给我一张空白支票,让我为发电厂构建核心。据他们透露,批文很快就能下发,我信以为真。时至今日,他们仍然这样对我说。”阿莱克斯想到自己以前那样轻信于人,不由得耸了耸肩。这故事有年头了,是带着苦涩味道的回忆。

“跟大家一样,我坚信标准物理模型正确无误,因此质量小于地球的黑洞不可能保持稳定。尤其是跟我们在伊基托斯制造的那种一样小的。毕竟,一般来说,只要将其速度控制在一定范围内,它就会消失。它产生的热能可以满足三个省的能源需求。我的大多数同事认为,十年内此类设施就能投入使用。

“可将军们想缩短这一期限——”

“白痴,”哈顿打断了阿莱克斯的话,摇摇头,“他们真的以为能神不知鬼不觉地搞这种事?在这个时代?”

阿莱克斯吐露了那个耸人听闻的大消息后,斯坦·戈德曼第一次提出自己的看法:“我说,乔治,他们肯定考虑过亚马孙丛林中那个偏僻的工厂。”

哈顿哼了一声，对此表示怀疑；相反，阿莱克斯倒是赞同斯坦的看法。将军们的想法愚蠢透顶。他们曾向他保证，能够提供不受干扰的工作环境，他居然幼稚地信以为真。其实，他们的承诺就像物理标准模型一样不靠谱。

“说实话，”戈德曼接着说，“都怪机密注册机构走漏了风声，使得曼内拉这号人物盯上了阿莱克斯。若非如此，阿莱克斯或许仍把奇点黑洞照料得很好，让它完好无损地待在控制场中。没错吧，阿莱克斯？”

善良的老斯坦，阿莱克斯充满感情地想，还跟他当年在剑桥从教时一样，为他最心仪的学生掩盖错误。

“不，并非如此。要知道，暴乱发生之前，我已经准备亲手毁掉发电厂了。”

这番话似乎让戈德曼大吃一惊，乔治·哈顿却只是稍微歪了歪脑袋，“你发现你的黑洞异于寻常？”

阿莱克斯点点头，“二〇二〇年之前，人类根本想不到能在实验室里制造那种东西。后来人类则发现其实可以在小盒中折叠空间，制造出奇点黑洞……面对这种震撼，我们本应该诚惶诚恐，却因成功变得沾沾自喜。很快，我们以为已经对这些该死的东西了如指掌，但其中的奥妙却并非我们所能想象。”

他摊开双手，“事情发展得实在太过顺利，我起初也有些怀疑。

发电厂效率极高,你们知道的。根本不用提供太多的东西让它吞噬,它也没有消散。当然,将军们乐开了花。我却开始思索……难不成我不经意间在宇宙中创造出一种前所未有的黑洞?一种稳定的黑洞?只靠吞噬岩石也能不断变大?”

斯坦目瞪口呆。阿莱克斯也曾因起初的想法感到不知所措,接下来那几周则倍感痛苦,最终他决定亲手解决一切,违抗他的雇主们。他帮忙创造出那头野兽,那家伙个头虽小,但极其贪吃。如今,他要亲手拔掉它的獠牙。

没想到尚未付诸行动,佩德罗·曼内拉就先一步到来,随之而来的还有一连串的指控,突然间,一切都变得太迟。阿莱克斯的世界轰然坍塌,他根本来不及做出反应,甚至连自己制造出的究竟是什么,都无法确定。

“这样说来,它确实是只恶魔……一只坦尼瓦。”乔治·哈顿轻声说,那个毛利词汇听起来让人毛骨悚然。这位大人物用手指敲打着桌面,“看看我的理解是否有偏差:起初,大家都以为你创造出的黑洞极其稳定,但在你看来,这东西或许正在我们脚下数千千米处兜圈,甚至我们交谈之时,它可能也正以不可遏制的速度疯长着,对吗?依我看,你是想要我施以援手,帮你找回因粗心大意搞丢的东西,对吧?”

哈顿思维敏捷,阿莱克斯深感佩服,但其态度却引起了他的不满。他强忍怒火,没有反唇相讥。“我想,你可以那样认为。”他平静地回答。

“说起来，抓捕那恶魔的难度极高，你打算如何找寻它呢？我这个问题不会太过分吧？在地核中向下挖掘可有点儿难。”

哈顿明显自以为在讽刺对方，但阿莱克斯直截了当地回应道：“我需要的绝大多数设备，贵公司都已经研制成功……比如你们用来调查矿脉的那些超导重力探测仪。”阿莱克斯伸手去够他的手提箱，“改造方案我已经写好了——”

哈顿举起一只手，示意阿莱克斯别继续说下去。他双眼中的讥讽已经荡然无存，“我暂时相信你的话。费用会相当高昂吧？没关系。要是咱们什么都找不到，我会用你那白皙的皮肤抵账。我会剥掉你的皮，把那苍白的东西挂到纪念品商店，卖给游客，行吧？”

阿莱克斯吞了口唾沫，无法相信事情竟然这样简单，“行。要是咱们真的找到它了呢？”

哈顿皱起眉头，“呃……无论怎样，我非常荣幸不得不亲手剥掉你的皮，巫师。你竟然制造出会将地球毁灭的恶魔，对付你这种人，我应该……”

大人物的话戛然而止。他摇头晃脑地站起身，来到窗边，俯瞰着奥克兰市。傍晚时分，灯光逐渐亮起，犹如宝石粉末在山间蔓延。都市之外，树木荫翳的山坡向曼努考湾倾斜。被暮光晕染的云层从塔斯曼海[①]飘浮进来，满载着清凉的雨水。

---

① 位于澳大利亚与新西兰之间，是南太平洋的一部分。

眼前的景象让阿莱克斯回忆起自己的孩提时代，祖母曾带他前往威尔士，观看秋日树叶色泽的变化。那时，他突然感觉世间万物似乎都那样变幻无常……将要凋零的树叶、飘浮天际的云朵、坚韧不拔的群山……甚至是整个世界，此刻，似曾相识的感受再度涌上心头。

“你知道的，”乔治·哈顿缓缓地说，依然凝视着窗外的平和景象，“回溯到美俄两大帝国对峙、核战争一触即发的时代，这里曾经是北半球民众梦寐以求的避难所。你知道吗，拉斯蒂格，每当危机来临，飞往新西兰的‘度假’航班便会陡然爆满。人们想必都认为这里是躲避浩劫的绝佳地点。

“《里约条约》[①]也没带来什么变化，不是吗？大战硝烟散去，随之而来的是癌症肆虐、全球变暖、土地沙化……当然，小规模的局部战争仍然不断爆发，争夺这儿的绿洲，又或者那儿的河流。

“但一直以来，我们新西兰人仍然深感幸运，雨水没有抛弃我们，渔业也并未消亡。

“如今，所有的幻象都已破灭，世间不再有安全之所。”

大块头转身望着阿莱克斯，虽然说出这番话，但这位工程界巨子的双眸之中没有任何怨恨之情，甚至眼神也没有变得黯淡。在阿莱克斯看来，他的眼神中只有一种深重的不甘心。

---

①《里约热内卢公约》，亦称《美洲国家间互助条约》《泛美联防公约》等。是1947年9月泛美联盟成员国(今名美洲国家组织)签署的共同防御条约。

“真希望我能恨你，拉斯蒂格，但很明显，你也只是受命于人，而且很出色地完成了分内之事。因此，你甚至剥夺了我复仇的机会。”

“我很抱歉。”阿莱克斯真诚地表达歉意。

哈顿点点头。他闭上双眼，深吸一口气。

“好吧，那咱们开干吧。既然毛利人的先祖塔恩[①]为与恶魔作战，能够深入地底，那我们这些微末之人又有什么立场拒绝？”

DEL[②]二十多年间，通过《母星》，我们维护着全球硕果仅存的数十个自然静谧保护区，能够跻身这份闻名于世的名单的，都是世间罕有之地，置身其间，静坐数小时也听不到任何噪声，传入耳中的只有自然的声响。

由我们全球多达三千万的订阅者牵头，时刻保持警惕，悉心守护着这些保护区。只消一个草率的行为，比如空中交通规划人员所做的，就会让珍贵的圣所沦为令人生厌的喧嚣之地，被人类刺耳的喧哗声毁掉。

不幸的是，即使那些所谓的“节约型”官员们，在自然保护方面，似乎仍然秉承着二十世纪的古老做法。在他们看来，在各地保留几片森林，别因土地开发遭砍伐，别被化学泄漏或酸雨侵害，就已经足够。在他们成功后，还会通过这样的方式来庆祝：开辟供徒步旅行

---

① 毛利人的森林之神，也是生活在森林中的所有事物，尤其是鸟类。

② DEL，Data Ertry Language 的缩写。一类早期计算机交互语言的统称。

的小径来提高游客数量。可以预见到，游客们会留下垃圾，践踏植物根系，造成土壤侵蚀，最糟糕的是他们还会滔滔不绝，扯着嗓子抒发“融入大自然”的激动之情。

而硕果仅存的动物们，竟然还能令人惊讶地于喧嚣之中寻得彼此，繁衍后代。

除了格陵兰岛和南极洲，我们上次集中报道了七十九个静谧保护区。现在，我们很遗憾地宣布，其中两个没能通过今年的测试。按照这样的速度，地球上的静谧之处很快都将不复存在。

根据我们大洋洲通信员的报道，那里的情况也在恶化。太多不谙海事的家伙很可能会偏离标准航道——度假者寻求自然的静谧，但这样的结果就是让那些寂静之地充斥着他们的喧哗之声。

（还有海况灾害，但在这里最好不提，以免我们彻底陷入绝望！）

就连南印度洋，地球最后的幽静之域，也在我们可恼的百亿凡夫俗子和他们制造出的机器发出的刺耳杂音中颤抖不已。说实话，如果大地女神盖亚终于忍无可忍，从她断续的睡眠中醒来，用这颗疲惫行星从未经历过的震颤，回应我们发出的噪声，笔者也不会因此感到惊讶。

——《母星》，2038 年 3 月刊【DEL 网址 PI-63-AA-1-888-66-7767.】

全息球

繁殖(这个词真的太妙了!)的方式有许多种。经历了漫长的人生历程后,身处暮年的珍·沃灵自认为知晓所有的繁殖方式。

尤其是把这个词用于生物学范畴时——通过这林林总总的方法,生命得以挫败其最强大的敌人,时间。既然繁殖的方式如此多样,有时候珍也会感到不解,为何所有人偏偏对性这种传统方式大惊小怪。

没错,性本身有其优点,能够确保物种的可变性,将两个人的基因混合在一起,本来就是一场赌博,虽然错误不可避免,但人们仍然愿意赌上一把,以求得到更多意外收获。实际上,对于大多数高级生命形式而言,性爱能带来足够丰富且长久的满足感,而诸多令人愉悦的神经和激素反馈能加强这种满足感。

前几天,珍还曾兴致勃勃地对那些繁殖方法进行了活体测试,还用简洁但又充满热情的数学图表,为那些相同的途径绘制了精确的遗传图谱。她建构了最早的计算机模型,用来阐释情感的理论基础和激情状态出现的合理原因,甚至建构了神秘母性之美的法则与定理。

两任丈夫、三名子女、八个孙辈,还有一座新近拿到的诺贝尔奖,珍对母性的了解可以说是全方位的,尽管激素翻涌的强烈感受如今只剩记忆。啊,好吧。还有其他繁殖方式。还有其他方式,甚至让一名老妪或许也能在历史上留下印记。

“不给,宝贝!”她嗔道,从眼前的横杆处拿开那个红彤彤的苹果,那几条横杆将这间宽敞的实验室一分为二。钢棒之间挥动着的是一条灰色的象鼻,它正向苹果卷去。

“不给!除非你斯文点儿问我要,我才给你。”

在她桌旁,一位年轻黑人女性叹口气说:“珍,你能不能别再逗弄那可怜的动物了?”波琳·科克雷尔摇着头,“你知道的,只有连说带比画,宝贝才能明白你的意思。”

“瞎说。它完全能够理解我的意思。瞧着。”

那动物发出短促而又尖厉的叫声,像是发泄着心中的沮丧。它顺从地收回了鼻子,将鼻子前端缠绕在一块粗糙的毛垫上,耷拉在眼睛上方。

“这才是好姑娘。”珍边说边扔出苹果。宝贝敏捷地将其接住,开心地吃了起来。

“纯属操作性条件反射,”年轻些的女子对此嗤之以鼻,“跟智慧和认知没半点儿关系。”

“认知并非一切,”珍回应道,“比如说,礼貌,需要根植于更深的层面。幸好我来了,它都被宠坏了。”

“哼。要我说呀,你只不过是‘后诺征’再度发作,又在给自己找理由而已。”

“后诺征?”

“后诺贝尔综合征。”波琳解释道。

“都过去那么多年了?”珍不以为然,“还有?”

“为啥没有?谁说过有人能痊愈吗?”

“让你一说,听起来像是种病。”

“本来就是。看看科学史,大多数诺奖得主不是变成故步自封的老古板——像海耶斯和卡伦巴——就是变成你这样的反传统者,非要朝圣牛扔石头[①]——”

“混杂隐喻。”珍指出。

“还会对细节吹毛求疵,总把自己弄得惹人厌。”

“我有惹人厌吗?”珍无辜地问。

波琳两眼上翻,“你是说,除了不请自来地干涉宝贝的训练之外?”

“没错,除了这些。”

---

① 在印度教中,牛被视为神圣不可侵犯的动物,所以“sacred cows”指的是被人认为不可置疑或批评的事物。“Throw stones at sacred cows”则通常用来表达对传统权威、常识的挑战或批评。

波琳叹口气，从一堆又宽又薄的示读装置中拽出一块数据板。通过这块平板，能够看到最新一期的《自然》杂志……那是信函版块中的某一页。

“哦，那个呀。”珍说。她来到此地，置身于“伦敦方舟”的金字塔之中——这里与世隔绝，温度和湿度都调节得颇为适宜——是为了远离自己的实验室，逃避那铺天盖地的电话和网络呼叫。其中必然有一通电话来自圣托马斯医院的高管，邀请她一边俯瞰河景，一边共享午餐，席间他会再次暗示，已届鲐背之年的名誉教授，真的应该多花些时间在乡间颐养天年，观察杜鹃花在紫外线的照射下变得或浓或淡、或深或浅，而不是满世界闲逛，对他人的研究指手画脚，对与她没啥关系的问题评头论足。

上周在巴塔哥尼亚[①]召开的世界臭氧会议上，要是有人像她那样直言不讳，那他们回家之后，恭候他们的绝不仅仅是声讨的信件和电话。以如今的政治气候，被迫退休或许会是最温和的结局。再见啦，城里的实验室；再见啦，收益颇丰的顾问差事；再见啦，优厚的差旅费用。

获得那块来自瑞典的小小奖章，的确让她付出了代价。成为诺奖得主，有点儿像变成了那只有名的、重达九百磅[②]的大猩猩——想睡哪儿睡哪儿。瞥了一眼实验室窗户上自己那纤瘦的身影，珍感觉

---

① 主要位于阿根廷境内，小部分属于智利。

② 九百磅约等于四百零八千克。

把自己比作那种庞然大物很是有趣。

她解释道："那种事，就算是傻子也应该明白，我只是点明而已。耗资数十亿，将人造臭氧送入平流层，这根本无济于事。只要那些贪婪的蠢货不再向空气中排放氯化物，情况很快就能好转。"

"很快？"波琳表示无法相信，"臭氧层几十年就能恢复？把这事儿告诉农民们吧，他们现在只能给牲畜们戴上眼罩。"

"反正也不该吃肉。"珍咕哝道。

"那就跟所有将患上皮肤病的人说吧，他们得病是因为……"

"联合国给所有人提供帽子和太阳镜。此外，几便士买的药膏就能避免染上癌——"

"可野生动物呢？草原狒狒原本过得好好的，就在十年前，它们的栖息地还被认为是安全的。而现在呢，许多狒狒已经处在失明边缘，人类只能将它们接进方舟之中。依你看，我们怎么维持这里的一切？"波琳指着"伦敦方舟"那广阔的中庭，其间层层叠叠的都是密合的人造栖息地。宽广的空间内悬着众多巨大的空中花园，环境经过精心设置，但跟其模板，也就是当年的摄政公园动物园相去甚远。与之类似的建筑还有近百座，散布在世界各地。

"只要按部就班地来，就能维持下去，"珍答道，"扩大相关设施，投入更多时间，设法——"

"目前还可以！可将来怎么办？下一场浩劫降临时呢？珍，我简直不敢相信，这种话竟然从你嘴里说出来。从一开始，你就是为方舟而战的领袖人物呀！”

“所以呢？若我说部分任务已经顺利完成，岂不是要被视为叛徒了？我为何这么说，因为我们甚至已经创造出新的种族，就像这里的宝贝。”她朝置身于硕大笼中的那毛茸茸的厚皮生物点了点头，“你应该对自己的工作充满信心，波琳。终有一天，重建栖息地将不仅仅停留于画板之上。这些物种中的大多数应该都能重回大自然，只要再过几个世纪——”

“几个世纪！”

“没错，当然了。与这颗行星的年岁相比，几百年的时间又何足道哉？”

波琳不以为然。但还没等她开口，珍带着少许伦敦腔抢过话头，“额滴（我的）天，恁干啥那么较真呀，亲爱的？退一步想吧，就算发生最糟糕的情况，又会怎么样呢？”

“地球上所有未受保护的种族都会消亡，数以万计！”年轻的波琳言辞激烈地回应道。

“是吗？另外，不妨把这些方舟中的生物也考虑在内——受到保护的物种——还有所有人类。我们这百亿生灵。浩劫总会到来，毫无疑问。

“可对于地球而言，这又有多大差别呢，波琳？我是说，距今千万年后？我赌差别不大。地球老姑娘会静待我们灭亡的。她以前就做过这种事。”

波琳张口结舌，表情愕然。有那么一刹那，珍心想自己这次是不是说得太过了。

她年轻的朋友眨眨眼睛。接着，脸上露出微笑，微笑中带着点儿疑惑，“你可真坏！我一度把你的话当真了。”

珍咧嘴一笑，“现在……你对我的了解更胜以往了。”

“我了解，你就是个顽固不化的怪老太婆！你活着就是为了惹人发火，总有一天，这些乖戾的习惯会给你招来祸患。”

“哼。你以为我是怎么保持对生活的兴趣的？想方设法保持愉快……那可是我长寿的秘密。”

波琳将那块示读板扔回乱糟糟的桌面上，“这就是你下个月要去南非的原因吗？因为那会惹恼两方的所有人？”

“恩德贝莱人[①]想让我从宏观生物学的角度审视一下他们的方舟。不管政治及种族问题如何，他们仍然是救世计划的重要成员。”

“可——”

珍拍拍手，“行了。这跟我们关于优生的小项目毫无关系，我说的是这里的项目，美洲乳齿象[②]。咱们看看宝贝的档案，好吗？我或许是退休了，但我敢打赌，我仍然能推荐一个比你现在用的更好的神经因子梯度。”

“行！档案在隔壁房间，我去去就来。”

---

① 非洲南部民族。

② 曾经生活在北美洲的一种象类，像猛犸象一样身披毛发，已经灭绝。

波琳匆匆走出实验室，带着年轻女性的优雅，珍充满爱怜地注视着她，独自思忖着语言那不可思议的模棱两可性。

这般轻慢他人，的确是个坏习惯。但随着岁月流逝，事情变得容易许多。人们都会谅解她的行为，就好像他们对此早有预料……他们甚至需要她如此行事。此外，由于她试探所有人，毫无偏见地与所有人持截然相反的立场，越来越多的人不把她的话当真！

珍由衷地承认，或许这就是世界对她旷日持久的报复——将她所说的一切视为玩笑。这恐怕就是所谓的“现代盖亚范式之母”的命运吧。

珍摩挲着宝贝的鼻子，抓挠着它的前额，凸出的前额说明，性早熟已经让这头猛犸象与普通大象的混血幼崽的大脑皮质增厚。宝贝的绒毛呈棕色，长且滑腻，散发出一种刺鼻的强烈气味，但不知为何，却又让人觉得有些好闻。世界各地方舟的基因网络中，厚皮生物的基因多不胜数，就算是这一新物种——“猛牡象”也并非稀罕物，其一半基因来自距今两万年前的尸身，那动物尸体是加拿大冻原融化后暴露出来的。事实上，很多大象都是这样繁殖的，部分被调拨用于试验，研究哺乳动物延长的幼年期。当然，这些都是在科学审理委员会及动物权益委员会的严格监管之下进行的。

这生物看上去过得挺愉快。“你觉得怎么样，宝贝？”珍喃喃道，“比普通大象聪明些，你感到开心吗？又或者你更愿意置身于外面的旷野，在泥里打滚，把树木连根拔起，被蜱虫困扰，不到十岁就身怀六甲?”

象鼻前端呈粉红色,缠绕着她的手。她抚摸着它的鼻子,充满慈爱,“你真的很看重自己,不是吗?而且你也是整体的一分子。

“但你真的那么重要吗,宝贝?我呢?”

其实,她对波琳说的每句话都是认真的——告诉波琳从长远角度来看,即使大规模灭绝也根本毫无意义。她这一生都在构建生物学理论基础,所以对这一点深信不疑。这行星——盖亚的自我平衡能力足够强大,即便经历浩劫也能够存留。

很多时候,死亡的波涛突如其来地席卷所有物种,甚至将整个生物界的秩序都彻底摧毁。恐龙只不过是某次浩劫中最引人注目的受害者而已。然而,植物却总是能平安跨越每一条索命的鸿沟,锲而不舍地将空气中的二氧化碳去除;动物和火山也总能再次恢复如初,误差不过几个百分点。

就算是所谓的温室效应,使冰盖融化、沙漠扩张、海平面上升,逼迫数百万人背井离乡,让所有人忧心忡忡,就算是这个人口过剩的最严重的后果,也无法跟二叠纪之后那场大洪水相提并论。

今时今日,人们上街游行,大声疾呼,书写信件,颁布法律,研发科技,为的是“拯救地球”,使其从二十世纪的错误中走出来,珍对此深表赞同。毕竟,只有愚蠢的生物才会将自己的栖身之处搞得一团糟,人类承受不起更大的代价了。但她仍然坚持自己那公认偏执的观点,基于她个人从未言明的、对现实世界的古怪认同感的观点。

从室外中庭传来一声低吼，声音在玻璃洞穴的墙壁间回响。她听出那是老虎低沉的咆哮。上世纪结束前，她曾经跟一位萨满法师共度一夏。据他说，老虎是她的图腾动物，他还说她拥有“雌虎的勇气”。

简直就是胡说八道。不过，哦，当时的他是何等风流倜傥！她还记得，他身上混杂着香草气味、木柴的烟味，以及男人香，尽管现在已经很难想起他究竟姓甚名谁。

没关系。他早已不知去向。终有一天，就算像波琳这样的科学家竭尽所能，老虎或许也会从地球上消失。

但某些东西会存续。珍抚弄着宝贝的鼻子，脸上露出微笑。

若我们人类当真将自己毁灭，几百万年以内，基因异常丰富的哺乳动物中仍会涌现出新的替代者，或许是较人类更具智慧的种族，或许是草原狼或者浣熊的后代。这些生物的适应能力极强，在方舟之外的环境中也能存活；且体魄极为强悍，我们这种生物制造出的任何灾难，都无法让它们灭绝。

哦，宝贝这种娇弱的物种或许会比人类先灭绝，但老鼠必定比我们活得更久。我很好奇老鼠的后代将如何扮演这颗星球的主人。

宝贝轻声呜咽着。这头猛犸象和普通大象的混血儿正注视着珍，柔和的双目中似乎夹杂着困惑，好像某种程度上感受到了她那纷乱的思绪。珍笑着拍拍它粗糙的棕灰色身躯，“噢，宝贝。奶奶有点儿言不由衷……或者应该说是思不由衷！我只是在自娱自乐。

“别担心。我不会让糟糕的事情发生的。我会一直照顾你。

“我会守在你身旁，永远。”

DEL世界网络新闻：

265频道/广泛关注/9+级别（副本）

“因为早期季风摧毁了孟加拉国三百万民众亲手铸就的堤坝，他们只能眼睁睁看着自己的农场及村庄被洪水冲毁，上涨的孟加拉湾将这个千疮百孔的国家废墟变成了泽国……”

【图像：满脸泪痕的褐色面孔神色茫然，呆滞地注视着肿胀的动物浮尸，以及淹没在水中倾斜的农房。】

【DEL视窗选项：观看上述暴雨的细节，当前音频链接：暴雨23。】

“这些人是钉子户，他们拒绝了此前所有的安置建议。而现在，他们面临着艰难的选择。如果他们完全接受其难民的身份，与其身在西伯利亚或者澳大利亚新大陆的同胞团聚，就意味着他们要接受所有的附加条件，尤其是必须立下接受人口调控的誓约……”

【图像：怀孕的妇女，带着四个哭闹的孩子，推搡自己那受惊的丈夫，让他向白皮肤的医护人员求助。镜头拉近，一位医生戴着刻有锤子和镰刀的肩章……一名护士戴着加拿大枫叶徽章。拍摄团队的所有成员脸上都挂着和蔼的笑容。那年轻的孟加拉男人异常紧张，不带半点儿敌意地在笔记板上签了字，又将它从门帘下面递进帐篷。】

【DEL阅读具体誓约内容,音频链接:难民43。】

【DEL具体医疗过程,音频链接:结扎手术7。】

"由于已经达到所能忍耐的极限,许多孟加拉人同意了东道国开出的条件。然而,预计仍会有一部分人拒绝这最后的机会,选择成为海国的一分子,过着艰苦但不受约束的生活。他们那简陋的木筏已经在浅滩及沼泽上前进,而那里曾经是一望无际的黄麻种植园……"

【驳船、木筏以及形状和大小各异的救生船,聚集在倾盆暴雨之中。做工粗糙的挖泥船在旧日村庄的残骸中搜寻,将圆木、家具以及零碎的东西拖拽出来,或回收利用,或当作废品售卖。还能看到其他速度较快的小艇,穿梭于被洪水淹没的浅滩,追逐成群的银色凤尾鱼。】

【实时图像2376539.365x-2370.398,DISPAR17号卫星。每分钟1.45美金。】

【DEL总体背景,链接:海国1。】

【DEL舰队的具体数据,链接:孟加拉海5。】

“海国的发言人已经对新近出现的渔场宣布主权，以开发权的形式……”

【外交官在大理石铺就的大厅中整理文件。】

【DEL 参考联合国文件43589.5768/UNORRS 87623ba.】

【勘测人员为广阔的海洋区域绘制地图。】

【DEL 延时图像APW72150/09，美联社2038.6683】

“正如所料，孟加拉国通过其联合国代表团正式提出了抗议。不过，国土已被洪水淹没，他们的抗议听上去就像来自命运多舛的幽灵……”

【影像：一位褐色皮肤的年轻人，头裹一条油腻的花绸巾，紧紧抓着生锈的栏杆，望向不可预知的未来。】

中间层

岩石穹顶之下，阿莱克斯·拉斯蒂格在不同工作现场之间奔忙着。看着这一切，斯坦·戈德曼深有感触。他心中暗想：只有当一个人深陷危机时，你才能了解他。

就拿阿莱克斯那笨拙的弯腰动作来说吧。斯坦对这动作再熟悉不过。置身于地底半公里的深处，这样的弯腰动作不再让人觉得懒散或者迟缓。相反，那小伙前倾的姿势像是要在移动时保持平衡，他或扶着这边缓慢行进的牵引机，或推着那边努力钻探的挖掘机，或只是催促工人们继续干活儿。空气阻力或许是唯一能够让他放慢速度的因素。

并非只有斯坦一人注视着他昔日的爱徒，身材瘦长、褐色头发的阿莱克斯现在已经变身一阵变革暴风。有时，在这个幽深地底走廊忙碌的男男女女也会在他身后瞥上一眼，目光被这种工作热情所吸引。大型分析仪的数据线连通出了问题,弄得一队人束手无策。拉斯蒂格便立即赶到现场,跪在海鸟粪结块的古老地面上,在毫无准备的情况下,寻找解决难题的方法。供电设备被烧坏,导致另一队人止步不前,阿莱克斯仅用几分钟就找来新部件——那是他直接从电梯上扯出来的。

“我猜,晚餐时间要是没人上去,哈顿先生肯定会留意到的,”一位技术人员无奈地耸了耸肩,“或许,他会用绳子把替换零件给咱们放下来。”

“不可能,”另一位技术人员回应道,“乔治会把晚餐放下来。不过要是拉斯蒂格博士给咱们都打上营养针,我们甚至都不用停下来吃饭了。”

这席话当真幽默。他们能够判断出,这项任务不仅紧急,还真正刻不容缓。不过,斯坦则感到很庆幸,此刻自己必须待在计算机旁。不然,就算他年事已高,就算他是阿莱克斯的昔日恩师,也早被阿莱克斯拉去帮忙,在石灰墙上串接电缆了。

随着时间流逝,在新西兰北岛的山脊下方,一座实验室正逐渐成形。

仍然只有他们三个——斯坦、乔治以及阿莱克斯——知道奇点黑洞下落不明的事情,伊基托斯黑洞此刻或许正吞噬着行星的内核。技术人员得到的消息是,他们探寻的是一种“重力异常”现象,比以往寻找稀有矿石或者地下甲烷的勘探深度深得多。但其中绝大多数人还听说并且了解到某种传闻。流传最广的说法——每每提及总会换回转瞬即逝的微笑——是老板找到了一张地图,此举是要探寻凡尔纳、巴勒斯,以及二十世纪B级影片描绘过的、失落的地底世界。

他们很快就会知道的,斯坦心想,仅靠我和阿莱克斯,无法完成所有的搜寻工作。在数百万立方千米的应力矿物及液态金属中,探寻比分子还微小的东西,就像在不计其数的干草堆中追寻一根飞速滑落的针。

就算真的在地底找到那头坦尼瓦,他们好像也做不了什么。就算是懂得阿莱克斯绝大多数新方程的斯坦,那些令人心惊胆战的结果,他也不敢多想。

我有四个孙辈,还有一座花园。学生们个个前途光明,即将迎来极具创造性的人生历程。爱侣与我相伴数十载,使我成为真正完整的人……留待"以后"阅读的书籍。日落美景。我的画作。终身职位……

这些财富,虽然在金钱方面不值一提,但与乔治·哈顿的数十亿家财相比,也毫不逊色。然而,时至今日才勉强盘点清楚,充分意识到这一切,当真是窘困而又辛酸。

我很富有。我不希望地球毁于一旦。

斯坦的手提电脑响了起来,打断了他思绪消极陡转的过程。敞开的手提电脑箱上方的狭小空间内,形成了某种图像——闪烁着微光的圆柱体，其表面光泽既不像金属，又不像塑料，也不像陶瓷。相反，那反射着光芒的平滑表面，就像是某种被禁锢在管状力场中的液体。

真够费时间的，他心烦意乱，边想边核对着数据，太好了。主天线用目前的科技便可制成。没什么复杂的，只是简单的微型构造。虽说设计这种小东西……也挺让人头痛的。容不得任何晶格故障，否则，它辐射出的引力波便会四散开来。

斯坦依稀记得，曾经听过那种纳米机械将会改变世界的言论，那真是激动人心的预测啊。它们能够变废为宝，建造新城市，拯救人类文明，使人类避开资源枯竭的悲惨未来。它们也能涤清人类的血管，恢复脑细胞的青春活力，或许还能治疗口臭。其实，它们的用途很有限。这种机器人体积极小，但却非常耗费能量，而且需要绝对有序的工作环境。即使是用培养剂浸洗每个分子，一个一个地将晶体天线均匀放置，也需要提前留意所有细节。

他利用阿莱克斯的方程，细致地调整了设计，将那圆柱体改换成恰当的形状，向地底放出精密的辐射探测器，穿过下方那些燃着熊熊烈火的地狱之环，寻找一头神出鬼没的野兽。这项工作极其费神，却能带来很大的满足感。

爆炸发生时，形成的第一道音墙几乎将斯坦从他的凳子上震飞。隆隆的共鸣声在地底的岩石走廊中回响。随之而来的是尖叫和低吼。

男男女女扔掉工具，冲向洞中一处拐弯，惊恐万状地凝视着眼前的一切。阿莱克斯·拉斯蒂格费力地穿过人群，赶往混乱的事发现场。斯坦站起身来，眨着眼睛，“怎么……”但所有技术人员都急着逃命，没人停下来回答他的问题。

“拿梯子！”有人喊道。

“没时间了！”又有人喊道。

管道和电线横七竖八地堆放在地上，仿佛错综复杂的迷宫，斯坦费尽周折才顺利通过，又从那堆看客之间挤进去，这才看到究竟发生了什么。乍看上去像是蒸汽管道破裂，灼热的水蒸气从一堵布满网格的墙上喷了出来。扑面而来的气流逼得他连连后退。那气流并不灼热，反倒酷寒难当。

*只是液态氮吗？*斯坦忧心忡忡，躬身钻进那寒气逼人的气流中。*还是氦气管道也破裂了？*前者带来的只是一次小挫折，但后者或许意味着灾难。

他好歹挤到一个化学合成罐后面，一群技术人员躲在那里。其他人紧紧抓着被风鼓动的工装，望着脚手架附近的混乱局面，一条爆裂的管道正喷射出刺骨的寒气，根本无法逾越。数米之外，两个人影置身于摇摇欲坠的狭窄栈桥上，紧紧相拥。这两名工人全身战栗，身处绝地的他们，看不到逃生的路。至于断流阀，则位于高耸的液氮罐的顶端，同样难以企及。

有人指向高处靠近穹顶的位置，斯坦不禁倒吸一口凉气。那边吊悬在一簇钟乳石上的，竟然是阿莱克斯！他一条胳膊弯曲着，插在两段岩层之间的裂缝里，就在他们聚集位置的正上方，似乎非常危险。

“他怎么上去的？”

冰冷的高压气体轰然作响，斯坦只得高声重复刚才的问题。一位身穿棕色工装的女士指着一架金属梯子，那梯子遭寒气喷射，已经结冻，甚至断裂。“他本想躲过气流，去够断流阀……可梯子断了！现在他被困住了！”

置身险地的年轻物理学家打着手势，向下面高喊着。其中一名技术人员，一位来自乔治·哈顿部落的纯正毛利人，开始聚拢零零碎碎的部件。接着，他挥舞起尽头缀有重物的缆绳，将其以向上的弧线抛到空中。阿莱克斯没有接那工具，却用左臂缠住了缆绳。石灰岩碎屑倾泻而下，其暂避之地摇摇欲坠，他用牙齿和一只手拖上来一台钻机，钻机的岩石螺栓钻头已经安装就位。

他怎么找到支点来……

斯坦惊讶地看着阿莱克斯猛甩双腿，缠住半露的柱体。他紧紧地抱住钟乳石，将钻头调到最强挡位，举到头顶上方。倒悬的岩石震颤着，裂缝开始出现，纵横交错于阿莱克斯腹部附近的柱体上。如果他摔下来，就会掀掉脚手架已经倒塌的部分，直接掉进酷寒的气流中。

斯坦屏住呼吸，阿莱克斯则推动钻头，测试其稳定性后，快速将一截电缆穿过索环，使其承受住自己的重量。说时迟那时快，钟乳石的主体部分断裂开来，坠落并砸中脚手架的残骸，发出一声巨响。人们齐声惊呼。阿莱克斯悬在半空中，挣扎着想要抓牢缆绳，下方的人们都看到了落下的岩石在他大腿内侧留下的伤痕。他那条长裤已经破烂不堪，鲜血顺着裤子滴落下来，跟奋力打环结时流下的汗水混在一起。血滴在空中遭遇咆哮的寒气，随之爆成殷红的血沫。

这时，阿莱克斯又将双肩滑进绳圈，让缆绳承担起他的体重，斯坦松了口气。但这小伙仍然气喘吁吁的。他转头高喊，声音盖过洞内的喧闹声："松开！再拉紧！"

两名握着缆绳的技术人员丈二和尚摸不着头脑，斯坦差点儿冲过去给他们解释，但那毛利工程师却心领神会。他向其他同事做着手势，开始放出手中的缆绳，就在阿莱克斯双脚接近冰冷的气流时，再将放出去的绝大部分缆绳拽回来。他重复着这个过程，松开，再拉紧。这是一种简单的谐波共振运动，就像小孩玩的秋千一样，不过，在这里，充当铅锤的是个成年男性，而且他也不可能安全地落到沙坑里。

系绳不断变长，阿莱克斯摆动的弧度也不断增大。每次尝试，他都会距离那已经液化的超冷气体更近一些，大量闪耀的雪片跟着他在空中打转。他朝下方紧拽缆绳的人们喊道："再荡四次……就放手！"

又一次摆荡——“三!”

然后——“二!”

他的声音一次比一次沙哑。斯坦眼见摆动的弧度越来越大,差点儿喊出声。然而,还没等他来得及做些什么,伴随着一声高喊,他们已经松了手。他们放手太快了!阿莱克斯将将越过喷射流,从两名受困的幸存者身旁飞过,撞上最中间液氮罐顶端缠结的网状结构。刚一触及结冰的表面,他就立即奋力想抓住点儿什么。斯坦旁边的女士抓住了他的胳膊,惊叫起来,她眼见阿莱克斯向下滑落,性命堪忧……

……又及时停了下来,胳膊搂住了一根管子,那管子受力后正吱嘎作响。

尖锐的噼啪声传入耳朵,斯坦不由得向后一跳,原来是附近的一个化学合成罐因寒冷开裂。纤维般细薄的控制线如同一条条受伤的蛇,不断舞动着,一遭遇喷射的氦气,便立即化为晶莹的碎屑。

“他们已经从上面阻断了喷射流。”有人报告。

斯坦心生疑惑,氦气分压已经强到能够影响声音传播了吗?还是说这家伙的声音是因为恐惧才变得尖促的?

“可那些液氮罐中的气体已经太多,”又有人开口说,“如果他不能关掉断流阀,我们会失去岩洞中半数的硬件,那会耽误我们好几个星期!”

还有三条性命危在旦夕。斯坦心想。再者,人们都有自己的优先项。他们再度行动起来……这次,几位年长的工程师组织大家有序撤离。斯坦摇摇头,拒绝离开,没人执意让他走。他要留下来守望爱徒,阿莱克斯此时正努力朝断流阀前进,双手交替着缓慢往前挪。他碰过的管子不再是以往的颜色,它们粘着一块块冻坏的皮肤,掺杂着血迹。斯坦感到一阵恶心。

阿莱克斯一厘米一厘米地靠近坍塌的栈桥。一个墙钉仍然保留在原地,嵌在石灰岩中。阿莱克斯几乎看不到,只能用手摸索,他的脚一而再再而三地踩空。

“左边,阿莱克斯!”斯坦叫道,“现在向上!”

他的嘴巴大张着,呼出的白气迅速结晶,就像是龙喷出的雾沫,阿莱克斯找到突出的岩石,将全身的重量置于其上,他没有片刻停留,猛蹬那块岩石,朝断流阀扑去。

历尽艰辛终于到达,转动开关倒是异常容易,颇有点儿虎头蛇尾的意思。至少,液氮罐的那个部分造得还算不错。尖厉的咆哮声逐渐减弱,迫人的寒气也慢慢消散。斯坦踉踉跄跄地向前走去。

救援队扛着梯子,抬着担架,快步从他身旁经过。过了好一会儿才将两名受伤的工人抬了下来,送离现场。但阿莱克斯并不是被抬下来的,他是自己下来的,身体直打晃。他身上裹着毯子,胳膊被引路的人架着,他注视着斯坦,就像传说中的雪人。他苍白的脸上毫无血色,结了一层晶莹的冰霜。走到斯坦身旁时,他让搀扶他的人停下,从打战的牙齿间挤出几个字。

“我……我的错。仓促行……行事……”颤抖的话语最终归于沉寂。

斯坦扶着阿莱克斯的肩膀，安慰着这位忘年交，“别傻了，你很了不起。不用担心，阿莱克斯。你回来之前，我和乔治会让一切恢复如常。”

年轻的物理学家勉强点了下头。斯坦目送医护人员将他搀走。

好吧。他心想，思索着过去几分钟发生的一切能说明什么。阿莱克斯·拉斯蒂格的这一面是否始终在线，只是隐而未发？又或者是命运召唤，那可怜的孩子明显是这一挂的，召唤他为世界的命运与恶魔一决雌雄？

DEL很久以前，那时，动物尚未出现在陆地上，植物体内产生了一种化学物质——木质素。这种物质使它们长出更长的茎，凌驾于竞争对手之上。木质素的产生是关键性突破，它给世间万物带来了持久的变化。

不过，一棵树死去之后会发生什么呢？它的蛋白质、纤维素及碳水化合物将被再次利用，不过前提是要先分解木质素。只有这样，森林才能从死去的树木那里，回收延续生命的物质。

蚂蚁会遇到并解开这一难题。数量达到百万亿的蚂蚁，分泌蚁酸，将朽木渗透并分解，使其无法不断积聚。否则，这些朽木最终会令世界窒息。它们会有这样的举动，自然是为了自己的利益，它们从未想过此举能给整个世界带来什么好处。然而,整个世界却因此变得整洁干净、焕然一新。

蚂蚁进化至此,占据这样的生态位,甚至能拯救世界,这一切是否纯属偶然?

当然如此。就像其他数不清的偶发奇迹一样,在它们的共同作用下,此等令人叹为观止之事才会发生。我告诉你们,与任何有意为之的构想相比较,某些偶然更具巧思,影响力也更大。如果这么说会让我被视为异类,那就随便吧。

——《地球母亲的忧郁》,珍·沃灵 著,环球书业,2032年【DEL超级访问码7-tEAT-687-56-1237-65p.】

外逸层

“普雷亚德斯号”的船头下压。特蕾莎·提克哈娜对重返星际空间感到欣喜。你好，猎户座。你们好，七姐妹星。她默默地跟朋友们打招呼，你们想念我吗？

此刻，前方闪耀的寥寥几个星座点缀着飞船舷窗，但在光华夺目的地球近旁，这些光芒显得如此苍白。地球上那如同轮转烟火般炫目的白色暴风眼，还有棕蓝相间的美妙景致，蜿蜒曲折的河流，支离破碎、高低起伏的山脉——甚至是货轮驶过阳光炙烤的大海时，留下的缕缕烟痕——都给这幅瞬息万变的全景图增添了一笔。不过，此时“普雷亚德斯号”旋转着偏离了发射时的航向。

当然，地球还是很美丽——只有在那里，人类才不必完全依赖故障不断的机械生存。地球是家园，是绿洲。这毫无疑问。

而特蕾莎则觉得这颗行星周遭的强光让人厌烦。飞船正处在低轨道上，地球向阳面的光芒覆盖了半个天空，除了最亮的星，其他一切都变得黯淡无光。

微调火箭[1]发动机震动着，调整飞船的航向。阀门和回路闭合，发出类似鸟鸣和轻笑的声音，这是平稳运转的美妙音乐。然而，她依旧审视着——核对着，不断地核对着。

一块等离子屏幕显示着飞船的地面航迹，飞船正朝东南偏东方向前进，距离拉布拉多半岛[2]还有几百公里。美国宇航局新闻播报员最爱地面航迹指示装置，但对于真正的航行而言，这种东西根本就是鸡肋。特蕾莎没看地面航迹，相反，她注视着地平线以半月形的轨迹逐渐移开，更大面积的星球显露出来。

你好啊，熊妈妈[3]。*她心想，真开心看到你的尾巴指着我预期的方向。*

“老波拉利斯[4]在那儿呢。”她右边的马克·兰道尔拖着长腔说。

“正在计算P和Q。”特蕾莎的副驾驶员比较着两组数据，“在所有九个自由度中，星球追踪器定位与全球定位系统匹配到五位数。满意吗，特里[5]？”

“你和讽刺真相配，马克。”她自己审视着所有数据，“但别老叫我特里。偶尔也问问西蒙·贝利，他那次情报任务怎么会中途回来，

① 又名游标推进器，用于对航天器的姿态或速度进行微调。

② 位于加拿大东部的半岛。

③ 此处指大熊座，神话中大小熊座为一对母子。

④ 北极星。

⑤ 特蕾莎的昵称。

还绑了根绷带。”

马克若有所思地微笑道:“他声称原因是‘在卡特站的电梯里对你动手动脚。’”

“一厢情愿,”她笑着说,“西蒙总有一堆幻觉。”

为了数据准确,特蕾莎将卫星和星球追踪器的数据跟飞船的惯性制导系统相比较,采取三种独立验证法,核对飞船的定位、动量以及航向。当然,三者数据一致。她这种强迫性的核对,同事们都再了解不过,甚至已经成为她的一种标签。然而,甚至早在孩提时代,她就有这种需要——成为飞行员,继而宇航员的又一个理由——学到更多的方法,来确切了解自己究竟身在何处。

“男孩能分辨出哪边是北。”其他孩子总会这样对她说,他们的自信来源于代代相传的智慧,“女孩更懂得如何与人相处!”

对于大多数性别歧视的传统,特蕾莎向来无动于衷。但那似乎提供了解释——比如说,不知为何,她一直觉得所有地图都有差错。然后,在一次训练时,他们惊喜地告诉她,她的方向感远超常人。“超动觉敏感。”医生们这样做出诊断,因此她做所有事情都能展现出恰如其分的优雅。

只是她并不认同。如果这都算是优势,特蕾莎不知道其他人是如何从卧室走到浴室而不迷路的!在梦境中,她有时仍然觉得,世界似乎仍处在无常变化的边缘,且没有任何预警。有几次产生这种感觉时,她甚至怀疑自己的精神状态是否正常。

可所有人都有奇怪的地方，甚至——尤其是——宇航员。她奇怪的地方肯定没有坏处，否则，美国宇航局的心理医生怎么会同意她担任宇宙飞船的船长？

想起童年的经历，特蕾莎希望至少那些老话的一部分是正确的。只要身为女性，就能自动拥有洞悉他人的能力，那就好了。可若当真如此，她的婚姻又怎会每况愈下？

事件序列器哔哔作响。“好了！”她叹口气说，“咱们得按照计划，进行交会点火，启动轨道操纵系统。”

“好，好，船长大人。”马克·兰道尔拨动开关，“轨道操纵系统开启。公称压力。一百九十秒内点火。我会通知乘客。”

一年前，驾驶员工会赢得特许权。非会员只能待在下面，待在居住舱。而且这趟旅程没有搭载美国宇航局的任务专家，只有军事情报官员，所以驾驶舱内只有她和马克，特蕾莎不会受到其他琐事的干扰。

但还有基本的礼节要讲。通过内部通话系统，马克缓慢而低沉的话音传达出典型飞行员的乐天和自信。

“先生们，想必你们的眼球已经不在眼窝里打转了，基于这一事实，你们会感觉到飞船已经停止转向。我们正在为交会点火做准备，时间就在两分半钟之后……”

马克继续扯着闲话，特蕾莎则审视着顶板位置，检查二号燃料箱电池的数据，确认它不会再次出问题。站点对接总是让她感到紧张。以前驾驶一型飞船时更是如此。“普雷亚德斯号”噪声不断——铝制骨架吱吱嘎嘎，冷却剂流过老式热传送管道，嗖嗖作响，液压油旋转推进器发出黏黏糊糊的声音——这些声音听上去，就像是昔日冠军发出的叹息，她仍在赛场拼搏，只是因为掌权者觉得留着她比培养替代者便宜得多。

新型飞船更加便于驾驶，设计时的目的也较为单一。在特蕾莎看来，“普雷亚德斯号”或许是历史上最复杂的机械。按照目前的发展速度，以后恐怕再也制造不出类似的机器了。

人马座上方的闪光吸引了特蕾莎的注意。她立刻就明白了那是什么，根本无须查对：过往的国际火星任务——探寻生命元素，最后一次勇敢的冒险搁浅时，她还在上小学，但直到现在，探测器的残骸仍然留在高轨道上。值此艰难时刻，新的规则再简单不过——只能执行可以产生短期回报的任务。天上不会掉馅饼，不确定的项目得不到投资。至少在大部分人类仍有可能被饿死的情况下不可行。

“……通过三种不同途径核对了我们的航线，伙计们，而且提克哈娜船长已经宣布一切运转正常。没有任何物理故障……”

多色图像显示着飞船的轨道参数，覆盖在星图之上。飞船前窗上，特蕾莎还看得到自己的身影。一缕深棕色的秀发从发射时戴的帽子里溜了出来，发缕旁的脸颊上有块污渍……很可能是发射前调整乘客座位时沾上的油点。揉搓一下就能将它抹掉，不过这会让她强健的颧骨显得更加突出。

太棒了。这副模样会让贾森以为我想他想到睡不着觉的。特蕾莎不用画蛇添足，只要保持这副模样去见两个月未曾谋面的丈夫就够了。

马克·兰道尔的身影看上去则孩子气十足，无忧无虑的。他面庞白皙——被阳极氧化的环状头盔衬托着，跟白色的宇航服区分开来——看不到任何辐射带来的痕迹，贾森脸颊上的那种痕迹……所谓的“里约黑”，那是置身南大西洋磁异常环境中，在雨雪交加的恶劣天气下投身于户外工作带来的。那次冒险行为，发生在一年前，贾森因那得到晋升，同时也入院治疗了一个月——癌前病变。也正是那段时间，他俩婚姻中的问题浮出水面。

马克光滑的面庞让特蕾莎很是不爽。他这种确定无疑的单身汉本应毛遂自荐，去拯救情报部门珍视的窥探者，而不是让贾森·我夫君·但不知道什么鬼·斯坦佩尔去。

签合同跟那个金发妖妇琼·摩根紧密协作的，也应该是某位单身男性。可偏偏不是，猜猜这次主动举手的是谁？

放轻松，姑娘。别生气。目标是言归于好，而不是剑拔弩张。

马克仍在跟空军军官们逗着乐子，“……叫我给你们讲，有一次执行任务时，她和她老公怎么夹带了一台自制的六分仪。如今，其他任何一对夫妇或许都会选择更实用的东西，比如……”

特蕾莎抬起右手，做了个手势，从疯马[1]那个时代以来，该手势

---

① 是北美印第安战争的灵魂人物之一。

的意思就没有太大的变化。航天员用这个手势表示“废话少说”。

“嗯,可我想,咱们还是把这个故事留着改日再讲吧。站点交会之前,我们还将进行最后一次点火。”兰道尔关掉通话系统,“抱歉,老大。刚刚有点儿得意忘形。”

特蕾莎清楚他并无悔意。不管怎样,与牵扯某些宇航员的荒诞段子相比,关于六分仪的那段故事也算不得什么。这些都不重要。重要的是宇航员安然无恙,飞船平安返航,任务圆满完成,而且能够获得再次出航的邀请。

“五秒钟之后点火,”她说,接着开始倒数,“……三,二,一……”

随着自燃发动机点火,低沉的轰鸣声充斥整个驾驶舱,飞船的前进速度也随之提升。但由于他们正处在轨道远地点,这意味着“普雷亚德斯号”的近地点会相应升高。好笑的是,这反过来又会拖慢飞船的速度,使此行的目的地,也就是空间站,从后面赶上他们。

空间站的指示灯在雷达上闪烁,犹如一列整齐的光点被一条细线串起,指向地球。最底部的小圆点就是他们的目标——近地点,他们将在那里放下货物及乘客。旁边的点状集合代表着中央综合体,距此二十公里,彼处的科学及研发工作都在自由落体条件下完成。最后面,也是最顶端的光点代表一系列位于更高位置的设施——远地点实验室,贾森就在那里工作。他们已经约定在中途的休息区见面,当然,前提是她这边卸货顺利,他那边也能从实验中抽身。

他们有太多话要谈。

她膝边的定序装置显示零,发动机全部熄火。靠背位置的轻微压力再次消失。取而代之的并非“零重力”。不管怎么说,重力充溢于他们周围。特蕾莎更喜欢用“自由落体”这个古老的短语。毕竟,轨道也是不断消失的陡坡。

不幸的是,就算是平缓的下落也并不总是那么有趣。特蕾莎从来没有害过宇航病,但到目前为止,很可能有半数乘客感到恶心。见鬼,情报人员也是人。

“开始偏航滚转动作。”她说,这是固定程序之一。迄今为止,所有计算机运转正常。飞船前端及尾端的推进器——比轨道操纵系统使用的装置小一些——产生脉冲后坐力,让地平线以复杂的双轴旋转方式旋转。他们再次点火,平稳地朝着新航向前进。

“你可是我的宝贝,”马克温柔地对飞船说,“你或许上了些年纪,但还是我的最爱。”

不少宇航员对这艘仅存的哥伦比亚级航天器情有独钟。登船之前,他们会拍拍画在飞船入舱口的七姐妹星团。而且,虽然没人说破,但部分宇航员明显认为,“普雷亚德斯号”上飘荡着心怀善意的幽灵,每次航行都护佑着它。

或许他们没错。到目前为止,“普雷亚德斯号”没有重蹈“发现号”和“奋进号”的覆辙,那两艘飞船都沦为了废铁;也没有走上像

“亚特兰蒂斯号”[①]那样的尴尬末路。

不过，从个人角度来讲，特蕾莎为这艘破旧的飞船以前没被替换深感遗憾——不是被讲究的三型飞船替代，而是型号更新、质量更高的飞船。毕竟，“普雷亚德斯号”算不上真正的宇宙飞船。只是一辆星际大巴，而且是每站必停的那种。

尽管她的职业生涯中有众多浪漫故事，但特蕾莎知道自己跟大巴司机没太大区别。

“操作完成。启动挂钩交会程序。”

“哟。”特蕾莎回应道。她开启Ku波段[②]下行链路，“科罗拉多斯普林斯任务控制中心，这里是‘普雷亚德斯号’。我们已经将外部燃料箱中的残留虹吸到回收热室，并将箱体抛弃。环化[③]完成。请求前往乌——”特蕾莎想起自己是在跟空军对话，就没有再说下去，“前往里根空间站。”

耳机里充满了控制人员尖细的声音。

“收到，‘普雷亚德斯号’。目标范围核对，九十一公里……完毕。”

“什么？”兰道尔轻笑着插嘴。这是个老套的玩笑，幸好控制人

---

① “亚特兰蒂斯号”与之前提及的“发现号”和“奋进号”，都是美国国家航空和航天局发射的航天器。

② Ku波段是无线通信领域中的一个频率范围，因为其在高频段的特性适合长距离传输和高速数据传输，所以常用于卫星通信和广播。

③ 指将轨道调整为圆形轨道或近似圆形轨道的过程。

员没有听到。

“多普勒测速每秒二十一米……完毕。切向速度，每秒五点二米……完毕。”

特蕾莎迅速扫视一眼，“确认，控制中心。数据一致。”

“接近目标，”马克说着，透过舱顶窗向外张望，“乌有乡，按部就班。”

“别闹，马克。打开扬声器。”

兰道尔用手势表达了“那又怎样”的冷淡态度。

“收到，‘普雷亚德斯号’。”声音再次从科罗拉多斯普林斯传来，“切换频率，接通里根空间站控制中心。任务控制中心下线。”

“里根就算了，”线路接通时，马克小声嘀咕，“叫它‘窥探者天堂’吧。”

特蕾莎假装没听到。控制面板位于她右膝旁边，她用力按下程序设置键，然后轻敲319执行键。“交会及回收程序激活。”她说。

两人的控制台之间，出现了“普雷亚德斯号”的全息影像——粗短的镖型飞船，黑底白顶，货舱散热装置暴露在太空清冷的黑暗之中。填满货舱绝大部分空间的，是装有氧化钴的密封罐。情报人员颇为珍视的侦查用品。格伦·斯皮维上校的宝贝。只要在其包装上留下一点污渍，就会吃不了兜着走。

货物后面是几个白色球体，里面装有数吨超冷推进剂，为飞船供能后，回收自庞大的外部燃料箱。将能容纳两百万升液体的燃料罐丢进印度洋，是刚刚进入轨道时他们最为关注的任务——这种一成不变的浪费行为曾经让特蕾莎恼火不已，但现在她甚至也不再想了。至少，他们这些日子一直在回收废料。置身太空，残余氢气和氧气的用途不计其数。

马克跟“乌有乡控制中心”通话时，特蕾莎操作对接装置从货舱边缘竖起。这支短粗的机械臂，比用于部署货物的遥控机械手更加结实耐用——可伸缩的顶端拉长，末尾是张开的钩子。

“乌有乡确认采用遥感勘测，”马克对她说，“接近标称值。”

“这样一来，我们还有几分钟时间。我去瞧瞧乘客们。”

“好呀，随你。”当然，马克清楚，船长起身有别的原因。但这次他明智地没有多问。

解开安全带，向后转身的同时，用椅背作为跳板，特蕾莎跃向驾驶舱的后部。自动化推广之前，总有一名任务专家在那里照看货物，而现在只留了一扇窗。透过那扇窗，特蕾莎检视了窥探者的包裹，还有远处的低温液氮罐。如果接下来的钩取操作顺利完成，他们能够节省货舱中一半的联氨以及四氧化二氮，这是卸货时又一宝贵的额外收获。如果没有这一收获，绝大多数的储备都会在匹配轨道时消耗掉。

她将头凑近那扇冰冷的窗户，凝视着那只机械臂从飞船右舷的平台上竖起。正如计算机显示的那样，机械臂并未开启。*就检查一下*，特蕾莎心想，对于自己的多此一举并不感到后悔。

她扭身穿过“地板”上的一个圆孔。当她飘浮进被称为居住舱的宽敞船舱时，五位身着蓝色发射服的空军军官抬头仰望。其中两名乘客满面病容，特蕾莎从他们身旁飘过时，他俩转移了视线。至少，这里没有窗户，因此他们不必遭受“搞不清地平线方向”这份额外的痛苦。首次参与航行的所有人中，有三分之一需要几天时间来适应翻肠倒胃的感觉，然后才有精神欣赏太空的景致。

“发射真的很顺利，船长。”说话的是满面病容的两位乘客中年纪稍长的那一位，他说起话来滴水不漏。他一只耳朵后面贴着两片药贴，但看上去仍然颤颤巍巍的。此前几次航行时，特蕾莎曾与这个人有数面之缘，那时候他也显得病恹恹的。

*他们总派他执行太空任务，想必真的不可或缺。*就像马克·兰道尔生动地描述的那样，这种人从来不需要证明自己的勇气非凡。

“谢谢，”她回应道，“我们的目标就是让大家满意。我只是想探望一下你们，顺便告诉你们，我们大约在二十分钟后就会与近地点空间站对接。空间站的工作人员需要一小时时间，用来卸货和回收废料。接着，你们就可以乘电梯前往中心区。”

“那是在你们成功完成对接的情况下，提克哈娜女士。可要是没能钩住呢？”

这次说话的是坐在前排左边的男人，他身材敦实，两道浓眉在双眼上投下阴影，一侧肩头佩戴的银鹰徽章闪闪发亮。苍白的鬓角映衬着他粗糙的皮肤——癌症前期反复治疗导致的皮肤脱落。跟陆军的小伙子们或者其他追求时髦的地勤人员不同,格伦·斯皮维的色斑可不是在沙滩上晒出来的。他赢得那枚可疑的徽章,是通过跟贾森相同的方式——在乌拉圭上空,仅靠身上衣服纤维的保护,为拯救一项绝密实验而奋战。但话说回来,对于真正的爱国者而言,十几种放射物质又算得了什么呢?

很明显,贾森没有把它们放在心上。南太平洋放射区那次经历之后,至少他在康复病床上所说的话透露出的就是这样的意思。

“嘿,你看,亲爱的。这不会影响咱们的计划。有精子银行呀。或者等你准备好了,我们再做其他安排。咱们有些朋友肯定会有高质量的……嘿,宝贝,现在还有什么问题吗?”

这个男人真会让人气恼!就好像他躺在医院里,双臂插满管子时,她满脑子想的还是生孩子的事!此后,生孩子确实成为扩大他俩之间鸿沟的关键问题。但她那时唯一的想法是:“傻瓜,你当时可能会死!”

保持着职业的冷静,特蕾莎回答斯皮维上校:“如果空间站无法中途钩住‘普雷亚德斯号’怎么办?那样的话,我们就会按照传统的方式,再进行一次点火,以匹配轨道。不过那会花费些时间,而且对接结束后,也没有剩余的推进剂可以卸载了。”

“时间和联氨,”斯皮维上校噘起嘴巴,“可都是极其宝贵的东西呀,提克哈娜女士。祝你好运。”

上校又看了一次表,自从特蕾莎来到居住舱,这已经是第二次了——似乎自然法则可以像他的低级军官一样被催促，只需板起脸来就行。特蕾莎试着理解上校的举动，不过人与人本来就性格各异。如果不是因为斯皮维这种警惕性极高的偏执狂总是四处刺探打听，留意《里约条约》的条款是否被严格遵守，和平又怎么会维持这么久？从恺撒大帝进攻高卢的赫尔维蒂战役维持至今？

“安全第一，上校。您也不想看到我们被绵延二十公里的光谱纤维绳缠住吧？”

一位年纪稍轻的窥探者打了个哆嗦。但斯皮维却向她投来了理解的目光。他们各自看重的事情有所不同。彼此尊重远比互相喜爱重要。

回到控制台旁，特蕾莎注视着已经映入眼帘的空间站底部——一根银色绳索上悬着一连串的球形液体舱及其管道装置。再往上，空间站的其他部分闪着光，就像挂在一根极长项链上的宝石。最远处，只有用雷达才能看到的地方，飘浮着远地点区，贾森就在那里工作，但对于他研究的东西，特蕾莎知之甚少。

他们正从阿尔卑斯山脉上空飞过，这片山脉支离破碎、布满弹坑，山上的弹坑只有此时才能摆脱冬日冰雪的覆盖，展现在人们眼前。这真是令人震撼的对比，显示出自然和人造的力量暴怒时留下的印迹。

但特蕾莎没有时间观光。她的注意力完全放在近地点空间站上——就像是悬挂在空中的摆锤，距离地球最近。

就在液体泵的站点下方，悬着一根支臂，操作人员可以控制它弯曲或伸展，像渔翁放出钓线，等大鱼上钩一样。

特蕾莎双目缓缓扫过她眼前的仪器、空间站、群星，将一切尽收眼底。这样的时刻让她感觉所有的辛勤工作都是值得的。她觉得全身的每个部分都协调起来，从轻轻操作着“普雷亚德斯号”游标控制杆的双手，到大脑的左右半球。此时的她既是工程师，又是舞蹈家。

此刻，所有的焦虑、所有的担忧一扫而空。可以选择的工作或许数不胜数，地球上的也好，星际空间的也罢，这份工作能够给予她最需要的东西。

“我们进来了。”她低声说。

特蕾莎很清楚，自己身处何地。

DEL

“从前，大英雄朗吉鲁阿失去了他美丽的妻子海茵玛拉玛。她撒手人寰，其灵魂去往拉罗亨加，亡者之地。

“朗吉鲁阿悲痛欲绝。他不听任何人的劝告，宣布要追随爱妻前往地府，将她重新带回奥玛拉玛，光之世界。

“带着他最忠实的伙伴凯奥，朗吉鲁阿来到拉罗亨加的入口，守护着那里的，是湍急的旋涡。他和凯奥纵身跃进这地府之门，旋涡中，马纳塔之心的搏动震撼着整片大地。他们对抗着这种力量，一直游啊游，最终抵达了彼岸。朗吉鲁阿爱妻的灵魂正在那里迎候他们。

“如今，敞开说，朗吉鲁阿和凯奥或许不再是仅有的完成如此壮举的凡人。因为新西兰白人讲述过一个相似的故事。主人公名叫俄耳甫斯，为了他的爱人，他也做过几乎相同的事情——而且，据说他甚至是孤身一人从阳世前往地府的。

“但朗吉鲁阿在最重要的环节胜过俄耳甫斯。因为当朗吉鲁阿再次出现在太阳神的光芒下时，挚友和爱侣都陪伴在他身旁。

“可俄耳甫斯却失败而归，因为像所有的新西兰白人一样，他无法全神贯注地做一件事。”

地　核

坐在他的全息显示器——这座废弃实验室中仅有的光源——前，阿莱克斯回忆起乔治·哈顿傍晚时分在庆祝仪式上的表现，他在营火旁给工程师们讲述毛利人的传奇故事，大家虽然疲惫，倒也听得饶有兴致。讲述朗吉鲁阿的故事再合适不过，因为它代表着新的希望，刚好是从地狱之门获取的希望。

听完他的故事，阿莱克斯不知怎的回到了这座地底实验室。所有的机器，白天忙碌不休，如今却在这仅有的一片光亮之下，蛰伏于黑暗之中，在旁边的石灰岩壁上投下长长的阴影。

朗吉鲁阿的故事触动了阿莱克斯，或许它符合他目前的心境。

别回头，只注意眼前的一切。

此时，出现在他面前的是行星的剖面图。星球如同苹果般被切开，露出果皮、果肉、果柄和果心。

还有果核，阿莱克斯心想，完成了整个比喻。

靠肉眼无法分辨出地球与球体之间的些微差距。在商业地球仪上被过分夸大的山峦和海沟，在这幅真实尺度的画面中只不过是露珠滴落激起的涟漪。相对地球巨大的内部构造而言，水和空气组成的膜实在太薄。

大气圈和水圈以内，棕色、红色以及粉色的同心圆圈层，代表不计其数的地底温度及构造。只需说一个词，或者触碰全息图像的控制键，阿莱克斯就可以让镜头跟随岩层切面及数不清的岩浆河流图，穿过地幔及地核。

好的，乔治。他心想，这里就有个新西兰白人的寓言故事。我们这就动手，挖个洞出来，穿过整个地球。

他从星球表面引出一根细线，刺入地球，穿过颜色各异的地层。钻一条通道，像激光那般笔直，通道的墙壁如镜子般光滑。守住通道两端，扔一个球进去。

历代学物理的学生们都知道这道练习题，它说明了关于重力和动量的某些要点。不过阿莱克斯则热情高涨地实施着这个设想。

假设惯性质量与重力质量保持平衡——它们本就趋于平衡——则从地球表面坠落的任何东西，重力加速度都达到九点八米每秒，每秒都是如此。

他用手指连敲按钮，从外部边缘放出一个蓝色圆点。起初，它只是缓慢下坠，即使时间速率被放大了。这里的一毫米在真实世界代表着相当大的尺度。

但当这个球体下落一段距离后，加速度就会发生变化。

一六八七年，牛顿用了几十页纸才证明了这一点。如今，自命不凡的大二学生可以只在一张纸上论证这一定律——啊，但牛顿是首先做到的人！——只给下坠球体的“下半部分”持续施加净重力，直到该球体以每秒十千米的高速冲过地心，加速会完全停止。

它不会继续下坠，而会急速上升。

（解答一个难题——置身何地既能继续按照直线前进，又能同时改变方向？）

现在，越来越多的质量在这个上升球体的“下方”积聚。重力得以保持，耗尽其动能。速度又逐渐减慢——不考虑摩擦力、科里奥利效应以及成千上万种其他因素——我们的球体会轻巧地从另一端破门而出。

然后，它再次下坠，再次冲过运动缓慢、塑料晶体状的地幔层，冲过运动较快且处于熔融状态的地核，它垂直下落，速度逐渐减慢，直到最后再次“回家”，回到它的起点。

数据和图表浮现在这个巨大球体附近，告诉阿莱克斯，往返一趟需要八十分钟多一点。这不是学生们的完美答案，但学生们也无须考虑行星真实的密度变化。

接下来则是绝妙之处。适用于以任何角度穿过地球的隧道！比如说四十五度。或者，有人从洛杉矶挖隧道通往纽约，将将与岩

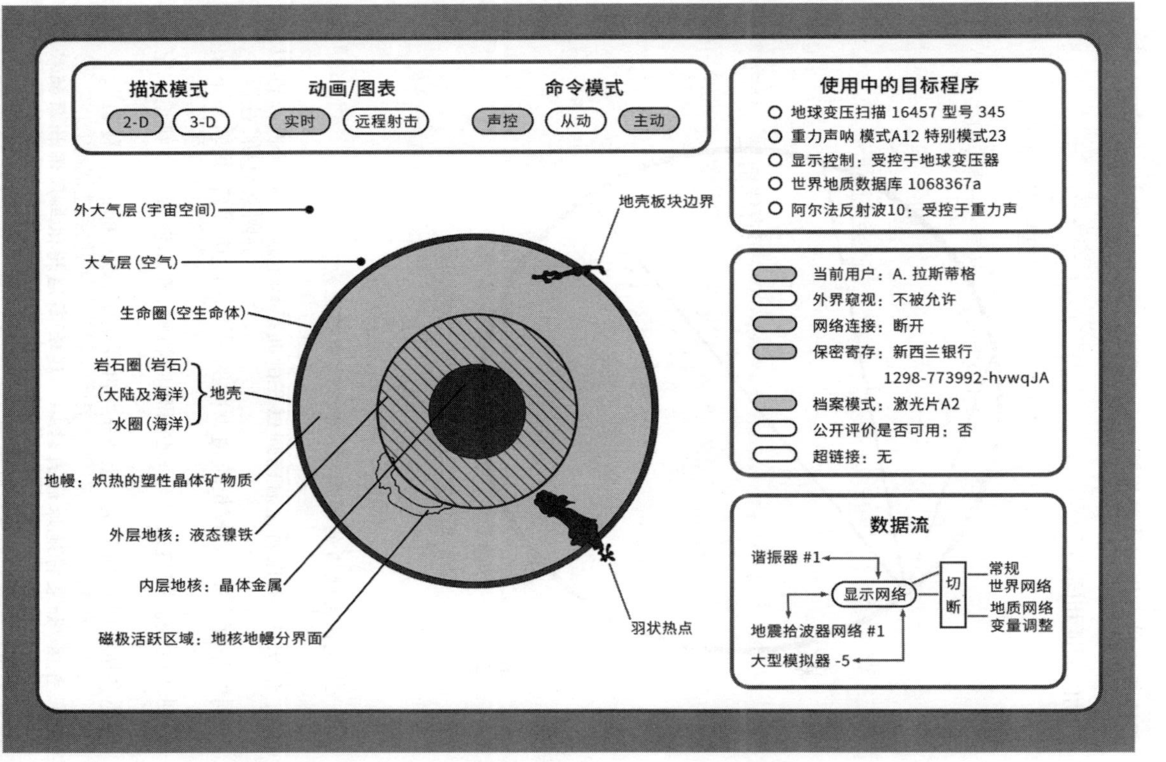
描述模式
2-D
3-D
动画/图表
实时
远程射击
命令模式
声控
从动
主动
使用中的目标程序
地球变压扫描 16457 型号 345
重力声呐 模式A12 特别模式23
显示控制：受控于地球变压器
世界地质数据库 1068367a
阿尔法反射波10：受控于重力声
外大气层（宇宙空间）
大气层（空气）
生命圈（空生命体）
岩石圈（岩石）
（大陆及海洋）
水圈（海洋）
地壳
地幔：炽热的塑性晶体矿物质
外层地核：液态镍铁
内层地核：晶体金属
磁极活跃区域：地核地幔分界面
地壳板块边界
羽状热点
当前用户：A. 拉斯蒂格
外界窥视：不被允许
网络连接：断开
保密寄存：新西兰银行
1298-773992-hvwqJA
档案模式：激光片A2
公开评价是否可用：否
超链接：无
数据流
谐振器 #1
显示网络
地震拾波器网络 #1
大型模拟器 -5
切
断
常规
世界网络
地质网络
变量调整

地球剖面图

浆擦身而过。每趟往返需要大约八十分钟——其摆动周期跟地球转动的周期相同。

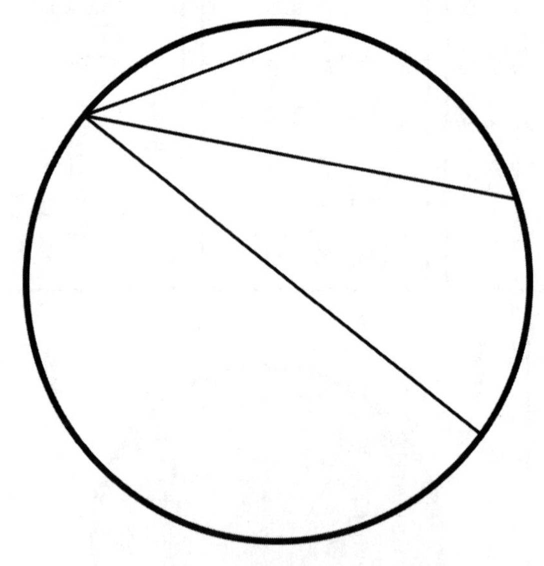

多角度轨道示意图

这也是圆轨道的周期，将将掠过云层上方。

很快，阿莱克斯让蓝色圆点在剖面结构上跳动，每个圆点都以不同的角度下坠，沿较长轨道下坠的圆点速度快，沿较短轨道下坠的则速度慢。除直线之外，还有椭圆轨道，外加多瓣花形轨道。它们还会按照既定的节奏，在同一点再度集中，该点标记着“秘鲁”。

当然，如果将地球的自转……还有高温物体与周围物质的伪摩擦考虑进去，情况会有所不同。

阿莱克斯犹豫着。这些模拟是他刚到新西兰时完成的，还有质量更高的版本。

他的双手迟疑着。掌心的疤痕是那次氦爆炸事故后因为皮肤移植而留下的。讽刺的是，跟听到那令人震惊的消息时相比，这双手那时双手的颤抖程度，甚至不及今天的一半。

阿莱克斯清除所有旋转的圆点，从缓存中调出另一种轨道。这种轨道的轮廓——用亮紫色勾勒而出——比其他轨道要小一些——呈现为截断的椭圆形，其密集的核心部分因不规则性，而与欧几里得的完美标准存在些微差别。不再靠近“秘鲁”的标记点了。

这并非理论模拟。当首次重力扫描让那东西骇人的阴影显现在眼前时，伴随着恐惧悄然而至的，还有极度的自豪。

它并未立即消失，他已经意识到，关于这一点，我是正确的。

这真是可怕的消息。可是，眼见自己亲创之物依然存在，仍在这脆弱地壳之下数千千米的地方跳动着，处在他的位置，谁能不觉得志得意满？

它并未消亡。他已经找到他的恶魔。

但接下来，它再度让他大吃一惊。

佩德罗·曼内拉爆出的头条新闻，让阿莱克斯扬名于世，成为坏小子的最新代表。阿莱克斯一度被控告触犯了反保密法案，等世界法庭驳回了所有指控，他才松了一口气。他被视为傻瓜，而不是暴徒，罪魁祸首是那些不择手段的将军们，他只不过是上当受骗。

要是他们把他关起来痛骂，或许情况更加理想。那样的话，至少掌握权柄之人可能会听听他的话。事实上，同事们都对他的拓扑学论证不屑一顾，认为那只是“极其怪诞、极端复杂的发明”。更糟糕的是，世界数据网上存在着某些特殊利益小组，使他一夜之间成为流言的中心。

“……典型的内疚症状，用来掩饰幼年时代的创伤……”一位来自北京的记者这样写道。另一位来自雅加达的记者则这样评论：“拉斯蒂格竟然暗示霍金的耗散模型或许存在错误，这真的荒谬透顶，想必是伊基托斯事件后体验到的羞愧和耻辱所致……”

阿莱克斯期待自己的网络新闻摘要服务不那么高效，别总给他推送那些外行搞出来的心理分析。尽管如此，他还是强迫自己读完所有内容，因为祖母曾这样叮嘱过他：

阿莱克斯，通情达理的特征之一，是有勇气面对各种观点，即便是令人不快的观点。

多么具有讽刺意味呀。置身此地，他竟然以一种从未想象过的方式证明自己是正确的。他现在拥有确凿证据，证明微型黑洞的标准模式存在瑕疵……证明自己的理论准确无误，始终走在正确的道路上。

对与错，以最佳方式结合起来。

那么，我为何不能离开这个洞穴？他心想，我为何感觉事情尚

未结束?

“嘿,你这个愚蠢的白人浑球儿!”低沉的话语在石灰墙壁间回响着,“拉斯蒂格!你答应过我们,今晚不醉不归!狗崽子,难道这也算是庆祝的方式吗?”

阿莱克斯可真够倒霉的。乔治·哈顿把灯打开时,阿莱克斯刚好抬起头。他的世界,刚刚还局限于立体全息影像照亮的昏暗画面中,此刻却陡然扩大到整个地底实验室,整个哈顿耗费巨资在古老岩层下方挖出的洞穴。

阿莱克斯眨动着双眼,首先聚焦于眼前的谐振器,那是个闪闪发光的圆柱体,直径两米,长度超过十米,固定在万向支架上,安置于比某些月球陨坑还大的碗形凹洞中。它跟某些疯狂的望远镜制造者的作品相似,那些家伙忘把望远镜的镜筒做成中空,反倒用完美的超导晶体填充。

这个圆柱体闪烁着微光,只差几度便垂直于地面,支架仍然保持在最后一次运转后的状态。成排的仪器围绕着重力装置,还有齐脚踝高的纸片,那些纸片是好消息最终确认时,欣喜若狂的技术人员撕的。

在那台谐振器后面几步远的地方,乔治·哈顿正站着,他挥舞着酒瓶,咧嘴笑着。“你真让我失望,伙计。”这位肩膀宽厚的亿万富翁说着,摇摇晃晃地走下台阶来,“我本打算把你灌得大醉,再让你和我表姐的豕过夜。”

阿莱克斯报以微笑。如果那真是乔治希望他做的,他必然会照乔治的意思办。如果不是靠哈顿的影响力,他根本不可能化名潜入新西兰,自然也不会有如今这漫长且艰辛的搜寻过程,为捕获那只微小的恶魔,他们不得不挖穿地球极其复杂的内部结构,新的技术也应运而生。最糟糕的是,如果没有哈顿,阿莱克斯或许终将带着遗憾离开人世,永远无法知晓他造出的恶魔到底会在地底做些什么——是悄无声息地消散,还是悠然地将世界吞噬。

起初,也就是几天前,通过重力扫描发现它的时候,他们最担心的事情似乎得到了证实。说得更具体些,应该是梦魇成为现实。

接下来,确切的数据似乎指向另外一种可能,这让所有人在惊讶的同时,也放宽了心。显然那东西正在消亡……它吸进其狭窄视界的物质,远远不及其散失进地球内部的质量和能量。没错,它变小的速度比过时的标准模型所预测的慢得多。不过,短短几个月后,它就将不复存在。

我真的应该跟大家一起庆祝,阿莱克斯心想,我应该将最后的疑虑放在一边,乔治让我喝什么酒都来者不拒,再搞清楚系到底是啥东西。

阿莱克斯想要站起来,却发现自己动弹不得。视线又被那紫色的圆点吸引,那圆点正绕着最内侧的色层转圈。

他感觉到某个身形魁伟的人出现在周围。是乔治。

“那是什么,朋友?你没发现什么差错吧?那是……”

阿莱克斯看出了哈顿突如其来的担忧，“哦，它会消散没错。而现在……”他顿了顿，“现在我想我知道原因了。这里，你来看。”

他发出命令，将地球模型换走，代之以淡蓝色的简图。该物体的简图位于全息画面的中央，其边缘闪烁着微红的光芒。那红光好似陷在水中的珍珠，不断盘旋向下，坠向中心点。

“这就是我以为我之前造出的东西，当时将军阁下说服我为伊基托斯发电厂制造奇点黑洞，典型的科尔-普雷斯特维奇黑洞。”

哈顿拿来板凳，坐在阿莱克斯身旁，用那双难以捉摸的棕色眼眸注视着眼前的画面。看到这举动，人们或许会以为他不过是个普通劳工，而非整个大洋洲最富有的人之一。

那图像看上去像加热后被拉伸的橡胶板，然后某个小型重物落于其上，随即形成了漏斗结构。其宽度及深度皆有界限，可在场的两人都清楚，实物——它在空间范畴内所代表的东西——根本就是个无底洞。微红的圆点代表被引力潮吸进洞中的微小物质，它们被困在一个旋转的圆盘中。随着更多物质坠入其间，那盘状物越来越亮，直到一个耀眼的光环在靠近漏斗边缘的位置闪烁。其下方则像突然断了电似的，只剩一片漆黑。

任何东西都无法从黑洞的视界中逃逸，至少，无法直接逃逸。

阿莱克斯扫了乔治一眼，“宇宙学家认为，宇宙起始之时，极有可能也随之产生了许多类似这样的奇点黑洞。若果真如此，如今幸

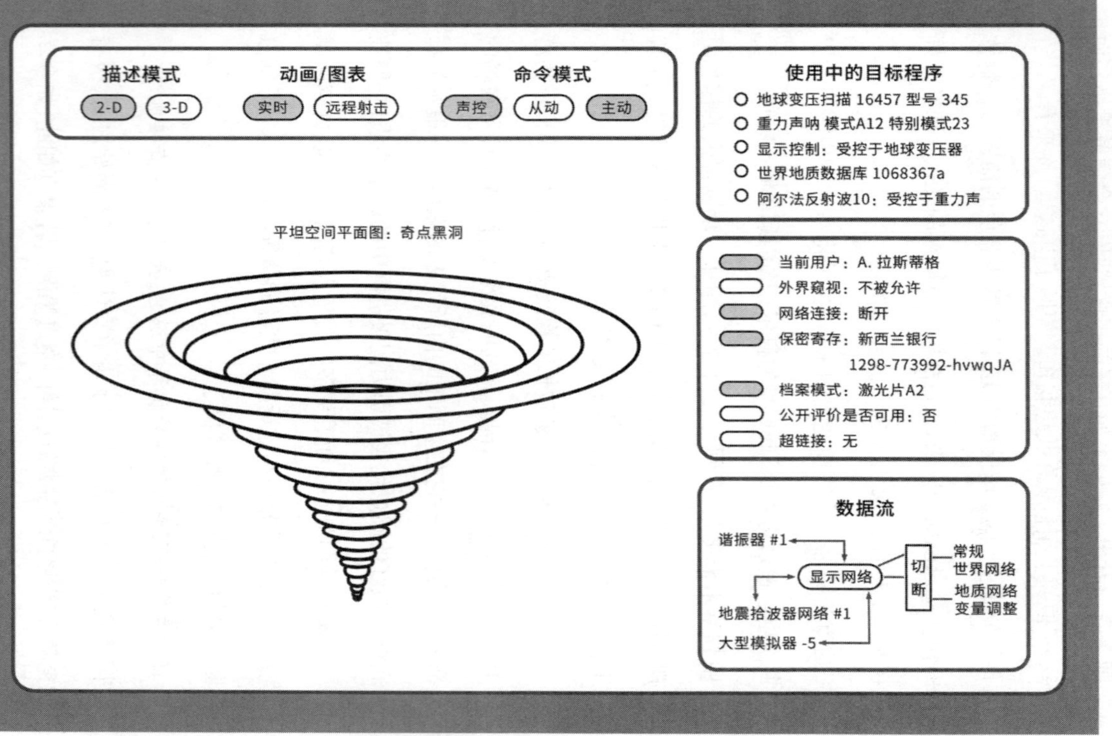
描述模式
2-D
3-D
动画/图表
实时
远程射击
命令模式
声控
从动
主动
平坦空间平面图：奇点黑洞
使用中的目标程序
地球变压扫描 16457 型号 345
重力声呐 模式A12 特别模式23
显示控制：受控于地球变压器
世界地质数据库 1068367a
阿尔法反射波10：受控于重力声
当前用户：A. 拉斯蒂格
外界窥视：不被允许
网络连接：断开
保密寄存：新西兰银行
1298-773992-hvwqJA
档案模式：激光片A2
公开评价是否可用：否
超链接：无
数据流
谐振器 #1
显示网络
切
断
常规
世界网络
地质网络
变量调整
地震拾波器网络 #1
大型模拟器 -5
奇点黑洞重力扫描图

存下来的只有其中最大的。像斯蒂芬·霍金[①]在二十世纪七十年代预测的那样，小一点的黑洞蒸发已久。普通的奇点黑洞——就算是旋转且带电荷——必须具备极大的质量，才能够保持稳定……才能保证其吸收物质的速度快于自己通过真空放射消散的速度。”

他指着凹陷处的边缘位置，那里闪烁着明亮的白色光点，独立于吸积着众多物质的灼热光环。

“外部的某个位置，引力缩紧而产生的应力会使粒子自然产生……从真空中创生出粒子和反粒子这对双生儿，比如说电子和正子。确切地说，这并非无中生有，因为每个微小物质的产生都会耗费奇点黑洞的场能量，还会影响黑洞的质量。”

那些光点形成绚烂的晕圈——鬼斧神工。

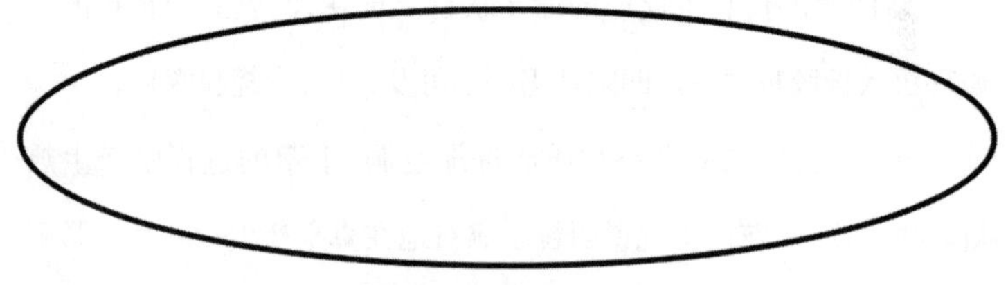

晕圈示意图

“一般说来，一颗新生的粒子会落入黑洞之中，另一颗则会逃逸，导致黑洞的质量逐渐损失。像这样的小型黑洞吸收新物质的速度不够快，无法弥补质量的损失。要避免耗损，就必须提供给它可

① 斯蒂芬·霍金（Stephen Hawking，1942—2018），英国著名物理学家。

吞噬的东西。”

“就像你用离子枪所做的那样，在秘鲁。”

“没错。要创制奇点黑洞，首先需要耗费许多能量，就算我有特殊的黑洞秘方也不例外。要保证它飘浮在空中，并且喂饱它，则需花费更多能量，但吸积盘能释放出惊人的热量，”阿莱克斯突然感到黯然神伤，“所以，就算是黑洞的雏体，也比水力发电更便宜、更高效。”

“可之后，你产生了怀疑。”乔治提醒道。

“是啊。这方法的效率实在太高，你知道的。甚至都不怎么需要喂它。所以某些疯狂的概念从我的脑子里冒了出来……然后就想出了这个。”

新的简图代替了此前的漏斗状物。现在，它就好像很重的金属环沉入橡胶板之中。凹陷处仍深不可及，且自发绕起圈来。

再一次，发红的微小物质涌进那空洞，下落的过程中产生热量。再一次，火花的出现说明粒子成对地在真空产生——奇点黑洞将质量偿还给空间。

“这要追溯到二十世纪，当时人们论及一种物质形态，”阿莱克斯说，“名为‘宇宙弦’。”

“我听过。”乔治黝黑的面容露出好奇的神色，“它们就像是黑洞，应该也是那次爆炸，也就是你们白人所说的，那次创造出一切的宇宙大爆炸之后，留存下来的。”

“嗯嗯。当然，它们并非真正的圆环漏斗结构。要很好地描述……存在某些局限。”阿莱克斯叹口气说，“不借助数学，很难描述这种形态。”

“我懂数学。”乔治咕哝道。

“嗯，没错。抱歉，乔治，但你们用来探索深层甲烷的张量，在这方面帮不上多大忙。”

“或许我所了解的，比你认为得多恁多，白小子。”哈顿的口音似乎瞬间变得浓重起来，“据我所知，宇宙弦的某些特点，黑洞并不具备。黑洞深不见底，但宇宙弦却有其长度。”

乔治·哈顿总是如此——扮演着“心有旁骛的商人”，又或者是“不学无术的土著小伙”的角色，却又在你放松警惕的时候，给你点儿颜色看。

阿莱克斯愿意引以为戒。

“很对。可是宇宙弦就像黑洞一样，也不够稳定。它们也会消散，以一种绚烂的方式。”

说话间，画面不断变换。

橡胶板已经消失不见。现在他们看到悬在空中的是一个环状物，因陷入其中的物质而闪烁着红光，因新生的粒子而产生白色的晕圈，粒子如雨般倾泻进外部空间。涌进去，喷出来。

“现在，我将设定动态模拟，把时间拉伸一亿倍。”

那光环开始震颤，转动，飞速旋转。

“根据早期的一种推测，受引力或磁场影响，宇宙弦会以难以预想的速度振动……”

两根宇宙弦瞬间发生碰撞，原本较大的弦圈突然被一对稍小的圆环所取代。小圆环震颤的速度甚至比之前更快。

“某些宇航员在深空中见到过巨型宇宙弦的痕迹。或许在久远的年代，连银河系的形成都是宇宙弦引发的。若当真如此，只有巨型宇宙弦存续的原因，是其环圈每过数十亿年才交会一次。体型较小、速度更快的宇宙弦则会将自己切成碎片……”

在他说话的时候，两个小圆环都变成了不对称的“8”字形，继而分裂成四个更小的圆环，疯狂地振动着。很快，这些小圆环再次分裂，不断重复。随着圆环数量成倍增长，其体积不断减小，亮度不断增加——最终难逃湮灭的结局。

“也就是说，”乔治猜测道，“小型宇宙弦不会构成威胁。”

阿莱克斯点点头，“此类弦圈构造简单、混乱无序，无法解释伊基托斯的能量曲线。因此，我又回溯到最初的黑洞等式，对琼斯及维顿的理论稍加改动，得到一些新东西。

“这就是我认为自己创造出的东西，就在佩德罗·曼内拉引发那场该死的骚乱之前。”

伴随着耀眼的光芒，那些微小的圆环消失不见。阿莱克斯发出简短的命令，一个新的物体随之出现。“我称之为谐调弦圈。”

在空中振动着的仍然是个闪烁微光的环状物，被粒子创生时产生的白色火花所包围。只不过,这次的圆环不再混乱地扭曲或旋转。其边缘形状规则,不断起伏。每当一个凹痕似乎就要触碰到另一个部分的时候,节奏会再把它猛拉回去。那圆环就悬在那里,全然没有自行毁灭的危险。同时,物质持续从四面八方涌入其中。

再明显不过,它在变大。

"你的恶魔。你刚来的时候,我见过它,至今记忆犹新。我或许喝醉了,拉斯蒂格,但没醉到会忘掉这可怕的坦尼瓦。"

注视着不断起伏的圆环,阿莱克斯再次体验到那种混杂着狂喜与憎恶的情感,跟他初次意识到这种东西可能成为现实时一般无二……当时他首次感到怀疑,怀疑自己竟然创造出这样极端可怕,却又异常美丽的东西。

"它创造出自我排斥系统,"他轻声说,"利用二阶及三阶重力。我们应该产生疑问,因为宇宙弦是超导的——"

乔治·哈顿打断了他的话,用一只肉乎乎的手掌猛拍阿莱克斯的肩膀,"那很不错。但今天我们已经证实,你并未制造出这样的东西。我们朝地球内部发出波,而反射波说明那东西正在消散。它濒临灭亡。你的弦并不谐调!"

阿莱克斯没搭腔。

乔治盯着他,"我讨厌你的沉默。你再向我保证一下。这该死的东西的确已经濒临灭亡,对吗?"

阿莱克斯摊开手,"真见鬼,乔治。经历过所有的错误后,我只相信实验证据，而你今天已经看到结果了。”他指着那庞然大物，“这是你的设备，你来告诉我吧。”

“它濒临灭亡。”乔治说，直截了当，自信满满。

“没错，它濒临灭亡。谢天谢地。”

接下来的片刻，两人都默不作声，只是干坐着。

“那么，你遇到了什么问题？”哈顿最终打破沉默，问道，“究竟是什么让你感到不安？”

阿莱克斯皱起眉头。他用拇指按下一个控制键，地球的剖面结构再次出现在眼前。圆点依然代表他在伊基托斯创造出的奇点黑洞，在超热的金属及黏稠的熔岩脉络中缓慢地行进着。

“是那鬼东西的轨迹。”成列的等式从眼前闪过，复杂的图标若隐若现。

“它的轨道啥情况？”乔治似乎惊呆了，一只手仍然握着酒瓶，随着圆点的高低起伏，他的身体轻轻摆动着。

阿莱克斯摇摇头，“我已经考虑到你那些地震图中所有的密度变化，我已经了解到所有可能影响其轨迹的场源。但仍然存在这种偏差。”

“偏差？”阿莱克斯感觉到哈顿再次转身望向他。

“另一种力的影响正导致它发生偏离，我想我大概已经知道牵扯源的质量……”

大块头的毛利富商哈顿右手抓着阿莱克斯的肩膀，摇晃着他。

当他低头盯着阿莱克斯的双眼时，脸上的醉意荡然无存。

“你要说什么？说清楚！”

“我想……”阿莱克斯无法控制自己，身体似乎为某种力所牵引，他转头回望那全息图像。

“我想下面有什么其他东西。”

沉默再次降临，他们甚至能够听到，从洞穴深处的某个位置传来滴滴答答的水声，那是富含矿物质的地下水。水滴的节奏似乎比阿莱克斯心跳的节奏稳定许多。乔治·哈顿盯着威士忌瓶子，叹了口气，把瓶子放下，说：“我把我的人召集起来。”

哈顿的脚步声渐渐远去，又只剩阿莱克斯一人，他感到山一般的重压再度袭来。

DEL在久远的过去，男男女女总会预言世界末日的降临。灾难似乎总是迫在眉睫，将在下一场地震或饥荒之后到来。而且每次可怕的意外，从暴风雨到野蛮人入侵，都被解读为惹怒上天招致的惩罚。

最终，人类开始为悬而未决的世界末日背负更多责任，或指责。比如，在两次世界大战之间，小说家们预言毒气将会带来灭顶之灾。后来，他们又假想我们会用核武器将自己轰进地府。赫尔维蒂危机期间，恐怖的新型疾病以及其他生物灾祸，让人们惶惶不可终日。[1]当然,人口迅速增长导致饿殍满地的骇人状况也无休止地再现。

很明显,跟其他所有事物一样,末世也成为流行的话题。令这代人毛骨悚然的东西,在下一代人眼中则变成了微不足道的老皇历。就拿我们现代人对于战争的态度来说吧。如今,大多数人类学家认为这种行为最初基于偷窃和强暴——对于某些洞穴人或者维京人来说,或许只是值得一试的冒险行为,但在核浩劫的背景下,根本已经超越了满足利欲的范畴!今时今日,当我们再次回顾大规模战争,会发现它彻头彻尾是人类在犯蠢。

至于饥荒,我们当然在各地都见证过某些令人震惊的事件。全世界半数的耕地已经消失,另外的也受到威胁。然而,所有人都在谈论的十年后的"大枯竭",一而再再而三地延后。诸如自花传粉水稻和超级螳螂这样的科学创新,总能在千钧一发之时帮助我们逃过每一场准浩劫。此外,由于生活方式的改变,如今绝大多数人都无法容忍食用哺乳动物这种残忍的想法。暂且将道德或者健康的理由放到一边,这种习惯上的转变节省了数以百万吨的粮食,因为它们无须再被用于红肉生产。

那么,末世已经不复存在?答案当然是否定的。祖先们讲述的天启四骑士[2]的古老传说,不再令我们忧心,但新的威胁从长远来

① 本书多有作者原创设定,世界整体格局与现实有所出入,后文出现的与现实不符的情况均为作者杜撰。

② 典出《启示录》。四位骑士传统上释为瘟疫、战争、饥荒和死亡。

看更加可怖。那就是人类短视及贪婪的后果。

此前数代人感觉到，悬在他们头顶的达摩克斯之剑绝非只有一把。但他们真正畏惧的是挥之不去的阴影，因为无论他们，还是他们崇敬的神祇，都无法真正终结这个世界。命运或许能够令个体死于非命，让家庭支离破碎，使整个国家分崩离析，但却无法收割整个世界。至少那时还做不到。

我们，身处二十一世纪中期的我们，是抬头仰望我们亲手锻造的那把剑的第一代人，同时，我们也心知肚明，它毫无疑问是真实存在的……

——《透明的手》，双日出版公司，版本4.7(2035年)【$_{\text{DEL}}$超级访问代码1-tTRAN-777-97-9945-29A.】

外逸层

“好吧，宝贝。第一趟下行的电梯将堆满货物，但格伦·斯皮维发了话，所以我应该可以搭乘第二趟，甚至可能比你先抵达中央区。”

特蕾莎摇摇头，感到吃惊不已，“斯皮维安排的？咱俩说的是同一位斯皮维上校吧？”

视讯屏幕里，她丈夫的脸上露出微笑，“或许你不像我那么了解格伦。虽然外表是坚硬、剧毒的铍，但他的心却是纯——”

“纯钛的。好啦，我知道这个段子。”特蕾莎笑着说，很愿意跟老公分享这个冷笑话，以缓解彼此间的紧张情绪。

到目前为止，一切都很顺利，她心想。现在，只是看着他，知道离他只有四十公里，而且还会越来越近，心里就感觉很开心。听上去，贾森也期待通过这次见面，再尽力一试。

曾经有人跟特蕾莎吐槽，说她老公微笑起来真的很难看，有时候,那笑容甚至将他原本睿智的面孔变得活像一条难看的小狗崽。但特蕾莎却觉得贾森的笑容很讨人喜欢。他有时或许不太敏感——甚至有些古怪——但她确信,他从来没有对她撒过谎。某些人的脸生来就演绎不出谎言。

“顺便提一句,我注意到首次交会期间,飞船抓挂钩时的动作异常敏捷,你是不是又取消自动驾驶,亲自接管了一切?机器的动作可没有那么丝滑。”

特蕾莎晓得自己的脸红了,“那个程序似乎有点儿迟钝,所以我就……”

“早就知道是那样!用餐时我可要大吹大擂一番,要是因此失去了这里所有的朋友,你可要负责。”

抓取操作其实比看上去容易些。“普雷亚德斯号”如今就悬挂在空间站下方,连接两者的是一条被引力潮拉紧的巨缆。等到要返航之时,他们只需松开挂钩,飞船就将回到最初的椭圆轨道,重返地球母亲的怀抱,还能节省许多宝贵的燃料。

“好吧,我想是因为我是个地道的得克萨斯人。”她拖着长腔说。虽然她是其家族中唯一亲眼见过孤星州的人,“所以才有使用套索的天赋。”

“这也解释了她的眼睛为何是棕色的。”一旁的马克·兰道尔插话道。

贾森的影像望向特蕾莎的副驾驶。“我可不敢对此妄加评论,所以只好假装没听到你的话。"说完,他又转向特蕾莎,"待会儿见,莎莎,我会在希尔顿酒店给咱俩订间房。"

"我有个杂物间就够了。"她回应道,之后便沉默不语,以免兰道尔会错意。某些人就是无法想象,夫妻俩时隔数月再度重逢,或许最想做的只是相互沟通,心平气和地聊聊天,保留那些两人都不希望失去的东西。

"我看看该如何安排。斯坦佩尔下线。"

扣紧挂钩之后,他们的首要任务就是卸掉飞船搭载的数吨液态氢和液态氧。还有特蕾莎细心驾驶节省下的那些剩余轨道运转推进剂。轨道上的每千克原材料都极其珍贵,空间站负责卸货的船员在整个过程中也会加倍小心。

全息画面显示,"普雷亚德斯号"悬挂在那里,船头朝上,就在空间站底部——近地点,靠近地球的部分——下方。那里简直像个迷宫,遍布着错综复杂的管路以及悬挂于纤细银色线绳之上的工业齿轮,深入行星的引力井数千米。三名空间站的操作人员身着宇航服,将船尾的燃料罐抽干,特蕾莎则心情紧张地注视着。只有当管道最终被拆下时,她才能彻底卸下紧张的情绪。那些易爆且腐蚀性极强的液体,就从距离飞船热屏障几米远的地方流过,这一事实总会让她如坐针毡。

"机组组长希望开始卸货,征求您的同意。"马克告诉特蕾莎。

"准许。"

从上方的迷宫之中,探出一只巨大的铰接机械臂,慢慢靠近"普雷亚德斯号"的货仓。一名身穿宇航服的工作人员在货仓处挥手示意,引导机械臂小心翼翼地伸向空军那些神秘莫测的货物。

格伦·斯皮维上校从舷窗向外观望,俯瞰货仓方向,"小心点,机灵点,你们这些混账东西,那可不是橡胶做的! 如果你们碰坏一丁点儿——"

幸运的是,外面的船员听不到他的指手画脚,而特蕾莎则并不介意。毕竟,他在这些装备上花费了数百万美金。此时此刻,他牵肠挂肚也好,念念有词也罢,完全可以理解。

可我为什么这么讨厌这家伙呢? 她心想。

为了某个不可言传的项目,斯皮维曾经跟她丈夫并肩工作数月之久。或许是因为她不愿意被排除在外,或许是由于"保密"这个讨厌的词汇。又或许,这种不满仅仅是因为看到贾森将那么多注意力放在上校身上,还在她本来就已经对其他人心生妒意的时候。

"其他人"……指的当然是那个女人,琼·摩根。特蕾莎允许自己暂时抒发一下不满。她提醒自己,*只要别为这事吵起来,别这次,别在这里*。

她转过脸,不再看斯皮维,又一次扫视状态面板——飞船的姿态、系绳压力、重力变化曲线—— 一切似乎都很正常。

抓取挂钩这一停泊方式需要相当的技巧,但除此之外,这样由缆绳牵连构成的综合体,与老式的“装配式”空间站相比,拥有许多优势。金属化的长缆绳能够直接从地球磁场吸收能量,或者在没有燃料的情况下逆磁场而动。而且,根据开普勒法则的另一奇怪之处,抛绳结构的两端只会受到微弱的人造重力——约为地球标准重力的百分之一 ——的影响,所以无论是构建生活区域,还是处理液体,都方便很多。

对于有助于执行太空任务的所有事物,特蕾莎都心存感激。尽管如此,她仍然会用远程设备检测那些穗状缆绳。由于张力超强,它们很容易被微型空间碎片磨损,甚至是被流星体磨损。通过数据来确认远比不上亲自检查令人安心,因而她会详加查看,直到确认缆绳没有断裂的危险。

眼见自己的货物被搬离船舱,斯皮维喉咙里发出咯咯声,活像一只紧张兮兮的母鸡,无意间听到这声音,特蕾莎笑了起来。*我想,或许在某些方面,我俩也有相似之处。*

在环地球轨道上,俄国人和中国人也建构了相似的设施,日本和欧盟同样如此。但其他十几个拥有宇航能力的国家均已放弃了他们的军事前哨站,一是因为耗资巨大,二是因为天空日渐被纳入民事控制之下。据坊间传闻,斯皮维的人个个争先,想要尽可能多地挤进机密行业,趁着“保密”一词在太空中尚未变得像在地球上一样过时前。

起重机操作员将上校的货物装进一个老式梭舱——现在已经

成了空间站的货运电梯——朝着上方二十公里之外的无重力综合体爬升。

“准备传输用的气密舱，请您批准，船长。”斯皮维已经登上升降梯，前往中层甲板，迫不及待地想要跟他那台神秘莫测的机器同行了。

“等隧道增压完毕，马克会协助您的，上校。”

一名身着宇航服的宇航员检查了连接“普雷亚德斯号”气密舱和空间站近地点的透明传输通道，透过后窗挥挥手，表示“一切正常”。

“我去送送斯皮维。”马克说着，开始解安全带。

“行吧。”特蕾莎回应道，眼睛却注视着外面的宇航员。他完成任务后，仍然留在货舱内，究竟是何缘由，她感到很好奇。

那名来自空间站的宇航员爬到船尾其中一个液体舱的顶端，将绳索固定在最高处的绝缘球体上……然后便一动不动，双臂置于身前，并未完全伸展开来，而是摆成一个柔软而又放松的姿势，就是众所周知的“宇航员蹲姿”。

特蕾莎将短暂的担忧抛诸脑后。*当然是这样，原来如此。*

这次航程抵达时间比计划稍早，这家伙抓住了这个难得的机会。他正在观看地球自转。

行星填满了半个天空，朝着远处模糊的地平线延伸。正下方展现出其不断变换的、辉煌灿烂的全貌。强光照射下，地形异常普通，但又总能让人感到惊艳。此刻，他们所处的轨道正自西向东接近西班牙。特蕾莎对此一清二楚，因为她会提前审视飞船所处的位置及航向，一如往常。果然，怪石嶙峋的直布罗陀岩山很快就出现在视野之中。

极强的压力波牵拉着赫克勒斯石柱，跟数万年前的那个日子没什么两样，当时，大西洋突破了连接欧洲及非洲两块大陆的地峡，涌入原本绿草如茵的盆地，将那里变成了如今的地中海。最终，海与洋之间达到了新的平衡，从那时起，微妙的平衡就保持不变了。

在大瀑布曾经澎湃奔腾的地方，如今，潮汐昼夜以复杂的长短变化涨退着，涌入伊比利亚半岛与摩洛哥之间的漏斗状海峡，又再折回。从高空俯瞰，驻波似乎将海水串成绵延数百公里的珠帘，然而，那些波峰和波谷其实非常浅，航拍技术的发展让我们认清了这一事实。

对于特雷莎来说，潮水涨落的方式再次完美地证明了自然与数学之间的恋爱关系。而且，展现波形运动的并非只有海洋。她还喜欢俯瞰重重叠叠的层积云，还有被风撕扯成条的卷云。从太空向下望，大气层似乎非常稀薄，像是一层薄膜，根本起不到保护所有生命的作用。然而，即便置身此地，也能够感受到那层薄膜蕴藏的巨大能量。

其他人也清楚这一点。特蕾莎锐利的双眸察觉到星星点点的光芒，那都是飞行器——喷气式飞机以及更加常见的、鲸鱼般的齐柏林飞艇。因为网上的气象报告提前预警,它们纷纷调转航向,只为躲避孕育自里斯本西部的暴风雨。

马克·兰道尔从中层甲板隧道打来电话:“那个急性子的某某人已经开启了内层门！在他引发大伙儿的不满之前,最好让我接管一切。”

“照你说的办。”她平静地回应道。马克能够处理好乘客们的事情。那位负责卸货的宇航员如今仍然滞留在货舱之内,她对他的想法深表赞同。在这个难得的时刻,任何职责都变得不再重要。特蕾莎任凭自己共享这个令人顿悟的瞬间,感受她的呼吸、她的心跳以及世界的转动。

我的神啊,简直太美……

所以,当大海的颜色微妙且迅速地发生变化时,她是通过肉眼,而不是“普雷亚德斯号”数量庞大的设备观察到的。那些暴风云涌动的真实景象,令她惊奇地眨起了眼睛。

接着,地球似乎突然间开始远离她。那种感觉非常怪异。特蕾莎感受不到加速度。然而不知怎的,她知道他们正在移动,速度极快却不产生惯性,这显然违反自然法则。

她想到,或许是某种形式的宇航病——不然或许是她中风了。但这两种想法都没能减慢她的反应速度,她伸手猛地按响紧急报警器,再以同样流畅的动作,抓起自己的宇航头盔。那一秒钟时间似乎被延伸了,她已经迅速朝反方向转身,重新控制住自己的飞船。

特蕾莎瞥了一眼那个仍然置身货舱中的宇航员，那一幕令她久久难忘，他已经转过身，吃惊地张大嘴巴，发出无声的呐喊，向大家示警。

当年受训时，其他候选宇航员常常对应急演练满腹牢骚，这种训练似乎就是为了把他们搞得精疲力竭而设计出来的，甚至搞垮了那些本已经坚持了很久的温室花朵们。然而，只要受训者感觉自己已经对训练流程了如指掌，或者对应急演练一清二楚时，不可避免的事情便会发生。某些身着白大褂、自作聪明的家伙会想出各种方法，让下一次训练更加令人不爽。模拟训练的负责人聘用的工程师们，个个兼具非凡的想象力和虐待狂的气质。

但特蕾莎从来没有诅咒过专家团队，就算他们对她极度严苛，她也没有半点儿怨言。她往往将操练视为对技术无休无止的精雕细琢。或许正因为这样的态度，此刻，当此起彼伏的噪声不绝于耳，她才不会有丝毫的胆怯或畏缩。

位于飞船后备陀螺仪附近的主报警器发出了第一声鸣叫。她刚把主报警器关掉，一号液压管路那声音独特的报警器就响了起来。紧随其后的是空间站控制中心的对讲装置。

“总算接通了，‘普雷亚德斯号’，我们已经搞清楚了状况……似乎是……不……”

背景声中有人在呼喊。与此同时，“普雷亚德斯号”的加速仪开始鸣唱，以其独一无二的、好似呻吟的调子。

特蕾莎产生一种抗拒感——*我们不可能处在加速状态!* 但她内心的感受却有所不同。照理说,她应该关掉传感器——很明显,仪器现在给出的读数都是错误的。但她不仅没有,还扭开了飞船的主记录仪。

琥珀色的灯光亮起,特蕾莎迅速做出反应,在千钧一发之时关掉了轨道机动系统增压管道。接着,似乎嫌她的麻烦还不够多,她的周边视觉开始变得模糊。她依然能够看到下方的隧道。但就在她喊出"不。该死,不要!"的时候,视域变得更窄了。

眼前的船舱荡漾着五颜六色的波纹,原本构造复杂的驾驶位变成了精神分裂症患者的手指涂鸦。特蕾莎使劲摇晃着自己的脑袋,希望驱走这突如其来的麻烦,"控制中心,这里是'普雷亚德斯号'。我遭遇——"

"特里!"背后有人喊她,"我马上赶到。坚持住……"

"'普雷亚德斯号',这里是控制中心。我们……有麻烦了——也遇到了麻烦——"

一声刺耳的尖叫打断了跟乌有乡控制中心的通话,这一点让她不寒而栗。

"马克,去检查吊杆!"特蕾莎扭过头,朝后高喊。同时,她透过一道逐渐变窄的缝隙,瞥见自己右膝旁边的计算机控制面板。那面板实在太过老旧,甚至不能有效地接收语音指令。因此,与其说是用看的,不如说是靠机械记忆,她轻敲转换按钮,调整为手动模式。

"'普雷亚德斯号',我们看不见了——"

"这里也是!"她厉声道,"我们也在加速,跟你们一样。说点儿我不知道的!"

那声音对抗着越来越强的静电干扰。"缆绳的张力也在异常增加……"

特蕾莎打了个寒噤,"马克! 我说让你检查吊杆!"

"我在弄!"他从左舷顶板位置高喊道,"它……看上去没问题,特里。吊杆一切正常——"

"……缆绳中出现异常的超高电流……"

模糊的两团琥珀色灯光变成红色。"戴上头盔,准备舍弃传输通道。"特蕾莎对她的副驾驶说,与此同时,更多的警报声响起,受训结束、远离模拟器之后,她再也没有听到过这么多的警报声。马克滑进他的驾驶位,与其说特蕾莎是看到,不如说是感觉到这一点。她拨开开关保护装置,猛敲下面的红色按钮。他们一听到远处传来的爆裂声,爆炸产生的冲力就将刚刚连接到飞船气密舱的塑料隧道扯得稀碎。

"传输通道已舍弃。"马克确认道,"特里,究竟怎么回事——"

"准备将吊杆也炸掉吧。"她对他说。凭借触觉,特蕾莎连敲数字式自动驾驶装置上的按钮,开启飞船的小型反应控制发动机。"手动开启数字自动驾驶装置。反应控制发动机启动。吊杆断开后,我们会悬浮一分钟,紧接着开始下坠。但我想——"

特蕾莎的话戛然而止，此刻，其中一团模糊的红光变成琥珀色。“——我想——”

另一团则从猩红色变成金黄色。又一团也是如此。接着，一盏琥珀色的灯变成绿色。

说时迟那时快，那令人恐惧的斑斓幻象开始消散！她眨了两次眼，三次。视觉模糊的状况从中间开始消失。敏锐的视觉再次回归，与此同时，警示灯逐一熄灭，音乐警铃逐一平静下来。

“‘普雷亚德斯号’……”空间站控制中心传来声音，听起来有些上气不接下气。那边的警报声也逐渐平息。“‘普雷亚德斯号’，我们似乎正在恢复——”

“这边也是，”她打断了对方的话，“缆绳张力呢?!”

“‘普雷亚德斯号’，缆绳的张力……正在减弱。”控制人员的语调缓和下来，“不管刚才发生了什么，好在时间很短。不过可能会有反冲……”

马克和特蕾莎对视着。她感觉自己遭到抻拉，受到重击，满身创伤。真的结束了吗？随着更多琥珀色的警示灯熄灭，他俩详细统计了损失。“普雷亚德斯号”似乎毫发无伤，这真像是奇迹。

当然，除了她刚刚舍弃的价值百万美金的传输管道。乘客们置身于个人救生舱内，被当成沙滩排球那样运送，自然不会心存感激。但是，如果没有正当理由，他们的不满无法跟华盛顿那些统计专家们的相提并论。

“哎呀。要是咱俩刚才没及时收手,真的把吊杆炸掉了可怎么办?”马克咕哝着,“那根小爆竹还是不碰为妙,特里。”他朝蓄势待发的引爆装置点点头,那东西就位于两人的驾驶位之间,闪烁着危险的光芒。

“稍等。”特蕾莎的双眼环顾整个座舱,寻找着……所有异常之处,所有刚才那场神秘变故的线索。她轻拍喉麦对讲机,“控制中心,这里是‘普雷亚德斯号’。请确认你们的估计,即反冲规模将会很小。我可不想面对——”

当她的目光投向惯性制导显示器,该仪器显示着环形激光陀螺仪判定的、他们在太空中的定位。她读取上面的数据,简直就像在看报纸的头条标题。那些数据极其怪异,而且急速变化着,这一幕显然是特蕾莎不想看到的。

她扫视星象追踪器及卫星导航系统的相应读数。它们完全处于相互矛盾的状态,跟直觉告诉她的情况根本不相符。

“控制中心!根据紧急协议,我们正在脱离。”

“没有必要。你可能会增加我们的反冲力!”

“我不能错过这次机会。同时,最好检查一下你们的惯性制导装置。你们没有重力仪吗?”

“当然有,但为什么……”

“快去核对!‘普雷亚德斯号’下线。”

接着,她对马克说:“你赶紧毁掉吊杆。我来处理数字自动驾驶装置。数到三,就舍弃吊杆。一!"

兰道尔双手搁在控制面板上,嘴里却仍在提出异议:"你确定?我们会因此受罚……"

"二!"她抓住控制杆。

"特里——"

直觉在鼓噪。她能够感觉到——不管那到底是什么——它都复仇般地回来了。

"炸掉它,马克!"

甚至在尚未感觉到爆炸带来的震颤之前,特蕾莎就以平移模式开启了游标喷射引擎,任何优秀的飞行员,若身处险境,都会这样做——引导她的飞船远离任何实质的东西,比想法或者云朵实质的东西。

"这里究竟在搞什么鬼?你们俩都疯了吗?"

他俩背后传来尖厉的嗓音。她连头也没转,就不耐烦地回应道:"斯皮维上校,系好安全带,闭嘴!"

她那种不胜其烦的职业腔调,显然比任何咒骂或者威胁更管用。斯皮维或许令人讨厌,但他不傻。她觉察到他匆匆离去,便很快将他从脑海中消除。此时,喷射引擎正跟飞船的质量角力,缓缓地飞离空间站纷乱缠结的吊臂和存储罐。特蕾莎后颈的细小汗毛都在颤抖。

"'普雷亚德斯号',你判断得没错。这种现象确实是周期性的。异常的张力再次出现。重力仪处于疯狂的状态……前所未有的浪潮——"

另一个人的声音插进来,打断了控制人员的话,"'普雷亚德斯号',我是空间站指挥官佩雷斯。准备接受应急遥感勘测。"

"赞成。"特蕾莎吞了口唾沫,她清楚这意味着什么。她感到马克朝她这个方向侧身,确保飞船的数据接收装置处于高速运转状态。只有处在这种模式,它们才能为了唯一的目的,记录下所有细微差别。身处险境的宇航员都会遵循这一行的金科玉律……

让后来者清楚你的死因。

空间站指挥官正将其操作状态实时转存给"普雷亚德斯号"——对于秘密军事空间站的首脑而言,这方法实在令人惊骇。特蕾莎因此感到更加不安,迫不及待地要赶紧逃离。

她无视导航辅助,凭借本能和预估审视航向。特蕾莎叹了口气,她意识到飞船的两台主推进器正对着空间站近地点的低温液体舱,如果将它们点燃,就可能引发大规模爆炸。只能借助小型游标喷射引擎,推动沉重的飞船。她切换成滚转操作,嘴里抱怨着滚转速度太慢。

"噢,该死!马克,那家伙还在货舱里吗?"

她操控着这艘行动迟缓的飞船,觉察到那种令人抓狂的厌恶感再次回归。而在他身旁,马克突然笑出声来,那笑声听起来有些刺耳,"他还在那儿。头盔抵着货舱舷窗。那家伙是个疯子,特里。"

“别再叫我特里！”她呵斥道，转身想再次确定近地点的位置。低温液体舱现在是否已经移开……

特蕾莎瞠目结舌。它们竟然不见了！

那里竟然空无一物。低温液体舱、居住舱、吊臂……所有东西都不见了！

警报声再次响起。她的仪器再次变成琥珀色和红色，特蕾莎决定不再管什么乌有乡。她猛敲标有“X平移”以及“升高”的按钮，接着握紧操纵杆，启动自燃式点火装置，伴随着震耳欲聋的咆哮声，将“普雷亚德斯号”驶往她心中远离空间站及缆绳的方向。

马克大声报出压力值和流速。特蕾莎开始读秒，此时，视野模糊的情况再次出现。“动啊，你这早该报废的烂货。动啊！”她咒骂着这艘庞大又笨拙的飞船。

“我找到空间站了。”马克声称，“上帝呀。看那里。”

透过一条狭窄的缝隙，特蕾莎看向雷达屏幕。她倒吸一口凉气。空间站底座在飞船下方五公里开外，并且仍在迅速后退。缆绳突然拉长，就像孩子的橡胶玩具。“该死！”她听到马克·兰道尔高喊，之后便几乎眼不能视，耳不能闻。

这次，湿软的感觉直接从她的双眼传到中央窦道。新警报的鸣叫声混杂着某种源自颅骨的奇怪声响。某处的冷却系统失去控制，报警器像是低声吟唱着一首沉闷的歌谣。特蕾莎无法看到究竟是哪个区域出了问题，便凭感觉将所有的交换回路全部关闭。她还让马克关掉了燃料电池。如果在燃料电池耗尽之前，情况还是没有改善，那么后果将不可避免，后续如何倒也无所谓了。

“所有三个辅助电源装置均无法使用！”喧嚣的噪声中，只听马克喊道。

“忘掉它们吧。把它们统统关掉。”

“全部？”

“我说的就是全部！故障出在液压管路，而不是辅助电源。所有较长的液压管路都受影响了。”

“不借助液压，我们怎么关闭货舱舱门？”他提出异议，但聚积的静电几乎淹没了他的声音，“我们没……法……返航期间！”

“我来处理，”她对马克喊道，“关掉所有线路，只留飞船后部的液压管道，但愿它们撑得住！”

特蕾莎觉得自己听到了他肯定的答复，而那阵咔嗒声或许就是关掉所有开关时发出的。或者那只不过是又一次诡异的感觉扭曲。

不借助液压，他们无法利用万向支架固定主机动火箭。她只能凑合着用反应控制系统喷射引擎，在眼不能视的情况下，在明暗对比鲜明的曲折与阴影中驾驶飞船。特蕾莎摸索着，彻底关掉自动驾驶系统。她成对地点燃小型推进喷射器，仅凭振动来确认引擎的反应。这是真正的本能驾驶，谁也无法证实，她是在将“普雷亚德斯号”驶离那根过度拉伸的危险缆绳，还是径直朝它飞去……

声音变成了味道。翻腾着的影像抓挠着她的皮肤。置身于刺耳的静电噪声中，特蕾莎以为她真的听到了贾森呼唤她的名字。但贾森的声音被气味难闻的强风吹散开来，她根本来不及分辨，那到底是真实，还是虚幻——从四面八方涌来的无数幻象之一。

据她所知，她彻底瞎了。但这没什么关系。现在唯一重要的就是奋力拯救她的飞船，其他的都无所谓了。

视野总算变得清晰，谢天谢地，当真是来也匆匆，去也匆匆。眼前狭窄的缝隙突然发亮，变成聚光点，并且迅速扩大，仅剩边缘处依然活跃着可怕的阴影。尖厉的警报声也逐渐平息。

这样的变化让特蕾莎惊讶不已，她凝视着曾经熟悉的座舱，一脸难以置信的表情。根据精密计时仪，时间仅仅过了不到十分钟，她却感觉有数小时之久。

“嗯。”她喉咙发干，说不出话。“普雷亚德斯号”再一次展现出非凡的勇气，表现得好像什么都没发生过。警示灯由红色变成琥珀色，又从琥珀色变成绿色。特蕾莎自己却无法那么快恢复如初，这一点毋庸置疑。

马克大声地打着喷嚏，“在哪儿——乌有乡在哪儿？缆绳在哪儿？”几分钟的驱动力不可能把他们带到太远的地方。但进近及交会显示器都没有找到蛛丝马迹。特蕾莎将搜索范围调大。

空空如也。空间站不知所终。

马克低声道:“究竟发生了什么事?”

特蕾莎调整了雷达设置,再次扩大搜索范围,启动全光谱多普勒扫描仪。这次,终于出现了散落的光点。她的嘴巴突然感觉像在嚼蜡。

“还剩……一些碎片。”

一团较大的物体已经进入更高的轨道,迅速攀升,而“普雷亚德斯号”则在自己的椭圆轨道上向后退。有人发射了紧急信标,表明那的确是空间站中央综合体的一部分。

“我们最好来一次燃烧,进入圆轨道,”马克说,“或许还有机会营救幸存者。”

特蕾莎又眨了一次眼。*我早该想到的。*

“检查……检查所有液体舱以及管路压力。”她嘴里说着,眼睛却依然盯着那团东西,那东西曾是里根空间站的核心区域。那些缆绳……另外还有所有那些连接船舱的金属柱都被弄断了。那种诡异的力量或许随时会再回来,他们理应去营救那些幸存的同行们。

“压力看上去很正常,”马克向特蕾莎报告,“给我一分钟时间,我粗略地计算一下点火程序。”

“不要紧。我们将会耗尽备用燃料。肯尼迪和库鲁[①]很可能已经匆匆组装好发射台——”她没有继续说下去,一阵奇怪的敲击声传入耳朵。另一种征兆?可不对呀,那声音是从她身后发出的。她

① 即肯尼迪航天中心和圭亚那航天中心,美国与欧洲的火箭发射基地。

怒气冲冲地转过身。如果是该死的斯皮维回来了……

后舷窗上映出的那张脸让特蕾莎屏住了呼吸，接着，她叹了口气。只不过是他们那位无心搭乘的旅客，那位身穿宇航服的船员，他的头盔仍然抵着防风玻璃。

“嗯，”她评价道，“咱们的客人看上去不像以前那样生气了。”事实上，在蒙着水汽的面板后面，那张脸上流露出的是纯粹的感激。“他肯定目睹了近地点的分崩离析。现在，它或许已经坠入大气之中……”

她突然停了下来，“贾森！”

“什么？”马克将视线从计算机移向上方。

“空间站的上端呢？远地点呢！”

特蕾莎在雷达显示器上乱找一通，将搜索范围重新调到最大，开启自动搜寻扫描——将远离地球的黑暗纳入搜索范围之内，要是有较大的光点从屏幕外边缘快速闪过，也能及时捕捉。

“温柔的盖亚啊……看多普勒！”兰道尔瞪大了眼睛，“它朝着……朝着……”他没有继续说下去。因为跟他一样，特蕾莎也看得懂显示屏上的内容。

一闪而过的光点消失不见，在显示器上烧成灰烬，在他们心中同样如此，留在屏幕上的只有闪着红光的文字。

贾森，特蕾莎心中默念，无法理解，更无法面对她看到的一切。她的声音哽住了，而当终于开口时，她所说的再简单不过，“六……

千公里……每秒。”

当然，对她而言真的无法做到。特蕾莎木然地摇晃着脑袋，不能理解，更无法相信贾森竟然会，居然会，弃她而去！

“真该死！”她长叹一声。

“他离我而去了……以百分之二的光速远离……”

DEL是阿忒[①]，宙斯的长女，用金苹果诱惑了三位爱慕虚荣的女神，一手酿成了悲剧。而且，还是阿忒，让帕里斯为海伦倾倒，让阿伽门农爱上布里塞伊斯。阿忒用对马的爱意填满特洛伊人的心，马儿飘逸的鬃毛带给特洛伊平原无穷的魅力。给予尤利西斯[②]的则是对新生事物的热爱。

因为这些以及其他创举，阿忒成为众所周知的蛊惑女神。因为这些，她也被称为不和的播种者。

她是否意识到，她的创举最终导致了特洛伊的陷落，更让赫库芭坠入痛苦的深渊？有人说，她之所以散播不和，只是因为听命于其父……正是宙斯默许了这场可怖的战争，“这样一来，死亡的重荷或许就能够将这片饱受痛苦的土地，从那么多人的重压中解放出来。”

然而，当宙斯看到战争的血腥结局时，他深感哀痛。支持战争

① 在《伊利亚特》中，做下后文一系列事件的是女神厄里斯。

② 即奥德修斯。

双方的神祇们化干戈为玉帛，一致同意降罪于阿忒。

阿忒被流放到大地，自然也将她的创举带到那里，其创举的影响异常深远，可与大地早先得到的恩惠——普罗米修斯的礼物相提并论。的确，对于人类而言，如果没有激情的驱动，人类又怎可能单凭理性达成什么目标呢？

蛊惑的种子四处散播，结局有好有坏。曾经简单的生活，变得生机勃勃，兼具挑战性和迷惑性。心脏加速跳动。血脉鲁莽地放声高歌。任性的赌博换回巨大的成功，又或者带来刻骨铭心的惨败。

一种名为"爱"的东西降临于世。

蛊惑的种子永远地改变了这个世界。这就是有人把这里称为"阿忒的草地"的原因。

地　核

上次的震颤已经结束，但技术人员从办公桌底下爬出来，还是花了几分钟。透过如瀑般飘落的石灰石粉尘，他们环顾四周，确定地震真的已经结束。某些人向网络控制台投去敬畏的目光，尽管发生了始料未及的地震，阿莱克斯·拉斯蒂格仍然坚守在那里。

一种心照不宣的期望在他们心中涌动——能够让地球嘎嘎作响的家伙，自然能够应对这一切。

可阿莱克斯的内心却远不像表面上那样平静。其实，当其他人俯身寻找藏身之处时，他之所以坚守岗位，纯粹是因为疲惫和震惊，而不是虚张声势或为了彰显勇气。引发这次地震的能量突如其来，完全是其项目意料之外的副作用，与他如今亲眼所见的新状况相比，这种副作用根本就微不足道。

不幸的是，他们真的已经找到了一直在寻找的东西。

地球的全息剖面图说明了一切。此前只绘有一个紫色圆点的位置—— 一条深深埋藏的、环绕地核的轨道的位置——如今又能看到另一个物体正绕着更低的轨道旋转。以往可怕的猜想如今已经具体化,更加令人惊骇。

"它就在那里,没错。"乔治·哈顿的首席物理学家边汇报,边抬高安全帽,向后理顺稀疏的白发。斯坦·戈德曼双手颤抖,"我们需要汇集其他监听站的数据,以精准地确定其位置。"

"你能估算它的质量吗?"哈顿问。毛利大亨坐在控制台另一侧,眉头紧蹙,那副表情会让蒂修修[①]的勇士们感到自豪。发生地震时,他也拒绝躲起来,并对躲起来的行为嗤之以鼻。但技术人员早就料到他会那么做。

戈德曼全神贯注地盯着屏幕,"看上去差不多一万亿吨。要重几个等级,比阿莱克斯的……比第一个。比阿尔法。"

"其他方面呢?"

"其体积太小,无法用线性标尺测量。但毫无疑问,这是另一个奇点黑洞。"

乔治转向阿莱克斯,"为什么咱们之前没有探测到这个奇点黑洞呢?"

"似乎存在着更多调整引力波的方式,其数量远超我们的想

① Te Heuheu,新西兰北岛中部毛利部落的某个家族,该家族在两百年间承担了部落酋长的职责。

象。”阿莱克斯边说,边用手比画着,“从混乱的地底择出任何一个物体,我们必须计算并比对狭窄的带宽以及阻抗。我们之前的研究为的只是找到阿尔法,找到贝塔只能通过推论。”

“你是说——”乔治指着全息图像,“下面或许还有更多这样的东西?”

阿莱克斯眨眨眼。他此前也没有深入考虑过这个问题,“给我点儿时间。”

他轻声对着麦克风说了些什么,从实用函数库中调出子程序,在全息图像旁边创制出图表和模拟结构。“不,”他最后说,“如果还有更多,它们会影响彼此的轨道。所以只有这两个。而且我的那个……奇点阿尔法正在迅速衰退。”

乔治哼了一声,“那个大一些的呢?我猜那该死的玩意儿正在增大?”

阿莱克斯点点头,不想说话。作为物理学家,他理应首先接受客观现实。然而,他心中仍有一种迷信的猜想,认为黑暗力量只有在被道明时,才会成为现实。

“似乎是这样。”他说,过自己这一关真的很难。

“我也这么看。”斯坦补充道。

哈顿穿过仍在飘落的粉尘,来到闪烁微光的引力波生成仪前面。“如果它正在增大,我们可以得出几个结论。”他竖起一根手指,“首先,贝塔的历史不可能太古老,否则它早把地球吞噬了,对吗?”

“它可能是自然形成的，是大爆炸时存留的奇点黑洞，只不过最近才撞击地球。”斯坦说出自己的看法。

“难以令人信服，根本站不住脚。星际天体难道不是以极快的速度移动的吗？”哈顿摇着脑袋，“它或许是偶然穿过地球，但之后会再次飞离，返回太空，速度几乎不会降低。”

阿莱克斯点点头，赞同哈顿的观点。

“而且，”哈顿继续说，“在我们恰好掌握了探测到这东西的技术时，它碰巧刚刚来到地球，这太难以置信了。此外，你自己也说过，体积较小的奇点不够稳定——它们是洞也好，弦也好，又或者是别的什么——除非经过特别的调整，它们才能自我维系！”

“你是说其他人拥有……”

“很明显！我说，拉斯蒂格，你以为自己是地球上唯一的聪明人？面对现实吧，有人已经先你一步，捷足先登！有人占据上风，或许是因为创造出性能更加优良的黑洞仪，又或者使用了别的什么。

“很可能是别的什么更加复杂的东西，因为这只恶魔已经比你那可怜的东西，你的阿尔法更加邪恶！”乔治露出笑容，但却丝毫感觉不到开心，“接受吧，阿莱克斯，小伙子。有人在你的领域彻底击垮了你……有人更适合扮演疯狂科学家的角色。”

阿莱克斯不知道说什么好，只是看着这位大人物，脸上露出了若有所思的表情。

“又或许这次不仅仅是个单枪匹马的疯子。我怀疑……政府以及执政集团擅长炮制毁灭世界的方法。或许有人正在研制某种末日设备？某种终极威胁？或许，跟你一样，他们也因为失误将其放走。”

“可为什么要保密？”

“当然是为了免遭报复。又或者是为了争取时间，好让他们谋划逃往火星？”

阿莱克斯摇摇头，“我无法想象任何一种可能性。我能做的只是——”

“不。”乔治伸出手指，指向阿莱克斯，“我来告诉你，你能够做些什么。首先，你要忙碌起来，确认相关数据。接着，那之后……”

哈顿眼中的火焰似乎消失了。他两肩耷拉下来，“那之后，你可以告诉我，在下面那东西吞噬掉我们脚下的土地之前，我还有多少时间能够跟孩子们共度。”

受惊的技术人员紧张兮兮地移动身体。斯坦·戈德曼看着自己的双手。然而，阿莱克斯则体验到与以往不同的失落感。他希望自己也能够以这样的方式表达情感——愤怒、蔑视、绝望。

为何我感觉自己如此微不足道？为何我这样麻木？

难道是因为他知晓这种可能性的时间远远早于乔治？

或者乔治说得对？有人显然比我更加出色，创造出体型更大的恶魔，这让我有些愠怒？

不管是谁，他们在拘禁恶魔方面无疑也能力有限。小小的满足感油然而生。

“继续进行引力探测之前，”斯坦·戈德曼说，“我们是不是最好查查清楚，上次扫描为什么会引发地震？从未听说过这种事情。”

乔治笑道：“地震？你想查地震？那就等贝塔增长到足够的大小，足以带来威胁，然后吞噬地核吧。地幔岩块将会向内坍塌……然后你就能查到地震了！”

哈顿不屑地转过身，大步流星地朝着阶梯走去，回到奥玛拉玛[1]——光之世界。他离开后的一段时间，大家不太做事，也不太说话。雇员们散漫地清理着实验室。斯坦·戈德曼似乎一度想要说些什么，但还是闭口不言，摇摇脑袋。

一名工程师神情紧张，来到阿莱克斯身旁，手握一块信息嵌板。“呃，说到地震，我想你们最好看看这个。”他将那块薄板置于控制台上，滑到斯坦和阿莱克斯之间。嵌板界面闪动着粗体字，那是世界网标准的技术等级新闻稿字体：

3级到5.2级的地震袭击了西班牙、摩洛哥以及巴利阿里群岛。伤亡人数较少。震群在空间、时间以及相域方面都不同寻常。初震——

“嗯，这和我们的地震又有什么……”接着，阿莱克斯注意到

① Ao-mārama，毛利语。

——这些发生在西班牙的地震跟他们在新西兰感受到的震动竟然是同时发生的！他转向地球剖面图像，进行了比对，然后吹了声口哨。跟肉眼做出的判断一样，这两次震群型地震的发生地，夹角是一百八十度——分别位于地球的两端。

换句话说，一条直线，连接着新西兰和西班牙，几乎恰好穿过地核。

他注视着新发现的奇点，也就是被称作贝塔的那个，它沿着较低的轨道，缓慢地移动着，但从来不会远离密度和压力最高的地心区域，那里的给养最为丰富。

它真的不仅仅是在增大，阿莱克斯意识到，惊讶于宇宙能够再次让他感到敬畏，它所做的比扩大还多得多。

“斯坦——”他主动说。

“你也注意到了？捉摸不透，是吧？”

“嗯。咱们来搞搞清楚这意味着什么吧。”

于是，两人便沉浸到高深莫测的数学问题之中，几乎不再理会外部世界的事情。这时，有人转动旋钮，将记者们上气不接下气的声音放大，他们正在报道一场太空灾难。

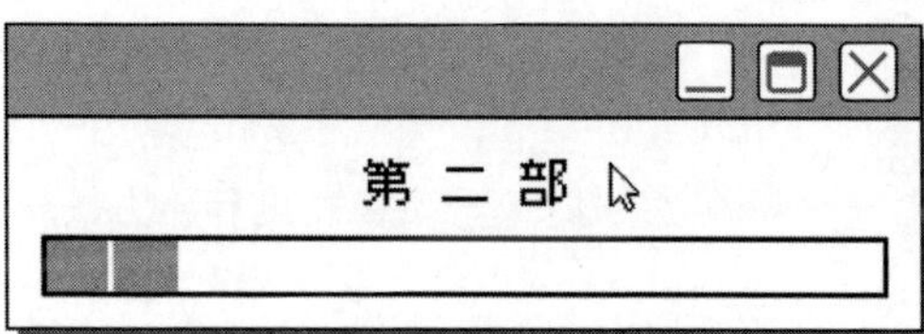
第 二 部

行　星

火势虽未弥天，却能久久不灭。星辰同样如此。

挥霍无度、极尽奢侈的一生临近结束，迎来最灿烂夺目的激增，最后以极限释放的自我表达收尾，瞬间爆发时，光华盖过整个银河系。同时，有些恒星则更加谦虚谨慎，更加恬静沉稳，更加耐心地做好自己的本分，缓慢而又优雅地老去。

极具讽刺意味的是，两种恒星要联手调制一剂良药。因为如果没有超新星的大爆发，就不会有足够的原料——没有氧、碳、硅或者铁。然而那些稳定的黄色恒星同样不可或缺——它们缓慢地、轻柔地炙烤着混合物，稍有差池，配比便会失调。

取一些被太阳炙烤的混合元素，将小团块凝结成中型球体，将其置于适宜的位置，距离火焰不近也不远，然后轻轻旋转。前几百万年，其外壳应该会汩汩冒泡，然后慢慢沸腾。

沐浴在阳光中，洗去多余的氢。

用彗星撞击一个纪元，或者等到液体薄膜形成。

享受着均匀的热度，在数十亿万年间旋转不停。

然后等待……

DEL 供“世界长期解决方案特殊利益小组”1.12亿组员参考【DEL SIG AeR,WLRS 253787890.546】，我们筹划指导委员会隆重推荐来自组员的这颗小小宝石【DEL 简·P. 格洛莫 QrT JN 233-54-2203 aa】，它源自一部二十世纪末的小说。她称其为“奥夫特-里昂计划”。下面是格洛莫女士对这一概念的解读：

“从本质上讲，我们面对的问题并非人口过剩。而是‘当下’人口太多。我们以疯狂的速度将资源耗光，而此时地球上剩余的资源或许应该用来创造真正持久的繁荣之源。某些项目，如退耕还林、轨道太阳能发电，或者【DEL 带有适当参考资料的其他建议方案】并没有取得任何进展，因为我们微薄的利润仅能养活和安置这么多人。

“噢，当然，人口增长率已经减缓。一百年后，人口总数或许真的会逐渐减少。但我担心的是，恐怕为时已晚，人口增长的速度已经来不及自救。

“现在，正是这个特殊利益小组，出了某些麻木不仁的成员，竟然提出耸人听闻的解决方案，说要送半数人去死，冷酷的马尔萨斯式解决方案。依我看,这实在是愚蠢透顶。五十亿人显然不会为了什么公益而不声不响地赴死!他们会把所有人都拖下水!

“不管怎么说,这数十亿人当真需要为了世界赴死吗?如果这数十亿人能够被说服‘暂时’离去呢?

“北京大学最近的研究成果显示,只需十年,我们就能完美地掌握低温冷冻术……就是冷冻人体的安全方法,类似那些身患绝症者,若被冷冻,以后还有康复的机会。起初,低温冷冻术听上去只不过是另一场技术灾难——将另一个排水孔塞住,在液氮桶中塞满人类躯体。但这只是狭隘的认知。这一突破实际上有可能成为我们的救世之策。

“协议内容如下:将所有自愿签约的人冷冻到二十四世纪。联合国确保这些人的积蓄将以超过通货膨胀率百分之一的标准,或者最高的政府债券利率积累,以二者中较高为准。等志愿者复活时,确保他们都能获得财富。

“作为回报,他们同意暂时让路,给予其他人所需要的生存空间。若只需要喂饱世界总人口的一半,我们就能放手一搏,充分利用剩余的资源,从根本上解决现有问题。

“当然,还有一些漏洞要解决,比如五十亿冷冻人的后勤保障问题,但这恰恰是此类特殊利益小组存在的目的——让我们集思广益,解决问题!”

确实如此。简的提议极具震撼力，让我们有些透不过气。针对这一提议的评论预计将超过百万条，因此拜托各位，力争原创，切勿抄袭，不然就等到第二波再来评论，先看看是否有人已经表达过与你类似的观点。为求简洁，首轮仅限发布普通的8Gb语音文本，只允许加一个子参考层。请不要使用动画或者全息影像。现在，从我们来自中国的资深组员开始……

岩石圈

真是典型的“疯狗和英国佬”式天气[1]。克莱尔戴着护目镜，毫无疑问，还涂了厚厚一层护肤品。尽管如此，洛根·恩格想，他是否真的不应该让女儿离开这酷热的阳光。

看上去，前方似乎没有什么可能会伤害这个生灵的东西，她虽然以女孩的形式存在，但沿着带条纹的岩石表面向前移动时，却灵活得像头野山羊。比如说，洛根从未想过克莱尔有摔倒的可能，在这攀爬难度四级的斜坡上。他那长着一头红发的闺女正阔步向前，好像跨越的只是平坦的草坪，而非倾斜度达到四十度的山坡，随着其古铜色的双腿在他视线中最后一次闪过，她已经转过下一个峡谷岩壁的拐弯，消失不见。

---

① 出自诺艾尔·柯沃德的诗歌，“只有疯狗和英国人才会在正午的阳光下出门”，形容英国人对炎阳之力一无所知。

洛根喘着气，勉强承认他打算叫她回来的原因。我再也跟不上她了。我想，这也是无法避免的事情。

意识到这一点，他不禁失笑。嫉妒这种情感用在自己孩子身上显然不太合适。

无论如何，他目前面对的时间跨度远超一个时代。洛根徘徊于所谓“石炭纪”的边缘。跟那些不甘人后、志在进化的门类一样，他觅得一条小径，上行数米，从石炭纪进入二叠纪。

那个地标，从远处看是如此鲜明——浅色石头的两条水平条纹之间，存在着清楚的界线——离近端详，却又变得模糊起来，让人倍感迷惑。现实也是如此。不像教科书那样清晰，而是拙陋粗糙，需要通过身体接触，吸入白垩沉积物，或者用指尖描摹某种古生代腕足类生物的轮廓，才能真实地感受深埋此地的亿万年时光。

洛根凭触觉感受这块岩石的特质。他能够估计出其强度及渗透度——这是他多年来不断完善的技艺。而且，作为业余爱好者，他也曾研究过岩石在史前时期的起源。

在地球的历史长河中，石炭纪其实来得相当晚。作为“两栖动物时代”的一部分，石炭纪的时间跨度达到一亿年，此后，名为恐龙的巨兽才出现在这颗行星上。他如今踏足的地方，神奇的野兽们曾经繁盛一时。但生命的史诗大多数在海底书写，不计其数的微生物如雨点般落下，逐渐在海底沉积，年复一年，千万年复千万年。到泥土的篇章正式展开时，这个过程已经持续了三十亿年。

当然，洛根对于火山也很熟悉。就在上周，他还曾置身华盛顿州东部，攀爬而上，跨越喷涌而出的岩浆，为部分刚刚形成的地下溪流绘制地图，唤醒这些溪流的则是不断转换地点的降雨。尽管如此，单是浮石及凝灰岩，也从未像这片土地生机勃勃的过去那样充满魅力。在工作过程中，他跨越了时代——从前寒武纪，那时地球上最高等的居民还是藻类植物，到时间较近的上新世，洛根总会留意最近的人类祖先的蛛丝马迹，当时他们或许已经双脚直立行走，甚至开始思索自己的未来。他经常会在结束此类探险后，从推土机的魔爪中拯救数箱珍贵化石，赠送给当地学校。当然，克莱尔总拥有优先选择的权利，以扩充她的收藏。

“老爸！”

洛根正设法通过一个颇为棘手的拐弯，此时，女儿的呼喊声将他从飘走的思绪中拉了回来。一脚踏空导致他立足不稳，洛根突然感到摇摇欲坠，天旋地转。他猛吸一口气，扑向倾斜的岩壁，让自己的重量分散在尽可能大的区域。陡然加速的心跳声，碎石如雨点般砸进下方峡谷发出的轰鸣声，二者倒很契合。

这样的反应完全出于本能，但却有些过度，因为有足够多的岩层可供他立足。但他走神了，这显然是愚蠢的事情。现在他要付出的代价就是多处瘀伤，外加从头到脚的尘土。

“什么——”他吐出嘴里的沙砾，提高嗓门，“什么事，克莱尔？”

从上面前方某处，传来了她的声音，“我想我找到它了！”

洛根重新调整了自己站立的位置，双手推着岩壁。要站直身体，他得大幅弯曲两脚脚踝，将登山靴踩实地面，以形成较大的附着摩擦力。入门级登山者首次远足时，都会做这方面的练习。由于再次找回全神贯注的状态，洛根感觉自己比先前沉着镇定了许多。

只要你集中注意力，洛根提醒自己。

“找到什么了？”洛根朝着女儿大致的方位喊道。

“老爸！”语调中透露出恼火的情绪，两侧狭窄的通道发出微弱的回声，“我想我找到分界线了！”

洛根露出微笑。孩提时代，克莱尔很少叫他“老爸”。这样的称呼会伤害她的自尊。但既然俄勒冈州已经给她颁发了自立卡，她似乎也开始愿意使用这个词了。对于刚刚成年的她来说，适当残留的稚气，也算是她的特权吧。

“我来了，紫晶洞！”他拍了拍衣服，驱散满身的灰尘，“我马上就到！”

洛根的周围遍布着嶙峋的岩石，它们因多年的风吹雨淋以及洪水的冲刷而形成。跟当年初次出现在白人或者人类面前时相比，它们无疑没有太大变化。人类在北美大陆生活了一两万年，至多如此。虽然这段时间以来，气候已经发生了改变，主要是变得比以往更加干燥，更加炎热。但在更长时间中，这些干枯的山坡上已经没有任何可观的绿色植物了。

不过这里依然有美感可寻：淡棕色、米白色以及黄褐色相映成趣，坚硬的纹层仿佛巨大的油酥面团被从下方用力揉搓，然后暴露在风雨无情的侵蚀之下，最终发生石化。洛根很喜欢这样的岩石荒原。在别处，地球被生命的绒毯包裹，就好像敷着一张面膜。但在这里，人类能够触碰到地球真实的质地，领略地球母亲素面朝天的模样。

因为工作的缘故，他经常有机会造访这样的地方……为的是制订详细的计划，来保护那些珍贵的水源。他扮演的角色很像二十世纪传说中的“冒险家”，他们到处寻找石油，直到六百个较大的沉积盆地每个都经历了勘探、侦测、蒸馏，以及被抽取到干涸的过程。

在洛根看来，他设定的目标更加谨慎，采取的举措更加温和，考虑更加周到。然而，有时候他也会对此心存怀疑。后世回忆起他以及他遍及世界的博爱时，描述方式会跟现在的肥皂剧描述当年的石油商时一样吗？他会被视作目光短浅的傻瓜，甚至是不法之徒吗？

他的前妻，也就是克莱尔的母亲，对此早有定论。在他决定参与那个项目——走遍科罗拉多河下游，节省数百万亩的河水，使其不致蒸发，从而创造出全世界最长的温室——之后，她给予他的奖励，就是将他扫地出门。

其实，洛根理解黛西的感受，理解她的执念。*可我又该怎么做？没有食物，世界将会毁灭。只有那些能填饱肚子的人，才会去做环保主义者。*

整个地球到处都有亟待解决的问题。迫在眉睫，刻不容缓。所有国家和城市都需要解决抽水、运水和排水的问题。随着海平面不断升高，降雨的迁移难以预测，他的工作也随之改变，各国政府也在拼命适应。天空、陆地和海洋都经历着巨大的变化。从眼前的岩石就能领略到地球翻天覆地的变化。比如，地质稳定的漫长时代，突然以极端的方式收尾，使得世间万物只能不断重塑。

然而……洛根嗅到了鼠尾草和杜松的味道。

没有什么能够改变这块区域在人类记忆中的印象。就连温室效应也做不到。他很喜欢待在这种地方，因为这里没有人需要他效劳。他所能想到的任何工作，都不足以对这个地方构成损害。

一只红尾鹰巡视着下一个平顶山头，缓慢地穿过一股温热气流之后，两山之间被溪流冲刷而成的斜坡便映照在它眼中。他轻触护目镜左侧皮带旁的控制按钮，那猛禽便稳定在视线之中，灵敏的光学仪器使他能够间接地体验到它捕猎的过程。当它扫视稀疏的植被，寻找可能藏身在那里的猎物时，其黄色的虹膜闪烁着光芒。

那猛禽消失在视线中。洛根重新调整护目镜，继续向上攀爬。

很快他就来到情况更加复杂的地带。露出地面的岩层饱受侵蚀，支离破碎，在他前进的道路上，布满暗藏危险的岩屑。洛根小心翼翼地踱了过去，鼻孔张开，两臂向外伸展，以保持平衡。然后，他又单脚向前跳跃，速度较先前稍快。

当然，这种地貌再理想不过。危险性并非特别高，却又足够惊心动魄。尽管如此，洛根和克莱尔还是携带着追踪呼叫装置。丛林服务部门的直升机，距离这里只有不到半小时的航程。洛根在岩石间跳跃，有的岩石已经摇摇欲坠，这平添了一分冒险的刺激。置身空旷的户外，远离人满为患的都市或者他那些轰然作响的挖掘机，了无牵挂，唯一要做的关键决定是：下一步在哪里落脚。

他终于又落足在一片坡度不大的斜坡上，脚踏实地，心情绝佳。洛根再次停下来休息。

当然，在来这儿的路上，洛根和克莱尔也见过其他的远足者。要得到露营的许可，需要提前几年预约。极具讽刺意味的是，在这片特殊区域，目前除了他俩再无他人。游客们挤满了平缓的自然步道，真正的登山爱好者则会选择更难征服的险峰。这种介于两者之间的地方，经常一连几天无人造访。

洛根眯起眼睛，让视线变得模糊一点，这样几乎就可以做到对人类近期经过时留下的痕迹视而不见。那些足印在岩石上留下的污点，显然并非风雨所能为。还有纸片和金属碎屑，它们尚未大到让丢弃者因乱扔杂物而遭到罚款。这里如此静谧，此刻既没有飞机引擎的轰鸣声，也没有人声，甚至会让人以为自己如今踏足的地方，有史以来就没有其他人探索过。

真是想想就觉得开心。

洛根的护目镜适应了眼前不断变化的强光，他搜寻着女儿的踪迹。*此刻她身在何处？*

一串银铃般的笑声响起，让他吃了一惊。

“我就在你上面呢，傻瓜！”

可以确定，她就在那儿。平卧于五十度的斜坡上，比这里高出不到五米。她肯定早就潜伏在那里了，动也不动，声息皆无。在他靠近的至少十分钟前，她就已经隐藏好身形。

“我真不该让卡拉·姆伦科教你潜行术。”他嘴里咕哝着。

她轻甩头发，秀发被阳光染上红色。她的皮肤呈古铜色，跟当下流行的苍白肤色格格不入。若是普通的十六岁少女，置身此地，或许会选择最新款式的太阳帽，她却只戴着有防汗带的无顶帽，涂了几道有防癌作用的白色面霜。

“可是你说过的，现在的女孩儿应该学点儿生存技能。”

“内些，你学得够多了。可能太多了。”洛根用新潮话回应道。接着，他又笑着说：“来看看你找到了什么。”

其实，她的态度让他感到很满意。当他跟着女儿踏上一条窄到难以落脚的小路时，洛根回忆起几年前的一件往事，那件事发生在堪萨斯，当时他给女儿出了个难题，要她“去找一块石头”。

他跟老婆离婚前，常带女儿去看爷爷奶奶，但那场大旱灾发生后，就很少去了。那场旱灾迫使生活在平原上的农民们放弃了自己心爱的玉米，改种高粱和苋菜。克莱尔很喜欢恩格农场，虽然它所在的农业合作组织跟故事书中给她留下深刻印象的玛帕农场千差万别。但跟黛西儿时居住的深宅大院相比，至少这里要真实得多。克莱尔讨厌去那里，因为她那些出身高贵的表兄妹，总是拿她当可笑的乡巴佬，他们根本不懂得体谅这位穷亲戚。

“要是你能够找到一块岩石，我就给你十美元。”那天，他之所以对女儿这样说，是觉得这能轻而易举地逗她开心，以度过正餐前的无聊时光。尽管奖励只是一点儿小钱，她还是会连蹦带跳地跑进收割完的田地，在残茎断株间搜寻，而他则可以懒洋洋地躺在吊床上，补完自己的日志。

克莱尔没用多久就意识到，犁过的田地并非寻找石头的好地方。所以，她改去路边找，干燥的热风把路旁的防风林吹得东倒西歪。在那个慵懒的下午，她不断地捡回各种各样的珍宝，跑着拿给爸爸看……比如瓶盖和机械零件。或者是古代软饮料的铝制拉环，它们在七十年后仍然闪闪发亮。还有两个半世纪以来，无休止的耕种留下的其他各种碎屑。他们琢磨着这些战利品，很是开心，洛根也很满足于跟女儿的互动。不出所料，克莱尔始终难以忘怀最初的挑战。

在放大镜下，她拿回的坚硬块状物被证明只是变硬的土坷垃。她还找回一些黏土块以及破损的水泥块。每个样本都会揭露某些信息，让他俩瞥见久远的过去。每次她都会匆匆离去，几分钟后再回来，上气不接下气地带着下一个需要剖析的样本。

最终，洛根的母亲叫他们进屋吃晚餐时，他才向克莱尔透露了真相。他说：“在堪萨斯找不到石头，至少在这个州的这个区域没有石头。即便经过了那样严重的侵蚀，你仍然找不到岩床的踪迹。这里只有数千年光阴塑造而成的广袤平原，构成这平原的则是从落基山上吹下来的尘土和碎屑。

“让石头出现在这里，除非是通过人为的方式，宝贝。”

有那么一瞬间，他怀疑他这个当老爸的做得有些过火，竟然用这样的方式戏弄自己的孩子。但女儿只是望着他，然后宣布：“嗯，不管怎样，这样做很有趣，我想我学到了很多。”

那时，洛根惊讶于女儿竟然这么容易就接受了失败。但仅仅过了三天，正当他们准备启程回家时，克莱尔对他说：“伸出你的手。”然后把一块椭圆形的物体放在他的掌心。那东西很重，外壳坚硬，甚至有发黑和被烧灼过的特质。洛根记得自己当时惊讶地眨着眼睛，举起了那块石头。他拿出自己的放大镜，然后又借来父亲的锤子，从那块石头上敲下了一个角。

毫无疑问，克莱尔找到了一块陨石。

“让石头出现在这里，还有一种方法，不是吗？”她说。洛根没有回答，只是默默地拿出硬币，把钱给了女儿。

如今，在怀俄明州的这个斜坡上，长大许多的克莱尔用手拍着倾斜的崖壁。崖壁上色彩的突变清晰可见，从抹茶色变成了某种太妃奶油的颜色。她指着那淡淡的轮廓，叫出了那些已经变成化石的生物的名字。它们的骨架嵌在岩石中，数百万年前，这里曾经是汪洋大海的底部。相比较而言，洛根的回忆之旅显然要短得多，只有区区八年。但这八年光阴，已经改变了当初那个早熟的小女孩。

她选男人时根本不用太挑剔，洛根心想，除了少数能够跟她并驾齐驱的异性，其他的都会被她吓跑。

“……所有的化石都出现在这条线以上。它们销声匿迹的地方就在这里！”她再次比画着那条线，“这肯定是二叠纪和三叠纪的界线。”

他点点头说：“很好。你靠近那里，我帮你拍张照。”

克莱尔抗议道：“可我们应该先把化石挖出来呀！我真的很想带回家——”

“化石后面再挖，先拍照。我可是幽默的老爸。”

克莱尔长叹一声，借此表达自己的无奈。不过，洛根想，看淡一切本来就是老爸的责任，可不能那么容易就被打动。

他轻触护目镜边缘的控制键。“笑一个。”他说。

“哦，好吧，可先等一会儿！”

她从后面口袋里拿出一把扁平的电动刷，按下开关给它充电，接着开始理顺自己缠结的发丝。最后，她摘掉了自己的护目镜，全然不顾强烈的阳光，在照相机前露出了微笑。

洛根笑出声来。从许多方面来讲，克莱尔跟十六岁时相比，没有太大的变化。

那本来是美妙的一天。可回到营帐后，洛根满身灰尘，齿缝间都是经年累月留下来的沙砾。他本指望安安静静吃顿晚餐，然后躺进睡袋里好好休息。不过他的背包里塞满了岩石标本,足有五公斤,都在克莱尔收集许可证的规定范围内,他把那些岩石放在经认证的防火圈旁,感到如释重负。

那台小型营地收发机顶端闪着光,洛根却故意装作没看到。按下播放按钮之前,他仍然可以拿不知情当作借口——声称他还在山中某处,根本看不到那闪光。真该死!他曾经反复跟自己咨询公司的其他人强调,除非发生紧急事件,否则别打扰他。

洛根将毛巾放在岩石裂缝中流出的小溪里浸湿,边洗脸,边尝试用愤世嫉俗的态度来分析这件事。他们如此"迫切地"想让我回去,很可能是为了清理某家人的排水口。回到帐篷里,他把湿毛巾抛过去盖住了那盏小小的红色警示灯。

但他根本没办法轻易忽略这一切。想象力背叛了他。当克莱尔窸窣作响地摆弄着饭锅时,洛根不断地想象着流水的画面。黄昏临近,他俩一声不吭地吃着晚餐,他发觉自己跟约瑟夫·康拉德[①]小说中的某个角色一样,幻想着暴雨倾盆,洪水滔天,水流带来各种各样的灾难,摧毁人类制造的那些不堪一击的屏障,将人类文明的一切成果,无论是伟大的或者渺小的,都置于危险之中。

两者真是格格不入。在这块饱受阳光炙烤的土地上,人的每个毛孔都透不过气,水分难能可贵。但不祥的潜意识制造出一连串画面,他几乎无法控制。他看到堤防崩溃,河流改道……残破不堪的

① 约瑟夫·康拉德(Joseph Conrad,1857—1924),英国波兰裔小说家。

堤坝再也无法限制密西西比河，河水最终漫溢而出，奔流着穿过毫无防备的入海口，汇入汪洋。

最后，他还是选择让步，猛地将门帘甩到一边，走进帐篷，去看那条该死的信息。他在帐篷里待了一会儿。

洛根再次走出帐篷时，看到克莱尔已经把生活用品收拾好，在初升的星辰下拆卸她自己的小帐篷了。他眨眨眼睛，心想这孩子怎么知道的。

“哪里有麻烦？”她边问边把轻软的纤维帐篷卷成一个紧凑的球状物。

“呃……西班牙。发生了几次地震，原因不明。有两座大坝或许处于危险之中。”

她抬头望着父亲，双目中闪烁着激动的光芒，“我能去吗？不会影响功课的。我可以通过网络自学。”

洛根再次产生这样的想法，我肯定是积了什么德，才配得到这么好的孩子。“或许下次吧。这次恐怕很快就能搞定。很可能他们只是想要求个心安，所以，我过去帮下忙，然后就赶回来。”

“可老爸……”

“而且，你花在网上的时间已经够多了，奋起直追吧，不然，俄勒冈那所大学会取消你接受远程教育的资格。那样的话，你就不得不回到高中了吧？你希望那样吗？回到路易斯安那的家里？上线下课？”

克莱尔战栗着，“高中。呃。好吧，下次吧。你去收拾装备。我来处理你的帐篷。如果咱俩抓紧时间，八点前应该能够赶到降落点，赶上最后一艘飞往比尤特的齐柏林飞艇。”

她笑了，“嘿。那会很有趣。我以前从来没在天黑后攀爬过难度三点五级的斜坡。或许甚至会有些吓人呢。”

DEL

灰尘飘过群山，飘过冰岛的河谷。

这个岛国的人们把灰尘从自家门廊上扫除，把灰尘从他们的窗户上擦掉。落日的余晖照在悬浮的表层土上，散射出红橙色的暮光，游客们指着那璀璨的光芒发出兴奋的惊叫时，冰岛人则尽可能让自己的眉头保持舒展。

身材魁伟的北欧人，最早在这片土地上定居。他们粗陋的民主政体比其他国家延续得更久。“自由注定丧于政客或贵族之手”，过去十二个世纪中的大多数时光，北欧人的后代们证明了这是一个伪命题。

这是难能可贵的遗产，然而奠基者们留给后代们的主要遗赠却并非自由，而是灰尘。

可灰尘的存在又该归咎于谁呢？九世纪的定居者们对自然科学或者生态管理一无所知，指责他们公平吗？承受着每日的生活重压，担负着养家糊口的责任，那个时代的人们又怎能预见到，他们计划留给后代子孙的这片土地，正逐渐被他们钟爱的羊儿毁掉？环境恶化是一个渐进的过程，以至于几乎没有人能够察觉。当然，那些上了年纪的人讲述过去的故事时，总会说他们那时候的山坡比现在的要青翠得多，这也是再正常不过的事情。

又有哪个时代的爷爷奶奶们不这样说呢？

需要某种突破……思维方式的转变……后世之人才终于学会后退一步审视，年复一年，百年复百年，这裸露的土地究竟发生了什么……它遭受到的是缓慢却又累月经年的掠夺。

但等到那时，一切都已太晚。

灰尘飘过群山，飘过冰岛的河谷。这个岛国的人们不再仅仅是把灰尘从自家门廊上扫除。他们会指给孩子们看，告诉他们，灰尘总会在鬼魅般的雾霭中飘下山坡。这就是生活。这就是他们的土地。

家家户户这里种一亩田，那里种一顷地。自从二十世纪初叶以来，部分人已经习惯了耕种同一片土地。周末的时光则用来养花弄树，给自己种的杜鹃花、金雀花或是矮松树浇浇水，培培土。

往返通勤的飞行员们，经常会打开舷窗，在这岩石嶙峋的景致上空抛撒草种，希望其中一些能够生根发芽。

在都市和城镇，人们回收利用他们如厕时的产物，将下水道中的污秽之物收集起来，仿佛它们是极其珍贵的资源。而事实确实如此。那黑漆漆的肥料会被直接培到贫瘠的山坡上，助力那些幸存下来的树木对抗寒风。

冰岛海域上空的云被灰尘染上了颜色。

在这座岛屿的南部边缘，形成不久的火山群将新鲜出炉的岩浆喷洒进大海，形成的螺旋状蒸汽曲曲弯弯地升上天空。这样的景象让游客们目瞪口呆，他们议论纷纷，对冰岛人不断“扩容”的土地表示羡慕。但当地人望向暗淡的天空，体会到的却是隐约的失落感，这显然并非岩浆这种简单而又粗陋的东西所能弥补的。

尘风吹散了冰岛的山丘。在海中，某些浮游生物因此短暂受益，得到了意料之外的养分。接下来，一如往常，它们的生命终结，它们的尸身纷纷坠落，沉积在能够容纳一切的海底。经过一段时间，地下的岩层缓慢移动，熔融成炽热的岩浆，再次喷发出来，形成又一座岛屿。

短期灾难对如此出色的再循环系统来说无关紧要。最终，连灰尘都被纳入回收利用的行列。

生物圈

纳尔逊·格雷森来到恩德贝莱人的库维内兹时，只带了两套换洗的衣服，一书包偷来的未来可能性，还有过度的自负。等到九个月后，一切都已不复存在，他在十四层的猿类舱室收拾好自己的工具，穿过嗞嗞作响的气闸，走进阳光耀眼、空气清新的大草原。当然，此刻后悔挥霍了走私软件赚来的钱为时已晚，寻找另一条职业道路也已经太迟。

那时，纳尔逊认定，自己只能靠给狒狒当铲屎官谋生了。

这不是一个受人尊敬的职业。事实上，如果不是那些猴子有咬塑料的讨厌习惯，饲养员完全可以将这项任务交给机器人。到目前为止，机器人还不具备求生本能，但对于纳尔逊而言，这却是与生俱来的天性，拥有这样的天性，多亏了那些数百万年来担惊受怕的祖先们。

至少，那些祖先中的每一位都活得够长，足以诞下自己的子嗣，使得家族谱系一直延续到他这一辈。在过往的生活中，纳尔逊很少考虑到这方面的问题。但最近他逐渐领会到这其实是一项非凡的成就，嗯，尤其是当他的老板不断派给他新任务，从一个栖息地到另一个栖息地，照料一波又一波让人捉摸不透的野生动物时。

起初几个月，他大部分时间都在庞大的主方舟上度过。这座方舟是库维内兹对世界拯救计划的主要贡献。科学家和志愿者们在穹顶之下的多层建筑中，重建了整个生态系统。牛羚和瞪羚们在狭小的范围内奔跑跳跃，似乎感觉那里真的就是它们的栖息地。纳尔逊的第一份工作是给有蹄类动物搬草料，并在它们有生病迹象时及时上报。让他感到意外的是，这份工作真的没有那么难。事实上，深感无聊的他甚至主动要求做一份更加费力的工作，于是，他就成了铲屎官。

太好了，我必须开口说话了，如果我还能回到加拿大的家，我会告诉他们，这些天置身非洲南部，会受到怎样的热情款待。

四号方舟这里也没有明显的不同。四号方舟是用钢和强化玻璃建成的楔形构造，距离库维内兹的主塔仅三千多米远，位于该区荒废已久的金矿顶端。四号方舟是基因工匠的实验室。生物学家们希望找到全新的基因，拥有这种基因的人或许能够抵御室外雨雪交加的环境，以及致命的紫外线，或者是适应逐渐扩张的沙漠，以及捉摸不定的降雨。

纳尔逊原本幻想着调到这里相当于升迁。可接下来，经理交给他的仍然是熟悉的电棒和取样器，派给他的任务则是面对更多的狒狒。

我恨狒狒。我能感觉到它们在盯着我。我好像知道它们在想些什么。

纳尔逊不喜欢那些他想象出来的、在狒狒头脑中进行着的思维活动。

至少，这些猴子非同一般。一层灰绿色的金合欢树映入眼帘，在灰尘弥漫的酷热环境中，树叶耷拉下来。聚集在那些盘桓的树枝下面的，大约有四十只狒狒，毛色比他在主方舟上见过的那些黄褐色的狒狒更深，体型也明显偏大。它们移动时总是慢吞吞的，就像睿智的生物在正午阳光下所做的那样——这里的阳光甚至经过头顶强化玻璃的遮挡。只有布凯利博士那样的白痴，才会在这样的条件下坚持工作。

纳尔逊消磨着时光，审视着眼前的这群生物。或许它们根本就不是野生狒狒。纳尔逊听过某些传言，涉及一些实验……

变化无常的气流迎面吹来，他禁不住皱皱鼻子。它们的气味闻起来倒确实是狒狒。他步履沉重地穿过大平原上尖尖的草丛，朝着那些生物走去。纳尔逊很快就发现，基因的差异必然不会太大。它们仍然四足行走，摆动着尾巴，会停下来撬开坚果，会互相整理毛发、咆哮乃至掌掴，为了在猴群等级制度中占据更高的地位，乃至夺取统治权而软硬兼施。

哦，它们是狒狒，的确如此。

只要他进入视线范围，猴群就会重新调整站位，年轻强壮的狒狒移到外圈，负责警戒。地位更高的年长狒狒挺直腰杆，面无表情地看着他。

纳尔逊知道狒狒这种生物大多时候只吃素，他也清楚它们绝不会放过任何吃肉的机会。在臭氧层崩溃及随之而来的气候变化之前，狒狒一直是非洲大陆最可怕的野生动物之一。有如此强悍的对手相伴，人类才能不断地进化。一个月前，一位科学家目睹一只狒狒慵懒地露出它惊人的尖牙，不禁信誓旦旦做出评论：*我再也不说穴居人蠢了。偏执，没错。穴居人想必是真正的妄想症患者。但偏执并不意味着愚蠢。*纳尔逊碰巧听到这位科学家的高论，并对此感到震惊不已。

至少，猴群现在看上去神态平静，营养充足。但这些表象极具欺骗性。回到主方舟之后，纳尔逊把狒狒群的生活当作一部正在上演的——通常是有暴力情节的——肥皂默剧来审视。

他看到一只成年的雄性狒狒蹲在那里，摇晃着身躯，两眼紧盯着一只怀孕的雌狒狒。而那只雌狒狒正在附近的岩石下寻找着美味的小虫。身为猴群元老的雄狒狒有节奏地咂着嘴，下巴往里收，两耳耷拉着，眼睑上的白色斑块清晰可见。那只雌狒狒也做出了回应，缓步走到它身旁，脸朝别处坐下。雄狒狒慢条斯理地开始了自己的行动，在雌狒狒的皮毛间择取着，帮它去掉里面的污垢、皮屑以及偶尔可见的寄生虫。

另一只雌狒狒也凑过来，轻轻把先前那位准妈妈推开，将雄狒狒的注意力吸引到自己身上。接下来，两只雌狒狒突然发作，朝彼此吼叫着，这场冲突很快就烟消云散，且没有产生任何后果。转瞬间，两位就握手言和，风平浪静，三只狒狒各自转过身去，再度寻思自己的事情去了。

纳尔逊的工作就是从这些猿类的粪便中取样，进行常规微生物区系调查——管它是什么调查。着手取样时，他回忆起经历第一次直面狒狒的不愉快后，布凯利博士对他说的话。

“千万不要直视它们的眼睛。那可是极端错误的做法！地位较高的雄狒狒会认为那是直接向它们发起挑战。”

“好吧。”纳尔逊当时回应道，脸上则露出痛苦的表情，护士正在缝合他臀部的两道窄窄的咬痕，“你倒是早点儿告诉我呀！”

当然，相关内容在介绍这份工作的录像带中都能找到，他本该先看看那些带子的。当初之所以接受这份工作，是因为他花光了自己的积蓄，那时，他发觉自己迫切需要一份工作，任何工作都可以。不过，或许通过观看录像带学习真的有其实在意义，那两道锥心刺骨的咬伤令他充分认识到这一点。

吃一堑，长一智，他现在总会随时准备好电棒，但棒头指向一旁，以免让狒狒们感到威胁。纳尔逊另一只手拿着长条状的粪便取样器，伸向草丛中若隐若现的那堆褐色物体。一群苍蝇愤愤不平地飞走了。

我不喜欢布凯利博士。首先，虽然他的名字听起来很“地道”，但这位生物学家焦糖色的五官苍白得令人怀疑。甚至他的眸子也是浅色的。

当然，根据联邦法律，白种人可以在所有行政区任职，只有两个区例外。而且，其他所有人，自执政官而下，似乎都不在意一个白人在恩德贝莱身居高位的事。然而，当年在育空新城，也就是纳尔逊的出生地，他身为移民的双亲曾经受到白人的歧视，虽然做法并不明显，但仍然在纳尔逊的心中埋下了怨恨的种子。那时，他就想象着局面能够得到扭转，黑人能够在这里成为主宰，甚至连联合国的权利调查人员都受到压制。

如今，他深知自己究竟有多么幼稚，居然期待这里的人们像对待失散多年的兄弟那样欢迎他。事实上，库维内兹跟怀特霍斯郊区那些新兴城镇没什么两样。雄心与懒惰兼具，希冀与失落并存……而且权威人物还斩钉截铁地表示，如果想要糊口，就必须努力工作。

努力工作让他的双亲将脏兮兮的难民营变成熙攘繁荣的小尼日利亚——散布在解冻苔原各处的新农业区，都将这里视为商业中心。小尼日利亚的移民商贩及店主们背弃了非洲。在电视上，他们高唱《哦！加拿大》，为旅行者们欢呼喝彩。他的双亲夜以继日地忙碌着，供他的妹妹在温哥华那所大学就读。所以当某些醉鬼趾高气扬地“欢迎”他们的到来，声称这边缘地带既属于他们，也属于任何狂饮啤酒的加拿大土地投机者时，他们礼貌地选择视而不见、充耳不闻。

哦，我没有忘记，而且我永远不会忘记。

取样器成功吸入所需的那点儿粪便，随即发出信号。纳尔逊将剩余的褐色粪便抖落。狒狒们已经从他刚来时引发的骚动中恢复，再次镇静下来。平静的状态在持续，至少暂时如此。

怪呀，过去几周，他对自己“阅读”这些动物客户情绪的能力，平添了几分信心。那些之前他搞不懂的行为，现在已经再清楚不过，比如为争取更高的等级而进行无休止的争斗。在那些枯燥的说教录像带当中，“等级”这个词反复被提及，但要看清狒狒社会中所有的权力阶梯，仍然需要亲自跟它们接触。

雄狒狒对统治权的争夺喧闹而又浮夸。其浓密的鬃毛一旦挓挲起来，看上去足有原来的两倍大。再加上咆哮时露出的尖牙，往往某一方会知难而退。不过，在主方舟停留期间，纳尔逊曾经亲眼见到一只雄狒狒将对手的内脏掏出，抛撒在灰土上。那只口鼻殷红的胜利者发出兴奋的啸叫，响彻起伏不定的草丛。

纳尔逊花了更长时间才认识到，原来雌狒狒也会为等级而战……只不过不像雄性那样大张旗鼓，而且不仅是为了争夺繁殖权，也涉及食物或者地位。还有，雌性之间的仇怨持续更久，恨意更深。

这群狒狒的王者紧紧盯着他，那野兽庞大的身躯至少有三十五公斤重。其灰白的侧腹部上留有伤疤,那是它过往参加战斗的证明。不管它向哪个方向移动,其他狒狒都会迅速给它让路。身为族长的它,表情严肃而又庄重。

这家伙受到尊敬了啊。

纳尔逊不禁想起自己在怀特霍斯时取得的那些胜利,当然更多情况下遭受到的是失败。在那里,有时候刀光一闪,就能决定一个男孩能否登上“部落巅峰”,甚至成为自己人生的主宰。女孩儿们也各有手段,相互倾轧。无论学校还是工厂,城镇乃至整个社会,都存在着权力的金字塔。等级制度,存在于各个角落。

而且,在所有这些等级序列中,纳尔逊似乎无一例外地受到排斥或藐视。领悟到这一点,让纳尔逊感到浑身不自在,因而更加讨厌这群等级制度如此分明的狒狒。

两只青年狒狒,每只大概二十公斤重,来到距离纳尔逊只有几米远的地方停住,开始给彼此清理皮毛,纳尔逊则用汗津津的双手紧握着那根电棒。其中一只狒狒转过身去,朝他打着哈欠,咧开的嘴巴足以吞下他的整条小腿。纳尔逊侧着身子,挪开一段距离,接着对另外一堆粪便进行取样。

凭借一张单程机票,他只身来到库维内兹,将那些杂七杂八的走私品摆满安置官员的办公桌,并对他们说:“我想我喜欢跟动物在一起的工作。”

纳尔逊曾看过一部介绍库维内兹科学家的纪录片,主旨是非洲人为拯救非洲而战，那真是很浪漫的画面。看完这部纪录片后，纳尔逊就做出了这个决定自己命运的选择，来到库维内兹。所以，当被问及作为一位新公民，他想要选择什么样的工作时，首先在他脑海中浮现的便是方舟计划。“我当然希望先用自己的钱做投资，或许一份兼职工作更适合我，你知道的。”

招聘官向下瞥了一眼桌子上的软件胶囊，那是纳尔逊从加拿大广播公司的怀特霍斯办公室盗版得来的。那位官员对他说：“你的贡献足以换得临时居住权，我想，我们能为你找到合适的工作。”

回忆起那段往事，纳尔逊脸上露出苦涩的神情。“没错，给猴子当铲屎官，真的很适合我。”可如今，他的积蓄早已花光，用在了那些靠不住的新朋友身上。而事实证明，当无利可图时，友谊的小船说翻就翻。加拿大广播公司则早已对他提出指控，并申请了当地的逮捕令。

取样器嘟嘟作响，纳尔逊将其尖端清理干净，转头去瞧那两只青年狒狒，发现一只身材矮小的雌狒狒加入了它俩，怀里还抱着自己的孩子。当他继续前进，寻找更多的粪便时，它们则尾随着他。

纳尔逊搜寻着下一堆目标，同时留意着三只狒狒的一举一动。那只母狒狒看上去心神不宁，不断地回头望着猴群。两分钟过后，它走近其中一只雄狒狒，将自己的孩子递给了它。

在方舟上度过六个月之后，纳尔逊很清楚这位年轻的母亲要做什么。成年狒狒通常会对幼崽着迷。而那些地位最高的雌狒狒，纳尔逊称之为无情的妈妈,往往会充分利用这一点,让其他狒狒照顾自己的幼崽,就好像是给下级的优待。

其他雌狒狒则担心某些不请自来的家伙过分关注它们的幼崽。因为有时候,某些狒狒一旦夺走别人的幼崽,就再也不会归还。因此地位较低的狒狒妈妈有时会寻求其他异性的保护。

不过,这仍然是纳尔逊第一次看到有雌狒狒做得如此直接。那只幼崽朝雄狒狒撒着娇,它妈妈则做出梳理毛发的动作。可雄狒狒只是漫不经心地打量着幼崽,接着就转身去捉土里的虫子了。

纳尔逊眨眨眼睛,出乎意料地清晰回忆起一段他想忘掉的往事。那是两年前的一个周六夜晚,他在新拉各斯俱乐部邂逅了一位姑娘。

那次邂逅的前半段堪称完美。虽然隔着整个房间,她似乎还是一下子就相中了他,而两人共舞时,她的舞步像快轨线上的列车一样流畅,一样令人倾倒。值得一提的还有她那双美眸。他确信无疑,在这双眸子中存在着一触即发的热情,不管今夜赢得她芳心的究竟是谁。他俩提早离场。纳尔逊送她回家,陪她回到那间没有暖气的小公寓,他兴致极高,满心期待。

在厨房里碰到她上了年纪的阿姨时,本已经让他希望锐减,但她干脆地把那位老妇人打发走,让她去睡觉了。他记得之后他伸手去摸她。可她却没让他挨近,只说:“我去去就回。”

等待时,他听到隔壁传来轻微的声响。衣物发出的窸窣声让他的期待感陡然增强。可当她再次出现在他面前时，却依然穿戴整齐，怀里还抱着个两岁大的孩子。

“他可爱吗?”她问。与此同时，那孩子在纳尔逊怀里揉搓着双眼，仰视着他。“大家都说，他是怀特霍斯最乖的小男孩。”

纳尔逊的性欲立即荡然无存。至于接下来发生了什么，他的记忆有些模糊，但他仍然记得那一段漫长且尴尬的沉默，不时被他笨拙的话语所打断。他总算把那孩子从自己怀里移开，迈步朝房门走去。之后回忆起来，仍然有个画面无比清晰地印在他的脑海里，就是他转身逃走前，那位少妇最后的表情，那种逆来顺受的表情让人感到气馁。

纳尔逊事后才意识到，那女人的恶劣远非疯狂所能诠释，她早有预谋。而且因为某种原因，他从那次事件中走出来之后，仍然感觉自己才是那个犯了错的家伙。

那只瘦小的狒狒妈妈转过身，眼睛直勾勾地看着他，这个似曾相识的诡异瞬间让纳尔逊不禁打起了哆嗦。他听从了布凯利不准他直视狒狒眼睛的命令，想起自己还有很多事要做，还要找更多的粪便来检测。

头顶上大片的强化玻璃或许能阻挡紫外线，但很难缓解非洲大草原的酷热。尽管风扇吹个不停，人工模仿的温室仍让环境变得很闷热。跟他最近几周所做的那样，他从腰带显示屏上读取了温度和湿度，然后留意了那捉摸不定的风向。慢慢地，他开始意识到，即便是人造的环境也有其“四季”，也有其非自然控制的“自然”反应。

不久，取样之路将他带到栖息地边缘，窗玻璃与外墙相接。栖息地上方两米高的位置，围绕着电缆桥架。透过透明的屏障，他能够看到暗褐色的山坡以及太阳炙烤的麦田，那块土地原本叫作罗得西亚，后来更名为津巴布韦，此后又换过几个名字，最终才成为南部非洲联盟的恩德贝莱区。

这跟纳尔逊所看到的非洲，B级片频道中展现的非洲，没有半点儿相像之处。这里没有大象，没有犀牛，当然也没有人猿泰山。如果他足够理智，就不会逃离加拿大，来到他父母这片令人哀叹的故土。所有人都清楚尼日利亚发生了什么。原本抛弃了这片土地的雨水，如今却盈满了非洲的海湾，淹没了那里废弃的城市。

沙漠或者泽国，非洲始终没有时来运转的那一天。

将视线拉近，纳尔逊能看到下方同样是类似的密闭舱室，通过一连串闪闪发亮的金字塔式阶梯，一级级地通向满是灰尘的地面。每个密封舱都庇护着不同的栖息地，庇护着从这片遭损毁的大陆上拯救出来的、五花八门的微型生态圈。

纳尔逊靠近玻璃外墙这段时间，紧随其后的好奇狒狒数量又有所增加。它们各自忙着自己的事，有的吃东西，有的整理彼此的皮毛，有的相互扭打，但始终不忘注视着他，正是带着这种不太热切的迷恋，它们对他形影相随。每当他完成对一堆粪便的取样时，总会有几只狒狒用手戳戳那些已经被弄散了的粪块，或许是好奇他为什么对不同的大便这么感兴趣。

它们跟着我干吗?纳尔逊不解。这些猴子的行为,跟它们在主方舟上的亲戚差别很大,这也让纳尔逊感到疑惑。有一次,那只领头的雄狒狒还直勾勾地瞪着纳尔逊,他则小心回避着这潜在的挑战。这会儿他紧张地发觉,前面已经到气密通道了,而身后还跟着整群狒狒。

那只瘦小的母狒狒,还有它的幼崽,仍然是距离他最近的尾随者。纳尔逊注意到,它的表情变得愈发惶恐,因为五只体型较大的雌狒狒在逐渐靠近,其中两三只明显是猴群中地位较高的女族长,其幼崽如同王公贵族般骑在它们背上。其中一位后来者将它的幼崽递给自己的帮手,然后侧着身,偷偷摸摸地靠近那形单影只的狒狒妈妈。

那只年轻的雌狒狒尖声叫着反抗,紧紧抱着自己的幼崽,向后退却。它的双眼快速地左瞧右看,但附近的同类似乎没有半点儿要助她脱困的意思。那些高大懒散的雄狒狒当然不会施以援手。

纳尔逊心中陡然涌起一阵同情。但他又能做什么呢?他不愿继续看下去,转身快步走出几米,目标是另一堆粪便。他用衬衣袖子擦擦额头,背对炽热的太阳。闷热潮湿的环境使他做起白日梦来,在梦中,他回到了凉爽的北国,置身于自己的房间,那里有他的床、他的电视、他那塞满了冰镇拉巴茨啤酒的小冰箱,还有从楼上厨房飘来的母亲烹饪的味道,那是约鲁巴菜肴特有的辛辣味道。这种遐想出乎意料地令人愉悦，但他感到自己的裤腿突然被猛拽了一下，遐想瞬间破灭。

纳尔逊转过身，用颤抖的双手握着那根电棒。接着，他不禁骂了一句。又是那只瘦小的雌狒狒——现在正双目圆睁、大汗淋漓，脸上则是一副惊恐的表情。然而，纳尔逊挥舞的电棒并没有使它退却，相反，它慢慢向前挪动着，双腿颤抖着，笨拙地站起来，一只爪子抓紧幼崽，另一只爪子则向前探，拿出一块小小的褐色物体。

纳尔逊神经质地笑出声来，“太好了！那正是我需要的。它竟然主动把自己的粪便交给我！”

苍蝇嗡嗡作响，雌狒狒拖着脚，又向前迈了一步，递上那份有趣的礼物。

“走开，给我滚，懂吗？我已经有足够的样本了。而且我验的只是没碰过的粪便，明白吗？”

它似乎至少搞懂了纳尔逊话语的部分意思，也就是表示拒绝的意思。残留的自尊让它将粪便扔在干燥的土地上，用草茎擦拭自己的爪子，整个过程中，它一直注视着他。

当他呵斥那只雌狒狒时，其他猴子纷纷向后退。可现在，它们又恢复如常，各忙各的，似乎无事发生。乍看上去，它们个个心满意足，在这个温暖的午后，觅食的觅食，闲逛的闲逛。但纳尔逊能够感觉到剑拔弩张的暗流在涌动。猴王用力吸着鼻子嗅了嗅，两个鼻孔随之张开，然后又继续帮其中一名下属整理毛发去了。

好吧，这真是群不可理喻的猴子。纳尔逊盘算着，自己还有没有时间把干草运去喂长颈鹿。叹了口气，他继续迈步前行，估计着自己还得检验多少堆粪便，才能离开此地，回去冲个澡，喝上一两瓶啤酒——或许四瓶。

背后突然爆发出尖叫声，是那种包含着痛苦和狂暴的刺耳叫声。纳尔逊转过身来，原本的紧张情绪终于升格为愤怒。“我现在受够……”

话还没说完，只见一小团深褐色旋涡落到他的臂弯。一只吱吱尖叫的动物抓着他的工装，抱着他的肩膀和胳膊，他总算挣扎着稳住了身形，没有摔倒。纳尔逊一边踉跄地后退，一边咒骂，试图护住面部，将扑过来的狒狒扔出去。但那生物在他肩膀后面爬来爬去，紧紧勒着他的脖子。

纳尔逊呼哧呼哧喘着气，“该死的蠢猴子，疯……”然后，仿佛是突然间，他完全忘了背后的小猴子。他目瞪口呆地发现，整群狒狒正以半圆形的包围圈朝他逼近。

时间分秒流逝，他的心怦怦直跳。那些深褐色的动物大多只是盯着，似乎这场面再有趣不过。猴王则慵懒地舔舐着自己的皮毛。

但如今，纳尔逊直面的是五只体型庞大、龇牙咧嘴的野兽，它们的思维似乎比同伴们更加活跃。它们前后踱步，转身时朝他发出咆哮，尾巴则意味深长地抽打着。

是狒狒群的雌性族长们，他很快便意识到这一点。但它们为何生他的气？跟班们向前逼近，两眼闪闪发亮，纳尔逊并不喜欢这种光芒。

“退……退后。”他上气不接下气地说，激动地挥舞着手中的电棒。至少，他以为那是电棒，直到他又瞟了一眼那东西，才发现竟然是取样器。那该死的电棒哪儿去了？

最后，他在几米外的地方看到了它。那只体型最大的雄狒狒正把它那宽厚且多彩的吻部，抵在那根白色塑料上嗅闻。纳尔逊诅咒着，意识到自己恐怕是刚一吃痛就丢掉了仅有的武器。

纳尔逊目前面临的问题远比取回库维内兹方舟上的财产要紧迫得多。虽然凶猛程度不及成年雄狒狒，但雌狒狒的嗥叫也足够骇人。它们的牙齿沾着口水，闪闪发亮，而且他知道甚至猎豹和鬣狗都不敢攻击成群狒狒的原因。

不难想象蜷缩在他背上的到底是谁，它把幼崽夹在他俩之间。这位瘦小的母亲显然决定铤而走险，不管他是否愿意，都要赢得他的保护。他侧身朝出口的方向挪去，嘴里还不忘安抚那些愤怒的雌狒狒，“现在……放轻松，好吗？爱与和平，呃……自然和谐共存，不是吗？”

它们似乎对理性不太感兴趣，对从地球母亲运动借来的口号更不感冒。它们分散开来，让他无处可逃。

我听说雌狒狒在彼此的战斗中往往相当卑劣……我甚至见过它们杀掉对方的幼崽。但实在可笑！难道它们没注意到我是人类吗？我们供它们吃喝，我们建造了这个地方，我们拯救了它们！

他猛然意识到，这些猴子当中，只有一只是尊重他的。而那只颤抖不已的生灵之所以求助于他，只是因为那些地位更高的狒狒都不愿搭理它。

纳尔逊环顾四周。其中一个外部气闸就在三十米外，跟下方栖息地的屋顶相连。他没戴太阳帽或者护目镜，但仍然能够轻松抵御强烈的日光，冲进另一个入口。他开始朝那个方向缓缓挪动，嘴里则仍然滔滔不绝地念白，想要安抚雌狒狒们的情绪，"这就对了……我这就撤……没必要起冲突，对吧？"

他距离自己的目的地越来越近，可刚走到一半，紧随在后的狒狒们似乎就识破了他的意图。他眼前黑影一晃，已经有两只狒狒蹿过去，截断了他的退路。这两只拦路的雌狒狒怒不可遏，虽然它俩加起来的体重也不及他，但它们那粗糙的兽皮看上去坚不可摧，而纳尔逊的皮肤，则已经因为背上那小小乘客的无心之失而鲜血淋漓、抽痛不已，在那些闪着寒光的恐怖獠牙面前显得异常娇嫩，不堪一击。

两边的气闸均可望而不可即。视线之内唯一可暂避一时的地方，就是环绕着墙壁的一个设备槽，约有一人高。纳尔逊扔掉取样器，撒腿朝它奔去。

它们愤怒的尖叫因为玻璃的反射而放大。为了冲到墙边，纳尔逊拼尽全力，听到身后追赶者们急促的脚步声，他的心跳也不由得加快了。狒狒们的嘴巴咯咯作响，让纳尔逊的精神高度紧张。最后他连迈两大步，纵身跃向眼前的导管槽，拼命地想双手抓住滑溜的金属网格，手指因此被划伤。最后一刻抬起双腿时，紧追不舍的狒狒用獠牙刮住了他的裤腿，在他的右小腿上留下一道血槽。

他刚刚箍住那个设备槽，背上的小乘客就爬过了他的头顶，歪歪扭扭地爬上纵横交错的电缆和管道。它一脚踩在他的鼻子上，把自己的幼崽举起来，放在旁边的一根立柱上，可精疲力竭的纳尔逊除了挂在那里，别的什么也做不了。而下方的动物们还在不断跳起来抓他，距离他的屁股就只有几厘米。他剩下的精力只够在心底咒骂自己是个白痴。

它们给过我机会！他意识到。那只年轻的雌狒狒跳到他的背上时，猴群的长老们并没有立即采取行动，而是观察他接下来的举动。他本可以拒绝雌狒狒，本可以摆脱它的纠缠，把它从身上扔下去。

见鬼，我所需要做的只是坐下来，它就只能赶快逃走。

当然，那样一来，结果就可想而知。那只瘦小的狒狒没有机会逃出生天，但至少不会把他牵扯进去。现在纳尔逊能够理解其他狒狒的愤怒，他违背了自己原先中立的立场，他已经选择站在那只雌狒狒的一边。

他总算喘匀了气，扭动着身体，吃力地攀爬到顶端那个狭窄的平台上。距离他一米远的地方，那位不速之客边舔舐着自己的幼崽，边望着他。等他坐直身体，它向后退了一点儿，给他让出空间。

“你,”他气喘吁吁,指着它说,“真是个大麻烦。”

出乎他意料的是,它竟然转过身,背对着他,摆出一个他熟悉的姿态。它要把自己的毛发给他整理!

“想都别想。”他嘴里咕哝着。

心情郁闷的他四下张望。狒狒群似乎只打算观望一会儿。那只魁梧的雄狒狒摆弄纳尔逊的电棒时,并没有找到开关。但对纳尔逊来说,更倒霉的是电棒已经被它拖到前往金合欢树林的半道上,它最终失去了兴趣,将电棒丢弃在那里。如今,武器所在的位置比最近的出口还远。

那队雌性族长们蹲在下面,神情自若,抬头仰望着他。它们一只接一只地短暂离开,查看自己的幼崽——由地位较低的狒狒“日托”——然后迅速回归,再次加入这个由暴徒拼凑而成的临时团伙。

纳尔逊心情沮丧,转身猛击身后强化玻璃构成的厚实窗扇。仅有的回报就是一阵低沉的嗡嗡声……还有瘀伤的指关节。曼谷晶制玻璃强度超乎寻常,他甚至没想过要砸碎它。

更远处是塔形方舟较为低矮的梯级,每处平台都遮蔽在更多密封玻璃之下。纳尔逊能够看到下层生态体系中生长的林木。除了保留一块原始丛林,四号方舟还能够实现部分惰性气体的再生,进而做到自给自足。

他注意到什么东西在动,发现是有人沿着天桥,穿过下方丛林浓密的树冠。纳尔逊眯起眼睛,认出那张深色脸孔属于四号方舟的执政官,而咖啡色面庞则属于布凯利博士。他们正向一位白人女性炫耀最新的人造生态圈,那位白人女性上了点儿年纪,生得瘦小单薄。从面部表情可以看出,他们似乎急于给她留下好印象。她频频点头,一度还伸手摘下一片叶子,用双手揉搓着。

“嘿! 这里! 上面这里!”纳尔逊敲击着玻璃——虽然下面的人根本就听不到,但考虑到他目前的状况,似乎还是应该试一试。

果然,三人信步前行,全然没有注意到头顶上演的这出好戏。

这些该死的家伙! 该死的方舟! 该死的拯救计划……我更该死,竟然让自己陷入这样的困境!

此时此刻,纳尔逊诅咒着他能想到的所有人——从二十世纪的人类,他们打破了地球微妙的平衡;到二十一世纪的选民和官僚们,他们耗费巨资,试图拯救支离破碎的地球;再到他的穴居人祖先们,愚蠢到长出了大而无用的大脑,虽然后世的人们总想着用书本上的知识将大脑塞满,但当时人类真正需要的只是利爪、獠牙以及旧皮革般强韧的皮肤!

他记起班图帮的那位领军人物,班图帮是纳尔逊生活在怀特霍斯时一直想要加入的一个“青年俱乐部”。本以为该帮派不像老派的黑帮那样运作,结果却发现它恰恰就是如此。连续几个月,纳尔逊经历了没完没了的“入帮仪式”,每次回家时受的伤都比上次更重——直到最后,他才渐渐明白,人家根本没打算接纳他……对他们而言,他唯一的用途就是在他们进行“有组织的团队活动”时充当出气筒，该帮派增强内部纽带的方式就是殴打他人。

他的视线穿过草原，瞥见那位领头的雄狒狒，它是那样泰然自若，说一不二，志得意满地打着哈欠，一副穷凶极恶的模样。纳尔逊对这只猴王是既痛恨，又妒忌。

要是我拥有那样的兽皮……要是我拥有獠牙……

本就不够稳固的平台摇晃起来，他回过神来。转脸发现那只瘦小的雌狒狒正上蹿下跳，龇牙咧嘴，猛拽他的衣袖。“住手！”他吼道，“这东西根本就承受不住那种……”话说到一半，他抬眼望去，发现了它不安的原因。

它的冤家对头们想必是发现了某个通道竖梯。又或者是它们彼此托举，形成了一座多猴结构的金字塔。不管怎样，它们真的做到了，体型最大的雌狒狒当中有三只正小心翼翼地沿着电缆槽一路向上，朝这个方向进发。

“哦，见鬼！”他叹道。那只年轻的雌狒狒倚靠着他，其幼崽深色的双眸睁得大大的，眼中写满了恐惧。

纳尔逊向下瞧了瞧地面，惊讶地发现下方的道路已经畅通无阻！他张望时，猴王和它的随从们正清出一条路，其他狒狒都围在两旁。猴王抬起头，仰视着纳尔逊。

凭借非凡的洞察力，纳尔逊突然搞清楚了状况。只要纵身一跃，就能一路畅通无阻地奔向气闸，彼时，那些疯狂的雌狒狒们就望尘莫及了。

或许吧。但他绝不会让这趟旅程再出差错。他跟那只雄狒狒对望一眼。那似乎真的是讨价还价的一瞬间。它们要以自然的方式维护其社会秩序，他绝不会横加干涉。纳尔逊点点头，彻底下了决心。他耐心等待，直到身旁那只瘦小的雌狒狒根本无暇注意他，它正全神贯注地回应追踪者们做出的威胁表情。趁此机会，纳尔逊悄悄地从平台边缘跃下。

着陆并不成功，他落地时一边脚踝传来一阵剧痛，让他倒吸一口凉气。尽管如此，他还是没有半点儿迟疑，匆忙用单脚跳出数米远，才停下来回头张望。

没有狒狒跟着他。事实上，狒狒们大多面朝着相反的方向，关注着头顶平台上已经达到高潮的剧情。那只雄狒狒似乎已经彻底忘记了他，因为他已经离场。

然而，带着幼崽，那位瘦小的母亲没法跟他一起逃走。它只能凝视着他，双眼中闪烁着的，是用言语无法表达的失落，他完全能够读懂那种失望之情。接下来，它已没有时间多想，只能先解燃眉之急；它背着幼崽，转身朝攻击它的对手们亮出尖牙。

纳尔逊又退后两步，如今距离安全出口仅剩二十米左右。然而，他却无法移开视线。那只小小的雌狒狒正龇牙咧嘴，朝对手们发出最后的挑衅，勇敢地出击，将它们逼退，它大无畏的态度让纳尔逊感到震撼。然而，它根本坚持不了太久。

依照过往的经验，他知道其他雌狒狒不会要它的命，它们要杀死的只是它的幼崽。今天之前,他从来没有质疑过这样的野蛮行径。然而,此时此刻,纳尔逊第一次产生怀疑……它们为什么要这么做?

这真的非常残忍,非常丑恶,甚至让他想起人类的卑劣行径。然而,自从他来到这里,竟然从来没有就这个问题或者其他问题咨询过专家。似乎……似乎这样做等于公开承认他长期以来不断滋长的无知。他那脆弱僵硬的外表和愤世嫉俗的态度抑制不住他的好奇心。一旦他开始发问,还停得下来吗?

纳尔逊感到头脑中的某种冲动已经变得难以抑制……

"为什么?"他在心底呐喊,质疑,然后,他感觉喉咙里发出的声音与内心的呐喊合二为一。

狒狒妈妈护着自己的幼崽,艰难地向后退,同时用尖叫威慑着敌人们。

"为什么会这样?!"他自问,但也清楚,在场的没有谁知道。

纳尔逊下意识一瘸一拐地向前走去。他感觉当他自己举起双臂时,狒狒们的眼睛都在注视着他。

"嘿,你!"他喊道,"我回来啦,快点儿跳下来……"

他没必要再重复。那只雌狒狒抓住自己的幼崽,从岌岌可危的最后阵地猛地跃下,落到他的怀里,骨瘦如柴的它就像一捆紧巴巴的棕色毛皮,为了抓牢些,用爪子挠伤了他原本已经流血的肩膀。纳尔逊赶紧离开现场,充分意识到现在已经不可能及时冲进气密室。这一点确定无疑,当他回头望去,发现一群恼羞成怒的狒狒正快步追来。如今,已经不单单是原先的追赶者了,还有其他几只发狂的猴子,其中至少有两只是体型庞大、粉色脸孔的雄狒狒,全都尖叫着,朝他这边飞奔而来。

纳尔逊深知自己跑不远,他转过身,在地上寻找着什么——什么都没发现——直到他的视线落在一根白色长杆上。

他的粪便取样器。

纳尔逊叹口气,他清楚就算是电棒也无济于事,但还是将取样器捡了起来,及时完成完美一击,命中一只飞身扑来的狒狒的吻部。那只动物尖叫一声,呜咽着跌跌撞撞地逃走了。

几只雌狒狒散开,分布到各个方向,透过高高的草丛,用深色的眸子紧盯着他。

纳尔逊呼吸急促,惊讶地眨着眼睛,他心想:*是那什么吗?虚张声势?*

接下来,他才搞清楚雌狒狒们如此轻易地放弃进攻的理由,她们移到侧翼,为的只是给生力军腾出空间。

随着一声低吼,猴王和它的随从们赶到。九只魁伟的雄狒狒,个个鬃毛奓起,信步而行。面对他和他那惊恐万分、疲惫不堪的保护对象,它们不慌不忙,信心满满。尽管步履沉着,噘起的嘴唇间却滴着唾液。纳尔逊读懂了它们的眼神,清楚它们绝不会手下留情。

然而,同样在这段僵持的时刻,纳尔逊体验到他此前未曾想象过的感受……一种莫可名状的、纯粹的宁静。不知为何，这种感觉好像似曾相识。好像他曾经置身此地，曾经多次陷入这样的困境。

我们都曾经面对类似的情况，他意识到，感受着手中临时当作棍棒的取样器的重量。白人、黑人、黄种人……男人、女人……我们的祖先都曾经有过这样的体验，在很久很久以前……

当时非洲刚刚形成不久……

无论好与坏，人类都已经改变了世界。现在他们的努力能够拯救仅存的一切吗？纳尔逊不愿意想这些。

他确定无疑的是，自己人生中第一次体会到"在乎"的感觉。

纳尔逊和那位瘦小的母亲短暂目光相接，各自心领神会。它任由幼崽紧贴在他的肩头，自己则从他身上溜下来，站在他的左膝旁，为他防守侧翼。

狒狒们慢慢包围过来。猴王摇摇头，似乎从纳尔逊的态度，从他的眼神中读出了某种异常。但纳尔逊立马明白了，这只生物洞察到的只不过是其中一部分。

我们人类几乎毁掉了整个世界。或许人类还能拯救它……

我可不能跟做这种鸟事的家伙变一类人。

"很好，九对二。"他说着，举起手中简陋的棍棒，挥舞着，左手掌心感受着它那令人安心的重量。

"听起来也没差多少。"

当它们最终发起冲锋时，纳尔逊已经做好了准备。

DEL最新人口普查：净数据要求【DEL ArBQ-P 9782534782】

美国65岁以上人口数量

年份	比重(%)
1900年	4.0
1980年	11.3
2038年	20.4

美国各年龄组公民投票影响力

年龄组	投票比例（%）	政治“影响指数”
18~25岁	19	5
26~35岁	43	23
36~52岁	62	39
53~65岁	78	44
66~99岁	93	71

国与国比较

国家	65岁以上公民所占比例(%)	老年公民投票影响力
日本	26.1	87

美国	20.4	71
中国	20.2	79
俄罗斯联邦	19.1	81
雅库茨克苏维埃社会主义共和国	12.1 *	37
加拿大育空省	11.7 *	31
海国	10.0	19
巴塔哥尼亚共和国	6.2 *	12 **

*因移民影响带来的偏差。

**不允许交互式及远程投票,只允许个人在投票站投票。

岩石圈

轰鸣作响的卡车臭气熏天。

那不仅仅是引擎散发出的汽油味——洛根·恩格已经习惯了乘坐高优先级的施工设备。他对香气四溢的高效芳香剂颇为熟悉，正如他很熟悉无尽沙漠中数不清的沙粒，又或者是油污和钻井泥浆的金属气味。车内装潢支离破碎，弥漫着刺鼻的汗臭味，也足以说明他的工作多么令人钦佩。

除了上述一切，洛根还拥有一位老烟枪司机。更糟糕的是，恩里克·巴斯奎斯摄入尼古丁从来不依靠药片或者喷剂。他抽的是卷烟，就是那种用纸卷起的碎烟丝，伴随着充满满足感的深叹，将焦黑的气体吸入体内。

恩里克香烟尖端的余烬就要掉落，洛根看得入了迷，但这种着迷却并非发自内心。到目前为止，在崎岖不平的巴斯克乡间颠簸行驶,那点儿令人着迷的灰烬尚未引发火灾。但他禁不住想象,那烟灰掉落到地板上将大团汽油油烟点燃的画面。

对这种事,洛根当然再清楚不过。(利用他的前脑!)就在上一个时代,每年消耗的香烟数量还超过十亿。而回溯到二十世纪,数量更达到骇人的万亿。如果那东西真的像看上去那么危险,恐怕现在地球上将不再有森林或城市矗立。

“留下来参加我们的国庆庆典吧,你肯定愿意!”恩里克扯着嗓子说,压过了发动机的轰鸣以及弹簧的咔嗒声。拿着香烟的那只手搭在敞开的窗框上,另一只手则负责驾驶和换挡。吱嘎作响的变速箱让洛根深感同情。

“真希望我能留下!”洛根也用喊的方式回答,“但我在伊比利亚的工作明天就将结束。我得回路易斯安那——”

“真遗憾!参加庆典可以让你好好乐和一下。绚烂的烟花,看得到!所有人酩酊大醉,喝得。小伙子们,都会去找公牛寻开心!”

巴斯克人是欧洲最古老的民族,历来为他们丰富的传统感到自豪。有人说他们的语言源自新石器时代的猎人,在这片土地褪去冰雪的外衣后,猎人们成为这里最早的主宰。在毕尔巴鄂的一座博物馆里,洛根曾经看到过古代巴斯克水手驾驶的小船的复制品,他们驾着那样的小船,在狂暴的大西洋上捕猎鲸鱼。他当时觉得,他们不是无所畏惧,就是有强烈的自杀倾向。如今这样的想法再次涌上心头。

他的向导猛地调转车头，朝直冲过来的木材运输机扬起羽毛状的尘埃和碎石，这突如其来的转向惊得他倒吸一口冷气。两名司机怒火中烧，以男人的方式，用下流的手势问候了对方，双方看起来还挺合拍。恩里克吼出一连串污言秽语，跟对方司机道别，小卡车呼啸着驶过峭壁边缘，垂直高度达到百米的悬崖近在咫尺，洛根紧张地吞了口唾沫。

他们加速驶过一堆散落的石块，那里想必曾是古代的墙壁或者界标。针叶林下掩藏着曾是贫瘠农田和牧场的山坡。快速生长的商业松林原本随处可见，现在已经让位于新近种植的雪松和橡树，它们是为了应付《平衡再造林协约》而栽种的，生长缓慢，受益的也只能是子孙后代了。

恩里克冲他咧嘴笑着，先前的愤怒已经无影无踪，“那么，他们已经，大坝的安全，判定了吗?”

洛根好不容易才搞明白他们这里教的新式英语。他点点头。

“我在巴达霍斯停留一周，详细检查了震中两百公里范围内的所有相关数据。那些大坝还能坚持相当长的时间。”

恩里克咕哝道：“卡斯提尔有出色的工程师。不像往南一些的格拉纳达，他们简直把那里搞得像是地狱。”说完，他朝窗外吐了一口痰。

洛根忍住没有发表意见。“不要牵扯到地区间的争端中去”是重要准则。无论怎样，自从撒哈拉沙漠越过海峡，导致南欧地区逐渐沙漠化后，谁也无法阻止气候的变化了。

该归咎于温室效应，洛根心想，或者墨西哥湾流的改道。见鬼，干脆怪罪地精吧。让科学家们研究气候变化的原因。对我来说，最重要的是我们能节省多少钱。

洛根闭上双眼，想睡上一觉。毕竟，如果恩里克要把卡车开到悬崖下面去，即便亲眼看着，也无力改变。不管怎么说，如果他渴望长命百岁，就不会选择做现场工程师。他几乎没注意到自己的脑袋有节奏地磕碰着金属车门框——几乎感觉不到疼痛。他打起盹儿来，昏昏沉沉中发觉自己回忆起黛西——他的前妻，也就是克莱尔的母亲——当年总会对他的职业规划表示赞同。

学生时代，他俩陷入爱河时，她曾经这样对他说："你从内部对抗现行制度，而我则从外部与之抗争。"

那时候，他们的计划听上去那样无所畏惧，无可挑剔。但他俩都没有考虑到人是会变的……一年年过去，他逐渐学会妥协，而她则变得越来越固执。

或许她嫁给我，只是为了跟家人唱反调。这已经不是洛根头一遭产生这样的想法。在图兰的时候，她就曾经说过，他是唯一一个似乎对她的财富和地位全然无感的男孩——她的看法符合事实。毕竟，金融家只不过拥有许多财产。而拥有一技之长，且做着自己喜爱的工作，对他来说意义更大。

然而，数年后，黛西竟然指责他充当"猪猡富豪们的工具，帮助他们破坏土地”,这听起来真的不可思议。当时,他一直认为自己能够在他们的交易中保持立场;能在实地考察中发现不达标的情况时,主动放弃优厚的合同;当政府及以自我为中心的规划者们制订的方案过于浮夸时,能让他们把眼光放得更远;能尽可能与自然和谐相处,而不总是背道而驰。

激励他从事这份工作的是动手带来的快乐,还有解决真而切真、显而易见的难题带来的愉悦感。这难道算是背叛吗?难道一个男人不能同时拥有几个爱的对象吗——爱妻子,爱孩子,也爱这个世界?

对于黛西而言,爱的对象只能有一个。这个世界。而且要按照她的想法来。

卡车驶出森林,沿着尘土飞扬的岬角疾驰。阳光从洛根墨镜的边缘透射进来,他的思绪信马由缰。眼皮下面星星点点的色斑形成曲曲折折的轨迹,让他想起测震仪上出现过的某种波纹。

反常的波纹,科尔多瓦大学的那位教授欣喜若狂地描述近期激增的诡异地震时,曾经这样称呼它们。起初,洛根的兴趣仅仅是评估地震给堤坝之类的大型建筑带来的潜在威胁。但当他调查地震的频谱时,发现了一件特别不可思议的事情。

波长为59 470米、3750米以及30 000米的尖峰。

倍频程,洛根当时就意识到了。*八次谐波。我得搞搞清楚,这种情况可能意味着什么?*

接下来，发生了钻塔失踪的神秘事件。地震发生时，打井寻找地下水的矿工们四散奔逃，找地方避难。其中一部分人摔倒在地，感到视觉模糊，甚至一度失明。等地震结束，他们的视力也恢复如初，却只能呆呆地注视着钻塔原先矗立的位置。那里只剩一个洞，好像某种庞然大物悄然出现，将一切连根拔起！

包括钻塔在内，整个钻柱的高度达四百七十米。

当然，可能只是偶发事件。但即便如此，究竟是什么将地震产生的能量转化为……

"先生。"司机打断了洛根慵懒的沉思。恩里克用手肘碰碰他，洛根睁开一只眼，"嗯？"

"先生，你现在可以海湾瞭望了。"

洛根坐起来，揉揉眼睛……然后深吸一口气。所有关于地震及神秘谐波的想法消失于顷刻之间。他抓着门框眺望大海，这海的颜色跟黛西·迈克伦农双眸的颜色一样。

虽然她的疯狂、她的偏执、她的固执最终导致他俩分道扬镳，但在洛根见证过的所有美好的事物当中，其前妻的一双妙目仍然是无可比拟的。两人初识于那场喧闹的学生游行，他全然无视她的财富，只是盯着她看。她以为那是因为两人思想意识层面的热情存在共同之处。但事实上，吸引他的是那双眸子。

他目不转睛，甚至没有去找那座潮汐水力发电站，也就是此行的目的地。此时，他的眼里只容得下这片海，这片海足够填满他的灵魂。

恩里克降挡时，那破旧不堪的变速器发出尖厉的声响，卡车轰鸣着，倾斜地驶向比斯开湾那蓝宝石般的海水。

DEL

叶尼塞河沿岸，渔民们忙着规划他们新的农田和村庄。过程漫长而又艰苦，但他们已经见证过饿殍满地、家园遭毁的惨剧——被上涨的海水淹没，或被肆虐的风沙掩盖。他们看着一望无尽、高低起伏的大草原，发誓要适应这里的一切，为了活下来竭尽全力。

负责安置的官员告诉他们——不行，那边的山谷不能给你们用，那里是驯鹿的保留地。

不行，你们不能在河流的这个位置取水——保持一定的流量才能正确氧合。

你们必须从这些规定的式样中遴选房屋造型。等到极寒的冬日到来时，你们就会为自己所做的感到庆幸，而且你们会希望墙壁更厚实些。

注视着冰雪消融的广袤冻原，拍打着纠缠不休的蠓虫和蚊子，初来乍到的他们很难想象这个热得要命的地方会吹起凛冽的寒风，下起齐颈深的暴雪。颤抖着想到这里，他们诚恳地点头称是，努力记住被告知的一切。能够留在这里，他们充满感激，感激作为东道主的俄罗斯人及雅库特人，并承诺定会做良善公民。

身材魁梧、营养极佳的苏维埃官员微笑着。他们说:这就好,努力劳动,善待这片土地。如你们先前承诺过的那样控制出生率。送你们的孩子去上学。之前,你们是库尔德人、孟加拉人、巴西人。现在,你们都是北方人。适应这里的生活,生活自然也会善待你们。

难民们频频点头。他们想起自己如何抛却故土的一切,盼望来到这片充满机会的土地,再次发誓一定会尽心竭力。

地　壳

“看着，目不转睛地看着……戴护目镜的怪咖。只要我出去，就会去巴塔哥尼亚，相信吗？

“那里才是年轻人成长的地方。像我们一样成熟的家伙更多。而且没有搞破坏的怪咖……那些腐烂的老苹果就坐在那边发臭，而且还要紧盯恁……”

雷米同意克拉特的看法，此刻，他们仨肩并肩，阔步走在一条碎石路上，穿过公园。罗兰德也表示赞同，他碰碰克拉特的肩膀，“这段节奏不错，伙计哟！”

让克拉特突然爆发的是另一位俄罗斯老妇人的出现。当他、雷米以及罗兰德从三人抽烟的涵洞出发，攀上杂草丛生的堤岸时，那老妪坐在人工种植的遮阴树下的一张长凳上瞪着他们。他们一进入视线，那老妇人就把手中编织金属线的活儿搁到一边，透过凸出而幽深的真实-虚拟眼镜锁定三人——她盯着他们,似乎他们是从某段科幻影片中走出的怪人或者异形,而不是三个四处闲逛、与人无害的普通人。

“我的天,我的天呢!”雷米语带讥讽地抱怨着,“这是我闻到的味道吗?或许她闻起来……有烟草的味道!”

“别开玩笑,伙计。”罗兰德回应道,“部分新型护目镜上装有嗅探传感器。我听说,印第安纳波利斯的极客组织甚至希望将本土产的烟草也列入限制名单。”

“你没开玩笑?烟草?连烟草都?躺平吧,小兰兰!我得离开这个州。”

“移民婊子呢,雷米?”

“移民婊子。”

随着他们逐渐走近,老妇人的瞪视让人感觉更加不爽。当然,雷米看不到她的眼睛。她的真实-虚拟抛光镜片并不需要正对着他们,就能很好地完成摄录。但她扬着下巴,直接面对他们,挑衅似的表明自己的观点:他们的模样,他们的一举一动,正被实时传送到她的家庭单元,传送到附近的街区。

他们为什么要这样做?对雷米而言,这就像是一种挑衅。她嘴唇紧抿的表情,当然没人会误以为在表示友好。

雷米和他的伙伴们向当地的部落领袖承诺过,“一旦某些上年纪的邻居自作主张地窥视”,他们不会因此发脾气。雷米的确试过压住火气，真的试过。*那不过是又一个怪咖而已。忽视她就好。*

可是天杀的，有那么多怪咖！根据人口普查，现在的美国，每五个人当中就有一个超过六十五岁。在布卢明顿，情况似乎更糟——好像老年人是一边倒地多，他们戴着电子遮阳帽和护目扫描镜，在门廊上，在长凳上，在草坪躺椅上……监视着每一个可疑的地方。

当他们逐渐接近那恶毒的监察时，克拉特不再矜持。他突然跳起来。“嘿，老奶奶！”他彬彬有礼地鞠了个躬，“你为什么不录下这个！”克拉克摘下他的牛仔草帽，露出了头皮上花哨的刺青，罗兰德不由得笑出声来。

当那老妇人真的有所反应时，欢乐效果随之加倍。惊讶和反感让她脸色大变，一改先前凝滞的眼光。她向后一摇，转过身去。

“*真是惊心动魄！*”罗兰德赞叹道，他模仿的是他们在J.D.奎尔高中时最讨厌的青少年行为教育老师。他用慢吞吞的、骄傲自大的中西部腔调继续说着，“值得注意的是，这支小城市乐队虽然名不见经传，但其图腾式的革新仍然达到了理想的效果……什么效果来着？谁来回答？”

“*震撼力！*”三个人异口同声地高喊，同时鼓起掌来，庆祝击退天敌，取得又一场小胜。

以前，你可以用一个下流的手势或者展示你的肌肉——两者都是受保护的自我表达方式——来打破老妇人的凝视。但女人和怪人越来越难对付。现如今，不管什么时候，能让这两者之一放弃他们那沉默而可怕的审视，自然是值得回味的辉煌胜利。

“朋友们！”克拉特赌咒，“要是能逮到某个形单影只的护目镜怪咖，哪怕只有那么一次，最好是传感器出了故障，而且没有摄录装置的。我就好好教育他一番，让他知道盯着人看有多不礼貌。”

克拉特用拳头猛击另一只手的手掌，以这样的方式强调自己的观点。今天，因为没有太阳，他没戴平常戴的那顶斯泰森毡帽，换了一顶格子花呢棒球帽，对于移民而言，这仍然是可以接受的装扮。他的太阳镜跟雷米的相似，都是薄镜片、金属框，护眼方面做得一丝不苟。但帽子和墨镜都没有任何电子器件，就像是一种声明，拒绝接受老龄化美国广泛存在的粗鲁行径。

“有些人只是闲散时间太多。”三人走到那老妇人切近时，罗兰德评价道。他们快步走过，与她之间的距离将将二十厘米，勉强没有侵犯到她的“私人空间”。某些老年人配备了声呐，甚至是雷达，就是为了碰瓷。他们会故意走偏，诱惑你中招。一旦发现年轻人行色匆匆，他们就会故意放慢脚步，在人行道上挪过来挪过去，挡住你的去路。他们霸占自动扶梯，那行径一看就是想引你去撞他们，给他们借口按响报警器，或者放声喊叫，又或者提交卷宗，控告你多项伤害罪。

今时今日，在印第安纳，陪审团大多由毕业于二十世纪的老人们组成。那些退了休的极客们，似乎认为年轻本身就是犯罪。因此，年轻人自然必须接受没完没了的考验，每当面对考验，就要想方设法地面对。

“老奶奶本能做些有用的事。”克拉特停下脚步，朝老妇人喊道，他弓着腰，其实已经侵入了老妇人的私人区域。“她本可以种种花呀，收收废品什么的。但偏不！她就要监视！”

雷米担心克拉特或许又会吐痰。即便没有吐中，也会被判定为五级犯罪，并罚款四百美金，虽然老奶奶的视线投向别处，但那些传感器可一直开着。

幸运的是，克拉特任由雷米和罗兰德把他拖走，拉进真正被树篱围起来的花园。然后，受到尼古丁以及小而美的胜利果实的双重刺激，他一跃而起，高举拳头，放声大喊：“哟，朋友们！巴塔哥尼亚，耶！”克拉特滔滔不绝起来，“那不是很棒吗？在那里，像我们这样的年轻人掌控一切。”

“那里跟这里不同，这里是老人的土地，是坟墓之乡。”雷米表示赞同。

“嘿，说得对！嗯，我听说，那里甚至比阿拉斯加或者塔斯马尼亚还好。”

“对移民来说更适合！”罗兰德和雷米异口同声地高喊。

“音乐呢？火之火可是唯一超越雅库特鼓乐的节奏。”

雷米对那些不感兴趣。他热衷于移民是出于其他原因。

“不，伙计。去巴塔哥尼亚只是第一步。那里只是临时落脚的地方，知道吗？等到他们完成对南极洲的开发，巴塔哥尼亚的移民们就可以抢先行动。只要跨越水面就可以！”他叹道，“等到寒冰消融到一定程度，我们将拥有新的部落，真正的部落。用我们自己的方式创建它。享受真正的自由，拥有真正的部落民。”

罗兰德侧目看着他。几个月前，他们获得了建立青年部落的资格，这意味着必须学习有关团伙行为的课程。这倒没什么，但朋友们有时会感到担忧，生怕雷米真的听从教授们讲授的内容。而且，他有时也确实需要对抗那种诱惑……对抗轻信的诱惑。

不管怎样，这真是个美妙的下午，跟伙伴们结伴同行，垂头丧气地同游公园。正午的酷热已经消散——那些没有气温调节设备的人们，往往会在树篱围绕的花园中寻找荫凉，作为午睡的地方——所以这会儿公园的这个区域没什么人。只有两个衣衫褴褛的拾荒者，倒在气味芬芳的夹竹桃树下，酣然入睡。不管他们是瞌睡虫还是昏头鬼，雷米无从分辨。其中差异似乎无关紧要。

“真正的隐私，或许吧。”罗兰德表示赞同，“你得保证这条写进宪法，雷米，如果他们委任你来编纂宪法的话。”

雷米使劲点点头，“该死的，绝对没问题！隐私！不会有设备怪监视你们的一举一动。嗯，我听说，早在二十世纪……哦，该死。”

确定无疑，闲话扯烦了，克拉特又恼了。见这条篱笆围绕的卵石小路空无一人，他便利用一排五颜六色的垃圾箱，开始边敲鼓边跳舞，用木棍敲击塑料箱的侧面，纵身跃起，在其弯曲的边缘起舞。

“甜蜜地流汗……汗水的灵感……”随着这首费尔-奥-莫恩的

最新单曲，克拉特载歌载舞。

“将其嗅闻，将其加固……”罗兰德接着唱道，受到克拉特情绪的感染，他边唱边抬起手来，打着拍子。

雷米面露不悦，盼着哪个垃圾箱随时垮塌。“克拉特！”他喊道。

“啥屁事儿，啥屁人儿？”他的朋友在高处深情唱道，在绿色的垃圾箱上大秀舞步，把垃圾箱里的碎草烂根都晃了出来。

“你弄坏——你赔偿。”雷米提醒道。

克拉特装模作样地打个寒战，“看看四周，小痞子。没有心怀公益的怪咖，小伙计。警察则需要委任状。”他跃向蓝色垃圾箱，寻找金属制品，将易拉罐和其他废铜烂铁敲得砰砰作响。

没错，视线之内没有头戴护目镜的面孔。警察则受到不适用于公民的限制……否则，就连附近草丛中的蚜虫们也能将克拉特这种错误行径摄录下来，实时传送给当地主管青少年犯罪的警官。

“家中浓香四溢，街头恶臭扑鼻……”

雷米试着放松下来。不管怎样，克拉特的做法又不会伤害别人，只是找点儿乐子，仅此而已。然而，克拉特却越闹越大，将包装纸和电影杂志从废纸回收箱里踢了出来。轻罪处罚或许可以说是荣誉勋章，但须强行纠正的重罪则是另一回事！

雷米快步上前，帮忙收拾满地杂物。“把他弄下来，罗。”他边追赶一张飞舞的报纸，边回头喊道。

“臭家伙！放开我！”克拉特抱怨着，罗兰德抱住他的双膝，用力将他从最后一个垃圾箱上拖了下来，“你们俩不讲体育精神。你们真是——”

埋怨的话语戛然而止，好像突然被噎住了。捡起最后一条纸片，雷米听到前面的小路上传来有节奏的鼓掌声。他抬头看去，发现竟然还有其他人。

雪上加霜，他心里骂道，我们找的就是阳神部落。

那边六个人耷拉着脑袋，站在弯曲的树篱旁，距离不足五米，笑着观看着眼前发生的一幕——雷米紧紧抓着手中飞扬的纸片，罗兰德则将克拉特高高举起，活像某位技艺平平的芭蕾女演员。

雷米哼了一声。太糟了。

阳神部落每名成员脖颈上都用粗链子系着帮派的标志，那熠熠生辉的标志是一轮艳阳，环绕着耀眼的金属光线，每一条都尖利如针。身上披着渔网衫，露出晒成古铜色的身躯。当然，这几个年轻人根本没戴遮挡头部的物件，那样会“冒犯太阳神，妨碍他们对神炽热的爱”。他们粗糙的面容坑坑洼洼，表明抗肿瘤面霜已经成功祛除了癌前病变。太阳镜是他们抵挡强烈紫外线的唯一装备，虽然雷米听说部分狂热分子宁可逐渐失明，也不愿接受那样的妥协。

阳神部落跟雷米及其朋友们也有一点共同之处，他们昂首阔步，除了腕表，不被华而不实的电子产品所妨碍……超过二十五岁的普通人总爱随身携带数公斤的高科技产品，他们则嗤之以鼻。毕竟，堂堂男子汉，怎么能沉迷于那种垃圾呢？

唉，雷米根本不需要去上第一期团伙研修班，也清楚二〇三八年的青少年团伙应该如何运作。

"又唱又跳，挺可爱呀！"阳神部落中身材最高的那个说，脸上挂着矫揉造作的笑容，"咱们是在排练什么新人秀节目放到网上去吗？请千万告诉我们一声，以免错过收看。会在哪里播出？四千三敲锣频道吗？"

罗兰德连忙放下克拉特，惹得阳神部落再次爆笑起来。至于雷米，既担心身犯重罪，又害怕因被抓到像普通百姓那样去捡垃圾而蒙受羞辱，左右为难。只要再走三步，就能把那张废纸片扔进垃圾箱，但那会让他的自尊心受到极大的创伤，所以他把那张纸揉成团塞进口袋里，好像留着那件垃圾以后还有用似的。

阳神部落的另一名成员踱步向前，加入他们老大的行列。"不是吧，我们在这儿看到了什么……瞧瞧……受新女权运动影响的娘娘腔小妞儿……打扮成移民的模样。只不过我们逮到'她们'女里女气的时候是……是'她们'以为没人看到的时候！"这位阳神部落成员似乎有些气短，眼皮稍稍耷拉着。他拿起吸氧器，从塞在后裤袋的瓶子里吸了一大口纯氧，雷米这才知道他是个瞌睡虫。

"嗯，"那高个子点点头，心里思忖着该如何措辞，"该假设的唯一问题是，谁会想打扮成狗屎移民者的模样呢？"

雷米发现，罗兰德正紧紧抓着咆哮不休的克拉特，阻止他冲上前去。很明显，阳神部落原本就喜欢开这种有些粗俗的玩笑。同样明显的是,克拉特并不在意胜算几何。

然而,即使没有极客正在窥探,想必若干人已经拍到双方在此地聚集……他们肯定乐得快速传真给警察,让他们调查事发之后产生的斗殴。

斗殴倒也不是完全非法。某些部落拥有出色的法务团队,早已找到法律的漏洞和打官司的诀窍。阳神部落尤其如此,他们总是冷嘲热讽,蛮不讲理……拼命挤对别人,使其怒火中烧,继而接受噩梦般的约架或者致命的挑战,只为证明自己并非娘娘腔。

高个子摘掉太阳镜,叹了口气。他假装斯文地走出几小步,扭捏地笑着,"或许他们是盖亚神族,打扮成移民,只为模仿另一支'濒临灭绝的种族'。喔,我非得欣赏他们的表演不可!"这浮夸的表演让他的伙伴们情不自禁地笑出声来。雷米则担心罗兰德能拉住克拉特多久。

"真有趣,"雷米无奈地回击道,"依我看,以你那双眼睛,甚至连全息表演都看不到。"

高个子对此嗤之以鼻。雷米的反击虽然威力不强,但对方还是选择接招,他用优雅的辞藻回应道:"那么,土地母亲的漂亮孩儿,以你的想法,我的眼睛究竟出了什么问题?"

"你是说除了基因突变的丑陋模样?哦,很明显,你就快瞎了,你这只在正午咆哮的疯狗!"

讽刺让位于直截了当的反驳。"阳光理应被感激,泥巴虫、妈宝。就算有危险也要感激。”

“我说的不是紫外线给视网膜带来的损害，亲爱的斜眼先生。我说的是自虐带来的典型惩罚。”

好戏上场了！阳神部落的高个子满脸通红。罗兰德和克拉特则捧腹大笑，或许有点儿歇斯底里。“搞定他，雷米！”罗兰德低声地说，“上！”

发觉阳神部落坑坑洼洼的脸上露出愁容，雷米不知道这样做是否明智。他们中有两三个拨弄着自己的项链，项链上系着微光闪闪、光线锐利的护身符。如果其中一两个人的脾气像克拉特一样暴躁……

阳神部落的首领走近了些，“你这是在质疑我的耐力吗，天生的泥巴鬼？”

现在做什么都为时已晚，只能听天由命，雷米耸耸肩，“烂泥也好，小妞儿也罢，对你这样的人来说，两者均遥不可及。对你而言，唯一湿润的舔舐来自自己汗津津的手掌。”

罗兰德和克拉特笑得更加开怀，对雷米的能言善辩表示欣赏。这让阳神部落的首领愈发怒不可遏，其脸色也变得阴沉许多。雷米心想，真没想到能把那家伙惹得那样火大。显然，这家伙的性生活质量低下。有些胜利并不值得为之付出代价。

“这么说来，你可是个纯爷们儿，乔·移民者？”阳神部落成员揶揄道，“你一定是睾酮先生。拥有应对成群大波妞的性能力，还有足够服务整个印第安纳的性激素。”

果然是这一套。雷米早就预见到，无法避免要与这个家伙交换网络代码，进而使得双方在某个黑暗的小角落“会面”，在某个不受那些窥视癖邻居干扰的地方。

稍微动动脑筋，雷米就意识到，这次狭路相逢创造了某种契机，几乎完全按照詹姆森教授在课堂上所描述的积极反馈曲线……威胁，勇敢面对，反唇相讥，因打动自己部落成员的迫切需要而得到强化……一切都一步步地导向摊牌这个不可避免的结局。注意到这一点真的非常有趣——如果知识能让雷米阻止任何事情，倒也算是学有所用，但根本不能。事实上，他希望自己从来没有学过那些狗屁知识。

他耸耸肩，面对太阳神崇拜者的出招，他从容接受，“好吧，我已经够丑了，不需要向天上那个大瓦斯球祈求变得更丑。不过，我承认，你们的祈求看起来倒确实像是——”

出言侮辱到一半，雷米意识到，两帮人都朝着某个声音的方向转头了——又有一拨人闯进了树篱花园。他转过身。至少有十几个人沿着卵石小路在逐渐走近，她们身穿带兜帽的白色斗篷，体形苗条，举止优雅。跟阳神部落不同，她们吊坠上的图案是某种球体，酷似母亲的子宫。

“北盖教。”其中一个阳神部落成员厌恶地说。然而，雷米还是注意到，两帮少年站得比刚才更直了，他们摆出的爷们儿雄姿，定是自己认为最难以言传而不矫揉造作的。后来者突然注意到一群男人聚集在她们前方,女性银铃般的笑声戛然而止。但她们并未因此放慢脚步,依然在小路上疾行。北美盖亚教会的会众从不会因任何人放慢脚步。

“下午好,先生们。”走在前面的几个姑娘几乎异口同声地问候道。即使有斗篷遮着,雷米还是认出其中几个,是他在奎尔高中的教学大楼里打过照面的。“你们有兴趣为万亿植树运动捐款吗?”其中一位奉献者来到雷米面前问道。他不由得心中荡漾,眨着眼睛掩饰慌乱——她美得令人心碎。

她手里拿着色彩鲜艳的传单,足够所有男孩人手一张。小路的另一侧爆发出一阵嘲笑声。这些盖亚教会会众若想让阳神部落掏钱支援植树活动,那未免太过天真!

但是,移民们在理念方面却与她们存在相同之处。更为重要的是,雷米突然灵机一动,想到这或许是个脱身的机会。

“哦,没错,姐妹们!”他滔滔不绝起来,“我们当然有兴趣。我刚刚还在跟我的移民朋友们讲,抵达巴塔哥尼亚后,植树将是我们的首要任务。只要等那边暖和起来。是的,植树……”

克拉特还在和那个看起来最疯的阳神部落成员怒目相对。雷米抓着他的手臂,跟罗兰德一起把他拖到白衣女孩们之中,她们宛如一阵涌动的潮汐。雷米一直热切地打听着目前盖亚教会有哪些计划,全然不理会那些面容粗糙的太阳崇拜者们,无视他们的奚落和嘲笑，随便阳神部落说什么。从部落斗争的规模上来讲，赢得女孩的赞赏，能够轻而易举地胜过赢得一场骂战。当然，在这里不太可能真正赢得女孩的芳心。盖亚教会的核心成员往往很难被打动。比如眼前这位。

“……难道你不知道，在亚马孙雨林重新种植阔叶林，比在火地群岛或南极洲种植针叶林重要得多？这些都是全新的生态系统，仍然很脆弱，人们对它们又知之甚少。你们这些移民太缺乏耐心。当然，等到这些新地区被充分了解，而且为人类的进驻做好准备时，拯救地球的主战役可能已经失败了！”

“我明白你的意思。”雷米表示赞同。为了成功脱逃，他和罗兰德一直专注地点着头，直到阳神部落消失在视线之外。接着，雷米继续微笑颔首，这次是因为说话者标致的心形脸蛋和姣好的面容。此外，长袍下掩映着的曼妙身躯，也让他心旌摇曳。在某个时间点，他甚至做了个秀，把口袋里的垃圾放进一个棕色的回收箱，让人感觉他平素就习惯收集垃圾，这一举动让那女孩暂时停止了自己的讲演，向他投去赞许的目光。

当他们经过一排戴兜帽、坐轮椅的癌症幸存者时，他不声不响地往捐赠杯里放了一些硬币，又得到一个嘉许的微笑。

他倍受鼓舞，最终接受了一堆薄薄的宣传手册。最后，当他们经过横跨公园的快速运输线的超导轨道时，她开始上气不接下气。接着，真正的幸运时刻降临了。一辆列车恰好进站，在小径上放下一群穿校服的孩童，他们叫喊着，跑来跑去。娃娃们蜂拥而至，把原本队形紧凑的盖亚教众冲散。雷米和他梦寐以求的姑娘受困于湍急的人流中，被推到快速运输线的一根柱子下。他俩四目相对，开怀大笑。当她不再鼓吹拯救地球时，其微笑似乎愈发温暖。

但雷米清楚，这美好的时刻只有短短一瞬。片刻之后，其他人就会找到她。于是，他尽可能装出漫不经心的样子，告诉她自己想私下见她一面，并向她索要网络代码，以便安排一次约会。

她那双褐色眸子含情脉脉地回望着他，反而甜甜地要他出示其结扎证书。

“说实话，”她说，显然很真诚，“我对极度自负的男人毫无兴趣，他们固执地以为，一个拥有百亿人口的世界，迫切需要他的基因。如果你没做那件正确的事，可否举出一些出色的成就或者美德，来证明你坚持……的理由呢?”

雷米抓住他朋友们的胳膊，匆匆离去，她带着困惑的声音逐渐远去，直到雷米再也听不到她的话语。

“我会给她看比基因更重要的东西!”听到雷米的讲述，克拉特吼道。罗兰德也只是稍微宽容一些，“那个漂亮的小脑袋瓜里塞进了太他妈多的理论。试想一下，她竟然那样侵犯一个男人的隐私!告诉你一件事，这只小鸟如果是农场主妇，会更快乐，也更安静。”

“没错!”克拉特表示赞同，“农场主妇深谙生活的真谛。巴塔哥尼亚有足够的空间，能够容纳很多孩子。人口过剩只不过是媒体宣传的胡言乱语——”

“噢,闭嘴!”雷米不耐烦地说。他的脸仍然羞得通红,让他更加不爽的是,那姑娘显然不知道自己在做什么。“你以为我在乎一名该死的北盖教信徒怎么想吗?那教会只会教她们如何做——什么?”

罗兰德将腕表举到雷米眼前,轻敲着那小小的屏幕。光线摇曳,腕表发出警告声。

雷米眨眨眼睛。他们又被盯上了,这一次不仅仅是有人通过真实-虚拟护目镜窥视,而是如假包换的窃听。“有人利用托卡马克装置监听我们。”罗兰德愤愤不平地汇报。

真是一波未平一波又起!雷米感觉自己像一只身陷牢笼的猛虎。见鬼,如今,与布卢明顿的年轻小伙相比,生活在方舟野生动物保护区里的老虎都拥有更多隐私。公园曾经是一个可以远离人群的地方,但现在已经不是了!

他迅速环顾四周,寻找窥探者。许多上年纪的南方百姓正在狭长的条状花园中忙碌着,照料他们高产的蔬菜,市政府把这些花园租赁给那些不方便在屋顶种菜的人。他们用豆架探测器防范偷菜者,但这些装置不会触发罗兰德的警报装置。

孩子们也没有嫌疑,他们戴着面罩和护目镜,跑来跑去,玩捉人游戏或光束游戏。也不会是那几个二三十岁的男人,他们衣衫褴褛,披着橙黄色的床单,站在清澈的池塘边,假装在思索着什么,但他们不会戏弄任何人,因为他们满足于生物反馈技术刺激产生的持续满足感……被自己大脑释放出的化学物质内啡肽弄得昏头昏脑。

附近还有其他几名少年……但都没穿部落的衣服。他们是沉默寡言、单调乏味的大多数,他们既不过于追求时尚,也不会因外表而迷失自己——这些学生穿着时尚,却千篇一律,几乎没有个人想法——有些人甚至举着为今晚棒球比赛助威的可悲横幅,比赛双方分别是勇者高尔夫球手和莱特曼高声诘问者。

接着,他看到那个极客——这次是个怪老头——他斜倚在太阳能光电池收集器的一根细杆上,正直勾勾地盯着他们仨。果然,他那顶白色太阳帽下面,露出灰白色的浓密鬈发,而在鬈发之间,雷米看到一根细细的电线,从一个耳机引出,连到一件超声波磁力纤维材质的背心上。

男孩们几乎同时转过身,对刚刚出现的挑衅予以回应,他们迈着大步,径直走向那个怪老头。随着彼此的距离越来越近,雷米在老人胸前发现了属于赫尔维蒂战争退伍老兵的绶带,上面聚集着辐射和病原体。*妈的,他心想,退伍老兵最棘手*。在这家伙身上很难讨到便宜。

接着,雷米意识到这个老蠢货甚至没有戴护目镜!当然,他仍旧可以利用更小型的探测器来传输视频。但这跟雷米预期的画面不同,尤其是当他们走近时,那老人甚至摘掉了他的太阳镜,露出一个微笑!

“你们好,孩子们。”他友善地打着招呼,“我猜你们发觉我在窃听。我理应向你们道歉。”

出于习惯，克拉特尽量从那家伙的私人区域挪开，他露出头皮上的刺青时，甚至还将身体稍稍扭向一边。但那极客并没有按响他的报警器，以惯常的方式予以回应。相反，他大笑起来，“漂亮！你们知道吗？我曾经有个同桌用餐的伙伴……他是名俄国突击队队员。我想，他是在列支敦士登[1]那次空降时阵亡的。他也有个那样的文身，只是文在屁股上！他扭动屁股时，还可以让那文身跳舞。”

雷米发觉克拉特似乎要吐痰了，连忙抓住这个傻瓜的胳膊，“你知道的，在没有佩戴标牌的情况下，监听他人是违法的，告诉我们你有这个许可。不然我们可以告你，伙计。”

那老者点点头，“这很公平。我侵犯了你们的隐私，如果你们愿意，我可以当场接受审判。”

雷米和他的朋友们面面相觑。垂暮老朽——尤其是那些经历过战争苦难的老人——很少使用“隐私”这个词，除非作为描述性词语，用来指责某人偷偷进行邪恶计划。当然，雷米从来没有听过哪个怪人愿意像帮派成员那样，面对面地解决争端，远离无孔不入的网络之眼。

“妈的，老家伙！我们逮到你——”

“克拉特！”罗兰德厉声喝止。他瞥了雷米一眼，雷米点头回应。“好吧，”他同意了，“到那棵树那边。你出招，我们接着。”

① 位于欧洲中部的内陆国家，夹在瑞士与奥地利两国之间。

这句话让老人再次露出微笑，“我在跟你们年纪差不多的时候，也说过相同的话。从那以后，我就再也没听到过。你们知道流行语是个圈吗？”

怪老头仍然亲切地聊着语言时尚的变迁，同时带三人朝他们指定的“露天法庭”走去。雷米尾随在后，满心疑惑，眼前突然出现了怪老头年轻时的模样，这位皱皱巴巴、犹如古代文物的老者，也曾经跟现在的他们一样活力四射，激素分泌旺盛，愤世嫉俗。

从逻辑上来讲，雷米认为这或许有可能。也许有一些怪老头会产生某种模糊的怀旧之情，甚至回忆起当年的情境。但是他们年轻时，世界想必不像现在这样糟糕，他苦涩地想着。像我这样的年轻人，还有很多事情要完成。老家伙们并未掌控一切。

见鬼，至少你还有仗要打！

赫尔维蒂大屠杀结束之后，惊恐万分的国际社会最终采取了行动——用武力维护监察条约，阻止更大的浩劫发生。但在雷米看来，这算不得什么解决方案。不管怎样，这个世界正奔向地狱，不带绕路地。因此，为什么不至少采取体面而有趣的方式来完成这个过程呢？

不要温和地走进那个良夜……[1]诗歌课或许是雷米唯一真正喜爱的课程。没错。早在二十世纪，有些人就言之凿凿。

---

[1] 英国诗人狄兰·托马斯（Dylan Thomas，1914—1953）创作于二十世纪的一首十九行诗。

立在一级芳草萋萋的台阶上,他们可以俯瞰布卢明顿市中心的大部分地区,虽然有几座新近竖立的平板状建筑如同滑雪道一般向北倾斜,但天际线上占据统治地位的仍然是二十世纪保留下来的高塔。从公园界限以外的某处,可以听到那无处不在的手提电钻的声音。这座城市为对抗衰败,发动了旷日持久却并无胜算的战争,重修坍塌的人行道和下水管,它们最初设计的使用寿命是一百年……回溯到一个多世纪前,一百年听起来像是永远。无论是外观还是带给人的感受,布卢明顿都显得破旧不堪,像其他任何地方的任何城市一样。

"我喜欢倾听他人,观察他人。"怪老头解释道,他盘腿坐在他们面前,展现出的柔韧性令人惊讶。

"那又怎样?"罗兰德耸耸肩,"你们这些极客总是偷听偷看。一直如此。"

老人摇摇头,说:"并非如此,他们只是注视和录像,意思可截然不同。他们在自我陶醉的时代长大,一度以为自己可以长生不老。现在他们向年轻人发动这场恐吓之战,其实是为了掩饰他们身体的衰弱。

"噢,最初是一种打击街头犯罪的方式——退休人员使用摄像机和粗陋的报警装置监视街道。老年治安团队真的发挥了巨大作用,罪犯们为了躲避监督,再也无法在公共场合偷窃或伤害他人。

"但就算犯罪率大幅下降,这种做法能够阻止偏执狂吗?"他摇摇白发苍苍的脑袋,“你们瞧,这都是相对的,这就是人类心理的运作方式。如今的老年人,也就是你们口中的极客,他们想象中的威胁已经不存在了。也就是说,监督其实已经成为一种传统。他们忙着预警潜在的麻烦,在威胁成为现实前就发起挑战,他们估计像你们这样的年轻人没胆——”

罗兰德打断了他的话,“嘿,怪老头。这些威胁我们在部落里都遇到过。你怎么看?”

老人耸耸肩,说:“或许,假装街坊四邻之间都需要监督,会让他们觉得自己还有用。我听过这样一种说法……‘科技让极客们找到用武之地’。”

“我真希望没人发明过所有这些狗屁技术。”雷米嘟囔着。

退伍老兵摇摇头,“我年轻的朋友,如果没有科技,这个世界就会灭亡,现在就灭亡。想回到农场去吗?让百亿人回到勉强度日的农耕时代?

“填饱全世界人民的肚子,这项任务现在只有训练有素的专家才能胜任,孩子。你们只会把事情搞得更糟。

“科技也最终解决了城市最严峻的问题:暴力和无趣。它帮助人们养成了不计其数的、负面影响较小的爱好——”

“没错,还帮助他们彼此监视!这可是最大的爱好之一,不是吗?散布谣言,四处窥探!”

老人耸耸肩,“如果你经历过另一种生活,或许就不会有这么多怨言。不管怎样，我并不打算因为某些违法行径而将你们逮捕。我只是倾听。我喜欢倾听别人。我喜欢你们这些年轻人。”

克拉特和罗兰德深感这席话荒谬透顶，不由得放声大笑。但雷米却感到一阵莫名的寒意袭来。这个怪老头似乎真的这么想。

当然，詹姆森教授一直强调，以偏概全是错误的。“……因为你们是部落成员，这会让你们戴着有色眼镜看待所有事物。年轻男性在处理‘我们与他们’的群体关系时就会这样。他们会将自己的敌人模式化，假设其已经泯灭人性。在城市的这个区域，问题真的非常严峻，年轻人与老人之间的冲突已经恶化……”

人人都讨厌詹姆森，所有男女团伙都一样——听他的课只是为了通过考试，取得创建部落的许可……好像有半数孩子能得到许可一样。狗屁。

“我喜欢你们，是因为我记得自己当初年少轻狂时的感觉。”怪老头继续说，泰然自若，“我记得，当初我也感觉自己可以掰弯钢铁，推翻帝国，妻妾成群，烧毁城市……”他暂时合上他那皱巴巴的眼皮，当他再次睁开眼睛，雷米感到一阵突如其来的震颤，刺挠着他的脊柱。那老人似乎出神地望向遥远的时空。

“我确实烧毁过城市，知道吗？”老头用低沉却极模糊的声音跟他们讲。不知怎的，雷米清楚他必须铭记那些历历在目的事情，它们比他那微不足道的回忆仓库中的任何东西都要生动得多。突然，他感到一阵妒意涌上心头。

“但那时，每一代人都有为之奋斗的理想，对吧？”老人继续说，颤抖着从回忆中摆脱出来，“我们的理想就是终结所谓的黑箱。这就是为什么我们要同银行家、官僚、黑帮交锋，将一切都公之于众，一劳永逸，从而制止一切秘密交易和巨大的骗局。

“只是现在，我们的解决方案却引发了其他问题，这就是革命的副产物。当我听到你们畅想隐私，似乎将它视为神圣之事时，天啊，这将我带回了过去。让我想起了我老爸！回溯到二十世纪末，那时的人们也常这样看待隐私，直到我们这代人看穿这场骗局——”

“隐私绝非骗局！”罗兰德怒气冲冲地反驳道，“它事关人类最基本的尊严！”

“是啊！”克拉特补充说道，“你们没有权力窥视年轻人的一举一动……”

老人抬起一只手安抚他们，希望平息他们的怒火，“嘿，我同意！至少部分同意。我想说的是，在我看来，我们这代人做得有些过火。我们终结了罪恶的黑箱——数字化的银行账户和内部交易——但你们这些小子拒绝我们过分的行为，现在却用你们自己的东西取而代之。

“说真的，如果可以为所欲为，你们这些小子究竟会做什么？你们无法只是禁用‘真实-虚拟’及其他科技产品。你无法再把精灵装回瓶子里。世界已经做出选择。让政府掌握监控技术……从而使监督的权力归于富豪及权贵……还是让每个人都拥有这种权力？

让每个人监督其他人,包括监督政府！我是认真的,伙计们。这就是我的选择。没有其他选择。”

“胡扯。”罗兰德说。

“好吧,告诉我。你们是否想要回到所谓隐私法制造出的幻象中去？该法律只是让有钱有势者独占隐私权而已。”

克拉特怒目而视,“也许吧。至少当他们……垄断的时候,并不野蛮粗鲁！人们至少可以假装自己不受干扰。”

雷米点点头,克拉特简短的雄辩之词给他留下了深刻的印象。“说得确有道理。生活不过只是幻觉,这话是谁说的?”

怪老头微笑着,干巴巴地答道:“只有历史上那些先验哲学家。”

雷米耸了耸肩膀,“哦,没错,就是他们。话到嘴边,却一时想不起来。”

怪老头放声大笑,拍了拍雷米的膝盖。这个动作让雷米莫名其妙地感到一阵暖意,他们在无数方面存在分歧,或者他们年龄相差半个世纪,但这似乎都无关紧要。

“该死,”怪老头说,“真希望我能把你带回当初。跟我使用同样装备的家伙……那些家伙会喜欢你的。我们本可以让你看几次的。”

令雷米自己吃惊的是,他相信这位老人。短暂的停顿过后,他问道:“给我们……给我们讲讲那些家伙的事。”

后来,在离那棵树一段距离的地方,他们三个考虑了一下,此刻，暮色已经开始在公园里延展。当然，在他们做出判决时，老人把他的窃听器拔了出来。当三人回到树旁，蹲在他身前时，老人抬起头来。

“我们决定，对你侵犯我们隐私的行为予以惩罚。”罗兰德代表所有人发言。

“我接受你们的判决，先生们。”老头说着，低下了头。

罗兰德宣判时，连克拉特都忍不住笑了。“下星期同一时间，你得再来这里一趟，给我们讲更多战争的事。”

老人点点头，表示接受的同时，显然也很高兴。“我叫约瑟夫，”他说着伸出一只手，“我会来的。”

接下来的几个星期，老头谨守诺言。即便他们看过上千段超视频，约瑟夫讲的故事还是他们难以想象的。比如，攀爬本宁阿尔卑斯山脉陡峭的侧翼，然后是置身伯尔尼高地——在毒气、细菌以及放射性泥浆中艰难前行。据他描述，路上几乎每隔一米就能挖出诡雷，每隔十米左右就能掘出银行家的雇佣兵。他还告诉他们，他目睹战友们在身旁丧生，被自己的痰噎住，几乎要把肺都咳出来，但仍然要求获准继续前进，力争让最后一战偃旗息鼓。

他给他们讲述了伯尔尼的陷落以及“地精们”的苟延残喘，他们曾经威胁要“攫取整个世界”。结果发现，对方拥有三百颗钴钍炸弹作为后手……直到应召入伍的瑞士士兵们调转枪口瞄准自己的长官，使他们从破败不堪的营帐中高举双手现身的那天，炸弹才被拆除。

春去夏至，高中生活毫无价值可言，约瑟夫对此深感遗憾，就算“新教育计划”向学生们灌输的大量所谓“实用”知识，对年轻人而言也一无是处。他谈到女孩们过去的样子，这让他们惊讶不已，那时，她们尚未学过所有那些现代糟粕，比如，心理学和“性选择标准”。

“我年轻的朋友们，为男孩而疯狂，她们就是如此。没有哪个女孩愿意被逮到自己没有男朋友，哪怕短短一分钟都不行。从男孩身上，她们找到了自身的价值，明白吗？这就是她们的一切。她们愿意为你们做任何事，几乎你们说什么她们就信什么，前提是你承诺深爱她们。”

雷米怀疑约瑟夫有些夸大其词。但那无关紧要。即使他说的话是一堆牛粪，也是非常棒的牛粪。有生以来，他第一次想到自己的老年光景，实际上是指二十五岁之后的，他只感到一种模糊的恐惧。想到有一天他会变成约瑟夫这样，似乎也不那么坏……只要这一天不那么快到来，只要他能像约瑟夫一样经历丰富。

让罗兰德着迷的是当兵这个行当。是其战友情谊和悠久传统。克拉特则喜欢听关于天涯海角的故事，喜欢不受城市生活严格约束的部分。

至于雷米，他觉得自己收获更大……他对人生开始有了期待。

约瑟夫是个实用建议库——微妙的冷言冷语，在如今的印第安纳已经数年没有人听到过了，那效果就像把智能炸弹扔进帮派宿敌们中间，几分钟甚至几个小时后爆炸，造成毁灭性的影响。有一天，他们在公园里遇到了之前见过的阳神部落，搞得那伙人丈二和尚摸不着头脑，甚至在短时间内不愿再面对移民。

罗兰德说要加入护卫队，或许力争加入维和分队。

雷米开始从网上下载历史类文本。

甚至克拉特似乎也变得更愿意思考，好像每次他将要发飙时，都会停下来想想约瑟夫会说什么。

一个周六，约瑟夫没有赴约，大家都没有过多担心。然而，连续两次缺席则无法解释，雷米和其他两人都变得忧心忡忡。身在家中，雷米坐在他的台式电脑旁，编写了一个快速搜索程序，并把它发到了网上。

两秒钟后，搜索程序带回了老人的讣告。

葬礼进行得非常平静。几名成年的孙辈到场，都是一副事不关己的模样，似乎急着离开。要说有谁会哭，雷米、罗兰德和克拉特会是仅有的落泪的人。

不过，约瑟夫年纪已经很大。他曾经说过："如果有人一生饱经沧桑，那就是我。"而雷米也相信他说的话。

*我只希望，我能做得有他一半好。*他心想。

于是，一天傍晚，雷米看到自家电脑上的留言灯亮着，罗兰德发来了意想不到的简讯。

我们的名字被列进一期网络节目收视指南中了……

“对呀！”雷米笑道。根据法律，无论何时，在网络的任何地方描述任何人，都必须列明详情。这使得每周的全球目录，比一九一〇年之前全世界所有的图书馆目录还要庞大。

“或许是某个奎尔高中的高年级学生在做年鉴的网络版……”

然而，当他读到留言剩下的部分时，他的笑声渐渐消失了。

它出现在退伍军人的回忆数据库中。

猜猜作者列表中有谁……

雷米读到这个名字，感到一阵寒意。

别急着下结论，雷米告诉自己。他可能只是提到我们……他死前认识的三个年轻人。

寻找正确的网址时，他的心跳得更快了，经过层层筛选，从一般到具体，再到细节，最后，他总算找到那份不到一个月前的文件。

约瑟夫·莫耶斯的回忆录：

后记——最后几周，邂逅三个迷惘的年轻人。

接着是全景画面和声音，还配有旁白，一切从那天下午开始。那天下午，他们初次见面，对约瑟夫进行了临时审判，审判发生在一棵榆树下，榆树遮蔽着他们，使他们看不到那耀目的天空。

或许，中立派会说这样的讲述极富同情心，充满善意。中立派甚至可能认为约瑟夫的评价温暖而有爱。

但雷米无法保持中立。他看着自己、罗兰德以及克拉特的影像，深感恐惧，他们正在说的都是隐私，是对神父忏悔时才会说的事，但不知怎的，却被某台藏在某处的高保真相机拍了下来。

他麻木地听着，约瑟夫评论的声音描述着那些与他共度最后几周的年轻人。

“……我怎么忍心告诉他们，他们永远去不了巴塔哥尼亚或南极洲？怎么告诉他们，新开发的土地是留给那些遭遇浩劫的难民的？怎么告诉他们，即使真的能去，也没有那么多融化的冻原可供生存？

“这些可怜的孩子们梦想移民到某块乐土，但印第安纳就是他们的宿命，现在也好，将来也罢……”

我清楚这些，雷米心想，他感到痛苦万分，但你有必要告诉全世界，我愚蠢到还拥有梦想吗？该死，约瑟夫！你非得让所有人都知道吗？

中立派或许能让雷米放宽心。老约瑟夫没有告诉太多人。由于网络拥有海量信息这个特性,大多数公开的回忆录,除了作者本人之外,往往只有一两个人阅读。阅读量超过一百的,可能只有百分之一。在全球范围内,只有不到万分之一的回忆录能吸引到足够的读者,这些回忆录足够填满一个相当大的会议厅。

或许,约瑟夫留下这最后的自白时,他想的只是……看到它的只会是少数像他一样的老年人,他年轻的朋友们根本不会注意到。或许,他压根儿不清楚搜索技术已经发展到怎样的程度,也不知道其他人——伴随该系统成长的人们,可能会比他更了解这些目录的用法。

通过好评数量及口碑,雷米知道,约瑟夫的回忆录不太可能升格成为畅销影片。但这并不重要。它仍有发生的“可能”。所有老人们都清楚,雷米那些漫不经心的闲言碎语、不切实际的痴心妄想,或许会被超过百万名偷窥者细细探究!

“为什么,约瑟夫?”他质问道,嗓音沙哑,“为什么?”

接着,另一张脸孔出现在屏幕上。白色边框中的面容颇为精致。在此之前,雷米已经成功地从记忆中清除了这个声音。

“很抱歉,我对极度自负的男人毫无兴趣,他们固执地以为,一个拥有百亿人口的世界,迫切需要他的基因。如果你没做那件正确的事,可否举出一些出色的成就或者美德……”

雷米尖叫着,把电脑屏幕从卧室窗户扔了出去。

奇怪的是，罗兰德和克拉特似乎不理解，雷米究竟为何那样心烦意乱。或许，尽管话说得很漂亮，但他们并没有真正领悟隐私的真谛。并未正儿八经地领悟。

尽管如此，他们仍为雷米的无精打采感到担忧，他们学会了不在他面前提起约瑟夫。他们每个人的账户上都收到一小笔版税费用，因为本色出演这部不足道哉的经典社会纪录片中的角色。他们把分到的钱花在五花八门的事情上，雷米则取出现金，捐给他遇到的下一个北盖教教众……来资助万亿植树计划。

有一天，他又在公园里与几个阳神部落成员不期而遇，这次他身旁没有朋友，没有伙伴，孑然一身。

这次，概率变得不再重要。他将讽刺挖苦当成上了膛的步枪，自上至下，将他们撕得粉碎，像对付地精雇佣兵一样，向他们发起猛攻，假使他出生在勇者能够得到体面的工作、恶人则被逮捕归案的年代，那该有多好。

阳神部落想不到的是，要求交换网络代码的是雷米，提出再次见面的也是雷米。

然而，等到后来雷米在单轨铁路后面的阴影中出现、双方真正见面时，他们已经自行在网上做了调查，明白了雷米变化的原因。

谅解使阳神部落跟他打招呼时都严肃而恭敬。在临时搭建的竞技场内，他们的王牌和雷米相互鞠躬致意，甚至踟蹰片刻，让笨拙的雷米流下荣耀之血后，才结束战斗。然后，以部落成员的身份，尽责地给予雷米这个世界上他最渴望的东西。

接下来的几个星期，阳神部落以太阳的名义到处称颂着雷米的名字。

太阳，他们说，就是他最后落脚的地方。

太阳是勇士们最后的家园。

DEL

当个体无意间发现新的门道，并将其传给后代时，该物种就会适应环境。一般来说，这是个缓慢的过程。然而有时候，某个物种会碰巧打开一扇门，开启全新的生存模式，此后便蓬勃发展，将竞争者抛在身后，并带来诸多变化。

有时，因这些变化受益的，不仅仅是它们自己。

起初，地球大气层中含有大量的氮，但其存在形态无法被生物轻松转化为蛋白质。很快，一种古老的细菌偶然发现了正确的化学路径——使它能够直接从空气中“固定”氮。这一发现影响极其深远，不但那种细菌的后代得以大量繁殖，其他物种也因此得益。某些植物的根部长出微小的瘤节，以庇护和援助那种创造天赋极强的微生物，作为回报，它们获得了天然肥料。

无独有偶，曾几何时，所有草类的祖先偶然学会如绒毯般覆盖土壤，其强韧的纤维状叶片几乎吸收了每一缕阳光。遭遇草类的猛攻，其他植物节节败退，有些甚至以灭绝告终。但对于某些动物，对于那些采取正确反适应做法的动物而言，草类的繁盛开启了机会之门。有蹄类动物，拥有多个胃加上咀嚼的诀窍，可以啃食植物坚硬的茎，并分布到原先鲜有动物踪迹的高地和平原上。

因此，当开花植物大行其道时，某些蕨类植物只能退居其次，但跟赢家共享新繁荣的，还有全部以花蜜为食，以及给它们传粉的爬行类及飞行类动物。在新出现的生态位中，分布着为数众多的新颖形态……昆虫、鸟类、哺乳动物……

当然，有时候，某些物种的创新只会让自己受益。山羊养成一种能力，几乎能以任何东西为食，一直吃到根部。山羊数量激增，沙漠在它们身后蔓延。

然后，另一种生物出现了，该生物的独创性前所未见。其数量猛增。其他一些物种也因其蓬勃发展。常见的猫狗、鼠类、欧椋鸟和鸽子，还有蟑螂。与此同时，对于那些不太能适应广阔的全新生态位的物种而言，机会变得少之又少，全新的生态位包括耕过的田地、修剪过的草坪、街道和停车场，等等。

草类的出现给世界史留下了不可磨灭的印记。

柏油和混凝土时代也将如此。

全息球

珍·沃灵发觉恩德贝莱区的盖亚祭祀仪式极富魅力。该区的库维内兹科学协会竭尽所能，不遗余力地展示他们的虔诚。午夜，在月光下观看这场极度奢华的火炬仪式，不明就里的人或许会以为他们在纪念地球日，而不仅仅是为一位结识短短两周的老妇人举办送别派对。

在达官显贵就座的高台前，舞者们身着传统服饰，跳跃着，旋转着，赤脚随着鼓点在开垦过的土地上踩踏着。脚镯上的羽毛飘动着，像被活捉的鸟儿不安地扇动着翅膀。男人们身着色彩鲜艳的缠腰带，跳跃着，明显没把地心引力放在心上，手中的长矛敲击盾牌，砰砰作响。妇女们身穿颜色花哨的套衫，挥舞着成捆的小麦，由于已经过季，这些小麦是专门为这个仪式在温室中种植的。

珍欣赏着舞者们的轻盈之美，他们如种马般紧致而有力。汗水或滴滴流下，或挂在他们深褐色的身躯上，犹如一层薄膜，散发出极具运动感的光泽。其节奏和力量极强，展现出由衷的喜悦以及不可思议的男性魅力，这让珍嘴角上扬，露出微笑。虽然今晚这场仪式是为了表达对一位女神般温柔的老妪的尊崇，但舞蹈编排时却选择了更古老的仪式元素，这些元素与生育和暴力息息相关。

“现在可比新殖民主义时代好太多。”身材高挑的方舟执政官对她说。他盘腿坐在她左边，由于敲击盾牌的声响，他必须侧身靠近一些，珍才能听到他说的话。“那时，恩德贝莱和其他部落保留专业舞者的演出，是为了迎合游客。但如今这些青年男女选择在业余时间练习，完全是出于对舞蹈的热爱。现在很少有外人能看到这样的表演了。”

珍看着火炬的光芒照射着执政官穆加贝的额头，和他那紧紧盘起的头发。“我很荣幸。”她说着，双臂交叉在胸前，浅浅地鞠了一躬。执政官咧嘴一笑，回了个礼。他俩并肩而坐，欣赏成排年轻“勇士”的表演，他们冒着巨大的风险，互相抛接着飞转的长矛，妇女和儿童们兴高采烈，鼓掌喝彩。

这种舞蹈或许真的历史悠久，让人肃然起敬，但它跟原始艺术并无关联。珍刚花了两周时间来咨询库维内兹当地的专家，了解恩德贝莱区的新物种培育计划，该计划的目的是使新物种能够在南部非洲日益严峻、不断变化的环境中存续。相对地，他们也认真听取了她关于宏观生态管理的个人观点。毕竟，珍实际上是该领域的创始人。

当然，到现在为止，该领域已经满足成熟技术领域的所有特征，拥有足够的细节，可以将她这样茕茕孑立的梦想理论家抛得很远。如今，她把具体的分析任务留给了思维更敏捷的年轻人。

然而，她偶尔还是会让所有人大跌眼镜。如果珍无法再给大家带来震撼，那就是时候放弃这具转瞬即逝的肉体，把她那微不足道的磷储备，归于地球母亲庞大的覆盖层了。

她回忆起布凯利那家伙脸上的表情，在她的第三次和最后一次讲座上，她已经开始谈论……专门打造的哺乳动物结合体……将骆驼的肾脏……鸟类的肺……熊的骨髓……黑猩猩的肌腱……就算是自称拜读过她所有作品的执行官穆加贝，在演讲的最后阶段，盯着她的时候，也有些两眼发直。她的结论……对于病毒的质朴之爱，即使对他来说，似乎也太过难以接受。

当灯光亮起，观众席上挤得满满当当的棕色面孔个个瞠目结舌、哑口无言。起初，只有一个提问者—— 一位年纪轻轻的小伙子，在一群非洲南部的班图人当中，他那张北方约鲁巴人的脸孔显得那样突兀。少年的双臂和脸都包扎着绷带，但没表现出疼痛的迹象。在整个演讲过程中，他始终安静地坐在第一排，温柔地抚摸着一只小狒狒和它的幼崽。珍叫到他时，他放下手，最令珍感到惊讶的是，他竟然操着加拿大口音。

“博士……你是说，有朝一日，人类能像黑猩猩一样强壮吗？或者是能睡一整个冬天,能像熊那样?”

珍注意到男孩讲话时,部分观众露出宽容的微笑,而穆加贝的表情则掺杂着如释重负和心烦意乱。心烦意乱,是因为整个社区只有这么个胸无点墨的家伙提问;如释重负,则是因为总算有人及时提出了问题。

“没错,的确如此。”她答道,“我们已经对人类基因组进行了完整编目。还有许多其他高等哺乳动物。为什么不利用这些知识来完善自身呢?

“现在我想澄清的是,我在这里谈及的是基因改良,这条路并非没有尽头。我们已经是最具可塑性的动物了,最能适应环境影响。任何以自我完善为目的的计划,其真正的核心必须放在教育、育儿和新心理学领域,以便培养出心智更加健全、行为更加得体的人类。

“但在该过程中,确实存在着诸多制约因素,这是由人类身体及大脑的机能和局限所决定的。这些机能和局限从何而来?当然来自我们的过去。一种偶然的遗传实验序列,经过反复试验,不断试错,通过一代又一代人,慢慢累积出有利的基因突变。死亡是我们进步的手段……我们成百上千万祖先的死亡。或者,更确切地说,死亡的是那些未能成为我们祖先的人们。

“那些幸存下来的人们,不断繁衍,将新的遗传特征传给后代,这些特征逐渐累积成为我们现在可以支配的一系列属性——直立的姿态、超乎寻常的视力、极为灵巧的双手,还有我们体积不断增加的大脑。

“至于后者对我们的颅骨大小造成的影响，随便找个生过孩子的女人问一下……”

这时，观众都笑了起来。珍注意到，紧张的气氛慢慢消失不见。

“与此同时，其他物种也积累了它们自己的适应性特征，与我们的颇为类似。至少，其中许多跟我们引以为傲的那些特征一样了不起。但令人感到悲哀的是，除了病毒进行的、效率极低的物种间基因转移，没有一种动物能够从其他动物来之不易的经验中获益。到目前为止，每种动物都是孤军奋战，自食其力，积累经验，从不取长补短。

“我建议改变这一切，来一场彻底的变革。见鬼，我们已经着手做了！看看吧，一百年来我们所做的努力，融合不同植物的特性，使其发生转移，比如说，将抗虫害能力从某种适应能力强的野生植物转移给另一种粮食作物。就拿其中一种产品——豆类玉米来说吧，该作物可以固定自身的氮元素。作物不再需要人工肥料，这省去了多少高产农田和蓄水层？将多少人从饥饿中拯救了出来？

“或者以另一项计划为例，通过添加鹰的遗传密码，来拯救那些无法忍受过多紫外线的鸟类，这样一来，其后代的眼睛就会像鹰隼一样，不受紫外线的影响。一科生物幸运的意外发现，现在可以跟其他生物分享。

“或者，以我们在伦敦方舟的实验为例，即在大象母体中缓慢构建长毛猛犸象的基因组,我们正在重塑一个消失的物种。终有一天,已经灭绝数千年的物种将再次出现在地球上。”

第三排的一位女士举起了手,“但这不正是激进的盖亚教会所反对的吗？他们把这种行为称作‘物种劣化’……”

珍记得自己当时笑了,“我不喜欢激进派。”

当时,观众中有不少人都笑了。恩德贝莱人和她一样,对那些自称现代卫道士的家伙不屑一顾,对他们的嘲弄,甚至威胁,都充满鄙夷。

毫无疑问,邀请她来这里的初衷是提升恩德贝莱的声望。全世界的商业及通信网络日益紧密,但南部非洲却在某种程度上遭到孤立,主要是因为别处早已废弃的种族和经济政策仍在这里实行。毫无疑问,当一位诺贝尔奖得主真的接受了邀约时,他们颇为惊讶。而珍回家后,这次造访则会给她带来麻烦。

就算遭遇麻烦,也是值得的。她在这里看到了希望。由于与世隔绝,这些陈腐的种族主义者正以独一无二的方式看待熟悉的问题。虽然他们的某些错误做法根本不切实际,但仍然极具吸引力。他们拥有一个极大的优势,那就是毫不在意世界上其他国家的想法。在这方面,他们跟珍非常相似。

“对我来说,最重要的是整体,”她继续回答,“而整体取决于多样性。在这方面,激进派的想法是正确的。多样性才是关键。

“但如今的多样性,不必跟人类出现以前就存在的多样性完全相同。的确,二者也不可能完全一样。我们身处变革的时代。某些物种会消失,其他物种会取而代之,历来如此。生态系统若冻结在石头之中,就只能变成化石。

“我们必须变得足够睿智,将损害减到最低,然后造就新的多样性,这种多样性得能在不可思议的全新世界中存续。”

观众中,有人露出困惑或愤怒的表情,其他人则点头表示赞同。但有那么一位观众,就是前排的那个少年,目不转睛地盯着她,似乎是她的话让他张口结舌。她当时想,自己究竟说了哪些内容,能对他影响至深。

伴随着击鼓的节奏,执政官穆加贝念出珍的名字,她才被拉回现实。她眨眨眼睛,一时间有些晕头转向,有人伸手轻轻扶住她的双肘,搀着她站稳。穿着鲜艳服装的妇女们微笑着,催她往前走。她们的牙齿洁白无瑕,在摇曳的火光中闪闪发亮。

珍叹口气,恍然大悟。作为在场最年长的女性,又是贵宾,她不能拒绝主持祭礼……否则就会冒犯东道主。于是,她做了以下这些动作——向地球圣母鞠躬致意,接过扎成捆的麦子,倒上纯净的水。

很多人都加入了这个流派,或者说运动,或者说思潮……随便你怎么叫。它没有固定的组织,没有核心,也没有正式的教义。只有少数尊崇地球母亲的人,才会认定这本身就是一种宗教。

其实,许多更为古老的信仰采取的就是简单有效的举措,将盖亚祭祀仪式纳入他们自己的宗教仪式中。天主教徒改变了向圣母玛利亚致意的方式，因此，相对于沙特尔及南特时代，玛利亚现在对这颗行星的福祉产生了更为强烈的个人兴趣。

然而，珍知道，对许多人来说，这不仅仅是一项声明，或者一场运动。不仅仅是一种向危险世界表达敬畏的方式。对于某些激进分子而言，盖亚崇拜是一种教会激进主义。他们见证了史前古老女神的回归，最终准备结束她被残暴的男性神祇——宙斯、湿婆、耶和华，外加恩德贝莱曾经崇拜的好战圣灵们——放逐的命运。对盖亚教会的激进派来说，要拯救地球，没有“温和”的办法。科技和“邪恶的男性准则”是必须推翻的敌人。

邪恶的男性准则，我干瘪的屁股。男性也有他们的用武之地。

出于某种原因，珍想到了她的孙子，他痴迷于抽象概念和工程技术这对双生领域——激进分子所谓“阴茎科学”的典型。她许久没有听到那孩子的消息了。她想知道阿莱克斯在做些什么。

据我对他的了解，很可能是些愚蠢透顶的事情，却又绝对能够惊天动地。

很快，当晚的最后一幕上演了——净化。珍面带微笑，逐一触碰大人和孩子带到她面前的祭品，每个人都递上个柳条篮子，里面装着世俗的考古碎片。

残破的锡罐……碎裂的火花塞……难以溶解的塑料条……有个篮子里几乎装满了古老的铝制啤酒罐，在世界各地遭禁三十年后，它们仍然闪闪发亮。每份祭品都出自一名该社区的百姓之手，是他或她数月以来利用业余时间完成的。每个篮子里装着的东西，都来自一平方米的土地。人们倾尽时间、力量以及虔诚，对土壤细致精心地筛选，直到不留任何人工痕迹。通过这样的方式，每个人都逐渐将地球的一小部分恢复到其天然状态。

只是，什么才是天然呢？当然不是地形地貌，因为它们已经完全被人类活动侵蚀和改变了。

也并非含水层，即使在实施反倾销的地方，在检察员授予"纯净无污染"这一宝贵标签的地方，其渗滤出来的水也永远达不到以前那样。被授予标签也仅仅说明其重金属和成分复杂的岩石有机物含量较少，不致影响一个人的健康，导致他的正常寿命缩减。当然算不上"天然"。

这个词尤其不适用于被称为"表层土壤"的复杂生物环境！这种环境经过无数本土物种的筛选，充斥着有意无意从其他大陆来的入侵者，从蚯蚓到轮虫，再到微小的真菌和细菌。某些地方的壤土膏腴兼备，另一些地方的壤土则只能消亡，随风飘散。微观层面的胜败和僵持正在全球每一公顷土地上进行着；任何地方的纯粹主义者都不会说这种结果是"天然的"。

珍朝左后方瞥了一眼，库维内兹微光闪闪的塔楼映入眼帘。主方舟色泽黯淡，但在月光的照耀下，其巨大的玻璃水晶表面映出它那轻轻荡漾的姊妹。动植物被从上百个惨遭破坏的生态系统中解救出来，如今正在这些人工栖息地中沉沉睡去。而在激进派看来，这样的方舟只不过是镶着金边的监狱——只不过是人类因良心不安而寻找的慰藉，这样一来，对自然界的屠杀就可以堂而皇之地继续下去。

然而，对珍来说，最伟大的生态建筑并非监狱，而是托儿所。

改变无法避免，只能引导。

当然，激进派在一件事上是正确的。有朝一日，最终从那些玻璃塔回归自然的生物，已经跟进去时不再相同。珍的公开声明——她不认为这本身是个悲剧——招致了持续不断的恐吓邮件，甚至是死亡威胁，这些邮件均来自某个教派的追随者，而该教派恰恰是她施以援手才建立起来的。

听之任之吧。

死亡不过是另一种变化。当地球母亲需要我的磷元素时，我会欣然放弃它。

当然，当地的教派认为，盖亚真正的肤色必须跟纯净丰饶的土壤一般无二，但他们似乎并不在乎她皮肤的苍白。当珍举起双臂时，他们把祭品拿到超大号回收箱前，在星空下等待。当最后一份祭品落进回收箱，欢庆声随即响起，纪念数千平方米的土地得到了救赎。

这场仪式拥有令人愉悦的特质，但从根本上讲，从澳大利亚到斯摩棱斯克[1]，这场仪式与她主持过的其他仪式大同小异。在所有

① 位于俄罗斯西部第聂伯河畔。

这些地方,人们都想当然地将她视为合适的代理人,即盖亚本尊的替身。

暂代其职而已……珍微笑着送上祝福的同时,也宽宥了他们的过错。鼓声再度响起,舞者们继续着自己的舞蹈。但有那么一瞬,珍看了看掠过这些面孔和远处玻璃塔的火光。

现代人啊,你们将地球母亲当作“寓言”来敬仰。今晚,我只不过是一个抽象概念的替身。

那就拭目以待吧,孩子们。我们将亲眼见证。

在访问期间,她播撒下种子。有些种子会发芽,甚至开花。

裹着绷带的年轻人再次出现。她看到他坐在竞技场的另一边,他的狒狒同伴靠着他的双膝休息。她朝他微笑,他则对她点头致意,珍突然清晰地回忆起昨天下午在演讲厅时,他提出的最后一个问题。

“沃灵博士,您谈到许多可能性……”他说,“也许我们可以做到其中一些……或者全部尝试一下,对吗?

“但是,难道我们无须相应地付出一些代价吗?他们说,天下没有免费的午餐。那我们要为此付出怎样的代价呢,博士?”

珍记得自己当时在想:多么聪明的孩子呀。他明白万事皆难的道理,而自己的孙子却似乎从未领悟到这一点,不管这个世界多少次给可怜的阿莱克斯以沉重的打击。

不,珍心想,若想拯救地球,人类不得不放弃的,或许绝非一点点。或许我们最终会发现,昔日的神祇终归是对的。有牺牲,才能有所得。

珍朝那男孩微笑,朝在场所有人微笑。她张开双臂,祝福舞者们,祝福观众,祝福方舟上的动物们,也祝福那些满目疮痍的乡村。

要牺牲的,我的孩子们,或许就是我们自己。

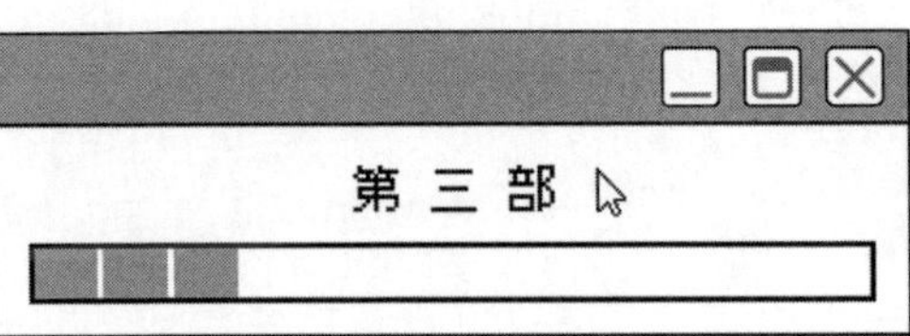
第 三 部

行 星

新生的世界因小行星撞击而液化。较重的元素下沉，产生更多热量。地球表面冷却并硬化，丰富的放射性原子则仍然能够使其内部保持温暖。

最终，在强大的压力作用下，最深处的核心部分发生结晶现象，但外面的一层仍然是旋转着的金属流体，犹如一台庞大的发电机。再往外则是半固态矿物凝结形成的地幔——这些矿物包括超高密度的辉石、橄榄石和较轻的熔体，它们挤压着地壳的缝隙，最终从炽热的火山中喷涌而出。

热量驱动了循环对流圈，挤压了板块，催生了磁场。热量缔造了大陆，使地球震颤。

热量也让地表的某些水分蒸腾。在闪电和强烈阳光的作用下，前有机时代的蒸汽在溶液中摇晃……

这个过程开始自我演化。

DEL

连绵的丘陵将洛杉矶市分隔开来。在这座城市无忧无虑的青年时代,一队队卡车川流不息地驶向群山之间的狭小山谷,满载着成千上万吨城市垃圾。

咖啡渣和瓜皮,麦片盒和一次性托盘……

在那挥霍无度的时代,购买的每件商品似乎都装在与其重量相当的包装材料里。普通家庭每年产生的垃圾足以填满整间房子和车库。

报纸、杂志,还有阅后即弃的广告单……

在更为久远的年代,在德国和日本发生的冲突中,洛杉矶为了支援战争,强制规定一些废品要进行回收。①市民们在路边拾捡金属,将其分类;成捆的纸张重回纸浆厂;就算是烹饪用的油脂也被省下来,用于制作弹药。一些人起初不愿参与,但为了避免高额罚款,最终还是照办了。

牛奶盒和纸巾……还有那些从未使用过的货物,因为有轻微凹痕,而被丢弃在工厂里……

战争结束后,人们发现自己从数十载的贫困中解脱出来,突然

---

①指"二战"后期因为美国的介入导致的德国与日本的间接冲突。美国政府当时采取了一系列措施来支援战争,包括回收资源用于战争物资的生产。

置身于富足的时代。随着危机结束,回收似乎成了麻烦事。一位市长候选人只做出一条承诺,即撤销这项不方便的法律,便以压倒性优势获胜。

花生壳、快餐袋、外卖比萨盒……

地球的太平洋板块与北美板块相撞,形成了将洛杉矶隔开的丘陵。当这两块巨大的岩石相互挤压,相互摩擦,交界处便形成一片沿海山脉,就像从软管里挤出来的牙膏一样。圣莫尼卡山脉和好莱坞山只不过是这种稳定积聚的副产品,但有了它们的帮助,这座最终将其包围的伟大城市才得以形成。

速冻食品的盒子、新音响和电脑的盒子、超市农产品区的盒子、盒子、盒子,还是盒子……

在丘陵之间,曾经坐落着小小的山谷,那里橡树挺拔,绿草如茵,骡鹿在那里啃青,秃鹰在那里翱翔——理想的垃圾填埋场,把垃圾运到这里,便眼不见心不烦。成群结队的卡车来来往往,日复一日。时光荏苒,却几乎没有人注意到,所有理想的、合适的裂谷都会在一代人的时间内被填满。到该世纪末,曾经的峰峦积成了平坦的高原,地下垃圾腐烂产生的沼气被提基火把[①]点燃,照亮夜晚。

易拉罐、番茄酱瓶、一次性尿布……机油、传动液,还有电镀残渣……碎裂的陶瓷摆件和破旧的家具……

① 一种安装在杆子上的火炬,通常由竹子制成,起源于二十世纪中期的美国提基文化。

更加艰难的时代降临了。新一代来到这里,带来了新的情感和不那么无忧无虑的态度。政府开始征收拾荒费,想出耗资巨大的步骤,以阻止垃圾流动……将垃圾的数量减半,然后减少到十分之一,然后再减掉更大的比重。

然而,仍有一个问题亟待解决,那就是如何处理原先丘陵之间填充出的高原?垃圾构成的高原?

塑料瓶和塑料袋,塑料勺和塑料叉……

有人建议在那里大兴土木,以缓解令人窒息的住房拥挤——当然,爆炸时有发生,还会突然出现泥潭,吞噬掉一两座房子。

家里的宠物,被密封在袋子里……医用垃圾……建筑垃圾……

有人建议让这里保持原样,这样一来,未来的考古学家们就能从二十世纪加利福尼亚庞大的垃圾堆里了解到足够多的细节。从更长远的角度来看,再过几百万年,板块挤压将垃圾压缩成沉积岩后,或许还能让古生物学家们推测,这里的沉积物会是什么样子。

轮胎和汽车,坏掉的音响和淘汰的电脑,丢失不见的租金和放错地方的钻石戒指……

或许可以预测,但结局不为人知。在之后艰难的日子里,由于资源匮乏和强制回收,这些垃圾填埋场不可避免地吸引了革新派的视线,成为他们寻找发财途径的场地。

铁、铝、硅……镍、铜、锌……甲烷、氨、磷酸盐……银、金、铂……

提出申请,递交采矿计划,并进行分析。提纯的方法得以完善,并获得批准。在古老的丘陵之间,挖掘工作开始了。

从上一代人的垃圾中,他们绝望的孙辈们挖掘着宝藏。

淘垃圾热正在流行。

外逸层

现在，特蕾莎已经是英雄，但也刚刚成为寡妇。没有比这样的双重身份更吸引大众的了……或者更吸引美国宇航局媒体发言人，她欢迎这样的关注，就像欢迎啮齿类动物的入侵一样。对她而言，名声如同一堆垃圾，籍籍无名，她也可以活得好好的。

幸运的是，在乌有乡事故发生后，技术人员收留了她几周时间。从早到晚，工程师团队忙着诱导她从记忆中提取每一点有用的描述，直到每晚她倒在床上，精疲力竭地进入深度睡眠。某些局外人听说任务汇报强度如此之高，便为她打抱不平，斥责这种“盖世太保式的拷问策略”——直到有一天，特蕾莎亲自现身，告诉所有出于好心的行善者赶紧滚蛋。

当然，不该让她说太多话。他们的初衷是好的。在普通情况下，这样审查刚死里逃生的人，确实有些残忍。但特蕾莎并非普通人。她是一名宇航员，一名飞船驾驶员。如果某位无所不知的医生现在给她开处方，纸条上可能会这样写："让她跟能力出众的人待在一起。让她保持忙碌，人有所用。那比送她一千束花，或千万份同情，都好得多。"

她肯定受到了精神创伤。正因为这样，她才积极配合美国宇航局的心理医生们，让他们引导她度过所有的宣泄及治疗过程。她哭泣。她抱怨命运无常，她再哭泣。虽然悲伤的每个步骤都圆满完成，但这并不意味着她会比正常人麻木。她只是更快地搞定一切。特蕾莎没有慢慢做回正常人的时间。

最后，技术人员对她讲述的内容进行了详细筛选。然后，其他提问者接班——中心负责人、机构负责人和国会委员会。还有制定政策方针的专家们。

特蕾莎坐在马克旁边，经历了一场又一场听证会，听着同样的溢美之词，听到人们个个赞她情操崇高，不禁感到倦怠阵阵袭来。哦，不是每名人民公仆都只会装腔作势。其中大多数睿智而勤奋，坚持自己的行事风格。然而，对特蕾莎而言，他们的领域如同海底般陌生。她发誓要保护现有的体制，但这并不意味着耐着性子听完他们侃侃而谈是件容易事。

"他们喋喋不休……却从来不问任何真正的问题！"她压低声音，对马克抱怨着。

"保持微笑就好。"他小声回应，"现在，我们就靠这个领薪水了。"

特蕾莎叹口气。美国宇航局里那些拒绝她参与公关的家伙,个个只知道敷衍塞责,他们才是真正带来危害的人。可当你将某件事做得尽善尽美时,为何微笑的负担反而会成倍增加呢?这就是对积极性的回报吗?如果真有公平可言,那么,被迫忍受这一切的应该是格伦·斯皮维上校和其他窥探者,而她应该得到她最想要的奖赏。

重返工作岗位。

查明那四十人的死因,包括她丈夫的。

相反,斯皮维可能正忙得不可开交,帮助设计新的空间站,而她必须忍受媒体没完没了的关注,好莱坞明星梦寐以求的关注。

几周后她开始怀疑,这不仅仅是两种文化令人尴尬的重叠。他们一直要求她参加访谈节目,并进行巡回演讲。而且,如果她或马克想动身前往圣克罗伊岛度两个月假,也不要紧。

从宇航员升格成为超级明星,马克被这样的机会所诱惑,选择了让步。但特蕾莎却不然,她固执己见,自始至终坚持自己回家的权利。

家政服务人员会定期来给植物浇水。尽管如此,当她走进前门,那间位于克利尔湖的公寓还是给人一种地窖的感觉。她将窗户逐一打开,让得克萨斯春日那倦意绵绵、芳香四溢的气息飘进屋中。就算有嘈杂的交通噪声,也比寂静无声来得好。

美国宇航局会发给她重要的信息,还安排了秘书,来帮她处理粉丝的邮件以及账单。因此，在最初尴尬的几个小时里，她连忙碌工作的慰藉都得不到。她的智能秘书软件闪动显示着简报标题队列……软件从每个时区的新闻服务和网络杂志中，拣选了一万五千条积压的新闻。她将与那次事故相关的所有新闻都删掉，总数降至一百以下。稍后，她或许会浏览一下那些新闻，以了解世界上正在发生的事情。

特蕾莎在家中走来走去，从一个房间溜达到另一个房间，并没有刻意不去想贾森，但她也没有直接去看相册，相册放在书架上，两边是平装百科全书以及她丈夫收藏的稀有漫画。她不需要照片或全息页面来重现她婚姻中的点点滴滴。它们都装在她的脑子里——好的和不那么好的——随时都能回忆起来。

都准备好了……

她把两小时长的维瓦尔第作品放进播放器，拿着一杯橙汁走到院子里。（有人看了她的档案，往她家冰箱里放了两升俄勒冈州货真价实的鲜榨橙汁。）

隔着偏振紫外线隔离屏，特蕾莎向外望去，摇曳的榆树掩映着的几座低矮的公寓楼，被美国宇航局为抵挡墨西哥湾上涨而竖立的白色堤坝突兀地截断。一条新的快速运输轨道在堤坝上延伸。在发出轻微嗡鸣声的超导轨道上，一辆辆列车飞驰而过。

一只蓝知更鸟落在阳台上，冲着她叽叽喳喳地歌唱，她莞尔一笑。在她小时候，由于来自椋鸟及其他入侵者的竞争，整个北美的蓝知更鸟的生存都受到威胁。将这些入侵者带到这片大陆的,是此前几代粗心大意的人类。本地的动物爱好者们忧心忡忡,建造了成千上万的庇护所来帮助它们存活下去,但长久以来,它们似乎仍濒临灭绝。

现在,像榆树一样,蓝知更鸟也恢复了生机。就像没人能预测臭氧耗尽以及气候干燥会给哪些动植物带来最大的损害一样,似乎也没人能想到有些动植物或许会因此受益。不过,显然的确有一些这样的例子。

负面影响是,这只知更鸟让特蕾莎回忆起一个可怕的秋天,几乎每天回到家,她和贾森都会在草坪上发现这种奄奄一息的可怜生物。或者情况更糟,它们因为目不能视而惊慌地跳来跳去。

失明的知更鸟。它们达到了某个临界点,几星期后,便悉数殒命。从那时起,特蕾莎有时会想——这种灭绝发生在世界范围内吗?还是说,这种消亡只是一种地方性的"调整",仅限于得克萨斯州南部?对她的智能秘书说几个词,派出搜索程序,便能在几毫秒内得知真相。然而,知道真相又有什么用呢?网络犹如信息的浩瀚海洋,从其中抿一小口水,有时就像口渴时想从消防水管中喝水解渴一样。

而且,她经常觉得上网很无趣。太多人将它视为即兴演说的舞台,在那里宣讲拯救行星的良策。

解决方案。人人都有解决方案。

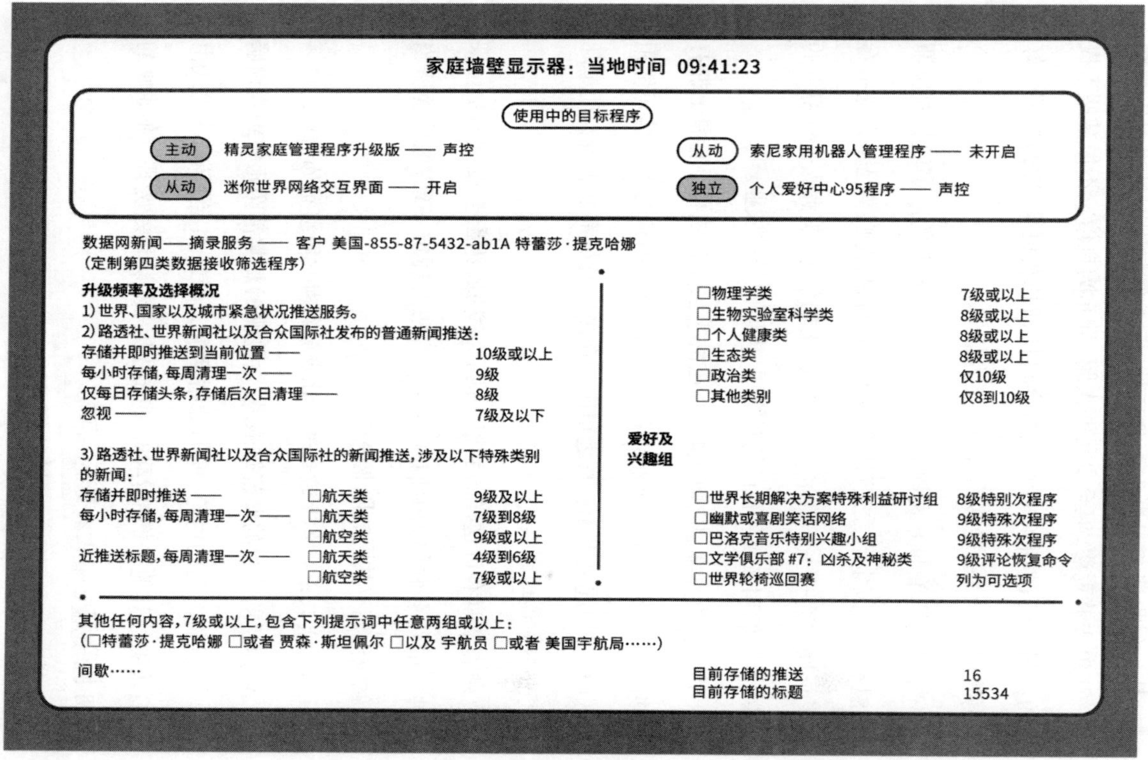

家庭墙壁显示器：当地时间 09:41:23

使用中的目标程序

主动 精灵家庭管理程序升级版 —— 声控

从动 迷你世界网络交互界面 —— 开启

从动 索尼家用机器人管理程序 —— 未开启

独立 个人爱好中心95程序 —— 声控

数据网新闻——摘录服务 —— 客户 美国-855-87-5432-ab1A 特蕾莎·提克哈娜
（定制第四类数据接收筛选程序）

升级频率及选择概况

1）世界、国家以及城市紧急状况推送服务。

2）路透社、世界新闻社以及合众国际社发布的普通新闻推送：

存储并即时推送到当前位置 ——	10级或以上
每小时存储，每周清理一次 ——	9级
仅每日存储头条，存储后次日清理 ——	8级
忽视 ——	7级及以下

3）路透社、世界新闻社以及合众国际社的新闻推送，涉及以下特殊类别的新闻：

存储并即时推送 ——	□航天类	9级及以上
每小时存储，每周清理一次 ——	□航天类	7级到8级
	□航空类	9级或以上
近推送标题，每周清理一次 ——	□航天类	4级到6级
	□航空类	7级或以上

爱好及兴趣组

□物理学类	7级或以上
□生物实验室科学类	8级或以上
□个人健康类	8级或以上
□生态类	8级或以上
□政治类	仅10级
□其他类别	仅8到10级

□世界长期解决方案特殊利益研讨组	8级特别次程序
□幽默或喜剧笑话网络	9级特殊次程序
□巴洛克音乐特别兴趣小组	9级特殊次程序
□文学俱乐部 #7：凶杀及神秘类	9级评论恢复命令
□世界轮椅巡回赛	列为可选项

其他任何内容，7级或以上，包含下列提示词中任意两组或以上：
（□特蕾莎·提克哈娜 □或者 贾森·斯坦佩尔 □以及 宇航员 □或者 美国宇航局……）

间歇……

目前存储的推送	16
目前存储的标题	15534

智能秘书软件界面图

某小组想要起草整个太空计划，使平流层中的臭氧发生器停工。这想法够荒谬，但至少足够大胆，且充满自信。不像某些人提供的灵丹妙药，他们呼吁彻底抛弃科技，回归“更简单的方式”。好像更简单的方式就能够养活一百亿人似的。

好像更简单的方式就不会带来什么危害似的。宇航员对所谓的“温和的田园生活方式”几乎不抱任何幻想，他们早已从太空中看到了早期文明——苏美尔人、中国人、柏柏尔人、美洲人——留下的沙漠，而他们用来武装自己的只有羊、火以及原始农业。

关于解决方案，特蕾莎也有自己的想法。月球和小行星上拥有足够多的财富，全世界所有首都中，全部精打细算的人倾其一生积累的财富，加起来也无法与之相比。众多宇航员都梦想着利用星际空间来治愈地球顽疾。

她和贾森有过这样的梦想。他们在训练中邂逅，起初似乎是某个神奇的约会软件为他们从中牵线。两人理想一致，似乎理所当然，就像他们有共同的职业一样。

不。我只是从来没遇到过能让我笑得那么开怀的人。

依照目前流行的典范婚姻模式，他俩的默契甚至延伸到购物层面。经过长时间的讨论，他们的婚姻模式最终固定下来，该模式由他们认识的其他夫妇推荐的顾问拟定。这似乎奏效了。在他俩的婚姻中，争风吃醋从来都不是问题。

确切地说，直到去年年底都不是问题。

直到那个叫摩根的女人出现。

特蕾莎知道,责怪摩根不公平。她还不如责怪格伦·斯皮维。差不多正是贾森开始为那个可怕的家伙工作时,他们的麻烦才就此开始。

或许她可以归咎于……

“垃圾!”她咒骂道。经过所有这些反思,她感觉下巴有些发紧。她希望彻底敞开心扉——向心理医生袒露内心全部的想法——能让她快些度过所有这些“悲伤阶段”。但个人问题跟物质世界的问题截然不同。它们没有可靠的模式来遵循,也不可预知。尽管最近有人对新的思维模式发表了乐观的见解,但心理学的牛顿还没出现,情感领域的爱因斯坦也没出现。或许永远也不会有。

特蕾莎感到胸口一阵绞痛,眼泪又流淌了下来,“该死的……该死的……”

她双手打战。杯子从指间滑落,掉到地毯上,又反弹起来,完好无损,但果汁溅到了她的白裤子。“噢,好凉……”

电话铃响起。还没等美国宇航局的秘书插手,特蕾莎便激动地高喊起来。

“我要接!”当然,她本应由着她的临时员工屏蔽所有电话。但她需要有所行动,行动起来,做点儿什么!

然而,特蕾莎刚刚擦干眼泪,走进屋里,就意识到自己犯了个错误。电话墙上隐约可见的是佩德罗·曼内拉那张面色红润的方脸。

更糟糕的是,动身去执行最后那项任务之前,她肯定将该装置设定在自动发送状态。那记者已经看到她了。

“提克哈娜船长……”他笑着,影像放大了他的笑容。

“很抱歉。我不会在家里接受采访的。如果你联系到美国宇航局——”

他打断了她的话,“我并非想要采访你,提克哈娜女士。这牵扯到另一件事,我想你会很在意。我不能在电话里——”

特蕾莎是在新闻发布会上认识曼内拉的。她讨厌他咄咄逼人的做派,也讨厌他的胡子。“为什么不呢?”她打断他的话,“为什么你现在不能告诉我?”

曼内拉显然料到她会有此一问,“呃,要知道,这和你个人在意的事情有关,又牵扯到我关心的……”

他就那样一句接一句。特蕾莎眨着眼并不理睬。一开始,她以为他在用老百姓常用的一种低效方言装模作样,或是什么社科术语……内容贫乏,音节却很丰富。但随后,她意识到这个男人叽里咕噜地说的究竟是什么——真正的胡言乱语——短语和句子都是语义上的废话!

她正打算直接挂断,突然注意到他正以某种方式摆弄着领带。接着,曼内拉搔搔耳朵,用袖子擦擦汗津津的嘴唇,扭动双手……

不谙此道者很可能会把这样的举动跟他的拉丁背景联系起来——除语言之外,拉美人同样善于用手势表达——但特蕾莎看到的却是类似于宇航员使用的手语，简略但又清晰。

……打开麦克风，她理解着，**小心措辞……红色紧急状况……好奇心……**

简直前言不搭后语，特蕾莎差点儿笑出声来。是他的眼神阻止了她。那绝非胡言乱语者的眼神。

*他知道些什么。*她意识到，然后——*他知道关于乌有乡的事！*

曼内拉是在暗示，她的电话可能被窃听了。此外，他显然是在试探她受监视的程度。训练有素的监视人员会感觉他用手语要的小花招荒唐可笑，根本骗不了人。但这种猜字游戏可能会骗过大多数监控设备和政府公关人员，他们对讲话中的上下文更加敏感，专用于监听像她这样的"巴士司机"可以预见的无聊谈话。网络上任何随意窃听的黑客都能进行这种监视。

"好了。"他话说到一半，她便挥手制止，"我听够了，曼内拉先生，我没兴趣。要见我，你必须像其他人一样，通过正规渠道。现在，再见吧。"

就在他似乎要反驳的时候，显示器变得一片空白。他也是个好演员。因为只有从他那双深棕色的眼睛里，她才能看到自己确认的手势。她用手语比画：**或许……我很快会回复你的……**

她会考虑的。但为什么曼内拉认为我从一开始就受到监视？他究竟想告诉我什么？

一定是关于乌有乡的……关于那场灾难。她心跳加速。

在这一点上，她已经受够了身体对于情感的背叛。她盘腿坐在地毯上，紧闭双眼，尝试高中时代学到的平复心情的方法——用冰垫让思绪沉静，用生物反馈疗法来排解紧张。不管发生了什么，不管曼内拉要说什么，苦苦思索古老的“战斗或逃跑”选项，对她来说没有任何好处。耐心对于穴居人而言可能没什么用，但在其后代生存的世界里，耐心是真正的生存优势。

她深吸一口气，无视意识的阵痛。维瓦尔第的音乐和蓝知更鸟的啁啾交汇成背景声，而特蕾莎全然没有留意，她正在寻找思绪的焦点，只要找到焦点，她便能知晓自己身处何时何地。

但这次，她无法确定焦点是否还在那里。

DEL

他成功把天父和地母分开，给子孙后代以立足和呼吸的空间。森林之神塔恩环顾四周，发现还缺少了些什么。只有伊拉阿图雅（超自然）的生物——以魂灵的形态——在大地上徜徉。然而，如果没有伊拉坦加塔（凡人）知晓他们，灵体又会怎样呢？无足轻重。

因此，塔恩尝试将凡人带到这个世界。但在所有与他交往的女性灵体之中，只有一位拥有伊拉坦加塔的气质。她是黎明女仆，辛奈–提塔玛。她既是塔恩的女儿，也是他的妻子，更成了所有凡人的母亲。

后来，当这个世界被赋予生命之后，辛奈–提塔玛抽身离开地表,深入地下,在那里的王国游历。她成为辛奈-努伊特坡,黑暗贵妇人,等在那里,照料和宽慰那些沿着旺努伊阿塔恩大道前往地府的亡灵。

她在那里等着你,也等着你们。我们凡人最早的祖先,她在地府安睡,等待我们所有人前往。

地　核

在塔拉威拉的地热工厂停留两天，阿莱克斯踏上返回奥克兰的路，却发现自己在罗托鲁瓦[①]陷入旅游的车流中。巴士和小型货车穿行在度假胜地狭窄的道路上，运送正在度假的澳大利亚家庭、滔滔不绝的僧伽罗新婚夫妇、神情自若的因纽特投资者，以及汉族人——黑头发汉族人总是情绪高涨，在人行道和草坪上挤在一起推推搡搡、窃窃私语，只要发现什么特别稀奇古怪或者“本土”的东西，就会聚集起来围观。

大多数商店的招牌上写着国际表意汉字，也有英语、毛利语和新式英语。为什么不呢？汉族人只是突然迷上旅游的新贵中最新的一波。他们席卷了北京四千公里以内的所有的海滩和景点，自然也得为自己来之不易的闲暇付出高昂代价。

① 位于新西兰北岛中部的城市。

然而，就在阿莱克斯的小轿车前面，越来越多的中国人成群结队地从飞轮巴士上拥下来，他们戴着花哨的太阳帽和真实-虚拟护目镜，既保护了眼睛，又为子孙后代记录下友好的特许经销商兜售"正宗"新西兰本土木雕作品的过程，还记录下他们买下每一件俗物的过程。

好了，该轮到他们了，阿莱克斯耐着性子想着。而且这样的场面确实比战争好太多。

新西兰的秋天依然温暖，微风习习，所以他摇下了侧窗。间歇泉传来硫化氢的刺鼻气味，但他和乔治·哈顿的人一起在地下工作了那么久，对这种气味已经习以为常。等待交通恢复畅通时，阿莱克斯目送另一艘银色的巡航齐柏林飞艇突然侧转，穿过一条两侧绿树成荫的窄道，朝小镇边缘熙攘的机场驶去。即使在这里，他也能辨认出挤进经济舱的人群，他们的脸紧贴着窗户，俯视着罗托鲁瓦热气腾腾的火山池。

因此，一二十年后，挤进豪华邮轮的或许就会是缅甸或摩洛哥新兴的中产阶级，利用价格低廉的齐柏林飞艇旅行，涌向国外，搜寻大量便宜纪念品，获得千篇一律的回忆。当然，到那时，汉族人已经逐渐习惯了这一切。他们成为老练世故的单人旅行者，跟日本人、马来人和土耳其人一样，他们会避开行为疯狂的底层民众，并对第一代游客的野蛮行径嗤之以鼻。

这就是"混合奇迹"的奇妙本质。为日益减少的资源，世界各国勒紧裤带，争吵不休，有时还为河流的归属权和变幻不定的降雨斗得不可开交。然而与此同时，民众却享受着一波波昔日的奢侈品浪潮——这些奢侈品在贪念中成了必需品。

——纯净水几乎和你每月的房租一样贵。同时，用零用钱就能买到包含一千本参考书或一百个小时音乐的光盘。

——汽油实行按需定量供应，自行车充斥世界各地的城市。然而，即使是低收入的工薪阶层，也能经常乘齐柏林飞艇一日游。

——识字率每年都在攀升，那些拥有自立卡的人，可以给自己开任何已知的药物。但在大多数地区，你可能会因为扔掉一个汽水瓶锒铛入狱。

对阿莱克斯来说，最讽刺的是，似乎没有人觉得这有什么了不起。改变就这样一天天地靠近你，神不知鬼不觉。

“任何试图预测未来的人都是傻瓜。在场的各位也不例外。没有幽默感的先知不过是蠢货。”

有一次，他祖母就是这么说的。她应该知道的。大家都盛赞珍·沃灵的高瞻远瞩。但是有一天，她给他看了她从世界预言登记处取的记分卡。根据该机构二十五年来归档的预言记录，她的成功率只有百分之十六！而这也已经是全世界的平均预测成功率的三倍多了。

“当人们谈论未来时，往往会变得戏剧化。在我年轻时，有些乐观主义者预见到了二十一世纪的宇宙飞船私有化乃至长生不老……而悲观主义者展望未来时，却预言世界将陷入饥荒和战争。

“这两种预测仍在进行中，阿莱克斯，他们总是将最后期限推后十年，十年又十年。与此同时，人类只是混日子。有些事情变得更好，有些则越来越糟。奇怪的是，‘未来’似乎永远不会到来。”

当然，珍并非无所不知。例如，她从未想到，明天会突然而又果决地到来，以层叠的扭曲空间的形式，体积微小，但极其沉重……

毛利人的会堂气势恢宏，舞者们正在会堂平台上表演哈卡舞[①]，人们拥到街道上，驻足观看，阿莱克斯则缓步从人群之中穿过。雕花精美的红木斜梁高悬于堂上，男人们赤裸着胸膛，伸出舌头，高声喊叫，齐声跺脚，屈伸着满是刺青的大腿和双臂，来吓唬那些兴奋的游客。

前不久，在乔治·哈顿侄女的婚礼上，阿莱克斯曾见识过真正的哈卡舞。那真是一场精彩绝伦的表演。是内容丰富的文化遗产还存在的证据。

至少在一段时间内……

阿莱克斯摇摇头。即便几年后，哈卡舞——甚至毛利人——都不复存在，也并非我的过错。那东西正从内部吞噬地球，那不是我的责任。

那个恶魔不是阿莱克斯创造的——他们称之为贝塔奇点黑洞。他只是发现了它。

① 毛利战舞，泛指新西兰毛利人的传统舞蹈形式。

不过，在古埃及，他们通常连信使也不会放过。

他可没有这么容易脱身。他可能不是那个将贝塔送上轨道的人，但他先前创造了正逐渐消失的伊基托斯奇点，也就是阿尔法。对于乔治·哈顿和其他人来说，不管从个人角度，他们多么喜欢他，也只能让他先背锅，直到找到贝塔的真正制造者。

阿莱克斯回忆起，他们探测那恶魔错综复杂的拓扑结构时，全息槽中的图像逐渐变得清晰起来的画面。它是那样可怕、贪婪，但看上去又很美。不可否认的是，某处存在着一位天才……在阿莱克斯最擅长的领域内比他强百倍。意识到这一点让他感到羞愧难当，还有点儿心惊肉跳。

他沉浸在思绪之中，心控自动驾驶装置驾驶着坦戈帕鲁公司的微型车，经历了一次又一次阻塞。正当交通似乎要再次恢复畅通时，红色的刹车灯迫使他猛地停了下来。前方某处，喊声和喇叭声此起彼伏。

阿莱克斯将身体探出窗外，想看得更清楚一些。应急灯闪烁不停。一辆巨大的救护飞艇盘旋于一家大型旅游酒店附近。精打细算的游客在这里租的是按立方米计算的槽状单元。飞艇的球形气囊绕着水平轴缓慢旋转，利用微小的动量变化，巧妙地在身穿白色工装的急救人员附近机动。阿莱克斯并没有看到伤者，但震惊的旁观者衣服上的污迹，讲述着几分钟前发生的血腥事件。

人群突然散开，更多的警察出现在视线中，他们正跟一个家伙扭打，那家伙已经被围网裹住，仍然不断咆哮着，扭动着，两眼喷火，脸上和衣服上全是血点和唾沫星子。腰上系着的一个绿色储气罐表明他是个瞌睡虫——这些倒霉的家伙比其他人更容易受到过量二氧化碳的影响。在大多数情况下，这种不稳定的敏感只会引起嗜睡或者头痛，但有时还会引起一种难以抑制的狂躁，再加上人潮拥挤，摩肩接踵，情况自然变得更糟。

显然，补充氧气对这家伙的病情没什么帮助……对受害者们也是如此。阿莱克斯以前从来没有近距离看过这样的可怜鬼，但偶尔也曾在远处目睹过类似情况。

“你什么也得不到，别的什么却被拿走了……”他隐约回忆起上次他造访珍位于伦敦的办公室时的情景，当时他们一同站在窗前，看着威斯敏斯特桥[①]每天都会发生的自行车堵塞演变成了一场骚乱。她说：“真实-虚拟技术制止了有目的的街头犯罪。所以，今天大多数谋杀案纯粹是环境负荷引发的暴行。向我保证，阿莱克斯，你绝不会成为下面那些人中的一员……老老实实的打工人。”

他俩被吓呆了，默不作声，目睹通勤者的争吵蔓延到布伦纳码头，然后向东扩展到艺术中心。回想起那一幕，阿莱克斯突然发现眼前这一幕有了意想不到的转折。警官们拖着这个怒目而视的可怜鬼，他疯狂的亲戚挥舞着文满刺青的手臂，分散警察们的注意力，警察一时间手有些放松。即便如此，一个普通人可能也无法挣脱。

① 一座位于英国伦敦的拱桥。

但在一阵歇斯底里的力量爆发中，那疯子猛地挣开警察逃掉了。他语无伦次地哀号着，撞倒了旁观者，然后狂冲过堵塞的车流——直奔阿莱克斯的车而来！

那个无赖的胳膊被束缚着。*他走不了多远的*，阿莱克斯想，*有人会阻止他*。

只是没有人阻止。任何明智的人都不会跟无赖扯上关系，不管他是否行动自如。

最后时刻，阿莱克斯下定决心，他一脚踢开车门。在那短暂的瞬间，疯子的眼睛似乎变得清晰，其中的愤怒消失不见，取而代之的是一种清醒乃至忧伤的神情，好像在质问阿莱克斯，*我对你做过什么吗？*接着，他撞上了那扇门，弹回几米远，最终摔倒在街上。不知怎的，阿莱克斯深感内疚——好像他只是痛打了一个无助的家伙，而不是为了拯救生命。然而，这种内疚并没有阻止他从车里跳出来，纵身扑上去，压住那个不停踢踹、哇哇叫嚷的家伙——当他以某种亚洲方言咒骂时，突然莫名其妙地涕泪横流。阿莱克斯找不到更好的方法来控制他，只能坐在他身上，等待援手。

整个事件——从他挣脱束缚，到警官们使用他们一开始就该用的喷雾镇静剂——只花了一分多钟。那无赖被绳捆索绑，透过一群用真实-虚拟镜头狂拍的人们，回头望着他，阿莱克斯突然感觉他能够理解那家伙……也许比周围那些呆看的游客的理解要透彻得多。那双眼睛里，有着深深的恐惧，还有某种渴望。这个眼神让阿莱克斯想起他有时在镜子里看到的、转瞬即逝的一瞥。

这个瞬间让阿莱克斯感觉诡异且不安。我们都在自己的头脑中创造了恶魔。唯一重要的区别或许是,谁让自己那头恶魔变成了现实。

人们拍打着他的肩头以示祝贺,阿莱克斯拖着沉重的脚步走向他的车。他低头一看,发现自己的衣服上沾满了血,以前从来没发生过这种事。他叹口气,为何什么事都会发生在我身上?我本以为学者应该过着无聊的生活。

哦,我现在可真想过过传统的英式无聊生活……

他刚坐好,后面的司机就按响了喇叭。这就是对其英雄行为的回报。绕过最后一辆旅游巴士,他终于看到开阔的车道出现在前方。阿莱克斯小心翼翼地给发动机注入氢气,让轿车的小飞轮旋转起来,逐渐加快速度。很快,他就将罗托鲁瓦抛到身后,开始穿越中央高原,马马库山脉的北端迅速从两边掠过。这条高速公路拥有所有新西兰公路最显著的特点,那就是坚决不走直线。开车需要谨小慎微地绕过"U"形险弯和陡峭的悬崖,间或从断崖上远眺棉絮似的广阔虚空。

新西兰在毛利语中叫作奥泰罗亚——长白云之国,这很容易理解。云雾缭绕的峰峦犹如躺在雾中休息的巨人。休眠火山两侧的坡地苍翠葱茏,滋养着郁郁苍苍的森林、欣欣向荣的草地,外加超过两千万只羊。如今,养羊主要是为了获取羊毛,尽管他知道,乔治·

哈顿和许多其他原住民仍然会时不时地吃点儿红肉，并且认为这没什么不妥。

这片土地遍布着蒸汽间歇泉以及隆隆作响的群山，驱车不多远，就会遇到哈顿众多小型地热发电站中的一座，每座都坐落在靠近岩浆矿脉的一条主根上。为这些地下资源绘制地图已经使乔治赚得盆满钵满。现在，之前努力留下的传感器网络帮了阿莱克斯团队的大忙，他们得以观测地核中正在发生的事。

并非所有人都期望勘查能带来希望。毕竟，如何摆脱一个重达万亿吨的不速之客呢？摆脱某个安然无恙隐藏在四千公里深的洞穴里的恶魔？肯定不能像毛利人安抚坦尼瓦（恶魔）……那样，拔下一根头发，把它扔进黑漆漆的水里。

不过，乔治依然想将工作继续下去，看看还剩多少时间，该由谁来负责。阿莱克斯要求乔治向他保证，万一他们真的找到罪魁祸首，找到那个疏忽大意的天才，在乔治亲手向他复仇之前，让自己和那家伙共处一小时，聊一个小时的物理。

想起他在罗托鲁瓦偶遇的那个可怜鬼——忆起那家伙哀伤但血腥的神情——阿莱克斯不禁怀疑，他们之中到底有没有人，真的有权做出裁决。

他总会想，自己在其他领域所受的教育也还过得去。比如，阿莱克斯知道，即使最壮观的山脉和峡谷，也只不过是这个星球的庞大身躯上的纹路和气孔。地球的外壳——玄武岩、花岗岩和沉积岩——只占其总体积的百分之一,总质量的百分之零点五。不过他也想象过地球无比庞大的内部,充斥着高密度和高热度的熔体。就这样。地质学就是这么回事儿。

只有真正研究一门学科时,你才会发现原来自己所知甚少。

为什么这么说?因为两个月前阿莱克斯还没听说过安德烈·莫霍罗维契奇[①]!

一九〇九年,这位南斯拉夫科学家使用仪器对克罗地亚某次地震产生的震荡波进行了分析。通过比较几个观测站点得出的结果,莫霍罗维契奇发现他能够像蝙蝠或鲸鱼一样,仅通过声音反射来探测物体。还有一次,他发现了一个薄层,该薄层后来以他的名字命名。但他一九〇九年听到的其实是地核的回声。

随着仪器的改良,地震回声定位显示出其他不连贯的边界,外加断层线、油田以及矿藏。截至本世纪末,穷途末路的跨国公司为寻找更深的矿脉、将辉煌的日子再延长些,不惜在高科技监听研究上投入数百万美元。

一幅图画就此形成,画面描绘的是不断变化的动态世界。当大多数地质学家继续研究地壳外层时,某些极富好奇心的男男女女把网撒得更深,超越了任何可期的经济回报的范围之外和之下。

---

① 安德烈·莫霍罗维契奇(Andrija Mohorovičić,1857—1936),克罗地亚地震学家。

这种“无用”的知识常常使人暴富——从乔治·哈顿的亿万家资就可见一斑。然而，阿莱克斯自己“实用”的计划，得到唯利是图的将军们的资助，最终却无利可图到百年不遇而又骇人听闻的程度。

这只是说明……他心想，你永远不知道生活为你准备了怎样的惊喜。

即使阿莱克斯承认他对地球物理学一无所知，哈顿的技术团队为了改进设备，也需要他的专业知识。重力天线采用超导波发生装置，就像他在伊基托斯使用的未获授权的黑洞仪一样。因此，他才能找出节省几个月开发时间的捷径。

与他人交流想法是件乐事……远离科学审理委员会那些疑神疑鬼的官僚们，打造前所未有的、激动人心的东西。不幸的是，每当他们一同欢笑，或者庆祝攻克了某个难关时，总会有人中途放弃，抽身离去，他们忆起事情起因，想到从长远来看，他们的努力可能是多么徒劳。阿莱克斯觉得，甚至其曾祖父母那一代，身处可怕的“冷战”核边缘政策时期，会不会也不曾感到过这种无助或绝望。

但我们仍需坚持。

他打开收音机，想听点儿音乐来分散注意力。但他找到的第一个电台只有新闻简报，而且用的是简化英语。

“现在，我们要播报的是更多关于里根空间站悲剧的新闻。两周前，这座美国空间站发生爆炸。俄罗斯驻联合国代表指责北美合众国利用里根空间站试验武器。俄罗斯大使表示他没有证据。但他也说这是最有可能的解释……”

这确实是最有可能的解释，阿莱克斯想，这就说明……没人说得准。

DEL古时候，“理智”意味着你的行为方式受到所处社会的认可，又符合该社会的准则。

上个世纪，某些人——尤其是具备创造天赋的人——反对这种不合理的负担，反对这种搞“平均”的做法。他们渴望保留自身的与众不同，有些人甚至走向另一个极端，信奉一种不切实际的观念，即创造力和痛苦密不可分，为了成就伟业，思想家也好，实干家也罢，都必须走粗暴甚至疯狂的路线。正如许多其他涉及人类心灵的神话一样，他们这种想法影响久远，造成了极大危害。

然而，我们终于开始认识到，真正的理智，与准则或平均毫无关系。只有当某些人开始触及最简单的问题时，新定义才会出现。

“所有类型的精神疾病，其最普遍特征是什么？”

答案是？几乎所有的患者都缺乏——

灵活性——若有明确的证据证明你是错的，能够改变你的观点或行动方针。

满足度——曾说过想要什么，若真的如愿以偿，能够感到满足，转而为其他目标努力。

推断能力——能够现实地评估自身行为可能带来的结果，且能够共情，或者说能够揣度别人的想法或感受。

这一答案超越了文化、年龄乃至语言的全部界限。当一个人能够适应各种环境，容易满足，能够较为现实地进行规划并与他人产生共鸣时，剩下的大多是生理化学问题或行为问题。更重要的是，这一定义允许较大程度地偏离常规——而这正是在旧有世界观的藩篱下受到压制的那种离经叛道。

到目前为止，一切顺利。这确实是一种进步。

但是，我必须问，在这种笼统的分类中，雄心究竟属于哪一类呢？说到底，我们依然是哺乳动物。可以设定规则来保证比赛的公平性，但没有什么能完全消除我们每个人内心的求胜欲望。

——《透明的手》，双日出版公司，版本4.7（2035年）【DEL超级访问代码1-tTRAN-777-97-9945-29A.】

外逸层

“……这是最有可能的解释。来吧，提克哈娜船长。你肯定不会被他们散布的那些愚蠢的封面故事欺骗吧？他们说美国在乌有乡进行秘密武器试验?”

特蕾莎耸耸肩，又一次怀疑自己的做法，当初为什么要答应佩德罗·曼内拉安排的这次午餐会面。“为什么不呢?”她回应道，“太空部长予以否认。总统予以否认。但你们新闻界还是照印不误呀。”

“完全正确!”曼内拉摊开双手，“政府做的这场戏非常奏效。这种策略让人佩服。一直大声否认你没做过的事情，这样一来，就没人会去探究你究竟做过什么了!”

他快速转动着手中的叉子，叉子卷上意大利面，漫不经心地从他的胡子底下塞进嘴里，特蕾莎瞪着他。为了对抗刚刚感觉到的头痛，她按了按眼睛上方的压觉点。塑料桌面在她的手肘下晃动着，摆放好的盘子和玻璃杯都在震颤。

“你究竟在说什么?”她恼火地、一字一顿地说出这句话,“要是你不说点儿我能听懂的话,我可要换一种语言了。或许你用新式英语能够表达清楚自己的意思。”

记者厌恶地白了她一眼。他精通九种语言,显然对这个英语和世界语杂交出来的试验品毫无好感。

“好吧,提克哈娜女士。我来给你详细说明一下。据我估计,你丈夫的团队在空间站远地点的平台上试验俘获黑洞。”

她眨了眨眼睛,然后大笑起来,“我明白了。**你疯了。**”

“我疯了吗?”曼内拉擦擦胡子,俯身向她靠过来,“想想看。虽然有几个地方获准进行黑洞学研究,但只有一个地方的研究人员可以得到特许,全力以赴创造出正常大小的奇点。而那只能是在环月轨道上。”

“所以?”

“试想一下,某国政府决定采取迂回战术,绕过国际合作的方式。如果他们想神不知鬼不觉地单独测试奇点,以便趁禁令尚未结束,在技术领域取得领先,那该怎么办?”

“可被逮住的风险——”

“的确存在,没错。然而,如果先将所有实验都安排在高海拔地区进行,直到大家都确信微型黑洞并无威胁,审理委员会再发放许可证,这方面的影响就会降低。看看可怜的蠢蛋阿莱克斯·拉斯蒂格身上发生的事吧，他在地球表面上偷偷抢跑，结果当场被抓。”

特蕾莎摇着脑袋。“你是在暗指美国在太空秘密从事非法研究。”她冷冷地说。

曼内拉露出不可一世的微笑，令人大为光火。特蕾莎下定决心，除了实质性内容，忽视任何揣测。

“我在暗指，”他回答，“你丈夫可能一直都在参与这样的项目，却怕招惹麻烦，从来没告诉过你。”

“说够了吧。”特蕾莎把餐巾揉成团，扔在桌子上。她起身要走，却发现那记者拿出几张色彩鲜艳的照片，把它们放在杯盘之间，于是她又停下脚步。特蕾莎的指尖摩挲着照片上贾森的面庞。

“这是在哪儿拍的？”

“去年的一次重力物理会议，在斯诺博德[①]。看到了吗？你可以看他的名牌。当然，他当时没有穿太空服……”

“你领结里装有秘密照相机吗？”

“在胡子里。”他说的时候表情严肃，特蕾莎差点儿信以为真。“我当时在寻找线索，想查出阿莱克斯·拉斯蒂格的下落，那时我还没有揭发他特殊的——”

特蕾莎把最后一张照片推到一边，“没有人还会相信照片这种东西，照片根本无法证明任何事。”

“确实如此，”曼内拉承认，“照片可能是伪造的。但这是一次公

① 位于美国犹他州盐湖城附近的一个非建制社区。

开会议。不妨给组织者们打电话。他是用本名参会的。”

特蕾莎思索着，“所以呢？除此之外，贾森还在研究地球重力场的异常现象，这些现象对轨道力学和导航至关重要。”因为这一点，特蕾莎自己也读了不少相关学科的书籍。

曼内拉用双肩做出回应，“与他们在黑洞理论会议上谈论的那种引力相比，地球磁场的强度要小二十个数量级。”

特蕾莎又一次瘫倒在座位上。“你真的疯了。”她重复道。但这一次，她的声音里少了几分坚定。

“好啦，船长。你是个成年人。别对我恶语相向。或者，至少保证你的恶言恶语用得贴切。你可以说我过分热心，或者爱出风头；甚至说我属于微胖一族。但当你知道我说的可能就是真相时，就不要说我疯了。”

特蕾莎宁愿看其他任何地方，也不想看男人那双眼神阴郁且锐利的眼睛。“你就不能少管吗！就算你的怀疑都是真的，他们也为此付出了生命的代价。他们伤害的只有他们自己。”

“还有纳税人，提克哈娜女士。我很惊讶，你竟然把他们忘了。也许还有你的太空计划。在漫长的调查过程中，你的太空计划会发生什么变化呢？”

特蕾莎的脸抽搐了一下，但没再说什么。

“此外，即使他们只伤害了自己，这能成为他们的老板违反国际法基本原则的借口吗？诚然，大多数物理学家都认为，黑洞仪制造出的东西,并不是真正的威胁。但在得到科学审理委员会的证实之前,因为《新技术条约》,这项技术仍被禁用。你和我一样心知肚明。”

特蕾莎想吐唾沫,“条约无异于沉重的负担,拖我们后腿——”但曼内拉不同意,打断了她的话。

“这是我们的救赎！你应该比所有人都清楚,条约的实行阻止了之前的种种危害。介不介意在没有保护的情况下马上走到外面去？我们的祖辈们甚至在今天这样的日子里也能这样做,而且毫发无伤。”

她朝餐馆涂着保护层的玻璃窗瞥了一眼。外面天气晴朗,万里无云。购物中心里,许多人推着婴儿车,享受着午后时光。但每个人都戴着太阳帽和防护镜,无一例外。

特蕾莎清楚紫外线的危害经常被夸大。就算在海滩上晒几天日光浴,也不会明显缩短普通人的寿命。臭氧层并未遭到极其严重的破坏。不过,她还是领会到了曼内拉这番话的重点。人类短视的行为将那层保护罩撕得粉碎,加速了沙漠的扩张和海平面的上升。

“你们美国人真让我吃惊,”他继续说,“你们强拉硬拽,将我们其他所有人拖进环保的领域。你们和斯堪的纳维亚人一直在讨价还价,直到条约最终签署……也许能够及时拯救这个星球的某些东西。

“然而,当法律和审理委员会各就各位,你们又成了抱怨声最响亮的家伙！像小孩一样,因为随心所欲的权利受到限制,就灰心丧气,大发牢骚！”

特蕾莎什么也没说，却在心里暗暗回应。我们想不到，该死的官僚居然那么多。

她个人也有牢骚，那就是埋怨审理委员会迟迟不批准新型火箭设计方案——研究，再研究，这种或那种推进剂，检测它们是否会产生有害气体或温室气体。在一个问题上拖泥带水，就只能眼睁睁看着机会溜走。

“这个世界太小了，”曼内拉继续说，“如今的繁荣建立在节俭的基础上，本就十分脆弱，犹如身处断崖，摇摇欲坠。阿莱克斯·拉斯蒂格虽是微不足道的小人物，却可能像浮士德那样将灵魂出卖给魔鬼，我致力于追捕这样的家伙。依你看，我为何要这样做？”

她抬起头来，“为了炮制头条新闻？”

曼内拉举起酒杯，“一针见血。但我的观点没有变，提克哈娜船长。那个空间站上发生的事确实不容小觑。我们姑且不谈其行为是否违法，只聊聊保密的问题吧。保密意味着不会受到监视和评判。而切尔诺贝利、兰伯顿和对马岛等一系列灾难，就是这样发生的。这也是为何——请恕我无礼——你的丈夫现在正以相对论的速度向射手座冲去。”

特蕾莎脸色苍白。她突然想起……并非贾森，而是格伦·斯皮维上校设法逃避作证的狡猾行径。斯皮维肯定知道更多内情，而他说出来的只不过是冰山一角。

哦，曼内拉确实很聪明，深知适时抛出自己的观点……而当对方挣扎着想要逃出他那该死的逻辑陷阱时,最好先静观其变。

特蕾莎深感绝望,她看不到任何出路。摆在面前的两条路都难如人意,但她却不得不选择其一。

她可以去找检察长,将这一切和盘托出。根据联邦法律和国际公约,她将免受惩罚。她的军衔、薪水乃至安全都会得到保障。

但检察长却无法保护她仅存的最珍贵的东西——她的飞行资格。不管怎么样,"他们"都会找个借口,阻止她重回太空。

曼内拉提供的另一个选择虽然没有挑明,但显而易见。她低声念出这个肮脏的词语……阴谋。

什么东西刮擦着窗户。她往外看去,发现某种生物正在光滑的玻璃表面上爬动—— 一只大虫子,形状怪异,让人毛骨悚然,直到她记起这是什么。

蝉。没错,网上流传着关于它们的故事。

十七年蝉的再次出现,让这座城市紧张起来。在记忆之外的久远时光里,每一代人都会在夏日见到这种昆虫。它们蜂拥而至,过着喧闹但按部就班的生活,它们成群结队地穿过树林,吵得人们难以入睡,最后的命运则是交配、产卵,继而死亡。这是一种令人讨厌的昆虫,但相当罕见,而且它们的再次出现恰逢其时,所以,华府经常把这当作一件大事,在学校里进行专门研究,在杂志上发表妙趣横生的报道。

只是今年出了点儿问题。

也许是水，也许是什么东西渗进了土壤。没人知道确切的原因……只知道当一些零散的蝉在地下蛰伏了十七个冬天，总算爬出来的时候，它们形态扭曲，病恹恹的，基因突变，垂垂将死。这让人们想起了癌症瘟疫，或者是二十年前卡尔辛基特的婴孩，并引发了可怕的揣测，担心类似的事情会再次发生在人类身上。

特蕾莎看着这只可怜却又可怕的小昆虫，看着它缓缓地爬进灌木丛……受害者，众多无名无姓的受害者之一。

“你想要我做什么？”她低声问那记者。

不知为何，她原以为他会露出微笑。但他很是善解人意，没有喜形于色，为此她感到满意，甚至有几分感激。佩德罗·曼内拉摸着她的手，表情真挚，这种真挚或许确实发自内心。

“你得帮我，帮我弄清楚究竟是怎么回事。”

DEL世界预言登记处非常荣幸地颁发我们的第二十五届预测大奖，以表彰在趋势分析、气象学、经济预测，以及检举揭发等领域取得的成就。此外，今年我们还将推出新的分类，这是近十年来的第一次。

一段时间以来，大家在网络上热烈探讨着登记处存在的目的。我们只是为了整理各路专家的预测，以便随着时间的推移，让那些准确率最高的人在某种程度上“取得胜利”吗？或者我们的目标应该设置得更加长远？

可以说，克服前路上的种种困难，抓住诸多机会，预测出一条通往成功的捷径，对人类来说，无疑是最具吸引力的事情。网络上的娱乐类杂志充斥着灵媒、占卜师、占星家和股票市场分析师们的预言，所有的这些都是为了迎合人类基本的梦想而产生的庞大市场的一部分。

为什么不——我们的一些成员曾经问过——拓展登记处的业务，将所有这些设想都记录下来，并予以评分，就像我们经常在学术范畴做的那样？至少我们可以提供一项服务，揭穿不懂装懂的江湖骗子。但也存在一种可能性，那些人中的大多数只想制造轰动效应和不切实际的幻想，这些潜在的预言家中真正成功的少之又少。

如果某个怪咖——不清楚如何或者为何要预测——却误打误撞发现了某种简单却很有前途的妙法或窍门，这种诀窍给他或她创造出一个极小的机会，使其克服前路上的艰难险阻，那又该如何是好？如今，考虑到世界所处的状态，我们能够承担得起忽视任何可能性的代价吗？

因此，适逢二十五周年纪念日，我们设立了“随机预言”这个新分类。该分类需要庞大的数据库存储，比其他所有类别加起来还要大。此外，跟检举揭发领域一样，我们将接受使用代号的匿名预测，以保护那些担心声誉受损的人。

那么，将你们的预言发给我们吧，未来的约翰们和诺查丹玛斯们……只是拜托，文字不要像他们的作品那样晦涩难懂。因为和其他类别一样，你们的部分分数将基于预测的明确性和可测试性而评出。

现在，将要公布的是趋势分析类别的荣誉奖……

——世界预言登记处【DELAyR 2437239.726 IntPredReg. 6.21.038:21:01.】

地　核

阿莱克斯很小的时候，有一次奶奶把他从学校接出来，去看生命方舟落成。将近三十年后，那个早晨的记忆仍然能让他找回孩提时代的那种好奇。

首先，在那个年代，一个成年人可能不会考虑派一辆黑色、烧汽油的大的士去克罗伊登接个小男孩，然后载他一路驶回圣托马斯医院——那家医院俯瞰着货运驳船排成长龙，沿泰晤士河顺流而下，途经国会大厦。礼貌地向司机致谢后，小阿莱克斯走了很长一段路来到医院门口，这样他就可以在水边闲荡，悠闲地看船了。暂时摆脱了校服和校园欺凌，他总算能够单独享受一小段与泰晤士河独处的时光，最后才转身走进医院。

不出所料，珍仍然忙碌，在她的研究实验室和诊所之间跑来跑去，更改了原先给两组助手下达的指令，但起到的唯一作用只是带来更多的混乱。来自整个大伦敦区的病人接受测试、刺激和拍片，以确定他们究竟哪里出了问题，阿莱克斯则安心地坐在实验室的凳子上等待奶奶。那时，珍还在从事临床医学工作，她常常抱怨，其他人诊断不了的病例，总被送到她这里。好像她就有办法似的。

实验室科学让阿莱克斯很感兴趣，但生物学似乎很模糊，有些散漫和主观。因污染、紧张和过度拥挤，十几种现代城市疾病影响着受试者，他看着受试者，不知道测试者如何能够得出结论。

幸运的是，一名技术人员拿着一沓纸来给他解了围，很快阿莱克斯就沉浸在了数学中，对他来说这简直轻而易举。那天——他后来清晰地回忆起——让他心驰神往的，是那个不可思议、错综复杂、精益求精的矩阵世界。

后来，珍一边脱实验服，一边喊他。她身材矮小，但看上去挺壮实。两人离开医院时，她牵着孙子的手，从高架自行车道旁的一个借还区域租了两辆自行车。

阿莱克斯本希望他们可以打车去。他向奶奶抱怨天气差、距离远，但珍坚持说，一点儿薄雾不会伤害任何人，而且他还可以借此机会锻炼身体。

那时，自行车尚未占据伦敦的大街小巷，刺耳的喇叭声和喊叫声此起彼伏，让阿莱克斯倍受折磨，但除了忍受也别无他法。跟上奶奶似乎成为生死攸关的严肃问题，直到最后，摄政公园的绿草地犹如一个热情静谧的避风港般在他们周围展现。

他们把自行车停在运河边上的一个售货亭旁，黑色的横幅软塌塌地悬挂在蓝绿相间的地球监察标语下方。示威者们站在不远处，眉毛上沾满灰尘，抗议方舟计划及最近那些为该计划铺垫的事件。一位头发湿漉漉的演讲者，正滔滔不绝地给游客们说着什么，他的激情此后仍在阿莱克斯的记忆中熊熊燃烧。

“我们的世界，我们的母亲，组成部分众多。每个部分——就像我们体内的器官，就像我们的细胞一样——都参与到协同作用中。每个部分都不可或缺，维系着循环与再循环的微妙平衡，正是因为这种平衡，我们的世界才能长久地作为承载生命的绿洲，即便身在死寂的虚空之中。

“若你我失去了自身的一部分，会发生什么呢？一根手指？一个肺？我们还期望能跟以前一样发挥功用吗？整具身体还能再次运转自如吗？那么，我们怎么能如此轻率地将我们的世界、我们的母亲肢解呢？

“地球的细胞，她的器官，就是共生于大地之上的所有物种！

“此时此地，伪君子们会告诉你们，他们正在拯救物种。但如何拯救呢？把剩余的部分切除，再放进罐子里储存？那我们或许也可以把酒鬼的肝脏切下来，放进机器里保存。为了何种目的？拯救的又是谁？显然不是病患本人！”

阿莱克斯望着演讲者，而他奶奶在买票。那天，那家伙说的大部分内容都让他感到迷惑不解。然而他依稀记得自己当时被那人的话深深吸引。那位演说者有着非同寻常的激情。相比之下,那些周日在演讲角口若悬河的人则显得苍白无力、荒唐可笑。

特别是其中的一段,他至今记忆犹新。那家伙向过路人伸出双手,好像在祈求他们的灵魂。

“……不可否认,人类带给世界智慧、感觉和自我意识。这本身是件好事。因为如果不通过大脑,盖亚要学会认识自己,还能依靠什么别的方式呢?这就是我们的目的——贡献出自己的器官——为我们充满生机的地球发挥积极作用。

“可我们做了什么呢?”

蒙蒙细雨时断时续,示威者眼睛上方的灰尘被冲下来,留下一道道污痕,他们抬手将其拭去。“怎样的大脑会杀掉它所隶属的身体?怎样的思维器官会将其他器官尽数毁灭?我们真的是盖亚的大脑吗?或许我们是毒瘤吧!没有人类,她的情况或许会好得多?”

有那么一瞬间,演讲者与阿莱克斯目光相接,似乎这些话是对他说的。阿莱克斯回望着他,同时感到祖母牵着自己的手,把自己从人群中拉走,穿过金属探测器和嗅探仪器,来到了内部相对安静的场地。

那天,似乎没有人对熊或海豹太感兴趣。非洲区几乎见不到游客的踪影,因为那片大陆几年前就已经宣布形成了稳定局面。大多数人认为,那里植物大面积枯萎的现象已经结束,至少在一段时间内如此。

经过亚马孙区时，阿莱克斯想停下来看看金狮绢毛猴，其广阔的活动区域用亮蓝色围栏勾勒着。那里还有其他不少蓝框区域。守卫有人类，也有机器人，留意着是否有人距离那些特殊标记的展品太近。

黄毛绢毛猴无精打采地看着阿莱克斯，在他经过时，跟他的目光相接。在他看来，它们似乎也明白今天活动的主题。

来到动物园新扩建的区域，人们已经散开，那里是为来自南亚次大陆的动物专设的。自然，他和珍错过了官方仪式。自从他认识奶奶以来，她老人家从来没有准时过。

不过，这其实并不重要。大批游客来此并非为了听演讲，而是来见证和了解那段历史，那段标志着又一座里程碑的历史。珍告诉他，他们在“忏悔”，他想这必然意味着她也是盖亚主义者。

直到许多年后他才意识到，将她视为盖亚主义者的，竟然达到数百万之众。

在他们排队时，太阳出来了。水蒸气从人行道升腾起来。珍给了他十英镑，让他跑去买一根冰棒，他及时赶回来和她会合，会合的地方恰好位于刚刚设置的新边界。

这个区域半数的展品已经用蓝线标出。一个月前这里还属于标准动物园的区域，现在则已经被划归到与以往截然不同的范畴，多名警卫在此来回巡逻。那种与世隔绝的密闭方舟尚未出现，分界线基本上还是象征性的。

当然,其他那些无家可归的动物尚未抵达。印度公园系统土崩瓦解,动物们无处存身,全世界的动物园都在争论,谁将带走其中哪些动物,这些动物目前仍处在检疫隔离之中。接下来的几个月,这些流离失所的动物可能单独或成对地抵达,再也看不到它们荒凉的家园。

油漆工刚刚勾勒出印度黑羚展示区的轮廓。这些长相像鹿的动物轻摇着耳朵,全然不觉所处的环境已经发生了变化。但在另一个展示区,一只雌虎似乎明白了一切。它在扩大的活动区域里来回踱步,尾巴嗖嗖地甩动着,用凶狠的黄眼睛反复扫视着围观的人们,然后迅速转身离开,发出低沉的咆哮。珍望着那只野兽,愣在原地,脸上浮现出的表情陌生而遥远,她仿佛望穿了时光,看到了遥远的过去……或者是隐约可见的未来。

阿莱克斯伸手指着那只大猫。虽然他知道理应为老虎感到难过,但老虎看起来是那样庞大,那样可怖,他跷起拇指,瞄准老虎,这样做带给他一种形式上的安全感。

“砰,砰。”他做出口型。

一块新名牌在阳光下闪闪发光。

生命方舟动物序号5345

皇家孟加拉虎

现今在野外已经灭绝

我们可以通过这些方舟获得它们的宽恕吗

总有一天

要让它们重返家园

“我查过基因库的数据。”珍说着话，却并非对他说的。她盯着深沟那边那头威风凛凛却又令人生畏的野兽自言自语：“恐怕我们会失去这个物种。”

她摇摇头，“哦，他们会储存种质。也许有一天，在最后一头死去很久以后……”

她的声音渐渐减弱，目光也移向别处。

当时，阿莱克斯并不太了解这一切的真正意义，方舟计划的目的，以及相关机构最终放弃拯救印度森林的原因，他只有模模糊糊的概念。他只知道珍很难过。他抓住祖母的手，默默地握着，直到她叹口气，转身离开。

即使数年之后，他离开家乡，去上大学，进入物理学领域，这种感觉依然萦绕在他的心头。他从她身上学到，如果不去解决问题，就会成为问题的一部分。一天天长大的阿莱克斯决心要有所作为，改变现状。

因此，他想方设法寻找生产廉价能源的方法。利用这些方法，不再需要挖掘、撕裂或荼毒土地。利用这些方法，能为数十亿人提供他们坚持要的电力和氢气，不再需要砍伐更多的森林。利用这些方法，不再需要向空气中排放有毒物质。

好吧，阿莱克斯最后一次提醒自己，我或许没能做到这一点。我或许百无一用。但至少毁掉地球的人并不是我。罪魁祸首是其他人。

这样的自我安慰让他感觉浑身不自在，也起不到任何作用。

不，他心里天人交战，但是那些制造贝塔的罪魁祸首——不管是团队、政府，还是个人——他们一开始也可能有着最纯粹的动机。

他们很可能跟我犯了一样的错。

阿莱克斯想起了那只雌虎，想起了它充满野性和责怨的双眼，缓慢却不休止的步伐。

那种渴求……

现在，他追捕的是更加致命的恶魔。但出于某种原因，那只大猫的形象却在脑海中挥之不去。

他想起那群印度黑羚，它们聚集在栏栅之中，连脸都朝着同一个方向，成群结队地寻求安全和平静，行为大同小异。老虎却不同，它们都是独居。极少数情况下，它们才会群居，这使它们变得更难存续。

物理学中也有类似的例子……印度黑羚就像那些被称为玻色子的粒子，都被归类在一起。但费米子则像老虎一样独来独往……

阿莱克斯摇摇头。多么怪异的沉思！为何他现在在想这种事？

嗯，有张珍发来的明信片……

其实算不上明信片——更像是一张快照，发到了他网上的一个秘密邮箱中。照片上，他的祖母显然还像以前一样精神矍铄，跟几位黑人男女，以及一头看上去像被驯服的犀牛的动物一起摆姿势——如果这种事真的可能的话。传输信号显示，它是从被世界遗弃的南部非洲联盟发来的。所以，珍仍然在搅动风云。

祖传的。他心想，讽刺地笑笑。

有人轻轻碰了碰他的肩膀，吓了他一跳。抬头一看，发现乔治·哈顿站在他身旁。

“好吧，拉斯蒂格，我来了。斯坦告诉我，下一个试运行开始之前，你有些东西要给我看。他说你把这些东西加进你的动物寓言集里了。”

阿莱克斯猛地一震，他的脑子里还想着生命方舟，“你说什么？”

“你知道的……黑洞、微型宇宙弦、调谐过的弦……”乔治搓着手假作期待，“那么，这次你有什么想法？”

“嗯，我之前一直是错的……”

“你也许还会错。所以呢？每次你犯错的时候，都会给人留下极其深刻的印象！那快来吧。让我看看最后的圆环、套索、绳圈，或者……”

他的话音逐渐减弱，瞪大眼睛看着阿莱克斯的全息槽里展现的东西。乔治叹道：“博哲莫伊(我的神啊)！”阿莱克斯知道，这种表达方式绝对不属于毛利语。

“我叫它‘奇点结’。”他回应道，“这名字很贴切，你不觉得吗？”

这个蓝色的东西确实很像某种结——戈耳迪乌姆之结跟童子军双套结之间的关系，就像宇宙飞船与爆竹的关系一样。这个扭曲的球状物不停地运动着——圆环不断从球体表面跳出，然后又迅速缩回——让阿莱克斯想起愤怒的蠕虫团成的球。波动的球体放射着耀眼的光线。

“我……我猜那东西是用……弦做成的吧？”乔治问道，又把接下来的话咽了下去。

阿莱克斯点点头，“猜得好。在你提问之前，没错，它们正在相互接触，却没有重新联结，继而消散。想想中子吧，乔治。一旦脱离原子，中子不可能长时间存在。但如果置于原子内部，比如说，氦原子核，它们几乎可以永久存在。”

乔治认真地点点头。他伸手一指，“看那里！”

圆环从那动荡的物体中跃出，大多在快速搏动和挥动，之后就被拉了回去。但现在，一根弦比平常伸得更远，自己交叉并越过了节点。

亮光一闪，它被烧得松脱了，飘离主体。从整体脱离后，获得自由的圆环很快又重新缠绕起来。伴随着又一次闪光，圆环重新联结，取而代之的是两个小的圆环，接着是四个。很快，叛逃的弦结束了匆忙的分裂和自我毁灭历程，彻底消失。

在他们的注视下，另一个圆环以同样的方式将自己切断，渐渐消失。然后是下一个。“我想我明白了，”乔治说，“这个东西也注定会自我毁灭，就像微型黑洞和微型弦一样。”

“说得对，”阿莱克斯说，“正如黑洞是零维引力奇点，宇宙弦是一维奇点，这种结则是时空中的不连续点，可以在三四……个维度中扭曲。至于它可以在多少个方向上打结，我还没有算出来。如果在宇宙起源时真的产生了较大的结，我甚至无法想象会出现怎样的宇宙学效应。

“这三种奇点的共同点在于——因太小而无法存续。小的奇点结跟微型宇宙弦或微型黑洞一样不够稳定。它会消散——在这种情况下，它会释放出更小的弦环，这些弦环因能量消耗而分解。”

“那么，”乔治问，“你现在认为，这就是你在秘鲁用黑洞仪制造的东西吗？”

“没错，的确是。”阿莱克斯摇摇头，连他自己都难以相信。然而，没有其他模型能如此精确地解释当时伊基托斯的能量读数。也没有模型能很好地预测他们上周观测到的质量和轨道数据。在不清楚理论是否可行的情况下，他竟然能够制造出这样的东西，这仍然让阿莱克斯感到惊讶。但它就在那里。

两人沉默了好一会儿。

“这么说来，现在你拥有一个有效的模型，”乔治最后说，“起初，你以为你投进地球的是个黑洞，然后以为是调谐过的弦。现在，你称之为结……但它仍然没有危害，正在消散。”

哈顿转过身，注视着阿莱克斯，“这仍然不能帮助你解释贝塔，对吗？你依旧不明白，另一个恶魔为何状态稳定，自给自足，能够不断增大，蚕食地球的内核，是吗？”

阿莱克斯摇摇头，“哦，它确实是个结，某种奇点结。至于类型……这就是我们今天要开始搞清楚的事情了。”

“嗯。”哈顿的视线投向地下室的另一端，越过正在待命的技术人员，落在那台微光闪烁的新谐振器上。这台仪器是按照阿莱克斯和斯坦·戈德曼研发的设计规格新近制造的，现在已经调试完毕，准备朝下、朝地球内部发射重力探测光束。

“我很担心可能会引发地震。”乔治说。

“我也是。”

“但冒险势在必行，不是吗？没关系，拉斯蒂格。来吧，下命令。直面那东西，让我们看看它会如何回应。”

阿莱克斯向斯坦·戈德曼挥挥手，后者守在谐振器旁边，他眼珠转动着，匆匆祷告完，接着按下主定时开关。当然，地下室里的所有人都没真正听到连贯的重力子通过超导天线向下发射的声音。不过，他们可以想象。

阿莱克斯怀疑，其他人是不是也在听回声，甚至担心会听到些什么。

世界长期解决方案特殊利益小组【DELSIG AeR,WLRS 253787890.546】,对今天的新闻查询进行随机抽样。【DEL仅概要。如需扩展版本,念号码或按下索引符号。

54891）“经过这么多年,为什么他们还没有弄清楚如何从海水中分离出有价值的元素？这一定是矿业公司的阴谋！有何高见？或者有什么能供我查阅的参考资料？”

54892）“我年幼时,那还是二十世纪,就一直听说核聚变能源——说有朝一日,它将如何提供廉价、清洁、无限的能源。他们说,付诸实践‘只需’二十年左右,但那已经是六十年前的事了！有人能找到这方面教学视频资料的索引吗？这样我这种外行就能知道最新进展了。”

54893）“我听说在缅甸和魁北克,允许被定罪的杀人犯选择以肢解的方式被处决,这样他们的器官就可以继续活在别人体内。有个家伙百分之八十七的器官还活着,他们对他的回收简直太彻底！是否有人能追溯肢解这个概念的起源？死刑从何而止,重罪犯的永生从何而始？”

54894)　“为何不向大气层发射大量尘埃来阻挡阳光，以对抗温室效应呢？就像一九〇九年寒流到来时，火山喷发造成的效果一样。最近，我发现了一大堆关于所谓‘核冬天’的资料，二十世纪的人们都担心那会发生。当时世界充斥着核武器，也许是很可怕，但现在，我想我们可以利用一下这种‘冬天’！谁有兴趣就此问题开个分论坛吗？”

54895)　“为何要抛弃那些植入脑机的人，他们唯一的侵权行为就是自我保护？他们的确跟虱子没什么两样，但进化究竟处于什么阶段呢？我建议让他们自生自灭，别再把治疗药物强加给快乐至上的人了！”

54896)　“我公司的验血结果显示，在微量氯化物导致细胞弱化方面，我的基因敏感性比平均水平高出百分之三十五。老板要我停止使用公共泳池，否则就停了我的超级保险。她能用公司体检的结果限制我在业余时间做什么吗？有关于这方面的公共法律课程吗？”

54897） “听着，有人觉得自己错过了什么吗？我是说，我也不能完全确定，但……你是不是感觉有事情发生，却没人告诉你究竟是什么事？我不知道。我就是无法摆脱这种感觉，感觉发生了什么事……”

岩石圈

比斯开湾闪烁着蓝宝石般的光芒，那颜色就像洛根记忆深处黛西·麦克伦农的眼睛一样。他乘着潮汐电力公司的迷你齐柏林飞艇快速向南航行时，这种微妙的色彩浓淡变化让他再次倾倒。水系之美那样清澈、静谧、纯粹，但埃里克·索维尔手下工程师们的一意孤行，让这一切彻底改变。

索维尔坐在洛根身旁，前面则是飞艇驾驶员，他用手比画着这片壮丽海景的轮廓。“我们的淤泥搅拌机已经排布在方圆八百平方公里的海湾中，这里是海底沉积物最丰富的地方。”他对洛根说，提高嗓音，稍稍压过发动机轻微的嗞嗞声。

“你能直接从圣保拉拦河大坝获取电力吗?”

“没错，圣保拉的潮汐发电机将通过超导电缆为搅拌器供电。当然，多余的电量都会输入欧洲电网。”

索维尔三十出头、高大俊朗，毕业于巴黎综合理工学院，是这次大胆的双重冒险计划的首席设计师。几周前，他并不欢迎洛根的初次来访，但当这个美国人提出了改进主发电机基座的建议时，他改变了主意。他一直催促洛根回来完成后续工作。这项顾问任务酬劳丰厚，新奥尔良的合伙人坚持要洛根接受。

至少这趟旅程比上次取道毕尔巴鄂的惊心动魄的卡车之旅舒服得多。那一次，洛根只见到过潮汐拦河坝本身——这道堤坝贯穿巴斯克海岸的“V”字形缺口，但尚未完工。从那时起，他对这种大胆的水利工程有了更多了解。

大西洋潮汐借着风力和引力的双重推动，在法国和西班牙交界处交汇，于这一带的海岸线上达到极大强度。洪流每天两次涌入伊比利亚海湾，使其他发电机获得了千兆瓦的电力，却不会给大气增加一克碳，也不会向大地排放几克毒素。这些能量来自一种几乎取之不尽的能源——地月系统的轨道动量。从理论上讲，这是环保主义者的梦想——终极可再生资源。

但是试试将这些告诉那些示威者，那些波尔多的示威者。

今天早上，他前往旧日阿卡雄海湾的泥滩，参观了那里已经就位的设施，附近的加隆河和多尔多涅河流经世界上最好的葡萄酒产地。阿卡雄潮汐能水坝目前为法国西南部大部分地区提供清洁能源。仅去年一年，这里就遭到三次轰炸，其中一次还是一名自杀式飞行员驾驶着手工制扑翼机轰炸的。

像过去十四年一样，示威者们挥舞着横幅和象征着地球母亲子宫的圆球，在发电站门前走来走去。这年头，即便是无污染的发电厂——从宁静的月球轨道汲取能量的发电厂——似乎也注定会有反对者。抗议者们哀悼曾经的湿地，那里曾被某些人视为毫无用处的泥滩，却是无数海鸟觅食和安居的地方，如今变成了咸水汹涌澎湃的浑浊堰塞湖。

接下来是埃里克·索维尔的项目的另一半，这一半更具争议性。“你的离岸叶轮会扬起多少沉积物？”洛根问项目经理。

“每天几吨而已。事实上，海底沉积物如果能够很好地分解，需要被挖出的量就会少得令人惊讶。一千个叶轮应该能提供足够的养分，来模仿智利海域洪堡洋流的施肥效应。当然，它比洋流更加可靠。我们不会受到气候变化的影响，比如厄尔尼诺现象。

“初步测试表明，我们将创造出浮游植物数量暴增的效果，覆盖半个海湾。光合作用会……如同火箭般飙升，这样表达是对的吧？”

洛根点点头。索维尔继续说道：“浮游动物吃浮游植物。鱼和鱿鱼吃浮游动物。然后，在靠近海岸的地方，我们计划建一个大型海藻森林，外加一个水獭聚居地，用来保护海藻森林，以防饥饿的海胆……”

听起来，这一切好到令人难以置信。不久，比斯开湾的凤尾鱼产量或许就能与东太平洋的产量相匹敌。目前，相比之下，下方那明亮的水域就像俄克拉何马州微光闪烁的沙漠一样贫瘠。

当然,这就是索维尔如今对于海湾的看法:它如同广袤湿润的沙漠,一片荒芜,却孕育着巨大的潜力。仅仅通过挖掘海底沉积物来滋养食物链底层——漂浮于水中的微小海藻和硅藻——生命金字塔的其余部分就会繁荣起来。

如果提供水,干燥的沙漠也会生机勃勃。我想,湿润的沙漠要做到这一点,只需悬浮尘埃。

只有我们知道,不是吗?如果灌溉方式不合理,会对土地产生多么可怕的影响。如果我们这次忘记了什么,那么付出的代价会是什么呢?

洛根爱沙漠,却又是沙漠的死敌。他知道,荒凉的美往往诞生于空虚之中,而生命,蓬勃发展的生命,有时会带来一种丑陋的尘俗之气。

所以才会有这样的改变——鸟类群集的湿地变成死气沉沉但弥足珍贵的能源生发地……生气皆无的美丽海湾变成足以养活数百万人的肥沃海洋丛林……

他希望有更理想的解决方式。

嗯,就像某些激进派提议的那样,我们可以在世界范围内强制实行优生政策——每对夫妇只生一个孩子,有任何暴力行为的男性都要接受结扎手术。这样的确可行……尽管未来数十年内对人口或行为的影响有限。

或者,我们可以更严格地执行水的定量配给。将能源消耗降低到每人两百瓦……尽管这样做也会扼杀全球范围内的信息复兴。

我们或许可以让所有的飞艇航班停飞，终结旅游业的繁荣，再次回归地区孤立主义。这将节约能源，好吧……而且也几乎肯定能终止维持和平的、日益兴盛的国际主义。

或者我们可以推行严格的回收政策，直到最后一片纸、一片锡箔被回收。我们可以减少四分之一的热量摄入，减少四成的蛋白质摄入……

洛根想起女儿，将所有支持激进派的短暂诱惑抛到一边。他和黛西很负责地只生了一个孩子，但最近，洛根甚至不太确定生一个是否是对的。克莱尔这样的人，能为世界解决更多痼疾，而因她活在世间造成的不良影响却微乎其微。

最后，问题归结到基本。

没人能减少我孩子的蛋白质摄入量。只要我还活着，就会阻止这种事情发生。不管黛西怎么强调“解决”问题的做法是徒劳的，我都会继续尝试。

这意味着要帮索维尔，即使这片原始的海洋沙漠不得不被成团的淤泥、藻类以及数量庞大的鱼类充斥。

水面上耀眼的阳光准比他想象的更加强烈。洛根的双眼产生了奇怪的感觉。一道幽灵般的晶莹光亮似乎改变了空气的形态。他突然间陷入呆滞，眨眨眼睛，凝视着海平面，这海面比任何虹膜阴影更令人着迷。它若隐若现，向他逼近，犹如情人般将他攫住，使他心醉神迷,无法自拔。

洛根感到后背直打寒战。他想知道,微生物是否也能怀着突如其来的敬畏,凝望着巍然而立的魂灵。

他恍然大悟,先前的感觉并非主观的!迷你齐柏林飞艇在震颤。洛根如梦方醒,将目光从几乎将他催眠的大海移开,他看到飞行员揉揉眼睛,拍打着耳机。埃里克·索维尔则用法语对她喊着什么。当她回答时,索维尔的脸变得煞白。

"有人蓄意破坏了发电站,"他大声告诉洛根,让嗓音盖过噪声,"爆炸了。"

"什么?有人受伤吗?"

"显然没有重大伤亡。但是他们摧毁了一个锚塔。"

索维尔说话时,那种诡异的效果逐渐减弱。洛根眨眨眼睛,"情况有多糟?"

工程师耸耸肩,这个动作意味深长,"我不清楚。所有人似乎都在某种程度上受了影响。就连我刚才也感觉到了什么——或许是爆炸产生的次声波。"

索维尔向左侧过身子,凝望着什么,"现在进入视线范围了。"

起初,很难看出发生了什么。没有滚滚浓烟。俯瞰圣保拉湾的倾斜支架并未警报长鸣。海岸两侧那些尚未完工的能源储存设施看起来和洛根记忆中也没什么两样。

这个峡湾似的小海湾最初是海岸线上一个挺宽的缺口，随着它向内陆深入，缺口逐渐变窄。在指定的地点跨越海湾，便会发现几排独块巨石，很像灰色的军事掩体，巨石由一座柔性坝彼此相连。每天两次，潮汐会顺着这个天然漏斗上涨，越过那些巨石屏障，在此过程中驱动涡轮。然后，月亮和太阳再次把水抽走，潮汐又会再走一遭。周而复始，潮涨潮落，该系统不需要源源不断的煤、石油或铀，也不会泄漏出有毒废物。零部件更新是仅有的持续性成本，电能则是唯一的产物。

洛根扫视发电塔和发电机机座。他发现自己的一两个建议已经付诸实施。显然，修改方案奏效了。不过，目前为止，他还是没有看到任何损毁的迹象。

“那边！”索维尔指着大坝的另一端。救援车上的闪光灯闪烁不停，马格努斯飞行器和警察直升机在周围的山坡上搜寻。他们的飞行员反复回应着对方身份确认的要求。

洛根寻找着暴力行为的蛛丝马迹，但既没有发现烧焦扭曲的残留物，也没有发现熏黑的残骸。索维尔倒吸一口冷气，摇着头说：“我没看到……”

索维尔抬手一指，洛根朝着他指的方向望去，不由得瞪大眼睛。岸边竖着一座新塔，高度堪比五十米的建筑用起重机。其前端耷拉下来，载着沉重的货物。

靠近后洛根才注意到，塔尖上布满细长的绿色带子——海藻。

他意识到，下垂的尖端上竟然吊着一个人！这“塔”根本不是什么塔，而是潮汐大坝的重要组成部分……海岸线上的锚臂。是水平构造。至少，它本该呈水平状态。设计该结构的目的，是抵御大西洋猛烈的风暴，它一直平放在水里，直到……

“一塌糊涂！”索维尔咒骂道。有某种力量把锚臂像小孩玩具一样直立起来。他们目睹救援车辆驶近营救那名悬在空中的潜水员，并通过无线电确认没有其他人受伤。还能听到救援人员发牢骚，说根本没发现所谓炸弹的踪迹！

洛根越来越怀疑，他们永远也找不到什么炸弹。

他没有笑。对东道主而言，这样做很不礼貌，他们的工作已经耽搁了数天，甚至是几周。但他还是摆出一个严肃的微笑，谨慎的人遇到真正的意外时，脸上就会挂着这种笑容。几周前，他调查西班牙发生的那几场古怪的地震，以及神秘失踪的钻机时，也曾有过现在的异样感觉。洛根在心里记下，只要他们一上岸，他就会立即查询世界地震数据库。或许，这次的事件跟前几桩怪事也有联系。

某种闻所未闻的东西已经来到这个世界。关于这一点，他现在确信无疑。

DEL

北美大草原下面有个巨大的蓄水层。奥加拉拉蓄水层绵延于十几个州的地下——这个浩瀚的暗湖，蕴藏着纯净甘甜的地下水，随着三个冰川期的此来彼往，流入岩石的缝隙。

对于首批发现奥加拉拉河的农民而言，这准像是天赐的礼物。即使是那时候，太阳也常常炙烤着俄克拉何马和堪萨斯，雨水变化无常。但是，钻井只往地下钻一小段，就会发掘出水晶般纯净的生命之源。很快，周而复始的灌溉将干枯的草原变成世界上最富饶的粮仓。

日复一日，年复一年，奥加拉拉蓄水层似乎像亚马孙丛林一样取之不尽，用之不竭。即使众所周知，水面每年下降几分米，却只能恢复几厘米，农民们也没有改变原有的计划，继续开掘新的水井，或者安装抽水速度更快的水泵。可以肯定的是，从理论上讲，他们知道蓄水层并非永不枯竭。但是理论无法偿还银行贷款，不能确保你今年有个好收成。奥加拉拉蓄水层成为无人保护的公地，悲剧早已注定。

因此，本世纪初叶，美国中西部注定难逃又一场小规模的水资源战争。然而，尽管民怨四起，伤亡人数却比拉普拉塔骚乱或尼罗河浩劫都少。这很可能是因为，等到争夺奥加拉拉蓄水层的战斗完全打响时，那里除了到处可见的潮湿孔隙，几乎没有什么值得争抢的了。

那些褐色的圆形地块曾短暂见证过上天的恩惠。如今，一台台锈迹斑斑的灌溉设备，以及一扇扇空屋的窗户都已蒙尘。

风沙，紧随灰尘的脚步而来。

外逸层

一闪一闪亮晶晶……

重回太空的首次航程，尽管心有余悸，特蕾莎还是告诫自己保持冷静。她经常检查，但信号始终稳定，大陆也没有明显移动。她的老朋友，星球们，按她记忆中的位置排列着。零星的路标提供了坚定不移的承诺，那也是她始终依赖的东西。

满天都是小星星……

“骗子。”她指责它们。因为它们的诺言已经有一次未能兑现。在经历了她所经历的一切之后，谁能确定这些星座不会选择再次变成液体，熔化，流动，甚至与她内心的混乱融为一体呢？

“什么，妈妈？你说什么了吗？”

特蕾莎发觉麦克风没关，而自己一直对着它大声说话。她向外面瞥去，远处穿着宇航服的身影正爬过钢构网格和纤维状塔架。距离太远,他们的面孔无法辨认。

“哦,抱歉,”她说,“我只是……”

又一个声音打断她的话:“她只是在咯咯叫,确保她的鸡宝宝们安然无恙。对吧,妈咪?”

她熟悉那嗓音。对于舱外活动小组而言,或许有一种传统,称值班宇航员为“爸爸”。如果值班宇航员跟她一样是女性,则会被称为“妈妈”。但只有马克·兰道尔有胆量在公用线路上叫她“妈咪”。

“行了,兰道尔。”这次说话的是格伦·斯皮维上校,他打断了两人的闲聊,“有什么事情发生吗,提克哈娜船长?”

“嗯……没有,上校。”

“很好。感谢你继续监控我们,不出声就行。”

特蕾莎猛捶自己的大腿。该死的家伙!斯皮维式的礼貌能毁掉所有好心情。她将麦克风从嘴边挪开,以免下一次又无心说出什么,再次引起那个讨厌鬼的注意。

我有点儿反常,她知道。在公用线路说些无关紧要的话,绝非她的风格。但是,窥探者活动和叛国行径也跟她毫不沾边。

她望了一眼自己的左膝。她放在那里的微型记录仪,恰好藏在视线之外,通过一根勉强能看清粗细的纤维,跟飞船的主计算机相连。做这事儿易如反掌。所需的仪器都置于“普雷亚德斯号”上。只要稍微修改一下设置,她小小的数据存储装置就能通过狭窄的数据窗口进行窥探。

这次执行的是建筑任务，显然有助于她的行动。兰道尔、斯皮维以及其他人都在舱外，监督机器人们建造乌有乡二期，她可以一个人留在飞船内，独自待上几小时。国防部希望新的空间站尽快完工，他们只要在里根空间站未受损部分的基础上，加上备用零件和重型助推器就行。

“国家安全”始终是优先考虑的问题，这确实是个优势。这场灾难不会像“挑战者号”事故或兰姆伯顿事件那样，导致所有太空活动陷入瘫痪状态。另一方面，其他项目均因此被取消。在很长一段时间内，非官方的太空探索都会受到影响。

置身于黑暗之中，特蕾莎望着宇航员们有秩序地拆卸一个巨型货物升降机——庞大的火箭被卸开，就像怒放的花朵。宇航员们犹如旧时屠宰场的屠夫，吹嘘说“除了尖叫外的一切部件”，他们都能为之找到用途。跟美国宇航局首次尝试组装完整的空间站时相比，这回的操作方式大相径庭，令人难以置信的是，所有部件都是从微型太空舱和网格结构上取下来，再拖到飞船内部轨道的。

尽管对仓促的进度不满，但整个施工团队毫无例外地选择她做“妈妈”，让她从“普雷亚德斯号”的控制甲板上监控他们。涉及船员人身安全的问题，管理层不敢与宇航员工会叫板，因此，特蕾莎总算摆脱了脱口秀巡演的命运。

好笑的是，在其宇航生涯中，她第一次发现自己全神贯注于其他事。当然，她还是完成了应该完成的任务。因为其他宇航员都指望着她，所以她进行遥测读数时一丝不苟，确保她的“小鸡们”都安然无恙。然而，特蕾莎仍然不断转过身来，透过后舷窗望向地球。让她分心的并非这颗行星的美丽，而是一种紧张的期待感。

美国宇航局的心理学家警告过她，在某次任务遭遇麻烦后重返太空总会遇到这样那样的困难。但事实并非如此。特蕾莎深知，重新上路至关重要。她对自己的技术充满信心。

不，她不断望向地球，因为她发现了最初的征兆。那些怪异的光学效应，很大程度上会被心理学家们斥为压力过大产生的幻觉，但上次事故发生时，恰恰是类似效应瞬间对她发出了警告。

别那么紧张，她告诉自己，*如果曼内拉是对的，那种事情就不会再发生了。在他看来，某次愚蠢的操作失误，导致一个微型黑洞在远地点实验室被释放出来，将乌有乡撕成碎片。不管他们捣鼓的那个拼拼凑凑的装置是什么，想必它是在突然间爆发了全部能量。*

根据这个推论，是奇点的一次爆发，通过某种未知的方式，将空间站的第一批工作人员——或者他们残余的部分——带到了群星之间。

她第四十回试图搞清楚，他们是如何做到的。看在老天的分上，怎么能有人在太空中制造并隐藏一个黑洞——就算是微型的——还神不知鬼不觉呢？控制一个最小的黑洞，也需要一座小山的质量，还要保持低温。将这种物质拖进近地轨道不可能不被发现。不，这东西应该是利用黑洞学——关于某些量子谬论的新科学，四十年前所有人都对该领域一无所知——制造出来的,正是利用这种科技,那些愚蠢的家伙以真空本身作为原材料,制造出了足以扭曲空间的坑洞。

黑洞学。尽管浏览了一些科普读物,特蕾莎对这个领域依然知之甚少。谁又是这方面的行家呢?

哦,贾森,显然是这样。她曾认为,他绝不会对她说谎。这只能说明她对人的了解实在有限。

最让特蕾莎感到吃惊的是,在地球拥挤不堪的外大气层,斯皮维及其同谋居然能隐藏这样的庞然大物。没错,远地点实验室已经被隔离开来。要到达那里,需要连续搭乘两次二十公里的电梯。

不过,怎样才能在近地轨道上隐藏质量达十亿吨的物体呢?就算被压缩得极其微小,其存在也会干扰整个空间站的轨道。每次前往乌有乡执行任务,她都能从数据读取方面的细微差别看出端倪。不,曼内拉准是错的!

接着她想起,"普雷亚德斯号"执行完那次旷日持久的艰巨任务后,刚刚返回地球时,那些穿着浅蓝色制服的国防部人员就将所有记录扣留。特蕾莎本以为是为了进行事故分析。但不知何故,这些数据从未公开。

她在心里列出驾驶员确切判断顶端设施质量的方法,前提是所有的飞船都停靠在下方较远的位置。能够想到的方法少得惊人。

如果……她思考着。如果每次去乌有乡,飞船操作参数都被提前调整过，惯性制导装置也被事先更改了呢？

这不会花太多时间，她认定。比欺骗更加糟糕的是，擅自更改导航系统，且不对驾驶员说实话，故意让他们给出错误的读数，这无疑是极其没有原则的行为。

但这是有可能发生的。毕竟，她只会看到她期望看到的东西。

这一想法令她感到震惊。这话可没法对工会代表说！

接下来的一个小时，特蕾莎多次接到工作组打来的电话，经过计算，她为他们纠正了一些错误，并引导一名偏离轨道五度的女宇航员及其机器人回到正轨。再次检查修改过的程序后，她目送该宇航员及其负载部件返回了空间站。然而，与此同时，她的头脑中天人交战，充斥着支持和反对该设想的论据。

“他们根本没可能侥幸逃脱！”她一度脱口而出。

“妈妈，你说什么？”

搭腔的又是马克，通话时，他正在操作现场解开大卷的超强光谱纤维。

“这里是‘普雷亚德斯号’。嗯，没什么。”

“我分明听到你说——”

“我——正为航天日的才艺表演抓紧练习呢。我们要演《巴斯克维尔的猎犬》。”

“很欢乐的戏。提醒我把票扔了。”

特蕾莎叹了口气。

至少,这次斯皮维没有插话。想必他无暇分神。

“他们不可能侥幸逃脱。”彻底关掉麦克风后,她又低声咕哝了一遍。

“即使他们能骗过‘普雷亚德斯号’,让它给出错误数据……”

她没有说下去,突然多疑到无法再说出口。

即使他们能骗过“普雷亚德斯号”,骗过我,让我们忽视数十亿吨的多余质量,却不可能靠伪装瞒过细心观察者的眼睛……其他太空强国不可能视而不见!他们全都密切监视着美国的每一颗卫星,就像我们监视这里的每一个人一样。曼内拉谈及的重大异常现象如果真的存在,他们绝对会留意到。

特蕾莎感到如释重负……觉得自己很蠢,竟然没有早点儿想到这一层。曼内拉编的故事实在荒谬。斯皮维不可能将奇点黑洞隐藏在远地点实验室。除非……

特蕾莎突然又感到一阵寒意袭来。除非所有的太空强国都有份参与。

这一猜测确实有迹可循。比如,先前俄国人指责美国进行武器试验,但态度温和,敷衍了事,之后再未提及。或者大国之间早有君子协议,不公开超过三个的轨道参数的有效数字。

“所有人都视公约于无物!”她低声说,心中充满恐惧。

现在她明白了,为何曼内拉如此坚持要她帮忙。天上可能还有更多要命的东西!据她所知,狮子座和月亮之间半数的空间站都有可能存在奇点黑洞！她的微型记录仪里的数据或许是追踪它们的关键。

她开始意识到自己的处境何其艰险。尽管科学法庭对某些空间技术施加限制的行为让特蕾莎深感不满，但她怀疑，如果没有科学法庭，如今的世界会变成何种模样。很可能只剩残垣断壁。那么，她真的敢帮曼内拉揭露丑闻，让整个体制土崩瓦解吗？

毕竟，她想，斯皮维那帮人并未非完全无视这项禁令。他们将他们制造出的恶魔置于此地，在这里……

她又一次猛拍大腿。

……在这里，它使她的朋友们、她的丈夫死于非命……还让太空计划倒退数年！

特蕾莎双眼湿润。她紧握拳头，不断地猛捶大腿，直到疼痛变成模糊、悸动的麻木。“混蛋！”她重复着，“你们这些不要脸的混蛋。”

就是因双眼充满悲伤，特蕾莎甚至没有注意到突如其来的彩色波纹席卷了整个船舱，瞬间让原本灰扑扑的物体着上光谱冒泡般的绚丽色彩，然后又迅速消失不见。

舱外，在不断增长的钢梁和缆索中间，一两个工人眨动着眼睛，因为那些涟漪短暂地影响了周边视觉。但他们训练有素，只知道专注于工作，因此几乎没有注意到这种异象的短暂来去。

然而，在特蕾莎膝旁，那个小盒子不出一声、公正客观地记录下了一切，把飞船上所有仪器灌输给它的数据照单全收。

第 四 部

行 星

这颗行星只环绕其恒星公转了十亿次，就拥有了几个不一般的特征，远远偏离寻常。

首先，其姊妹行星均不具游离氧。但不知为何，这颗行星却获得了富含灼热气体的包层。仅这一点，就表明某些奇妙的事情将会发生，因为如果没有源源不断的补充，氧气就会迅速耗尽。

而且，这颗行星的温度异常稳定。冰盖偶尔会扩张，然后在耀眼的阳光下退却。但随着冰盖的每一次进退，一些物质会引起热量的积累或散失，达到守恒，波涛汹涌的海洋得以保留。

这些海洋……覆盖了行星三分之二面积的液态水……其他环绕太阳的行星均不具备这种特性。然后是酸碱平衡——正常的酸性环境急剧向碱性环境偏移。

能列举出的远不止这些。它在很多方面偏离寻常，但又如此稳定，如此恒常。这些特性奇奇怪怪，让人难以接受。

这些也是生理机能方面的特性。

DEL所有在干热的环境下，在土壤被吹走之前，设法栽种高粱的努力谋生的农民们，这里有几则过去的小笑话送给你们。毕竟，如果无法对遭遇的麻烦一笑置之，那只会让它们占据上风。

“昨天，我一不小心把我最好的链子掉进院子的裂缝里了。今天早上，我去看能不能把它捞出来。可是天哪，我还能听见它一直往下坠落发出格格的响声呢！”

我在一本笑话书里发现了这则笑话，它能追溯到一百多年前的首次沙尘暴时期，出自中西部的草皮工人之口。(哦，是的，存在首次沙尘暴的说法。必须的，不是吗？)这些珍贵的资料由“联邦作家计划”[1]于二十世纪三十年代收集……我猜这是其网络存储版本。这里还有更多笑话，来自同一合集：

“上周下了七八厘米的雨……每隔七八厘米下一滴。”

“韦科县实在太干燥了，我目睹两棵树在争夺一条狗。”

① 美国联邦政府在大萧条时期为给失业作家提供就业机会而设立的一个项目。

“我住的那旮旯儿实在太干燥，浸信会教徒只给皈依者洒水，而卫理公会教徒则用湿布擦拭他们。”

当我坐在演播室里，旋动着老式双向转盘时，发现你们中的某些人已经携带全息摄像机去种田了。我会试着讲得大声点儿，这样一来，你们之后就能在灰尘下找到自己的设备了！

哦，好吧，或许那个不太好。书里还有两个，我猜肯定更糟。

“我的干草收成很差，我得买上一捆，好让耙子有用武之地。”

“今年，我打算把一头猪扔进玉米拖车，直接摘玉米喂猪。我想，中午之前我都不用换猪。”

最后两则笑话，有人能理解吗？我有“空中书写者”下一场在芝加哥举行的音乐会的门票，免费送给前十位大声说出合理解释的朋友。与此同时，让我们听一首“空中书写者”的歌曲，就是这首《拴在雨云上》。

地　壳

罗兰德拨弄着步枪的塑料枪托，他的小队跳下卡车，在吴下士后面整队。他口渴得厉害，耳边还回响着一小时前把他从疲惫睡梦里惊醒的警铃声。

谁能想到自己会被召集起来去参加真正的突袭？这无疑打破了基本训练的日常——毫无目标地瞎跑，当士官对你大喊大叫时，僵硬地站在原地，乖巧地大声回应，然后继续跑，直到倒地不起。当然，就职前看的录像带已经解释了这些日常的目的。

“……新兵必须经受极大的压力，从而转变平民的反应模式，为军事烙印备好行为模板。他们不会失去自身的权利，只是自愿暂时不享受这些权利，这是为了培养纪律性、协作能力、卫生保健能力，以及其他有益的技能……”

只有那些理解并签署放弃权利书的志愿者，才被允许加入维和部队，因此，他清楚入伍后会发生什么。令罗兰德吃惊的是，尽管他求学时成绩平庸，还是一来就被录取了。也许维和人员的能力测试并非绝对准确。也可能这些测试发掘了罗兰德在印第安纳时从未展露过的素质。

不可能是智力超群，这一点确定无疑。也没有领袖魅力。我从没想过要领导别人。

闲暇时罗兰德就一直在考虑这个问题，最后认定这根本不关他的事。只要官员们知道自己在做什么，对他而言就足够了。

然而，这次召集新兵执行的夜间任务并不能让他满怀信心。

像我们这样的愣头青，在战斗中有什么用呢？我们不会只起到碍事的作用吧？

他所在的队伍沿着高大馨香的装饰性树篱疾行，朝着直升机的轰鸣和探照灯刺眼的光亮前进。汗水让他握着枪托的手有些打滑，迫使他把武器抓得更紧。当他们靠近行动现场时，他的心跳得更快了。然而，罗兰德确信，他并不畏惧死亡。

不，他是怕自己搞砸。

"塔卡说，是极端环保主义者搞的鬼！"跑在他身旁的新兵低声说，上气不接下气地。罗兰德没有搭腔。在过去的一个小时里，他彻底受够了流言蜚语。

有人说，或许是新盖亚主义激进派炸毁了一座水坝。

不，是发现了未获授权的基因实验室，或者，可能是尚未登记在册的国家炸弹隐藏于此——违反了《里约热内卢条约》……

见鬼，传言中的紧急事件似乎都无法证明，召集毛都没长齐的新兵是什么合理选择。准是出了大麻烦，或者是什么他搞不明白的事情。

罗兰德注视着吴下士上下颠簸的背包。这名中国军士身材小巧，背负的重量却是其他人的两倍。很显然，面对这些行动迟缓的新兵，他一直努力克制着自己。罗兰德发觉自己希望吴现在就分发弹药。万一他们被伏击了怎么办？万一……

你还一无所知呢，笨蛋。最好祈祷他们不要分发弹药。跑在你身后的半数妈宝们，连枪口和屁眼都分不清。

公平地说，罗兰德认为他们很可能也对他有同样的感觉。

队员们快步绕过树篱，踏上一条碎石铺就的车道，气喘吁吁地爬上山坡，朝着那耀眼的灯光走去。军官们在周围转来转去，盯着文件板看，被直升机和马格努斯飞行器旋风刮得凌乱的草坪刚刚修剪过，长长的影子投射在上面。一幢富丽堂皇的府邸坐落在较远的山坡上，俯瞰着风景优美的土地。透过窗户，能看到屋内灯火通明，人影晃动。

罗兰德没有看到散兵坑。没有敌人开火的迹象。所以，也许根本就不需要弹药。

吴下士让小分队在混乱中停下脚步，此时，克莱纳曼中士那胖而粗壮的身影不知从哪里冒了出来。

克莱纳曼操着标准军事用语,不动声色地对吴说:“让娃娃们把武器摞起来,堆到花坛旁边。给他们擦擦鼻子,然后带他们回去吧。联合国环境保护署的工作即便对于小宝宝来说也很简单,适合他们。”

任何新兵如果把这种话当真,那准是傻瓜。罗兰德只利用这一间隙喘了口气。“没有武器我们该用什么呢?”当他们把步枪堆放在惨遭践踏的金盏花丛中时,塔卡抱怨道,“赤手空拳吗?”

罗兰德耸耸肩。军官们随意的姿势告诉他,这绝非恐怖袭击的现场。“很有可能,”他猜测道,“双手,还有我们的后背。”

“这边走,孩子们。”吴并无恶意,只是刻意带着些许轻蔑,“来吧,是时候再次拯救世界了。”

透过明亮的窗户,罗兰德瞥见一些衣着华贵的有钱男女。几乎所有人看上去都像来自中国台湾的汉族人。来到佩雷斯·德·奎利亚尔营后,罗兰德初次真正感觉自己置身中国台湾地区,甚至产生一种身在中国大陆的感觉,距离印第安纳州几千公里远。

仆人们仍然端着一盘盘茶点,他们是孟加拉人或泰米尔人,肤色较深,与面色白皙的中国台湾人形成鲜明对比。参加聚会的客人们激动不安,这些侍从们却似乎没有受到干扰,即便周遭都是士兵和联合国环境保护署身着绿衣的官员。事实上,罗兰德看到一名侍者正在窃笑,她以为没人发觉,就自己拿了一杯香槟。

联合国环境保护署……罗兰德想要摸清绿制服们的虚实，这意味着生态犯罪。

吴下士催促队员们快步前进，走过货真价实的士兵们的站岗区域，士兵们穿着脏兮兮的战斗迷彩服，多传感器护目镜罩在他们的眼睛上，当他们的脉冲步枪在黑暗中闪烁时，这些护目镜似乎也在晃动、在放光。警卫心不在焉地将新兵们打发走，这比吴和克莱纳曼的侮辱更让罗兰德恼火。

我要引起他们的注意，他暗暗发誓。不过，他知道，不能指望这很快就会实现。他不可能一夜之间就能跟那些家伙匹敌。

那座宅邸后面，有条斜坡陡然下行，深入地底。一扇铁门被炸毁，扭曲地倒在一旁，浓烟滚滚冒出。一名女法警在空地上迎候他们。其面部轮廓比她那巧克力色的皮肤更深刻——仿佛是用玄武岩雕刻而成。"这边走。"她言简意赅地说，接着便引导他们走下斜坡——向下走了超过五十米——进入一个钢筋混凝土掩体。然而，当他们到达掩体底部时，发现的东西完全出乎罗兰德的意料，他本以为会看到一块混凝土厚板。结果，他发现自己置身之处仿佛是《天方夜谭》里的场景。

新兵们个个气喘吁吁。"该——死！"塔卡的评论相当简洁，说明他充分掌握了军事英语的精髓。夏威夷小伙卡纳科亚，则更加生动地表达了他的惊讶之情，"泰山，欢迎来到大象的墓地。"

罗兰德只是注视着眼前的一切。几盏不太大而色彩各异的聚光灯照亮了拱形的房间，微妙地凸显出象牙、皮毛和水晶的光泽。来自五大洲的战利品堆积如山，填满整个房间。这些以非法手段得来的财富，是罗兰德见所未见，甚至是想所未想的。

四周的架子上挂满遍布斑点的豹皮、微光闪闪的海狸皮、白色的冬狐皮围巾。还有不计其数的鞋子！显然，这一堆堆的鞋子，是用死去爬行动物的皮制成的，虽然罗兰德想不到是哪种动物为哪双鞋付出了自己的全部。

“嘿，森特柳斯。”塔卡抬肘捅了捅他，罗兰德低头看向日本新兵所指的地方。

在他的左脚附近，铺着一条奢华的白色地毯……那是一张剥下的北极熊皮，四肢张开，它怒吼的表情看起来真的很威严。罗兰德猛地躲开那些寒光闪闪的牙齿，后退数步，直到脊梁撞上某个尖且硬的物体。他转过身，惊讶地瞪大眼睛，映入眼帘的是一堆象牙，每根象牙的尖端都套着金色的护具。

“盖亚！”他低声惊叫。

“你叫对了，”卡纳科亚评价道，“伙计，我敢打赌，伟大的女神准对这事怒不可遏。”

罗兰德真希望他刚才没有叫出地球女神的名字。身为军人，信奉盖亚女神并不合适。但卡纳科亚和塔卡似乎跟他一样感到震惊。“这都是些什么呀？”塔卡问道，挥手示意大家看这成堆的动物尸体，“世界上有谁会想要这些东西？”

罗兰德耸耸肩,“以前有钱人喜欢这种奇装异服。”

塔卡冷笑道:“我知道。但为什么现在还有人这样做?这不仅仅违法。这简直是……简直是——”

“有病?你是想说这个词吗,二等兵?”

他们转过身,发现那位联合国环境保护署的官员站在一旁,正看着他们身后堆积如山的象牙。她不可能超过四十岁,但现在,她脖子上的肌腱绷得像弓弦一样紧,显得年事已高。

“跟我来,我要给你们这些士兵看样东西。”

他们跟在她身后,经过装满五彩斑斓的蝴蝶标本的箱子、用猩猩爪做的烟灰缸以及用大象脚做的凳子,还有树木化石和亮闪闪的珊瑚,这些无疑是从自然保护区偷出来的……一直来到后壁的人造洞穴前,两根真正庞大的象牙组成了竖立的拱门。虎皮包裹着勉强算得上神龛的东西—— 一个用深色硬木和玻璃制成的箱子,里面装着几十个陶罐。

罗兰德看到她手背上的青筋在跳动。新兵们都闭口不言,此刻她流露出极强的恨意,让他们凛然生畏。此地没有哪里比这里更令人印象深刻了。

罗兰德鼓起勇气问:“罐子里装着什么,长官?”

看着她的脸,他意识到她要做出极大努力才能开口,易地而处,他则未必能控制得住自己的身体。

“犀牛……角……”她声音嘶哑,“独角鲸的长牙粉末……鲸鱼的精液……”

罗兰德点点头。这些东西他都听说过。根据古代的传说，它们能够延年益寿，增强性能力，或者使女人欲火焚身。尽管违背道德，违反法律，科学也予以反证，但是都无法压制某些人的欲望。

“这么多。那里面准得有一百公斤！”塔卡惊叹道。但此时，那位联合国环境保护署的官员转过身来，凝视着他，露出绝望的神情，他不由得退了一步。

“你不明白，”她低声说，“我盼着咱们能找到更多。”

罗兰德很快就发现了调遣新兵执行这种任务的用意。

果不其然，他认命地想，维和部队安排的这项让人疲惫不堪的任务，只不过刚刚开了个头。他和二等兵施密特拖着六十公斤重的长牙，攀上陡峭的斜坡。两人深知，他们效力的部队合作有序，效率极高，部署迅速，在全球范围(从一个极点到另一个极点)内担负着重要职责，他俩则是这支部队的重要组成部分。他们的工作不如现场调查人员的有吸引力，现场调查人员能在西伯利亚以及怀俄明州等地巡视，监督武器控制协议的执行情况；也不如那一小撮勇者，在巴西和阿根廷阻止愤怒的民兵们互相残杀；甚至不如标记和清点今晚战利品的军官们。但毕竟，正如吴下士反复告诉他们的那样，他们也是在为那些哼哼唧唧、汗流浃背的人服务。

跟施密特一起工作时，罗兰德尽量不表现出不适。毕竟，赫尔维蒂战争将中欧大部分地区毁于一旦时，这个高瘦的阿尔卑斯男孩尚未降生，再说，人也无法选择自己的出生背景。罗兰德努力接受他“西奥地利人”的身份，把过去抛到一边。

但有一点，施密特的英语确实说得很棒。事实上，比罗兰德在布卢明顿的那帮老伙计好太多了。“他们要把这些东西拖到哪儿去？”他们在外面花两分钟歇脚时，他的搭档问其中一艘微型飞艇的驾驶员。

“他们在全世界都有仓库，”那位瑞典军士说，“就算我跟你们讲他们的事，你们也不会相信的。”

“说说看。”罗兰德催促道。

飞行员蓝色的双眸似乎望向远方，“你们在那坟墓里找到的东西，数量再乘以一千。”

“该死！”施密特叹了口气，“可……”

“哦，这里这些东西有一部分不会被储藏起来。比如说，象牙。他们会给象牙进行同位素标记，使每根象牙都具有独一无二的特性，然后将其出售。反正如今的动物园方舟跟非洲那些国家公园一样，都在收集象牙，这样一来，野兽就不会破坏树木，或者吸引偷猎者。可惜这项政策来得太晚，救不了这家伙。”说着，他拍了拍身边那根象牙，“唉。”

“可其他东西怎么办？毛皮、鞋，所有那些狗屁犀牛角粉末呢？”

飞行员耸耸肩，“那些不能卖。那样做只会使穿着或使用这些东西合法化。你们瞧,这就是创造需求。

“也不能毁掉它们。你会烧掉价值数十亿妙不可言的东西吗?有时候,他们会带学生们参观仓库,让孩子们看看什么是真正的邪恶。但大多数时间,它们都只是搁置在那里,堆得越来越高。”

飞行员左右看看,“不过,我确实有个想法。我想,我知道那些仓库存在的真正原因。”

“是吗?”罗兰德和施密特俯身向前,准备听他吐露秘密。

飞行员用手遮着嘴巴说:“外星人,他们要把这些东西全部卖给来自外太空的外星人。”

罗兰德哼了一声,施密特则不屑地往地上啐了一口唾沫。货真价实的士兵当然会这样应对。但公然被耍,还是让人尴尬。

“你们以为我在开玩笑?”飞行员问。

“不,我们认为你脑子有问题。”

这样的回答让他露出苦笑,“很有可能,孩子。仔细想想!外星人跟我们取得联系,只不过是时间问题,不是吗?近百年来,他们一直在太空中搜索。而我们一直在用无线电、电视以及数据网络的干扰信号填满宇宙空间。迟早会有一艘星际飞船停靠在地球附近。只有这样才说得通,不是吗?”

罗兰德认定,唯一安全的回答就是沉默观望。他警惕地注视着那位军士。

“所以啊,我觉得是这样的。那艘星际飞船大概率会是一艘商船,像古代的快速帆船一样……离开母星,进行一次很长、很长的航行。他们会在这里停泊,想要买些东西,但并非任何东西都能达到要求。这些商品必须轻便、易携、美观,而且是地球特产。否则,人家又何必要买?”

“可这些东西是他妈的违禁品!”罗兰德指着货舱里堆积如山的货物说。

“嘿! 你们俩! 休息结束!”是吴下士在斜坡上喊话。他伸出拇指指向身后,然后转过身,大踏步返回地下墓穴。罗兰德及其搭档站了起来。

“可这正是它的妙处!”飞行员接着说,好像根本没听见吴下士的命令,“你们知道的,根据《濒危野生动植物种国际贸易公约》的规定,所有这些行为都是非法的,所以捕杀濒危物种根本没有任何经济市场。

“可把这些都卖给外星商人,是不会创造市场的! 因为这是一锤子买卖,明白吗? 他们就来一次,然后再度消失,永远不再回来。我们将仓库的货物全部卖光,用赚来的钱购买土地,建立新的禁猎区。”他摊开双手,似乎在问:还有什么比这更合理的方法?

施密特又啐了一口,用瑞士口音的德语骂了一句:“快点,森特柳斯,咱们走。”罗兰德快步跟随,只回头瞥了一眼飞行员,那家伙正咧着嘴笑,他搞不懂那家伙究竟是发了疯还是太聪明,还是纯粹的废话篓子。

最后，他想，很可能三者兼而有之。接下来的路，他加快了脚步。毕竟，童话故事就是童话故事，吴下士才是真而切真的现实。

卖力干活儿时，罗兰德回忆起不久以前，他和朋友雷米及克拉特经常坐在公园里，听老约瑟夫给他们讲赫尔维蒂战争中那些惨烈异常的战斗。最后，那场战争宣告了战争的彻底终结。

对于约瑟夫后来的背叛，他们三人的反应各不相同——雷米变得愤世嫉俗，极具悲剧色彩；克拉特宣布不再相信任何已过而立的人说的话。然而，对于罗兰德而言，老兵讲述的那些战斗故事久久难忘——战友们并肩作战，互相拉拽着穿过细菌滋生、放射性泥浆遍布的山道，齐心协力战胜诡计多端的险恶敌人……

当然，他并非真的希望战争的硝烟燃起。至少不是老兵所描述的那种惨绝人寰的大规模战争。他清楚，战争虽然听上去有种遥不可及的吸引力，但那仅仅是在故事里，若亲身经历，感受会截然不同。

但是，从现在开始，只能这样生活下去吗？从违反《濒危野生动植物种国际贸易公约》的家伙那里没收违禁品？设置单调乏味的观察员岗位，让他们分布在那些存在敌对情绪的国家？这些国家虽然总与他国争吵不休，但穷困潦倒、陈腐不堪，根本无力掀起战事。还是检查生锈货船的舱底是否藏有外逃资金？

哦，维和部队中确有真正的勇士。塔卡和其他一些士兵或许有望加入精锐部队，平息那些激烈的小型水资源战争，就像目前正在加纳进行的那场一样。但身为美国人，他几乎没有机会加入任何现役部队。担保国的权力仍然太大。没有一个小国能容忍俄罗斯、美国的军队驻扎在他们的土地上。

好吧，至少我可以学习如何成为一名勇士。我将接受训练，时刻准备着，以防世界真的需要我挺身而出。

为此，他努力工作，坚持不懈，听命行事。拉拽搬举，搬举拉拽，罗兰德还试着听从联合国环保署官员的命令，尤其是那位黑人女性的命令。她真的希望他们能找到更多可怕的违禁品吗?

“……本以为我们一路追踪到了比勒陀利亚的盗猎团伙。”她说这话的时候，他正背负着气味芳香的狮子皮，从她身旁走过。“我本以为我们总算找到了主仓库。但发现这里的白犀牛粉数量极少，不然——”

“张会不会已经把剩下的卖了?”其他士兵中有一个问。

她摇摇头，“张的目的只是囤积。他出售货品只是为了维持运营资本。”

“哦，等我们最终抓到他，抓到那条滑溜溜的鳗鱼，就会真相大白了。”

罗兰德仍然对这个联合国环保署的女官员心存敬畏，还有点儿嫉妒。他想知道，如此热忱地关注一件事是什么感觉? 他怀疑这能让她拥有他所没有的活力。

根据招聘录像，培训应该能够加强他的情感。经过长达数月的训练，殚精竭虑，镞砺括羽，他对待队友们会像对待家人一样，甚至比家人关系更紧密。他们几乎应该能读懂对方的想法，完全依赖彼此。必要时，甘愿为彼此而牺牲。

这就是训练应该起到的作用。罗兰德瞥了一眼塔卡、施密特和他小队里的其他陌生面孔，想知道中士和教官们如何才能做到这一点。坦白地说，这听起来荒谬绝伦。

见鬼，五千多年来，当兵的都是像克莱纳曼和吴这样的家伙。我猜他们知道自己在做什么。

极具讽刺意味的是，此后，正当这一职业将逐渐退出历史舞台时，他们最终把它变成了一门科学。从联合国环境保护署官员们看他们的神情来判断，这一天不会来得太早。拯救地球的事业，需要这两大团体联手进行。但很明显的是，环保署的官员宁愿完全没有军队的协作。

*耐心点儿，*罗兰德边工作边想，*我们将会在力所能及的范围内做到最快最好。*

在那座洞穴般的珍宝库后面，他和另一名新兵拆掉神龛，轻手轻脚地解开绑在硕大象牙拱门上的蛇皮绳。他俩把其中一根象牙放到地上，这时，一股熟悉的气味钻进罗兰德的鼻孔。他停下手中的活计，凑近闻了闻。

“快点儿，”俄国二等兵开始发牢骚了，用带着浓重口音的通用英语,“现在该搬另一根了。”

“你闻到什么了吗?”罗兰德问。

年轻的俄国兵笑道:“我闻到死去的动物的味道!你认为是什么?这里比塔什干的妓院还臭不可闻!”

罗兰德却摇摇头,“不是腐臭的味道。”他向左拐,循着那气味而去。

当然,士兵们不被允许吸烟,因为这会影响他们的呼吸,损耗他们的精力。但在印第安纳时他就是个老烟枪,跟雷米和克拉特一起,抽自家种的烟草——每周抽八到十支手卷烟。军士或者联合国环保署官员会在角落里偷偷抽烟吗?最好别是新兵,否则整队战士都要被连累清理茅坑!

但不可能,附近没有任何地方可以藏身。那么,这味道从何而来呢?

吴下士的哨声响起,表明又一次短暂休息的到来。“嘿,美国佬,”俄国二等兵说,“别像个二傻子,赶紧的。”

罗兰德挥手示意俄国人别出声。他将一张虎皮推到一旁,继续闻着,然后在他第一次闻到那味道的地方蹲了下来。在玻璃柜旁的地板附近,气味最浓烈——如今那玻璃柜里盛着恐怖粉末的棕色罐子已被搬走。他的手指碰到的只是温暖的微风。

“嘿,帮我一把。”他要求道,用一边肩膀抵着木板。但那名新兵走开了,走时竖起两根手指做了个手势,嘴里嘟囔着:“真是美国佬做派……”

罗兰德站稳脚跟，使出全力。沉重的箱子稍稍摇晃了一下，然后又纹丝不动了。

哪里不对。这地方的主人不会想搞得自己大汗淋漓。他绝不会流汗。

罗兰德沿着雕花的底座摸索，一直绕到后面，终于找到了他想找的东西—— 一个装有弹簧的把手。“啊哈！”他叫了一声。随着咔嗒一声，整个箱子向前滑去，猛地压在一根倾倒的巨大象牙上。罗兰德凝视着下方陡峭的楼梯，楼梯底部闪烁着一丝光亮。

洞口很狭窄，他只能勉强挤过去。他向下走去，悄无声息，小心翼翼，烟草味则越来越浓。他弯下腰，从一块低矮的楣石下面钻过，走到了一个凿出的房间里，四壁都是裸露的岩石。罗兰德直起身，噘起嘴唇，吹了个无声的口哨。

虽然这处隐秘之所不像前一个那样极具优雅颓废的气韵，但的确藏匿着只属于魔鬼的宝藏……架子上高高堆放着罐子以及鼓鼓囊囊的小塑料袋。“真该死。”他说着，伸手指向其中一个袋子。里面装着筛选出的白色颗粒，标签上可以看到镀金编号以及独角兽和龙的图案，然而罗兰德深知，它们真正的本体想必还是南非那些口不能言、几乎失明的可怜犀牛，或者是另一种同样不讨人喜欢的野兽。

“这份头奖还真稀奇。”他自言自语。绝对是时候将此事上报了。但当他转身拾级而上时，一个声音突然喝止了他。

“别动,大兵。举起手来,否则我就毙了你。”

罗兰德慢慢转过身,发觉自己先前匆匆扫视房间时漏掉了一些东西。左边墙角处有个烟灰缸正在冒烟,一些架子被甩到一边,大约在齐腰高的位置,露出一条狭窄的隧道。透过这个孔洞,一个中年男子用冲锋枪瞄准了他。

“你不信我能从这射中你?”那人问,语调平静,“所以你不听命令举起手?我跟你说,我可是神枪手,曾近距离射杀过狮子、老虎。你不信?”

“不,我信。”

“那就照我说的做!不然我开枪了!”

罗兰德确信那家伙言出必行。不过,自己固执的性格在国内就曾给他招致类似麻烦,还常常引来朋友们的责备,但现在,似乎正是他该坚持己见的时候。

“你开枪吧,楼上的人会听见的。”

隧道里的人想了想,“或许吧。但另一方面,如果你打算攻击我,逃跑或者求助,那威胁也就近在咫尺,我只能立刻要了你的命。”

罗兰德耸耸肩,“我哪儿也不去。”

“所以,咱俩僵持不下。好吧,士兵。你可以不举手,因为我发现你没带武器。但给我退到那堵墙旁边去,不然,我会认为你过于危险,并采取相应行动!”

罗兰德照做了,他准备伺机而动。但那个男人在爬出隧道、站起身来时，枪口始终对着罗兰德。“我姓张。”他边说边用丝质手帕擦拭前额。

“久闻大名，张先生。您可是个大忙人。”

棕色的双眸笑得眯了起来，“我的确很忙，当兵的小伙儿。我所做的，所见的，你根本无法想象。甚至在这个充斥着窥探者和好事者的时代，我依然保守着秘密。这些秘密深不可及，甚至超过赫尔维蒂地精的秘密。”

毫无疑问，张之所以说这些，是为了给罗兰德留下深刻印象。这番话的确起了作用。但如果他让那混蛋满意了，他也就难逃厄运。“那我们现在该做些什么？”

张似乎在审视着他，“现在，按照惯例，我应该贿赂你。你必须明白，我可以给你财富和权力。这条隧道里有辆悬浮电车，可以通过无声轨道离开此地。如果你能帮我将财宝带走，咱们可以就此开启一段长期互利的关系。”

罗兰德感受到那个男人咄咄逼人的犀利目光。他思忖片刻，耸耸肩说：“当然，为什么不呢？”

现在，轮到张愣神了。接着，他咯咯笑起来，“啊！我确实喜欢跟聪明人打交道。很明显，你知道我在撒谎，知道一旦我们到了那边，我就会取你性命。反过来，我也能够理解，对你而言，有比金钱更加要紧的目标。是你所追求的荣誉吧，或许？”

罗兰德又耸耸肩。他才不会那么说。

“因此，你我再次陷入僵局。所以，听听我的第二个建议。我拿枪指着你，你帮我把货舱装满。然后，我掉头就走，留下你的小命。”

这一次，罗兰德的迟疑只是为了拖延时间，“我怎么知道……”

“别问问题！很明显，我不会背对你。要么同意，要么现在死。从你肩膀旁边架子上的塑料袋开始搬，不然我就会开枪，其他人赶来之前，我早就撤了！”

罗兰德慢慢转过身，拿起两个袋子，一手一个。

“电车”的确悬浮在铁轨上方几毫米的位置，这两条隐约可见的铁轨一直延伸到无尽的黑暗之中。罗兰德确信，张这样安排是为了迅速脱逃，等联合国环境保护署的人找到铁轨的另一端时，张早已无迹可寻。这家伙似乎什么都考虑到了。

每次他都尽量少搬一些。张点燃一根烟，开始吞云吐雾，同时像只猫一样盯着他，罗兰德俯下身，隔着那个小小的乘客座位，把他搬来的东西放进电车的大货舱里。

罗兰德在印第安纳跟老头老太们斗智斗勇的经历，对他帮助很大，因为他似乎仅凭直觉就知道如何不彻底激怒对方。有一次，他没拿稳陶罐，将它重重地摔在隧道里，粉末洒了一地，碎片砸到银色的铁轨上发出噼啪声。张闷哼一声，手紧握枪柄，指节都有些发白。尽管如此，罗兰德还是认为，这个怪咖不会马上开枪。他在最后关头才会要自己的命，极有可能是电车准备出发的时候。

“快点儿！”这位汉族百万富翁厉声喝道，“你这个笨手笨脚的家伙，简直像个美国佬！”

这给了罗兰德拖延时间的理由，他转过身，对那男人咧嘴一笑。“你怎么猜到的？”他问道，又拖延了几秒钟，也让张愈发不耐烦起来，说完，他又拿起两个罐子，继续工作。

张顺着楼梯不断往上瞥，显然也在侧耳倾听……但其注意力始终没有完全从罗兰德身上移开，也没有给罗兰德实施任何愚蠢想法的机会。*发现秘密通道的那一刻，你就应该及时报告的*，罗兰德心里暗骂。不幸的是，孔洞位于陈列柜后面，谁知道其他人什么时候才能发现？等它被发现的时候，对于二等兵罗兰德·森特柳斯而言，很可能已经太晚了。

张深谋远虑的眼神，让罗兰德不得不重新考虑整个局面。*他知道，我肯定会在最后一刻到来之前扑向他，他很清楚这一点。*

另外，他还清楚，我知道他在想什么。

这就意味着，张不会等到“最后一刻”再射杀他，而会提前下手，以防他不顾一切地扑上去。但他会提前多久呢？

不会太早，否则这个走私犯只能驾着一辆半空的电车离去，永远抛弃他剩下的财宝。很明显，张的贪得无厌是罗兰德能够继续活下去的唯一原因。尽管如此，他还是得在货舱被装满之前动手……在罗兰德的肾上腺素最大限度喷涌、采取孤注一掷的行动之前。

还能运五趟。罗兰德边想，边在张警惕的注视下，把更多陶罐稳稳地塞进货舱里。*他会在倒数第三趟时动手？还是倒数第二趟？*

他鼓足勇气，准备去运下一批货，这时有声音从陡峭的楼梯井传来，打破了他原先所有的计划。

“森特柳斯！我是卡纳科亚，施密特也在。你到底在下面搞什么鬼？”

罗兰德愣住了。张缓缓靠向台阶旁边那面墙，仍然注视着他。接着，传来脚踩在石头上发出的刮擦声。

见鬼，罗兰德心中暗骂。他正俯身站在电车上方，姿势很别扭，而且距离实在太远，攻击张根本没有任何成算。而且，他这趟手里拿的都是袋子。要是拿着罐子就好了，最起码可以扔……

“森特柳斯？你干吗呢，混蛋？抽烟吗？如果他们逮到你，克莱纳曼会把我们全都烤熟！”

罗兰德突然意识到，张为何如此专注地望着他。*张一直在看着我的眼睛！*

当一只穿着靴子的脚出现在最顶端能够看到的台阶上时，罗兰德禁不住瞪大了眼睛。张利用他来估算其他新兵的位置，从而判断何时是将他们三个全部干掉的最佳时机！眼看生命进入读秒阶段，罗兰德突然意识到，他会害死卡纳科亚和施密特，这样的想法让他毛骨悚然。

然而，即使清楚这一点，他仍然像个雕像似的，一动也不动。通过张的眼神，他知道那家伙已经将他看穿，那眼神里闪烁着胜利的火花，但张根本没把这样的胜利放在心上。*他怎么知道的？*罗兰德心中暗想,他怎么知道我是个胆小鬼?

这个自我认知击碎了罗兰德的每一个梦想。支撑他活下去的种种理由都已经站不住脚。这一认知让他倍受煎熬,撕裂了他僵直的身体,让他突然爆发出一声尖叫。

“掩护我!”他高喊着纵身跃上乘客位,砰的一声拉动电车仅有的控制杆。几乎与此同时,一连串急促的撞击声震响了这个狭窄的孔洞,罗兰德突然感到一条腿剧烈疼痛起来。接着,只觉眼前伸手不见五指,疾风呼啸而过,罗兰德驾着小车,加速驶入一片前途未卜的黑暗之中。

时间分秒流逝,他强忍剧痛,咬紧牙关,不让自己呻吟。他孤注一掷地将控制杆拉回原位,使推车猛地止住,停在箭杆般笔直的通风井中。一阵眩晕袭来,罗兰德几乎失去意识,他翻了个身,躺在车上,紧紧抓住自己的大腿,感觉那里湿答答、黏糊糊的,让人恶心。

有件事确定无疑,他绝不能在这里昏倒,那对他来说太奢侈。有趣的是,他在学校里学过所有生物反馈的知识,在这里受训时,又曾反复操练相关内容。但现在,他根本没有时间使用这些技术,甚至无法止住疼痛!

“常见的大腿伤势有两种,”他把皮带从腰间扯下来,同时喃喃念出牢记在心的语句,“一种,直接刺穿肌肉纤维,这种较容易处理。迅速处理后,就能继续走动。就算你的同伴无法移动,应该也能为你提供火力掩护。

“另一种则更加危险……”

罗兰德竭力控制着自己颤抖的双手，将皮带捆在伤口上方。他不知道自己的伤势究竟是哪一种。如果张击中的是他的股动脉，这个临时的止血带也起不到多大作用。

他哼了一声，用力拉拽皮带，使它尽可能地系紧，然后他因为反作用力倒在车上，精疲力竭。

你做到了！他告诉自己，你打败了那个混蛋！

罗兰德试着让自己高兴起来，即使他现在将要流血而亡。他肯定赢得了更多生存时间，远超张原本打算给予他的。更重要的是，张的计划彻底被粉碎！罗兰德偷走了这个走私犯逃跑用的唯一工具，确保他会被逮捕归案！

那我为何感觉这么难受？

罗兰德常常幻想自己负伤，甚至战死沙场的情景。尽管如此，他总觉得，只要有一名士兵在胜利后予以哀悼，他就会因此感到欣慰。

那他现在为何感觉如此龌龊？如此惭愧呢？

他现在还活着，因为他剑走偏锋。张一直以为他会逞英雄或者当懦夫——发动疯狂的进攻，或者像动物似的全身僵硬。但在那个心血来潮的瞬间，罗兰德记起布卢明顿那位老兵的话：“被俘之后想要活命，傻瓜就会完全照敌人所说的去做。为了赢得更多的喘息机会，一动不动地站着。或者还可能突然发起无用的猛攻。

“从容不迫地撤退，往往才需要最大的勇气，赢得改日再战的机会。”

是的，约瑟夫，的确如此。罗兰德心想，再给我讲讲吧。

随着心跳放缓，他的气息也稳定下来，这会儿他听到隧道里传来好似呻吟的声音。卡纳科亚或者施密特，或者他们俩，受了伤，也许已经奄奄一息。

我留在那里有什么好处？他现在只是腿部受伤，要是留在那里，他有可能已经倒在血泊中，心脏或头部连中数弹，而张业已逃之夭夭。

这想法没错，但对他似乎没有任何帮助。提醒自己那些家伙并非他真正的朋友，也没有什么用。

“兵娃子！”喊声在狭窄的隧道里回荡，“把电车开回来，否则，我现在就毙了你！”

“不可能。”罗兰德咕哝道。就连张的声音也没有什么说服力。尽管隧道是笔直的，但即便是神枪手，击中他的概率也很低，更何况还要考虑到子弹偏移范围。不管怎么说，当服从意味着难逃一死，威胁又有什么用呢？

张没有再重复。因为这位百万富翁知道，罗兰德已经滑到轨道另一端。

“我干吗要停下？”罗兰德大声问道，语调沉稳。在轨道的终点，他或许能找到一部电话，叫来救护车，而不是躺在这里，流血而死。

他感到伤腿一阵剧烈抽痛，“我觉得自己很聪明，毫无昏头鬼的感觉。”

如果他能做到这一点——利用生物反馈来释放自我刺激的内啡肽——他就当然有适合在此时此地使用的技能！在印第安纳州被认为是自虐的行为，现在倒成了合理的救急措施。

但话说回来，如果他曾是个昏头鬼，他现在甚至不会出现在这里，部队不收瘾君子。

突然，洞穴中爆发出雷鸣般的巨响，四壁为之震颤。罗兰德捂住耳朵，分辨出那是脉冲步枪射击的声音。毫无疑问，真正的士兵终于赶到了。

枪声瞬间停止。这就结束了？他暗暗怀疑。

才没有。回声渐渐平息，他听到有人在说话。其中一个是张。

“……如果你们扔手雷。如果你们不想让受伤的士兵们死，就跟我谈判！”

这么说，张声称捉住了两名俘虏。罗兰德沮丧地意识到，尽管他高声示警，施密特和卡纳科亚恐怕还是都被抓住了。

也不一定！毕竟，张会承认自己让一个新兵从隧道里逃脱了吗？或许他只抓住了两人中的一个，用“们”只是权宜之计。罗兰德寄望于这种可能性。

花了好一段时间，官方的人才开始跟张谈判。那官员的声音太低沉，罗兰德听不清，但他能听到张讨价还价的话。

“条件不行！对我来说，坐牢跟死没什么区别！我能接受的最严厉的惩罚，就是在我屏东[1]的庄园软禁。

“没错，我当然愿意转做污点证人，我不欠我的同伙什么。但我要求找个地方执政官来确认此事，马上！”

官员们说的话依然模糊不清。仅听腔调，罗兰德就知道他们在敷衍搪塞。

“别再拖延！否则这些年轻士兵就得死！”张高声回应。

“是的，是的，他们当然可以得到医疗护理……在我达成辩诉交易之后！盖棺定论之后！此外，如果你们敢扔闪光弹或震荡手雷，我就打爆他们的脑袋，然后是我自己的！”

罗兰德听得出，官员们变得犹豫不决，很可能是迫于维和部队的压力。*真该死！*他心想。好人的胜利会受到损害。更糟的是，在张的庄园里，他肯定有办法再次脱逃，即使是在拘留期间。

别让步，他心里暗暗给官员们打气，尽管想到卡纳科亚，甚至连施密特都躺在那里，奄奄一息，他倍感痛苦。*如果你们同意辩诉交易条件，那混蛋就会东山再起。*

但张的下次叫嚷带着满意的语气，“那样更好！我可以接受。不过，你们最好快点儿把文件搞定。这些小子们看起来气色不太好。”

罗兰德骂道：“不！”

他翻身将手伸进货篮，把塑料袋和陶罐扔到前面的铁轨上。它

① 屏东县，中国台湾的县辖市。

们裂开来,碎掉了。独角鲸鲸牙和犀牛角的粉末覆盖在铁轨上,使电车无法朝这一方向继续移动。接着,新一波恶心的感觉袭来,罗兰德强忍着在狭窄的电车上扭转身体,面朝他来时的方向。

他担心自己或许不得不用脚操纵控制杆。但另一端有个一模一样的装置。一个红色标签,用于阻止控制杆推过某个点。罗兰德一把将标签扯下来,过程中割破了手指。

“好的,我愿意在软禁期间接受摄像头的全方位监控……”

“我相信你会,凶残的家伙,”罗兰德咕哝道,“可你骗不了我。”

他砰地把控制杆扳回原位,让电车滑出去。随着电力在轰鸣的铁轨上聚积,起初只是微风,很快就变成飓风。

你忘了,张,你的庄园并未脱离地球母亲的怀抱。而且,我猜妈妈现在已经受够你了……

前方的光开始膨胀,迅速扩展成一个绚烂的光圈。罗兰德感觉螺线阀试图把杠杆扳回去,但他拼尽全力,将控制杆死死拽住。片刻间,时间仿佛被缩短,他看到光芒之中有个人转过身来,垂首望着竖井,举起武器……

“盖亚!”罗兰德尖叫一声,在最后时刻,他从某种未知的信仰深处发出了战斗的呐喊,与此同时,他像枚导弹一样,猛然飞向空中。

现场一片混乱,维和人员宣布这里再无危险,受伤的男孩被紧急送往医院,联合国环境保护署派出调查组前来视察。他们还在给剩下的两具尸体拍照，此时，身穿绿色制服的生态部门官员走下了陡峭的楼梯，他们想看看究竟发生了什么事。

“好吧，这里就是你漏掉的藏宝库，埃琳娜。”其中一人边说边谨慎地从散落在地上的白色及灰色粉末中挑拣着。三面墙的架子完好无损，但第四面墙已经倒塌，压在两个颜色素淡的架子上，另两个架子在角落里歪斜地堆叠着。在那里，粉末构成的雪堆被染成了深红色。

“该死，”那位联合国环境保护署的官员摇着头，继续说，“因为一个怪咖的恋物癖，这么多可怜的野兽死于非命。”

埃琳娜低头看着与她周旋多年的宿敌——张。他大张着嘴——嘴里塞满粉末，粉末慢慢地落向那个年轻新兵柔弱无力的手，她傍晚早些时候还曾跟该新兵说过话。即使身中数弹，气若游丝，这名新兵仍然让她体会到匀称感与诗意。

一名维和部队的军士坐在男孩旁边，为他抚平一绺蓬乱的头发。下士抬头看着埃琳娜，“森特柳斯枪法很糟，在武器使用方面，从未显现过任何潜能。不过，我猜他是即兴发挥。他毕业了。”

埃琳娜转过身去，年轻人这种多愁善感的情绪让她非常反感。*勇士们，她心想，世界总算有所成长。总有一天，我们终将不再需要勇士。*

然而，为何她突然感觉自己仿佛置身庙宇之中？或者，此刻，所有殉道生灵的魂魄都跟伤感的下士一起，沉默而又虔诚地凝视着？

接着，埃琳娜似乎听到另一个女人低沉的声音，这声音如此短暂，又太容易被忽略，被当成回音，或者被当成因精疲力竭而出现的刹那幻觉。不过，她还是暂时闭上眼睛，侧耳倾听。

“战争终会结束。”那声音似乎在说，温柔而又耐心。

“但不论何时，世界都需要英雄。”

DEL

泛大陆分裂之后，几百万年过去，印度大陆离开非洲大陆，向北漂移，徐徐而行，跨越原始的海洋，形单影只，却又气势磅礴。然后，在久远的过去，印度大陆一头撞进亚洲大陆的腹地。

那次碰撞产生的冲击力缓慢地发挥作用，使巨大的地壳板块发生弯曲，日复一日，以不可阻挡的势头，将山脉越挤越高。最终，一望无尽的高原耸立于天地间，犹如一堵巨大的围墙，使气流改道向北，将南来的风局限在狭小的区域内。

每年冬天，这一区域的土地温度下降，气压随之走低，将富含水分的云层带到山麓丘陵地带，季风降雨倾巢而出；每年夏天，这片乡野的气候再次转暖，气压又随即上升，将云层送回大海。

旱季与雨季的循环往复，加上高原泥沙径流的滋养，山底的冲积平原源源不断地获得了丰厚的馈赠。当人类来到这里，砍伐森林，种植庄稼，他们发现了一片富饶的土地，在这里他们可以建设家园，创造文明，生儿育女，厉兵秣马，再生儿育女，巫山云雨，继续生儿育女……

直到某个时间到来——以时代的尺度来衡量,这只是一眨眼的工夫——模式发生了变化。浩瀚的林海已经消失不见,曾几何时,森林中的上百亿棵树释放出大量氧气,使山谷的气候凉爽宜人。而今,炊烟和工业烟尘升上天空,就像每天奉献给某些目光短浅的神祇的、数以亿计的祭品。

不仅是印度,全世界的气温都在稳步攀升。

对于这些变化,大海一如既往地抗拒,因此最初的重大影响发生在陆地。寒冬消失了,成为一段记忆,而夏日的高压脊[①]全年不去,将曾经人人渴望得到的肥沃农田变成硬土层。

事实上,现在的降雨远比以往多。只是如今季风只留在它们形成的地方——海上。

① 水平气压场上等压线向气压较低一方突出的脊状部分。

生物圈

纳尔逊·格雷森认为，阅读的诀窍在于融入文字的节奏，但别让这种策略妨碍倾听。纳尔逊专注于书页上那些曲曲折折的句子。

尽管许多人执着地相信，宇宙是静止不变的，但对于达尔文之前的那些最睿智的头脑而言，随着时间推移，地球上的生物已经悄然发生了变化……

纳尔逊认定，对于学习来说，最让人无法接受的东西就是书籍。尤其是这种老式书籍，字母纹丝不动，颜色好像被压扁的蚂蚁，在发霉的纸上铺排开来。然而，这本布满灰尘的书收录了这篇文章在库维内兹的唯一副本，因此他也只能勉强看下去。

进化论者自己也在争论物种是如何变化的。达尔文和华莱士的“自然选择”理论——即一个物种内部的多样性为大自然的研磨机提供了谷物——必须经过上万次测试，才能战胜法国博物学家拉马克的“后天获得性状遗传”理论。

但即便如此，围绕关键细节的争论依然异常激烈。例如，进化的基本单位是什么？

多年来，许多人认为是物种适应环境。但后来的证据支持“自私的基因”模式——个体的行为方式是为了促使后代获得成功，基本与整个物种无关。个体成就压倒物种生存能力的例子，包括孔雀的尾巴和驼鹿的鹿角……

在纳尔逊看来，他能够理解这里存在的基本问题。人们经常做有利于自己的事情，即使这样做会伤害他们的家人、朋友或整个社会，这就是再好不过的例子。

但孔雀的尾巴跟这有什么关系呢？

纳尔逊端坐在悬垂的九重葛树下。近旁，潺潺的流水不时被鱼儿溅起水花的声响打断。空气中弥漫着浓香，但纳尔逊清楚，这并非感觉中枢的真实体验，他试图忽视这些感觉，全神贯注于手中古老的纸质阅读设备。

如果是个现代的文档该多好，拥有智能的索引和超链接，从而延伸到整个世界数据网络。只能来回翻动的页面和粗糙的平面插图，真的非常令人沮丧。那些插图毫无变化，既没有动态箭头或缩放功能，也没有交互音效。

最令人困惑的是新词汇带来的麻烦。是的，当他明白教育的重要性时，年纪已经不小了，这当然是他自己的过错。不过，在正常的文本中，遇到不熟悉的单词，只需要触碰一下，其含义就会在下方弹出。但在这里却行不通。纸张就在那里，动也不动，拒不合作。

早些时候，他也曾抱怨过这件事，布凯利博士只是递给他另一本这种扁平的书，某种叫作“字典”的东西，其用法简直神秘莫测，他完全无法理解。

*二十世纪的学生们是如何学习的？*他心生疑惑。

达尔文提到自然界的两种“斗争”——个体之间为了成功繁衍而进行的斗争，以及每个个体与自然不可抗力（如寒冷、饥渴、黑暗和暴晒）进行的斗争。

*很好，*纳尔逊心想，*这就是我要找的。*

受马尔萨斯的悲观逻辑影响，达尔文相信，第一种斗争占主导地位。我们在自然界看到的“慷慨”行为，很多时候其实是一种交换——或者说“互帮互助”。利他主义通常跟成功的基因密切相关。

不过，就连达尔文也承认，有时合作似乎超越了眼前的需要。

这样的例子确实存在：为共同利益而合作，似乎比“我赢，你输”的零和博弈[①]更加重要。

书突然一震，原来是被一只棕色的爪子拍了一下。陡然出现在眼前的，是动物突出的吻部，还有嘴里寒光闪闪的牙齿。那双充满野性的棕色眸子忽闪着，跟他视线相接。

“哦，现在不行，席格。”纳尔逊抱怨道，“你没看到我在学习吗？”

但小狒狒渴望得到关注。它伸出爪子，吱吱叫着，语调中带着哀求。纳尔逊叹了口气，虽然两条胳膊上还留着刚愈合的瘢痕组织，他还是选择了让步。

“你拿了什么来，嗯？”他撬开小狒狒的爪子。一个红红的东西滚了出来，还咬了一半，那是从禁区偷来的水果。“嘿，别这样，席格。我喂你的还不够吃吗？”

当然，今天是他值夜班，附近没有其他人，这桩小小的盗窃案没有其他的目击者。他在松软的壤土上挖了个小坑，把证物埋起来。所有的回收因素都高于标准，一个偷来的水果可能不会引发什么大灾难。

彩色的透明玻璃窗连成一片，将这部分的生物圈与繁星点点的夜空分隔开来。创造这个封闭的生物管理奇迹时，并不仅仅考虑了

①在零和博弈中，一个人的所得恰是其他人的所失，参与者的利益是完全对立的。

实用性。轨道和滑槽，洒水和喷雾装置，都被巧妙地隐藏起来，人们可能会认为这是植物园或者温室，而不是高科技的污水处理厂。

纳尔逊让席格趴在左臂上，准备从刚才停下的地方接着读。

后一种关于进化的观点——为友善和合作留有一席之地——当然颇具吸引力。我们所有的道德准则不都强调互帮互助乃是至善吗？孩提时代，我们就被灌输这样的理念，美德应该超越区区私利……

被忽视的席格恼了，它转身坐在翻开的书上，以天真的眼神四处张望。

"哦，干吗？"纳尔逊说着，挠起了小狒狒的痒痒，以此作为报复。小狒狒扭动着身体，嘴巴张开，发出无声的笑，最后栽倒在柔软的草地上，逃掉了。

接着，小狒狒迅速切换状态，突然警惕地蹲伏下来，嗅着溪边的树叶，侧耳倾听。席格扫视着附近溪流的卵石堤岸，还有头顶上纵横交错的藤蔓迷宫。一只大点儿的狒狒倏地从沙沙作响的车前草丛里钻了出来，席格发出兴奋的尖叫声。

内尔左闻闻，右嗅嗅，然后才爬下来，尾巴翘得高高的，信步朝它的孩子走去。它皮毛光滑，吃得膘肥体壮，哪里还像纳尔逊刚把它从四号方舟的热带草原生物圈中救出来时的样子，那个毛发蓬乱的无家可归者。纳尔逊不禁拿它的转变跟自己的做比较。他心想，我们已经走过漫漫长路，不再需要靠检验粪便讨生活了。

住院期间，他想起自己将六只雄狒狒揍得东倒西歪，只能在尘土飞扬的金合欢树下哀鸣，起初还真担心科学家们会怎么处置他。不管是否出于自卫，纳尔逊都曾设想过，自己会被解雇，被驱逐出境，并被遣返育空省的改造所，接受一年矫正错误行为的治疗。

但很明显，恩德贝莱人看待他冒险行为的方式，远远出乎他的意料。尤其是执政官穆加贝，谈及那一幕时，他曾这样评价："对狒狒及饲养员的关系产生了有益的影响……"

如果执政官这么说的意思是那群猴子今后会更加尊重人类，纳尔逊认为他的话确实很有道理。除此之外，库维内兹人民还声称，很欣赏他所表现出的"勇士的品格"。因此，出院后，他参加了一系列的分配测试，接着令人惊讶地被调到这里，并被冠以"半个废品管理专家"的荣誉头衔。

"当然，薪水还是很低。"他提醒自己。尽管如此，他在这里学到的技术，需求度很高，如果他做得好，前途一片光明。

如今，现代城市模仿自然的方式，以生物途径处理污水。从数千万间厕所淌出的脏水，流向大型农场般的沉淀和曝气池。其中一片区域可能种满了芦苇和芦荟，种植这两种植物是为了去除重金属。接下来，一种特殊培育的藻类浮渣会将氨和甲烷转化为动物饲料。最后，大多数城市污水处理厂以螺蛳池结束，里面养着以螺蛳为食的鱼类,两者都能在市场上公开出售。

流出来的水通常如山泉般纯净。考虑到如今大多数溪流的情况,经过处理的污水甚至更加纯净。正是这种水资源循环利用的技术,最大程度上确保了现代都市得以留存。如果没有这种技术,最轻微的后果就是整个世界战火连绵。

然而,生物处理技术的问题是需要大片大片的土地。生命方舟没有足够的空间。避难之处的生态圈必须自给自足,经济独立。否则,有一天,身心疲惫的纳税人可能会忘记他们的承诺,不再为这些适于居住的时间胶囊提供资金,不再将基因宝藏留存下来,留给另一个运气更好的时代。

因此,执政官穆加贝颁布命令,要求必须“压缩”这一系统。原本占地可能有几公顷的面积,而今不过一个礼堂大小。

稀释后的污水首先渗进头顶众多的玻璃夹层间,接触到那种特殊的藻类以及阳光。暴露在空气中之后,绿色浆液喷洒在悬浮的植物托盘上。顺着悬垂的树根,过滤出的水缓缓滴下来,最终落进下方的小溪里,接下来的过程由溪流中的浮萍完成,帮助它们的还有在这里繁衍生息的几种鱼类,尽管这几种鱼在野外已经灭绝。

席格爬到妈妈的背上,内尔驮着它的孩子来到小河边,在浅滩开心地嬉戏。此时,污水处理厂自然已经空无一人。纳尔逊刚开始独自值班时,会觉得有些紧张,但很快,他就发现这项任务出奇简单,细节复杂的相互作用——调整水流和检查增流率——在某种程度上似乎很自然，甚至再明显不过。穆加贝和布凯利说，他找到了“窍门”，不管他们说这话是什么意思，纳尔逊感到高兴，更感到极度困惑。

上学的时候，他并未过多考虑老师们说的话——植物如何吸收二氧化碳、硝酸盐和水，接着利用阳光将这些成分转化为氧气、碳水化合物和蛋白质。大概就是，植物将动物的排泄物转化为动物生存所必需的东西，反之亦然。从幼儿园开始，这些课就一直是他必修课程的一部分，包括人类工业使该体系失去平衡的种种方式。

不过，他很确定没人教过他苯、氰化氢、氨，或者所有其他非同寻常的化学物质，像他这样的生物能够释放出的微量化学物质。这些化学物质——如果不是因为所有辛勤工作的细菌——早在人类学会使用火之前，大气就会让所有人丢掉性命。

“你知道毛蛾和毛甲虫的重要性吗？”当纳尔逊开始表现出对这方面的兴趣时，布凯利博士曾经问他，“如果没有这些专门以皮毛和毛发为食的生物，陆地已经被我们哺乳动物脱落的皮毛所覆盖，厚度可能超过两米。下次你撒樟脑丸来保存你最喜爱的毛衣时，想想这个吧！”

纳尔逊摇摇头，确信自己受到了欺骗。*我可能跟以往不同了，但我还是不喜欢布凯利博士。*

然而，这件事还是引起了他的思考。是什么使循环和再循环系统数百万年间始终运转良好？对于每种排泄物，似乎都存在某些物种愿意消耗它。每种动植物都依赖其他动植物，而且也被其他动植物依赖。

更令人感到惊讶的是，这种相互依赖通常意味着以彼此为食！作为个体，每个生物都努力避免成为其他生物的盘中餐。然而，正是这种吃与被吃、捕和被捕的关系，才使这个伟大的平衡得以实现！

几个月前，他绝不会允许自己受好奇心驱使。但现在，他的全副身心都被好奇心占据。这种平衡模式已经持续了三十亿年，而他渴望了解关于它的一切。

如何？这一切是如何实现的？

几周前来访的那位教授，那位来自英格兰的老妇人，把这个过程称为“内稳态”……即使遭遇暂时的挫折，某些特殊系统也会在较长的时间内保持平衡。

纳尔逊默念出这个词。

“内稳态……”

这个词听着就让人激动。他又拿起书，找到先前读到的位置。

几乎每种文化都会通过法律制度，来保护家庭、部落和国家不受个人冲动的影响。近来，我们将这些条例的保护范围扩大到那些无家可归者、弱者，甚至是侨民，并为我们没能完全达到这些标准而深感苦恼。一种文化层面的准公民身份，甚至被赋予某些曾作为食物的动物——鲸鱼、海豚，和许多其他人类现在可能与之产生亲近

感的生物。

虽然对于方式方法的争论始终没有停止，但我们中的大多数仍然同意一个基本前提，怀有同一个理想。如果让我们想象天堂的模样，我们或许真的会让狮子和羔羊相依相偎，所有的人，伟大也好，渺小也罢，都会善待彼此。

但重要的是，基于我们作为特殊社会性哺乳动物的背景，要牢记这就是我们的道德准则。需要族群来培育和扶持的生物，一旦失去族群就会感到无助，怅然若失。

如果其他物种，也拥有智慧并能掌握技术，那会怎样？比如鳄鱼，或者水獭。它们会接受我们基本的道德观念吗？即使人类嘴上说着彼此关爱，但通常也是“优先考虑自己”。

然而，我在这里还是要说，从“自我”向“协作”的转变是不可避免的。它来源于三十五亿年来引导地球生命进化的基本模式，它也将继续塑造和改变我们的世界。

没错，纳尔逊心想，她是唯一一个我认为言之有物的人。尽管她说的话有一半我都听不懂，但确实是真才实学。她的话就是我的起点。

他抚摸着粗糙的书页，第一次觉得自己能够理解为什么有些老者仍然喜欢这样的书，而不是现代的书。书上的文字就在这里，恒久不变，不像电子智慧的幻象在低语，睿智却如月光般转瞬即逝。

这本书虽然不够精到，却十分可靠。

或许跟我有点儿像？

纳尔逊笑了。

“没错！继续做梦吧，嗯？”

他的注意力又回到书上。两只狒狒戏水归来，发现他已经深深地沉浸在一场冒险之中，而这场冒险是它们无法领会的。然而，它们这次只是坐在那里，注视着他，让他安安静静地做这件不可思议的事，只有人类才能做的事。

DEL

半个世纪以来，西柏林[①]这座城市就像是一个生态孤岛。

当然，它并非完全孤立。渗入地下的水可不管什么政治界限，就像墙那边的雨水以及工厂造成的污染一样。除了第二次世界大战刚刚结束时的一段令人恐惧的小插曲，其他时间，食品和消费品仍旧通过铁路、公路和航空，从联邦共和国源源不断地运出去。

然而，从很多方面来讲，这座城市只是块不足十六千米宽、三十二千米长的绿洲，被困其中的数百万人几乎与周遭的环境全无互动。

那时，柏林人由于没有地方可以运送垃圾，只好率先进行回收。垃圾被严格分类，放在路边以便回收。甚至连人行道都用石瓦

① 西柏林是1949年至1990年间对柏林西部地区的称呼。

砌成,以便道路修缮时可以堆叠起来,再加利用。

尽管西柏林人喜欢过奢华的夜生活,还有傲慢无礼的坏名声,但他们的城市人均公园面积超过纽约和巴黎。园丁自己种植的食物也超过其他城市。一位市长曾经自豪地宣称,如果人类要把世代飞船送上太空,那就应该由西柏林人来担任船员。

波恩[1]的市长随即予以回应,说这是一个绝好的主意。

对于他的讽刺,柏林人认为这有失体统,对此不屑一顾,便继续过自己的日子去了。

① 官方称波恩联邦市,是德国北莱茵-威斯特法伦南部莱茵河畔的一个城市,1949—1990年为联邦德国(西德)首都。

地　核

“这次你没把佩蕾[①]惹毛，你这个天赋异禀的白人专家。”

年长的女祭司伸手拍拍阿莱克斯的膝盖。她尖声尖气地继续恭维他，“你一定在学更棒的前戏！坚持下去。这，确实，是赢得佩蕾芳心的妙招。”

阿莱克斯脸泛潮红。他望向乔治·哈顿，哈顿正坐在旁边的编织垫上。“这会儿，她在说什么呢？”

大块头毛利富商瞥了一眼火坑对面的梅里亚娜·卡普尔，她咧嘴笑着，用铁制拨火棍拨动着煤块。沉默的火焰舔得更高，她嘴唇和下巴上的文身似乎在跳动、在舞蹈，使这位丑陋的老太婆显得不那么老态龙钟。

“阿姨的意思是，最近的几次扫描结束后，地震次数越来越少，

① 在夏威夷宗教中，佩蕾是火山和火的女神，也是夏威夷群岛的创造者。

也越来越温和了。这肯定意味着,地球女神感觉你的,呃,探索……更容易接受了。"

说这话的时候,乔治表情严肃,或者说几乎是一本正经。这种模糊的感觉恰好让阿莱克斯忍住了放声大笑的冲动。

"我本以为佩蕾是位夏威夷神祇,而不是毛利神祇。"

乔治耸耸肩,"今天的太平洋属于全世界。夏威夷的祭司们就身体魔法的问题向我们的祭司请教,但当问题涉及火山和行星泛灵论,我们推迟了给出答复的时间。"

"那么,你的地球物理学知识就是在那种地方学来的吗?"阿莱克斯忍着笑说,"在萨满的小屋里,在岩浆旁边?"

出乎阿莱克斯意料的是,乔治没有生气,反倒诚恳地点点头。"没错,在那里,还有麻省理工学院。"哈顿继续解释,"当然,西方科学至关重要,是知识的主体,时间久远的古代神祇也承认这一点。尽管如此,如果我没在基拉韦厄火山下逗留,和佩蕾的祭司们做过一段时间的学徒,我的冒险就不会得到家人、部落乃至整个民族的支持。"

阿莱克斯叹了口气,他不应该感到惊讶。像五十年前的加利福尼亚一样,如今的新西兰逐渐改掉了其长期以来的宽容传统,转而执着地迷恋起古怪的行为来。当然,在乔治的同胞看来,为了迎合他们折中主义的风格,把新旧思想兼容并蓄,倒也没有什么不协调的地方。如果偶尔能让那些保守的外国人瞠目以对,那就再好不过了。

阿莱克斯不愿让乔治感到满意。他耸耸肩,再次转身凝视着女祭司。

置身拥有数百年历史的会馆,停留在这里,在手工雕刻的屋梁下,他只需眯起眼睛,就能想象自己在穿梭时光。就连她的文身看起来都很真实……不像罗托鲁瓦艺人们的那些,他们的文身能够轻而易举地装扮上,再清洗掉,对他们而言,甚至发型和肤色也能轻松改变。然而,许多毛利老妪,甚至是女祭司,到了梅里亚娜阿姨这个年龄,都还跟她一样牙齿整齐、洁白,这是由于生活里保持卫生和定期专业护理。

阿莱克斯意识到,她在等待他的回应,于是,他微微颔首说:"谢谢您,阿姨。我很开心,女神对我的殷勤……感到满意。"

乔治把手搭在他肩上,"佩蕾当然满意你的殷勤。地球不就是为你而转动的吗?"

阿莱克斯耸耸肩,摊开双手。乔治坚持要他们今晚来这里,暗示这件事极紧要。与此同时,阿莱克斯急着去实验室用电脑再模拟一次,可能会打破僵局。也许如果他一直努力,不断尝试……

"那头恐怖的恶魔已经钻进地球母亲的身体,你的责任就是追捕它,"女祭司说,"你想抓住它的本质。你忧心忡忡,生怕它会吞掉我们的地球母亲,吞掉我们自己。"

他点点头。她的看法的确很有趣,很好地总结了一切。他们最近进行的引力断层扫描,无比清晰地将地球内部照亮,描绘出这颗行星深层的，精细、灼痛而又炽热的复杂结构，推翻了此前地球物理学所有的模型，让乔治的技术人员目瞪口呆。

这次扫描显示两头恶魔，也就是两个奇点黑洞正绕着行星的核心缓慢运转。他的阿尔法逐渐萎缩、消散，仅剩残片，贝塔则犹如异常庞大的可怕幽灵，其巨型旋涡中闪烁着微小却完美的火花。他对贝塔黑洞的所有猜测，都通过那些扫描得到了证实。宇宙结的确在不断扩大，毫无疑问。他越仔细地研究它那盘绕回旋的世界面，研究它那扭曲时空形成的恼人的拓扑结构，它就在其不可调和的致命特质中变得愈发美丽。

不幸的是，他却未能企及任何本质性的问题，比如贝塔黑洞是何时何地产生的。或者如何探测由它引发的数千公里之外的地表地震。

见鬼！他甚至连这东西的轨道都搞不清楚！进行最近的这些扫描之前，他非常确定他已经对贝塔的力学特点有充分了解——在围绕其内核的缓慢旋转中，重力、伪摩擦力和离心力如何达到平衡。但第一次扫描结束后，它的轨迹发生了改变。必定有其他因素起到了推动作用。但究竟是什么呢？

卡普尔阿姨拿出一个祭祀仪式上用的小鼓（有些人称之为兹克斯琼恩鼓），敲出稳定的节拍，同时对阿莱克斯接下来的工作做出预测，内容涉及那位多情的女神和其他迷信的胡言乱语。

"……你深入佩蕾最隐秘的地方，触及她的秘密。她不允许任何男人这样做。你应该深感荣幸,孩子。”

盖亚崇拜的形式多种多样,而这次崇拜佩蕾的版本似乎也没什么不妥。有一次,他甚至听到珍对女祭司之于神灵的崇拜赞赏有加。要是换个场合,他也许会觉得这一切妙趣横生,而不是件要命的麻烦事。

“别害怕,”她继续说,“你追捕的这头野兽终将被你驯服。你会及时阻止它,不让它伤害我们的母亲。”

她没有继续说下去,而是充满期待地望着他。阿莱克斯绞尽脑汁,思考该说些什么。

“我不值得您寄予厚望。”他回应道,态度谦卑。

但让他深感惊讶的是,老妇人立即向他投来责备的目光。“你无权评判自己的价值!你服务于人,好像男人的精子服务于选择他的女人一样。甚至连恶魔也有其服务对象。孩子,你该好好想想个头不大的几维鸟和它那巨大的蛋,想想它们的教训。”

阿莱克斯愣住了。这建议似乎有些奇怪,过去几周的紧张局势让他把发条拧得太紧,以至于再也无法控制自己。他大笑起来。

卡普尔阿姨歪着脑袋,“你觉得我的比喻很可笑吗?”

“我……”他举起一只手,示意女祭司别误会。

“你想让我用其他的词吗?那么,我请你思考‘受精卵’和‘生殖细胞’之间的关系?如果我提到耗散结构,会更便于你理解吗?又或者这么说,即使灾难到来,生命也能在混乱中创造出秩序?”

除了眨眼，阿莱克斯无法做出任何其他反应。当她再次拨动煤块时，乔治低声说："阿姨拥有奥塔哥大学的生物物理学学位。别瞎猜，拉斯蒂格。"

上当了——就因为老套的情节！阿莱克斯已经明白，坐在他对面的是个地道的现代人。然而，她的伪装——斯坦·戈德曼会称其为她的"诡计"——使他陷入圈套。

"你……你是说，奇点不会给地球带来危害？相反，它会带来一些……"

阿姨把手伸过煤堆，突然在他的手背上拍了一下，"我什么也没说！还轮不到我来告诉你，一个'天才'该怎么想——你比我聪明得多，你非凡的能力甚至给地球母亲留下了深刻印象。虽然都是些旁门左道的天赋，但总算还能管点儿用。

"我只是在向你提问，很明显，你过于在意自己出现的问题。种种迹象表明，你已经被你的智慧所迷惑——被你的假设逼得走投无路了！为了帮你打破这种平衡，我赋予你精子和卵子的智慧。

"听不听我的劝告，随你的便。我已经把你搞糊涂了，这就足够了。剩下的事儿，就交给你的潜意识来处理吧。"

她继续敲完鼓，然后把鼓放到一边，毫不客气地挥挥手，示意两个男人离开，"现在，我不准你们继续工作，先好好休息，消遣一下再说。我命令你俩今晚一醉方休。现在，走吧。"

他俩站起身来，女祭司凝视着火坑，一言不发。阿莱克斯抓起他的鞋，跟着乔治离开会堂，走进星斗满天的深夜。然而，顺着小路走了不到半米，两人便停下脚步，看着对方，不约而同地哈哈大笑起来。阿莱克斯几乎笑弯了腰，他笑得两肋生疼，努力想要把气喘匀。乔治猛拍他的后背。“来吧，”大个子毛利人提议，“我们喝杯啤酒吧，或者十杯。”

阿莱克斯咧嘴笑着，揉揉双眼，“我……我大约一小时后去找你，乔治。说实话，我只需检视一个模型，然后……怎么了？”

乔治突然皱起眉头，晃晃脑袋，“今晚不行。阿姨说的话你也听到了。休息，消遣。”

阿莱克斯再度目瞪口呆，这已经是当晚的第三次了，“你可不能把那个疯狂的老姑婆当回事！”

乔治不好意思地笑了，但也点头表示赞同，“她的演技确实不太好。但在她的权威所及之处，我会服从她的命令。咱俩今晚一醉方休，白人朋友。你和我，现在就去喝。不管你合不合作。”

阿莱克斯脑海中突然浮现出这样的画面：这位身材魁梧的亿万富翁把阿莱克斯的头摁在啤酒龙头下面，阿莱克斯则语无伦次地说着什么，无助地挣扎着。这一画面触目惊心，可信度又极高。又一个忠实信徒，他心里暗暗叹着气。他们真是无处不在。

“哦……我也不想无视传统……”

“很好。”乔治又拍了拍阿莱克斯的后背，差点儿把他拍倒在地，“喝上几轮，我还会告诉你，二十年代的时候，新西兰队狂胜澳大利亚队那场比赛,我是如何替补天王巨星马卡胡纳出场的。”

哦,不。橄榄球的故事。这就是我需要的。

不过,阿莱克斯莫名感觉如释重负。他得到的指令是学会遗忘,而发号施令的人可以说是盖亚的女代言人。尽管他是不可知论者,但既然这样的权威人物发了话,他认为自己今晚可以暂时忘掉一切。

阿莱克斯去过世界各地的众多酒吧,从布卢姆斯伯里昏暗却优雅的白鹿酒吧,到安哥拉新兴城镇里棚户区的摇摇欲坠的酒吧。在卡普斯京亚尔导弹发射基地附近,有一家庸俗的俄罗斯游客小酒馆,在那里,富含维生素的稀释伏特加,被装在粉彩的挤压管里,背景音乐播放的是月光曲……真的俗不可耐。他甚至去过帝国酒店的酒吧,那个烟雾缭绕的地方可以说是吸烟者最后的堡垒,禁烟大战最终将其攻破,那些满腹牢骚的烟鬼们行将就木,只能躲进后街陋巷,继续他们的恶习。

相比之下,凯伊凯利酒吧让他感到亲切而又熟悉,就像回到了位于伦敦贝尔塞斯公园的华盛顿酒吧一样。棕色麦芽啤酒那苦苦的味道也差不多。的确,与典型的英国酒吧相比,围绕着飞镖靶的人们社交距离更近。阿莱克斯最近两次去上厕所都迷了路,但他将那归咎于科里奥利效应[1]。毕竟,在新西兰,一切都颠倒过来了。

---

① 即地转偏向效应。

有一种现象在英国是看不到的，那就是不同种族间的亲善。从纯种的毛利人到金发的白种人，以及肤色处在两者之间的任何一种种族，似乎根本没人注意到这样的差异。而在英国，种族间的差异偶尔还是会引发骚乱。

哦，每种肤色和国籍都被起了名字，包括邮票上那些阿莱克斯从未听过的岛国。就在那天早上，《新西兰先驱报》愤怒地揭露了奥克兰一家工厂对斐济外来务工人员的晋升歧视。这听起来有失公平，好吧……但在全世界几乎所有地方，不公和偏见仍然盛行，两相比较，这简直不值一提。

事实上，在阿莱克斯看来，新西兰人因为这些微不足道的缺陷而烦恼，这样一来他们就不会觉得被忽视。理论上讲，和谐自然再好不过，但实际上，这样的和睦有时似乎也让人感觉有点儿尴尬。

刚到新西兰后不久，他就问过斯坦·戈德曼，这种态度究竟延伸到何种层面。例如，如果某天晚上，女儿回家告诉他，她想嫁给一个毛利男孩，斯坦会做何感想？

阿莱克斯昔日的导师吃了一惊，回瞪他一眼。

“可阿莱克斯，她的确就是这么做的！”

没过多久，他还与乔治的家人见了面，还有几位坦戈帕鲁工程师的伴侣和孩子。他们的言谈举止都让他感到宾至如归。似乎没人因为地核里那不断变大的要命玩意儿而责怪他。

你没有责任。它不是你造就的恶魔。

再一次，提醒起到了作用，一丁点儿作用。

“喝呀，拉斯蒂格。你落在我和斯坦后面了。”

乔治·哈顿习惯了随心所欲。阿莱克斯吸了一口气，顺从地举起锥形的玻璃杯，里面盛着温热的啤酒。他闭上双眼，一饮而尽，又把酒杯放下，里面已经空空如也。

然而，当他再次睁开眼时，一大杯啤酒竟然又神奇地倒满了！这是神的干预？还是违反了熵增定律？阿莱克斯意识中抽离的那部分知道，必定是有人又倒了一轮酒，这酒大概是出自一个酒罐，而这个酒罐目前位于他逐渐缩小的视野范围之外。然而，考虑其他可能性倒也饶有趣味。负熵情况下发生时间反转，这一可能性也存在有力佐证。

带着另一种解谜能力，阿莱克斯聆听斯坦·戈德曼追忆上世纪末那些模糊的日子。

阿莱克斯曾经的研究顾问说：“上世纪九十年代末，我想当一名生物学家。那可是当时最令人激动的行业。生物学家回忆那些日子，就像我们物理学家回顾二十世纪早期一样。当时，普朗克和薛定谔创立了量子力学，老阿尔伯特为光速确定了该死的参照系……整个科学体系的基础得以奠定。

“那个时代肯定非常美妙！整整一个世纪的工程技术都源自那些幸运儿。但等到我那个时候，物理学似乎已经变得相当无聊了。”

“得了，斯坦。”乔治·哈顿抗议道，“上世纪九十年代末，无聊？

物理学？那不是阿德勒和赫特完成大统一的时代吗？把所有的自然力集合起来，构成一个庞大且复杂的范畴？你别告诉我你当时不激动！”

斯坦抬起一只脏兮兮的手，拿纸巾擦拭他那光滑的额头，抹掉那星星点点的汗渍，“哦，当然。统一起来的方程式确实妙不可言，无与伦比。他们称之为‘万物理论’，简写为TOE。

“但那时，场理论基本上只是一项观赏性的运动。几乎需要突变型的才华才能参与其中……就像现在必须身高两米五才能打职业篮球似的。更为重要的是，那时你开始听到有人说物理方面的著作大可到此为止。有些教授称‘所有重要的问题都已得到解答’。”

“所以你才考虑离开这个领域？”乔治问。

斯坦摇摇头，“非也。真正让我沮丧的是，我们已经用尽了所有的形式。”

阿莱克斯一直在捏着自己的脸颊，希望能够从麻木中寻得任意一种感觉。他转过身，看着斯坦，“形式？”

“基本的方法和途径。自然这堵墙上出现的裂缝。杠杆和支点。轮子和楔子。火和核裂变。

“这些不仅仅是求知欲的问题，阿莱克斯。当然，它们起初只是毫无用处的抽象概念。然而，呃，你是否还记得，当一名国会议员问迈克尔·法拉第，那种名叫‘电’的疯狂玩意儿究竟会有什么用时，他是怎么回答的吗？”

乔治·哈顿点点头,“我听过这个！法拉第不是反问,嗯……新生婴儿又有什么用吗?”

“这是一个版本。”阿莱克斯赞同哈顿的说法,他命令自己的脑袋遵循点头的大致轨迹,“另一种说法是,他回答说:‘我不知道,先生。不过我敢打土,呃……打赌,总有一天你会对它征税的!’”阿莱克斯笑着说,“我一直很喜欢这个故事。”

“没错。”斯坦也表示同意,“法拉第说得对,不是吗?看看电带来的巨大变化吧！物理学成为顶尖的科学,不仅因为它涉及基本原理,还因为它打开了一扇门——形式之门——让我们获得了我们曾经认为只属于神的能力!”

阿莱克斯闭上眼。有那么一瞬间,他似乎又回到了会堂,当时卡普尔阿姨狡黠地谈论着神灵的生活方式。

“大统一让你感到失望,是因为其不现实?”乔治难以置信地问道。

“完全正确!”斯坦伸出手指,指向那位大个子的地球物理学家,“所以说,赫特描述了如何将电弱力与色动力及引力结合起来。可那又怎样?想利用这些知识做任何事情,都需要宇宙大爆炸时的温度和压力!”

斯坦露出愠怒的表情,“呸！你们知道,我为什么差点儿转到量子生物学领域吗?因为在那个领域里,新理论或许会产生重要影响,催生新产品,甚至改变人们的生活。”

哈顿看着他的老朋友，失望明显地写在脸上，“我一直认为，你们这些数学挂的家伙从事研究是为了美感。结果发现你和我没啥两样，都对机械装置着迷。”说完，他向路过的女招待挥挥手，又点了一轮啤酒。

戈德曼耸耸肩，“美感和实用性并不矛盾。看看爱因斯坦关于辐射吸收和发射的公式吧。多么优雅！何其简约！他不知道自己预测了激光。但潜能就蕴含在方程式之中……”

阿莱克斯感觉斯坦的话已经将自己浸没。那些词句就像成群结队的生物。一种莫名其妙的幻想油然而生，他想象着这些生物正在自己体内寻找合适的位置，安家产卵。一般说来，他很少使用时下流行的多意识思维模型。原本，对个人同一性的错误认识能够给他带来慰藉，但现在，这一错误观念似乎已经被酒精这种溶剂溶解。他觉得自己不再是单一意识，而是拥有多个意识。

一个自我茫然地注视着一大杯黑啤酒再次出现在自己面前，犹如魔法一般。另一人格则挣扎地跟随着斯坦那漫无边际的回忆。

然而此时，在他紧锁的眉头之后，还有更多的自我与那些不断涌出的东西搏斗。被疲劳和酒精所麻痹，逻辑受到压制，其他更加混乱的力量似乎毫无阻碍地轻松取胜。胜利果实百分之九十九是那种在派对上听起来很棒、第二天一早回想起却感觉像是胡言乱语的点子？

“……这时，不知道从什么地方，黑洞仪冒出来了！想象一下我有多兴奋。”斯坦摊开他那粗糙的双手，继续说道，“突然间，我们发现，总算有一种方法可以接近新物理学的核心！”

这位年迈的理论物理家握紧拳头，仿佛紧紧地抓住了追寻已久的猎物，“有一年，物理学领域似乎毫无生机，缺乏吸引力，注定要借助数学来自慰，甚至更糟糕——只能依靠那亘古不变的理论成就。但下一个瞬间——砰！我们便拥有了创造奇点的能力！移动和塑造空间本身的能力！”

斯坦似乎暂时忘却了这一发现引发的悲惨后果。尽管如此，阿莱克斯还是从朋友的热情中感受到支持。他回忆起自己听到这个消息时的感觉——位于利弗莫尔[①]的团队其实已经将原始的真空转化成了压缩的时空。可能性似乎无穷无尽。他自己则憧憬着为这个动荡不安、资源枯竭的世界提供价格低廉、永不穷尽的能源。

“哦，局限性依然存在。”斯坦继续说，“但裂缝已经出现。新的杠杆和支点，或者也许是一种新的轮子！我当时的感觉想必跟查尔斯·汤斯[②]发现激光时一样，那天，他拿着那根红宝石晶体棒在格栅间来回反射光线，导致光线……”

阿莱克斯突然站了起来，他的椅子猛地向后一晃。他用指尖抵住桌面，好不容易才站稳。接着，他直直地盯着前方，步履蹒跚、踉踉跄跄地穿过人群，摇晃着朝门口走去。

① 位于美国加利福尼亚州。

② 查尔斯·汤斯（Charles Townes，1915—2015），美国物理学家。

“阿莱克斯?”乔治在他身后喊道,“阿莱克斯!”

离乡村酒吧二十米远的地方,立着一棵诺福克松,像汹涌溪流中漂浮着的残骸一样吸引着他。在眼前的这个旋涡中,空气新鲜,不再有嘈杂的闲聊声,那纷乱的声音简直要让他晕头转向了。在这里,阿莱克斯要应付的只有树枝的沙沙声,那是树对风的温柔回应。

“怎么回事?”一分钟后,乔治·哈顿赶上来问,“拉斯蒂格,你怎么了? "

阿莱克斯思绪一片混乱,既要同时留意所有的线索,又要在它们烟消云散之前紧紧抓住其中几条。

他摇摇晃晃地转过身,脱口而出:“激光,乔治。是激光!”

哈顿低下头,与阿莱克斯目光相接。这并不容易,两个人都站不稳。

“你在说什么? 什么激光?”

阿莱克斯做了个手势,但哈顿却不明其意。“斯坦提到了爱因斯坦的参数,也就是吸收和发射参数。可记得吗? 有两个‘B’参数,一个用于自发辐射,另一个用于受激辐射。”

“说到激发态……”乔治插嘴说。但阿莱克斯并未停下脚步。

“乔治,乔治!”他张开双臂,以保持平衡,“在激光理论中,首先要在激发态介质中创建反能量态……让晶体中所有的外层电子活跃起来,对吧? 然后要做的另一件事是把晶体放入谐振器中。谐振器经过调谐后,只有一种特定的波可以穿过晶体,往复传递……”

“是的。你将两面镜子各放在一端,彼此相对。但是——”

“没错。这样放置镜子,只有一道波会达到稳定状态,来回反射成千上万次,上百万次,甚至无穷多次。只有一种频率能够促成这一点,一种偏振,一个方向。那道波以光速往返,它经过的所有激发态原子都会发出受激辐射,将其受激能量吸成——”

“阿莱克斯——”

“吸成单相干光束……所有的分量波不断增强……就像行军的士兵一样平行传播。总和远远大于个体部分。”

“但是——”

阿莱克斯抓住乔治的衣领,“你没看见吗?几周前,我们向这样的介质发射了单波,两天前又如法炮制。每一次,都会引发某些事情。产生的能量波远比我们的发射能量要强!

“想想看吧!地球内部就如同处于激发态的热汤,相当于霓虹灯管或者闪烁的红宝石晶体中的等离子体。在适当的条件下,它接收了我们发射的波形,予以放大,然后再输出。它充当了放大器的角色!”

“地球本身?”乔治皱起眉头,他现在感到极其困惑,“放大器?怎样放大?”

然后,他从阿莱克斯的表情看出了端倪,“地震。你是说地震吧!但……但是我们在以前的资源扫描中从未见到过类似的情况。反射波,没错。我们得到了反射波,并将它们用于绘图。但从来没有过任何放大效应。”

阿莱克斯点点头，“因为以前从未用过谐振器！想想激光理论中的镜子吧，乔治。正是它们创造出合适的条件，在一个方向上将波形放大成相干光束的。

“只是，我们处理的是引力波。而且不是随便一种引力波，是经过专门调谐的引力波，用以反射来自——”

“来自奇点。”乔治小声说，“贝塔！”

他后退几步，瞪大了眼睛，“你是说那头恶魔……”

“是啊！它充当了引力波谐振器的组成部分。还有由地核本身构成的放大介质！”

“阿莱克斯。”乔治在他眼前挥着手，“这太疯狂了。”

“当然，由于只有一面镜子，所以效果应该不太明显，而且我们只有贝塔这个反射介质。第二组测试就遵循这一模式。”

阿莱克斯停下来想了想，又接着说：“但几周前的第一次扫描呢？那次我们的探测器引发了范围狭小但强度较高的震群。那道输出光束太过强烈！其集中度足以撕裂一个空间站……”

“空间站？”乔治听起来很震惊，“你难道是说，是我们导致美国太空站……”

阿莱克斯点点头，“我不是告诉过你们吗？那场悲剧。运气实在糟糕，竟然被这么窄的光束射穿。”

“阿莱克斯……”乔治摇摇头，但情绪太激动，没能继续说下去。

“我理解第二次测试的放大效果为何不明显——就像你料想的那样，毕竟只是源自单反射镜的谐振器。但第一次……”阿莱克斯挥拳猛击自己的手掌，“肯定有两个反射镜。”

“也许是你的阿尔法，伊基托斯黑洞……”

“不。位置和频率都对不上。我……”阿莱克斯眨眨眼，“当然。我明白了。”

他转过身来，面对着乔治。

“另一个奇点想必就在空间站上，这是唯一可能的解释。他们的航天器跟反射光束连成一线绝非巧合。空间站上的黑洞与贝塔产生共振，导致二者连成一线。这样解释最合理。”

“阿莱克斯……”

“想想看吧，这意味着空间站的外部设施全部以伪加速度被炸飞了……”

阿莱克斯停下来，透过枝杈间的空隙，仰望头顶的繁星。他心怀敬畏，不由得压低了声音，“那些可怜虫。这是什么死法啊。”

乔治·哈顿眨眨眼睛，试图理解阿莱克斯的话，“你是说美国人未经授权……”

然而，阿莱克斯的活力再次将他感染。“当然，我们需要给它取个名字。‘受激辐射导致的引力放大’怎么样？或许用传统的命名方法也不错。”他转过脸望着乔治，“嗯？你喜欢吗？我们称它为‘伽马激光’吗？或者用‘凝视者’听起来更棒。没错，我想，就用‘凝视者’吧。”

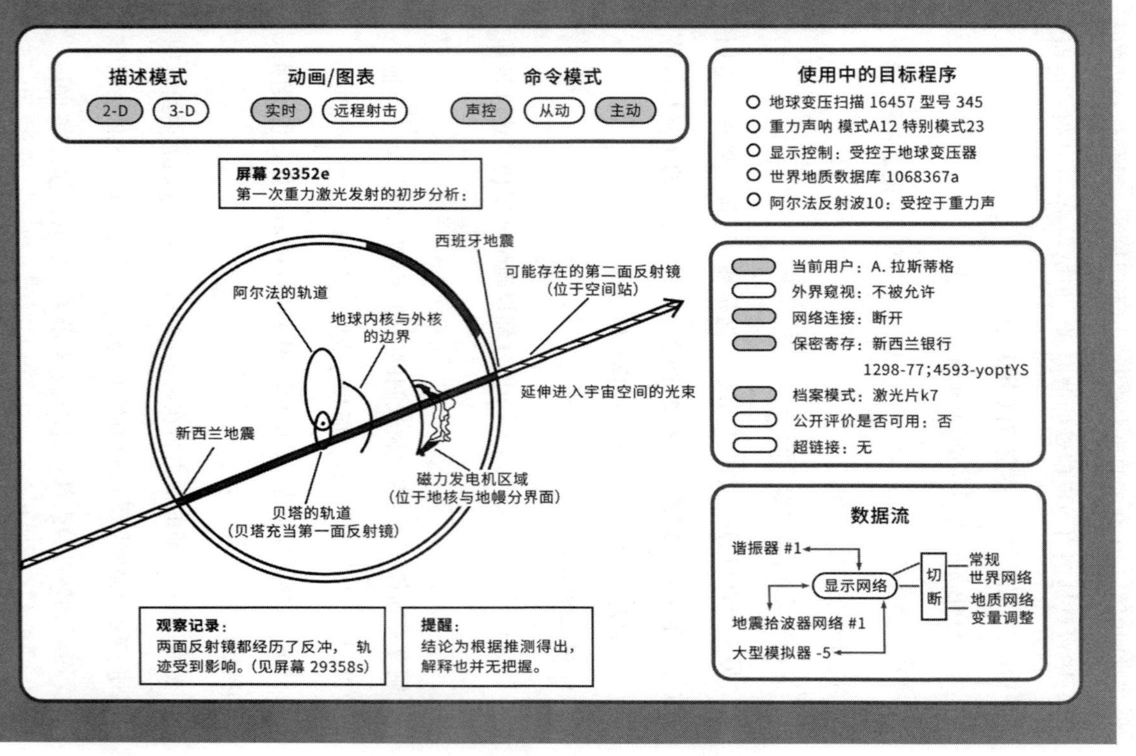
描述模式
2-D
3-D
动画/图表
实时
远程射击
命令模式
声控
从动
主动
屏幕 29352e
第一次重力激光发射的初步分析：
使用中的目标程序
地球变压扫描 16457 型号 345
重力声呐 模式A12 特别模式23
显示控制：受控于地球变压器
世界地质数据库 1068367a
阿尔法反射波10：受控于重力声
当前用户：A. 拉斯蒂格
外界窥视：不被允许
网络连接：断开
保密寄存：新西兰银行
1298-77;4593-yoptYS
档案模式：激光片k7
公开评价是否可用：否
超链接：无
西班牙地震
可能存在的第二面反射镜
（位于空间站）
阿尔法的轨道
地球内核与外核的边界
延伸进入宇宙空间的光束
新西兰地震
磁力发电机区域
（位于地核与地幔分界面）
贝塔的轨道
（贝塔充当第一面反射镜）
数据流
谐振器 #1
显示网络
切断
常规
世界网络
地质网络
变量调整
地震拾波器网络 #1
大型模拟器 -5
观察记录：
两面反射镜都经历了反冲，轨迹受到影响。（见屏幕 29358s）
提醒：
结论为根据推测得出，解释也并无把握。

重力激光发射分析图

阿莱克斯目光炯炯，痛苦在那里定居，同样也混杂着发现带来的惊诧和喜悦。“乔治，参与释放出有史以来最强大的‘形式’，你感觉如何？”

两人对视良久，似乎都突然敏锐地意识到声音的重要影响。直到斯坦·戈德曼在酒吧门口叫了一声，沉默才被打破。

“阿莱克斯？乔治？你们在哪儿？你们方便的时间可真够长的。你们是不是醉得连拉链都找不到了？又或者，你们在那边发现了其他有趣的东西？”

“我们在这儿呢！”乔治·哈顿喊道，然后回头看看阿莱克斯，阿莱克斯又在仰望星空，自言自语。乔治压低声音说：“没错，斯坦，看来我们到底还是发现了一些有趣的东西。”

第五部

行 星

新世界到来之初，没人会说二氧化碳、甲烷甚至氰化氢的坏话。因为闪电和强烈阳光的影响，这些化学物质与氨基酸、嘌呤、腺苷酸盐混合起来，给年轻的海洋染上颜色……形成一种“原始的汤”，然后进一步发生反应，形成结构复杂、形态扭曲的聚合物。

纯粹随机的融合，需要一万亿年的时间才能生成细菌这样复杂的生物。但除了偶然的化学反应之外，还涉及其他过程——选择。某些分子能够保持稳定，另一些则很容易分解。稳定的那些积聚起来，填满了所有海洋，成为全新字母表中的字母。

它们也继续发生反应，形成更大的群体，其中一些存活下来，进行增殖……形成第一个遗传词汇。诸如此类。本来需要一万亿年才能完成的事情，却在相对短暂的瞬间实现了。句与句相互碰撞，大多形成了并无意义的段落，但其中一些得以延续。

在最后一场陨石风暴偃旗息鼓，或者最后一轮超级火山的喷发尘埃落定之前，海洋中出现了一种绝妙的化学物质，被脂蛋白层所包裹。一种能够消耗和排泄、能够自我复制的生命体。它的女儿们争取胜利，遭受磨难，成倍增长。

不知怎的，字母汤中开始流传这样一个故事。

到目前为止，这仍是个简单的故事。浅显易懂，老套单调。然而，从中仍然能够读出一种未经雕琢的天赋。

作者开始即兴创作。

DEL世界长期解决方案特殊利益小组【DELSIG AeR,WLRS 253787890.546】筹划指导委员会报告

几周以来，在第六小组（技术医疗组）第九分部的第五论坛，展开了一场马拉松式的辩论，探讨纳米构造器与冯·诺依曼计算机的优点，以及它们能否取代我们这颗疲惫行星上枯竭的矿山和油井，成为可能的财富之源。

“枯竭”这个词同样适用于分队耐力赛中疲惫不堪的论坛主席们。最后，论坛主席说：“够了！你们这些人都没有工作、没有家庭吗？”

我们达成一致。谈论这两项技术怎样才能有朝一日“创造足够的财富，使二十世纪的美国看起来像是克罗马农人[①]的部落”再好不

① 智人中的一支，旧石器时代晚期的穴居族之一。

过。但创建这个特别研讨组的目的，不是一味空谈，而是集思广益，将可行之策奉献给全世界！

那么，咱们先暂停一下。各位，去睡一会儿，向你们的后代问好。等你们能够拿出切实可行的设计方案，用以制造真正复杂的、能够自我复制的机械时——不管是在月球土壤上啃青，还是洗营养浴，那时候再回来吧。然后，我们其他所有人都会乐于吹毛求疵，奉上批评建议，而这正是你们实施方案所需要的。

与此形成鲜明对比的是，第二组的社科狂人们，针对目前将部落心理学应用于城市人口的时髦做法，进行了妙趣横生的探讨。一度有超过五十万的网络用户参与其中，再一次使我们特别研讨组的流量一路飙至商业级别！那些论坛的摘要已出炉，我们要褒奖第二组的组织者，组织了这样一场气氛活跃、卓有成效的辩论。

外逸层

她到达休斯敦的前一周，那里刚刚经历了一场飓风，此刻人们还在忙着将城市的积水抽干。特蕾莎对灾难给这座城市带来的变化深感惊讶。

街道两旁的商店均被洪水淹没，在水位线下泛起神秘的涟漪，浸在水中的商品犹如沉没的珍宝，闪烁着微光。高耸入云的玻璃办公大楼呈现出蓝色、白色以及海蓝宝石色三种颜色交相辉映的景象，映照出高处的夏日天空，还有低处那光影斑驳的水面。

一排排倾斜的树木泡在水里，毫无生气，标记出街道和人行道被淹没的分界线。它们那水渍斑斑的树干，证明洪水过去曾经淹到更高的位置。一阵慵懒的微风吹过，将蓬松的云朵推开。如今的休斯敦让特蕾莎突然想起某些超现代主义者对威尼斯的描绘，昔日的水城已经彻底被海水淹没，真的令人唏嘘。杂七杂八的船只，独木舟、皮划艇，甚至贡多拉，都在小巷中穿梭，临时的水上出租车在林荫大道上破浪而行，将上下班的人们从他们居住的生态建筑摆渡到闪闪发光的办公大厦。秉承得克萨斯人典型的固执性格，这次有将近一半人拒绝撤离。事实上，在特蕾莎看来，生活在这个人造群岛的陡峭悬崖峭壁上，真的让有些人感到陶醉。

从巴士上层，她看到太阳挣脱了云层的束缚，照得周围的巨型玻璃建筑光彩夺目。其他大多数乘客立刻下意识地转过身去，整整宽边帽，调调偏光眼镜，以遮挡强光。仅有三个阳神部落的男孩例外，他们穿着无袖网眼衬衫，戴着花哨的耳环，饶有兴致地面对着明亮炽热的阳光，虔诚地沐浴其中。

当太阳升起，特蕾莎选择了折中路线。她根本没做反应。毕竟，这是一颗稳定的G级行星，表现良好，距离安全。身在此处毫无疑问比待在轨道上要危险得多。

哦，她采取了所有恰当的预防措施——她戴了一顶帽子，还有一副淡黄色眼镜。但之后，她就不再把这种威胁放在心上了。如果你保持警惕，并及早发现病情，患皮肤癌的风险其实很小。毫无疑问，比在直升飞艇事故中丧生的概率还要小。

这并非她今天没选择乘坐直升飞艇从克利尔湖出发的直达路线的原因，在克利尔湖，美国宇航局的堤坝经受住了阿卜杜尔飓风的肆虐。特蕾莎今天绕了远路，主要是为了确保没人跟踪。这也提供了一个机会，让她理清思绪，准备面对才出刀山又入火海的现实。

无论如何，她还能有多少机会，体验美国式自负创造的奇迹、休斯敦式桀骜缔造的奇观呢？要么城市大亨们最终将他们宏伟却昂贵的计划付诸实践——加固堤坝，改变地下水位，用巨大的塔架稳固一切；要么整个都市很快就会步加尔维斯顿的后尘，连同路易斯安那的大片土地，还有可怜的佛罗里达，一起沉入墨西哥湾。不管怎样，该场景将来都可以给她的孙辈讲述——当然，假设她会有孙辈的话。

当对贾森的思念几乎要浮出水面时，特蕾莎抑制住撕心裂肺的懊悔。她将注意力集中在眼前的景物上，这时，他们乘坐的巴士刚好路过一位不屈不挠的店主，他正在浮桥上兜售被水浸透的时装，旁边还竖了一块牌子，上面写着：**不缩水，保证耐盐**。附近，一家咖啡馆的老板在一辆巴士车顶摆了桌椅和遮阳伞，生意倒也兴隆。那辆受困的巴士跟他们乘坐的这辆是近亲，也有车轮。他们的司机小心翼翼地绕过这家企业，绕过周围停泊的众多皮划艇和橡皮船，又穿过一处废弃自行车构成的浅滩，最后在林登·约翰逊大道恢复了动力。

“他们应该这样保持下去，”特蕾莎轻声评价道，并非跟特定的某个人说话，“这真迷人。”

“说得对，姐姐。”

特蕾莎吓了一跳，望向那几个阳神部落的男孩，发现了她此前没有注意到的东西，他们当中的一个戴着准合法的大耳朵扩音器。

他半猜半蒙地回应了她的评价，然后摸摸自己太阳镜的边缘，让镜片短暂地变成透明状态，以便她捕捉到他挑逗的眼神。

“水让这座老城变得性感，”他边说边晃晃悠悠地走近特蕾莎，“恁不这样想吗？我喜欢阳光被万物反射的方式。”

特蕾莎决定不指出他细小的违法之处，即他没有佩戴任何标志来标明他的窃听装置。只有她内心深处……和她鼓鼓囊囊的左侧口袋……才知道她有真正想要隐藏的东西。

“你希望我那样想，不是吗？”她回应道，慢条斯理地看了他一眼，他既不能把这看作侮辱，也不能把这当成邀请。这一眼起不到任何作用。他信步向前，一只脚踩在她旁边的座位上，身体前倾，摸弄着脑壳上的板寸头发。

“水为太阳服务，你不知道吗？我们应该让它来呀，来呀，来。这只是它表达爱的一种方式，明白吗？淹没大地，就像精壮的男人覆盖女人一样，柔情款款，难以抗拒……湿答答的。”

新鲜的粉红色斑表明，他最近用非处方面霜清理了癌前区域。事实上，与其他人相比，阳神男孩更有可能得无法治疗的重度黑色素瘤，而且概率绝不仅仅是增加区区数倍。然而，他们那斑斑点点的皮肤强化了他们渴望已久的形象——轻视生命的危险人物，没什么可失去的年轻小伙。

特蕾莎感觉其他乘客的神经都绷紧了。有几位转向这些年轻的无赖，用真实-虚拟护目镜对准他们，向他们表明态度，就像早年那些英雄人物一样，时刻保持警惕，准备与犯罪做斗争。对于这些，男孩们做出漫不经心却又几乎势在必行的手势，表达着自己的想法。大多数乘客只是转过身去，躲在阴影和不透明的镜片后面。

特蕾莎觉得，这两种反应都有点儿悲哀。*我听说，北方某些城市的情况更加糟糕。看在上帝的分上，他们只不过是十几岁的孩子。大家为什么不能放松放松呢？*

她自己感觉，阳神男孩们与其说可怕，不如说是可悲。她当然知道这种潮流，在贾森执行最后一次任务之前，曾带她参加过几次聚会。在聚会上，她也见过一些年轻人打扮成这副模样。但这是她头一遭大白天遇到太阳崇拜者，这件事将夜的假面和真实的东西区分开来。

“比喻用得不错，”她评论道，“你确定自己没上过学吗？”

阳光的炙烤让这个赤膊的青年热得满脸通红，他的两个朋友放声大笑，他的脸色更黑了。特蕾莎没打算惹火他。肢解一名公民——即使是出于自卫——也只会让她在宇航局原本就岌岌可危的地位，变得更加朝不保夕。她举起一只手，示意对方别生气。

“咱们换个话题，好吗？现在，你似乎在暗示，海平面上升是你们的太阳神引起的。但大家都知道，南极和格陵兰岛的冰盖正在融化，是因为温室效应——”

“是啊，是啊，”阳神男孩打断她的话，“但温室气体保留的热量正是源自太阳。”

“那些气体都是人造的，不是吗？”

他自鸣得意地笑着说：“二氧化碳和一氧化二氮是汽车和二十世纪那些工厂排放的，这话没错。但追本溯源，它们究竟从何而来？石油！天然气！煤！很久以前，就被大地女神埋藏起来，像脂肪一样藏盖在她的皮肤下面。但是，石油和煤炭中的所有能量——也就是我们的老一辈最初对盖亚进行挖掘和钻探的原因——都源自太阳！”

他躬身靠过来，“但现在，她偷来的那些珍贵的化石燃料脂肪，将无法再继续束缚我们。它们都变成了烟雾，妙不可言的烟雾，消失在天际。再见。”他朝着云彩送出飞吻，“除了依赖源头本身，别无他法！”

当然，太阳崇拜者们支持使用太阳能，而更多的盖亚信徒则提倡风能和节约资源。作为一名宇航员，特蕾莎发觉，虽然这个团体成员的穿着打扮和行为举止都令人反感，但她的观点竟然与他们的有共通之处，这真的极具讽刺意味。也许她所要做的只是让这些家伙知道自己是宇航员，这样一来，所有的威胁恫吓，所有的夸夸其谈，就会烟消云散。不过，说实话，她更喜欢他们现在这样——吵吵嚷嚷，无法无天，散发着男性激素和过度补偿[1]的气息——总好过阿谀奉承的仰慕者模样。

① 指个人否认其失败或某一方面缺点的不可克服性而加倍努力，结果反而超过了正常程度。

“不管怎样，这座城市撑不了多久的。”阳神男孩继续说，朝那些高耸入云的塔楼挥挥手，它们借助其钢铁脚踝，屹立在墨西哥湾的海水之中。“他们可以建筑堤坝、打桩、修补漏洞。但休斯敦迟早会走上迈阿密的老路。”

“枝繁叶茂的丛林将会蔓延——”另外一名阳神男孩低声哼唱着，用一个轻薄的全伴奏声音合成器。这大概是一首流行歌曲的歌词，不过，她听不出是哪首。

当巴士驶近另一个车站，隆隆作响的马达的声调发生了变化。同时，这名阳神男孩的领军人物身体前倾，离特蕾莎更近了。“毫无疑问，会起泡的！盖亚这老太太又会活过来的。萨斯喀彻温省[①]会有狮群出没。火烈鸟齐聚格陵兰岛！一切都是‘因为太阳神那粗暴的爱’。”

可怜的家伙，特蕾莎心想。她早已看穿了他的装腔作势，那副崇拜太阳的阳刚模样，只不过是装出来的。他很可能是只小猫咪，却强行掩饰，这种极度焦虑的心态恰恰是他所面临的唯一危险。

那阳神男孩似乎从她的微笑中发现了什么，他皱起眉头。为了让她大吃一惊，他龇着牙，露出粗俗的笑容，“粗暴的、湿答答的爱。女人们就喜欢这种爱。伟大的母亲盖亚也不例外，不是吗？”

过道对面，一个女人胸前戴着象征地球母亲子宫的圆球形挂件，正恼火地瞪着那名阳神男孩。他觉察到这一点，转过身去，朝她

① 萨斯喀彻温省是加拿大的一级行政区，首府设于里贾纳。

吐出舌头,使她那时髦的白皙皮肤涨得通红。她没有佩戴真实-虚拟护目镜,匆匆将目光移向别处。

他站直身子,转身扫视其他乘客,“阳光融化了冰川！他热烈地向她求爱。他用温暖的液体融化她冰冷的漏斗。他……”

那阳神男孩结结巴巴地停了下来。他眨着眼睛,把护目镜甩到一边,左顾右盼,寻找特蕾莎。

他终于看见了她,她正站在直布罗陀大厦三楼临时搭建的平台上。当水上巴士再次驶离站点,激起咸味的泡沫时,她向太阳崇拜者及其同伴们抛了个飞吻。第一大街路口的黄灯亮起,水上巴士司机猛踩油门,在红灯闪现之前,堪堪冲过路口,而阳神男孩们仍然目不转睛地回望着特蕾莎,用他们那戴着护目镜的双眼,其坑坑洼洼的粉色皮肤依然清晰可见。

“再见了,人畜无害的家伙们。”她说着,目送阳神男孩远去。接着她向门卫点头示意,门卫鞠了个躬,引她进入大厦。

会面之前,她还有个地方要去。她去了一家银行的分支机构,这家银行信誉良好,这次业务也无须预约,该机构为她提供了减轻负担的机会。

通常,现金交易会让人感到不妥,但在这种情况下,却再平常不过。服务人员面带微笑,拿着那叠属于她的、五十元面值的崭新钞票,带她来到一个没挂名牌的小房间,特蕾莎立即把自己锁在里面。她从衣兜里拿出一台超薄的传感器,将它插进皮夹侧面的插口,组装成便携式控制台。同时,她扫描了房间的每个角落,检查有没有漏洞。当然没有,她深感满意,坐下来断开了传感器。然而,切断传感器的时候,她的手不小心碰到皮夹个人全息控制盘那磨损严重的核心部分,一幅熟悉的影像投射到工作台上方的空间里。

父亲正朝她微笑,眼角现出皱纹,当他默念那些她早已牢记在心的话,他看上去那样为她骄傲。是支持的话语。自他初次说出这些话语以来,它们对她而言便意义重大……每当她发现自己身处困境,这番话总会激励她前进。

只不过,过往那些危机都远不及她现在面临的那样可怕。正因如此,她把手缩了回来,没去碰声音控制键,甚至没在心里回顾他那些让她铭记于心的鼓励。

她担心极了,不敢尝试。如果这次,连这番话都没用了该怎么办？那么,这次失效会永远毁掉这护身符吗？即便无法确定,似乎也好过发觉她生命中最后的点金石已经效力全无,好过知道甚至连父亲沉静的信赖也不能给她足够的安全感,来应对这个岌岌可危的世界。

“对不起,爸爸。”她的语调平静而又悲伤。特蕾莎想伸手去摸他那斑白的胡须。但她并没有那样做,而是关掉了他的全息影像,坚定地把注意力转回到手头的任务上。她口袋里装了两条数据线,她抽出其中一条,插入控制台的一个插口。她从大学室友宠物猫的名字中选择了一个词作为密码，创建了个人缓存区，将存储器中的内容输进去。当存储器被清空、擦除后，她才松了一口气。

她目前的行为依然风险极高，或许会让她丢掉工作，甚至锒铛入狱。但至少，现在她不愿因为保守秘密这一现代原罪，而成为被社会摈弃的对象。她刚刚记录下自己的故事——从乌有乡事故到最近暗中为佩德罗·曼内拉搜集轨道数据的做法。如果其中一条真的导致她受到审判，现在她就可以用这个标注了日期的缓存来证明她这么做是为了信守承诺。《里约热内卢条约》确实允许人们暂时隐瞒信息——或者试图隐瞒——前提是保存了详尽记录。留下这种特别许可，是为了满足私营商业的需要。条约的起草者——赫尔维蒂战争的激进老兵们——很可能从未想到“暂时”会被解读为二十年，也想不到这种记录行为本身会催生一门产业。

特蕾莎封好文件，牢牢记住密码。她对这一系统满怀信心，甚至将清空的存储设备留在了工作台上。

“真希望你没有那样做。”

“做什么，佩德罗？”

“你清楚我的意思。你回到地球时的所作所为。”

曼内拉望着她，就像一位挑剔的父亲。幸运的是，特蕾莎自己的父亲始终很有耐心、善解人意——而且身材瘦削。换句话说，跟佩德罗·曼内拉没有半点儿相似之处。

“我只是拒绝跟斯皮维上校握手。你还觉得我能扇他几耳光，或者朝他开枪啊。”

这个肥头大耳的新闻记者摇着脑袋，俯瞰休斯敦的蓝色潟湖，“面对网络杂志的摄像机？你完全做得出。当宇航员走出她驾驶的宇宙飞船，接受其他所有宇航员的感谢，却独独在任务主管走上前时，故意转身吐口水，公众会做何感想？”

“我没有吐口水！”她反驳道。

“嗯，但看上去很像。”

特蕾莎觉得怒火中烧，“你想让我怎么做？我刚刚证实——至少让我感到欣慰——这个混蛋很可能在乌有乡上藏着一个黑洞。他征召我丈夫参与了那个非法的阴谋，我丈夫因此搭上了性命！你想让我吻他不成？”

曼内拉叹了口气，“那样显然更好。事实上，你可能已经危及我们的行动了。”

特蕾莎双臂交叉，抱在胸前，目光移向别处。“我没被跟踪。我拿到了你要的数据。你没权力要求我做别的。”她觉得自己被利用了，心中愤愤不平。她一到，曼内拉的助手们就拿着她的第二个存储器匆匆离去，从那时起，佩德罗就开始喋喋不休地批评起她来。

“嗯，”他说，“你其实什么也没对斯皮维说，是吗？”

“没什么值得报道的内容。除非你把评论他的血统也算在内。”

曼内拉微露不悦之色。尽管他很不赞成她的行为，但显然他也很希望自己当时身在现场。“那么，我建议你做点儿什么，让别人产生显而易见的假想，以为你和斯皮维有一腿——”

“什么？”特蕾莎惊讶地倒吸一口气。

“——而你的愤怒只不过是因为情人之间的——”

“混账！”

“——情人之间的小矛盾。斯皮维可能怀疑你在监视他的行动，但他没有任何证据。”

特蕾莎咬紧牙关。曼内拉的建议令人难以接受，但其中确实有些逻辑。“我发誓从此远离男人。”她斩钉截铁地说。

令人恼火的是，曼内拉的回应只是挑挑眉毛，巧妙地表示他确信她在撒谎。“来吧，”他说，“其他人在等着呢。”

一张投影图挂在会议室的尽头。那不是张全息图，只是张高分辨率的多层地球二维示意图。一组简单的同心圆。

最里面，从中心向外延伸约五分之一半径的棕色区域，标记着：**固体内核——晶体铁+镍……0—1227公里。**

接下来是红色的地层，约有两倍厚。说明文字写着：**液体外壳——铁+氧+硫……1227—3486公里。**

再往外的米色地层几乎占满了地球其余的部分。说明文字写着：**地幔——硅、铝和镁的氧化物（榴辉岩和橄榄岩的钙钛矿形式）……3486—6350公里。**

全部三个较大区域又被划成更小的部分，用虚线标记，给出的信息都是试探性的、不明确的，说明文字以问号结束。在最外侧的边缘，特蕾莎发现一连串的薄层，标记着**软流圈、岩石圈、大洋地壳、大陆地壳、水圈（海洋）、大气层、磁层。**弯弯曲曲的箭头从南极附近升起，勾勒出最后那个区域，然后再度进入地球极北地区。

站在房间前端的是个身材匀称的金发女郎，她指着那些拱形的场力线，正在讲述着。

“我们对宇航员称为‘南大西洋魔鬼’的高能区域兴趣浓厚，这其实是个磁倾角[①]，每年向西飘移约三分之一度。如今，它正在安第斯山脉上空盘旋……”

她用一支激光笔，勾勒出高而弥散的磁场，这正是她擅长的领域。这女人显然对太空仪器有一定了解。

她应该了解，特蕾莎心想。

两年前，琼·摩根作为顾问被调到休斯敦，跟几名宇航员成为朋友，包括特蕾莎和她丈夫。事实上，当近期的地球观察项目出炉，琼被派去和贾森一起执行调查时，特蕾莎起初还挺开心的。当然，现在特蕾莎知道丈夫一直利用这次任务为斯皮维上校兼顾其他工作。不过，这并不妨碍他对琼有更深入的了解。真是太好了。

曼内拉把特蕾莎领进会议室，介绍给大家时，琼几乎没看她的眼睛。至少在公事方面，她们之间并无嫌隙。但她俩都清楚，事情

---

① 地球表面任意一点的地磁场总强度矢量和水平面之间的夹角。

已经超出了任何现代婚姻契约所能容许的范围。特蕾莎和贾森签署的那份协议，充分考虑了两人长期分居的情况，认定留在地球上的那一方需要陪伴，并为此做出了安排。当然，这样的约定并不意味着他们接受愚蠢的“开放式婚姻”。协议给任何一段婚外情的持续时间和方式设定了严格的限制，并规定了一长串应当采取的预防措施。

四年前，他们的协议听起来还不错。理论上是这样。但该死的是，贾森和这个女人的风流韵事，就算从理论上讲没有违反他们的协议，也违背了协议的精神！

或许是特蕾莎的错，她被好奇心驱使，在一次历时很久的试飞结束后，去调查她不在家的时候，贾森究竟跟什么人约会。当她得知对方竟然是美国宇航局的人时，她深感震惊……还是个科学家！骨肉皮[1]也好，甚至是荡妇也罢，都说得过去。因为不会产生威胁。但一个睿智的女人呢？一个和她自己很相像的女人呢？

她回忆起当时那种倍受威胁的感觉，那种感觉充斥着她，她觉得胸口闷得透不过气，眼睛几乎无法视物。她在熟悉的社区里漫无目的地走了几小时，完全迷失了方向，全身麻木，惶恐不安，因为她完全不知道自己身在何处，也不知道自己要去向何方。

“你想让我放弃她？”当他俩最终面对彼此时，贾森问道，“好吧，

①狂热追星族。最初指跟随乐队成员巡回演出以便与他们发生性关系的女孩。

如果你希望我那么做，我当然会放弃她。”

他耸肩的动作让她怒不可遏，简直快把她逼疯了。他这种说法听起来好像无理取闹的人是她，突然莫名其妙地选择琼这个特例来针对。或许这确实不合逻辑，因为她不觉得他顺从的举动是为了息事宁人，她幻想他怀有一种她根本无法证实的遗憾。

大体上他在太空逗留的时间比她长。在执行任务的间隙，她独自一人在地球上度过了更漫长的日子，始终被各种各样的追求者包围。但她很少允许自己享受那样的欢愉，因为不管他们的契约赋予她多少自由，她认为那样的慰藉并不可靠。而他独自在家的时候，可就不那么收敛了，只不过在此之前，她从未因此感到不安。毕竟，男人天生就是黄鼠狼。

特蕾莎尝试平心静气地解决此事，但最终，她让他前往太空，那是他俩最后一次见面，不想竟成永诀。长达几周时间，他俩互发的遥传信息既简短又拘谨。

接着，那个无法挽回的日子到来了。当特蕾莎停好飞船，卸下货物，准备把斯皮维的情报人员送上快速通道时，她已调整好情绪，准备跟贾森讲和。跟他重新开始。

要是——

特蕾莎将记忆放到一边。回忆恐怕也起不到什么作用。哪段婚姻能长久？男人都是猪猡。可她偏偏万分思念他。

只需短短一瞥，特蕾莎就看得出，并不只有她在哀悼。在那短短的一瞬，她与琼·摩根目光相接，她意识到另一个女人痛得同样深切。*他真可恶。他不应该跟有好感的人搞在一起。尤其是跟我相像的人！可能会分走他的爱意的人。*

那一瞬间的眼神交流似乎影响到了这位金发科学家，甚至短暂地出现了结巴的情况。但她很快就调整了过来。

"……因此在……在二十世纪的大部分时间里，地球总磁场以……平均每年百分之零点零四的速度减弱。近期，这种下降趋势变得更加明显。加之地球臭氧层浓度降低的幅度远超预期，人们越来越怀疑可能会发生一种罕见的现象——磁极完全翻转。"

特蕾莎对面的男人举起了手，"抱歉，摩根博士。我只是个微不足道的矿物学家。你能具体解释一下吗？"

琼将画面放大，展现出一片陡峭嶙峋的"S"形海底山脉，这连绵不断的山脉从中部穿过蜿蜒曲折的大西洋。"这里是海底扩张的中心地带之一，年代较久的地壳被推到两边，为从地幔涌出的新玄武岩腾出空间。随着新的侵入岩冷却并硬化，岩石嵌入了彼时地球磁场被冻结的记录。通过研究这些山脊上的样本，我们发现磁极常会突然翻转……从北到南，从南到北。变化可能相当迅速。然后，经过漫长的稳定期，磁极又会再反过来。

"回溯到白垩纪，磁极反转的稳定期持续了将近四千万年。但近些年，这样的磁极反转出现得更加频繁——大约每三十万年就会发生一次。"琼打开一张幻灯片，展示了历史上的高峰和低谷越来越密集地聚拢在一起的画面，最后指着靠近右侧边缘较宽的区域，“我们最近的稳定期已经超过了近期的平均值。”

“换句话说，”佩德罗·曼内拉暗示道，“我们早该再经历一次翻转了。”

琼点点头。“关于地磁如何产生于地核和地幔的交界，我们仍然无法给出合理解释。有些人甚至认为，海平面与此有关，尽管根据帕克模型[①]……”琼停下来，露出微笑，“简而言之？行，我们似乎应该早些讲完。”

“如果它今天翻转，可能会有什么后果？”桌旁的另一个女人问。

“我们同样无法确定。但必然会损害许多宇航设备——”

特蕾莎的呼吸变得急促，鼻孔翕张。她清楚这一后果。然而，听到它被大声说出来，冲击力还是很强。

“它可能会让太空设施置于太阳质子风暴的肆虐之中。如果不予以防护，这些设施就只能被完全废弃。”

“还有呢？”曼内拉提醒道。

够了吧？特蕾莎惊恐地想。

演讲者叹了口气，“还有就是，它可能会摧毁仅剩的臭氧层。”

人群中传来一阵惊恐的低语。佩德罗·曼内拉高声清了清嗓子，以便引起他们的注意。“女士们，先生们！当然，这后果的确很严重。不过，这些仅仅是背景而已，并非我们今天会聚于此的目的。”

---

① 与磁场和等离子体相关的物理模型。

他转身望着琼,“摩根博士,我们直奔重点吧。你的地磁数据如何帮我们追踪地球或地球附近任何的非法奇点黑洞?”

“嗯,好的。呃,我想起了最近发生的一些异常现象,比如南太平洋上这种前所未见的漂流物……”

特蕾莎竖耳凝神。然而,她还是禁不住怀疑。为什么曼内拉坚持让我今天来这里?我本可以通过快递送达数据。

她倒也没什么要紧事。或许佩德罗想让她给其他人讲讲她对那场灾难的主观感受,或者再复述一次乌有乡覆灭的故事。

管他呢。特蕾莎习惯团队协作。即使是像这样的准非法团伙,而且其中绝大部分成员她甚至都不认识。

该死,她想,我只想知道接下来会发生什么。

目前,想达到这一目的就意味着要跟曼内拉,甚至是琼·摩根合作,暂时把个人感情放到一边,竭尽所能地提供帮助。

DEL像网上大多数其他宗教特别利益团体一样,我们方济各会[①]【DELSIG.Rel.disc.12-RsyPD 634399889.058】一直讨论着教宗的最新通谕《在和平智慧的大地上》,该通谕赞誉了崇拜圣母的行为,大家将圣母视为地球及其物种的特殊保护者。有些人表示,跟上任教宗接受人口控制策略一样,这是对常识和新世界观的突破性让步。

然而,并非所有人都持这种态度。想想昨天在“重穿法衣”频道

① 又称小兄弟会。天主教托钵修会主要派别之一。

发表的宣言【$_{DEL}$ SIG.Rel.disc. 12-RsyPD 987623089.098】批评教宗“……屈服于发展迟缓的盖亚主义以及俗不可耐的人文主义，二者均不符合犹太-基督教传统的诠释学……”

刚刚在一个公开提问环节中，我跟该宣言的主要作者纳桑·布鲁尼蒙席【$_{DEL}$pers.addr. WaQ 237.69.6272-36 aadw】进行了一次语音交流。下面是那次交流的回放。

源拓荣：“蒙席，根据《圣经》，主对我们始祖所下的第一道诫命是什么？”

纳桑·布鲁尼蒙席：“我想你说的始祖是指亚当。你指的是繁衍生息的要求吗？”

源拓荣：“这是《创世纪》第一章中提到的第一道诫命。但很明显，《创世纪》第一章只是对《创世纪》第二章详情的概述。无论如何，按照时间顺序来排列，‘繁衍’不可能是第一道诫命。这只能发生在夏娃出现之后，在性被发现并视为罪之后，在人类失却了肉体的不朽之后！”

纳桑·布鲁尼蒙席：“我明白你的观点。这样的话，我会说是‘别吃智慧之树的果实’这道诫命。正因为违背了这一禁令，亚当堕落了。”

源拓荣：“但这仍然只是道否定的诫命……‘不要那样做’。就没有别的诫命吗？亚当被要求主动完成的诫命？

“想想看。从《创世纪》开始，《圣经》中提到的每一次上天的干预,都可以被视为缓和的举措,以帮助治愈那些执迷不悟的堕落罪人。但我们最初的使命是什么呢?如果我们根本没犯过罪,难道我们连自己存在的目的都一无所知吗?我们起初为什么会被创造出来?”

纳桑·布鲁尼蒙席:“我们存在的目的是赞美主。”

源拓荣:“作为一名虔诚的天主教徒,我同意你的看法。但是,亚当如何赞美主呢?歌功颂德?天使们已经在这样做了,甚至连鹦鹉也能油腔滑调地模仿。不,证据就在《创世纪》里。亚当被要求做一件非常具体的事,在他堕落之前,在夏娃出现之前,甚至在被告诫别吃智慧果之前!”

纳桑·布鲁尼蒙席:“让我浏览并刷新我的……啊,我想我明白你指的是什么了。上帝让亚当为所有野兽命名的那一段。是这段吗?但这不过是件无关紧要的小事,没人会在意的。”

源拓荣:“造物主提出的第一个要求,无关紧要?唯一跟失却永生或摆脱罪孽无关的要求,无关紧要?如果上帝只是闲着没事,出于好奇,这种事还会在《圣经》这么显著的位置被提及吗?”

纳桑·布鲁尼蒙席:“拜托,我看其他人都在排队等着提问。你问题的重点是?”

源拓荣:“只有一点——很明显,我们的初衷是提出、理解并命名造物主的杰作,以这样的方式来赞美上帝。因此,动物学家们匍匐前进,穿越丛林,历尽千辛万苦,在那些濒临灭绝的物种绝迹之前给它们命名，这样的工作难道算不上神圣吗？

“或者拿那些我们发射到其他星球的探测器来说吧……那些携带着摄像装置的探测器。当我们的小机器人使者传回某颗遥远卫星那令人敬畏的景象时，我们做的第一件事是什么？当然，我们虔诚地为那些陨石坑、山谷以及在那里发现的其他陌生野兽命名。

“所以你看，就像你所在的团队所预测的那样，除非我们成功完成使命，或者彻底失败，否则末日不可能降临。我们要么完成对这个世界的保存和描述，然后去命名上帝那恢宏宇宙里的其他一切；要么我们证明自己微不足道，甚至毁掉我们起初拥有的东西——那就是我们最早的秘密花园。二选其一，结果如何，尚未可知！”

纳桑·布鲁尼蒙席：“我……真的不知道如何回答这个问题。无法立即做出答复。至少，你已经提出了一个有趣的诡辩，来取悦你们方济各会的同袍们。还有那些新盖亚耶稣会士，如果他们还没想到这一点的话。

“或许你给我点儿时间，让我自己在网上搜索一番，然后好好想想？我下周给你答复，时间不变，访问代码也不变。”

那么，我们话接前文。同时，欢迎本小组的任何成员留言评论。任何有用的评论或建议，我都会予以答复。毕竟，如果这些天我手头上有什么东西的话，那就是空闲时间。

——兄弟 源拓荣【DEL UsD 623.56.2343 –alf,e.】

地 核

居然是激光。

他仍然无法适应这个想法。一道引力激光。想想看。

我想知道这种力量从何而来。

“沙利文先生吗？我给您添点儿饮料好吗？”

空乘露出专业的微笑。从面部特征和肤色来判断，她明显是马来人。“好的，谢谢。”他回应道。她弯腰倒饮料时，身上散发出淡淡的幽香，让他不禁深吸一口气。“这香味实在迷人。您用的香水是‘拉萨之春’吗？”

“呃……没错，先生。您的嗅觉真敏锐。”

两人目光相接，那一瞬间，她的微笑似乎并不仅仅是敷衍。她泰然自若的表情，不足以撩起他的春情，但似乎又预示着在即将到来的长途航行中，他可以期待的也不仅仅是专业的服务。

她继续前行，去为下一位乘客服务，阿莱克斯则感到心满意足。与一位异国美人亲昵地打情骂俏，却又能发乎情止乎礼。过去几个月里，他始终处在禁欲状态，禁欲带来了令人愉悦的副作用，让他可以自由地欣赏一位妙龄女郎的笑颜，欣赏她举手投足间训练有素的优雅，而不会受激素的刺激，或者受到想入非非的阻碍。

他读研究生的第一年，情况与现在不同，当时他暂时将物理学扔到一边，转而探索感官领域。他用逻辑来解释成熟的晚期困惑，分析邂逅、谈笑、协商乃至圆满的要素，一个接一个地分离和解决变量，直到问题确实有了易于处理的（即使并未到根本的）具体解决方案。

当然，布局并不算严谨。在珍看来，无论怎样，生物系统从未精确地转换成数学模型。然而，他那时还是掌握了某些实用技巧，使他在同学和朋友中广受赞誉。

后来，好奇心得到充分满足，他的兴趣随即改变。相互陪伴、和谐相处变得比性更加重要，他更渴望得到快乐。但事实证明，这些更加难以企及。与真爱相比，诱惑包含的变量似乎更少，也不那么依赖于命运。

失望从未真的驱走希望，但他却被说服，暂时将抱负搁在一边，回归科学领域。只有在伊基托斯，希望才遭受了真正的致命伤。与那种损失相比，性只不过是一个偶然的牺牲品。

我知道珍会对我说什么，他想，我们现代人认为性可以与生殖分离。但从根本上讲,这两者是彼此相连的。

阿莱克斯清楚,他大部分时间都否认世界末日的到来。为了完成他的工作,不得不如此。在这样的状态下,他甚至可以乐在其中地研究贝塔——地核之中这个优雅却又致命的恶魔。

但否认只能拖延痛苦到来的时间,就像一个孩子重新拣选盘子里不爱吃的蔬菜,希望以更不易被察觉的方式骗过父母权威。阿莱克斯知道他将满腔怒火隔离在何处。这仍然影响着他与生命及生命繁衍最密切相关的部分。

阿莱克斯想象着他的祖母会如何评价这一切。

"自我意识很不错,阿莱克斯。它使我们成为有趣的野兽,而不仅仅是另一群发狂的猿猴。

"但当你真正开始注意到它,自我意识很可能又被高估。能够自我调节的复杂体系不需要自我意识就能获得成功,甚至更胜以往。"

一想到珍,阿莱克斯不由得微笑起来。或许,未来数月的艰苦工作结束后,就有时间回家探望她了,赶在世界末日到来以前。

斯坦·戈德曼被留在新西兰担当负责人,继续追踪贝塔,而阿莱克斯则前往加利福尼亚执行任务,无论言辞恳切地央求,甜言蜜语地欺哄,花言巧语地诓骗,定要从世界最大的天文台得到十年间的原始数据。这项任务他必须亲自出马,因为这需要消耗许多人情。

加州大学伯克利分校的一幢小型建筑里,他的老朋友海因茨·赖希勒控制着分散在全球各地的三千个中微子探测器。对于这些鬼魅般的粒子而言,这颗行星几乎是透明的,它们能够穿透岩石,就像X射线穿透柔软的奶酪一样轻而易举。所以,赖希勒可以利用遍布全球的仪器,昼夜不停地追踪太阳和其他恒星的核反应。至于阿莱克斯,他希望自己行李箱里装满数据的磁盘也能全面地显示出地球内部的情况,能帮助坦戈帕鲁的团队,探明那可怕的贝塔奇点黑洞究竟从何而来。

阿莱克斯仍然想要见见那个或者那些罪魁祸首——跟乔治·哈顿一样迫切。

我想知道,他们如何能创造出如此复杂扭曲的空间结的。他们不可能使用像维顿映射[①]这样简单的东西。当然,就算是重正化[②]也得采取——

飞机的公共广播系统再次响起,打断了他的思绪。前面的椅背上投射出机长自信满满的微笑面容,告诉大家夏威夷群岛就在眼前。

阿莱克斯拉下舷窗的遮阳板,以避免内反射的影响。他向下凝望,视线穿过平流层的云层,看到波光粼粼的海面上仿佛漂着一串深色宝石。在涡轮喷气机时代,这里应该是飞机补充燃料的站点。但现代的超音速飞机——即使受到臭氧法令的限制——只会匆匆

① 规范理论和弦理论中使用的映射。

② 量子场论、统计场论和自相似几何结构中,解决计算过程出现无穷大时的一系列方法。

而过。

他曾经以更近的距离观察夏威夷,所以突然让他产生兴趣的,并非那片链条形的群岛,而是它周围的海水。从这一高度,映入眼帘的包括潮汐及色彩的形态——共振驻波以及色泽亮度皆相宜的浮游生物构成的浅滩——勾勒出近乎线性排列的群岛中的每一颗珠宝。偏光太阳镜特别能够凸显出其丰富的细节。

以往,阿莱克斯目睹这一现象只会心生喜悦,但知之甚少。与乔治·哈顿的地质学家们相处的日子里,这种情况改变了。这些岛屿不再是静止不动的存在,而是岩石对于史诗般变革的见证。从大岛向西,越过摩洛凯岛壁立千仞的悬崖,一直经过地势低矮的中途岛,一连串的死火山如同箭一般直冲数千千米,然后突然折向北方,直奔阿留申群岛。这条通往北极圈的曲折道路,也是一次时光倒流的旅程,从四万立方千米的冒纳罗亚玄武岩堆出发,经过像考艾岛这样久经风霜、峭壁林立、年代久远的岛屿,到古老的珊瑚环礁,最终到达早已被此起彼伏的海浪削平的史前海底山脉。

在大岛上,两座令人难忘的火山仍在喷发。但大多数火山活动已经转移到更靠东的地方,最小的弟妹们在那里形成—— 一座刚露雏形、尚未露出水面的岛屿,它已经被命名为“罗希”。

巨大地壳板块的边缘部分不断相互摩擦或者重叠,在那些地方,星球上的大多数火山缓慢地闷烧着——闻名于世的环太平洋火山带就是典型代表。但是夏威夷的古火山口遗迹正好位于最大板块之一的中央，而非边缘。夏威夷群岛的起源完全不同。中太平洋板块徘徊踟蹰，其下方是一盏地质意义上的喷灯，一条狭窄但狂暴的岩浆管道，能够熔化从它上方经过的一切，夏威夷群岛就是二者留下的疤痕。

乔治·哈顿曾把这个过程比作在间歇式电弧焊机上缓慢地推动厚铝箔。乔治的部分财富来自对地幔中这些热点位置的能量发掘。

哦，没错。夏威夷确实证明了其地底存在能量。

但仅靠任何性质的一团热物质……无法生成激光……或凝视者。需要的是处于反转状态的激发态物质……

又来了——阿莱克斯的思绪不断转回到这个问题上来，就像那恶魔围绕地心旋转时不断地吸引原子一样。

起初，他确信得到增强的引力波源自贝塔本身。毕竟，在宇宙结那旋转折叠的世界面之中，会存在怎样奇异的能量级别呢？事实上，在新西兰的那个夜晚，阿莱克斯喝醉后灵感瞬间出现，他在那一刻感受到一股孤注一掷的希望。如果宇宙结本身受到刺激而发出引力射线会怎样？贝塔会不会被迫以某种方式释放能量，甚至比它从地核吸收原子的速度还要快？

可惜的是，扫描结果显示，尽管凝视者释放出强大到足以搅动地球的能量，但这头恶魔却根本没有丝毫损失。对贝塔唯一明显的影响是稍稍改变了它的轨道，使得追寻它的来源变得更加困难。

所以，阿莱克斯仍然不清楚那种能量从何而来。清单上多出的这个谜题，让他既苦恼，又沮丧。知道他和其他所有人注定将被毁灭是一回事。但一无所知地死去呢？甚至要在连毁掉他的是何许人也都不清楚的情况下？这显然让他无法接受。

“沙利文先生？很抱歉，先生。”

阿莱克斯眨眨眼。现在，夏威夷早已从视线中消失。他转过脸，不再看蔚蓝色的太平洋，对上了东盟航空公司漂亮空乘的那双杏眼。

“哦？什么事儿？”

“先生，有您的一条信息。”

阿莱克斯从她的手里接过一根亮闪闪的数据条。他向她表示感谢。他展开电脑屏幕，把数据条插进去，然后输入密码。很快，乔治·哈顿的全息影像出现在他眼前，浓眉紧皱，正严肃地望着他。同时出现的还有一小排印刷体字母。

这是刚刚在奥克兰的一个网络接收站点收到的，用的是你的真名，标注着紧急。我想你最好快点儿看。

——乔治

阿莱克斯眨眨眼。这个星球上只有少数几人知道他去了新西兰，而且这些人都非常配合地使用他的假名。他略微迟疑，触碰电脑屏幕，一张平面照片立刻出现在面前，看起来模模糊糊的，不像出自专业人士之手。照片拍的是一群人——明显都是游客——他们用羡慕的目光注视着一个年轻男子,那男人头发蓬乱,身材瘦长,略显单薄。视线焦点对准倒在地上的另一个男人——那家伙怒目圆睁,嘴角冒出白沫。

*我早该料到的。*阿莱克斯心想,同时叹了口气。游客们爱他们的真实-虚拟护目镜。在罗托鲁瓦,肯定有不少人录下了他那微不足道的“英雄事迹”。很显然,有些录像已经被上传。

他看着照片中的自己,只觉看着一个彼时不愿待在彼处、也不愿处在那个状态的家伙。

我不应该干涉的。看看现在发生了什么。

他再次触碰屏幕,接着浏览剩下的信息,突然一张新的面孔在他面前浮现——这张脸他再熟悉不过。

说说看,面对毁灭你的人是何种心情……

那是佩德罗·曼内拉,身穿棕色西装,跟他那刷子似的小胡子很相配。这个身材粗壮的记者露出僵硬的笑容,似乎对一切早已心知肚明。阿莱克斯开始读下面的文字,不由得哼了一声。

阿莱克斯·拉斯蒂格,我知道你就在新西兰的某个地方。我会通过邮件寄存服务,把这个送到你那里。两天内安排一次会面,否则整个世界都将搜寻你的踪迹,不再只是我一个人。

——曼内拉

那个人如吸盘鱼般缠上就甩不掉，如恶魔般不达目的誓不罢休。阿莱克斯叹了口气。

不过他也怀疑事情是否真的那么紧要。从某种程度上来讲，他还真挺想看看，当他把消息告诉佩德罗·曼内拉时，那家伙脸上会有怎样的表情。

这样的期待没必要。成年人不该睚眦必报。

啊，他想，可是我人格众多。我是集合体。拼凑成“我”的某些人格根本尚未成年。

DEL所有同盟国都有自己参战的理由，现在被称为“赫尔维蒂战争”“保密之战”或者“最不希望目睹的战争”——也许是有史以来最离奇、最激烈的武装斗争。

在工业化的北方，毒贩和逃税者通过洗钱获利成为一个重要问题。美洲和泛欧各国的公民被二十世纪留存下来的债务压得喘不过气，他们要求这些国家集团至少支付他们应得的份额，并对银行家们帮助不法之徒隐匿不义之财的行为表示不满。

发展中国家对国际银行保密制度更是深恶痛绝。“资本外逃”加剧了这些国家的债务困境，这些国家有钱有势的公民们历经数代，将如山的现金偷运到海外安全的避风港。无论这些钱是踏实赚到的，还是从国库搜刮的，这些资本的流失使它们本就脆弱的经济雪上加霜，让那些留守的人们更加入不敷出。委内瑞拉、扎伊尔[①]和菲律宾等国家，曾试图追回被昔日领袖人物卷走的数十亿美元，但都无济于事。最终，恢复元气的民主国家组成联盟，不再一味责怪昔日领袖，转而将怒火喷向作为避风港的银行本身。

然而，如果不是另外两个附加因素——道德观念的改变以及信息时代的蓬勃发展，无论是发达国家纳税人的愤怒，还是发展中国家的现金短缺，都不足以将世界推向如此令人绝望且难以置信的大规模对抗局面。

那些日子，各国经常进行尖端武器的谈判，互相之间的现场核查被视为缓和局势唯一可行的途径。每轮武器削减的进行都使核查的要求相应提高，也使国际核查委员会变得无比神圣。像“保密”和“隐匿”这样的词汇开始有了更加令人厌恶的含义。

对于越来越多的“二十一世纪的孩子”来说，仅是提及保密的概念就意味着诡计多端的骗局。“你藏什么呢，受精卵？”这句话现在已经很老土。但在当时，却传达了那个时代狂风暴雨般的革命精神。

这样的暴怒很快便跟仅存的权力中心针锋相对，对于置身该权力中心的人们而言，保密至高无上，不可动摇。当布拉柴维尔财团的成员们齐聚一堂，起草最后通牒时，他们不再有妥协的心情。从伯尔尼、拿骚和瓦杜兹传来的和解之词姗姗来迟，只言片语不足以遏制新的战斗呼声……翻开书本。所有书本。现在！

① 扎伊尔1997年改名为刚果民主共和国。

当怀疑死亡和恐怖在等待着他们时，盟军还会继续前进吗？

大多数人清楚我们现在的所作所为，知道格拉鲁斯阿尔卑斯山下埋藏的东西，他们都认为自己唯一的错误就是没有早些宣战。无论如何，等到战争打响后的第二年，所有人几乎都将怜悯抛诸脑后。能够听到的只有图谋复仇的现代卡托斯，听到他们从世界屋脊高喊——

定要毁掉赫尔维蒂！

那时，它已经难逃覆灭。

——《透明的手》，双日出版公司，版本4.7（2035年）【DEL超级访问代码1-tTRAN-777-97-9945-29A.】

外逸层

从奥克兰机场启程，开始他们兜兜转转的旅程，佩德罗执意在途中换了三次车。还有一次，他给两人都买了新衣服，而且是直接从罗托鲁瓦一家宰客商店买的。在那家商店换完装，他们将此前穿的衣服抛弃，生怕什么人在他们身上安了追踪装置。

虽然这些做法似乎荒唐可笑，又过于夸张，但特蕾莎始终忍受着，没有提出异议。她并没有类似经验，也没有直觉引导，她唯一的希望就是曼内拉知道自己在做什么。

奇怪的是，他们离约定的会面地点越近，这位阿兹特兰记者似乎就越平静。他脸上挂着淡然的微笑，在蜿蜒曲折的森林公路开完最后几公里，哼唱着不知出处的没调歌曲。

特蕾莎的贡献只有，每次佩德罗拧动租来小车的变速器，或转弯速度太快时，她就会默默地摆弄指甲周围的死皮，同时用右脚在薄薄的地毯上磨出个洞来。在这个国家,他们仍然靠左行驶,副驾驶座自然位于左侧,这使得特蕾莎总觉得控制汽车的其实是她。她总觉得坐别人开的车很别扭,即便坐贾森开的车也如此。就在她快要从佩德罗手中夺走方向盘时,色彩鲜艳的标志开始出现在路边。

怀托摩洞。就在前方。

来看看怀卡托的奇迹吧。

其中一块广告牌描绘了一个快活的洞穴探险者家庭,头盔灯闪烁着光芒,他们指着画面中没有展现的景色,脸上露出惊讶的神情。

曼内拉说:“现在我们已经进入他们的安全区域了。”为了表现得更加放松,他必须闭上眼睛,准备睡觉。

“你这么想吗?”特蕾莎知道他说的并非旅游特许经营者。看到影影绰绰的针叶树在她窗前迅速掠过,她皱起眉头。曼内拉瞥了她一眼,笑着说:“别担心,拉斯蒂格不是暴力类型的人。”

“那你怎么解释伊基托斯发生的事?”

“好吧,我承认他……很容易出状况。”特蕾莎露出苦笑,佩德罗则耸了耸肩。“当然,这并不意味着他可以不负责任;反之,运气不佳的家伙应当特别小心,以免他们的糟糕运气伤害到别人。至于拉斯蒂格——”

“他在信息中暗示,关于乌有乡的毁灭,他知道些什么。也许是他一手造成的！据我们所知，他可能是斯皮维的同伙。”

曼内拉叹了一口气，“我们必须冒这个险。现在我们已经到这里了！”

指示牌指向左边的公共停车场。佩德罗驱车冲下坡，掉头驶入一个车位，展示着特蕾莎生活中没有的华而不实。她噼啪作响的脊椎暂时消停，同时她对“东方号”“水星号”和“双子座号”的先驱们产生前所未有的尊敬，他们首度冒险进入太空时挤进的金属罐，跟这辆微型汽车差不多大。

他俩穿过高速公路，来到售票处，买了两张入场券，和其他游客一道，穿过一扇随处可见的拱门，这扇拱门似乎是新西兰特有的标签。特蕾莎瞧了瞧参加两点这趟旅行的人们，都是些零零散散的冬季游客，其中有十指紧扣的亚洲新婚夫妇、操澳大利亚口音的退休老者，还有穿着古朴毛织校服的当地孩子。据她所知，他们中的任何一个，都可能是他们一路追踪到此的那个神秘组织的特工。

这次会面安排得慎之又慎，双方极尽拐弯抹角之能，采取种种预防措施，以防受到欺骗。这样的做法让特蕾莎感觉非但不合时宜，而且幼稚到不可救药。

不幸的是，主宰世界的偏偏是这些不成熟的家伙。那些不负责任的大孩子们，比如贾森，或者这个名叫拉斯蒂格的家伙，他们的档案读起来就像高科技时代的《彼得·潘》。更糟的是，还有像斯皮维上校这种心狠手辣、极度危险的类型。在国家安全的博弈中，他将平民百姓当作棋子,玩弄于股掌之中。她回忆起最近那次太空任务,斯皮维是多么紧张地工作。他承受着极大的压力,没错。有时这可能是件好事。

但也会使某些人身处险境。

“你确定这些人能信守诺言吗?”她低声对曼内拉说。

他饶有兴趣地回望她。“我当然不能确定!拉斯蒂格或许没有暴力倾向,但我们对他的支持者们又有多少了解呢?”他又耸耸肩,“我们很快就会知道答案的。”

*这问题问得真蠢……*特蕾莎心想。

他们的导游总算到位了,是个头发乌黑、深色皮肤的年轻小伙,他肩膀宽厚,笑容可掬。那导游兴致颇高,招呼他们跟在他身后,沿着木栈道走过陡峭的山坡,很快又带着他们穿过云雾缭绕的瀑布。特蕾莎紧挨着曼内拉,走在队伍末尾。

当她发现自己忍不住回头张望,想看有没有人尾随时,赶紧克制住这种冲动。

他们从绿荫如盖的雨林下经过,此时,植被也随之发生了变化。湿漉漉的树叶下方,前所未见的鸟儿们轻快地飞来飞去,那叶片看起来那样健康,你可能无法想象,地球上有多少类似地方的树木正在枯萎。而在这里,甚至连气味似乎都那样浓烈,那么多种多样。这片丛林似乎距离毁灭还有很长的路。吸口气都让人感到心旷神怡。这让她稍微镇静了些。她深吸了几口气。

拐了个弯，张开的洞口突然出现在他们眼前。这道山坡上的裂缝颇为隐秘，让人有种不祥的预感。光滑的金属栏杆之间，楼梯向下延伸，每隔一段距离才有一只裸灯泡，显然是处心积虑地要把那令人毛骨悚然的阴影面积扩到最大，让游客们惴惴不安，幻想自己置身于破旧不堪、神秘莫测的地方，到处都吱嘎作响。

特蕾莎漫不经心地听着导游讲述那些跟大型鸟类相关的事情。这些大鸟是传说中的恐鸟[①]的近亲，史前时代，此类大鸟经常被困在这样的洞穴里，几百年以后，它们的骨骼才被惊讶不已的探险家们发现。

他们沿着楼梯往下走时，导游借助手电，讲述这些岩洞的特征。它们是由极具耐心的地下溪流花费数千年磨蚀而成的，几个世纪的缓慢渗漏使石窟内随处可见布满凹槽的石灰岩柱。有些地方的洞顶被高耸的竖井和烟囱所取代，有些地方则陷入彻底的黑暗之中，密布着钟乳石构成的帷幔和树枝般的晶状螺旋石。曲曲折折的走廊消失于视线之外，说明这是个无穷无尽的迷宫，若是有人蠢到离开脚下的木质步道，肯定会被这迷宫吞噬。

的确，这岩洞很美。然而，特蕾莎并未感受到太多真正的惊奇或敬畏。通过之前电视或网络杂志宣传的内容，她对这一切都再熟悉不过。她像见到熟人一样，朝钟乳石和石笋点头致意，这些对她来说并不陌生，早已熟络。它们并不可怕，也不怪异，而像是相熟多

---

① 新西兰特有的鸟，现今已灭绝。

年的街坊，在谋面之前就已经非常熟悉了。

世界媒体村积极的一面是，它让百亿地球人都有这样的感觉，即他们中的每个人都至少跟整个世界存在着微小的联系。消极的一面则是，任何东西对于任何人来说都不再是全新的。

也许这就是我成为宇航员的原因，盼着有朝一日能够赶在摄像镜头之前，目睹某些非同寻常的地方。

这样的话，祝你好运。月球的广阔山脉仍无人攀登。而以目前的速度，恐怕它们永远都不会被征服。同样，火星上陡峭的峡谷、冰原以及红色景致也是如此。

特蕾莎扫视着高低不平的石灰岩，几千年来，富含碳酸盐的水缓慢滴下，形成了这样的构造。毫无疑问，她和佩德罗已经被阿莱克斯·拉斯蒂格的神秘组织盯上了。她接到的指令始终是待在队伍最后面。如果佩德罗知道更多，那他也没有告诉过她。

“现在，我们要再下一层楼梯。”他们的导游宣布，“抓住栏杆，因为光线会变暗，让我们的眼睛适应洞穴环境。”

游客们逐渐安静下来，沿着木板台阶往下走，铺设木板台阶是为了保护石灰岩地面免受无数双脚的摩擦侵蚀。有一次，曼内拉转头朝特蕾莎咧嘴笑，特蕾莎看到他的牙齿闪过一道白光。她没理会，假装没看见。

可很快就不再是假装了。与佩德罗宽厚的背部相撞，对她而言是已经置身平地的第一个提示。当人们手忙脚乱地相互碰撞时，原本的窃窃私语逐渐减弱,咯咯的笑声四下响起。有人咳嗽。有人从放在后裤袋里的扁瓶吸氧,发出一阵熟悉的微弱咝咝声,接着是含含糊糊的道歉声。

特蕾莎留神细听,分辨出有节奏的撞击声和微弱的泼溅声。导游在她左侧某处对大家说:“咱们现在分组,沿着水流继续前进。每条船都有一名领航员,他们会站在船头,通过挂设在洞顶的绳索拖着你们前进。”

随着眼睛渐渐适应了黑暗,特蕾莎很快就分辨出周围原本模糊的影像——码头的边缘,外加停泊在岸边的几艘小船,船头隐约可见男导游或女导游的轮廓。她甚至认为她可以看到悬挂在头顶岩石上的蛛网状缆绳。

“有趣的运输方式。”佩德罗点评道,两人看着第一条船驶离了码头。更多的游客被搀扶进下一条船,队伍向前移动。

“每艘船在前面拐弯后,”总导游继续解释道,“最后一点儿光亮也将消失在你们身后。领航员将仅靠记忆和触觉掌控一切。请不必担心,我们每年只会损失一两条船。”

真是个蹩脚的笑话,但却引起了一阵嗤笑。

“再转几个弯,你们就将抵达主洞。在那里,那些闻名于世的虫子们将为你们奉上独一无二的表演——那也是怀托摩岩洞的精华之处。然后,通过另一条路,你们将回到这里登岸。祝大家享受这次怀卡托奇迹之旅。”

令人怀疑。到目前为止,特蕾莎还没有发现任何能给她留下深刻印象的东西。大一些的洞穴经常会出现在《国家地理》的网络杂志上。

他们前面的游客全部登上了同一条船。船的后部明明还有空位,但导游却伸手拦住了曼内拉,“先生,你坐这条船的话,似乎有点儿超重。我会亲自带你们俩乘最后一条船。”

佩德罗愤愤地吸着鼻子,导游扶他们登上最后一条船。接着,他走到船头,解开缆绳。两手轮换着拉拽洞顶纵横交错的绳索,引导小船拐了一个弯,仅存的微弱光线消失在他们身后,眼前只剩一片漆黑。

特蕾莎试着利用生物反馈来加快自己对黑暗的适应,但却发现她经受过的训练在这里起不到什么作用,这让她感到不安。你无法放大根本不存在的东西。

到现在为止,没发现其他船只的踪迹。就特蕾莎所知,它们可能已经坠落悬崖。或者,也许有什么怪物偷偷等在前面,倏忽间便将人们从那阴森的驳船上拽下水去,神不知鬼不觉。

特蕾莎把手指伸进水里,让指尖从水面上掠过,她感觉水温很低,似乎还带有淡淡的油味。她将几滴河水蘸到嘴唇上,尝到了矿物的味道。然而,她并未因此感到不快。这条地下河流速缓慢,但却清澈洁净,让人尝到了永恒的滋味。

“有些年,水位涨得太高,小船都无法通过。”导游语调轻柔地告诉他们，“而在旱季，小船则可能会搁浅。”

“这里有无目鱼吗，水下面？”特蕾莎问。

当地人发出低沉空洞的笑声，那笑声似乎在饱受侵蚀的岩石上跳舞。“当然！如果没有这些，还算什么地下河？它们以种子、花粉和昆虫幼虫为食，这些幼虫是人们从基瓦霍，也就是外部世界带到此处的。有些幼虫存活下来，变成飞虫，反过来又……”

特蕾莎感到某个庞然大物正从左侧逼近，她迅速抓住船舷上缘——就在他们的船撞上岩石，发生轻微倾斜之前。“等一下，”那个声音告诉他们，“我得出来领你们绕过这根石柱，稍等。”

她隐约听到长靴走在沙滩上发出的声音。她什么也看不到，甚至看不到眼前曼内拉的黑影。他们的船沿着石灰岩边缘疾行，绕过一个拐角，进入星光熠熠的夜晚，整个过程中，她只能隐约感觉到一些动静。

特蕾莎气喘吁吁。星星？她突然间失去了方向感，盯着头顶璀璨的穹窿，惊讶不已。

但我们抵达的时候刚过中午。怎么会……

她不由自主地寻找起她的朋友们，那些熟悉的星座，却一个也没分辨出来。一切都变了！她仿佛借助科幻小说中的装置，穿越到了某个遥远星系的陌生世界。星团的旋涡在头顶构成的光辉浩瀚无际，纷华靡丽，更是前所未见。

特蕾莎在感官敏锐度的影响下眨了眨眼睛。听觉告诉她，自己正身处地下。她体内的陀螺仪，也就是她的大脑透露，她离他们的车不到两公里。然而，空旷的天空中，光芒四射的星星不断地闪动着。她摇摇头。不对。不对。重新适应。别做假设！

这一切都发生在很短的瞬间，她注意到这些“星星”中的每一颗都发出色度完全相同的亮绿色光芒。半秒钟内，特蕾莎解决了感官冲突，看透这个巧妙的恶作剧是如何完成的。

小船轻轻摇晃着，一个身影遮住了虚假的星座，走回船头。导游的轮廓挡住了上方的亮点，他在头顶的一片黑暗中拉开了距离。“洞里的虫子沿着屋顶筑巢，”他柔和的声音在洞中回响，“它们能产生一种磷光，用来吸引刚孵出的飞虫和其他虫类，这些昆虫的卵和幼虫是从外面的世界吹进来的。这些亮点没把昆虫们引向洞外，引回光之世界，而是将它们引入了黏糊糊的陷阱。”

哪里不太对劲。特蕾莎往前坐了坐。她低声说：“佩德罗，他的声音……”

曼内拉一下子抓住她的手，动作精准得出奇，紧紧握住，示意她安静。一瞬间，特蕾莎感到有些紧张，接着强迫自己放松下来。这肯定是计划的一部分。她费力地坐回原位，尽量享受这次旅行。反正也没有别的事可做。

现在，她感觉很不好意思，因为自己一度把头顶上的光点误认为星星。船缓慢地行驶着，她能够估算出视差……光点在他们上方一米半到三米的位置。其实，她现在可以看清洞顶大致的轮廓了。无论如何，这里的荧光闪烁不是经过大气折射的那种闪烁。事实上，有些“星星”还是个巨大的长方形。

然而……她眨眨眼睛，突然间，理性再度消失。在又一个激动人心的时刻，特蕾莎特意又享受了一次眼前的幻象，仰望着异常陌生的天空，仰望着某种奇异旋臂的边缘，还有成片的翠绿色恒星——闪烁的夜空神秘莫测，照亮了遥远的边际。

导游的身影是星云的黑色轮廓，那团星云在移动。所以，她突然注意到一条笔直的规则界线。那是一片漆黑的矩形区域，不见半点儿绿色，像是一道门，从他们身旁掠过。不久，特蕾莎听到马达低沉的轰鸣声，感到身后有道屏障升起。翠绿的星空消失不见了。

“现在，请你们把眼睛蒙上。”那个影子说。她察觉曼内拉照做了，只是蒙的是她的眼睛。完全闭上双眼需要太多信任。

一道强光突然在他们面前亮起。也许那只是一盏昏暗的灯，但光线已经强到足以伤害她那适应了黑暗的视网膜。转眼间，它便驱走了萤火虫的磷火留下的所有痕迹。特蕾莎深感遗憾，向它们告别。

船又颠簸了一下，停了下来。“请走这边。”有个声音对他们说。她感到有人扶着她的胳膊，特蕾莎眨着眼睛，任由自己被引领着离开那艘不断摇晃的小船。突然来到明亮的地方，她的眼睛有些流泪，她不得不眯起眼睛，透过衍射光线，看看是谁取代了原先的导游。是个长着棕色头发的男人，有点儿雀斑，明显没有波利尼西亚血统。此刻，他正注视着佩德罗，脸上的表情她看不懂，但显然饱含感情。

“你好，曼内拉。”他说，显然在努力保持礼貌。

特蕾莎第一次有机会亲自审视阿莱克斯·拉斯蒂格。照片中的他往往显得遥不可及、心烦意乱，而这样的特质的确存在。现在，她则认为自己还觉察到别的什么品质，可能是通过那种表情，接触新鲜事物时，现实大于期望的表情。

佩德罗用头巾擦擦眼睛，“你好，拉斯蒂格。谢谢你来见我们。现在，我希望你对你的种种举动做个合理解释。”

他们置身此处，位于地底很深的位置，跟他们的人断开了联系，事实上，也离开了法律所能管辖的范围——毫无疑问，老佩德罗又一路滑向了父权的角色。

“如你所愿。”阿莱克斯·拉斯蒂格点点头，显然不为所动，“如果你们俩愿意跟我来，我会告诉你们一切。但我要提醒你们，真相恐怕让人难以置信。”

当然，佩德罗从不情愿将总结陈词的机会留给别人，即使他最后说出的是这样一句台词。

“对于你，我的孩子，我的期待只有荒唐透顶和滔天大祸。”

一小时后，特蕾莎不禁产生怀疑，为何她明明应该厌恶这个男人，却偏偏只觉得麻木。即便他没有放出蚕食地球心脏的恶魔，也还是那个让她真正注意到这件事的人。

而且，他也有份触发相干引力波，致使贾森和其他九人踏上了通往恒星的不归路。这也足以成为她鄙视阿莱克斯·拉斯蒂格的理由。然而，此刻她唯一能感受到的情绪更为直接……跟她与佩德罗·曼内拉初次见面、无话可说时的情绪一样，是一种扭曲的愉悦。

大个子佩德罗坐在拉斯蒂格对面，双手交叠，搁在一张深色木桌上，完全忘记了他的记事本。他双眼不断瞟向一幅极大的地球全息剖面图，与他们的团队在休斯敦所能构建的任何东西相比，这个影像都更加逼真、更加细致。精心绘制的细节在曼内拉的一侧面颊上投下橙色、黄色和红色的阴影，给他冷峻的表情增添了虚假的欢乐色彩。

在这里，一间设施简陋的地下室里，只有他们三个人。给客人们端上茶点后，拉斯蒂格在无人协助的情况下开始了他的简述，尽管他两次举起耳机向别人咨询。当然，他得到了帮助。就算他“孤独巫师”的名声在外，也不可能独自解决所有问题。

特蕾莎好几次感觉这可能是场骗局，但她意识到，那只是她一厢情愿的想法。不管拉斯蒂格得出的结论多么有悖常理，多么耸人听闻，他仍然凭借其冷静的头脑和透彻的分析证明了他的话值得信赖。

“……所以，就在本周，通过重力扫描和中微子观测，我们才最终确定那能量来自何处……其高位状态为凝视者效应提供了动力。它位于地幔底部,那里的地磁场吸收了外核电流……”

在技术层面上,他的讲述不难理解。在寻找伊基托斯黑洞的过程中,拉斯蒂格和他的同事们偶然发现了一个更加危险的奇点黑洞,该黑洞早已存在于地球中心。他们尝试使用调谐引力波来追寻该黑洞的轨迹和历史,但那引发了内反射,将引力子放大,就像将光子置于激光镜之间一样。在这种情况下,神秘莫测的贝塔黑洞,和乌有乡空间站上用于实验的黑洞,一同构成了“凝视镜”。爆炸产生了一股扭曲时空的巨浪,大概朝着角宿一的方向奔去。

拉斯蒂格是位好老师。他仅用了低阶矩阵程度的数学,加上图形,就生动地描绘了这场灾难。他的讲述听起来完全合乎情理——但如果不是亲眼看过那么多,她一个字也不会信。例如,乌有乡的缆绳突然发生的可怕伸缩,或者远地点实验室的相对偏离,又或者那些色彩。

特蕾莎意识到,她所有的担忧就此结束,这让她彻底冷静下来,进入了情感的禁区。如果整个世界即将毁于一旦,担心美国宇航局的内斗、她的下一次航程,或者她失败的婚姻,又有什么意义呢?

这个神秘的奇点黑洞——拉斯蒂格的“宇宙结”——最初必定很小。但贝塔一直在增长,现在,它已经濒临阈值。她从侧面的屏幕上读出了吸积率[①]。很明显,它已准备好一场贪欢,结论只有一个。

① 吸积是天体通过引力“吸引”和“积累”周围物质的过程,单位时间内通过某一半径向内吸积的物质的总质量称为吸积率。

一个结论……到目前为止，他没有进行明确的模拟，模拟物质开始以每秒兆吨的速度流入贝塔的大嘴时会发生什么。在特蕾莎看来，最初，冲击波将破坏地球深处古老的对流模式。地震爆发，火山喷射，与此同时，地壳裂开巨大的缝隙。接着，由于内部逐渐被破坏，外层将会崩塌。

好笑的是，位于轨道上的东西受到的影响倒是微乎其微，比如月球及人造卫星。地球的总质量将保持不变，只是转化为一种更紧凑的形式。如果那时她碰巧在执行任务，就能目睹整个过程……直到奇点黑洞完全绽放出它的光芒，在一阵伽马射线的爆炸中把她的飞船烧成灰烬。

特蕾莎打了个寒噤。但现在不是退缩的时候。晚些时候，回到家里，她可以钻进被窝，蜷成一团，准备等死。

"……我们的问题之一是找到凝视者光束所利用的反向能量分布。所有的能量从何而来？"英国佬伸手捋了捋头发，"然后一切就都清楚了！地球磁场发电机是源头。具体来说，离散超导域——"

特蕾莎吃了一惊，坐直身子，"你说什么？"

阿莱克斯·拉斯蒂格用他那双淡蓝色的眸子平静地注视着她，"提克哈娜船长？我指的是电流环路，也就是下地幔与液态地核的交界处——"

她再次打断他的话，"你提到了超导性，在地下？夏日，我们仍为冷却捷运线路伤脑筋，可你却说数千千米的地下有超导域？在温度达到数千摄氏度的地方?"

这位英国物理学家点点头,"别忘了地幔底部每平方厘米的压力超过一万牛顿。而且还存在着一个可喜的巧合,是我的一个同事最近才发现的。在地幔被金属地核取代之前,位于最下层的矿物似乎是由各种氧化物组成的,而这些氧化物被压成钙钛矿结构——"

"钙……钛矿?"

"一种特别致密的氧化物,在压力下很容易形成。"

"我还是不明白。"她皱着眉头说。

他摊开双手,"跟这些钙钛矿同类的恰好都是质量最好的工业超导体!这一巧合使我们产生了一个奇怪的想法……在我们下面数千千米的地方,完全不会有电阻。"

这个想法让特蕾莎闭上了眼睛。曾几何时,人们只把超导与接近绝对零度的极寒条件联系起来。直到最近几十年,"室温"超导体外加其他一些重大突破才真正起到作用,帮助拯救了深陷困境的世界经济。现在,她想象着线圈和巨型电路,在完美且毫无阻力的火焰中流动。这真是个令人震惊的想法。"这些超导域……它们就是你用重力谐振器发掘出的兴奋区?"

"我们确实这么认为。能量水准每次都会下降,但通过对流很快又会上升。"

沉默持续着。当曼内拉再次开口时,他摇了摇头,"那么多奇妙的发现……都是在死亡天使的阴影下完成的。拉斯蒂格,你已经玩得够开心了。现在，把我们有必要了解的内容说出来吧。”

“为什么要了解？”

佩德罗猛捶桌面，“为了报复！谁释放出这玩意儿的？什么时候干的？我们上哪儿能找到他们？”

从另外那个男人的表情来判断，特蕾莎猜得出，这绝非他第一次听到这个要求。

“我还不知道答案，”他回应道，“考虑到地核中的摩擦、吸积和不均匀性，很难追溯其轨迹……”

“连猜也没法猜吗？”

物理学家耸耸肩，“根据我的计算，这东西根本不应该存在。”

“它当然不应该存在！但很明显，还是有人将它制造出来了。你说过，你懂基本原理。”

“哦，我懂……或者我以为我懂。但我实在不理解，以地球上现有的所有能源，谁能制造出这么大的一个结。”

“它下落时，不是会小一些吗？”

“当然。但是请记住，实用黑洞学只有八年左右的历史。从贝塔目前的规模和增长率来看，我推断它形成的时间远不止八年，其质量实在太大，地球上没有任何结构可以支撑它。”

曼内拉怒目而视，“显然，你犯了一个错误。”

特蕾莎发现阿莱克斯·拉斯蒂格的眼睛里刹那间闪过一些东西——那是转瞬即逝的愤怒。他随即表现出的温和态度令人惊讶，他点点头说:“很明显。也许它的吞噬速度比我通过理论预估的要快。对于这个领域,我们都知之甚少。”

那一刻,特蕾莎感觉整个洞穴的重量朝她逼过来,好像头顶上所有的分量都压在了她的胸口。她提出了关键性的问题,一定程度上是为了克服眩晕。

“我们……”她吞了口唾沫,“我们还有多长时间?”

他叹了口气,说:“事实上,这个问题很容易解答。无论它在过去增长得多快,渐进阈值始终保持不变。如果它继续吞噬物质,而且速度越来越快……我想我们大约还有两年的时间,到时就会发生大规模地震。再过一年,火山活动就会毁掉大气层。

“当然,奇点黑洞不断吞噬,不断变大,事态的发展也会随之加速。地球九成五的质量直到最后一小时才会被吞噬,九成则在最后一分钟左右。”

特蕾莎和佩德罗均流露出绝望的神情。“上帝啊。”她说。

他说:“当然,如果它继续沿着目前设定的道路走下去,就会发生这种情况。”阿莱克斯·拉斯蒂格再次摊开双手,“我不清楚你们怎么想,但就我个人而言,我可不想让这家伙不受干扰地完成任务。”

特蕾莎转过身来,盯着这位物理学家。他也回望着她,扬了扬眉毛。

“你的意思是……”她开口了,却无法继续。

他耸耸肩,答道:“你不会以为,我答应和你们见面只是为了满足我的宿敌，以及他对头条新闻的渴望吧？我们需要你们的帮助，或许我们还有一线希望，能够摆脱这该死的东西。”

曼内拉喘着粗气问：“你……有办法？”

“办法，没错，尽管成功概率不大。但以我或我的朋友们手头拥有的资源，不足以将它付诸实践。”

两位客人均目瞪口呆，他来回扫视着他俩。

“哦，现在先别那么理解。不妨这样看，佩德罗。如果我们成功了，你和我的朋友乔治就可以拥有许多年的时间。如果需要的话，可以没完没了地探讨如何找出那群该对此事负责的混蛋，并且惩罚那些聪明的家伙。”

接着，他的表情变得更加阴沉，眼帘低垂，说：“前提是，这办法行得通。”

第六部

行　星

世界的海洋波涛翻滚，被劲风反复掀腾，被荒凉的月亮牵引。

数百万年间，汹涌的海水形成两个潮汐峰，周而复始地冲刷着，除了海底本身，几乎没有遇到什么阻力。只是偶尔会遇上一座孑然耸立、炎气蒸腾的火山，直插天际，敢于劈开澎湃的海浪。

最终，更多的岛屿如坐针毡，等待着命运的宣判，越来越多。随着地壳不断升高，移位，许多镁铁质驳块相互碰撞，合为一体，直到新生的大陆巍然耸立于水面之上。连绵不绝的雨水落在那干枯的平台上，什么也滋养不了。

只有躲藏于海浪之下，生命才能继续艰难发展，否则就只有死路一条。既不是有意为之，更不是成竹在胸，单细胞生物大量地发生分裂，尝试着新的生活方式。

某个家族运气极佳，偶然发现了利用阳光分解水并制造碳水化合物的窍门。绿色产业迅速发展，占据了世界上半数的生态位。

当地球和月亮交换动量，一天的长度悄然发生了变化。数千万年过去，海洋咸度越来越高，继而稳定下来。太阳也逐渐变得明亮。有时，当一些全新的微生物突然间获得暂时的优势，数量激增，食物供不应求时，就会再次走向末路，起伏的海水随之改变颜色。

接着，一种微生物吃掉另一种，但也没能吞尽它的猎物。相反，二者共存下去，并达成了某种协议。一次偶然的责任分担。一种共生关系。

当共生关系变得普遍，后生动物——多细胞生物——诞生了。

这样的创新、合作，改变了一切。

DEL 世界长期解决方案特殊利益小组【DEL SIG AeR,WLRS 253787890.546】给会员的特别通知。

看看今早洛斯阿拉莫斯和平实验室发布的重大新闻【DEL 重点 K12-AP-9.23.38:11:00 S.pr56765.0】，有关于其螺线管型核聚变试验反应堆最新的测试成果。根据他们的报告，在限定温度的情况下，该反应堆的约束-温度产物数量是此前的五倍还多，质量也更胜以往，几乎没有产生二〇二一年引发普林斯顿灾难的、麻烦的杂散中子。

也许就是如此！经过多年来多条错误路线之后。根据该实验室工程总监的说法，“……清洁、高效、几乎无限的核聚变能源现在可能只需要二十年或二十五年……”

若想了解技术细节或查看昨天实验的原始数据，只需立即点击【DEL Tech.PD1 236423994234.0975 aq】，或语音链接“螺线管-聚变5”。

水　圈

克莱尔·恩格拽着尼龙网的一端，费力地蹚过污水池，她的注意力高度集中，保证每一步都落在水池的塑料胶膜上。在这池黏糊糊的汤里，走错一步，后果都很严重。

绝对不能出错，否则我就得花上两个小时，才能洗掉头发上黏稠的东西。她心想。

就在渔网和那排浮标之外，一群鱼儿被驱赶到池塘的这个角落，它们惊恐万分，不停抗议。溅起的水花形成层层涟漪，眼看就要碰到她那双防水靴的靴口了。这些鱼——以及它们生活在其中的、气味浓郁的绿色黏稠物——都可以收获了。不幸的是，两者闻起来都很难吃。

克莱尔吐出油乎乎、臭烘烘的液滴。“快点，托尼！”她向渔网另一头的黑发男孩抱怨道，“我还有家庭作业要做，黛西肯定烦死这些琐事了。”

托尼把自己那端系在一个不锈钢扣眼上，然后费力地踱出池塘。他踏上池塘边的水泥地，来到一排悬垂的盆栽桑树下，用软管冲洗他的防水靴，然后再将它们脱掉。“我马上就来，克莱尔。”他快活地喊道，“抓紧了，再坚持一分钟！”

克莱尔耐着性子，帮托尼将成群的倒霉鱼儿逼上绝路，但她的帽子和太阳镜已经歪到一边。现在，她不得不在没有任何保护的情况下，面对路易斯安那州无情的阳光。在这个闷热的午后，到处都是烦人的飞虫，她恨不得找个借口，不去帮朋友捕捞这个月的罗非鱼。但是，她当然不能让托尼失望。这些日子，墨西哥巨型渔场不断降价，把小型渔场的经营者逼到了绝境。

她斜着头，避开耀眼的光芒，眺望着伊贝维尔教区一望无际的平坦土地，那里的深色正方形地块点缀着雪松林、稻田，种着转基因速生甘蔗。还有数不清的鱼塘—— 一连串水位较低的椭圆形鱼塘，在阳光的照射下闪闪发亮，周围密植着桑树——还有炫酷高效的蛋白质工厂，有了这些工厂，才能在墨西哥湾沿岸的渔业江河日下之时，让巴吞鲁日和新奥尔良的厨师们仍保持着辛辣的烹饪传统。

远处一个整饬过的、绿树成荫的小丘映入眼帘，它从北向南延伸，那是东阿查法拉亚盆地防护堤，它是陆军工兵团过去一个多世纪修建的众多庞大土方工程之一，目的是永远阻隔两大水系的交汇。绵延数千米的堤坝、沟渠和巨大的溢洪道密布于密西西比河、墨西哥湾,以及几乎每条由该工兵团用计算机运作的、应急计划所涉及的水道沿岸。克莱尔起初跟随她的父亲,后来则是只身一人,几乎走遍了这些庞大的工程。跟父亲洛根一样,她对水利工程很是着迷,而对那种喜欢炫技、动不动就说出“永远”之类字眼的家伙,则一贯嗤之以鼻。

“白痴。”她咕哝道。目前,军方向国会提出了一项新计划,该计划“确保”阻止密西西比河做它最终肯定会完成的事情——改变河道,找到新路,汇入大海。根据洛根个人的估算,新的防洪堤能在未来三十年让老人河远离阿查法拉亚河谷,这个时间已经是极限。克莱尔则认为她父亲过于乐观。“最多十年。”她低声说。

当这片土地彻底消失,她会想念它……想念那纵横交错的河道和溪流。空气沉闷潮湿,弥漫着阿卡迪亚菜肴浓郁的味道,只要吃上一口,你就会立刻爱上它。那些坐在长椅上的老头老太们,他们编织着谎言,说当年这里还能找到一片片红树林沼泽,到处都是鹿和鳄鱼,甚至是从未有科学记载的“生物”。

克莱尔眯起眼睛,瞥了一眼另一片同样平坦的教区土地,那里已经被泛着泡沫的深褐色河水淹没,这条杳无边际的浩瀚河流把陆地上的淤泥顺着这条捷径带进大海——还有沿途的每座农场、每栋房舍,以及每个鲜活的灵魂。

可黛西不愿搬走。见鬼,没人听我的,所有朋友都叫我“卡桑德拉”，这个名字我听厌了。

不管怎样，再过几个月，她就要离开这里。也许当她在别处扬名后，人们会更加关注她。在她声名鹊起之后……

“嘿，把那头给我。”

托尼站在池塘边的水泥地上，拍了拍克莱尔的肩膀，吓了她一跳。她使劲把网线拉得更近些。他们俩一起用力拉着渔网，才把它拉紧，系好。

“谢谢，克莱尔。”托尼说，“来，我把你弄出来。”

令她惊讶的是，托尼没等她涉水爬上梯子，就伸手抓住她的肩带，仅凭力气就把她拽到了挡板上。她坐在那里，浑身湿淋淋的，他则咧嘴笑着，冲洗她的长靴。

耍帅，她想。不过，她还是不由自主地被打动了。十七岁的托尼已经完全成熟，每天都有新变化，并为长大成人深感自豪。她记得就在不久前，第一次发现托尼身高猛增，个头超出她一大截时，她竟然对自己的发小产生了一阵莫名的嫉妒，但这种感觉转瞬即逝。即使置身于一个女性地位被科技拉平的世界，单纯比较身高和力量，有些时候，她们也仍然处于劣势。

睾酮也有缺点，克莱尔提醒自己，她把那套橡胶工作服挂起来晾干。她就读的那所位于俄勒冈州的远程学校开设了一门课程，讲的是女性可以庆幸自己生而为女的理由。然而，她最近还是惊讶地发现，托尼总是盯着她看，脸上带着羞涩的爱慕。她百思不得其解，

最后才意识到。

哦。是性。

实际上，也可能是更加美好的东西，但与性密不可分。不管究竟是什么，克莱尔现在还没准备好处理这些。从青春期开始，她就刻意避开同龄的女孩们，因为早熟的姑娘们总是执着于一个话题。十四五岁时，男孩似乎更有兴趣做些实事——网络世界上的课题，或者现实世界中很棒的事情。不过现在，不可避免的事情发生了，她的男性友人们也奋起直追，开始变得愚笨起来。

“我得留下来等运鱼的卡车。”托尼低头对她说，“想和我一起等吗？咱们可以去白堡。也许会遇到朱迪和保罗……”

朱迪和保罗是老夫老妻了。光天化日之下，和他俩一同闲逛，就等于公开发表声明，把克莱尔和托尼变成“托尼和克莱尔”。她还不确定，自己是否想成为这样一种四腿生物的一部分，没法完全确定。某些青少年聚集在旱冰场，又或者全息模拟俱乐部，成群结队，杂乱无章，他们显然要安全得多……

“很抱歉，托尼。我真的得走了。黛西——”

“对，我知道。”他匆匆打断了她的话，装出一副若无其事的样子，“你得对付黛西，可怜鬼。好吧，祝你好运。如果你晚些时候能脱身，告诉我一声。”

她费力地从湿滑的台阶上爬下来，来到木板路上，“好的，我会给你打电话的，也许明天你们打完棍网球比赛，咱们就能跟其他队员一起出去玩。”

“太棒了。”他喜笑颜开，在她身后喊道，“等着瞧，我们会把那些家伙变成全身是洞的瑞士奶酪，全是拉德[1]和雷姆[2]！”

克莱尔最后一次挥了挥手，然后在高高的甘蔗丛阴影下，转身匆匆往家赶，穿过一座座细窄的小桥，桥上退了休的老人们手拿钓竿，消磨着时光，他们向她露出熟悉的慵懒笑容；最后路过那座荒废已久的炼油厂，现在，那里除了摇摇欲坠、一文不值的钢筋混凝土，什么都没有了。

*身为少年，为何如此缺乏耐心？*她陷入沉思，不知不觉“六棵橡树”——她母亲位于河口的小小领地——已经近在眼前。克莱尔清楚，她无法在不伤害托尼的情况下继续拖延下去。*学校的心理分析师说我是那种循序渐进的人。即使我比其他孩子慢些，或者谨慎些，也没什么可担心的。*

但如果那些测试漏掉了什么呢？如果我真的有什么问题该怎么办？

抽象地说，克莱尔知道，对于她这个年纪的孩子来说，这样的想法再典型不过。每个青春期的少年都会想，自己会不会成为最新一波变种人的急先锋，因为某种罕见的基本缺陷而变成非人的存在。每个怪癖或特质都被放大到不成比例的程度。青春痘是麻风病的

① 辐射吸收剂量的非法定计量单位。

② 辐射剂量当量的非法定计量单位。

第一阶段。拒绝就意味着被流放到撒哈拉沙漠。

知道这些有点儿帮助……尽管只有一点儿。

我只是希望，当我最终做好准备时，托尼或像他那样的人也会为我做好准备。

她转身离开，身后是炼油厂的塔台——塔台已经慢慢分解成沙砾状的残渣——她甚至连看都没看它们一眼，就在路两旁柳树的掩映下，转过最后一个弯，快步走完剩下的归家路。

这附近的许多房子都有圆柱和门廊，与其说是真实的历史遗存，倒更让人想起老电影里的场景，但在“六棵橡树”，这种房舍显得特别不合时宜。乍一看，你可能会以为自己看到的是塔拉庄园[①]的微缩版，但卫星天线和其他密密麻麻竖立的天线，很快便让那一丝战前风韵荡然无存。虽然也有其他家庭在屋顶上安装了光电池和辅助热水器，但很少有家庭能完全不用教区电网。

毕竟，这是黛西·麦克伦农的“岛屿”。在这里，自给自足不仅仅意味着一种时尚或良好公民的身份，多年来甚至变成一种激进的信仰。克莱尔很快就成了叛教者。

与邻居们不同的是，宅在家里的麦克伦农跟当地任何食品检测机构都没有瓜葛。当你置身于自己小小的园艺天堂，种植苋菜、桃

① 美国南方的一座虚拟庄园，也是小说《飘》中主人公斯嘉丽·奥哈拉家族的庄园。

子、棕榈果、马拉马豆和小扁豆时，还有什么可烦恼的呢？田产是用遗产购的，但近来，黛西似乎希望克莱尔独自维护。

不过，不用太久了，黛西。再过六个月，我就走了。

她离开时，她母亲很可能都注意不到。黛西会雇用入了籍的难民，或者最近经常遇到的中国或日本大学生。根据亚洲最新的时尚，他们会休学一年，乘坐齐柏林飞艇周游世界，每到一处都打工赚钱。这样的话，黛西只能盼望出现意外之喜。因为现在那些自我放纵的日本孩子，根本不会为了食宿和用电，就像黛西期待的那样努力工作。

“呃，见鬼！”风力发电机刚刚映入眼帘，克莱尔就叹了口气。说到电力，那些没精打采的叶片意味着用电又要受到限制。猜猜这附近谁有用电优先权？

克莱尔巡视了几趟，快速且高效，从沼气池开始，她检查了化粪池的液位。风力发电机本应该是“零维护”，但现在，这个保证已经变成了苦涩的笑话。*我敢打赌，我那些有钱的亲戚们永远不用做家务，*她心不在焉地空想着。唉，在一件事上，就连洛根也同意她妈妈的观点，那就是“努力工作能增强毅力”。所以，即使她能和父亲住在一起，生活也不会变容易。老实说，她已经见过麦克伦农家族的亲戚。那群可怕的生物目中无人，依靠积累的财富为生，但这些财富的创造过程，无论是他们自己，还是他们的父母都从未参与。毫无疑问，他们谁也不会因为进行一丁点儿的踏实劳动受到伤害。

可是，总要有个中间立场。克莱尔边嘟囔，边努力清理主温室里的一台水滴灌溉机，她顺着一个喷嘴往下吹，直到有斑点在她眼前来回游动。也许我只是希望黛西能在这里尽一份力。

至少防蜂器还在工作。多年来，她们的蜂房一直遭到非洲化蜂群的袭击，它们想要占领所有蜂巢，就像在该地区其他地方所做的那样，毁掉教区所有的养蜂场，养蜂在这里一度是个赚钱的行当。化学制剂和喷雾杀虫剂也不起作用。但几星期前，克莱尔在网上找到一份参考资料，这份资料出自一个埃及人之手，那人发现，非洲蜂拍打翅膀的速度比驯服的欧洲蜂要快。他深入研究了二十世纪古老的、不复存在的军事技术，改良设计了一个名叫“星球大战”的项目的传感-扫描装置。现在克莱尔和几千人正在测试他的设计，并且每周将结果上报给一个网络解决方案小组。

像个闪闪发光的稻草人，十字形激光系统密切监视着她低矮的蜂巢。当她第一次拧开激光系统时，周围的田野被数百个燃烧着的微小余烬所点亮，令人叹为观止。第二天早上，在视线范围内，那些邪恶的入侵者留下的只有焦黑的灰烬。但她自己的蜜蜂却毫发无损。现在，她期待着丰厚的利润，外加首个没被蜜蜂蜇过的夏天。

时机太凑巧，她啼笑皆非地想，恰好发生在我要走之前。

踏进家门前，还有最后一件事要做。克莱尔爬下坡，来到房子后面的小溪旁，去看西比尔和克莱德。

那两只杂色山羊朝她咩咩叫着。它们已经吃光了河岸边所有够得着的水葫芦，所以她重新调整了它们的系绳，使它们到另一个杂草为患的区域。如果没有这些生物，南方的每条水道现在都将被枝繁叶茂的热带机会主义者所阻塞，由于缺乏自然防治的方法，这些植物长势极猛，无法阻挡。

一些邻居把他们清理通道的山羊当作宠物，或者是专门培育另一种山羊来吃葛藤。克莱尔喜欢动物，但她不想跟这里有任何联系，所以她把这种关系严格地保持在公事的范畴内。不管怎样，尝试维护每条小水道意义何在，就好像运河不会像世间万物一样走上末路似的？

无论如何，密西西比河都将汹涌而来，她心想，望着这片她既深爱又渴望离开的土地。*你最好习惯这个想法，阿查法拉亚。不管你喜欢与否，你都会清楚其伟大之处。*

调整好克莱德的护目镜后，克莱尔刷了刷它那带有斑点的皮毛。“这是什么？某种疥癣？”那山羊烦躁地咩咩叫着，与此同时，一片片枯干的软毛从它斑驳的肋部飘落。“好吧，好吧。我会调查的。”克莱尔叹了口气，拿起一份样本，拍拍两只羊，而它们很快又嚼起那些源自异国的杂草，一副心满意足的样子。

她经过母亲的套间时，枪声和剧烈的爆炸声在耳边回荡，震得墙壁嗡嗡作响。音乐响起——那旋律出自某部旧电影，黛西正在为一家网络娱乐集团浓缩这部影片。虽然黛西总宣称自己蔑视该行业，但她在压缩旧电影方面的专长却极负盛名。她能熟练地把乏味的九十分钟压缩到利落的四十分钟或更短的时间内,加快《终结者》或《生死狂澜》等经典影片缓慢的节奏,以适应现代观众充分利用时间的要求。

或者,对于那些想从某部特定的电影中得到更多信息的人来说,黛西·麦克伦农会扩展原来的内容……加入电影档案中的材料,甚至是计算机生成的延伸内容。这份工作给她带来了稳定的收入,让她可以不屑地拒绝那被人鄙视的家庭信托基金。

大多数时候。

此外,网络工作还有一个优势——这个职业对地球的真实环境没有太明显的影响。

黛西加入了不少生态怪咖组织,其中一个的座右铭是"轻踩我们世界的脚趾"。这个组织的成员在家穿鞋,出门前则要脱掉。该组织的图腾是一条凶猛的龙,蜷曲着,咆哮着,象征着惨遭败坏的狂暴生态圈,挨山塞海的人类招灾引祸,使生态圈不堪其扰。同一只爬行动物的另一幅画像长长地悬挂于主客厅的壁炉上方,这里是整栋别墅里黛西最爱的地方,但克莱尔已经很少再去。

"见鬼,她太他妈忙于维护其他东西了!"克莱尔看到黛西甚至连垃圾都懒得去倒,忍不住骂出声来。她母亲认为正常的五个回收箱根本不够用,坚持家里要有十二个。还有三堆护根物。还有肥皂制造机、酸奶制造机、小型酿酒厂……

克莱尔想到了最近伙伴中流行的一种趋势。哦,我会成为一个极其出色的移民：我能种植草药，自己造纸，用树皮和灯黑磨墨……自己修理水泵的垫圈，因为妈妈不愿意从蹂躏土地的生产商那里买零配件。

城市居民侍弄高产量的花园，把剪翅鸭养在屋顶上，还喜欢假装这些让他们变得粗犷独立，全然忽视其实方方面面都要指望社会的培育体系，还有各种各样的管道和线路送来的纯净水、电、天然气……并源源不断地将废料带走。讽刺的是，很少有孩子比克莱尔更有资格在新边疆安家，而其中也很少有人愿意这么做。

说到底，头脑正常的人谁会愿意过那样的生活呢？

但是另一方面，降低影响是合乎道德和理智的。除此之外，节省劳力的设备也很值得一提！克莱尔发誓她的住处要有个次声波微波炉。还要有个电动垃圾处理器，哦，拜托。也许，为了庆祝乔迁之喜——搬家后的第一年，她就会无节制地从商店购买怎么也吃不完的冰激凌。

克莱尔在自己的房间里，换下汗津津的工作服，在一个摆满纪念品的架子前停下脚步，这些纪念品是她父亲从世界各地带回来的。一只一千万年前的蜘蛛，被包裹在多米尼加琥珀里，旁边是来自阿法尔沙漠的化石，以及一条精美的硬木海豚，那是洛根在贝伦遇到的一位巴西工程师雕刻的。

她的矿物收藏算不得世界级的。但她有一块漂亮的亮绿色菱锌矿石,旁边则是跟它同类别的硬玉以及迷人的孔雀石。那块半透明的橙黄色奥氏石来自法国,常用于催眠;而那块紫色的钴华来自摩洛哥的阿特拉斯山脉深处。

这些矿物都不特别稀有,即使是挂在她镜子上那块闪闪发亮的星级石英也不例外。她垂下红棕色头发,在镜中检视头发上有没有托尼家鱼塘里带出来的零星液滴。她拿起水晶镜片,透过它端详自己的样子,希望镜片带给她头发的加亮效果能以某种方式呈现在现实世界中,她总是羡慕其他女孩亮泽的秀发。

孩提时代,她曾经认为那块石英拥有魔力。但洛根强调,那只是平凡的奇迹而已。地球上布满了矿脉、矿层以及不计其数的美妙矿物形式,但要发现它们,必须有一双有经验的眼睛,再加上一点点经过练习的相关技巧。相比之下,克莱尔曾经因为收到一份“独一无二”的生日礼物而惊讶不已,一位叔叔为了哄她开心,曾送她一截化石树干。随后,她则花了数周时间,调查并最终找到那截树干的来源,然后匿名将它捐给了石化森林,那截树干最早就是从那里被盗走的。

区别当然存在。普通的东西也可以美丽绝伦,甚至充满魔力。然而在一个拥有百亿人口的世界,真正的稀世珍宝不应被据为私有。至少在这一点上,她、洛根和黛西观点相同。

克莱尔把水晶放回去。镜子旁边放着她最心爱的宝贝,几个漂亮的燧石箭头,不是考古遗存,但要精致得多。在一次露营旅行中

——他们其实并不经常参加露营旅行，但那次，洛根亲手教她打磨燧石箭头。公平地讲，克莱尔承认她的父母都教会了她一些有用的东西。只不过洛根教的东西似乎总是更有趣些。

邦内特·卡雷溢洪道的模型被她搁置在窗户下面，她的宠物鼠伊萨多尔在其中筑了巢。当克莱尔停下抚摸它，并给它喂种子吃时，小家伙抽动着鼻子。

墙上的网络显示屏处在空闲状态，不停闪烁着，提醒她俄勒冈远程学校发来了新任务。但克莱尔先查看了私人信息。果然，她父亲的信号在她的优先级屏幕上闪动了一下！克莱尔发出了一条口头指令，屏幕被一张采光效果绝佳的照片点亮，照片中的洛根·恩格站在悬崖顶端，俯瞰着一湾明亮的蓝色水域。为了省电，她以文字形式接收了该信息。一排排字母在眼前闪现。

嗨，小家伙。我在西班牙见证了神奇的东西。

读出“神——奇”这个词【DEL详见附图】

有个疯狂的理论可以解释这些事件。我为特殊利益小组写了一篇关于它的论文。如果我判断得没错，一定发生了极其可疑的事情！

附上草稿【DEL】，如果愿意的话，你可以参考。有点儿技术性。概念什么的很可能没用。但你或许会觉得抽象的概念挺有趣。

代我向黛西问好。跟她说，（我在办公室）处理完相关资料后，我来吃晚饭。

爱你，宝贝——老爸DEL

克莱尔笑了。他不应该叫自己“老爸”，那是她撒娇时用的词。

她碰了下“附加数据”的标签，调出洛根通过推断写出的论文。克莱尔认出了他投稿的网络杂志……在那里，科学家们可以不受拘束地发表意见，且不用担心名誉受损。她有种预感，洛根这次真的会引爆一颗准备就绪的炸弹。

接着，她皱起眉头，突然起了疑心，开始检查她的安全程序。

“可恶！”她骂道，气得直跺脚。洛根的信号接收后就被监听了。就算不是天才，也知道谁是监听者。“可恶，黛西！”

长辈们似乎统统不尊重他人的隐私，但这简直是彻头彻尾的侮辱。作为一名高明的黑客，黛西完全可以无视女儿克莱尔简单的安全系统，偷看她的邮件，不留下蛛丝马迹。但她甚至懒得掩盖痕迹，这说明她对此事毫不挂心，又或者透露了她不加掩饰的轻蔑。

“再过半年，我就可以离开这里了。”克莱尔自言自语道，像念咒般重复着这句话，让自己冷静下来，“半年而已。”

她希望，哦，她多么希望自己处在十六岁，马上十七岁的妙龄，不必体验那种度日如年的感觉。

与此同时，不远处的另一个房间里，四面的墙壁都在跃动着声与光。每一丝微光都从黛西·麦克伦农的眼睛里反射出来。

在她左边立着一个真人大小的戴维·克罗克特[①]——他满身血污,勇敢无畏——捍卫着阿拉莫,所用的色彩远比原先导演想象的还绚烂得多。很快,在黛西细致的引导下,其精密的设备将会增加第三个维度,甚至更多维度。如果价格合适,她甚至会用气味和墨西哥炮弹震耳欲聋的声响来强化这种体验。

其实,她最好、最贵的效果提升手段真的很棒,甚至不得不附上真实性说明……在角落,有个小小的粉色菱形图标在闪烁,告诉那些心脏衰弱或者心灵脆弱的人们——“这不是真的”。很多人称黛西为艺术家,但她做全息增强只为赚钱。实验室其他几面墙都被她用来做真正重要的工作了。

数据柱像瀑布上方的泡沫一样流动着。湍流——不过是刚刚从河里采集的样本,网络就如同信息的海洋。黛西的蓝眼睛一次扫过几十个读数。

一份联合国环境保护署分析现存雨林资源的调查问卷。旁边闪动着的,是一家大型矿业公司的项目提案。右边,她的一个子程序按部就班地列出了一份西哈瓦那核电站被盗的防破坏安全程序清单……显然仍旧固若金汤,但黛西还有希望。

信息流中可见的部分只不过是些碎片,这些经过精炼的碎片被她的电子仆人发到这个地址。她的“雪貂”和“狐狸”,她的“獾”和

① 戴维·克罗克特(David Crockett,1786—1836),美国政治家和战斗英雄,积极参与得克萨斯革命,并于阿拉莫战役中战死。

“鬣狗”……这些数据检索程序都被委婉地冠以野兽的名字，其中一些现在已经灭绝，但它们早先因坚韧、永不满足和霸道而闻名。黛西的电子密使们分布在世界各地，按照她的要求进行搜寻和探索，探听某些保守不严的秘密，把它们联系起来，结合起来，再吞噬掉。

黛西那份充当幌子的工作，有助于掩饰她对计算机的巨大需求及其生活方式。但实际上，她生活和工作的目的一致。她派出“游击队”，进驻数据世界，与洗掠地球的家伙们展开较量。

张便是其中之一。正是她将那个可怕男人的恐怖巢穴透露给联合国环境保护署的。张丧命的消息对她来说是个惊喜。她一直认定他会逃走，或者最多吃点儿小亏。也许联合国环境保护署的那些懦夫们还是有点儿胆量的。

但现在，黛西将焦点转到其他方面。她盘膝坐在丝质垫子上，被图片和数据形成的飓风围绕。她的眼睛迅速筛选着世间生灵给她带来的一切……工业发展计划……软弱无能的公共机构，松懈在所难免……贪污腐败的官员们，走入歧途实属正常。情况甚至更糟。

在这场运动中，人们怀着尊重、敬畏和些许的恐惧，低声提着她的名字。若置身另一个时代，黛西可能会在教堂的钟声中听到天使之音。然而，如今，她的才能真正得以展现，因为甚至在地球另一端，她也能干扰建设者的计划，戳破温和派的推诿。

“所以，洛根认为他的想法只是有趣……可能是一派胡言……”

她低声评价道，同时将其前夫最新的论文编入一个特殊数据库。当然，她无法理解他那些更加晦涩的数学推导，但这并不重要。她可以借助专门的程序。或者只要打个网络电话，就能转到人工咨询。

“……空间站的锚臂不可能被任何已知的炸药掀起。由于其他的解释根本说不通，我只能设想始作俑者是极其集中的地震波……”

黛西望着那讨厌的潮汐发电工程的全景，气不打一处来。又一个洛根背叛的实例。他为“解决”世界问题所做的努力徒劳无功，难逃失败。当然，在与恶魔的交易中，他贱卖了自己的灵魂。

不过，她还是很了解他。她对旧爱的了解，甚至胜过他本人对自己的认识。洛根最糟糕的预感往往比其他工程师最精细的分析还好得多。

“能做大事，却连自己的直觉也不相信，他就是这副德行！”她叹了口气。

黛西盯着毁损的潮汐坝。她对任何可能破坏此类大工程的东西都兴趣浓厚。她认识的有些人……其他一些人也瞧不上北美盖亚教会迟缓的改良方法。那不过是个男男女女组成的松散组织。洛根的消息可能意味着新的威胁。但或许也是一个机会。

黛西的双眸扫视着从网络海洋中不断涌出的数据流。那双猎手才有的蓝眼睛，闪烁着，搜寻着。其中蕴含着使命般的耐心，以及龙一样的坚韧。

DEL

睡吧孩子,要听吩咐,
分担你们应该做的家务。
把食物吃掉,把盘子清光,
那些食物,穷孩子心驰神往。

诚实待人,不要说谎,
因为遮遮掩掩的人总是命短,
牢骚满腹,孑然一身,
就像藏身地下的地精。

你爱财吗?你自己清楚,
财富能帮你,财富光彩夺目。
地球债券为我们服务,年复一年,
而瑞士黄金会释放伽马射线。

地　核

早在会议谈崩前，特蕾莎·提克哈娜就说过："无论如何，我们都不能让任何太空大国参与此事。我确信，他们现在都和斯皮维沆瀣一气，掺和乌有乡的非法研究。如果重力激光和宇宙结落到他们手里，天知道他们会做些什么。"

因此，他们决定，不公开宣布世界末日迫在眉睫，更不透露他们与末日对抗的大胆计划（尽管这个计划希望渺茫）。大国政府都已成为主要嫌犯，或许正是他们制造出了贝塔，将它失却，还隐瞒真相以逃避责任。若当真如此，各路强国会毫不犹豫地消灭乔治·哈顿的小团伙，以便继续掩盖这个肮脏的秘密。

也许阿莱克斯和其他人最终得出的只是错误的结论。总而言之，他觉得这一幕太浮夸，甚至有点儿太怪异，但却符合他们所知道的事实。此外，他们真的冒不起险。

“那么，我们自己来对付那恶魔。”会议结束时，乔治·哈顿做了总结陈词。

“在不引起任何人注意的情况下制造谐振器很难。”阿莱克斯提醒大家。但佩德罗·曼内拉同意乔治的观点，“这部分交给哈顿和我。我们会提供你需要的一切。”

这位魁梧的阿兹特兰记者看上去那么轻松，那么自信。最初听说那恶魔位于地核时表现出来的那种激动，如今已经荡然无存。即使微小的希望，似乎也足以让他充满活力。

要信任这样一个家伙，阿莱克斯感到很不自在，他最近才断定，正是这个男人毁了他的生活。当然，实际上正是因为曼内拉在伊基托斯引发的那些骚乱，他创造的阿尔法奇点黑洞才会消失，他也不得不去寻找它。如果不是那个家伙在秘鲁横插一杠，阿莱克斯现在对地核的关注可能还不如……

他向后倚着转椅的靠背，意识到自己没有合适的词汇来做这个比较。地核基本上是人们最后才会想到的地方。*然而，如果没有它，我们又将身在何处？*

在阿莱克斯面前，地球的多层结构闪耀着灿烂的光芒，那是会谈终止前呈现的最后一张简图。这个幽灵般的、近乎球体的地球内部，框着一个几何结构—— 一个正四面体，其尖端从四个间隔均匀的位置穿透地球表面。

复活节岛 （拉帕努伊）：	南纬27度6分20秒，西经109度24分30秒
南非 （临近雷维洛）：	南纬27度30分36秒，东经24度6分
伊里安查亚 （新几内亚）：	南纬2度6分36秒，东经137度23分24秒
西格陵兰 （临近戈德港）：	北纬70度38分24秒，西经55度41分12秒

四个地点。要是十二个，或者二十个就好了。

他对斯坦、乔治以及其他地球物理学家也说过同样的话。我们真正开始推动对贝塔的研究时，并不清楚会发生什么。它肯定会漂移和翻滚。谐振器的这种排列应该是一个十二面体或二十面体，以实现完全覆盖，而不是一个四面体。

但四面体已经是他们的能力极限。

这不是钱的问题。乔治家资亿万，他也愿意为此倾尽所有。他在波利尼西亚联邦政界人脉极广，这意味着其中两个地点随时可以使用，没有任何问题。但要在太平洋盆地之外建立基地，他们的小集团需要援助，特别是还要在严守秘密的前提下。

回溯到上世纪，避人耳目的秘密操作屡见不鲜，并非什么稀罕事。各国政府、大型公司、贩毒集团，甚至个人，都习惯性地隐藏重大计划。但在武器核查之后，旅游业随之蓬勃发展，先是喷气式客机，再是齐柏林飞艇，开始在曾经为军用飞机预留的广阔天空中呼啸而行。数据传输将大都市与仅驴车能够通行的荒僻村落连接起来。在二十世纪的三大秘密中心之中，国家社会主义甚至在阿莱克斯出生前就已经土崩瓦解；此后不久，金融资本主义也走向末路，毁灭于被战火融化的阿尔卑斯山脉。

事后看来，赫尔维蒂的悲剧本可以避免，因为在一个到处都是业余窥探者——数据黑客的世界里，即使是传说中的地精们也不可能把他们的私人记录保密太久，因为黑客时间充裕，计算能力高超，还聪明绝顶。

残存的只有第三个秘密中心，也是其中最难瓦解的。大国们仍然设有“保密”机构——战后条约容许战胜国保留这些机构，但却不允许其他国家保留类似部门。坦戈帕鲁团队本可以在完全保密的情况下，借助这些机构建立他们的引力波阵列。然而，几乎可以肯定的是，这些机构也站在他们的对立面。

乔治认为，是他们制造出了贝塔，为了保全自己，才试图掩藏这一错误，即使这样的行为意味着所有人最终难逃一死。

那种做法，阿莱克斯无法想象。他为自己跟那些人是同类感到羞耻。不过，听特蕾莎·提克哈娜描述斯皮维上校时，她谈论的好像是什么来自另一个星球的生物。

斯皮维和他的合作伙伴们现在也在努力寻找解决方案吗？或

许这就是特蕾莎的丈夫在太空中一直在做的事情。若果真如此,政府的小伙子们似乎从来没有注意过重力激光效应。而此时,如果阿莱克斯将这一点透露给他们,事情就会完蛋。

当然,如果我们成功了,秘密终将大白于天下。毕竟,太阳一般的火球从地球上升起,以相对论的速度加速冲向外太空,这场面很难视而不见。

到那时,他和其他人最好已经做好避难的准备。此外,当贝塔安全上路,阿莱克斯感觉自己有必要带上记忆消除器,以防他因偶然、意外或者说侥幸把了解到的信息泄露出去。从原则上讲,他当然罪有应得,这是他狂妄自大的下场。尽管如此,忘却奇点结的模样,忘却它错综复杂的十度空间折叠,忘却它火花四溅的绝美画面,他会深感遗憾。他清楚,这样的损失会让他深感困扰。他甚至宁可去死。

好像我有选择的余地似的。这事成功概率不大。

他们冒着极大的风险。用引力波反冲来挪动贝塔,从理论上讲是个好主意。但不知何故,他们最初测试的部分凝视者光束被地球表面的物质干扰——其中一次是受到地震断层的干扰,另一次的干扰源则是人造物。发生这种情况的原因,以及一旦他们真的开始执行方案,会产生怎样的后果,仍然是未解之谜。

但我们有的选吗?

阿莱克斯盯着这个四面体与地球表面相接处的闪光点。他们必须在这四个地点神不知鬼不觉地建造巨型超导天线。快要没时间了。

谐振器必须均匀分布于干燥陆地——在一个三分之二面积被水覆盖的星球上,要做到这一点并不容易。他的电脑花了整整两秒钟的时间来搜索,才最终找到安设谐振器的最佳位置。

“我们只剩几个月。”特蕾莎·提克哈娜打断了阿莱克斯的思绪。在光线暗淡的房间里,美国女宇航员坐在阿莱克斯的桌子对面,注视着同样的全息画面。其他人都离开后,他俩双双陷入沉默,各自想着心事。

他点点头,算是回应特蕾莎的话。“那之后,贝塔将变得太过庞大,根本无法挪动,即便用激光也无济于事。到那时我们只会激活共振状态,而斯坦认为那样会让情况变得更糟。”

特蕾莎打了个哆嗦。她坐直身子,以一种阿莱克斯之前就注意到的方式环顾四周——好像是某种他无法理解的、审视环境的方式。“你们要在拉帕努伊安装谐振器,是吗?”她突然问道。

“是的。那里是锚点,所以——”

“你知道的,那是个与众不同的地方。”她压低了声音,“亚特兰蒂斯就在那里。”

“嗯……亚特兰蒂斯?”他迷惑不解,起初还以为她指的必定是复活节岛神秘莫测的新石器时代历史,或是在那里发现的那些令人难忘的巨石。然后,他突然记了起来,“哦。你是说很久以前坠毁的那架航天飞机。它还在那里吗?”

特蕾莎·提克哈娜下巴稍微绷紧了一点儿,“它没有坠毁,在极其艰难的情况下,岩住船长完成了完美的紧急着陆。是那些负责把亚特兰蒂斯带回家的傻瓜们……他们抛弃了它。”

这事发生时,她想必还是个孩子,然而,这女人却痛苦地捂住了双眼。“它还在那儿,整个被掏空,只剩个外壳,变成一座立在基座上的纪念碑。如果有机会,你应该去看看它。”

“我会的,我保证。”

特蕾莎抬眼向上看去,跟他短暂四目相接,她叹了口气说:“我得去收拾行李了。我和戈德曼博士还要赶飞机。”

“当然。”他站起身来,“我……我很高兴你和我们站在同一阵线,提克哈娜船长。你的帮助至关重要。”阿莱克斯停顿了一下,“还有……就像我说过的,我深表遗憾,关于你丈夫的事——”

她抬起一只手,打断了又一次尴尬的致歉。“那是个意外。如果要怪什么人视而不见——没注意到正在发生的事……”她摇摇头,声音越来越小,“我们一到戈德港,我就给你发送加密信息,拉斯蒂格博士。”

“一路平安,船长。”他有些迟疑,但还是伸出手来。片刻之后,她握住了它。她的手纤细却长满老茧,经此一握,微微颤抖了一下,她又连忙将手松开。接着转身离去,直奔她洞穴另一边的住处。

“并且祝你好运。”她走后,阿莱克斯轻声补充道,“我们都需要更多好运。”

DEL世界网络新闻:265频道/广泛关注/9+级别(副本)

“中央亚马孙平原。这里是BBC的奈杰尔·兰兹伯里,为您带来实时报道。我来到这里,置身于这片荒无人烟的土地,是为了报道极具历史意义的一场悲剧,因为巴西政府军队已将图波叛军逼到最后阵地。

【沙漠的影像。灌木丛和碎土块。热浪从沙砾层升腾而起,一直涌到远处那影影绰绰的地平线。记者的声音伴随着噼里啪啦的燃烧声。】

【DEL原始视频语音链接现在为“亚马孙一号”。】

“一小时前,就在这里,一支FLS武装战斗机分队被击落,就在离齐科·门德斯国家救世公园边缘不远的地方……”

【DEL有关背景报道,请链接“FLS叛军”或“齐科·门德斯公园”。】

【镜头转动,全景展现,观众突然看到燃烧着的战斗机浓烟滚滚,尸体散落在四周。军用直升机飞过,吹散了羽毛状的烟尘,身穿军装的士兵们快步走过,推搡着双手抱头的俘虏。】

“今天在这里丧生或被俘的农夫们，本就无法在他们的雨林避难所中躲藏太久。传感器技术【DEL链接“传感器技术”】粉碎了很多潜在的游击行动，如今在丛林中使用，效果也丝毫不差。他们的运动一旦演变成暴力行为，就只能以失败告终。两周前，基奇哈拉印第安人最后一个村庄遭遇了大屠杀。”

【镜头继续摇动，摄像机拍到记者本人，他身上的棕色衣裳被干燥的风无情地抽打着。令人惊讶的是，就在他的左侧，出现了一片干云蔽日的森林轮廓……突然从黏土块变成了密密麻麻的树丛，树木纤细，在风中摇曳。】

“但更具讽刺意味的是……叛军起先想要占领这片森林，以安置他们饥寒交迫的家人……这里是他们的天堂，让他们远离拥挤的、规则森严的城市贫民生活……但无论怎样，他们注定要失败。昨天，巴西政府承认，划分‘保护岛’拯救亚马孙的方法根本行不通。他们最终意识到，人类无法只拯救整个生态系统的一部分区域。”

【特写记者的脸，满是对悲剧的回忆。】

【DEL 报告：巴西政府 WeRe 6309467/q/ 3509.】

【DEL反例：北美盖亚教会 2038－421 /保护岛】

“合同已经签署，各方同意砍伐齐科·门德斯公园濒临死亡的阔叶林，将大型动物转移到生命方舟，将尽可能多种类的昆虫和植物种子冷冻保存，根据类别及时记录在册。去年在玛瑙斯省，已经对这种系统分类法进行了测试，初获成功，但此前从未在如此大的范围内进行尝试。专家们质疑，在伐木机完成砍伐的最后期限之前，登记进程能否达到剩余物种总数的百分之

【特写森林边缘……黄叶在人手中被碾成粉状。】

【DEL 合约：巴西政府 PaRe 9867984 / j / 567。】

【DEL 合约：62 生命方舟 LeSs2393808 / k / 78。】

“可是，该怎么办呢？在没有雨水的地方，雨林怎样存续？”

【切回记者听天由命的表情。】

【DEL 链接：天气网络阿尔法年简报2037—2956a*】

“蒸腾、蒸发、湿度更新……‘保护岛’计划失败的所有原因，科学都可以一一为之命名。某些人将其归咎于全球变暖。然而，不管是什么原因，我们必须与剩余的一切共存。而最后，左右为难的仍然是穷人们。”

【镜头推回烈火熊熊的现场。可以看到，一具焦黑尸体的手臂向外伸出，朝着所谓雨林避难所的方向，手里紧握着一片绿叶。】

【DEL北方卫星12实时图像 每分钟1.12美元】

“我是奈杰尔·兰兹伯里……报道于亚马孙平原。”

【记者向上看，镜头跟随他的视线，看到了满是浮尘的暗褐色天空。】

【DEL记者简介：BBC 3台的奈杰尔·兰兹伯里。可信度评级：AaAb-2 观众联盟（2038）AaBb-4。世界观察有限公司（2038）】

中间层

卡普尔阿姨用一根弯曲的棍子搅动着火焰，斯坦·戈德曼在一旁注视着她。随着搅火棍拨动，后面升腾起一阵灰雾，煤块一瞬间变亮，亮度跟老妇人闪烁蓝光的电脑显示器差不多。在这两片光亮之外，会议厅的赭石圆柱跟新西兰山林潮湿的阴影融为一体。在大家分散到地球的四个角落之前，阿姨选择了这里作为他们最后的会议地点。在黑暗中开始这样一项隐秘的事业，与他们渺茫的胜算倒也颇为相称。

“拉帕努伊岛最简单。”女祭司告诉斯坦和乔治。闪耀的火花让她下巴上的文身图案诡异地流动起来。“我在那里的姐妹会提供所有设备，而且智利当局不会妨碍大家。”

“那就好。”斯坦说。他揉揉双眼，将刺痛感归咎于疲惫和飘浮的灰渣。他正常的就寝时间早就过了——似乎现在发生什么变化都算"正常"。但至少埃伦会一直等他，在他们共度的最后一晚，他希望能挽回些什么。

"那个岛就是锚点。"他接着说，"第一站必须是那里，不容出错。"

乔治·哈顿说："那么，共识已经达成，阿莱克斯必须去的就是那里。"

斯坦点头表示赞同，"当然，阿莱克斯应该前往最安全的地点，在那里，他能够进行最精细的掌控，因为只有他真正了解那深藏地底的东西。"

"别指望拉帕努伊岛全无风险。"梅里亚娜·卡普尔望着斯坦，表情严肃，"那座岛屿拥有可怕的力量。那是死亡之地，令人生畏的古老神祇住在那里。拉斯蒂格必须前往那里，前往那个焦点，对此我没有意见，但不是因为那里很安全。"

阿姨陈述其主张的方式让人无法回应。斯坦瞥了乔治一眼，看到他的朋友恭敬地点着头。作为一个新西兰白种人——甚至并非出生在那里的新西兰白种人——斯坦觉得，在毛利人谈论这种事情的时候，遵从他们的意见才是上策。

"很好。我们还得把其他三个负责安装谐振器的团队确定下来。"

乔治·哈顿声音嘶哑地说："我已经决定，伊里安查亚由我亲自出马。"

斯坦转过身，朝他眨眨眼，“可我们需要你来协调一切。我们的设备……”

这位亿万富翁摆摆手，“所有这些都可以通过超级计算机来实现，利用公司代码和陶波口语。但有些事情我必须亲自去做。我必须去那儿一趟，和几个巴布亚人朋友安排相关事宜。”

“你心里已经想好具体的地点了吗？”

乔治微笑着回答：“再好不过的地点。是我十年前在一次资源勘探时发现的……一连串深邃的洞穴，甚至比婆罗洲的穆鲁洞穴还要宽广。”

“但我从没听说过。你的嘴怎么这么严？干吗对我保密？”

“这很容易，我的朋友。”乔治把一根手指放在嘴唇上，“除我之外，只有总工程师拉伊尼知道这件事，她向我发誓绝不泄密。它本身就不算‘矿产资源’，所以我们根本没跟巴布亚政府提它。”

“但它就是资源呀！像穆鲁那种靠旅游业赚钱的洞穴……”

斯坦突然意识到其中的讽刺意味，没继续说下去。这里距离怀托摩洞穴不足一公里，自然奇观如今已经降格，成为数百万人旅游线路上又一个短暂停留的景点，人类游客践踏了那里的古老地面；人类呼出的水蒸气冷凝成细流，侵蚀了渗漏的石灰岩，使其永远变不回当初的模样；“萤火虫星座”也不再是令人赞叹的静谧奇观，而是沦为游客自动相机里的几帧画面。

“所以对我来说，这样就够了。”乔治回应道，“我想接受这项任务的原因还有一个,是希望再去看看伊里安洞穴。如果末日降临前还有时间,你也一定要去那里找我,我的老朋友。你从没见过那样的洞穴。到时候,我们一起为大地干杯,深埋地底的石头从未经历过人类声音的冲刷。”

与乔治说的这番话相比,他的眼神透露了更多内容。但斯坦摇摇头说:“如果情况真的已经不可挽回,我们知道败局已定,我就带埃伦去达尼丁,和孙辈们团聚。”他摇摇头,不敢再想下去,这实在太让人绝望了。“不管怎样,我会北上前往三号地点,完成自己的任务。对我来说,光是盯着那些冰看,就够晃眼的了。”

卡普尔阿姨仍在研究她屏幕上的地图,这幅地图覆盖了阿莱克斯·拉斯蒂格先前准备的那幅。“根据我们英国天才的说法,对你的要求没那么严格。在格陵兰岛放置你那个小小的谐振器时,在神秘四面体顶端几百公里的范围内就可以。你想到什么地方了吗?”

“我有几个朋友在戈德港以东的‘汉默挖掘’工作。所有人都知道我对这个项目感兴趣,因此,如果我带着团队造访那里,在当地进行引力扫描,也不会太令人惊讶。这将是绝佳的掩护。”

“嗯。”卡普尔阿姨显然很担心。第一及第二个地点都位于环太平洋地区,在其支持者和同教派者的关系网络之内。当然,格陵兰岛也有盖亚教信徒,但属于完全不同的派别。在那里,斯坦和特蕾莎只能靠自己。

“你知道,这一切会使我们受制于保密法。”斯坦冷冷地说,“我们会有麻烦的。”

其他人看着他,突然放声大笑。紧张的气氛暂时缓解,大家都欣然为之。一般说来,违反《里约热内卢条约》,可是很严重的,而此时此刻,却成了他们最不担忧的事情。

“只剩下非洲了。”当他们回到正题时,乔治总结道。确实,最后一个地点最为困难。坦戈帕鲁有限公司从未涉足那个必须安装最后一台谐振器的地区。他们的地质图过于陈旧,更糟糕的是,该地区被列入了联合国稳定及人权观察名单。他们团队中所有人在那里都没有熟络的关系可以依赖,没有熟络到能够助他们一臂之力,帮他们安设一台谐振器,且守口如瓶的程度。

“我已经开始尝试了,”卡普尔阿姨说,“通过嵌套超搜索,我应该能找到某个值得信赖的人,帮我们进入该地区。”

“请确保让佩德罗·曼内拉帮你操作搜索程序。网络安全方面由他负责,”斯坦提醒道,“我们可不希望某个无聊黑客的雪貂程序引起别人的注意——”

阿姨向他投去宽容的一瞥,他立刻停了下来,好像他刚才是在教自己的母亲系鞋带。

她不比我大多少,他心想,我已为人祖父,更是全职教授。她怎么总让我觉得自己像个小男孩,偷偷将青蛙揣在口袋里,结果被逮个正着?

也许是因为她在女祭司学校学到的高深知识,而与此同时,我

正在研究一些无关紧要的东西,比如恒星的运转以及空间的形状。

“我会小心的。”她承诺道,若有所思。可从她的眼睛里,斯坦看出了某些东西,似乎在说她很清楚她在做什么。

DEL

回溯到一九九〇年,美国人民花费了三十亿美元,购买一百八十亿张一次性纸尿片。这些产品设计精良,吸收性强,且舒适贴身,耗费了一亿公斤塑料以及八亿公斤的木浆,供大约五百万名婴儿使用。婴儿当然不是一次性的,但其余的一切,之后都进了垃圾堆。

“一次性”纸尿裤早期的设计包括可降解的内层,意味着可以被冲进马桶,外层则能够回收利用。但这种方法很快就被放弃,因为人们认为这既不方便,又无法让人满意。现代的父母们更喜欢把这些招人厌的东西揉成一团,扔进垃圾桶。于是,成吨的粪尿绕过了城市污水处理系统,由污渍斑斑的卡车载着,穿过城市街道,送往垃圾填埋场、焚化炉以及新型实验性回收厂。与它们一路同行的还有甲型肝炎、诺如病毒和轮状病毒,外加其他一百种由空气、水及昆虫传播的隐患。

随着垃圾填埋价格不断提升,最终超过每吨一百美元。截至一九九〇年,仅仅是处理一次性纸尿布,美国人每年就要花费三点五亿美元。因此,父母们在一次性纸尿布上每花一美元,其他纳税人就要贡献超过十美分的隐性补贴。

当然，这还不算一九九六年新泽西州轮状病毒造成的不可估量的损失。又或者一九九九年肝炎全国大暴发的影响。

但我们当时又能做些什么呢？忙于生计的年轻家庭，需要两个人挣工资才能维持收支平衡。对他们而言，方便几乎是无法比拟的财富，这甚至能影响他们生不生小孩的决定。

包装及处理费本可以让传统尿布服务在平等条件下竞争。然而，选民们成功地将这样的竞争以及其他选择推迟到了下一代……推迟到另一个更加举步维艰的世纪。

毕竟，这是雄心勃勃的二十世纪由盛转衰的年代。而且父母们甘愿为孩子奉上最好的。

无论如何，假若账单再过二十年左右才到期，那就更好不过了。宝宝会成长为超级孩童，吃着豆腐，玩着电脑，享受着美好时光慢慢长大，这样的话，宝宝到时候就能支付所有的账单了。

全息球

珍·沃灵想念给她送信的邮递员。

将时间拨回世纪之交，她那时还是位精力充沛的金发女郎，如燃烧的流星般撕裂了生物学界，谁能想到呢？即使在那时，她也知道未来会带来惊喜，但最让她惊讶的变化却并非那些翻天覆地的变革，也非那些令媒体专家们瞠目结舌的里程碑，而是那些小事，它们每天一点点地悄然发生在你身上，人们忽视了这个渐变过程。

比如逐渐消失的邮递员们。置身于全世界不断增长的数据文化中，很少有人能预见到这样的结果：步道上那如期而至的脚步声，信箱的吱嘎声，还有信封被开启时那像在问好的窸窣声……这一切统统消失不见。

悄无声息地，英国一天两次的信件派送调整为隔天一次，后来又变成每周一次。信件派送被“解除管理”，转由私人运作，然后按分钟收费,每个信封都印上了生产编号。

最让珍怀念的是平素拆信的时光。曾几何时,那是令人期待的休息时间,是她暂时从电脑屏幕前抽身离开的借口,那些电脑屏幕扁平且狭窄,使她的眼睛疲惫不堪;当她步伐摇晃地去取每天送来的、五颜六色的信件时,可以舒展一下后背,拉伸出噼啪声。

当然,绝大多数是垃圾信件。斯特金第一定律是什么来着?世间万物有九成都是垃圾。

但是啊,还有剩余的百分之十呢!

有些是挚友的来信(与抽象理论长达月许的激烈较量过程中,这些信通常起到提醒的作用,让她想起自己还有朋友)。还有些是科技期刊,可以供她翻阅,在页边空白处随意涂写,然后被遗忘在角落,像地质沉积物般堆积起来……

还有那些漂亮的纸质杂志——《自然历史》《国家地理》和《乡村生活》——其光滑的页面展现了现代的超级版本所不能展现的东西,尽管后者拥有高保真音效和立体投影。

那个年代,树木定期便会为人类的读写能力赴死。但即使是珍,也不会吝惜这样的牺牲。那时不会,甚至到现在也不会。她拉开窗帘,让晨光洒向图书馆的书架,书架上高高堆放着用优质麻布纸印刷的书籍,有些书甚至是用昔日高傲动物背部的皮革抛光装订而成的。

这个图书馆若卖给藏家,可以发笔小财……还会招致素食主义者们的尖锐批评。但电子时代的优势之一，就是你可以保持广泛的联系，同时还可以让所有窥探的眼睛远离你的居所，你的城堡。

但也有缺点。她边想边浏览着今早的待办清单。她的自动秘书显示着一串令人生畏的数字。回溯到通信还是件麻烦事的时候，半数通信者会中途放弃，或因太懒不愿写信，或因太节俭不愿费时间和花钱买邮票。但现在，发送简讯就像说话一样容易和廉价。甚至更加容易，因为副本可以被无限次地复制和传播。

没错，的确如此。有时候，珍很想念给她送信的邮递员。

你也不会想念水或空气——除非水井干涸，氧气分压下降到百分之二十。

她从架子上拿起一台静默输入设备，将与设备相连的感应器放在喉咙、下巴和两边的太阳穴上。显示屏上微弱的闪光意味着机器已经在追踪她的眼睛，通过镜头的曲率和瞳孔的角度，来即时定位她视线的焦点。

她不必出声说话，只是她有意这样做。静默输入设备能够读取神经信号，只要想到某个单词，就可以完成输入。它比任何普通语音输入设备都要快得多……但也难以掌握。珍调整了灵敏度，这样它就不会去捕捉思维每一个微小的震颤——随着年龄的增长，她原本结实的身体变得瘦削而迟钝，这方面的问题变得越来越严重。尽管如此，她还是发誓要尽可能长久地保持她的罕见技能。

敲击特定牙齿能让全息槽和屏幕发生颜色变化。打哈欠能让广阔的蓝色区域内出现气旋。有时候，在天才操作者的指挥下，静默输入设备甚至仿佛拥有了魔力，就像科幻作家们经常写到的那种人脑和电脑的“直接”连通，但由于简单的神经学原因，这种连通从未成为现实。这是人类能做到的最接近直接连通的设备了，可现存的静默输入设备中，九成只被用来制作漂亮的3D图片。

多么讽刺啊，珍六十二岁时才被教会使用这种设备。“老狗玩不了新把戏”的谚语也就可以到此为止了！

“超级秘书，斯里·拉马努詹。”她唤道。

迷雾散去，一张脸出现在珍面前，褐色皮肤，长相英俊，有着印度贵族的面部特征。在她电脑上的外壳成像程序中，珍可以选择从卡通外星人到电影明星的任何角色，但她却选择了这个系统独一无二的设计师作为外部形象。从那双眼睛里，她认出了那位内鲁阿巴德的年轻专家的某些特征，他的生命火花从他无用的身体牢笼中向外窥探。

“早上好，沃灵教授。过去的二十四小时内，有三条优先级为九的世界新闻，两条英国的地区警报，四条来自路透社的普通主题警报，路透社是您选择的相对中立的通讯社。其中没有一条警报属于您列出的关键类别。”

公民必须订阅最低限度的新闻，否则就会失去投票权。不过，珍对公众事件并不感冒，所以她在允许范围内，将筛选门槛设定到了最高。一会儿她会浏览头条新闻。

“您收到了六封信和三十五条短消息，全部来自您自动接收名单上列出的人选。而您网上的公开信箱另收到六十五封信和一百一十二条短消息。

“此外，昨天的科学期刊提到您四百一十三次。最后，在大众媒体和公开讨论版上，您的名字以七级或者更高级别的相关性，出现一千四百一十一次。”

这显然是人类肆意浪费的又一个例子——硬生生把好事变成过度放纵的又一个借口，这样的转变真是再典型不过。比如，那些深受温室效应之苦的国家，每年仍向大气中排放超过五十亿吨碳。排放量的确惊人，但与该物种最了不起的收获——信息相比，实在不算什么。

想想看，有些白痴预言称，总有一天我们会缔造出信息经济。它会成为我们生财的基础！

靠信息赚钱？信息的问题不在于稀缺。那东西实在多到爆！

问题通常不是如何获取信息，而是如何避免在信息海洋中溺毙。人们纷纷购买个性化的过滤程序，从海水中选出几滴，再把其余的全部过滤掉。对某些人而言，通过这些量身定制的壳程序，主观现实变成了精选过的娱乐信息和针对性的杂志。

附近的一个男人只看警匪片——无穷无尽的公式化娱乐作品。隔壁的一位女性更绝，她只听取和阅读跟自己意见一致的观点，因为其他观点都被她忠实的守护软件剔除了。

为了避免这种信息茧房，珍聘用了声名远播的流氓黑客斯里·拉马努詹，来帮她设计过滤程序。“让我们看看，会出现怎样的信息列表。”她说出声来，“我们使用七级门槛，类别从一到二十。”

“那意外因素呢，沃灵教授？”

珍情绪正佳，“就百分之二十吧。”

这意味着五分之一的内容会无视她设定的参数随机弹出。通过这种方式，她要求拉马努詹有意识地制造点儿麻烦，释放他炮制出的骇人共生病毒，这种病毒曾经给南亚一千三百万网民带来大麻烦——撼动他们自鸣得意的网络世界，将不同的现实、不同的观点展现在他们眼前。

拉马努詹被捕后，被送进孟买的医院监狱，这对他来说没什么大不了，因为从孩提时代起，他的身体就是一个牢笼。但剥夺他身为网民的权利却是额外的惩罚，对他而言，那比死刑还要严苛。

“如你所愿，珍·沃灵。”

那张虚拟的面孔似乎露出开心的神情。他鞠了一躬，随即消失不见，为展开的一束束数据让路。重要的段落用彩色标出，语义内容过滤器又进行了加强。

她两眼注视着红光闪烁的高亮文本。啊，这个小恶魔，她想，因为该程序陷入了一堆恐吓信的包围中。

“……沃灵已经变成了不守规矩的人。最近的南非之行证明她已经完全失去了分寸。

"但最让人恼火的是,她最近对基本盖亚范式进行的重新评估实在过于傲慢,该范式是多年前她亲自参与研发的科学模型!对于生物学界而言,她正逐渐沦为老古董般的尴尬存在……"

珍觉得这种语言风格很熟悉,果然,信件署着她一位老同事的名字,昔日同袍如今已经变成言辞犀利的对手。她叹了口气。每当她略微偏离"公认的"原则时——那些原则的建立均以她早期阐述的理论为基础——总会有人跳出来指责她不够科学,这确实让她感到莫名其妙。

好吧,她承认,也许有时候我偏离的幅度不止一点点。我喜欢引起轰动。

她吐了吐舌头。电磁传感器读懂了她的意图,未加评论便将那些没完没了的谩骂一扫而空。另一篇闪烁红光的信件取代了它的位置。

"……沃灵让我们拯救母亲的伟大事业蒙羞。她赞美男人占主导地位的西方科学,称其具有还原主义价值,这难道还不够吗?她竟然对那个名誉扫地的领域大加赞赏,这样的热爱难道不应该奉献给盖亚吗?

"她跟践踏大地的混账东西,跟宙斯、耶和华以及湿婆的崇拜者们成为盟友,她背叛了我们的母亲……"

奇怪的是,同一个词对于不同的人来说,有着不同的含义。对于生物学家来说,"盖亚"描述的是有关行星生态平衡和调节反馈循环的科学理论。但对于虔诚的神秘主义者而言，盖亚是一位不朽女神的尊号。

她又吐吐舌头，另一封措辞激烈的长篇大论已经出现在眼前。

“……进化总是由物种的灭亡所驱动。以二叠纪、三叠纪和白垩纪所谓的浩劫为例，当时，不计其数的物种因环境冲击而灭绝。如今，根据沃灵和哈丁的理论，当所谓的‘盖亚稳态’濒临崩溃，地球已经进入危险期。但这根本就是一派胡言！今天所谓的生态危机只不过是一系列自然……”

珍的微笑让显示器微光闪闪。这三份信件代表了三种不同观点，这些观点毫无理智，彼此大相径庭，但矛头都指向她！她快速浏览着其他那些被标成深红色的攻击性信件。因为她参与了乳齿象基因复活的项目，马德里的一些天主教徒对她肆意中伤。因为她造访了库维内兹，某个反对种族隔离的白人组织对她猛烈抨击。一位“瓢虫达人”指责她破坏了价值数万亿美元的有机虫害防治产业，等等。在大多数情况下，写信人甚至没有真正理解她的立场。如果一句谩骂的话罕见地确实显露出聪明才智，可能会被归入一个剪辑文件里。可今天的仇恨言论没有任何启发性内容，唉。

技术引用也没太大意思。大多数博士论文引用的都是她旧日的论文……那些让她赢得了该死的诺贝尔奖的“经典”。她选择了其中五篇在今后的研究中可能会用到的，然后把其余的都删掉了。

私人信件中，有一封来自波琳·科克雷尔，她言辞真诚，邀请珍造访伦敦方舟。

“宝贝一直很想你。”

这位年轻的遗传学家还在信件中添加了一段动画剪辑片段，主角自然是那头年轻的杂交乳齿象。宝贝嚼着偷来的苹果，扬起鼻子，咧嘴发出胜利的欢叫，珍不由得露出笑容。

还有其他一些友善的留言，来自忠诚的同事和旧日的学生。还有她第三任丈夫雅克发来的数据包——里面是一沓他最新的画作，以及下次画展的邀请函。

所有这些信件都值得回复。珍标记并口述了答复的初稿，让语法检查程序将她简短的言语转换成清晰的段落。事实上，有时思维的反应远比判断要快。因此，珍会等到周二或周五再“寄”信，那时，她会一丝不苟地把每封信再仔细检查一遍。

她看了看钟。很好，这些杂活儿在上午茶之前就能搞定。只剩两封信了。

“……打扰您，真的很抱歉。您可能不记得我了。您演讲的时候，我坐在前排……”

这位写信人不擅于长话短说。或者没有简明的程序来帮他切中要点。珍正准备调出一份粉丝回复邮件模板，这时，一个高亮的句子出现了。

“……在库维内兹。我当时带着两只小狒狒……”

的确，珍记得！那个男孩叫……纳尔逊还是什么的。虽然没有受过教育，但聪明而认真，当那些老到的前辈们还困在细节的泥沼之中时，他提出了正确的问题。

“……我一直努力学习，但关于盖亚范式，有些地方我还是不明白……”

珍深有同感，点了点头。“盖亚”这个词已经变得几乎毫无意义，就像半个世纪前的“社会主义者”“自由主义者”或“保守主义者”一样……变成矛盾的综合体。她有时会想，詹姆斯·洛夫洛克[①]和林恩·马古利斯[②]创作出最初那些薄薄的专题论文时，是否考虑过它们会将学界引向何方。或者俄国神秘主义者沃尔纳德斯基[③]，他提出要把地球当作有机生命体来看待的时间甚至更早。

也许，就像罗马帝国由盛转衰时期那样，对于新教派的好战分子而言，时机已经成熟。或许，伟大的运动都喜欢先将在世的先知理想化，然后再将其钉在十字架上。先崇拜，再杀害，这似乎是传统模式。

洛夫洛克、马古利斯和沃尔纳德斯基早已辞世，新信徒们不得不接受珍·沃灵——兼具创始圣徒和异教徒双重身份之人。有时她

---

① 詹姆斯·洛夫洛克(James Lovelock，1919—2022)，英国独立科学家、环保主义者、未来学家。

② 林恩·马古利斯(Lynn Margulis，1938—2011)，美国生物学家、科普作家，与詹姆斯·洛夫洛克联合创立了盖亚假说。

③ 弗拉基米尔·伊万诺维奇·沃尔纳德斯基(Vladimir Ivanovich Vernadsky，1863—1945)，俄国及苏联矿物学及地质化学家。他关于人类圈的概念，影响了后来的俄国宇宙主义思潮。

甚至希望自己从未有过那次顿悟，很久以前，在冰雪覆盖的斯诺登山山肩上，转动的树叶突然将盖亚隐喻的、宝石般的、数学上的精确性与纯粹性展现在她眼前。

不会后悔。珍摇摇头。我不会后悔创立出这些等式。因为它们是真理。

有一次，小阿莱克斯向她抱怨，作为诺贝尔奖得主的孙子，他承受着沉重的负担，她对他说："有些傻瓜认为我很聪明，因为我发现了一些窍门，让数学为生物学服务。但你我都知道一个秘密……那就是总有一天你会取得我无法达到的成就。不管得不得什么该死的奖。"

她思念自己的孙子，不知道那小子又在捣什么蛋。

珍晃晃脑袋，让自己不再胡思乱想。她压低身子，继续读库维内兹那位黑人少年的来信。

"……最让我困惑的是动物和植物是如何为生存而相互竞争的。比如捕猎和被捕猎？不管怎样，每名士兵最终都难逃一死，是否可以说这样的战争没有'赢家'？大多数时候，对他们而言，彼此的竞争根本不像是真的竞争！因为它们相互依存。

"比如，一群鹿要依靠狼来控制其数量，否则它们就会吃掉过多的草，然后全部饿死……而狼的数量则由被吃的鹿的数量来控制。

"这就是他们所说的内稳态，不是吗？一种动物控制另一种动物，同时又被反控制……"

珍略过部分内容，直接来到下一个高亮区域。

“可人类呢？又是谁或什么控制着我们？”

她点点头，心生赞赏。她可以向这位年轻人推荐不少好书。但他肯定已经找到了标准答案，并且发现它们无法令人满意。

我们就是无法控制的癌症，许多生态激进分子宣称，要拯救世界，人类必须将其数量和生活水平降低到原本的十分之一，甚至是百分之一。

有些人甚至提出，如果扮演破坏者的物种——智人——完全灭绝，那样就再好不过了。

那些喜欢拿“有机体”打比喻的人认为，一旦人类适应了其作为地球有机体“大脑”的恰当角色，这个问题就会迎刃而解。我们能够学会自我约束，在推广“软”科技和计划生育时，北美盖亚教会的长老会主席们宣称。我们必须学着成为明智的行星管理者。

还有其他观点。

只要人类离开，世间万物都会美好如初！这就是太空殖民运动所传递的信息，因此他们发起了建设太空城市及太空工厂的计划。太空中拥有无限的资源。我们要搬出地球，把这个小小的蓝色星球变成一座公园！

而在马德里天主教徒及其他一些老派宗教团体看来，世界就是为我们而存在的。世界末日即将来临。既然所有的“控制”措施都只是权宜之计，那么，干吗还要“控制”呢？一个尚未出生的人类胎儿,价值抵得上海里所有的鲸鱼。

加利福尼亚的某个组织提出了一种独特的建议。他们称自己为“谢克里人”,他们会激动不已——珍戏谑地想象着——为新型捕食者的基因工程激动不已。这些新型捕食者头脑聪明,动作敏捷,足以捕食人类。这些新型捕食者会以一种“自然”的方式降低人口数量,剩余的人类虽然少,但照样可以蓬勃发展。吸血鬼是最受喜爱的捕食者候选——如果吸血鬼真能被制造出来,其精明程度和能力自然没的说——但是另一个谢克里人分支则力挺狼人,这种怪物不像吸血鬼那么目中无人,不像吸血鬼那样带着贵族式的自负。不管选择哪种捕食者,浪漫和冒险都会回归,人类最终也会被“控制”。珍每年都会匿名给谢克里人捐款。毕竟,有些事谁也说不准。

这些只是其中一些建议,严肃认真又异想天开。但珍意识到,这个年轻人应该得到的绝不只是这些老套的答案。她把他的信列入“高优先级”范畴——稍后,睡前几小时,她会再仔细过一遍那些内容。

只剩一封信了。这最后一封是自动接收的,也就是说写信者知道她的私人密码。珍越看越不耐烦。有人似乎在为鄂霍次克海的度假屋做广告!

我看够了。

但接着,她突然记起了什么。*度假屋……*

这是条有助于记忆的线索。“斯里·拉马努詹,”她呼唤道,“我想这条信息可能是用密码写的。请看看我们是否有解开它的钥匙。”

印度斯坦[①]小伙的面孔短暂地出现在她面前。

“遵命,珍·沃灵。这封信用的私人密码是几年前海茵玛拉玛太平洋协会给你的。我马上把它翻译出来。”

*啊,珍心想。这封信准来自新西兰女祭司梅里亚娜·卡普尔。*她已经很久没跟那位毛利女士见面了,卡普尔的邪教从字面上理解盖亚的概念。但在某一阶段,珍也是如此。

“在这里了,教授。”

拉马努詹再度消失,取而代之的是一条全然变样的信息。

仍然是条无关痛痒的信息。她现在读到的都是对往事的追忆,杂乱无章,支离破碎……有些是这两个女人很久以前共同经历的,有些显然是编造出来的。珍注意到,这些句子甚至都没有高亮显示。她的语义内容程序找不到任何一条明确的内容值得标成粗体!

但渐渐地,她露出笑容。*当然。这可不是老糊涂的表现,而是钻石刀锋般的锐利!密码中还有密码,暗示中还有暗示。*

显然,卡普尔阿姨想确保只有珍能理解这条信息。当然,任何好事黑客使用的自动窥探程序都无法找出这条信息的意义,除非跟这两位活了很久的女性拥有同样的成长背景。

模糊本身就是一种艺术。

当珍慢慢意识到这位毛利女祭司对待此事有多么认真时,她的

① 印度的波斯语名称。

笑容消失了。随着她逐渐读懂其中含意，她意识到女祭司所做的预防措施确有必要。

“……恐怕妈妈意外患上的溃疡只有一种可行的治疗方法。修补这个洞需要采取极端措施……但普通医生只有在知情的情况下才会干预。(我们认为他们是罪魁祸首。)……”

这样的段落还有很多，暗示接着暗示。梅里亚娜是说世界本身危在旦夕吗？比很久以前大国的核对峙更加危险？

她第三遍读这封信时，才留意到女祭司偶然提及的一个人。然后，珍意识到卡普尔提到的是自己的孙子。

阿莱克斯？可他究竟牵扯到什么事里去了，竟然会威胁到……

珍喘不过气。*哦，那个臭小子。这次他没准儿真的做到了！*

任何聪明人都不会把机密信息保存在电脑上。于是，她从抽屉里拿出一沓价格高昂的真正的纸和一支铅笔。这一次，珍细致地逐行浏览了她朋友的来信，匆匆记下了其中提及的内容及其可能的含意。这种破译工作绝非机器所能完成，更像是古时候分析自由联想的弗洛伊德式艺术，通过印象和胡乱猜测对主观世界进行的探查。这是极具人类特点的谜题，比控制论的离散模式还要早上几千年。

*他们到底想要我做什么？*珍很好奇，她，一个老妪，能做些什么，来帮助处于如此困境的女祭司和阿莱克斯。不过，事情总算搞清楚了。*非洲。恩德贝莱区……梅里亚娜听说我去过那里。她认为我能暗地里帮他们。*

珍向后一靠,惊讶不已。暗地里?这年月?

这个想法太荒谬。她咬着嘴唇。

哦……这是个挑战,至少。

借助鲍林和奥格尔……我打赌我能做到。

有一件事确定无疑,女祭司的信必须立即回复。这封信不用等到周五。

还有库维内兹的那个男孩——纳尔逊·格雷森。那位带着宠物狒狒的小伙子,可能最终会亲自得到答案。

DEL网络序号A8230-761,格林尼治时间04.01.38:11:24:12;用户M12-44-6557-Bac990统计需求【级别:通用英语或口语】

地球陆地面积

单位:百万平方公里

类别	时间	
	1988年	2038年
总面积	149	142
沙漠、高山及苔原面积	101	111
可耕土地面积	40	29
在耕土地面积	13	11
渔场面积	0.002	0.12

调查统计

单位：十亿

类　别	时　间	
	1988年	2038年
人类	5.2	10.6
养牛	1.2	0.2
养羊	1.0	0.5
养猪	0.5	0.5
养猫和狗	0.4	0.02

水　圈

在另一片大陆上，另一位女性也在数据之海中徜徉，虽然两人相隔万里，但通过光缆传递信息耗时仅仅几毫秒。珍·沃灵谨慎地操纵着小艇时，黛西·麦克伦农则扬起私掠舰的风帆，搜寻着猎物。

在她的工作墙上，上演着一部科幻太空史诗，一帧帧播放着华丽的战斗场面——她的视频处理器给影片加入新的特效，使原本已很壮观的星际飞船更加气势磅礴。缠结在一起的恒星和行星形成三维图像，爆炸场面较以往更加火爆。凭借这样的神奇能力，黛西为旧日的经典作品注入了新的活力，尽管喜爱此类影片的观众越来越少。

然而，黛西又一次将注意力从她加工过的影片转向其他事件，转向更加真实的执念。新闻机构报道了贝多因叛军近期的突袭行径，他们袭击了国际石油储备区。她通过其他方式核实了该报道的准确性，发现联合国维和部队低估了输油管道被民族主义者切断后泄漏的石油体量，但不幸的是，这还不足以引起公愤。从过往艰难的经历中，黛西学会了永远别想“掩饰！”，除非回报是值得的。

如今这里成了潜在的目标。吕宋岛附近的蓝色标志显示，海国一个漂浮的驳船城镇正朝北驶向日本。联合国环境保护署应该确保这个难民国家遵守其相关的规章。但不出所料，只有两艘巡逻艇出现在附近，远远不够。

“我搞不懂海国究竟打算做什么。”她自问。

在数据海洋中，黛西注意到，数周后飞旋海豚的一次大规模迁徙，会与海国船队的前进路线相交。最近，联合国环境保护署将飞旋海豚的濒危等级从“受到威胁”降格为“观察”，这意味着若证明确有需要，持有捕猎许可的人，就可以捕猎有限数量的飞旋海豚。而海国总能证明他们确有需要。

“抓到你们了！”黛西说着给长崎的一个激进组织发去一份加密警报。那支海国船队抵达目的地时，会有一群人在那里恭候，最轻微的违规行为也逃不过他们的法眼。

下一个呢？

有一会儿，她以为自己追踪到一条迂回的资金流，证明昆士兰州的一名官员与当地的酒店行业有不正当交易。但这个贪婪的家伙比一般人狡猾。通过电脑监视其账户，并未发现他在房地产或矿产期货方面有任何不寻常的交易。

在这个案子中，她作为麦克伦农家族一员的身份背景起到了作用。成为家里的异类之前，她曾见识叔伯及堂兄弟们通过种种途径藏匿和转移资金，还能不在网络上留下任何蛛丝马迹。因此，她请澳大利亚的激进分子帮忙，请他们安排人手监视这位昆士兰官员。迟早，她会逮住那家伙。

一个计时器哔哔作响。她应该起身到院子里做些家务，否则克莱尔会发飙的。这份网络工作至关重要，关系到世界的存亡，但她女儿似乎并不在乎这些……克莱尔很可能希望自己能像那些被宠坏的表亲们那样生活。

*好吧，我想，没办法逃避！*黛西叹了口气。也许她早应该亲自去化粪池边转一圈。还是如克莱尔所愿，去维护一下温室？

但黛西刚站起来，就发现一个警报框突然发生了变化，她特殊观察名单上的一个名字被高亮显示出来。多年以来，她一直将一个微型七鳃鳗监视程序安设在珍妮弗·沃灵，那个臭名昭著的女人家里。在这段时间里，她的小窥探者一直在搜集情报，进而分析这位变节的生物学家的一举一动。现在，该程序正从伦敦报告沃灵收到加密信息的事。

“嗯，”黛西陷入沉思，又坐了下来，“那巫婆几乎从不遮掩。她在忙啥？”

黛西不费吹灰之力就追踪到该信息的来源。不出所料。与沃灵合谋，太平洋盖亚教信徒再适合不过。他们习惯了妥协，崇拜的又是一位毫无活力的女神，他们似乎愿意接受一个已被人类毁掉一半的世界。大多数物种被保存在玻璃瓶里，依靠洛根·恩格那种聪明的白痴仓促研究出的技术“解决方案”而活……

这封信的密码水准较高。破解过程花了一个小时。终于读到解码后的信件时，黛西发现第二层全都是个人指称，以及需要相关背景才能理解的暗示——对于局外人而言，此类谜题最难解开。

当然，这只会让它更具吸引力。黛西知道一些新式语言程序，这些程序几乎本身就具备智能，或许在这里也适用。还有不少人类顾问欠她人情，其中或许有人能留意到她错过的关联。

如果其他所有的尝试都没能成功，她在敌对阵营中也有熟人……大型公司和政府机构，他们均掌控着大量资源。在这些机构中，也有她过往帮助过、受过她恩惠的男男女女们。黛西以前跟魔鬼打过交道，只要这对她有利。有时，诚实的强奸犯要比拐弯抹角的妥协者更容易对付。

她把这封已经部分破译的信件，连同其他异常情况的报告，比如她前夫关于西班牙神秘地震的论文，一起转入名为“疑似线索”的文件夹中。

她忽视了左侧的几个小屏幕，那些屏幕监控的是占地二十公顷的六棵橡树，那是她和洛根在河湾上建造的王国。在那里，她实践自力更生和“零影响”，比北美盖亚教会宣扬的那种病态的版本要真实得多。不仅是“实实在在的努力”，还要摆脱工业社会的矿山、工厂和污染严重的发电厂……摆脱她可恶的、自以为是的贵族家庭。

其中一块屏幕显示，她的女儿正站在温室旁边的折叠梯上，秀发用头巾绑在后脑勺上，两条胳膊都沾着油灰。她把新买来的玻璃上的标签刮掉，又将玻璃一片片地安好，换下在最近一次暴风雨中破碎的那些。

但是，黛西没有看到屏幕上的画面，也没有回忆起她的承诺。她蓝色的双眸再次被吸引到全息屏幕上，漫游于电子之海、数据之洋中，搜寻着她自我世界里的死敌们。她在锤炼复仇的艺术，追捕猎物。

DEL这种动物作为个体时惹人喜爱，成群结队时却令人厌恶。它们贪得无厌，毫不留情，不放过眼前的一切，这种生物已经成为地球的祸根。数千年以来，行星上的大片土地被侵蚀殆尽，全都变成了贫瘠的沙漠。

这种动物并非人类，尽管借助人类的帮助，它们才能大量繁殖。这种动物是山羊。山羊对小规模牧民来说是福音，但对地球生物圈而言却是无法估量的灾难。即使在今天，它们也和全球变暖或规划不当的灌溉一样，是沙漠化加剧的罪魁祸首。

正因为如此，我们，北非生存同盟，才为了所有生物的共同利益，勉为其难地采取行动，选择牺牲该物种。正因为如此，我们今天才会聚集到网络上，通过这个无法追踪的路径，来宣布我们的所作所为。

有些人说,筛选的首要目标应该是人类本身,因为人类造的孽更加不可饶恕。也许是这样,但我们必须承认,屠杀数十亿人跟灭绝山羊完全不同。

此外,赫尔维蒂战争证明,从生物学角度来衡量,智人有较强的适应能力,对改变基因结构的疾病有较高的抵抗能力。不管怎样,大国的生物危机小组商讨数周,只会使问题变得毫无意义。找到治疗方法之前,只会有几百万人死去,不会给生态环境带来长期的变化,这只是人类作为罪犯自我安慰的手段。

然而,这些缺点均不适用于我们其他的目标物种。我们确信,一旦将那些破坏性极强的山羊群铲除,世界会对仅存的放牧者进行再教育。我们还要强调,我们研制的病毒已经经过了谨慎的测试。该病毒导致的疾病只有山羊才会得。除了纠正人与自然犯下的一个可怕的错误之外,不会产生其他效果。

本声明的其中一个目的,就是向生物实验室的研究人员寻求帮助。当有人希望你们治好那些山羊,请三思而行。只要你们稍微懈怠,便可拯救一片森林或者萨赫勒地区上百万公顷的土地!将试管丢入高压灭菌器,可能拯救上百个物种。否则,面对这些贪得无厌的生物,它们终将灭亡!记住,非暴力反抗是《里约热内卢条约》赋予你的权利。

当然,另一个目的是寻求公众讨论。对我们强制性措施效果的批评及相关数据，可以发送到通用及公开显示板【OpDBaq1.779.-66-8258-BAB 689.】我们会定期阅读你们的评论，欢迎你们提出建议。

北非生存同盟敬上

中间层

每年这个时候，戴维斯海峡[1]都交通拥挤。大型货船在波涛汹涌的海面上破浪而行，沿着信号浮标，一路驶向兰开斯特海峡，经此捷径前往亚洲。太阳能电池阵列，外加坚固的翼帆，使这些流线型的船只跟昔日的快帆船有些相似。人们曾经驾驶着快帆船，冒着生命危险，寻找同一条西北航道。飞艇的影子如同飘荡的云朵，不时让附近的海面变暗。齐柏林飞艇即将启程前往欧洲或加拿大，机组人员探出身子，向下方高科技船只上的水手们挥手致意。

当年，挪威极地探险家罗尔德·阿蒙森沿着这条航道前进时，情况大相径庭，他在向阿拉斯加进发的三年间历尽艰辛。如今，这段航程只需两周，在这没有夜晚的国度里，此处的一切看上去都很平静。

① 巴芬岛和格陵兰岛之间的海峡。

当然,斯坦·戈德曼深知,表象是会骗人的。

从这个高度,他可以辨认出格陵兰岛西部边缘的某个地方,那里有座庞大的冰川隆隆作响,与无垠的大海相交。信标绕过一连串包裹着反光箔的庞然大物,绕过商贸物。这些隔热冰山如同巨大的银色外星母船,巨大的引擎将它们推向南方干旱的土地。

最终,这座广袤的岛屿将会耗尽所有的白色宝藏,这似乎令人难以置信,因为雪域高原仍然横跨整条地平线。但事实上,雪原已经后移了很长一段距离,留下荒凉陡峭的峡湾,被切割成锯齿状的海岸。天鹅绒般的地衣和苔藓散布在新生的平原和山谷中,就在他们租的这艘齐柏林飞艇的正下方。近百万年过后,春天终于降临到格陵兰岛。

然而,这是有代价的,凡事总有代价。

斯坦刚读完关于北方海域的可怕新闻。物种数量再次下降。很多年没人见过北极露脊鲸了。而候鸟作为生态健康的试金石,产卵数量也越来越少。

许多人将其归咎于过去的宿敌——污染。飞艇下方,联合国环境保护署和丹麦王国的汽艇在大型货船之间嗅来嗅去……好像哪名船长胆敢在这条戒备森严的航道上扔个纸杯似的。但其实,问题的根源不是倾倒垃圾,而是气候变化。温带生物可以通过向北迁徙,逃离不断扩张的沙漠。但当北极熊的洞穴变成烂泥时,它们能去哪里呢?

当然,短期内这里不会长出棕榈树。若有人浸在这片明亮的海水中,仍会在几分钟内失去知觉,然后在一小时内,死于失温。再过六个月,当冬季再次降临,太阳仍会消失不见。

总是有限的,斯坦安慰自己,人类也许能够扰乱气候,但我们做不到打乱季节,或改变地球的轴倾角度。

然而,他几乎立刻对刚才的想法产生了怀疑。我们现在还做不到吗?他琢磨着阿莱克斯·拉斯蒂格方程的某些含义,发现自己正在权衡这些几周前还无法想象的概念。我想知道,有没有可能……

斯坦坚定地摇了摇头。这样的干涉只会带来灾难。

"卡拉德利特-努纳特。"

斯坦转向他的旅伴,"你说什么?"

特蕾莎·提克哈娜举起了一块小标识牌,"卡拉德利特-努纳特。这是因纽特人对格陵兰岛的称呼。"

"因纽特人?我原以为他们的第二语言是丹麦语。"

特蕾莎耸耸肩,"谁说两种语言就够了?那话怎么说的来着?一招鲜,也不能吃遍天……说说看,斯坦。你会讲几种语言?"

他耸了耸肩,"你是说除了国际英语和物理之外?……还有学校教的毛利语、新式英语以及汉语。"他顿了顿,"呃,日语和法语还过得去,可……"

他明白了她的意思,笑着说:"好吧,你再讲几句。"

特蕾莎指点了斯坦,直到他能用当地土语说出几句客套话。他们到地方后——荒原中央的一个简陋的前哨站——可没有时间闲聊。他一直向往这个幅员辽阔的冰封岛屿，但这次任务可不是旅游。

斯坦瞟了一眼过道。探险队的其他队员聚集在一扇前窗附近，当载着真空包装冰山的货船被飞艇抛到身后，他们窃窃私语，指指点点。斯坦有一搭没一搭地听着，以确保技术人员们放低声音，远离禁忌的话题。

“你确定我们不能使用北约在戈德港的旧基地吗？”特蕾莎问，“那里设施齐全。我听说，现在使用该基地的科学公社相当自由和开放。”

“他们大多是研究大气的，对吧？”斯坦问。

“没错。设立该公社，本来是为了监测来自阿尔卑斯山的放射性尘埃。现在，他们已经成为臭氧层恢复项目的一部分，就是这么回事。”

“那么，理由足够充分，必须避开这个地方。你准会被认出来。”

女宇航员眨眨眼睛。“哦，是啊。”特蕾莎感到有些难为情，向后理了理几缕刚刚染过的金发，专为这次旅行而染的，“我想——我只是还没习惯这样的思维方式，斯坦。”

换句话说，她没有像他那样的优势，他成长于偏执的二十世纪，人们总会为了各种目的装腔作势，从意识形态到利益，再到爱情——有时候一装就是一辈子。

“千万记住，”他压低声音敦促道，“我们用假护照把你带到格陵兰岛，这违反了丹麦的领土法。你应该在澳大利亚度假，对吗？而不是绕了半个地球，把未经许可的设备走私到……卡拉德利特-努纳特。”

她竭力装出严肃的样子，但还是忍不住笑了，“好吧，斯坦。我会记住的。”

他叹了口气。如果不是他们的计划极度缺少人手，他绝不会同意带特蕾莎同行的。她的能力、魅力以及高超的智慧确实没的挑，但风险实在太大。

“拜托，”她说着，轻轻碰了碰他的胳膊肘，“现在，你越来越像阿莱克斯·拉斯蒂格了。”

他拘谨地笑笑，“有那么糟？”

她点点头，“我本以为我们宇航员是一群头脑清醒的家伙。但在拉斯蒂格的衬托下，格伦·斯皮维就像个滑稽的艺术家。拉斯蒂格微笑时，我也觉得自己像是在守灵。”

*或许吧。*斯坦心想，*可如果那可怜孩子肩头的包袱由你来扛，你又会是什么样子？*

但斯坦没吭声。他知道，特蕾莎也深受应激反应的困扰。她处理这一可怕危机的方法就是拒绝承认、拒绝接受。当然，她绝不会让这种事影响到她的工作，但斯坦认为，她一有机会就会把他们铤而走险的理由抛在脑后。

“要怪就怪可怜的阿莱克斯所受的教育。”斯坦用他最纯熟的老顽童腔调回应道,“英国的公立学校就是这么对待孩子的,你不懂。”

特蕾莎笑了,听到单纯且无忧无虑的笑声,斯坦大感欣慰。她有足够的理由否认现实。他们这个秘密组织的所有成员中,因为那个恶魔——那位于地心的怪物抽打尾巴而真正受到伤害的,她是头一个。

不久,更多的人将分享这一“荣耀”。斯坦想到身在英国的埃伦、女儿以及孙辈们。学生和朋友们的面孔也不时闪现,尤其是在睡梦中。有时候,感觉就像翻阅一本早已遗失的珍藏相册。

够了。这样瞎想根本没用。

他走到外面,想要转移自己的注意力。西北航道此刻已经在他们身后。在左侧,可以看到成群的小船在地势崎岖的近海小岛间穿行,驶向前方一个繁华的海港。

“戈德港。”特蕾莎说着又读了一遍旅行指南。她指指海湾两侧排列整齐的码头和工厂。“网上说这个城市的主要产业是什么?”她用鼻子深呼吸,“我让你猜三次。”

斯坦根本不用闻罐头工厂传来的浓郁香味。那些拖网渔船正从富饶的近海海岸归来——北冰洋的上升流在那里培育了成群的银白色鱼儿。迄今为止,联合国环境保护署采取的安全措施成功地为数十亿贪婪的人类挽救了这一重要资源,所以在这里的一切都尚未失却。至少现在还没有。

罐头工厂创造了一座新兴城镇,这里不乏渴望来新边疆发家致富的移民。另一些人来这里只是寻求更多生存空间,以摆脱家乡街坊邻居们接踵摩肩的环境。

一千年前很可能也没有太大的不同,斯坦心想。那时候,男人们同样追求财富和喘息的空间。海盗红发埃里克知道如何把他们引诱到这个遥远的海岸。就连它的名字——格陵兰岛(字面意思是绿色的土地)——也可以说是颇有启发意义的早期虚假广告范例。

岩石丛生的海岸边,维京人的定居点如雨后春笋般冒出来。斯堪的纳维亚人起初是幸运的,他们来到这里时,正值太阳黑子和地球微妙变化带来的温暖期。

但天文学带给我们的,同样可以拿走。十五世纪来临时,周期变化再次发生。“小冰河期”——夏季变短且太阳黑子欠奉的时期——冻结了圣诞节期间的塞纳河和泰晤士河,西班牙近海也出现了冰山。极具讽刺意味的是,在新的黎明到来前的几十年,爱尔兰水手才报告了格陵兰岛殖民地苦苦挣扎的消息——与此同时,克里斯托弗·哥伦布和约翰·卡伯特将全世界的注意力重新吸引到这片大洋边缘的陌生土地上。但当航海家们再次踏上这座巨大的岛屿时,这里已经找不到活着的欧洲人的踪迹。

斯坦很难想象历史会在这里重演。码头和工厂都是一副铜墙铁壁的模样,似乎下定决心,要长期对抗大自然的凶恶极刑。

然而,斯坦琢磨,如今看来,以前的时代也有其确定性。

不久,驾驶员驱动飞艇,来到一处开阔山谷的上空,以罐头工厂为中心的城镇消失不见。下方的山谷由无数吨经年累月的积雪雕琢而成,如今,谷中还涌动着新生的溪流。驯鹿因飞艇的阴影受到惊吓,仓皇逃窜,跑过长满藻类的岩石,发出咔嗒咔嗒的声响。

前方就是大冰川。在这里,以及南极洲,冰层厚度达三千米,储存着地球上一半的淡水。到目前为止,该储备只有边缘部分融化,但等它解冻,海岸线就会真正开始上升。

这么多沉重的冰块发生移位,不可能不影响到下方的地壳。混响已经传到了很远的地方。在冰岛,两座新火山猛烈喷发。随着时间推移,还会有更多类似情况发生。

*如果我们解决不了“凝视者”光束与表面物质耦合问题的话,现实更严峻,*斯坦想。他还在困惑,共振引力波为何有时会引起地壳外部的震动。他希望自己很快就能得到答案,否则,一味逃离恶魔,可能只会造成难以估量的损失。

还有两天时间来安设……再有三天时间来增强我们的谐振器,并且测试将曼内拉的数据与其他站点连接,还要想办法与阿莱克斯的团队——还有乔治及建大博士的团队协作……

他已经反复研究了那么多次,但这似乎仍是个疯狂的计划——试图用不可见的射线,反复戳动一个超级沉重却极其微小的折叠空间,将它推到更高的轨道上去……是啊,这听起来很勉强,毫无疑问。

斯坦捕捉到前方有一道金属闪光,就在他们快速接近的冰盖附近。那一定是他们的目标,在那里,冰川线的后移暴露了解谜的线索。这地方曾是人们认知中的杀戮场。

他们说,地球上的每个地方都有一个……一书库的故事可以讲。若果真如此,那这个岛屿擅长讲述的就是神秘类故事。

伴随着越来越急切的心情,斯坦注视着格陵兰岛的第二海岸,它的内海岸。在那里,一块全新的、逐渐扩张的陆地边缘与古老的白色大陆相接。

这个微不足道的科学前哨站,坐落于一条冰沁的溪流畔,旁边就是高耸入云的悬崖。在北极,每个漫长的早晨,都能看到它们的影子。自动捕捉装置抓住齐柏林飞船,轻轻把它拉向地面,一群人正在系泊塔旁等着迎接他们。

特蕾莎经历过的其他飞艇着陆都在商业机场完成,而这次降落过程虽然并非尽善尽美,却游刃有余,让她感觉颇为精彩,而且跟在太空中使用的朴实无华的方法有异曲同工之妙。

只要她表露身份,飞行员肯定会让她坐在驾驶舱里。但这当然是不可能的。所以她只好当个呆头呆脑的游客,把头探出窗外,满脑子都是问题却不能问,满脑子都是建议却不敢提。经历了颠簸与剐蹭,这艘空中贡多拉总算停稳。特蕾莎是最后一个下艇的,她在控制舱附近徘徊,听机组人员检查待关闭仪器清单。

当她最终从飞艇上下来,坦戈帕鲁的技术人员已经开始卸载他们的补给。特蕾莎刚要去帮忙，斯坦·戈德曼却招呼她去见一些头戴针织帽、身着羊毛衬衫的人。不过，听他介绍时，特蕾莎已经心不在焉了。她被冰原弄得心旌摇曳，它就矗立在她近旁，让她的感官都颤抖起来。

还有那股气息——清爽、令人振奋，拥有难以言喻的吸引力。她帮同事们拖拽行李，为他们仅有的圆顶帐篷充气。但此间，特蕾莎总忍不住向冰川的方向张望，感受它的存在。最后，当所有的重活儿都处理完毕时，她再也忍耐不住了，“斯坦，我要去冰那边。”

他点点头，“我理解。下一步我们就架设厕所，抱歉……”

特蕾莎笑了，“不是，我真的只是去冰上，几小时后回来。我必须要这么做。”

年长的物理学家眨了两下眼睛，然后露出微笑，“当然。来这里的路上，你一直在努力研究引力学。去吧，反正我们接下来只剩安设大桶。明天早上之前都不需要你帮忙。”

她碰碰他的袖子，“谢谢，斯坦。”然后，冲动驱使下，特蕾莎竟俯下身，吻了吻他那须发斑白的脸颊。

坦戈帕鲁团队扎营的地方与其他定居点有一定距离，所以她没走大路，而是越过满是砾石的冰碛层，开始了越野旅行。由于以前从未接近过原始冰川，她不懂得如何判断距离。这里没有树木，或者其他熟悉的东西可以作为参照物；仅凭肉眼判断，冰川可能在距离她一到十公里之间的任何地方。但感觉中枢告诉特蕾莎，她能抵达冰川,并在晚饭前赶回来。不管怎样,即使她判断错误,这里也没有什么能伤害她的东西。如果有必要的话,她甚至可以穿着保暖外套等待短暂的夏夜结束。

这里算不上危险——跟太空没法比。

话虽如此,当一个影子掠过布满卵石的地面,以惊人速度突然出现在她身后时,还是惊得她心脏怦怦直跳。特蕾莎感觉到它的不期而至,连忙蹲下身,眯起眼睛窥望,她发现一个模糊的轮廓,好似张开的手里托着个大球。

她叹了口气,站直身体,努力掩饰,假装没被这次突发事件吓得魂不附体。即使在午后阳光的照耀下,她也认得出这是一辆马格努斯效应迷你起重机,在世界各地都被用来吊举和拖运。它之于直升机,就像齐柏林飞艇之于平流层喷气机。换句话说,它价格低廉,经久耐用,用最少的燃料就能运行。和齐柏林飞艇一样,迷你起重机只要充入氢气,便能飘浮起来。但这种体型较小的机器要移动,得依靠垂直尖端之间袋状物的不断旋转。这种古怪的、反直觉的物理效应才能让它灵活运转。

特蕾莎手搭凉棚,看到司机从狭小的驾驶舱里探出身来。他用丹麦语喊了些什么。她也用丹麦语回应:“我不会说丹麦语!你能说英语吗?”

“啊,”他很快回应道,“抱歉!你准是斯坦·戈德曼的人。我现在正要去挖掘现场,可以载点儿压舱物。你想搭顺风车吗?”

事实上，特蕾莎并不想搭车。但她很难拒绝。毕竟，如果她在营地外停留太久，就过于自私了。

“我怎么上去？”

那架机器逐渐靠近，旋转袋状物发出的嗖嗖声不再被风吹散，而是变得异常清晰。不大的控制装置从中轴垂下来，悬在两个尖端旁边，其引擎发出嗞嗞的声响。那名驾驶员并未直接回答她的问题，只是俯下身来，伸出了手。

好吧，犹豫就输了……

特蕾莎朝着那架小飞艇冲去。在最后时刻，她奋力跃起，他抓住了她的手腕，将她拖进舱内，动作轻柔而迅速。

“我叫拉尔斯·斯图鲁普。”随着颠簸逐渐缓和下来，他自我介绍道。释放出的气体嗞嗞作响，他们开始上升。

“我是特……”

她没再说下去，用咳嗽来掩饰自己的失言，好像是用力过猛所致。“……特高兴认识你，拉尔斯。我是……爱玛·尼尔。”这是她借来的那份护照上的名字，是坦戈帕鲁集团的一位科学家。与特蕾莎相比，那位科学家的技能在这里派不上多大用场。

拉尔斯满头金发，皮肤白皙，看上去更像瑞典人，而不是丹麦人。他把袖子卷起来，露出了肌肉发达的前臂，“很高兴认识你，爱玛。我们这里新人不多。你从事哪一行？古生物学？古地球化学？”

“都不是。我来这里，只是帮斯坦做地震扫描的。”

“啊。”拉尔斯点点头，“那很有用。拉斯穆森博士就是这么说的。她希望他们能帮我们找到陨石的残骸。”

望着被压碎的冰碛层，特蕾莎觉得找到陨石残骸前景乐观。“这片土地历经沧桑之后，还能留下些什么呢？”

驾驶员笑道：“那东西砸得实在太猛，把很多好东西埋了起来。当然，还刮掉了好几百米的冰层。但使用太空雷达，你可以发现很多被埋藏的东西，而这些是近距离发现不了的。”

给我讲讲吧。特蕾莎曾协助过许多此类轨道调查，使用微波追踪埃及失落的坟墓、墨西哥的玛雅遗迹以及撒哈拉丰饶期流淌的古代河道遗迹，那时史前人类还在利比亚繁茂的沼泽地区捕猎河马。

她很想展示一下自己的知识，但对于这些事情，爱玛·尼尔会了解些什么呢？“这很有趣，”她说，“请继续。”

“啊！从哪里开始呢？首先，正是在格陵兰岛，我们发现了一些迄今为止最古老的岩石——其形成时间比地球本身晚了不到五亿年！”

拉尔斯一边说，一边大概地比画着，不时把手从控制杆上挪开，介绍下方的地形特征。特蕾莎感觉他自负的驾驶方式既令人不安，又带来某种刺激。当然，人们可以随意对待像这样缓慢且容许出错的交通工具。但这个年轻人的骄傲自满填满了这个小小的驾驶室。他那长满老茧的右手侧面沾着一道油痕，匆匆清洗时，他可能没从一头遮挡视线的鬈发中看到。很可能所有的维护工作都由他自己完成，这让特蕾莎很羡慕，因为根据行会规则，飞船接受维护时，宇航员只能在一边旁观，发发牢骚。

“……所以，我们在下面发现了一个巨型陨石坑的遗迹，是大约六千五百万年前撞击地球的几颗小行星之一造成的……”

他不断瞟她，向她介绍着下方起伏不平的地形。特蕾莎突然意识到，*他这是在我面前卖弄呢！*自然，她已经习惯了男人试图取悦她的行为。但这一次，比起气恼，她更觉得高兴。这种感觉消失已久，让她不太习惯，使她突然感到紧张，但又异常兴奋。*我应该考虑继续留金发*，她漫不经心地想。

现在，冰川隐约出现—— 一团寒气使她体内的罗盘在震颤。她能感觉到冰山一直延伸，一直延伸到这块小型大陆的深处。在那里，它紧密地渗入地层之间，导致下方的岩石地壳不断下陷。在无比漫长的时间长河中，冰雪层层堆叠，一片雪花盖住另一片雪花。

现在，映入两人眼帘的是白色悬崖下方的挖掘现场，勘测仪器穿透冰封的地面，精确地筛选出需要挖掘的深坑，追踪古代遗迹留下的线索。拉尔斯仍然像个导游似的，不停地说着，指点着，向特蕾莎介绍着，将他的飞行器驶向这片区域。

“呃……能请你帮个忙吗？”特蕾莎打断了滔滔不绝的年轻驾驶员。

“当然。需要我做什么？”

特蕾莎指向旁边，“你能在那边把我放下吗？就在靠近冰山的位置?”

拉尔斯显然是那种不会让工作计划妨碍自己献殷勤的人。“如你所愿,爱玛。”他紧握控制杆,让起重机转向,冲进冰川风之中,他加大转速,在这股冰冷猛烈的气流中艰难前行。随着震颤出现,特蕾莎开始为先前的要求后悔。毕竟,她本来可以步行。仅仅因为一个小伙子想要取悦她,在那么多轨道任务中幸存的她,最后竟在一艘公用飞行器坠毁事件中丧命,这未免也太愚蠢了。

“拉尔斯……”她开口道,却没让自己继续说下去,她回想起以前发射时,每当她让贾森坐在她驾驶位的后面,他总是勇敢地注视着她,泰然自若。

贾森……一连串的画面和感受如升腾的气泡,浮现在她的脑海中。让特蕾莎费解的是,她发现接下来出现在面前的竟然是阿莱克斯·拉斯蒂格的脸!那陌生男人双眼中有着挥之不去的淡淡忧愁。她差点儿就让自己记起他追踪的可怕恶魔。

“准备跳!”拉尔斯的喊声盖过风声,他驾驶着迷你起重机,驶向一片沙洲。特蕾莎推开门,看着地面逐渐接近。她回头望去,发现这位格陵兰小伙跟她一样,带着一副充满冒险精神的表情。“谢谢!”她说完,便纵身一跃。后坐力让起重机猛然升高,而她则为硬着陆做好了准备。

碰撞产生的冲击力让她喘不过气来,但糟糕程度还比不上某些训练。她就地翻滚,站了起来,只有轻微的擦伤,接着她向拉尔斯挥手，示意自己安然无恙。驾驶员利落地让起重机倾斜飞行，向她竖起大拇指。他喊着什么，但她能分辨出的只有，“……也许很快再见！”然后，他就顺着刺骨的冰川风呼啸而去，消失不见了。

突然，特蕾莎全身战栗，她拉紧衣领拉链，走进那微风之中。很快，她便攀上碎石堆，这些碎石想必是今年春天刚刚露出来的。

冰。好多冰，她心想。

这样的冰是太空人梦寐以求的——制成饮用水，维持生命，或者制成燃料，用于运输环节。只要有足够的冰，就有一千种方式可以让太空飞行花钱更少，安全性更高且效果更令人满意。地球拥有海洋。火星的永久冻土层、彗星和木星的卫星中都有水。但所有这些水源都太遥远，或者位于重力井中过深的位置，无法给极度缺水的太空计划带来希望。

如果轨道调查能在月球两极发现水储备就好了，但希冀改变不了现实。

但这……这片冰之大陆。

她伸手去摸冰川侧面。在粗糙的硬壳下面，特蕾莎发现了一层比预期轻软得多的薄冰。然而她清楚，冰川深处必然像钻石一样坚硬。

就在冰层断开的地方，她弯下腰，捡起一块光滑的鹅卵石。

这些都是已知的最古老的岩石，他说过。我很可能是第一个触碰这块岩石的人。第一个站在这个位置的有意识的存在。

她现在明白了,这就是此处如此吸引她的原因。地球上已经不存在未被攀登过的山峰了……也没有派人去攀登月球阿里斯塔克斯陨石坑的山峰,或者火星的塔苏斯盾状火山的相关计划。

丛林被毁,为房屋让路。人类的呼吸和触碰,使世界的每个毛孔都在流汗。现在,世上已经没剩下任何一个地方,可以让你前往并对宇宙的处女地说——“你好,我们从未谋面,让我自我介绍一下。我是人类。”

她突然有个新想法。

如果我是这颗行星,我想我现在已经对人类厌恶透顶了。

特蕾莎深吸一口冰面上吹来的清新空气。在蒸发过程中,空气散发出被困在晶格中多年的味道——那时,这附近还没有会说话的智慧生物……人也不会有那种概念,不会觉得置身此地……伫立于无人踏足过的地方值得耗费半生。

她闭上双眼。虽然她的理智控制她不去感受自己最深切的恐惧,一切可能很快就会永远消失的恐惧,但她还是在那里站了一段时间,用她这类人所能用的唯一方式膜拜——在天空的神殿之下,在孤独和静默之中。

DEL网络商业数据比较需求 启用152383568.2763:价格对比以1980年国际美元为标准。

技术类服务(类别代表)	2038年平均价格	年度趋势
整容手术(全面整容)	$202.00	–1.0%
定制雪貂程序	$113.00	–2.0%
全基因过敏性检测	$176.00	–2.5%
一小时法律咨询	$21.00	–3.5%
一小时微毒素检测(上门服务)	$76.00	+1.0%

标准材料产品	2038年平均价格	年度趋势
一升汽油	$93.00	+2.5%
一令漂白高级书写纸	$52.00	+5.5%
D型不可充电电池	$47.00	+ 4.0%
一副真实–虚拟护目镜(可摄录,可联网)	$8.50	–3.5%

点评:教育的影响日益提升,曾经高不可攀的服务价格持续下降,而资源的枯竭使产品材料的成本持续攀升,光电子和电子产品例外,由于竞争力强的新产品问世,这两种产品已经不再呈现螺旋上升趋势。讽刺的结果是,这些领域的利润率很低,如今这些行业的蓬勃发展主要归功于业余爱好者们的持续创新。

地　幔

新西兰白人有这样一句老话——“这只是一个善意的小谎言。”

乔治·哈顿热衷于搜集这样的空洞言辞。对于白人来说，因纽特人用来说雪的词汇当中，就有许多不真实的成分。当然，有些谎言是恶意的。但此外还有“半真理”以及“隐喻”，外加父母那种“为了你好”的叮咛。

缓步穿过一条狭窄曲折的石头走廊时，乔治想起在夸克与天鹅旅馆度过的一个慵懒的美好傍晚，他针对“西方的虚伪”的话题，公然叫板可怜的斯坦·戈德曼。因为这会激怒他那位热爱小说的朋友，乔治特别蔑视这种叫作“小说”的虚构作品，在这种作品上，“读者”竟然付钱给“作者”，让他编造一些根本不存在的人，根本没发生过的事。

“那么，你们毛利人所有的童话都是真的？”斯坦情绪激动地问。

“从某种程度来讲，的确如此。我们非西方民族从来不会武断地区分真实与想象……‘客观’与‘主观’。我们不会为了倾听和接受本民族的传奇而放弃怀疑……”

“或者在早餐前接受六种不切实际的世界观！这就是你们毛利人声称的‘我们的祖先从不说谎’。一个人同时相信两件相互矛盾的事情，他又怎么会说谎呢？”

“你是在指责我自相矛盾吗，白人？”

“你？一个拥有五十项地球物理学技术专利的家伙，还会为佩蕾献祭？绝无可能！”

辩论的尾声不可避免地在两人的吵嚷中到来，彼此的鼻子相距仅半米远……然后又在阵阵大笑中分开，直到有人缓过神来，点了下一轮酒。

很好，乔治正沿着地下河道光滑的石滩前行，摸索着一条狭窄的岩架，他对自己坦言。人们面对别人的谎言时，很容易表现得道貌岸然。但当你发现自己陷入困境，不得不欺骗他人，否则便会失去你所爱的一切时，那就完全是另一回事了。

他朝远离岩壁的方向探出头去，让头盔上的光束投射到前方，发现路况最糟的一段已经结束。再摇摇晃晃地走上几步，他就能跳到隐约像是步道的地方，头顶有足够的空间站立，不用再像迷宫里的地精一样驼背弓腰。

他迅速完成跨越，敏捷地着陆，双手张开，以保持平衡。乔治调整灯光，凝视着眼前狭窄的石灰石通道。这条通道被水流冲刷得很光滑，半道上有一堵尖利楔子般的石墙，将扭曲的通道一分为二。光束分散在其中一条通道闪闪发亮的尖细柱子之间，在那里，富含矿物质的渗出物形成了一道拱门，让人想起科尔多瓦[①]的哈里发宫殿。向外走时，他不曾注意到这条走廊。这时他才停下脚步，在他的袖珍数据板上画起洞口的草图来。

当然，公认的做法是将该草图发表。这样做会让他名利双收。但他发过誓，绝不将这些数据传到网上。

*你如何为谎言辩护？*乔治一边问自己，一边小心翼翼地顺着来路往回走。

十年前，当他在新几内亚的群山之下初次发现这些巨大的洞穴时，他选择向委托人隐瞒它们的存在。这种知情不报的行为是为了独享这一奇观吗？也许吧。但是比知情不报更糟糕的，是谎言本身。

在早餐前相信六件不切实际或自相矛盾的事情……没错，斯坦。我相信的其中一件不切实际的事情，就是我能够拯救这个地方。

他不得不头朝前挤过下一个洞口，沿着一条陡坡滑进一个亮闪闪的微型礼拜堂。多节的方解石不仅盖住了墙壁，还盖住了地面，在耀眼的晶体反射中捕捉着灯光。它被称为“石珊瑚”……曾极为

①位于西班牙。

普遍，直到人类开始洞穴探险，穿进地球深处，寻找隐藏的宝藏。如今，地球上几乎所有已知的洞穴里，都见不到珊瑚的踪影了，都被寻找纪念品的游客们一块一块搜刮殆尽——每个人都为自己开脱，称多拿一块算不得什么。

乔治穿过那座小巧的礼拜堂，继续前进，寻找着他先前出洞途中留下的那些脚印——就像玻璃碎片之间的小缺口以及污渍。他无能为力，某些轻微伤害的累加无法避免。

“构成这个世界的就是妥协。”他似乎听到斯坦·戈德曼的话，尽管他的朋友此刻跟他相隔万里，在格陵兰岛的冰原上尽他自己那一份力。“你必须权衡利弊，乔治，并且承受后果。”

“这是白人看待事物的方式……”乔治嘴里嘟囔着，离开了珊瑚房间，侧着身体挤过一道窄缝，进入另一条河道。轻响的回声如有微小生物在他四周飞舞。在柔和的混响中，他想象着斯坦的回应。

“虚伪，哈顿！你以为你在跟谁说话，某个加州的游客？利用‘白人’的科学成果，你成了该死的亿万富翁！因此你才拥有在这个世界积德行善的能力。好好利用吧！”

生活的乐趣之一就是有朋友会提醒你要面对现实……他们会及时给你打电话，以免你淹死在堆积如山的垃圾里面。斯坦·戈德曼就是这样一位朋友。在惠灵顿，他们的妻子仍然住在一起，互相陪伴。但现在，唉，乔治只好凑合着想象斯坦会说些什么了。

他大口喘着气，让自己那庞大的身躯挤过钟乳岩之间的窄道，呼吸的回声涌到他的耳边，那声音有些陌生。

“抛开你的伪善吧，别再想着自己真是个高贵野蛮人，哈顿……承认你和我一样是个西方人吧。”

“没门！”乔治哼了一声，从缝隙中挣脱出来，进入了最后一段开阔的通道。他气喘吁吁，双手扶着膝盖，似乎听到他朋友的声音从四面八方汇聚过来，拷问他的良心。

“什么，没门？”

乔治终于可以站直身子，他咧嘴一笑。

“嗯……几乎没门。”他耳鼓中乐音般的回声仿佛欢声笑语，然后逐渐消失，再也听不见。再次出发时，他想，非西方民族其实已经没有了。

的确，现在活着的每个毛利人的血液里都混杂着英格兰、苏格兰、萨摩亚和其他许多不同人种的血液。活着的每个毛利人都是看着彩色视频长大的，更无法摆脱无处不在的网络的影响。

然而，我不仅是这个平庸年代平庸的一分子！如果因环境所迫，我不得不编造谎言。那么，至少我可以像毛利人一样，把说谎视为极恶之事！

最后，对于他这样的想法，想象中的斯坦·戈德曼沉默了。乔治知道，他的朋友也会赞同。

在通道里拐了个弯，他停下脚步，关掉了手里的灯。起初，周围瞬间陷入了彻底的黑暗，伸手不见五指。然而，最后，他分辨出一种极其微弱的光，从前面一堵石墙上反射回来。这只能说明一件事，那就是他快要回到施工现场了。

即使拨到最低挡，当灯再次亮起时，也让他眯起了眼睛。他继续前进，先是爬过一道岩架，然后钻过一条悬垂的石幔，最后来到一处露台，俯瞰着他们与恶魔作战的岩洞。

与他们在新西兰那些装潢过的舒适洞穴不同，这里只有几盏突兀的泛光灯，在硕大、狭长的洞穴中投下令人生畏的阴影。睡袋散落在几堆干草上，这些干草是从一位巴布亚农民那里购得的。他在他们头顶的山坡上犁地，丝毫没有想到，在他隆隆作响的拖拉机下面，有着何其广阔的空间。角落里立着一台便携式循环装置，回收团队成员的排泄物，并送还他们需要的部分，即使有些难以接受。

当然，对于乔治的老部下们来说，这种种的不方便都算不得什么。所以，一定是这些秘密洞穴处子般的羞怯气质，才让大家说话时语调轻柔，态度谦恭，好像是为了避免对此处不必要的冒犯。乔治绝非唯一一个心怀虔诚投入此次冒险的人。医护人员要求在长时间劳动的间隙休息片刻，只有那时，大多数团队成员才会离开一小会儿。

在这个石穴的网络中还有其他更大的洞穴——其中一个甚至比沙捞越[①]的好运洞还大，四十个体育馆在它面前都相形见绌。但这洞穴满足他们的需要，因此只好牺牲它了。几米深的沉积物已被

---

① 马来西亚面积最大的州。

清除，坚硬的岩石暴露出来，那里曾是一个人工挖出的巨大半球形水坑。

旁边搁着一个金属架，用来装他们的新谐振器，再往后是个水柜，在无数结构简单却不知疲倦的纳米机器的指引下，那晶体柱正缓慢增长，一个原子接着一个原子。两天后，完美的点阵将成为调谐到位的超导天线，那时，他们真正的任务就会开始。

乔治从一连串蘑菇石水潭上爬下来，那里曾经有小瀑布流泻而下。他只离开了半小时，他的团队就已经恢复工作了。

没必要在这里监工。当得知世界拥有一线生机时，人们产生的动力之强，实在令人惊讶。

一个身材瘦小、皮肤黝黑的男人站在木制脚手架上，从碗状挖掘现场内部抬头望着乔治。

“那么，我的朋友，找到你要找的河了吗？”

提问的是乔治的巴布亚朋友塞帕克·塔克劳，他也是被乔治招揽到这支人手不足的队伍中来的。不过乔治那时并未向他吐露实情，他只是说，他们在探测深层甲烷——那些石油资源丰富的国家梦寐以求的资源，如今，这些国家已经习惯了资源匮乏，也痛恨这种匮乏。当然，塞帕克的保密誓言如钛合金般坚不可摧。然而，乔治还是无法让更多人了解其任务的真面目。也许他以后会告诉塞帕克实情。成功之后，或是希望落空之时。

“啊，”乔治耸耸肩，“那条河已经不存在了。”

“太糟糕了!”塞帕克叹了口气,“也许是农民们使它干涸了。”

“这是个缺水的世界。”乔治点点头,“那么,基座情况如何?”

塞帕克指了指碗形的挖掘现场,乔治的两名工程师正用仪器仔细检查其光滑的墙壁。“如你所见,快完工了。只有新西兰人该死的完美主义才能让他们坚持下去。自从瑞士人灭绝后,你们这些家伙就成了鸡蛋里挑骨头的典型。”

乔治听到这褒贬兼具的恭维话,不由得露出笑容。不管毛利人和新西兰白人吵得有多凶,却都认同一点,任何值得去做的工作,都必须要做好。坦戈帕鲁有限公司之所以声名远播,就是因为该公司对细节很执着。

这次更是如此。就算没有人失误,阿莱克斯·拉斯蒂格给的参数也已经够难满足了。

“他们终于厌倦了我的急脾气,把我赶走了,何其无礼。喂,把我从这个坑里拉出来,好吗?”

乔治把他的小个子朋友拽了出来。塞帕克刚一站稳,就放下工具袋,拿出一个小烧瓶。这是一种味道不浓的本地啤酒,但不习惯这种酒的人喝了,往往会感到身体不适,这种酒也因此名声在外。所以很自然地,他主动让乔治先喝一大口。乔治摇摇头,他是发过誓的。

我下次喝酒,只会是庆祝我们的世界逃过一劫……或是站在那些毁了它的混蛋的血淋淋的尸体上时。

“随你的便。”塞帕克一口将酒灌进肚里，然后把烧瓶塞进一个绣有串珠蝴蝶图案的袋子里。他是血统纯正的基米部落成员，该部落对其独特之处深感自豪。地球上所有的国家、部族以及民族之中，只有巴布亚人还记得，地球还有与世隔绝的所在。

一九三八年，澳大利亚探险队发现了新几内亚中部的大峡谷，今年恰好是百年纪念，在此之前，那里一直与外界隔绝。最后一批大大小小的、不为人知的部落，都是在那里被发现的，他们以自己的方式生活了数不清的世代——照料庄稼、发动战争、崇拜神灵，以为他们那群山之间的狭长谷地就是生存的全部。

他们的生活就是如此，直到澳大利亚人到来的那一刻。从那一刻起，石器时代就此消亡。席卷全球的电子时代很快包围了所有人—— 一个世界，一种文化，一套通用的词汇，一个共享的网络。

往前追溯几代，塞帕克的叔曾祖父是接受全球新闻频道采访的名人之一 ——他是少数几个还记得那些高大白人外来者到来时间的人。媒体把这次事件称为“最后的第一次接触”。

或者至少，斯坦·戈德曼可能会乐观地坚持认定，这只是“地球上”发生的“最后的第一次接触”。

塞帕克一有由头就会说起这件事。显然，在他看来，毛利人和新西兰白人之间没有任何区别，并将所有的非巴布亚人都笼统地归为“白人”。现代的民族时尚稀奇古怪，本末倒置，谁的曾祖父曾经亲手用当地的石头雕刻工具，曾经带着纯粹且原始的蒙昧，满怀敬意地享用四邻的肉，谁的地位就更高。

塞帕克顺着其中一条通道望去，那里光滑的鹅卵石曾经激起层层涟漪。如今，波纹却渐渐散去，消失在未知的神秘之中。“如此说来，河流不复存在。实在太糟糕。一个恢宏壮丽的洞穴，如果没有溪水带给它欢笑和歌唱，又有什么乐趣呢？这个庞大洞穴的创造者现在怎么样了？要被吸进灌溉井，这样的结局也太平凡。”

“有迹象表明，这条河在几十年前还在流淌。”乔治从口袋里掏出一块手帕。塞帕克凝视着手帕上几条闪闪发光的银丝，“那些是什么？”

“鱼骨。”

巴布亚人叹了一口气。不管怎样渺小的物种，只要曾经生活在这个微小生物圈的食物链上，留下的唯一遗产就只会是几块苍白的骨骼。

乔治清楚，如果地面上的数百万人得知真相，都会跟他一样失落。如今，甚至可能引发呼吁让大家行动起来。虽然这一特殊物种的独特性已经永远消失，但只要水能回流，也许其他物种，那些被困在保护区或生命方舟里的物种，能在这里繁衍生息。但乔治会保守秘密，他只能猜想，当一个黯淡的奇迹嬉戏着涌过隐蔽的河床，这些干涸的河道会是什么模样。

又一次，他觉得自己知道斯坦·戈德曼可能会说什么话。

“嘿，好吧。我们会犯错误。但是当我们开始挖掘、采矿和灌溉时，又有谁告诉我们，会迎来这样的结局？没有人。我们只有自己弄清楚，靠付出惨痛的代价。

“那我们真正需要他们的时候，那些该死的不明飞行物、驾马车的神祇以及先知们又在哪里呢？没有人给我们一本行星管理指南。我们现在正自己撰写，字字句句都源自艰辛的经历。”

乔治掩饰着嘴角露出的苦笑，他也知道自己会如何回答。

我为恐鸟感到悲伤，是我的祖先们导致它们灭绝。我为苍鹭和鲸鱼感到难过，是白人将它们杀戮。我也为你们感到哀痛，小小的鱼儿们。

这一切结束后，他会为朋友们斟满酒杯，为每一个逝去的物种干杯。然后，如果世界上剩下的啤酒足够多，他也会为那些尚未灭绝的物种庆祝。

“来吧，塞帕克。”乔治说着，叠好了手帕，“你可以帮我调整起重机组件。我们把晶体柱从它的澡盆里拽出来时，它必须完美无缺。”

“精度，精度！”塞帕克叹息道。尽管他在莫尔兹比港大学获得工程学学位——而且肤色也不比乔治的黑——但他还是喃喃自语道：“你们这些白鬼过于相信你们的贵重机器。它们会偷走你们的灵魂，相信我。我们基米人都知道这一点。就在前几天，我爷爷还告诉我……”

乔治满足于自己得到了一剂良药，两人一起工作的时候，他礼貌地倾听着——承受着颇具讽刺意味的角色反转，随之而来的负罪感跟他无数次施加给别人的没什么两样。

斯坦会喜欢这个的。乔治心想，同时谦逊地听着，塞帕克则转被动为主动，挤压着西方国家的奶头，让耻辱的奶水源源不断地流淌出来。

DEL

……所以，她首先在金星停靠，看看那里是不是合适的地方。但当她呼吸到金星的大气，她惊呼道："哦，不！这太烫了！"

然后，她前往火星，再次呼喊道："这儿的大气又稀薄又冰冷！"

而当她终于抵达地球，感受到甘甜的空气时，她才兴奋地唱起了歌："啊，现在这种刚刚好！"

地　核

就雕塑而言，这其实算不得什么，尤其是在一座以古迹闻名的岛屿上。一个小小的石质金字塔从砂质山坡上突出来，稀稀拉拉的青草随着永不停歇的海风摇摆。当阿莱克斯爬上低矮的小山，想更好地看看那块三面光滑的花岗岩时，一只黑翼智利红隼腾空而起，发出尖厉的叫声。乍一看，这确实让人颇感失望。

嘿，拉斯蒂格。振作起来。这只不过是个尖端，下面的东西要大得多，大得多得多。想象一下，它不是浅埋在地里，而是一直向下延伸，向下，一直向下……

他知道这些棱边指向何方，他对这座雕塑的了解程度之深，很可能超越了七十年前把它放置在这里的那位艺术家。

想象地球围绕着一个坚固的金字塔，该四面体有四个面和四个顶点，其尖端恰好穿透地球表面……

他描绘出一个巨大的石质四面体——约翰尼斯·开普勒[①]曾认为，四面体是使行星在天空中有序运转的神奇几何形式之一。矗立在阿莱克斯面前的，并不是一座不起眼的纪念碑，而是世界上最庞大的雕塑的一个尖端。这座雕塑装着世界大部分的体积。

类似的雕塑曾被放置在格陵兰岛、新几内亚以及南非，这是唯一能让每个顶点都出现在陆地上的安排。出于与艺术家相似的理由，阿莱克斯选择了四个相同地点来放置他的秘密谐振器。因此，让他来到这里、来到拉帕努伊岛的，绝非偶然。

站在石头尖塔的顶端，阿莱克斯慢慢转身，双手插兜，荒芜的岩石平原尽收眼底。再向西几公里，拉诺廓火山的悬崖直插云霄，它是岛上三座休眠火山中的一座，俯瞰着一片翻涌着白色泡沫的海面。若不算那些微不足道的小岛，被那些参差不齐的突出物撕裂的海风，跨越了一万三千公里畅通无阻的海洋之后，才抵达此地。

我过往接受的所有训练都是关于无穷小的事物，在宏观尺度上思考的感觉真陌生。

站在这里，他对坦戈帕鲁公司其他团队分散在世界各地的位置了若指掌。他们当中很可能没有人会遇到当地的“完整地球雕塑”的部分。地点二和地点四与真实的雕塑相距数百公里。

但这里就是核心。与周围广阔无垠的海洋相比，几乎没有哪座岛

① 约翰尼斯·开普勒(Johannes Kepler，1571—1630)，德国天文学家、物理学家、数学家。

屿像这座一样小。即便阿莱克斯有意回避，他也不可能错过这个顶点。

有人说四面体是幸运的象征，他沉思着，但我还是更喜欢十二面体。

拉帕努伊被选为总部，还有其他原因，尤其是安全方面的原因。在这里，西内马拉玛太平洋协会比遥远智利的“国家”当局更具影响力。在协会的保护伞下，他们可以打造庞大的团队，免去阿莱克斯监工的工作，让他有时间动脑子处理那些复杂的数字和图像。

他走到哪里，都在思索这些图像，甚至是在沿着古火山的熔渣锥漫步时，或是凝视纪念碑岛上奇特的纪念碑时。

例如，就在拉诺廓火山以北，拉帕努伊岛仅有的小镇和机场跑道附近，蜷伏着一个白色的轮廓，那曾经是一只骄傲的太空鸟。现在，“亚特兰蒂斯号”航天飞机上鸟粪斑驳、凄凉无助，永久地栖息在一个锈迹斑斑的底座上，供游客们参观，也供鸟类用作他途。阿莱克斯兑现了他对提克哈娜船长的承诺，向这艘支离破碎的废弃飞行器致以敬意，它曾是造价数十亿美金的抱负之船，但现在只是复活节岛上的又一座方尖碑。凄凉感油然而生。

就像他第一次看到此地著名的本土雕像一样。他那时也产生过同样的伤感情绪。

……好像这里是希望泯灭之所。

阿莱克斯转身向南。在那里，在小巧玲珑却非同凡响的瓦伊乌海湾旁边，矗立着一排七座名为“摩艾”的巨型石像，厚重的玄武岩眉毛下面，嘴巴噘起。几个圆柱形的顶髻用发红的火山岩制成。它们背朝大海，用水泥接合，现代的修复人员就是这样将残破的碎片拼凑起来的。这些怒目横眉的哨兵们似乎并不感激，反而流露出冷酷的怨毒神情。

动身前往北极之前，斯坦·戈德曼交给阿莱克斯一本关于复活节岛的薄册子，是老式的纸本书籍。“你将前往地球上最哀伤、最迷人的地方之一。”这位年长的物理学家对他说，“事实上，它和我要去的格陵兰岛有很多相似之处。”

阿莱克斯想不出这两个地方有什么相似之处—— 一个是冰雪覆盖的独立大陆；另一个则位于辽阔的海洋之中，蝇虫繁多，酷热难耐，严重缺水。但斯坦解释说：“两者都是孤立聚居地的实验范例——土地面积小之又小，与世隔绝，没有贸易往来或任何外部支援，只能依靠自己的智慧和当地贫乏的资源，一代代地生存下去。”

斯坦冷冷地总结道：“恐怕在这两个例子中，人类都做得不好。”

事实上，从阿莱克斯后来读到的内容来看，斯坦对拉帕努伊岛的例子过于轻描淡写。好莱坞形象的波利尼西亚天堂，忽略了人口过剩导致的盛衰循环，而人口过剩的问题以令人绝望的规律性冲击着每片群岛。这种循环主要通过一种方法来解决——血腥地扑杀成年男性人口。电影也未提及其他浩劫——对本地物种的屠杀——不仅仅是人类，还有殖民者带来的猪、老鼠和狗。

倒也不必一味谴责波利尼西亚人。人类所到之处，总会制造混乱。人类在这方面有着悠久的历史。但阿莱克斯记得祖母曾经解释过规模的重要性。生态系统越小、越孤立,损害就越容易变得不可挽回。地球上很少有像拉帕努伊岛这样的地方,弹丸之地,与世隔绝,又难逃覆灭。

当人类在此地绵延数代,到公元八百年前后,岛上的树木已被砍伐殆尽。由于没有木头造船,移民们不得不摒弃大海,随之破灭的还有所有逃跑或进行贸易的可能性。剩下的只有当地的岩石,他们用石块建造了简陋的家园……还有这些荒凉的圣像。

人口过剩,且无所事事,留下的选择只有一个——无休止的战争。在这些伟大的雕像被竖立起来的短短一个世纪之后,它们几乎尽数在部落的袭击和报复中被摧毁。欧洲人来到这里时,傲慢地用一个基督教节日重新命名了这个地方,拉帕努伊的原住民们几乎已经被彼此消灭干净。

好像我们现代人做得就更好似的。只需要再多一点儿力量,外加更庞大的人口,就能完成复活节岛岛民永远做不到的……污染浩瀚的海洋。

早些时候,他曾在岛上一片狭窄的海滩上漫步,向北走到了阿纳肯纳海滩,很久以前,霍图·马图阿[①]和他那帮心怀希冀的定居者们就在这里初次登陆。阿莱克斯起初以为海滩上都是白色沙粒,结果发现全是塑料泡沫碎片,是泡沫粒和其他包装材料漂泊数千公

---

① 传说中拉帕努伊岛最早的定居者。

里，经碾磨而成。这种东西在他读大学的时候，就已经被禁止使用，但仍然被冲到世界各地的海岸边。羽毛凌乱的海鸟们在碎屑间啄来啄去。它们或许尚未濒临死亡，但状态看起来自然也不会好。

珍，他心想，希望祖母能身处此地，跟他聊聊。*我需要你告诉我现在还不算太晚。我需要听到你说剩下的一切还值得去拯救。*

这些怒目横眉的雕像凝望岛内，似乎和阿莱克斯一样心怀悲观的预感。

哦，全新的重力谐振器运转正常。第一次测试时，它比以往更清晰地识别出了贝塔那熟悉的光辉。在炽热的地心深处二十米范围内，回声环绕着这个庞大且复杂的奇点黑洞。

目前为止，一切顺利。但通过这些回响，阿莱克斯也了解到恶魔的增长速度有多快。

该死，我们要没时间了。

他的目光越过那些表情严肃的石像，望向远方，脑海中突然浮现出北欧神话中诸神黄昏的画面。一团团火焰瞬间燃起，将海水撕裂，蒸汽翻腾，留下深不可测的无底洞穴。

然后，回到不可预知的深处，随劫掠的海洋倾泻而下。

"有消息。"当他回到技术人员在瓦伊乌附近建造的活动总部时，琼·摩根告诉他。感觉就像将一个小型运动场搭建在平坦宽阔的裸露岩床上。在不透明的屋顶下，他们组装起了各自的电脑和主谐振器……一个熠熠生辉的圆柱体刚刚从装满纯净化学药剂的大桶中诞生，目前被固定在旋转的轴承上。阿莱克斯说：“琼，概括点儿告诉我，好吗？”

虽然她并非团队的创始成员，但事实证明，琼和佩德罗·曼内拉带来的几个“新人”都不可或缺。她在磁学方面的专业知识很有用，尤其几周前，在追踪环绕地球核心的磁场、寻找刚发现的怪异超导区域时，派上了很大用场。

而且，琼的组织能力出类拔萃。随着忙碌的日子一天天过去，阿莱克斯变得越来越依赖她。

“地点二报告说，他们将在几个小时后完全准备就绪。”这个金发女人一边说，一边确认乔治·哈顿在新几内亚的小组一切按计划行事，“格陵兰小组报告说，他们将在明天下午前投入工作。”

“很好。”阿莱克斯知道戈德曼和提克哈娜应付得来，“非洲的情况呢？”

她抬起眼，“他们本该在两个小时前发来报告，可……”她耸了耸肩。由于他们的计划需要如此微妙地平衡，即使一个地方出错，结果也将是灾难性的。而非洲小组又处于他们完全无法掌控的地带。不过令人惊讶的是，珍居然成功地把他们带进了库维内兹。

“别担心。我祖母这辈子从没准时赴约过。然而，她总能渡过难关。我们暂时还不需要地点四。

“不过对我们来说，时候已到。”他提高嗓门，总结道，“那我们就忙起来吧。”

他就近坐在一个工位旁，展示大家再熟悉不过的地球剖面全息图，侧向投影显示的则是他可能希望追踪的每个因素。他们之前的探测引发了地底各种各样的振动——重力的、声音的、电力的。他们把这颗行星比作一台结构复杂、未加控制的钟，似乎每敲一次都会变得更加合拍。在地球表面，所有这些“鸣响”有时以震动的方式表现出来——这就是阿莱克斯刚刚开始遴选的谐振耦合。最糟糕的情况是，如果不够小心，他们可能会释放出压抑已久的断层应力，而这些应力已经处在爆发的边缘。

“嗯，”他看着最新的信息，陷入沉思，“虽然我们增强了动力，但这次震动似乎没那么严重。也许我们已经掌握了诀窍。”

新的地图显示，一旦他们的网络布设完成，地底许多区域的原始动力均可利用。*下面是一个完整的世界*，阿莱克斯想，*而我们的探索才刚刚开始*。

现在，液态地核和地幔之间的边界被毫发无遗地展示出来，看起来就像一颗陌生星球的表面。皱褶惊人地像山脉，还有连绵起伏的广阔地带，隐约像是大海。在我们熟悉的大陆下方几千公里处，这片影子大陆模仿得似模似样。例如，在遥远的非洲大陆地下，有一股镍铁侵入物起起伏伏，跟漂浮于其上方的花岗岩护卫舰颇为相似。

还有“天气”呢——塑料晶体对流缓慢地循环着。有不可预测的情况发生时，这些水道就会光芒闪烁，达到新近发现的那种惊人状态，电流则在其中以闪电般的完美形态流动。

这里甚至还“下雨”。地球上大部分的铁和镍已从岩石矿物中分离出来，沉降到地核深处以后，又过了很久，金属熔滴仍在不断结合并向下迁移，在边界区域降下熔雾、细雨，甚至是倾盆大雨。

*我不应该感到惊讶。对流、物态变化，必然也会在那里发生。*尽管如此，这一切似乎还是有些怪异，让人们产生了一些奇思妙想。那些块状阴影上可能存在“生命”吗？对于这些“生命”而言，地幔中那些可塑性极强、弯折的钙钛矿构成它们的“大气层”吗？头顶的花岗石及玄武岩浮渣之于它们，是不是就如同高高的卷云之于他那般轻薄寒凉？

“还剩十分钟。”琼·摩根紧张地抓着她的纸夹写字平板。阿莱克斯注意到，其他人也都望着他，露出相似的神情。然而，在他的心里，感受到的只是冰一般的平静，一种可怕却从容的平静。他们已经调查过这个恶魔，现在怪异研究也已经结束。是时候去搜寻那东西了，它就躲在巢穴里。

“那我最好准备一下。谢谢，琼。”

他伸手拿起自己的静默输入设备，把感应器安置在头部和颈部。他调整设置时，回想起特蕾莎·提克哈娜在怀托摩岩洞和他分别前所说的话。

“……拉斯蒂格博士，到下一个绿洲还有很长的路呢。你清楚这一点吧？有朝一日，我们或许会找到另外的世界，或许会更好地与之相处。但是，如果没有地球的支持，没有地球的力挺，我们就永远不会有第二次机会……”

阿莱克斯在心里补充道，如果我们输掉这场战斗，我们就不配得到新的机会。

然而，他还是不动声色。为了那些注视着他的人着想，他反倒咧嘴一笑，用一种柔和、做作的口音说起话来。

“好了，小伙子们、姑娘们。邀请咱们的小恶魔出去跳支舞好吗？”

他们紧张地笑了。

谐振器在其万向支架中旋转着，精确度之高，远非肉眼能辨。它对准了目标。

他们动手了。

第七部

行　星

一场海陆空的全方位拉锯战拉开了帷幕。

在海洋中，生命是简单的肉食性生物，其金字塔建立在最简单的形态，即浮游植物的基础上。只要阳光照射到原材料，浮游植物就会形成浩渺的彩色潮汐。在它们生长和繁荣所需的元素中，氢和氧可以从水中获取，碳可以从空气中获取。但是钙、硅、磷和硝酸盐……这些必须从其他地方获得。

有些靠吃掉邻居就能获得。但悬浮在海洋中的一切，迟早都将脱离这个循环，加入海底不断增长的沉积物中。寒冷的上升流补充了部分损失，将营养物质从泥泞的海底拖拽上来。但是大部分的亏损都是在河口处弥补的，将被雨水浸透的陆地抽干。淤泥和矿物质，滋养生命的纯净肥料，就像注射进静脉的葡萄糖一样进入大海。

陆地上，生命花了很长时间才站稳脚跟。在很长一段时间里，只有蓝藻和真菌组成的脆弱薄膜，用细丝和微小的纤维缠在裸露的岩石表面。这些最初的土壤使水分与石头接触的时间变长，从而侵蚀速度有所增长。更多的钙及其他元素流向了大海。

只要填饱肚子，浮游生物总能展现高效。因此，冈瓦纳古陆分裂后，多条大河将充足的绿色生物汇聚于浅滩，空气中的碳被前所未有地吸收了。大气因此变得透明。

那时，太阳不像现在这样温暖。因此，没有温室防护罩，空气也很冷。冰原从南北两极扩展开来，覆盖了地球越来越多的区域，几乎要在赤道相逢。

这不仅仅是一种扰动。不仅仅是“冰河世纪”。由于阳光被反射进太空，冰封的表面不会融化，海平面下降。由于严寒，蒸发减少，降雨也减少。

但雨水变少意味着大陆岩石受侵蚀的程度降低……矿物径流减少。浮游生物的处境变得艰难，从空气中吸收碳的效率越来越低。最终，其去除率低于火山和呼吸作用的补充。钟摆开始反向摆动。

换句话说，温室再次回归。这很自然。几千万年后，危机早已结束。河水流淌，温暖的海水再次拍打着海岸线。生命继续发展——如果说有什么不同，那就是经历了上次刺激的死里逃生。

拉锯战……或者反馈回路……二者都取得了成功。每个周期都经历了新的转折，见证了无数小规模的生命湮灭，以及难以计数的悲剧,可这又有什么关系呢?从长期来看,这样的转折起到了应有的作用。

但无论水中还是岩石上,都没有任何地方写明,下一周期仍会如此。

DEL亲爱的网络邮件用户【DELEweR-635-78-2267-3 aSp】:

你的邮箱刚刚已被攻陷,始作俑者名为"艾米丽邮",是一个善意自动蠕虫链程序,由位于西阿拉斯加的匿名网络用户组于二〇三六年十月发布。【DEL参考:保密供词592864 -2376298.98634,存放于国民银行。2036/10/23 20:34:21。保密时长为十年。】根据《里约热内卢条约》的公民不服从条款,我们提前接受罚款和处罚,到二〇四六年,我们的供词公之于众之时,这些罚款和处罚也将到期。然而,在我们看来,既然你接受"艾米丽邮"提供的信息,这也是你为此付出的小小代价。

简言之,亲爱的朋友,你算不上很文明的人。"艾米丽邮"的语法分析子程序显示,你在进行网络交流时,相当一部分言辞过于激烈,有谩骂甚至污秽的成分。

当然,你享有言论自由权。但最近网络上某些地方出现了言论过度污秽的趋势,"艾米丽邮"的设计者们为此感到担忧。"艾米丽邮"瞄准你这类人,要你们想想文明礼貌的好处。

一方面,你的信用等级会上升。("艾米丽邮"查看了你最喜欢的公告板，发现你的等级一点儿都不高。根本就没人听你说的话，先生！）另一方面，再想想看，礼貌的言行能够培养冷静和理性，将尖锐的对立转化为有益的辩论甚至共识。

我们建议您在邮件系统中引入自动延迟。如今通信如此快捷，人们很少停下来思考。一些网络用户的行为举止跟精神病患者无异，他们想到什么就说什么，行为举止一点儿不像拥有人类思维天赋的正常公民。

如果你愿意，本版本“艾米丽邮”中的任一公共域延迟程序，你都可以免费使用。

当然，如果你坚持保持原样，向四面八方散布污言秽语，我们也已经为“艾米丽邮”配备了其他选项，你很快就会有所了解……

岩石圈

在墨西哥湾的咸水边缘，这个小定居点刚刚建立起来时，就算是扯起白色高顶翼帆的大船，也只能趁着涨潮，穿过一片深浅难测、芦苇丛生的三角洲，才能到达那里。要成功穿越变化多端的航道，需要一个好舵手。不过，新的贸易站离啾啾鸣叫的海鸟很近。停下船，水手们就能听到海浪拍打沙洲的澎湃之声。

这个港口被认为是三个世界的连接点——淡水、咸水，以及大海般无边无际的草原，据传那广袤的草原一直延伸到西边的丘陵之外。凭借这样的枢纽地位，这个村庄愈发繁荣兴旺，发展成城镇，又从城镇升级成大都会。时间就这样缓缓流逝，像河流入海般不可逆转。

一座城市一旦发展到举足轻重、备受推崇的地位，它就拥有了存续的理由。几个世纪过去。最终，新奥尔良原本存在的理由已经不再重要。但既然并未消亡，它就要为生存而战。

洛根·恩格漫步于堤坝之上，望着一艘艘驳船驶过废弃后沉没的码头。曾几何时，这里是北美第二繁忙的港口，但如今却只能目睹川流不息的货船驶过，前往他处，例如孟菲斯的大型集装箱装卸站。在这个闷热的晚上，闻到的香气主要来自薄荷味的松油，添加这种香味，是为了盖住其他不那么怡人的味道。环境部门的摩托艇满心狐疑地嗅探每条驳船。但根据洛根前妻的说法，让这条河变成油腻刺鼻的棕色水道的，并非倾倒污水的过往船只，而是城市里那些吱嘎作响的下水道。

当然，黛西·麦克伦农从不缺少目标。很久以前，学生时代的两人同为抗议活动的急先锋，曾经并肩作战。那些青春年少、追求正义的日子真的很美好。

但是时间会改变人与人之间的关系，就像影响城市的发展一样。而黛西，这个纯粹主义者，发现要接受洛根越来越难，因为洛根心里存在着一种叫作“妥协”的东西。他们之间的首次剑拔弩张是很久以前的事情了，那时阿拉斯加、爱达荷和其他州的顽固派终于开始对家用有毒物质征税，比如罐装油漆和杀虫剂等，以推动妥善处置废物。洛根为此感到欢欣鼓舞，但是黛西却皱皱鼻子，发现有人背叛她。“你不像我这样了解那些生意人和幕后主使者，”她宣称，“如果他们如此轻易地让步，那只是为了防止日后更大规模的制裁。他们可是探风向的专家,然后丢给你们这些温和派数量刚好的绳子……”

洛根开始嫉妒其他人,他人婚姻之花的枯萎或盛放,都是受金钱、性或孩子等俗世之由的影响。对他和黛西来说,即使在经济拮据的日子里,他们挣的钱也远超需求。他们的性爱水乳交融,即使已人到中年,他仍然觉得她是最能勾起他欲望的女人。

他们之间竟然存在政治上的小分歧,这多么可笑啊!这些分歧,他个人觉得实在难以理解。

他擦去手上可生物降解的洗洁精,清楚地回忆起最后那个痛苦的黄昏,当时,他想要吸引她的注意力。“嘿!我跟你是一边的!”他主动让步。

“不,你不是!”她尖叫着回敬。一个手工制作的盘子砸碎在墙上。“你建造水坝!你帮助灌溉者毁坏肥沃的土地!”

“但我们有新办法……”

“你的每个新方法只会带来更多的灾难!我告诉你,我再也不能和一个整天派遣推土机满乡间乱窜的人生活在一起了……”

他回想起十年前的那个傍晚,她那双蓝眼睛冷若冰霜,目光中却烈火熊熊。他曾想要抱住她,将她那熟悉的气味吸入鼻腔,恳求她重新考虑。但最后,他却离开了家,步入夜幕……那个潮湿的夜晚跟今天很像……提着行李箱,带着一种被放逐的感觉。

讽刺的是,黛西就是那种言出必行的人。即使无法容忍他的观点，她也能容忍他这个人，只要不跟他住在同一片屋檐下。轻松办理完克莱尔的共同监护权，洛根不由得感到纳闷。是因为黛西知道他是个好父亲吗？还是因为这件事对她来说并不像近期的目标那么重要？

“人们说得好像资本主义强盗们在瓦努阿图海滩肆虐的日子一去不复返了，随瓦杜兹被洗掠一空而结束了。”上周日吃晚餐，享用新阿卡迪亚式炸豆饼时，黛西说道，“但我清楚得很。他们仍然存在，藏在幕后，那些奸商和有钱人。反保密法只不过迫使他们不敢像原来那样明目张胆而已。

“所有那些利用税收政策‘评估社会成本’的说法……真的是愚蠢透顶。要想阻止那些污染环境的家伙，唯一的办法就是把他们抵在墙上，然后枪毙他们。”

这番话居然出自一名素食主义者之口，一个认为伤害一株生长多年的植物相当于谋杀的人！吃饭的时候，他们的女儿引起了洛根的注意。我只要和黛西一起住到上大学就行了——克莱尔的眼神透露着对父亲的怜悯——而你得和她结婚！

其实，这几个月每每见证黛西的狂热言行，洛根一反常态地有些享受。跟做工程的同事们聊天时，一旦争论起来，他经常站在盖亚教派这一边，实际上，偶尔尝试翻转角色，真的会给人带来全新的体验。

总之意识形态就是这么具有吸引力。从不同的角度看待问题

好处多多。

从这座堤坝上望去，洛根发现简单的污水问题很难让他兴奋起来。毕竟，这不过是一种被海浪冲向墨西哥湾的生物质，并非什么真正严重的问题。比如含水层中的重金属或湖里的硝酸盐。那边的棕色玩意儿可不会成为宜人的饮用水。(可又有谁喝过密西西比河的水呢?)而海洋可以吸收大量的肥料，下游没有城市，所以当这座堪比圣母的城市……发生泄漏时，官员们故作不知。总而言之，新奥尔良确实存在着特殊的问题。

站在这座海水飞溅的堤坝顶端，洛根看到了这座城市的先辈们为抵御来势汹汹的潮水而建造的巨大防洪堤。打造这座令人叹为观止的建筑，所付出的代价就在他身后—— 一座仍然优雅而自豪的城镇，但因疏于管理而破败不堪。

洛根造访过亚历山大港、仰光、曼谷，以及其他受到洪水威胁的城市，评估了类似的交织着壮观和失落的全景。有时，他的建议确实起到了作用，就像在盐湖城那样，一座下陷却依旧繁荣的自治市如今正被内海所包围。然而，他回家时，往往感觉自己一直是在赤手空拳地与泥石流搏斗。显然，大家都没有从威尼斯的覆灭中吸取教训。

有时候，你能做的只有说再见。

在新奥尔良，热心的男男女女们努力拯救他们独一无二的城市。最近，他帮助城市公司加固了市中心的十七个街区，以防它们继续陷进日益变软的土地里。今晚，他们奖励他去古香古色的法国区度过一晚，那里依然充满欢乐和活力——尽管现在，南方爵士乐的旋律就在河畔这些街垒里面回响，从旁驶过的驳船甚至带有铸铁露台。

他一度不得不抽身离开，让自己嗡嗡作响的耳朵清净下来，顺便消化那些辛辣的菜肴。他为自己找了个脱身的理由，漫步于这个闷热潮湿、蓝花楹飘香的傍晚，途中让过对对爱侣和成群的阳神部落男孩。绰号“大快活”的新奥尔良自然氛围愉悦。即便衰败零落，今不如昔，那里也仍然保有一种颓废狂欢的气氛，甚至连强盗也不可避免地知书达理。

倾听着驳船的汽笛声，洛根想起了曾在这一带栖息过的海牛。当时，拉萨勒[①]的人第一次撑船穿过漫无边际的沼泽，用斧头交换毛皮。当然，海牛早已不见踪影。很快……相对而言很快，新奥尔良也会重蹈海牛的覆辙。

任何一座城市的覆灭都始于其根基。法国人面对着广阔的河口和芦苇河床，在那里，密西西比河的淤泥淤积到海湾深处。一个问题由此产生。若想在某条大河的河口建造城镇，该选择哪个河口呢？天然河流多不胜数。

他们选择了最便于航行的一条河，并用奇佩瓦人的词汇，将它

① 勒内–罗贝尔·卡弗利耶·德·拉萨勒（René–Robert Cavelier de La Salle，1643—1687），法国探险家，探索了五大湖区、密西西比河和墨西哥湾。

称作“密西西比”。但是大自然对名字并不在意。河道淤塞，河水不断开辟出通往大海的新通道。

这再正常不过，但人类觉得不方便。于是，他们开始清除淤泥，疏浚河道，并声称：“这将是主河道，永远都是。”

疏浚出的泥浆承载着平原的尘土以及山脉沉积物，堆积在不断外扩的槽沟两岸，深入海湾。不像一柄扇子，更像一根手指，年复一年，一公里又一公里，大致朝着古巴的方向戳去。

与此同时，三角洲的其余部分开始受到侵蚀。

洛根检查了数百公里的堤防，为了拯救这片注定难逃覆灭的海岸，这些堤防被匆匆建立起来。随着时间推移，更多高耸的堤坝将河水包围起来，河岸的坡度逐渐变平。甚至在巴吞鲁日以北，悬浮的淤泥也开始松脱。很快，缓慢的水流再也无法阻挡海水，盐度逐渐增加。

在上游，密西西比河像一条挣扎的巨蟒，扭动着想要逃脱。这是一场赤裸裸的力量对决。洛根知道它会在何处一败涂地。

你们能听到它的呼唤吗？他问那些被圈住的河水。能听到阿查法拉亚河[①]在呼唤你们吗？

幸运的是，在密西西比河冲毁老河控制结构[②]或其他薄弱位置，流进遍布甘蔗田和渔场的宁静平原之前，克莱尔早就搬走了。但黛

① 美国红河和密西西比河的支流。

② 1963年由美国工程兵团建立的一套防洪闸系统，位于密西西比河的一条支流“老河”上。

西呢？她绝不会让步。也许她根本就不相信，因为这个警告来自他，这不禁让洛根隐隐感到内疚。

实际上，他只能祈祷工兵团的新屏障像他们宣称的那样坚不可摧。这种可能性是有的。学校现在教年轻人以几十年为单位来思考问题，而不再是短短几个月或几年。也许这种文化甚至影响到了美国政府。

但对于河流而言，几十年，甚至数百年都微不足道。

密西西比河滚滚流过。而洛根也不是第一次觉得黛西的想法或许没错。我尝试找到解决方案，并希望这些方案与自然之力相适应。我总会想，自己已经从前辈工程师们的错误中吸取了教训。

但他们原来不也以为自己的建筑会千秋万代吗？

他想起了雪莱写的一首诗，内容跟一位古代法老有关。

"我是万王之王，奥兹曼迪亚斯：
功业盖物，强者折服！"[1]

如今，吉萨金字塔群，人类征服时代的象征，在开罗五千万居民呼吸的雾霾中摇摇欲坠。拉美西斯的纪念碑化作尘埃，被风吹散，形成薄层，供将来的地质学家们剖析过往。

难道我们缔造的一切都无法持久吗？都不值得存续吗？

---

① 本句引自杨绛先生译本。

洛根叹了口气。他离开太久了。他转身离开那条逆来顺受的河流，踏上锈迹斑斑、吱嘎作响的铁梯，返回那座老城。

餐馆门口站着一个身穿蓝色衣衫的男人，寸头，皮肤皱皱巴巴的，被入口处闪烁的镀铑招牌一照，显得更加突兀。起初，洛根以为这家伙是个身着便装的阳神部落男孩。但又瞟了他一眼，才发现他年纪太大，模样也太可怕，不可能是阳神部落的。

通常情况下，洛根不会看陌生人第二眼，但当有人走上前来，抓住他的手肘时例外。洛根眨眨眼睛，“不好意思，你有何贵干？”

“不。是我不好意思。我猜你是洛根·恩格吧？”

“呃……我不会因为对我的名字保密而坐牢。”这句轻率的话刚刚脱口而出，洛根就后悔了，但这个面色蜡黄的男人似乎没有注意。他们离开门廊后，他才松开洛根的胳膊。

“我是格伦·斯皮维上校，隶属于美国航空航天部队。”

陌生人拿出一张身份证，上方投射出一个直径十厘米的全息球体，球上有带壳的军队纹章。

“请用您皮夹上的铭牌来核实我的证件，恩格先生。”

洛根露出笑容。首先，确定这并非抢劫，让他大为宽心；其次，这档子事也确实很滑稽。好像真有人会想要伪造这样俗气的玩意儿似的！

“我保证，我相信你……”

但是对方坚持,“我真的希望您核实一下,先生。”

“嘿,这么做有什么意义呢?有人在等我……”

“我知道。这不会花很长时间。只要您确认我绝无欺瞒,咱们就可以开始谈了。这是为了保护您自己,先生。”

注视着这个陌生人的双眸,洛根意识到对方远比自己要固执得多。争论显然是徒劳的。

“哦,好吧。”他拿出皮夹,把镜头对准斯皮维,然后对准他那闪闪发光的证件。他迅速调出过往用来处理此类事情的私人安全服务程序,将拇指按在身份验证条上。仅用三秒钟,小屏幕上闪现出简明的确认信息。

好吧,这家伙就是他说的那个人。洛根可能宁愿他是强盗。

“我们去走走好吗,恩格先生?”斯皮维抬起一只胳膊示意。

“我刚走完一段路。我们能坐下聊聊吗?我真的没有太多时间了……”

当军官把他带到停在路边的一辆加长的黑色轿车前,他的抱怨渐渐平息下来。洛根一眼就看出,那东西从头到尾都是纯钢打造的,用的是高辛烷值汽油。

令人震惊。公务座驾是一回事。在野外,机器确实需要那种动力。但在城市里,这种车派得上什么用场呢?这辆车让他对斯皮维的身份有了更深刻的认识,远超读取其身份证件时所了解到的。

洛根穿着工作裤坐上车内奢华的丝绒坐垫时,觉得自己的举动对这辆豪车像是种玷污。伴随着嗞嗞的响声，车门随即闭合，街上所有的喧闹嘈杂立刻消失。“这辆车很安全。”斯皮维告诉他，洛根对此确信无疑。

“好吧，上校。这到底是怎么回事？”

斯皮维举起一只手，“首先，我必须告诉您，恩格先生，我们将要探讨的是绝密信息，最高机密。”

洛根面部的肌肉抽动着，“我想启动律师程序。”

军官露出一个讨好的微笑，“我向您保证，这一切都是合法的。您肯定知道，某些政府机构不受《里约热内卢条约》开放获取条款的约束。”

洛根清楚这一点。裁军并未终结对和平或国家安全的全部威胁。国与国之间仍在竞争，从原则上讲，他接受保密服务的需要。不过，这个想法还是让他感到非常别扭。

斯皮维继续说：“您愿意的话，我们可以录下彼此的对话，你可以把一份副本寄给信誉良好的注册机构。您平时办公都用哪一家？我相信，在申请专利技术之前，您经常会将它们在某机构存留数周或数月。”

洛根稍微放松了一些。将对话留存，使其在短期内处于保密状态，这完全是另一回事……只要合法记录被保存在安全的地方就行。在这种情况下，他不懂斯皮维为何还要用“机密”这个词。

“我都在帕尔默隐私服务公司寄存，可——”

斯皮维点点头，“帕尔默还不错。不过，因为我们要探讨的是国家安全问题，还有对公共福利的潜在威胁，我请您务必选择最高级别的十年留存期限。”

如果是那种级别，期满前只有高等法院才有权查看记录。洛根吞了口唾沫。他觉得自己似乎步入了一部二十世纪差劲的平面电影，一部在黛西·麦克伦农的增强现实实验室里被改造得太逼真的电影。他禁不住环顾四周，寻找那颗闪烁的粉色星星，那个为了提醒观众，提醒他们身处虚拟环境的标志。

“当然，我任职的部门会支付额外的费用，请无须担心。”斯皮维补充道。

洛根略微迟疑一会儿，才点了点头，“好吧。”他的声音听起来很干涩。

斯皮维拿出两个摄录用立方形载体，黑色，带有防篡改封条，并将它们放入一个锥形仪器中。他们一起完成了例行操作，确定了姓名、身份、时间及地点。最后，当两个立方体开始闪烁，上校向后靠在了椅背上，“恩格先生，我们对您针对比斯开潮汐拦河坝事件阐述的理论很感兴趣。”

洛根眨眨眼睛。他一直在想究竟会是什么事，从人口走私，到垃圾倾倒阴谋，再到内幕交易。他周游各国，遇到过太多形形色色的人，说不清究竟有多少人可能参与了政府和企业永无止境、有时甚至见不得光的牟利行为。但斯皮维的话实在出乎他意料！

“上校，我更应该把那篇论文归到科幻小说的类别，而不是理论范畴。毕竟，我发表该论文的数据库，是推测性……”

“是的，恩格先生，《备用观点》。事实上，您可能会感到惊讶，但我们的机构一直密切关注着那份电子杂志以及类似的杂志。”

“真的吗？可那个论坛上都是些不切实际的想法……”他审视着那人的表情，“嗯，也许有些想法不那么虚无缥缈。大多数订阅用户都是技术人员。不妨这么说，其他地方——我指正规期刊——无法发表的东西，我们都可以发表在那里。那里的大多数理念都可以一笑置之。”

洛根确信斯皮维正观察着他的举动，揣摩着他的心思，这让他感到别扭。他不喜欢这种状况。

“您是说，在您看来，您的假设毫无价值？”那人问道，语调平静。

洛根耸耸肩，“有很多概念，在纸面上或网络模拟中似乎可行，但在现实世界中却无法实现。”

“您的概念是？”斯皮维提起话题。

洛根回想起在西班牙南部消失的钻塔，还有在潮汐发电站被竖起的锚臂，两者都没有任何被蓄意破坏的痕迹。

“我所做的就是计算某种特殊地球运动，是如何引起我目睹的怪异现象的。”

“什么样的地球运动？”

“就……”洛根双手平行举起，“就像，嗯，推一个坐在秋千上的孩子。如果你以正确的频率推，跟自然钟摆的节奏相匹配，那么每一下都能积累动量——”

“我知道共振原理，恩格先生。您是说，西班牙发生的异常现象是某种特殊的地震共振引起的。具体来说，震源极度狭小的地震的不期而至，及相应重力变化——”

“不！我没说那是原因！我只是说，这种波动与所观察到的事件相一致。这是个有趣的想法，仅此而已。甚至对于我干吗要研究这个，我也根本说不上来。”

那军官微微低下头，“非常抱歉，我说错话了。似乎给您带来困扰了。”

“一个人的名声很重要，尤其是我所在的领域。人们当然搞得懂什么是玩票。所以我慎之又慎地表明，这就是我所做的一切，拿某个构想来玩玩而已！要说‘这就是真相’则完全是另一码事。我可没有那样做。”

斯皮维良久地注视着洛根。最后，他打开一个薄薄的公文包，拿出一块大开本示读板。“如果您能过一遍这个，我会深表感激，恩格先生，想想您从您……有趣的习作中了解到了什么。”

洛根考虑过拒绝。现在，在餐厅等候他的同事们可能开始担心了。或者也有可能，他们已经喝得语无伦次，以为他已经上床睡觉了……

他接过示读板。确定身后的摄录模块能够记录下他的一举一动,洛根把拇指放在翻页按钮上,接着开始浏览。他阅读时,整辆豪华轿车内鸦雀无声。终于,他出声道:“我不信。”

“现在您明白我为什么坚持要您核对我的证件了吧,恩格先生。这样一来,您就会知道这绝不是恶作剧。”

“但这个片段……”

“您还没看到实际录像呢,它可比数字生动得多。我来。”他熟练地调出正确的数据页面,“这是高空侦察飞艇拍摄的,位置是印度洋,我国迭戈加西亚海军基地上空。”

现在,洛根面前出现的是洒满月光的海景。

近乎停滞的热带空气中,海水闪烁着银光。突然,海面有八个位置变平了。尽管画面里拉近了视角,洛根还是能够看出,涟漪构成了一个完美的八边形。

说时迟那时快,低洼刚刚出现,又突然凸起,现在外面又出现一圈更小的凸起,总共二十处。屏幕侧面的读数急剧下降,洛根吹了声口哨。

隆起的海水再次坍塌,速度远比正常重力作用导致的下坠快得多。这次共四十九个凹洼。中间的八个点陷得太深,摄像机根本无法拍到。

接着屏幕突然亮起。几根明亮的条纹向上刺出,与海面垂直,速度快得洛根来不及看清。转瞬间,它们就消失了,只留下衍射出的一圈圈涟漪,涟漪扩散开来,继而消退,最后,一切又归于平静。

“这是最好的例子，”斯皮维评论道，“伴随着地震活动，跟西班牙地震有相似之处。”

“哪儿……”洛根问，声音嘶哑，“海水到哪儿去了？”

上校微笑着，那笑容冷淡而又神秘，“差点儿碰到月球了，距离在月球直径的三倍以内。当然，那时海水已经很分散了……您还好吧，恩格先生？”斯皮维上校的脸上突然流露出真诚的关切，他向前探了探身子，问道：“您想来杯喝的吗？”

洛根点点头，“好的……谢谢。我想我迫切需要喝一杯。”

尽管车里的空调仍在沙沙作响，但有那么一瞬间，他还是感到呼吸困难。

DEL网络序号. A69802-11 格林尼治时间.2038/04/06 14:34:12 用户G-654-11-7257- aab12美联社新闻提醒：7 + 关键词选择：“环境保护”“动物权利”“冲突”

国际鱼类和家禽协会与“无肉”动物权利组织之间的冲突持续不断，有时甚至会出现暴力对抗，今天的事态发展出乎意料。令许多人感到惊讶的是，北美盖亚教会的主教团已经介入，力挺全世界最大的猎鸭组织。

倍受尊敬的伊莱恩·格林斯潘，华盛顿州的领袖姊妹，本月的主教团发言人表示：

“我们对所有证据进行了调查，判定在该案例中，狩猎或者食用动物均不会伤害我们的母亲。相反，国际鱼类和家禽协会的活动显然大有助益，值得称道。”

对于教会长期以来反对屠杀温血动物，格林斯潘则解释说：

“我们反对食用红肉的立场经常被误解。我们并不是从道德层面反对食用肉类。从本质上讲，吃或被吃都并非邪恶的行为，因为这显然都是盖亚计划的一部分。将肉类作为日常饮食的一部分，人类就是这样进化的。

“我们之所以发起这场运动，是因为大量放牧的牛羊正破坏地球的大部分地区。大量人类急需的粮食因作为牛羊的饲料遭到浪费。而且，培育转基因食用肉畜，比如肉用阉牛，令人深恶痛绝，野生动物最后的尊严已被剥夺，它们没有抗争或者逃跑的机会，只能苟延残喘。

“听过国际鱼类和家禽协会代表的陈述之后，我们发现这些反对意见并不适用于他们。

“相似地，我们反对狩猎的明确立场基于野生动物的稀缺性，尤其是与作为主要捕食者的人类相比。但这并不适用于那些猎人数量少、负责任、有运动精神的地方，也不适用于那些猎物种类可再生的地方。

“与我们最初的预期截然相反，我们已经确定，国际鱼类和家禽协会的猎鸭者恰恰在最热心的环保支持者之列，他们耗资百万，收购并保护湿地，追踪污染环境及偷猎的恶徒，而且能够规范自己的行为，这确实令人钦佩万分。据我们估计，任何完全禁止捕猎的做法，都会给硕果仅存的迁徙路线带来灾难性的损失。因此，本教会裁定，国际鱼类和家禽协会的做法，对社会有益，对盖亚有益，愿神赐福于他们。”

事实上，这种出人意料的事情早有先例。例如，三十年前，该教会发起了反对出售废弃军事基地的运动，在他们看来，让这些基地保持现状，远比作为商业资产出售好。

然而，对于今天的声明，“无肉”组织的发言人只这样评论道：

“这将北美盖亚教会的虚伪推向了新的高度。杀戮就是杀戮，谋杀就是谋杀。所有的动物都有自己的权利。国际鱼类和家禽协会及其新盟友可要小心。他们对别人做过什么，或许很快就会报应在自己身上！”

当被问及这番话是否是暴力威胁时，这位发言人拒绝详谈。

生物圈

在理解“合作”和“竞争”时，纳尔逊·格雷森遇到了麻烦。两者被认为是意义相反的词，但他的老师却声称，二者在本质上没什么区别。

在内心深处，纳尔逊尚且对此有所怀疑。

“我还是不明白，教授。”两人再一次见面时，尽管很不情愿，他还是承认了这一点。每次沃灵博士对他进行这样的指导时，他都担心她最终会放弃教他，因为他思维迟缓，因为每讲一个理论点，他都需要教授举出简明易懂的例子。

她脸色苍白，坐在桌子对面。这可能只是因为她花了太多时间在四号方舟下面那座废弃的金矿里，跟那些来路不明的陌生人协作，进行神秘调查。纳尔逊更担心她的健康。

她看起来很虚弱，但目光依然坚定，“为什么不从你真正理解的地方开始，纳尔逊？”

他强忍着，没有去查阅便笺板。有一次，沃灵博士打了他的手，因为他不断翻看便笺板。“尊重你自己的想法！”那时她斥责道。

“好吧。”他轻声说，“盖亚理论认为，地球将始终是生命的宜居之所，因为生命本身不断地改变着这颗行星。否则，它会像火星一样，永远陷入冰河时代。或者像金星一样，温室状态失控——失去所有的水。”

“实际上，可能更接近金星，而不是火星。”她表示赞同，“作为一个水世界，地球离太阳相当近，接近宜居带的内边缘。那么，我们如何避开金星式的陷阱呢？”

对于这个问题，他有一个现成的答案，一个标准答案：“早期的藻类和细菌通过海洋化学反应吸走大气层中的二氧化碳。它们把碳束缚在自己的身体上，这些碳最终沉淀到海底。这样一来，大气层就变洁净了——”

“也更容易被热辐射穿透。”

“是的。因此，热量能够逃逸，而且即使太阳的温度变得更高，海洋也可以保持湿润。事实上，四十亿年来，气温几乎一直没变。”

“包括冰河时代？”

纳尔逊耸耸肩，“微不足道的波动。”

他喜欢这句话，喜欢它脱口而出的感觉。他昨晚练习过这句话，希望有机会能用到。“比如近来所有人深感忧心的变暖问题。当然，这确实会带来可怕的后果，植物大规模的枯萎可能近在眼前……也许连我们人类也难逃一劫。但这并非什么稀罕事。再过一百万年左右，平衡就会恢复。”

珍·沃灵点点头，似乎在说他的认知有对也有错。正确之处在于，二十一世纪的温室效应的确不是地球恒温箱首次向上波动。或许错误之处是，他认为这次波动跟以往没什么两样。

*不要偏离主题！*他提醒自己。这就是知识分子谈话时容易出现的问题。面前会出现许多岔路，除非坚守原则，否则你永远也无法抵达目的地。就在六个月前，他还设想着将“知识分子”和“原则”这样的词汇用到自己身上呢！

“那么，”沃灵博士边说，边将两手交叠，“生命以恰如其分的方式，不断改变着地球的大气，以维持适合自己的环境。这是有意为之吗？”

她诱导性的问题让纳尔逊短暂地感到有些不快。然后，他意识到，她只是想当个好老师，让他学起来更加轻松。“这是极端盖亚假说。”他回答，“据说，内稳……呃，内稳态……生命的平衡行为……都是有意为之。虔诚的盖亚教会信徒——”

出于对恩德贝莱的尊重，纳尔逊选择措辞时格外小心，“——声称地球的历史证明，有那么一位神祇，设计了这一切。

“还有中庸的盖亚假说……信奉该假说的人们声称，地球的行为举止跟活的有机体无异。它拥有生物的全部特性。但他们不说这是有意为之。如果这个有机体拥有意识，那只可能源自我们人类。”

“没错，继续说。”她提示道，“标准的科学观点是什么？”

“那就是弱化的盖亚理论。该理论认为，自然过程以某种可以预知的方式，跟诸如海洋和火山一类的东西相互作用……陆地的钙元素流失等方式。因此，天寒地冻时，二氧化碳便在大气中累积，但温度过高时，气体会被排出，热量再次散失。”

“那么说来，这是个周而复始的过程。”

“是的，但要有各种内在的稳定性。不仅仅是温度的稳定。正因为这样，许多人才从中瞥见了构想的成分。”

“确实如此。但我之所以让你复习所有这些内容，是因为这些跟你的问题有关。如何才能将‘竞争’视为‘合作’的近亲呢？

“想想寒武纪吧，纳尔逊，二十亿到三十亿年前，那时，海洋中的绿藻真正开始吸收空气中的所有碳元素。告诉我，它们释放进空气里的又是什么呢？”

“氧气。”他很快给出答案，“透明的……”

她摆摆手，“暂时忘掉这些吧。想想生物效应。记住，氧气支持燃烧。这是——”

“毒素！”纳尔逊抢着答道，“没错。这种古老的细菌是恨——”

“厌氧的，是的。尽管是它们自己将这种腐蚀性气体制造出来的，却无法妥善处理。学习如何在自己制造的废物中生存，这无疑是个经典范例。”

纳尔逊眨眨眼睛,“那么……那么要适应这种状况,必然要承受压力。”

沃灵博士露出微笑,她的笑传达的不仅仅是满意。其中包含的鼓励让纳尔逊感到温暖,又使他感到困惑。

“没错,”她说,“盖亚面临着一场危机。氧气污染带来的威胁可能终结一切。然后,某些物种偶然发现了正确的生化解决方案——利用全新的高能环境。如今,你在身边所看到的一切几乎都是那些适应性较强者的后代。少数存活下来的厌氧菌被放逐到酿酒桶里和海底。”

纳尔逊点点头,渴望她眼中的神情能保持得更久一些,“所以盖亚继续发生变化,变得更好——”

“更微妙。更复杂。”

努力思考让他感觉有些头痛,“但是……听起来二者同时存在!这是合作,因为引发变化的物种必须一起变化。你懂的,猎人和猎物,捕食者与被捕食者,都是相互依存的。

“但这也是竞争,因为每个物种付出的努力都只是为了自己!”

沃灵博士心不在焉地拨开一缕银丝,“很好,你已经领会到本质的悖论。我们都曾在某个时刻,对死亡这种奇怪的事情感到困惑——死亡似乎如此让人无法接受。我们生来就厌恶死亡。然而,没有死亡,就不会有变化,也根本不会有生命。

“达尔文证明,地球上每个物种都会尝试繁殖更多子孙,远远超过更新换代所需要的数量,这一过程残酷的淘汰率表露无遗。换句话说,每个物种都试图让自己的同类遍布全世界,所以必须由外部因素来制约。

“这一普遍特征意味着,狮子不仅不能和羊羔躺在一起,它甚至不能彻底放松地和其他狮子躺在一起!至少得睁着一只眼。”

纳尔逊看着她,“我……我想我明白了。”

她敲敲桌子,坐了起来,“你听我说,咱们举个更好的例子吧。你了解神经系统吗?”

“你是说大脑之类的?”纳尔逊摇摇头。一个人几个月能学到多少东西?该死的!即使使用超文本,要在这么短的时间掌握这么多的知识,还是不可能。

珍笑着说:“这很简单。我们得用全息影像。”

她肯定早有计划,一句轻声的指令,桌上投影仪就显示出了人类头盖骨的剖面图。当然,纳尔逊认得这骨骼的轮廓。早在三年级的时候,孩子们就开始学习大脑的两个半球——大脑的两侧如何以不同的方式“思考”,而这两个半球又如何以某种方式相互组合,形成一致的思维。

一个人的年龄越大,对这些问题的了解就越深刻,但有时候并不是朝着积极的方向发展,这就像十几岁的少年拼装出断层扫描工具,以获得自己大脑的实时活动图像一样。目的并非增强自我意识,而是为了学会“瞌睡”——根据需要来释放大脑本身的天然鸦片。感谢女神，纳尔逊从没受到过这种诱惑。但他目睹了它对朋友们的影响后，甚至差不多要认同那些想取缔自我扫描设备的家伙了。

“看到这个复杂的蓝色网状结构了吗？”沃灵博士问，“这些是神经细胞，数以亿计的神经细胞，其相互连接的繁复程度，计算机科学家们用尽他们的纳米解析设备，也无法复制出如此纷繁的结构。每个突触——每个微小的非线性电子开关——都将自己毫末的切分闪光贡献给整体，而整体则远远大于各部分的总和——强烈的驻波构成了思维的交响乐。”

要是我也能说出这样的话就好了。他暗暗盼望，又立即责怪自己连这种梦都不该做。他干脆希望自己也能得诺贝尔奖得了。

“但仔细看看，纳尔逊。神经细胞所占的体积实际上很小。剩下的是水、淋巴液、神经胶质细胞结构，以及其他绝缘体，它们为神经提供养料，以防止它们发生短路。

“现在，咱们换个思路，想想胎儿的大脑。”

剖面图缩得更小，结构变得更简单。隆起的圆顶里面，现在已经看不到令人目眩的蓝色花饰了。

“没有神经，”珍继续说，“而是数百万基本的原始细胞，几乎无区别地、发疯似的分裂。那么，这些细胞中的一部分变成神经细胞，而另一些却只成为普通的支持型细胞，这是怎么回事呢？这一切都是计划好的吗？”

“嗯，当然是有计划的！存在于DNA之中……”纳尔逊的声音逐渐变小，因为他注意到她正注视着他。她一定会将脑细胞与这颗行星的情况做类比。但他看不出其中的联系。

有计划，好吧。但怎么计划？是不是婴儿的头骨里存在着某个小家伙，像解读设计图一样解读DNA，然后说："这个！变成神经细胞！那边那个！变成支持型细胞！"

还是以更简单的方式完成……

"呃！纳尔逊突然抬起头，对上她那双冰冷的灰色眼眸，"原始细胞……互相竞争……？"

"变成神经细胞，没错。卓越的洞察力，纳尔逊。这里，仔细看。"珍触碰另一个控制按钮，头骨边缘那些极小的点闪烁着彩色光芒。"在这些地方，神经生长因子分泌并进入大量的原始细胞。每个控制点发生的化学反应都有所不同。每个细胞的编码告诉它，遇到这样或那样的生长因子混合体时该做什么。如果它恰好正确组合，就会变成神经细胞；如果没有，便会变成支持型细胞。"

色彩从每个分泌部位散开，纳尔逊着迷地看着。这里，红色和白色相互融合，形成了独特的粉色。他处，蓝色的刺激物与绿色的发生重叠，形成复杂的旋涡，就像搅拌过的油漆一样。

"而且，"沃灵博士继续说，"这些细胞也会分泌自己的化学物质来压制邻居，很像植物发动的悄无声息的化学战争……"

纳尔逊抓起自己的控制装置，将画面放大，从而能看得清楚些。他看到细胞扭动着，推挤着，努力想浸泡在色泽最亮的地方。

不同的化学组合似乎会触发不同的行为……这边,疯狂的生长使成功的细胞形成了紧密的神经束。那边,稍显稀疏的网络中只有少数赢家,其细长的附肢好似蜘蛛腿。

“就像……不同的混合方式会营造出不同的环境,对吧?就像不同数量的阳光和水在这里形成沙漠,在那里却形成丛林?就像……生态位?”

“很好。我们知道,当一个生态位遭到破坏或出现衰退时,会发生什么。不可避免的是,这种情况会影响整个生态系统,甚至是关联甚小的其他生物。但继续想下去,细胞如何应对不同环境的不同需求?”

“它们会逐渐适应,我想。所以……”纳尔逊转身面对他的老师,“这就是适者生存,对吗?”

“我向来不喜欢这句话。”但她还是点点头,“你又说对了。只是在这里,它们争夺的‘食物’并非真正的食物,而是进一步生长所需的混合物。如果细胞获得的物质太少,我们不妨说它离死不远了。可如果是作为星形胶质细胞或其他支持型细胞,它还会继续存在。只是失去了成为神经细胞的可能。”

“好神奇,”纳尔逊嘟囔道,“那么,我们大脑中的神经之所以那样排列,就是因为那些分散的小腺体?因为它们不断释放出不同的化学物质?”

“可不仅仅是分散那么简单,纳尔逊。位置恰到好处。稍后我会告诉你,男孩出生之前的睾丸激素数量的一个微小差别,会造成怎样的重大变化。当然,出生以后,学习便成为主导因素,和此前的一切同样重要。但没错……这部分真的很神奇。”

沃灵博士关掉投影装置。纳尔逊揉着眼睛。

“进化和竞争在我们体内进行。”他敬畏地说。

她笑着说:“你真是个聪明的小伙子。我不会告诉你,我学生中有多少人做不到这一点。但你想想看,这样的方法能够让整个地球上的生命变得完美,同样在我们的体内起到关键作用,这的确是合乎情理啊。”

“那么,我们的身体就像……”

她没让他说下去,“这次讲得够多了,绰绰有余。去喂你的宠物吧。做些练习。我在你的示读板里放了些阅读材料。下次上课前复习一遍。还有,别迟到。”

纳尔逊仍然眨着眼睛,头脑一片混乱,他站起来,准备离开。过了很久,他才模模糊糊地想起来,离开前,她踮起脚尖吻了他的脸颊。但那时他确信那一定是他的想象。

纳尔逊负责的范围扩大了,从循环穹顶的调节池及喷泉,到雨林栖息地,再到强化水晶玻璃下,大角斑羚伸展腿脚的封闭平原。两只狒狒陪伴在他左右,就像大臣簇拥王子,或者更像是学徒跟随法师。因为无论纳尔逊走到哪里,神奇的事情都会发生。

我说要有光，光便流泻而下。夜间巡视时，他心想，我说要有水，水便涌起，供动物饮用。

当然，语音感应计算机使这一切成为可能。但就算是复杂的系统，也没完善到足以管理这样一个地方。至少没有人类的专业知识不行。

如果缺乏专业知识，不如就盲猜？

连续的晋升让纳尔逊感觉既开心又恼火。

毕竟，我真的一无所知！

的确，他似乎能分辨出某些动物何时会生病，何时空气或水里有问题需要解决。他有一种架设高空过滤器的诀窍，可以让草长得很好，但这些都只是猜测而已。他拥有的才能是人口密集的育空地区无法想象的，但才能无法替代知识。

接着，纳尔逊着手做事，他像个烦恼的巫师，指着导管，命令它们开启，让屈膝机器人去做杂活儿，自己则揉搓并品尝着树叶……始终担忧自己其实并无天赋。这就像是某位任性的仙女教母开的一个大玩笑。不知道这天赋从何而来，似乎也随时都可以撤销。

在珍给他的阅读材料里，他碰到另一个短语——“白痴学者”，顿觉羞愧难当，他怀疑这说的就是自己。

人贵自知。不然，做人还有什么意义呢？

于是他边巡视边点头，倾听着左耳边的纽扣播放器播放的内容。纳尔逊一有空就学习。他学得越多，就越痛苦地意识到自己的无知。

席格和内尔会帮他的忙。他指着一块水果,它们就会赶紧去把样本取回来。究竟是什么基因魔法,让它们能理解得这么快?他很纳闷。

也许它们跟我一样。也许从某种程度上讲,我也是只猴子。

那天傍晚,他带着两只狒狒巡视,强度远超以往,它俩都非常顺从。纳尔逊脑海里思绪翻涌。

有高中的画面……运动队和部落……合作和竞争。

他父母的身影,肩并肩努力工作,长时间埋头苦干,力求在各自的行业有所成就……竞争与合作。

细胞和身体的画面,还有物种和行星。

合作与竞争。它们当真一般无二吗?怎么会这样呢?

对某些行业而言,冲突似乎是难以避免的。就拿经济学来说吧。白人移民布凯利博士发给纳尔逊几篇文稿,对企业资本主义大加称赞,在企业资本主义的环境中,对个人成功的追求会带来优质的商品和高效的服务。“看不见的手”是苏格兰人亚当·斯密很久以前创造出的一个命题。

相对而言,有些人仍然提倡社会主义的“有形之手”。在非洲南部,像布凯利这样的世界主义者凤毛麟角。更多时候,纳尔逊听到的是对货币经济“没有灵魂”的嘲笑,外加对家长式平等的颂扬。

这场争论听起来就像生物学界那场探讨盖亚是否有感知能力

的辩论。某些不可知论者将这位传说中的世界设计师称为“盲人钟表匠”。对他们来说,创造不需要有意识的干预。创造本身是个过程,竞争是基本要素。

虔诚的盖亚信徒们怒不可遏,予以反驳,称他们的女神既不盲目,也不冷漠。他们谈及这样一个世界,在这个世界里,太多的东西结合得太紧密,只有团队协作才能实现,别无他法。

一而再,再而三,一成不变的二分法。对立方之间的冲突。但如果他们是同一枚硬币的两面呢?

他希望能够在沃灵博士的参考资料中找到答案。然而,通常情况下,那些阅读材料留给他的只是更多的问题,没完没了的问题。

最后,他关上了最后一道强化密封门,带着席格和内尔回家去了,将所有那些动物抛在身后。他真的有点儿嫉妒那些动物,因为它们没有过于复杂的烦恼。它们不知道自己被关在了一艘危如累卵的救援船里,搁浅在一片病入膏肓,或许已经奄奄一息的大陆上。它们不知道这支救援船队中还有其他的方舟,如同传说中的圣杯一样,散落在世界各地,保管着那些永远无法取代的东西。

它们无须理解事情因何而起,当然也无须搞清楚如何应对。

纳尔逊知道,这些事情,留给船长及其船员去操心好了。对于那些时刻保持警惕的人们来说,这就是他们特别关心的问题。

DEL……尽管人体的细胞都携带着一样的遗传基因,但它们并非完全相同。任务不同的细胞各司其职，对于整体而言，每个都至关重要。如果并非如此，如果所有细胞都完全一样，你就只会得到一个毫无差别的肿块。

另一方面，当一小群细胞不愿受到约束，竭尽所能地希望达到唯我独尊的地位时，你就会遭遇另一种熟悉的祸患——众所周知的癌症。

这些和社会理论有什么关系呢？

国家常被比作生命体。因此，或许可以说，旧的国家社会主义将许多国家变成懒惰迟钝、一事无成的废物。同样，继承财富和贵族地位是自私的癌症，吞噬了众多其他大国的心。

进一步类推——这两种社会疾病极其普遍，且具有较强的破坏性，其共同之处在于，只有某个国家的免疫系统变弱时，它们才能肆虐横行。在这里，我们指的是信息的自由流动。精英是错误的根源，贵族制度秘密地蓬勃发展，不惜一切代价来维护其地位。

然而，无论对于生物，还是生态系统而言，理想的生活结构都是能够自我调节的——必须能够顺畅地呼吸；血液和精确的数据必须能够流经每个角落，否则，该结构永远无法茁壮生长。

对于复杂的人际交往来说更是如此。

——《透明的手》，双日出版公司，版本4.7（2035年）【DEL超级访问代码1-tTRAN-777-97-9945-29A.】

全息球

棱锥形的四号方舟光芒闪耀，珍目睹它逐渐升高，与空中的繁星相迎。至少这是乘坐笼式电梯，摇摇晃晃地降到干燥的地下时产生的视觉效果。

电梯井道的四壁被轿厢的裸灯照亮，看上去很迷人。层层叠叠的岩石闪烁着光辉，从珍眼前掠过。这些岩石极有可能是来自古代海床、湖床或其他什么地方的沉积物。关于种、目乃至整个门类的兴衰故事，应该会在这次穿越时间的旅程中被揭示出来。但珍患有选择性近视，这堵墙上的作品她完全看不清楚。

当然，任何科学家，甚至理论家，都能独自搞定一切的日子已经一去不复返了。珍历来以挑战传统闻名于世，就像一根搅屎棍。但她的每篇论文，每次分析，都是基于堆积如山的数据，这些数据由成百上千名实地工作者精心收集并遴选，而且远在她动手研究之前就已经存在了。

我总是依赖陌生人的能力。

她已经为理解地球的历史建立了理论框架，但她却不得不依靠他人，首先发现并列出细节。只有这样，她才能在原始数据中找到规律。

那么，这的确很讽刺。她，被某些人誉为现代盖亚主义活着的创始人——这场运动已经经历了无数个阶段的异端兴起、宗教改革和反宗教改革。然而，当盖亚母亲的日记出现在她面前，明明白白地书写于岩石之上时，她却变得目不识丁。

很讽刺，没错。珍欣赏悖论。就像在短短几个月内，一切行动可能都徒劳无功、毫无意义之时，收一个新学生。

跟我的生活一样不得要领……跟所有人的生活一样毫无意义，如果无法消灭阿莱克斯的恶魔的话。

当然，这样称呼它不太公平。从某种意义上讲，她的孙子是人类的捍卫者，率领他们人数不多的团队与恶魔斗争。然而，珍还是对这个男孩有些愤怒。在这个荒唐的角落，那东西正在蚕食地球的心脏，珍无法撇清他和地底下那个可怕东西的关系。

我们每个人都有多个意识，她心想。每个人的内心深处，都充斥着各种各样不和谐的声音。尽管有了脑化学平衡和心智培育的新技术，内在的自我时不时地还是会固执地思考一些不公平的想法，让我们说出不该说的话，事后却追悔莫及。这或许不好，但人类本就如此。

爱默生说过什么?“愚蠢的一致性是心胸狭窄之妖。”可以说,她始终遵循这句格言。看着岩壁滑过,珍下定决心,要给阿莱克斯发条信息以示鼓励。在这样的艰难时刻,寥寥数语对他来说可能也意义重大。让她恼火的是,自己似乎只有在远离电脑、信息嵌板以及电话时,才会想起这件事。

而且还有安全问题,她心想,很清楚自己是在找借口。

建大博士是库维内兹坦戈帕鲁团队的负责人,他非常注意避免走漏风声。关于他们造访此地的真正使命,他要求珍不要向恩德贝莱方面透露半句。她只能告诉他们的东道主,这项任务对盖亚母亲来说至关重要。幸运的是,到目前为止,这个理由已经足够了。

但等地球开始摇晃时,这理由还够充分吗?

建大要求得到整个矿区的地图。关于紧急计划和逃生方案、堤坝屏障和含水层压力的讨论令人不安。珍觉得心神不宁,一想到恩德贝莱的热情好客换来的可能会是背叛,她就深感抗拒。

一次只做一件事,她告诫自己。现在最重要的是,他们已经上线,把机器的搏动力加入所有团队合力中去,这是阿莱克斯精心策划的方式,用来诱捕下面的恶魔——奇点。

她陷入沉思,几乎没有注意到空气逐渐变暖。阴湿的臭气从地下更深处传来,数十年的渗水未经抽取,已经填满了矿井地势低洼处。幸运的是,电梯惊险地通过了这些区域。珍推开嘎吱作响的轿厢门，顺着一条由一串小灯照亮的隧道向下走去。

在这里和其他类似的矿井中，旧日的白人寡头从世界上最富有的国家之一攫取了财富。如果投资得当，黄金、煤炭以及钻石的矿脉可能会供白人和非白人的子孙们享用数代，即便矿产早已耗尽。如今，绝大多数的黑人行政区并没有因种族主义指责过去的寡头政治。毕竟，他们自己也实行部族分离。让他们恼火的是更为简单的事情——盗窃。巨大的财富被盲目的家伙们挥霍一空。

今天，窃贼的后代们虽然清清白白，但却沦为难民，在遥远的土地上痛苦过活，而受害者的后代们同样没有过错，却将那可怕的怒火承继下来。

凝结的水珠闪闪发光。珍的脚步声在外廊中回荡，犹如死气沉沉的游魂匆匆掠过。最后，当她接近建大团队选择的空旷洞穴时，前面灯火通明。那边的拱形洞顶之下，放置着他们从新西兰带来的设备。中间隐约可见一个光芒闪烁的圆柱体固定在岩床上。

当她抵达现场时，那位沉默寡言的日本物理学家愠怒地瞪着她。显然，虽然这些是她帮忙获得这块场地的回报，但他对她提出的条件，仍然感到不满……每次操作都要提前通知她，并要她在现场见证。

“上次扫描，出了什么问题?”她问道。

建大耸耸肩，“夏威夷群岛东南部发生了几次震动。没什么可说的。网上几乎没有评论。”

当然,她没办法核实他说的话。除非她自己发送搜索程序,但这会不可避免地留下痕迹。因此,她依靠开放的消息渠道,这些渠道似乎没有注意到全球范围内发生的一连串小骚乱。当然,最终肯定会有人发现一些规律。例如,夏威夷恰好位于该地点的对踵点。只要从那里画一条线,差不多穿过地心……

……穿过地底那鬼东西……

珍颤抖起来。她在数学建模方面并非一无所知。但翻看阿莱克斯的某篇论文时,才翻了仅仅两页,她就完全迷失在朦胧的虚幻迷宫中,感到头晕目眩。她仍然想象不出他们的敌人是何种模样。微乎其微,重若丘山,纷繁复杂——这就是其致命的本质。从孩提时代起,珍就最害怕那些无形的危险。

“还剩五分钟,沃灵博士。”一名技术人员从他的岗位上抬起头说,“我给您倒杯咖啡吧?”他友好的微笑和建大愠怒的态度形成鲜明对比。

“谢谢你,吉米。不了,我想我最好现在就去做准备。”他耸耸肩,又跟同事们一起投入工作中,双眼盯着显示屏和全息影像,他们的手要么紧握遥控器旋钮,要么戴着电子遥控手套。珍从他们身旁走过,前往分配给她的角落,在那里,她勉强被允许戴上自己的静默输入设备。她戴好设备,让全息显示影像环绕在周围。

她咳嗽,打呵欠,清喉咙,咽唾沫——引出此起彼伏的色波,让该装置捕捉所有下意识的动作,进行补偿设置。要是能用自家电脑,这个过程会迅速且全自动。置身此地,没了所有的个性化设置,她的终端无法变成另一个自我,她只好每次都从头来。

雾气消散在虚空之中。珍调高了设备灵敏度……

……一只猛虎突然出现,朝她扑过来,**咆哮着,**然后又迅速地退**回到**

背景之中……

……**亮点**(画虚线)以及(跳动)……

……**闪烁的文字和配图**……

即使她的下巴或喉咙发出的最微小的信号,也可能被解读为一个命令。她一只手放在灵敏度旋钮上,集中精力消除被机器解读为生僻词汇而不断出现的错误。

很少有人使用静默输入设备,同理,也很少有人在街头演杂耍。操作此类精密系统,大多数人都会陷入混乱。任何心智健全的人都会一直被明显不相干的因素干扰,许多话上升到低声喃喃或几欲脱口的程度,外在意识几乎无法察觉,这种装置却会以画面和声音将其完全展现。

那些跃入你脑海的曲调……那些你通常会忽略的杂念……那些在脑海中闪现继而显示的记忆……那些付诸实践的冲动……常常会从心底涌起，搔弄着你的喉咙，你的舌头，差一点儿就要发出声音……

当她想着这些话中的每个字，右边就会出现几行字，仿佛速记员正从她静默的思维中记录内容。同时，在左侧外围，外推子程序进行了几次模拟。手持小提琴的小个子男人，闭着一只眼微笑的面庞……幸好该装置只能读出最外层的、表面的神经活动，那些与语言中枢有关的神经活动。

初问世时，这种静默输入设备被誉为飞行员的福音——直到高性能喷气机开始纷纷扎向地面。将每一种冲动付诸实践，我们就会经历一万次冲动。加快选择和决策过程，比加快反应时间更有效，这也是做判断的捷径。

即使作为计算机输入设备，对大多数人来说，它也过于敏感了。这意味着在详细阐述或者写作时，最细微的内心反应都可能会被真实地呈现出来，令人倍感尴尬，这样一来，自然极少有人还想要它带来的高速了。

如果开发出了真正的脑机接口，势必引发更大的混乱。

不过，与普通人相比，珍拥有两大优势。一是她对于尴尬的恐惧低于平均水平。二是她有自己思想的清晰内影像。

尽管现代已有证据证明，人格包含许多子自我，但大多数人并不真的相信。对他们来说,处理杂念是控制的问题,而不像珍认为的那样,是协商。

我拥有年龄优势,不易鲁莽冲动。想象一下,将这样的机器交给青春年少、性欲旺盛、激素过剩的男性飞行员!那恐怕是最愚蠢的事情。

想到这里,她突然记起了托马斯,在那个炎炎夏日,他驾驶着他的实验性小型齐柏林飞艇,将她载到空中。当时,此类事情很罕见,又很浪漫。在约克郡上空,他把她紧紧拥在怀中,她金色的秀发在他视线中飞舞。他那么有青春气息,那么有男子气概……

谢天谢地!这种输入装置无法解读她生动记忆中的任何细节。但因为她将灵敏度设得极高,多彩的闪光填满了整个显示器,与她的情绪相匹配。又一次,一只生有糖果条纹的猫科动物在角落里嗅来嗅去,低声叫着。

回窝,老虎,她命令她的图腾兽。那生物吼叫着,悄悄溜走,消失在视线之外。当珍有意识地承认所有外来冲动时,屏幕上的缤纷色彩消失了,平息了它们之间无关的喧嚣。

时钟嘀嗒作响。当它走完一分钟,珍的面前出现了一张地球内部的图像——一个复杂的多层球体。

这并非她用意念建构出来的,而是来自建大团队的直接反馈。在地核深处,一条程式化的紫色曲线显示出他们的敌人——贝塔的运行轨道。因为稍早时候受到四台坦戈帕鲁谐振器的推动,其轨道已经发生了轻微偏移。

在该包层之外,有一片蓝色区域,超导电流在软化的地幔通道中突然闪烁起光芒——那是附加能量暂时汇聚带来的效果,建大团队需要汇聚能量,才能在未来推动贝塔黑洞。她听着技术人员持续汇报的实时进展。等运行轨道将贝塔带到一条可能的路径后,他们就会启动“凝视者”——阿莱克斯异乎寻常、不可思议的发明——释放出相干引力波,再轻轻地推他们的敌人一把。

珍感到肾上腺素激增。无论结果如何,这都是值得铭记的时刻。她希望自己活得够久,有朝一日可以为他们所做的一切感到自豪。

见鬼,我内心深处并不在乎什么自豪感,我只想活得更久。

在内心深处,我有那么点儿期待永生。

这种奇思妙想自然会引发连锁反应。于是,从想象的某个隐秘空间,不知什么东西让静默输入设备在她眼前展现出一连串镶着金边的字眼。

……如果这是你想要的,我的女儿,你就能得到。很久很久以前,我不是已经向你保证过了吗?

珍笑了。她低声回答:“是的,妈妈,你保证过。我记得很清楚。”她摇摇头,深感惊讶,感慨即使过了这么多年,自己的想象仍然有如此清晰的结构。“哦,我真了不得。真的。”

珍集中精力，即便盖亚女神或者她内心其他不相干的角落继续输入信息，她也不再理会。她专注于已经定好的计划，专注于地球。

DEL

对埃费人[1]来说，不断扩张的丛林只不过是另一种需要应对的入侵者。甚至在那些高大人类到来又离去之前很久，就有许多关于其他入侵者的传说。

对于卡乌——俾格米小分队的首领而言，森林比另一个世界真实得多，也直接得多。那时他穿着遥远工厂缝制的衬衫，手端卡宾枪，在一支名为“扎伊尔军”的部队效力，是该部队“童子军”的一员。有件事毫无疑问，那些高大人类比任何丛林都更容易取悦。你可以利用他们的贪婪、迷信或虚荣，得到丛林不愿给予的各种东西，如果他们有的话。

那些妇女，比如他的妻子乌洛克比，过去常常在莱塞人的花园里做工，以图分享收成。那时卡乌和他的兄弟们可以随心所欲地狩猎，其中大多数猎物都换了纸钱。他们自诩跟祖辈们一样，是技艺高超的丛林民族，当时，山上还没有弯弯的电线、管道以及伐木道。

现在，莱塞人一去不返。花园、道路、卡宾枪和军队也不见踪影。取而代之的是连绵不断的雨……还有一片连卡乌的曾祖都从未见过的丛林。现在，卡乌尝试牢记并教给孙辈们的技能，他自己

① 一群生活在刚果民主共和国伊图雨林的兼职狩猎采集者。

都曾经认为它们稀奇古怪。

这一切都很古怪。旧时的地区诊所关张后,现在许多孩子都夭折了。然而,埃费人的数量却有增无减。卡乌无法解释这一点。但那时,人们已经不愿再费劲解释什么了。

如今,他们发现,又一批新的入侵者正从树林中攀爬而出。黑猩猩,从它们曾经最后的堡垒向外扩散,数量也在增加,它们已经归来,想要夺回旧日的领地。

“它们好吃吗,爷爷?”有一天,他年纪最大的孙子问道。当时猿群正在他们头顶的树冠中觅食,他们则从下方路过。卡乌回想过去,记起他年轻时曾经吃过的猩猩肉,味道倒也没那么糟糕。

但后来,他又回忆起,在莱塞人村庄后面的空地上,经常会用一块破旧不堪的屏幕放映电影,埃费人则会蹲在那里观看。其中一部影片讲述的故事令人不安,内容全是关于猿猴的,片子里的猿猴能口吐人言,却在高大人类的疯狂都市里遭到误解和虐待。他记得自己当时很伤心——甚至把它们视为自己的兄弟。

“不好吃。”卡乌没有停下脚步,同时即兴发挥地告诉孙子,“它们的心智几乎可以跟人类相比。咱们只有在饿得要命时才吃,以前从来没遇到过那种情况。”

没过多久,有一天他醒来时,发现他的小屋旁边有一堆水果。卡乌认为这两件事之间没有任何关系。他没必要将二者联系起来。

外逸层

特蕾莎恢复了知觉，有那么疯狂的一瞬，她觉得自己仿佛同时身处两地。

梦之假象尚未散去，她懒洋洋地躺在贾森温暖的身旁，感到心满意足。听着丈夫的呼吸声，感受着他那魁伟的身躯——其重量和力量——就在片刻前，她还欣然接受了他的雨露，创造出他、她以及整个世界的统一体。

与此同时，她又清楚，与贾森的亲近是虚幻的，基于类似但完全不同的现实的。

没什么要紧事儿，第三个声音怂恿道，恳求她做出让步。不用出任务，就在这幻象里多沉浸一会儿吧。

于是，她试着继续假装。毕竟，“相信”有时不就能让梦想成真吗？

不，成不了真。而且，你现在已经醒了。

不管怎样，她继续纵容自己，只不过想要更自私些。贾森是去某个遥远星球单程旅行了而已。

她不用睁开眼睛，就记起自己如今身在何处。冰层给出了答案。即使在几公里之外，格陵兰的冰川仍然让她的感官有些迟钝，使她失去平衡，使她摇摇欲坠。就像倾斜的床垫似乎要将她拉向身旁那沉重的躯体。

他不怎么抽搐，她的思绪转移到那个睡在身旁的男人身上，他离她不到半米，魁梧的身躯在泡沫橡胶垫上压出一个坑。贾森以前经常会突然抽搐一下……就像狗梦到自己正在追捕兔子一样。

结婚时，女人必须适应很多，所以两人刚成家时，贾森夜里的某些举动让她有些失眠。但最糟糕的是，他会毫无缘由地突然停止呼吸！他轻柔的鼾声会戛然而止，这会让她突然惊醒。

咨询过基地的外科医生，又查阅了十几篇学术参考资料，她才确信，轻度间歇性呼吸暂停发生在成年男性身上其实并不值得担忧。渐渐地，她对这一切习以为常了。抽搐、鼾声、突然的停顿。事实上，对她来说，这些曾经让人不快的习惯变得熟悉、舒适、平常了。

然而，当你习惯了某个人。当你体会到世界其他任何地方都无法带来的安全感。当你感觉一切都好。一切都从你身边被夺走的时刻就会再度降临。这该死的世界。

眼泪有个好处。当你从睡梦中睁开眼睛，它们能够消除那种令人发痒的“生锈抽屉”效应。她眨动眼睛，模糊中挤出泪液，小屋清晰地呈现在眼前——那是一间隔热的预制板房,用的是经过固化但没怎么加工的松木肋材。家具很少,很简约—— 一张小写字台、几把椅子、一张桌子,桌上放着两支用过的蜡烛、两个玻璃杯和一个空酒瓶。敞开的衣橱里放着不多不少六套换洗衣服,其中最令人印象深刻的无疑是那套北极服,可能穿着它在火星上工作,都不需要做什么改动。

如果有人能登上火星的话。

房间里弥漫着各种各样的气味,蜡烛的味道、机器的味道……还有其他一些气味,特蕾莎承认这些气味让她心情复杂。让她产生一种极其强烈的矛盾心理。

比如说,她自己的气味,她的汗味,她的洗发水味。而所有这些都跟浓烈的男人味儿混杂在一起。

"早安,爱玛。"

她仍然枕着枕头,转头望向他,与他那双淡蓝色的眼眸对视。*他一直在看着我*,她意识到。*他那么安静。我还以为他睡着呢。*

"嗯,"她揉搓双眼,擦去泪痕,"早。几点了?"

拉尔斯朝她头顶扫了一眼,"还很早呢,嗯。你睡得好吗?"

"好。很好。"她把枕头靠在床头板上,坐了起来,用被子遮住双乳。由于他几小时前全神贯注的研究,它们仍在愉快地搏动着。他那样专心致志,那样孜孜以求,或许有人会以为他想要牢记它们,牢记她娇躯的每处轮廓。

感觉很不错。一直很不错。女人需要不时的欣赏与崇拜。有好些合适的理由支持该论点。他是个好男人。他们的快速扫描血检结果没有任何问题。她太久没有享受过鱼水之欢。而且特蕾莎清楚,她没有说梦话的习惯。

特蕾莎靠清单过活。它们就是让心灵平静的现代咒语。通过检查逻辑清单,她应该对这次邂逅感到满意。不过,她仍有一种莫名其妙的心理,固执地寻找让自己内疚的理由。

“我……要收拾东西。”她说。

“才六点呢。我希望你能多待一会儿。我来做早餐。我已经把冰川的冰融化好,准备煮咖啡了。”在日本,他们以每公斤五万日元的价格购买质量最好的万年蓝冰。当然,在这里,人们不需要支付运输或制冷费用,甚至不需要支付资源消耗税。古老的冰川就在前门外,数以十亿吨计。

“今天早上还有个调查需要我扫描……而且飞艇会来接我,就在一千五百……”

“爱玛,我觉得你想要离我而去。”

她一直逃避他的目光。现在,她迅速抬头看了他一眼。啊,她心想,*那样对着我微笑不公平!*

对于那个住在她心底的少女而言,拉尔斯就是她渴望的一切。他体格健壮,兼具力量和耐力,却很温柔,双手长满老茧,摸起来很有感觉。他脸上总是洋溢着喜悦,显得异常坚毅,双眼却又保留着一丝纯真。这样青春年少、风流倜傥的小伙子对她充满热情,这让特蕾莎很高兴。这能够调节她的情绪,提高她的自尊。

见鬼,昨晚简直妙不可言。如果消耗一夜孤独可以说是“妙”的话。而且,很明显,一夜足矣。

她抬起手,抚摸着他的脸颊,他早晨的胡茬带来的刺痒感觉使她兴奋起来。在这一瞬间,现实已经足够完美。当他的手温柔地沿着她的纤腰向上抚摸,最终落在她一侧乳房上时,她发出了一声叹息。百分之九十五是出于愉悦,剩下百分之五可以见鬼去了。

“不,拉尔斯。我不觉得我必须得离开你。”

当他俯下身对她耳语,特蕾莎认识到另一种让她对此感觉良好的方法。“爱玛。”他喃喃念出她护照上的名字,也就是这段短暂经历中她扮演的那个女人的名字。

以爱玛的身份,她紧紧依偎着他,又叹了口气。

当她要启程时,斯坦·戈德曼陪她去了机场。那艘小型载货飞艇已经系泊,它透明的侧翼朝向太阳,将所有可用的能量集中到内置光电池上。

他们一同走了很长的路,穿越空阔的冰碛带,两人各自想着心事。“这儿,看下这个。”斯坦突然说,带着她向左走了几米,“你看到那个了吗?”

“看见什么了?”她看见他正指着一堆乱石。

“昨天，那些石头还摞成一堆。我把它们放在那儿的。今天，石堆却坍塌了。”

特蕾莎点点头，“地震。”在手提箱里，她装着最近当地低强度地震增加的相关数据，数据是由最精密的仪器收集的。“斯坦，为什么要用那个低配的地震仪？”

年长的物理学家笑了笑，说：“亲爱的，永远不要把所有信心都寄托在复杂的小玩意儿上。这跟只相信信仰、数学或自己的感觉一样糟糕。”

实际上，特蕾莎在“公交司机协会”的绰号是“证明给我看”·提克哈娜。她点头表示赞同，“我会努力记得。”

“很好。上帝赐予我们双眼和想象力，信念和理性，热情和固执，各有各的用处。”他踢了一脚落下的石块，“恐怕用不了多久，越来越多的人就会怀疑有事发生。”

到目前为止，网上只有少数模糊的消息来源对全球范围内的地震活动进行了评论。但她知道斯坦特别担心的是什么。“他们找到那架飞机了吗？”她问，“南极的那架？”

他摇了摇头，“他们认为它坠毁了。但飞行应答器没有任何反应。你听过那位臭氧科学家的报告了吗？他声称看到有东西在空中一闪而过。他提到的位置与飞机已知的最后位置相符……那里也是我们最近的激光束发射点。”

“恐怕我们已经造成了第一起伤亡。”

特蕾莎原谅了斯坦的疏忽。也许他把那些在乌有乡丧生的人排除在外是对的。毕竟,那场灾难是一次真正的意外。然而这一次,尽管采取了所有的预防措施,他们还是应该为这起事故负直接责任。团队里的每个人都清楚,在彻底结束之前,这次冒险甚至会让人类付出更多生命的代价。

有那么几分钟,他们默不作声地走着。特蕾莎想到冰上的裂缝,地上的裂隙,空中的雷鸣。

她还想到,呼吸新鲜空气的感觉多美妙,冰川风拂过她皮肤的感觉多美妙,活着的感觉多美妙。

"我希望能和你一起去。"他俩走近正上下摆动的飞艇,斯坦说,"只要能跟阿莱克斯和乔治谈谈,了解整个局势的发展情况,我愿意付出任何代价。使用这台从动谐振器虽然能看到地球内部,但画质实在太糟糕。主谐振器肯定让阿莱克斯更加清晰地看到了这头野兽。"

特蕾莎意识到,他一定很羡慕拉斯蒂格,羡慕他有机会绘制出其对手的解剖图,因为那家伙实在太微小,除非使用测量原子的单位来测量,否则根本行不通;其密度却比中子星还要高。"我会让他请下一名信使给你捎一张图像。你可以把它放在床边,跟埃伦和孙子们的合照摆在一起。"

她温柔的调侃使他咧嘴一笑。"你来办吧。"

他站在舷梯旁,伸出手来。她却直接搂住了他。我还要告诉埃伦,她是个幸运的老女孩。

她抬眼看向斯坦身后,看到一个高大许多的男人站在旷野边缘,身旁停着一台圆柱形的大起重机。他的手很可能已经被机油弄脏了,她心想,又回忆起即使拉尔斯洗过澡后,他的皮肤仍然散发出的、刺激性极强且令人兴奋的引擎味道。

他们已经道过别……她答应以后会给他发信息,或者来看望他,他大概知道她只是说说而已。于是,他只是举起手,对她温柔地笑笑,笑容里没有任何遗憾。

美国宇航局认为,她仍然身在澳大利亚一个与世隔绝的度假胜地。随机网络清单不可能显示她在地球另一端飞来飞去。

不过每时每刻,都有数百万人乘坐各种各样的交通工具在空中掠过,从游轮到经济型的"牛车",再到像这样的不定期货船。这也是返回新西兰的旅程包含几段浮空航程的原因,在这样两段航程的间隙,她可以偷偷在坦戈帕鲁有限公司涡轮螺旋桨飞机那长长的通道上溜达。特蕾莎在一扇舷窗边坐下来,看着船员们解开系绳,独自一人,沉思良久。

两个男人目送她离去。一个在停泊点挥手,另一个则在更远的地方,站在敞开的整流罩旁边。然而,当飞艇因突然释放的浮力发生颠簸时,特蕾莎的目光却移到了临时跑道之外;移到那座圆顶的建筑之外,斯坦的团队在那里筹划着捕捉地底的恶魔;移到那道石头矿坑之外，调查人员在那里寻找远古浩劫的线索。她喘着气扫视辽阔的大冰原，但即使是这片广阔冰原也无法吸引她的注意力。特蕾莎感到心头一振。小型齐柏林飞艇的发动机发出轻快的嗡嗡声，似乎跟她脉搏的节奏形成了共鸣。

在航程中发生风流韵事，倒也不是前所未有。但每次她都感觉自己似乎再度坠入爱河。这是一种独立于所有世俗热情的浪漫，更加坚定不移，怡然自得。

并非速度，她想，*而是行为本身，正让她逐渐摆脱束缚*。

在比落日更远的地方，她感受到那些遥远行星的吸引力，甚至渴望追随到那里。

飞起来了……她心想。

于是，特蕾莎将双臂抱在胸前，稳稳坐好，享受这次漫长的环球之旅。

DEL

埃尔维斯驾驶着一辆白色的大凯迪拉克，徜徉在开阔的州际公路上。

一定是他。否则，大量飞轮巴士和通勤飞艇的乘客声称看到的东西……一缕烟尘如火箭喷焰般拖曳在什么东西的后面，太快太亮，仅凭肉眼无法捕捉其踪迹，这要如何解释？

眯起眼睛，你或许能看到他坐在方向盘后面，一边用一只手操纵方向盘，一边拨弄着电台调节钮，然后伸手去拿那罐永远喝不完、总是冷冻着的啤酒。“谢谢，亲爱的。”他对旁边的金发女郎说，同时踩下油门。

V8发动机的轰鸣声，代表自由的汽油味，吹过他发梢的阵阵清风……埃尔维斯放声呐喊，举起一条手臂，向所有真正的美国人，向那些仍然信仰他的美国人致意。

某些网络八卦杂志满是他的照片，照片模糊不清。自以为是的技术挂们声称这些照片都是伪造的，但这丝毫不会影响到那些忠实拥趸。

他们热衷于收集二十世纪的老式豪车，给爱车抛光，省吃俭用只为参加一年一度的高速公路疾驰赛，在最近的雅园圣地聚会，享受一天的铬合金与音乐，速度与荣耀。

他们会把车停在沿途的废弃加油站里，查看那阴森森的地方，寻找他路过的痕迹。某些人声称找到了用过不久的泵，读数为零，但不知为何仍然散发着高辛烷燃料的气味。另一些人则指出他刚刚留下的醒目黑色轮胎印，或者声称郊狼午夜嗥叫时，唱的都是他的音乐。

埃尔维斯驾驶着一辆白色的大凯迪拉克，徜徉在开阔的州际公路上。

否则，如何解释人们发现的那些痕迹，在褪色的黄线上如仙尘般闪闪发光？

如幸福时光的花粉……如水钻闪耀的光华。

地核

秋风跨越一万三千公里的辽阔海洋，用足够的时间加速，获得能量和动力。海浪和潮汐也是如此。在这段漫长的时间里，它们都逐渐变得技艺纯熟。因此，当它们遇到岛屿的顽强抵抗时，它们就握紧泡沫拳头，攀上陡峭的岩石，愤怒地摇晃，以示抗议。

阿莱克斯站在小屋的窗前，聆听这场暴风雨的声音。即使在屋里，他的指尖也能感受到每一次轰鸣。大浪的拍击每回都让玻璃窗格不停震颤。暴雨突然对屋顶发动了袭击，倾泻着愤怒，把屋顶弄得如战鼓般轰隆作响，然后如来时一样匆匆退去，被风驱遣，去到其他地方。

悬崖以外，海面上方，光芒闪耀的背光云列阵前进，时而分散开来，让月亮在浑浊的海面上短暂洒下珍珠光泽。

多么孤独的颜色，他心想，难怪人们说月光是为恋人播洒的。

它会让你想要有所依靠。

阿莱克斯在回忆。回忆起他曾以这样的天气为友。

学生时代，他常在诺福克的沼泽畔、堤坝上散步，在暴风的呼啸中，从剑桥一路走来。当然，很少有像这样的强风。毕竟，复活节岛位于浩瀚的海洋之中，完全暴露在风中。然而，北海过去也曾奉上过一些令人印象深刻的表演。

在当地人看来，身披雨衣的他，脚蹬长筒雨靴，离开校园，大步走进狂风暴雨之中，无疑是愚蠢的。但这并不重要。暴风雨带给人们生动或强烈的感受，世间没有什么能够与之相提并论。那一年，面对考试的折磨，他真切地感觉自己需要生气和力量。其他人渴望艳阳天，以便在康河撑船，但对阿莱克斯而言，天空展现出的力量似乎提供了更有价值的东西——一剂良药，安抚了他在数学领域感受到的、幽灵般的虚无缥缈，缓解了他青春期那些反复无常的躁动。

有一次，当他在一场雷雨中行走时，感受着雷声和闪电带来的震撼与快感，突然醍醐灌顶，深刻地洞察到交易性量子力学的奥秘，这一灵感引导他写就了第一篇重要论文。还有一次，他对着暴雨呼喊，希望它能给出解释，告诉他为何英格丽德……是的，这是她的名字……为何英格丽德抛弃了他，投入了另一个男孩的怀抱。

一般说来，雷声给出的只是些并不相干的回答。不过，或许正是这种轰鸣本身净化了人们的心灵，而这种净化恰恰是待在室内的英国人无法企及的。无论原因究竟是什么，经历过暴风雨的洗礼之后，他通常全身湿透，筋疲力尽，如释重负。

但现在，诺福克的沼泽和农场已被淹没，堤防最终还是向大海屈膝投降。现在回想起来，那些曾经困扰阿莱克斯的问题似乎变得微不足道。如果能用如今交换过去的一切，他没什么不能舍弃的。

从他身后的黑暗中传来一阵窸窣的声音。“阿莱克斯？你睡不着吗？”

他转过身，此刻，月光短暂地照进了小房间，形成梯形的光斑。琼·摩根半躺在倾斜的光影中，一只胳膊撑着床，注视着他。“对不起，”他说，“我没想吵醒你。”

她的微笑带着一丝倦意，但很温暖。琼的金发乱蓬蓬的，一侧压得扁平。“我伸手摸去，”她说，“你没在。”

阿莱克斯深吸一口气，“我要去趟实验室，很快就回来。”

“哦，阿莱克斯。”她叹了口气，下了床，身上裹着被单。她走过狭窄的地板，伸手抚摸他凌乱的头发，“如果继续这样下去，你会累死的。你得多休息。”

她身上有种令人愉悦的味道——与大多数男人相比，阿莱克斯更看重这一特点。*不过，也有一些女人的香气让我觉得……呃，不重要。*

琼身上不存在类似问题，他非常喜欢她。很可能，这只是一种无法言传的互补——信息素的正确联结。对他来说，露西和英格丽德全身散发着女神般的气息，他回忆着……这是两人的相似之处，虽然她俩截然不同，且跟他相恋的时间间隔十多年。要是一方面的互补，就能证明各方面都互补该多好。他心怀怅惘地想，那样的话，我们只需要在对方耳朵后面嗅一嗅，就能找到完美的伴侣了。

“我没事，真的。轻松多了。”他耸耸肩膀，伸了个懒腰，“你可以做个专业的按摩师了。”

她的眼睛似乎在眨动，“那当然，有机会我会考个执照给你看。”

“我完全相信。还有……谢谢你这么有耐心。”

她抬头望着他。因为这似乎正是他所期望的，因为他知道自己真的应该期望这一幕。阿莱克斯将她揽入怀里，吻了她。然而，整个过程中，他一直受着良心的谴责。

她配得上更好的。比你现在能给予她的好得多的。

当然，她也有自己的回忆和痛苦。当他抱着她，阿莱克斯想知道她对他的感觉是否也跟他对她的一样，感激多过爱恋。

有时候，只要有人可以拥抱就足够了。

到达实验室时，阿莱克斯问候了值班的技术人员。他们则依次向他们的巫师，他们的英国白人专家挥手致意，这位专家专门研究罕见的恶魔以及驱魔手段。其中有几位在高处的脚手架上攀爬，脚手架围绕着微光闪闪的引力波谐振器，他们负责对它进行必要的维护。距离下一次团队行动已经不到几小时，因此几乎所有人都在利用这个间歇补觉。

我们这些有能之人。

他坐在自己的位置上，操控着面板，点亮显示屏，却没有使用静默输入设备。最近，他无法控制好这台过于敏感的装置。它捕捉了太多杂乱无用的浅层思维，通过他紧绷的下巴肌肉以及反复出现的喉咙发紧，这些想法持续表现出来。

好吧，他硬下心肠想。最近的死亡人数是多少？

阿莱克斯调出了特殊数据库，该数据库是他为追踪自己的过失而建立的。仅过片刻，最左边的显示屏将媒体报道的"事故"清单列出，发生的时间和地点恰好跟他们发射的其中一道激光束相吻合……一艘齐柏林飞艇被撕裂……一场小规模海啸……一架飞机不知去向……一艘长约一千六百米的淡水油轮尾部被削掉。

当然，没有我们的介入，其中一些事情也会发生。

是的，当然。意外时刻都在发生，特别是在海上。这一时期的海洋沉积物由大量人造垃圾、沉船和不计其数的其他残骸组成。

但看着这份清单，阿莱克斯知道其中有些永远不会加入海底的增长层的行列。而有些，十有八九在地球上已经不复存在了。

他想到了特蕾莎·提克哈娜，他认识的第一个在这场奇异战争中痛失至亲的人。她已经原谅了他，甚至现在还帮忙共挑重担。毕竟，跟百亿人的命运相比，少数人的性命算什么呢？

但如果我们没能成功呢？那些男男女女将被剥夺的是何其宝贵的几个月。这几个月，他们本可以跟家人、爱人共度，享受夏日的晴空或降雨。他们甚至被剥夺了道别的机会。

情况还会变得更糟,因为这个项目始终进展得格外顺利。直到昨天,四个谐振器都各自独立工作。几乎每道凝视者光束都出现在一条直接穿过地心的直线上。这四个地点彼此之间相隔的只有汪洋大海。

但现在,他们已经拥有正确的参数。每次扫描,都会发现贝塔,他们的恶魔,在不断悸动。每次反射放大引力子时,它也会经历一次反冲。这些反冲力开始累积起来。很快,如果幸运的话,其轨道槽将会从地球水晶般的内核中脱离出来。

由此,棘手的部分开始了——两个或多个站点要开始协同扫描。在保密的条件下执行这样的计划异常困难,但阿莱克斯并没有因此却步,他只是担心这样做会不可避免地造成更大的伤害。从现在开始,激光束每次都会出现在不同的位置,他将面临艰难的抉择。

他是否应该因为激光束可能会给某片郊区带来轻微损害,就放弃一条路线?而广阔的郊区多如牛毛。如果发生在至关重要的阶段,又当如何?延迟射出激光束,或许会在一周期内失去对那怪物的控制,或者十……甚至永远?

无论如何,只有一小部分的激光束会与地表世界发生作用。大多数会悄无声息、无踪无影地掠过。阿莱克斯只是开始拼凑一些线索,来解释为何有些激光束会如此,而其他的则跟地震断层、海水,甚至人造物体发生戏剧性的关联。不幸的是,他们没有时间来搞清楚一切,他们只能继续下去,只能顺势而为。

全息图像显示了地球最中心的区域。粉红色的内核中仍然包含着极其微小的黑洞,但他的伊基托斯奇点已经近乎消失。再过一天,它就会小到看不见了。

然而,另一个物体比以往任何时候都重。贝塔动作笨拙而又迟缓,它上升,盘旋,然后再次下坠。在阿莱克斯看来,它似乎在愤怒地抽搐。

似乎每天他都会收到乔治·哈顿发来的编码信件,询问那恶魔奇点究竟从何而来。佩德罗·曼内拉在华盛顿负责该项目的干扰工作——通过曼内拉能找到的最安全的渠道,来传送他们之间的信件——信件中还会加上曼内拉自己始终感到不解的问题,是谁创造了这东西?这些白痴在何时何地让它落下去的?是否有证据可以提交给国际法庭?

下周,阿莱克斯将不得不亲自回答。了解了这么多,却仍然无法得出结论,确实令人沮丧。但有一点可以肯定,贝塔的生平有些古怪。

它必然是原生黑洞。这东西的存在不可能少于十年。而且这是必要条件,否则没有人能将它制造出来!

在液态的外核上方,下地幔闪现出些许浓暗不同的绿色,描绘出缓慢发生对流的塑性晶体矿物的上万种细部特征。某些流动看上去平稳且极富耐心，就像是信风，另一些则是尖锐的气旋，朝着遥远的地表刺去。

虚线表示强烈的磁场和电场——这是琼·摩根对这个模型的贡献。大多数气流缓慢移动，一成不变，就像热涡流。但还有些模糊的蓝色条纹，微光闪闪，像是弯曲的细线，即使在他实时观察时，那条纹仍然忽明忽暗地闪烁着——这就是他们刚刚发现的超导域。纤细脆弱、短暂易逝，却是凝视者光束的能量来源。

*它们发生变化了吗？*阿莱克斯感到疑惑。他每次观察时，交错的线状图案似乎都有所不同，令人目眩。

突然有个声响吓了他一跳，但值班主管只是从自己的控制台向外瞥了一眼，让他放宽了心。“新几内亚即将与非洲联手攻击，巫师。别担心。我们还可以再休息四个小时。”

阿莱克斯点点头。“嗯，很好。”他暗暗叹了口气。*琼说得没错，我的确把自己搞得太累了。*

他很感激她陪在自己身边，尽管他喜怒无常，不愿直接展现自己的欲望。当然，这是一种战时的同志情谊，活在当下，不搞什么“拉拉扯扯”啊，追求永恒啊、承诺啊这样虚无缥缈的东西。当世界本身似乎都成了临时落脚之所，人们往往就不会那么在意这些东西。人们会对自己得到的一切心存感激。

除此之外，琼至少让他再度体验到男女欢爱的滋味。

也可能是“凝视者”的原因，阿莱克斯想。尽管这台机器具有潜

在的破坏性，但每当它突然射出强大的能量光束，他仍会感到激动不已。从来没有人创造过威力如此巨大的东西。这些短暂出现的射线，能量强到即使远在一个星系之外都能被探测到……只要有人在正确的时间，朝正确的方向观测，并将仪器调整到正确的频率。

他轻触一个按键，发现计算机已经完成了对他下一代谐振器的设计方案的修改——这台谐振器是直径仅有一米多的球体。蛛网花纹点缀着完美的晶体结构。即使仍在模拟阶段，它也很美观，尽管他们可能永远没有机会使用它。

他稍做修改，然后把文件存好。阿莱克斯打了个哈欠。也许他现在可以睡觉了。

不过，他还是逗留了几分钟，观看下一次激光脉冲发射。进入倒数阶段。贝塔的图像在一条蓝色脉冲通道下方经过。突然，在阿莱克斯的注视下，黄线向内侧伸出，锁定目标——乔治·哈顿的新几内亚谐振器及位于南非的谐振器同时向内发射激光束。两道光束在地核深处汇聚，正中目标。

贝塔跳动着。蓝色线条跳动着。通过这样的组合，什么东西如荧光灯般闪烁着。转瞬间，一道明亮的白色光束向外射出，以新的角度穿透层层外壳，径直射向外部空间。

阿莱克斯读取了脉冲激光的数据，将反冲系数与预先计算的反冲系数做了比较，发现匹配度在百分之二十以内。那之后，他才眨眨眼睛，暂时放下手头的工作，直奔出口。

北美。恰好在人口稠密的大陆中心。他叹了口气。好吧,不管何时何地,该来的注定要来。

他没有受虐倾向,没有坐下来等待伤亡报告。以后还有足够强烈的罪恶感等着他。现在,他的任务就是休息。至少他并非孤单一人。他偶尔会在睡梦中发出呻吟,琼却似乎并不在意。

然而,在返回小屋的路上,阿莱克斯经过一条湿滑的窄径,穿过起伏不定的潮湿草丛时,却突然被一道闪电炫目的光芒笼罩。

闪电并没有完全把他吓住,因为暴雨也像高地上来往的车辆一样隆隆作响,空气中弥漫着离子的气味。尽管如此,他还是惊得跳了起来,因为突如其来的闪光让他隐约发现黑暗中有几个人影——僵直、高大的身影,它们的影子似乎向外探出,好似张开的手指正抓向他。第一道闪电落下的瞬间,以及随后伸手不见五指的几秒钟里,阿莱克斯突然感觉自己已经无路可走。他的心剧烈地跳动着。下一道闪电只是强化了这种被包围的印象,但持续时间太短,看不清那里究竟有些什么东西或者什么人。或者,到底有没有东西存在。

借助第三道闪电,他才看清在昏暗山坡上潜伏的是些什么东西。阿莱克斯长出一口气,肾上腺素喷涌。上帝。我一看到那些东西就被吓得半死,准是神经过敏。

那无疑只是些雕像……不如说只是些怪异的巨石,很久以前,由悲观、狂躁、与世隔绝的拉帕努伊原住民竖立在这里。

他们预见到末日即将降临，他俯视着那排令人生畏的雕像暗自思忖，但关于末日到来的缘由，他们的理解却错得离谱。他们以为只有神祇才能给这个世界带来如此浩劫，但此处的灾难恰恰是人类引发的。

阿莱克斯对古代的复活节岛人深感同情——但这只是一种高高在上的同情。归咎于神灵，恰恰方便他们转移对真正罪魁祸首的指责。武器设计者、树木砍伐者、毁灭一切者，人也。

更多的雨打在他身上，在他帽子和衣领下找到入口，冰冷的细流顺着他的脊背倾倒下去。他仍然望着那些庞大雕像中离他最近的一座，不由得心生厌恶。电光再次闪耀，在那深沉的眉毛下面，暴露出对比鲜明的黑白图案。噘起的嘴唇紧缩在一起，表情愠怒地表达着不满的情绪。

一百多年来，我们了解得愈发透彻。任何外部力量都无法与人类的破坏力相提并论。我们成功地避免了核战争？我们只是用达摩克利斯之剑交换了更加糟糕的……

这里有点儿不对劲。阿莱克斯体验到一种熟悉的不安感——这种感觉似曾相识，就像头痛前的紧张——当他误入歧途时，这种感觉经常给予他警示。他能感觉到这些用玄武岩雕成的古代巨像若有所思地凝视着他。当然，这是个暴风雨之夜，更容易陷入迷信的沉思——然而，他还是觉得它们似乎想要告诉他什么。

过去,我们的祖先总是认为所有的灾难都来自外界,他想。但我们这代人更清楚这是怎么回事。现在我们知道,人类才是罪魁祸首。我们以为……

阿莱克斯在这个想法消失前逮住了它。闪电又来了,这次离得那么近,震耳欲聋的雷声摇撼着他的身躯。

……我们以为……

他知道那只是静电,在他周围发出噼里啪啦的声响。大气的电荷平衡,仅此而已。然而,阿莱克斯第一次听到……真正地听到了他的祖先必定听到过的声音,他们也像他现在一样,站在雷声隆隆的天空之下。

下一道噼啪作响的闪电震撼着空气,向他怒吼着。

……不要以为!

阿莱克斯气喘吁吁,踉踉跄跄地倒退着,一个突如其来的念头让他震惊不已,这个想法比他所了解的一切都更令人头晕目眩,心惊胆战。忽然间,那些巨大的雕像让他感到毛骨悚然。在雷声中,他听到心生嫉妒的众神发出了愤怒的咆哮。

DEL **当格陵兰岛和南极的冰原完全融化,世界预计将被淹没的区域。**【DEL 网络卷宗 A-69802-111,格林尼治时间 2038/04/11 14:34:12 数据投射请求】

爱沙尼亚、丹麦、英国东部、德国北部及波兰北部的大部分地区。

荷兰。

西伯利亚西部(西方平原)乌拉尔山脉以东,连接黑海、里海及亚速海,接近北极。

利比亚低地、伊拉克。

印度斯坦和印度河流域。

中国东北部分地区。

新几内亚西南部及延伸到澳大利亚东部沙漠的大海湾。

亚马孙河下游和拉普拉塔山区,尤卡坦半岛。佐治亚州、北卡罗来纳州及南卡罗来纳州的大部分地区。

佛罗里达州、路易斯安那州……

岩石圈

洛根没理会腕式传呼机哔哔的响声。不管是谁来电，他们都得等到他的双手不再颤抖。此外，在这场灾难带来的嘈杂声中，如此微弱的声音很容易被忽略。

警笛长鸣，紧急救援车辆勇往直前，穿过那条黑暗孤寂的道路，驶往刚刚发生灾难的地方。在洛根身后，是他乘坐的那架被征召来的直升机，伴随着螺旋桨的旋转，飞行员正通过无线电跟甘霖县治安部门争论，敦促特警队指挥官不要过分激动，要和联邦调查小组多合作。

“……听着！别跟我胡扯废话，说什么州和地方司法机构有优先权。那样的烂箱子，用来装成罐的粪便都不配！你发现任何恐怖分子的迹象了吗？我们看起来像一群杀千刀的环保主义者吗？”

洛根对周围的喧闹充耳不闻。他注视着下方事态的发展，治安官已经赶到，其直升机上的探照灯将现场照得通亮。

置身于色泽偏暗的天然峡谷岩石之下，弗莱明峡坝的残垣断壁如同杂乱、破碎的白牙，闪着微光。部分光芒来自咆哮的河水，河水仍不断从大坝的缺口涌出。大水库中的大多数水已经顺流而下，直奔格林河谷。网络记者们上气不接下气地讲述着将受到洪水影响的地带，从怀俄明州开始，穿过犹他州的一角，进入科罗拉多州西北部，最终再回到犹他州。

然而，弗莱明峡谷差不多位于三个州交界之处，所以上面的说法容易引发误解。事实上，唯一被疏散的城镇只有下游一百公里开外的詹森镇。等洪水到那里时，大部分蓄力已经消耗在摧毁恐龙国家纪念公园无人居住的峡谷上。

无人居住……如果你不考虑那些迷路或惊慌失措的露营者，也不把那一两个倒霉的古生物学家计算在内的话。

洛根不愿去想那些美妙的化石陈列场会受到怎样的伤害。一次只考虑一场灾难就好。他盯着毁于一旦的大坝，想知道这种彻底的破坏是怎样完成的。

本可以做得更经济一些。既然一条合适的裂口就能起作用，何必把大坝炸成碎片？

此外，为什么生态游击队员会想要摧毁弗莱明峡坝？还能记得人工湖下埋葬着河谷的人们都已撒手人寰。无论如何，就连新盖亚派的极端分子都记得，当年摧毁庞大的格伦峡坝时引发的灾难。由此造成的混乱对各方都是一种警示，跟恢复世界的美丽毫无干系。

无论如何，这件事感觉不像出自环保主义者之手。在一个小时的路程内，洛根的同事们想出数十处更可能被盯上的目标……地点，他们忙于改造这片土地，不管最终结果是好是坏。他们在意的是能在公众批评媒体引发热议的项目，而不是既无趣味又没灵气的建筑，就像这座又丑又老的水坝。

不，这肯定又是我们的恶魔所为。

洛根右侧的碎石路上传来脚步声，是乔·雷德帕思，几小时前指派他执行该任务的正是这位助理。这位高大的美洲印第安人梳着两根一模一样的辫子……最近许多大学校园都流行这样的发型，既时髦又彰显个性……不过，置身此地，洛根认为雷德帕思的发型和个性本就如此。

“找到几个目击者，恩格。”雷德帕思言简意赅，“马上送过来。”

“很好。我们何时能得到爆炸本身的卫星扫描图？”

雷德帕思点点头，“他们说要半小时。”

“那么久？”洛根感到一阵不满。

雷德帕思耸耸肩，“斯皮维团队众多。你不会以为我俩是他最看重的吧？天呢，我们不过是备胎的备胎，兄弟。”

洛根直视着那位兼职的联邦探员。他的脑海中闪过许多反驳的话，包括告诉雷德帕思，斯皮维应该优先考虑的是哪些方面。

但是他没有那样做。世界上正发生着一些事情。如果洛根不知晓高层的秘密,至少其调查人员的身份能将他带到那些突发事件的现场……在那里,他或许能够帮忙解开谜团,并且做些好事。

“你怎么看?”他指着支离破碎的大坝说。

雷德帕思又盯着洛根看了一秒钟,然后转身环视事故现场。“根本看不出他们是怎么做到的。”他耸耸肩,“形状都对不上。”

“什么形状?”

雷德帕思双手比画着,“爆炸的形状。不管把炸药安设在哪里,水坝都不会那样决口。”

洛根搞不懂雷德帕思是怎么知道这些的。通过调查其他案件?又或者,也许来自另一方面的实践经验?对社会上最聪明的那部分人而言,与官方的合作是有严格条件的,每种情况都要因事制宜。他完全可以想象,雷德帕思在某种情况下倒向一方,而在时机合适时又转向另一方。

“我同意。缺了一大块。”

当地的探员深吸一口气,双眼扫视着坍塌后的大坝遗迹,接着又呼出一口气,若无其事地耸耸肩,“被冲到下游去了。明早我们会找到那些缺失部分的。”

洛根很欣赏这个男人的托词,他那不可思议的掩饰手段。然而,在这种情况下,这样做根本没用。*他根本就一清二楚,他知道大坝缺失的部分不可能出现在下游!他只是不想承认他和我一样感到震惊。*

他们的驾驶员最终选择放弃，不再与治安官们争论，也关掉了他那响个不停的引擎，喧闹声突然间变小了许多，这无疑是件好事。不管怎样，等待华盛顿的批准，总比被喜欢乱放枪的乡巴佬击毙好得多。

耳边传来更多脚步声。一位身穿国家公园制服的女士走到灯光下，她后面跟着一名中年男子，短短一小时前，雷德帕思暂代她行使职权。两个十几岁的孩子冲向前去，指着被炸毁的大坝，发出敬畏的惊呼声。

“我们……在水库的上游。”被问到时，那位父亲解释道。他身穿钓鱼的衣服，马甲上挂着系起来的苍蝇，还有带照片的露营许可。

“我们上了岸，正准备做饭……这时一切就发生了。”他捂着双眼，“那些夜里钓鱼的钓客们真是倒霉，正好遇上洪水。”

这家伙没什么大用。已经吓蒙了，洛根对他的情况做出判断，他不知道那名工作人员为何要把他带过来。“你最初看到了什么？”他问，尽量保证语气柔和。

他眨眨眼睛，“我们的船丢了。你觉得他们不会问我们要钱吧？我是说，我们应该拿到这趟旅行的退款的……”

有人拉了拉洛根的胳膊肘，洛根转过身。“先生，事故是从一种怪声开始的。”

是其中一个少年，短发，是阳神部落的风格，他指着下面泥泞的湖床，“就是种低沉的嗡嗡声。你知道吗？就像湖水在吟唱。”

他的妹妹点了点头。她比他年纪小些，但几乎跟他一般高，穿着盖亚教会的长袍，跟她哥哥崇拜太阳的装束完全不同。他们家的意识形态环境，洛根只能靠想象。

“那声音很美妙，但却异常悲伤。”她说，“一开始，我还以为是湖里的鱼，你知道的，可能在哭？因为某些人要杀掉它们，吃了它们？”

男孩轻轻哼了一声，厌恶地瞥了妹妹一眼，“那些鱼就是养来给人——”

“那声音持续了多久？”洛根打断了他的话。

两个年轻人都耸了耸肩，动作几乎一模一样。男孩说：“我们怎么知道？后来发生的事情，肯定把我们的主观记忆搞混乱了。”

这就是他们如今教给孩子们的东西，洛根心想。尽管所有的学校都重视实用心理学，但孩子们似乎仍在遴选他们想要吸收的东西。以这件事为例，显然，对于不准确的记忆来说，这个借口用起来很方便，而且貌似合理。

“接下来到底发生了什么？”

男孩想说话，但妹妹捅了捅他的肋骨。“有那么一两秒钟，一切都变得模糊。”她匆忙解释说，“颜色很有趣——”

“就像我们正在进行激光悬吊隧道之旅，明白吗？”男孩脱口而出，“你知道，就像在——”

“于是就有了那道光。那光亮极了，我们不得不回头看。光射向南方……就在水坝这儿——”

“我们无法断定是不是在水坝这儿！我们只有肉眼所见的证据可以参考，我们还要克服颜色的问题……”

哥哥异常恼火，女孩却毫不理会。“当时出现了这样的线条，光的线条？它们向上升，升上天空……就像这样？”她一只手撑着胳膊肘，形成一个角度，指向夜光云。

洛根向她哥哥求证，“你也看到线条了吗？”

他点点头，“只是它们没有像她说的那样上升。她认为所有的东西都是从地里面冒出来的。瞎扯。那些线条是从上往下落的！依我看——”他靠得更近，抛出自己的阴谋论，“是外星人搞的鬼，先生。它们想要入侵地球，使用巨大的太阳能镜……”

他妹妹重重地拍了一下他的肩膀，“你应该说我们亲眼所见的证据！在所有那些愚蠢的……”

洛根举起双手，“非常感谢你们两位。但现在，我觉得你们老爸比我更需要你们的帮助。你们为什么不把访问代码给那位工作人员？如果要了解更多，我们会再联系你们。”

他们点了点头，态度真挚。*基本上都是好孩子*，洛根心想。他也比以往任何时候都心存感激，感觉自己实在不配拥有那么懂事的女儿。他几乎不记得，克莱尔上次发出那样尖厉的抱怨声是什么时候的事了，这尖叫能在二十步之外震碎玻璃，也能打破任何一个成年人内心的平静。

“裂开了！”

洛根转过身子。孩子们的父亲用颤抖的手指着云层中露出的缝隙,那缝隙星光闪耀。“天空裂开了……就像那天我爸妈告诉我的一样。”

“哪一天,先生?”

那人直视着洛根,眼里闪烁着奇异的光,“清算的……日子。他们过去常说,天空将会开裂,可怕的审判将要到来。”

他指了指自己的儿女,“我过去常常取笑这两个家伙信奉异教的神祇。但最近,我觉得好像……好像……”他的声音越来越低,目光呆滞。两个少年瞪大了眼睛,兄妹之间的矛盾突然被抛到一边。那一刻,他们看上去几乎像是双胞胎。

“爸爸?”女孩说着,伸手去扶他。

“离我远点儿!”他推开她。那男人大踏步走到悬崖边,抬肩脱掉了钓鱼时穿的外衣,将它扔到地上。然后,他双膝跪地,望着眼前的废墟。

两个孩子犹豫不决,也许是担心再次遭到拒绝,女孩先跟了上去,她哥哥紧随其后,分别站在父亲的两边,立在瞭望台边缘。但这次,他没有推开他们,而是伸出双臂,搂住他们的膝盖,紧紧抱着他们。尽管警笛长鸣,直升机嗡嗡作响,跌落的洪水仍然发出轰鸣声,洛根还是清楚地听到了那男人的抽泣。

女孩起初略显犹豫,但还是抚摸起父亲稀疏的头发来。然后她看向对面,拉住哥哥的手。

洛根感觉一口气堵在自己胸口。突然,他明白了个中缘由。

如果这家伙是对的呢?

也许并不完全准确。关于这种令人不安的征兆,他给出的原因并不确切。那男孩"外星人"的说法,就像是《启示录》里那些胡言乱语。

而且,直到这一刻,洛根才真正意识到什么才是最危险的。随着时间的流逝,从微不足道的小事,到难以挽回的灾难,各种各样的报告通过斯皮维上校的新数据库蜂拥而来。从海中偶现的悚然幻象,到空旷沙漠中的奇异震颤与尘暴。再到一座大坝突然消失。事态每天都会变得更加诡异。

情况或许真的很严重,洛根想,他深刻感受到日暮时分北方的寒冷。

DEL **世界长期解决方案特殊利益小组**【DELSIG AeR,WLRS 253787890.546】。

令许多人感到吃惊的是,迄今为止,我们已经避免了人们一直谈论的大面积枯萎。新型作物、更优质的管理,外加摆脱许多贪婪的习惯,让我们养活了全世界百亿人口。勉强养活。大多数时候。

然而,解决方案往往会引发其他灾难。所以,专家们看到了这一趋势,预测会出现人口失控的情况,暴增到二百亿或更多,直到人口数量最终让我们深陷此前经常提及的马尔萨斯陷阱[①]。

但看着，浪潮将达到最高点。经过五十年的努力，出生率现在似乎终于得到了控制，而根据联合国人口管理协会目前的预测，到二〇六〇年左右，世界人口将达到一百三十亿。然后，慢慢地，应该会逐渐减少一些。巅峰的数字或许还不算太高，我们能够侥幸逃过一劫。

是现代节育政策让我们绝处逢生吗？（倘若我们还没有被这种政策拖垮的话。）还是别的什么原因？一项新研究【DEL附加数据2037.582392.286-wELt】表明，虽然人类自鸣得意，但我们的努力或许并不值得交口称誉。

为了让全世界一半的女性仅生育一个或最多两个孩子，我们已经耗费了巨额资金，而如今，几乎同样多的钱款被投入研究和医疗援助中去，为的是帮助另一半女性顺利完成一次妊娠。人们已经提出造成此类不孕症流行的种种原因——可能是妇女将生育推迟到高龄阶段，或者是性狂热的八十年代、癌症肆虐和吸毒成瘾的二〇一〇年代遗留的负面影响。但最新研究表明，污染或许才是主要原因。空气和水中的化学诱变剂会导致孕早期自然流产，现在在工业化国家中，化学诱变剂似乎成了避孕的主流选择。

当然，对于某些盖亚教派而言，这只是证实了他们的世界观，即

① 以政治经济学家托马斯·罗伯特·马尔萨斯命名，这种理论认为，对大部分人类历史来说，收入停滞的原因是，技术进步与科学发现仅仅造成人口增加，而没有提高人类的生活水准。

每种不节制的行为都不可避免地招致对抗以及非议，从而恢复平衡。在这种情况下，我们这些活着的人就不会像马尔萨斯预言的那样死去（至少不会大批地死去）；相反，压力环境本身能够恢复平衡，淘汰未出生的胎儿。

该想法残忍且令人不快。然而，时至今日，任何活在过去五十年，且有些见识的人，现在都已经习惯了这些令人不快的想法……

水　圈

黛西又在窥探。

“真见鬼！”克莱尔猛敲椅子扶手。这一次，妈妈实在太过分。她竟然在克莱尔的邮箱外层安装了一个看门狗监视程序！“她真以为我不会留意这种事吗？”

很可能。到该对自家孩子有清晰认识的时期时，太多父母都成了“现实障碍症”患者。即便面对要求严格且成人化的网络世界，黛西或许仍然认为克莱尔还是个孩子。

“我会证明给你看。”克莱尔边咕哝着，边敲出自己的密码。哦，她知道，她不可能凭一己之力搞定黛西。不过，利用她母亲先入为主的想法，或许还是有可能的。

“活体解剖者”是她前几天从托尼那里借来的一个目标程序……这个有趣的小程序在年轻黑客中广为流传，它能把其他程序拆开再重新组装起来，且不留下任何痕迹——即使这些程序还在运行。克莱尔加倍小心地让活体解剖者进攻了她母亲的看门狗。很快，看门狗的“内脏”就陈列在她的检验屏幕上了。

“的确如此，跟我想的一样。”黛西早就设置了小型代理程序，窃取洛根·恩格传递给克莱尔的所有信息。

“他不再是你的丈夫了，妈妈。你就不能别再打扰那可怜的渔夫吗？”

克莱尔小心翼翼地从看门狗身上删除了一个核心部件，用它作为模板。然后，她拨通了她父亲的网络访问代码，并对控制访问他个人缓存的协议进行了杂交测试。果然匹配成功。在洛根自己的安全系统核心位置附近，一些线路发着红光，不断搏动着。克莱尔发出啧啧声。

“懒得要命啊，老妈。利用基因相近的表兄弟来执行相似的任务？还在相互关联的数据库中？你真让我失望。”

其实，克莱尔并不失望。实际上，她感觉松了一口气。比较来自两个渗透者的密码子[①]，她知道也清楚这项技术。毫无疑问，黛西只要试一试，就会让女儿的这个把戏失去作用。虽然不这样做透露出的是温和的轻视，但她母亲可能会情绪更糟——愤怒。当黛西处于后一种状态，没人会愿意跟她扯上关系。一点儿也不。

① 指信使核糖核酸(mRNA)上的由三个核苷酸组成的序列，是基因编码的基本单位。

红线在搏动。克莱尔考虑过一不做二不休，干脆将逆代码也删除。或者写封信，给父亲提个醒。

但是，这样做又有什么意义呢？最多让黛西认罚。然后，她还是该干吗就干吗。

"说到底，她为什么突然对洛根的工作那么感兴趣？"克莱尔满心疑惑。当然，她母亲不支持洛根的事业。但还有那么多工程师，他们的做法更不可取……他们对环境问题更不在意。而黛西似乎到现在还是不甘心放过她前夫，不愿去追逐更大的猎物。

克莱尔咬着嘴唇。在不触发黛西警报的前提下，有一种方法可以搞清楚会发生什么事。那就是让她母亲的渗透者将所窃取信息的副本发送给她，也发送给黛西。

不。她摇摇头，我不会那样做。我会等洛根回来，当面告诉他。

不幸的是，她的父亲正奔波于欧洲各地，从新雇主派他去的每一个地方发回简信。他发来的信息说明有什么事正在发生，这激起了克莱尔的好奇心。

但我会尊重他的隐私，她决定，我不是黛西。

带着这种决心，她谨慎地给父亲发了一条简单的信息，说她想念他，并在最后加上一句：镜子，镜子，老爸。别吃任何模样滑稽的苹果。

这条信息使用的语境代码是她和老爸以前用过的，她过去常常把母亲比作《白雪公主》里的坏皇后，拥有一面无所不见、无所不知的魔镜。

真希望洛根明白我的意思，虽然概率很小。

克莱尔小心地退出那部分网络，将母亲所有的间谍都留在原位。搞定这一切后，她又回去看自己的邮件。

“嗨，克莱尔！”

托尼·卡尔瓦洛那张透着机灵和快乐的脸，从一条短信中冒了出来，那条信息是不到一小时前收到的。要是她在外面修理护根桩时戴着腕式电脑，就能亲自接听他的电话了。

“今晚保罗家有个派对。你知道他住在北主堤旁边，所以我们可以一路散步过去，看看有没有下陷的裂缝。”

他咧嘴笑着，眨了眨眼睛。

克莱尔忍不住露出微笑。托尼在这方面越来越无可挑剔……温柔地施压，同时保证相处的所有时间轻松随性，让她最终掌控节奏。至于今晚的借口，她确实已经很久没有视察过保罗所在的河谷地区的堤防了。托尼不断展现出更多的想象力和洞察力。

克莱尔咬着嘴唇——享受着敏感的神经末梢受到的压力。最近有几次，她让托尼吻了自己，他的热切与粗鲁，以及带给她的愉悦，都让克莱尔感到吃惊。

也许我只是比其他女孩迟钝些，而不是像我想的那样不开窍。

当然，她母亲那代人既早熟，又从骨子里透着疯劲儿，平均十一岁左右就开始性行为——在她看来，这个令人震惊的现实充分解释了当今世界的诸多状况。

尽管如此,或许还是会有过于迟钝的情况……

好吧,不妨看看会发生什么。不管怎样,我可以坚持说自己真的是在堤坝上寻找裂缝。

她面带微笑,拨通了托尼的号码。不出所料,只响了一声,他就接起了电话。

与此同时,黛西·麦克伦农正盯着她私人套房墙壁上流泻而下的大量数据,每组数据都反映出世界的另一处景象。

其中一块屏幕播放着近日怀俄明州大坝坍塌的全景……她的前夫保存照片太过随意,她可以轻而易举地接触到这些照片。考虑到他档案中的其他案例研究,这一系列“巧合”已经远远超出了偶然,进入了敌对行为的范畴。

她联系了自己平素经常使用的消息来源,但得到的顶多是些传闻及模糊的暗示。乌兰巴托一家多金的外侨银行合作机构似乎对这些活动兴趣浓厚。加拿大魁北克省的一个豪门望族同样如此。再就是政府的间谍机构——洛根显然为其中一个工作。它们的信息很难破解,也要冒较大的风险。因为他们有最出色的黑客,其中有些人的技术水平跟她不相上下。黛西喜欢四处嗅探,直到她知道自己拥有足够的优势,去发动一次全面攻击。

一条可能的线索出现在旁边的全息槽中——那是地球的图像,

被切成两半，画出的线穿过剖面图。这封匿名的秘信是今早进入她的邮箱的——毫无疑问来自她全球联络网中的某人。起初，她没有在意。之后，她发现每条线是如何固定在洛根档案中的每个“异常”位置上的。接着，四条线穿过地球的中心，直抵对跖点的四个极宽的椭圆之中。

这意味着什么？到目前为止，她还没有想到答案。正准备将这条线索归入假消息的行列时，黛西发现其中一个椭圆以非洲南部为中心。

怎么回事？珍·沃灵似乎卷入什么很严重的事件里了，甚至极其危险。然后，她突然启程，再次前往非洲南部。这两者之间有联系吗？

现在她想起来了，还有另一个联系。沃灵的同伙以新西兰为大本营。那不是早前地震频发的地方吗？

黛西继续解谜，让她的电子野兽仆从去搜寻和获取新的碎片。她明目张胆地窃取了几家公司的文件，那几家公司属于她多年未见的一位堂兄，但那位堂兄欠她人情，他那种纨绔子弟永远不愿提起。他的一家公司负责从大洋洲传输数据……

慢慢地，线索一一就位。*他们使用华盛顿的通信网络。那确实是很不错的网络。如果不是那次小故障……今早刚刚发生的……也不会被我发觉。运气真好。*

与此同时，目前被抛在一边的，是她工作室最后一堵墙上闪烁着的、她最新的视频加工作品……一部盗版的彩色3D影片,《马耳他之鹰》,专为一帮芝加哥收藏者增添了额外的场景—— 一些作品以最初的形式被"国宝法令"加以保护,这显然令他们感到不满。

迈尔斯·阿彻微笑着,然后朝腹部开了两枪,就像近百年来他屡次做的那样。只是这一次,他的呻吟声是数字四声道的,手指周围渗出的血液增添了三维效果,显得异常鲜艳,根据光谱分析,这种浓淡程度的红色,毫无疑问属于动脉血。

DEL 网络卷宗 A69802-554,格林尼治时间 2038/04/20 04:14 52,用户 T106-11-7657-Aab 历史重演特别兴趣组。关键:"真实性"。

今晨,布鲁塞尔-比利时历史学会的权威招来警察,帮忙驱散三万名身穿拿破仑时代军装的失落历史迷。他们中有些人大老远从中国台北赶来,参加今年的滑铁卢战役重演活动,结果却被拒之门外。许多人愤怒地挥舞着有效的注册表格,宣称他们是这一年一度盛会的官方授权会员。

记者问布鲁塞尔-比利时历史学会会长埃米尔·图森:为什么这么多人明明已经得到许可,临上场了,又被拒之门外?

"在三十五万名申请者中,只有十九万三千名申请者拥有真正手工制作的全套用具——从步枪到制服纽扣。其中,我们预计未到场者超过三成,尤其是在今年齐柏林飞艇经济舱的票价上涨之后。”

当被要求解释这种分歧时,图森表示:

“看来成功反倒给我们带来了负担。除了葛底斯堡和博罗季诺,我们为大家打造的战役重演项目是体验最好的。许多业余爱好者都渴望扮演一名普通的步兵,即使无线电控制的血囊第一天就会在他身上爆炸。”

那为什么要赶走那么多人?

“我们追求的是精确无误。拜托,我们安排的假士兵人数怎么可能比战役真正的人数多呢?这个想法实在太荒谬!

“此外,环保团体经常煽风点火,鼓动人们反对我们。除非我们将踏步声和噪声控制在一定的水平以下,否则步枪时代的场景可能会重现,像当年重演库尔斯克和阿拉曼战役的尝试一样,会以悲剧收尾。”

这样做真的很糟吗?上一个时代,组织上万人四处游行,大玩战争游戏,那场灾难几乎将我们毁灭,现在我们还能负担得起那种消耗吗?

“随着越来越多的男人加入‘战争游戏’俱乐部,真正的战争变得越来越少,这难道是巧合吗?我可以告诉你,我们的男孩们纯粹是来找乐子的。他们可以呼吸新鲜空气,锻炼身体,而那些消极的爱好只会把他们变成彻头彻尾的网虫,甚至瞌睡虫。而且这种游戏几乎没有伤亡。”

可是,战争游戏难道不会促使人们迷恋上真正的战争吗?

“任何一个神志清醒的人都知道,因身上的血囊被引爆而戏剧性地倒在镜头前的经历,完全不同于真刀真枪……不同于真正感觉到步枪子弹撕裂你的内脏,粉碎你的骨头。当我们的成员凝望着战争可怕的结局——那画面里的老卫兵,在最后的战场上倒在血泊之中的场景时,没有一个不潸然泪下。任何目睹过这一幕的人,都不会渴望体验真正的战争。

“迷恋,没错。迷恋总会出现。但这只会让我们更加欣赏自己迄今为止取得的成就。就我们如今面临的所有问题而言,我想任何研究过去生活的学者,都不会愿意跟祖先交换位置,不管其祖先的身份是农民还是士兵,是将军还是国王。”

电离层

月亮在地平线上闪耀，下落的方向不同于以往。几乎正对南方。

当然，在那一刻，所有地磁方向都是大致向南的。这就是跨越北极的小把戏。或者接近北极。

马克·兰道尔随着小号第三型飞船“无畏号”在太空中漂流，他从月球上转过身，俯瞰北冰洋上鄂毕河的入海口，这是灌溉新苏维埃谷地的大动脉。下方的大草原一马平川，充斥着一望无际的暗褐色和绿色。马克用一个词下令。

“放大。”

作为回应，他面板的一部分立刻显示出放大的画面。鄂毕河三角洲跃到他眼前，放大后的细部特征异常清晰。

“准备六号记录表。”他接着下令，标线刻度盖在泥蓝色的狭长地带上，迂回掠过正在解冻的辽阔苔原。传感器追踪着他瞳孔的每一个动作，所以马克可以按他看东西的速度尽可能快地转动镜头。对准十二点二乘三点七的位置……放大八倍。”

“无畏号”观测舱中的主望远镜在磁平衡架上平顺地转向，聚焦于指定坐标。或者至少惯性追踪器说那是正确的坐标。但马克受到与特蕾莎·提克哈娜共事经历的影响，尤其是在经历过乌有乡灾难后，所以他反复查看卫星资料和两个截然不同的地标——沙兰斯基发电站和卡吉尔公司的谷仓，两地隔河相对。“开始录音。”他说。

在这两个地标之间，河水表现出剧烈的动荡——河面的波纹以及河底搅起的淤泥——每种症状都在另一个光学、红外或偏振频带被检测到。一支小型船队在受干扰地区嗅来探去。马克想知道是什么将鄂毕河搅动成这样。“无畏号”接到的命令突然发生改变，准有什么重要原因，使这个简单的窥视任务远远超出了正常的范围。

我要和公会谈谈这件事，马克想，极地作业积累了太多辐射。若没有额外保护或支付奖金，不应延长任务时间。或者至少得有个不错的理由……

当第三型飞船牵涉其中时，就变得特别不方便了。水平起降是飞机起飞和降落时飞行员梦寐以求的技术，但却存在着一种莫名其妙、难以预料且不可纠正的振动模式，意味着高分辨率相机工作时，为了避免最轻微的动作破坏照片，机组人员不得不走到“外面”。这一缺陷将在下一代运载工具问世时得到修复……可能还需二十年左右。

他又说了一遍，命令望远镜以更近的距离对准下方的活动。现在，他能清楚地分辨出挖泥船上的机械，还能看到有人站在低矮的驳船船舷上，往河中张望。马克甚至看到了水里的黑色人影，极有可能是潜水员。因为到目前为止，乍暖还寒时分的鄂毕河的水温，对于其他这么大的生命形式而言还太低。当然，经实验室增强的照片甚至能辨别出潜水员面罩上的制造商标识。

绿色信号表明录音进行得很顺利。监控卫星无法达到这种精度；载人空间站则无法在如此高的纬度运行，因此“无畏号”是唯一可用的平台。马克希望这回使用“无畏号”是值得的。

总之，名声和出色工作带来的回报到此为止。乌有乡事故发生后，他代表美国宇航局进行了巡回演讲，被提拔为船长，坐上了驾驶舱左侧的位置，这自然是件好事。然而，最近他开始怀疑，特蕾莎如此多疑或许终究是错的。他正在兴头上，没有去问斯皮维及其船员对这场灾难的了解，多少让人觉得有些好笑。

很显然，他现在效力的……是格伦·斯皮维。他手下的窥探者数量众多，而且还在不断增加。马克的不少朋友都被卷入上校不断扩容的网络，成为其下属或者调查团队成员。可他们究竟在调查什么呢？当马克问起时，老战友们个个面露尴尬，扭过脸去，嘴里咕哝着国家安全之类的话，甚至说——这是秘密。

“该死的。”马克喃喃自语。幸运的是，他宇航服上的微型电脑理解能力有限,并没有将这句话解读为指令。有了那些惨痛的经历后,宇航员部队转而选择了那些平庸的设备,最起码这样的设备较难出现混淆语义的情况,尽管这些设备没有平民使用的设备那么“富于想象力”。

有什么东西在马克视野的角落里移动。他关上头盔投影,转过身来。有个穿着宇航服的人正向他靠近,但这并不难辨认,因为在至少一百公里范围内,副驾驶是除他以外仅有的人类。本·布里格姆飘在他身旁,他戴着手套的右手伸出两根手指,碰了碰左边衣袖内侧的一个位置。接着是两个快速切击、一个单手转动和一个击肘的动作。

太阳从马克身后,照在本的脸上,把他的头盔照得模糊不清,却又光华闪耀。但是马克不需要看到本的表情,也能理解他的意思。

大酋长们希望当场逮住郊狼,他的伙伴用手语说。这手语并非源自聋哑人,而是一种美洲平原印第安人古老的贸易语言。

马克笑了。他关掉了通信频道,以手势回复。*长官们会失望的,闪电不会两次击中同一个地方……*

虽然太空手势不会被真空宇航服遮蔽,不过本仍然只是用简单的耸肩做了回答。很明显,他们被派去调查最近发生“骚动”的地点……自从乌有乡被炸上天国以后,怪异现象越演越烈。

*这里真的需要我们吗?*马克心生疑惑。根据条约,北约、联合国和美国空军的官员很可能已经亲自在下面的灾难现场巡视,甚至

乘坐齐柏林飞艇巡查。想要比亲赴现场的调查人员了解得更多,唯一的途径就是通过“无畏号”轨道调查,借助飞船的仪器,捉住引发麻烦的“小妖精”。到目前为止,常规的卫星扫描通过极端的角度,已经拍摄到一些怪异事件,但尚未启用全套窥视装置……

马克眨着眼睛,思绪停止了。他晃着脑袋,然后咒骂起来。

“哦,该死。打开对讲机。本,你觉得——”

“对,马克。我的脚趾感到刺痛。视野边缘全是斑点。是不是就跟你和莎莎当时遇到的情况一样,在‘普雷亚德斯号’——?”

“没错。”他又使劲摇晃脑袋,虽然他知道这样也赶不走那逐渐积聚的蛛网。“略微有些不同,但基本上……哦,见鬼。”马克无法解释,而且,现在也不是闲聊的时候。他说出另一条代码,开启太空服上的传送装置,把全部的生理数据传送到船载记录仪。“全视野,主视野。”他继续发出指令,“二级摄像机——独立拍摄瞬变现象。”

鄂毕河的影像再次出现。然而,如今的调查现场不再像刚才那样有条不紊。人们如同发怒的蚂蚁,在驳船周围乱跑,船体颠簸摇晃,有些人从船上跃下,扎进突然波涛汹涌的河水中。

“无畏号”的二级望远镜开启独立控制状态,逐渐将镜头拉近,马克的面板上出现了小窗口,将主要场景显现出来。但因为马克的视力越来越糟,半数场景都变得非常模糊,根本分辨不清。明亮的光点不断向内聚集,犹如恼人的昆虫。

“我们怎么办?”听声音,本害怕极了。因为此前也有过这种经历,马克并没有责怪他。

“确保系好安全绳,”他对副驾驶说,“记住返回船舱的路。咱们或许只能盲着回去了。否则……”他吞了口唾沫,“除了熬过去,咱们没有别的办法。”

至少,飞船很可能安然无恙。附近没有其他的建筑,比如特蕾莎当时必须处理的那些。第三型飞船体积太小,不用担心波动。

马克几乎说服了自己。

其视野的外半边消失了,尽管波动还在持续。通过仅存的通道,马克看到,很远的下方,一场大戏拉开帷幕,鄂毕河起伏着,翻腾着,就像有人正用看不见的棍子戳它。水流使山丘和洼地变形,速度几乎和它们形成时一样快。而且,这些起伏的波纹似乎呈现出清晰的几何形状。

接着,在一个圆形区域内,鄂毕河完全消失了!

这一切发生时,所有调查船只均不在该圆形区域内,这纯粹是运气使然。事实上,随着圆柱形空洞迅速被填满,这些船都在水面上颠簸不停。

“水……水到哪儿去了?”本问。

马克耳朵里的铃声越来越响,随之而来的是摄像机警报发出的轰鸣。二级摄像机拍摄的照片中,有一张突然向外鼓起,露出红色的边缘。一时间,马克弄不清楚是什么让计算机如此亢奋。它拍摄的图像是河谷的又一处景观,但放大倍数要低得多,或是从更高位置拍摄的。

但不知怎的,画面本身似乎有点儿变形。接着,他意识到画面不是毫无重点。他透过“镜头”往下看向鄂毕河。镜头里是一团水,突然在半空中显现出来,高度是……他眯眼看了看激光雷达的数据……二十六千米!

马克嗅到了汗味,恐惧让他大汗淋漓。那团浑浊的液体高高地悬浮在行星上方,其中有个微小的黑色物体在蠕动。但还没等他命令望远镜放大,那团水再次消失!剩下的只有一缕彩虹色的水汽,融进了他视野边缘的斑点里。

“那是……?”

“水出现了!”本高喊,“五十二千米高!这里……”他连珠炮似的说出一些代码。另一个场景,由另一台仪器呈现出来,跃入他们的视野。

现在,地面看起来比先前远了一倍。鄂毕河就像一条细细的缎带。被盗走的那部分河水出现在两倍高的地方。马克惊讶地眨着眼。里面的黑色物体看起来像……

那水球又消失了。“马克,”本上气不接下气地说,“我只是计算了一下倍率。它下一次可能出现在——上帝啊!”

马克感觉到副驾驶的手抓住了他的宇航服,摇晃着。“那儿!”本的声音压过了静电干扰发出的噼啪声。向外探出的胳膊和手进入了马克狭窄的视野,马克顺着本颤抖的手臂,望向黑暗的太空。

在那里，在天蝎座的方向，出现了一个物体。他无须下达放大的指令。就在望远镜转向并瞄准那闯入者时，马克低声说出一个词，清除了所有周围的物体，直视着那扁圆形物体，它就停留在离他们不远的地方，在依然耀眼的阳光下闪闪发光。

是什么前所未见的力量把鄂毕河的一部分抛到了这里——暂时与“无畏号”处于同一轨道，这简直太过魔幻——马克根本无法想象。这违反了他了解的所有法则。细微的闪光表明有碎片正从中心部分被抛洒出来。但在中心位置，漂浮着什么较大的——

——是一个女人。一名潜水员，穿着黑色潜水衣，配有水肺，背着两个氧气箱。马克一头雾水，估计这些应该还能让她支撑几小时，时间长短取决于她的氧气余量。

马克的视野只剩下狭窄的一道，但却已经足够了。透过潜水员的面罩，他捕捉到那女人怪异的表情——狂喜中夹杂着绝望与恐惧。她开始用手比画着。

“我们得帮帮她！”他听到本的喊声压过静电的轰鸣，那家伙准备冲过去搭救被抛到空中的女子。

马克很快意识到什么，但为时已晚。“不要，本！”他喊道，“抓住些什么。任何东西都行！”马克摸索着，找到货舱门旁边的一根柱子。现在，他拼命紧握着它。“抓紧！”他尖叫道。

就在那一刻，他的头盔里似乎充斥着某种可怕的歌声，世界爆发出他从未见过的色彩。

当一切结束，肌肉疼痛和关节扭伤让他不住地颤抖，马克小心翼翼地卷起他副驾驶的系绳，那绳索已经严重磨损，甚至撕裂。他到处找本。通过雷达、激光雷达、遥感勘测……但所有仪器都找不到他的踪迹。那位不幸的潜水员也不知所终。

无论他们去向何方，或许还可以彼此做伴，他一度想。这让他莫名感到安慰。

他确实在附近发现了其他东西，指挥部坚持要他把那些东西带回去研究。都是些零碎的漂浮物……一个灌满泥浆的伏特加酒瓶……一根杂草……一两条鱼。

然后，准备返航时，他浏览了几遍制动规程，一遍又一遍地浏览，直到指挥部谴责他故意拖延。

“住嘴！”他厉声斥道，“我只是想确保我清楚自己具体身在何处，又要去向何方。”

飞船再次进入大气层时，驾驶舱窗外爆发出火花，马克这才意识到，他说的话和特蕾莎·提克哈娜一样。在任务控制人员听来，他的口气肯定和她的一样。

“见鬼，莎莎。”他嘟囔着，向不在场的她致歉，“到现在，我才能体会到你当时的感受。我保证，我再也不会取笑你了。”

甚至很久以后，当马克又回到稳固的地面上时，他还是迈着谨慎的步伐，走向那群焦急等待的官员，仿佛停机坪并非其他人所想的那样稳固。甚至当马克开始回答他们疯狂的提问时,他也不停地看向地平线,盯着太阳和天空,好像要一遍又一遍地核对自己的方位。

DEL虽然韩国及日本政府声称,他们目前已经完全解决了二〇二九年悲剧中的技术错误,但如今他们还是推迟了福冈-釜山隧道的重开。尽管官方没有做出解释,但显然是最近一系列不寻常的地震活动引发了关注。这些地震与委员会计算机的模型并不相符,在这些差异得到解释之前,隧道绝不会重开。

根据当地的社会新闻,平氏家族的女继承人、二十六岁的斋藤幸子宣布与汉普郡伯爵克莱夫·布伦海姆订婚。布伦海姆高贵却贫穷的血统可以追溯到诺曼征服[①]之前。

最近的行星调查表明,全世界约一成的火山都位于日本群岛。

---

① 发生于1066年的"征服者"威廉入侵英格兰的事件。

外逸层

一个月能带来多大的变化？特蕾莎上次坐在这张桌子旁，在怀托摩神秘丛林深处时，她的个人世界才刚刚崩塌。而现在，她的情绪已经稳定下来。作为寡妇疗愈的一部分，她回忆起自己在格陵兰岛那段充满激情的插曲，并开始思考除了贾森以外的事情。

当然，她上次还因另一种截然不同的惊骇而变得麻木——了解到地球面临的可怕危机。这一事实并没有改变。

但至少我们现在有所行动。不管徒劳与否，他们的努力至少鼓舞士气。

乔治·哈顿刚刚完成了他的总体状况评估。到目前为止，他们取得的有限成就通过大比例显示器便清晰可见。可以看出，他们的对头目前在一条延长的轨道上摇摆，短暂脱离地球的晶状内核，进入第二层——液态金属的外核。那个紫色的圆点现在似乎正愤怒地悸动着，不再洋洋自得地吞噬一切，面对高密度物质组成的盛宴，它不再不受打扰。

特蕾莎对此深感满意。*我们来抓你了，坏家伙。我们已经开始自卫了。*

这无疑是好消息。虽然几度令人感到恐慌，但四个谐振器已经开始连续发射串联脉冲波，将行星储存的能量转化为相干重力光束，对贝塔进行反冲，逐渐将其向外推向——

推向哪里？我们还是不知道该怎么处理这该死的东西。一直推，直到它的轨道逐渐变长，将其带出地球，我猜。可然后呢？任凭一个衰变的奇点黑洞，以一百万摄氏度的高温燃烧着的奇点黑洞，不停地旋转，再旋转，进入，离开，进入，再离开，直到它最终在伽马射线的剧烈爆炸中彻底消失？

特蕾莎不以为然。*好像到那时，选择权还在我们手里似的。*这也是探讨计划时大家态度严肃的原因之一。

另一个原因是在行星模型的最外层就能看到……那是光的一种形态，用来指示凝视者光束出现在陆地或海洋的具体位置。

实际上，大多数光束的脉冲模式，还有波长，完全不跟地表物体发生作用。通常，仅有的影响是当地风向发生改变或者洋流中出现旋涡。尽管如此，四分之一的地点传出了谣言，称清澈的碧空中闪现奇异的色彩，或者传来雷声。关于水柱出现或云朵消失的传闻。各种怪事的报道，如大坝被毁、麦田被切出圆形旋涡、飞机消失得无影无踪等。

特蕾莎瞥了一眼阿莱克斯·拉斯蒂格。他已经告诉过大家,会努力避开人口中心,她也毫不怀疑他的诚意。不过,自从上次和他见面以来,这男人发生了某些变化。说老实话,到现在为止,她原以为他已经垮了。就像他俩初次见面时一样,他一直深受罪恶感的折磨,特蕾莎以为当无辜受害者的人数开始攀升时,他会出现精神崩溃的状况。

奇怪的是,随着会议的进行,现在的他似乎心情平静,耐心地听着每个发言者的畅所欲言,没有表现出她记忆中的那种紧张状态。他的表情几乎可以用沉着来形容。

也许这没什么可奇怪的,特蕾莎心想。在显示器光亮所及的范围之外,她看到琼·摩根走到拉斯蒂格身后,开始为他按摩肩膀。特蕾莎气不打一处来。*他们倒是挺般配*,她想,然后又皱起眉头,不知道自己这么想意味着什么。

"我们一直努力避免采取可预测的方式,"乔治·哈顿正在发言,"因此,要想追踪我们共振器所处的位置,会有相当大的难度。毫无疑问,几个大国、联盟以及跨国公司已经怀疑这些骚乱是人为引发的了。其实,我们倒希望他们的反应是互相猜疑。只要他们互相指责,就不会想到私人团体头上。"

"那岂不是很危险?"特蕾莎问,"如果有人陷入恐慌怎么办?特别是其中最具威慑力的组织?你知道的,撕毁条约,派出巡航导弹中队,并不需要费多大力气。只需要拍板,再操作几个简单的软件。”

佩德罗·曼内拉向前倾身,进入光亮的范围,“一切尽在掌握之中,船长。首先,地震事件是分散在全球范围内的。唯一会被觉察的有组织模式,是这些骚乱均避开了主要的人口中心。

“其次——我已经加倍小心,将暂不发布的声明存放在某家秘密注册服务机构,一旦实权组织发布黄色预警,就会触发网络发布。”

阿莱克斯摇摇头,“我以为我们不会信任任何服务机构。”

曼内拉耸耸肩,“拉斯蒂格,你有过不愉快的经历,会这样想,我也不怪你。但这次绝不会时机未到就提早发布。无论如何,该声明只会给出一些暗示,让那些急进的危机处理小组放慢脚步,转而咨询他们的地质学家。”

乔治·哈顿按下控制键,调暗了球形全息图像,调亮了房间的灯光。阿莱克斯捏了捏琼·摩根的手,她回到自己的座位上。特蕾莎把目光移开,当即对自己窥视他人的做法心生反感。*她是个集邮女,特蕾莎心想,一个曾经想得到贾森的女人,怎么也会被拉斯蒂格这种男人吸引呢?*

她抑制住转头再看他的冲动,纯粹出于好奇的冲动。

“此外,”乔治·哈顿补充道,“不管怎样,我们能够保守这个秘密的时间毕竟有限。迟早有人会追查到我们的踪迹。”

“别那么肯定。”曼内拉反驳道,“我们最薄弱的环节是网络,但在华盛顿，为我工作的人们个个足智多谋。通过将流量控制在最低限度，利用毛利山区部落方言等手段，我们可以在长达六个月，甚至一年的时间里掩护我们的简信传递。”

“嗯。”乔治听起来有些怀疑，特蕾莎也持同样的观点。曼内拉的乐观似乎有些勉强。网上无聊的黑客太多，他们拥有大把的空闲时间和千比特并行数字相关器，来寻觅引发轰动的机会。坦白讲，她根本不确定，回到休斯敦时，恭候她的是那些俯首帖耳的美国宇航局下属，还是一帮来自安保部门的家伙，个个戴着全摄录护目镜，拿调查令掴她耳光。

即便如此，她还是很期待这趟旅程，再次用自己的名字乘坐平流层客机。*我早就受够了齐柏林飞艇之类的飞行器。*

“当贝塔最终从地底钻出来，秘密就会大白于天下，你不这样认为吗？”乔治问，“到那时，我们要躲就不仅仅是雪貂搜索程序了。整群猎犬都会咆哮着冲上来嗜血。”

“的确如此。不过，到那时，我们会把报告准备好，呈给国际法庭，是吧，阿莱克斯？”

拉斯蒂格抬头看向曼内拉，好像他的思绪已经飘到很远的地方。“呃。抱歉，佩德罗，你说什么？”

曼内拉朝他靠过来，“关于这件事，我们已经追问了你好几个月！仅次于摆脱贝塔的重要问题，我们需要找出罪魁祸首，搞清楚究竟是谁制造出这个该死的东西。不仅仅是为了报复——虽说能够惩一儆百再好不过。这是为了自救!”

特蕾莎眨眨眼睛,“你的意思是?”

曼内拉哼了一声,好像事情如此显而易见,整个屋里却只有他一个人明白。“我的意思是,我们已经造成了这么大的破坏,将来还会制造更大的混乱,你认为人们会轻易相信我们的话,相信我们刚在海底发现了那可怕的东西吗?

“当然不会!我们身在此处,追随一个曾因在地球上制造非法黑洞而被捕的家伙。你认为他们会把贝塔所做的一切归咎于谁?尤其是,在真正的罪魁祸首个个有权有势,又急于推卸责任时。”

特蕾莎吞了口唾沫,“哦。”

他们做过的所有违法之事——保守秘密和伤及无辜——都是她愿意为之辩护的。毕竟,拯救地球是强有力的理由。但她没有想到,这种理由可能会被人们否定……他们的组织实际上可能会被斥为制造贝塔的罪魁祸首!

“该死。”她低声骂道。现在她明白上次阿莱克斯·拉斯蒂格面露痛苦时的心情了,却又更难理解这个男人如今为何这样淡然。

“我也没想到这一点。”琼·摩根望着她说,好像看透了她的心思。特蕾莎发现自己在回忆她俩之间的友谊,在事情变得一团糟之前,两人还曾姐妹情深。矛盾的情绪起伏翻涌,她迅速转过脸去,避开琼的目光。

曼内拉总结道:“抛开所有复仇的想法,我们还得把真正的罪犯交给民众,以免自己惹祸上身。所以我再问一遍,拉斯蒂格。他们是谁?”

阿莱克斯双手交叠放在桌上。“最近,我们了解到很多东西,”他低声说,“不过,我真的希望斯坦·戈德曼能在这里帮忙。是的,格陵兰岛当然需要他。但我想说的是,尽管障碍重重,但在我看来,我们已经取得了进步。

“例如,在琼的协助下,我们现在对奇点黑洞首次落入磁场磁力最强区域时的情况,有了更多的了解。在混乱的相互作用最终使其载轴衰变之前,奇点一定被困了一段时间。”

“混乱?你是说你永远也判断不出……?”

“原谅我。我的措辞不够严密。‘混乱’这个词在这里并不是随机的意思。方案并不完美,但事情能够解决。”

曼内拉又向前倾了倾身子,“这么说,你已经追踪到它以前的轨道了?追踪到那些放走它的蠢货们了?”

特蕾莎坐直身子,感觉不寒而栗。阿莱克斯·拉斯蒂格的双眸之中似乎闪耀着一种奇异的光。

“这并不容易,”他开始说,“即使像贝塔这样体积小、质量大的物体,也必然发生过偏转。除了磁场以外,地壳和地幔也存在不均匀性——”

曼内拉不管这些,“拉斯蒂格,我懂你脸上那种表情。你已经知道些什么了。告诉我们!它究竟是在何时何地坠落的?你能精确到什么程度?"

这位英国物理学家耸了耸肩,"如果说入口的话,在大约两千公里内——"

曼内拉发出失望的叹息声。

"初始时间在九年以内,九年左右。"

"几年!"佩德罗站了起来。他猛拍桌面,"九年前,地球上没有人能够建造奇点!黑洞学仍然是一种无害的理论。拉斯蒂格,你的结论不但毫无用处,甚至更加糟糕。你是说我们仍有可能遭到毁灭,而且根本没法追踪并严惩那些造孽的家伙!"

特蕾莎第一次看到阿莱克斯毫不掩饰地露出微笑,那种表情透露出同情,又有些疯狂,好像他就等着曼内拉这么说。他告诉曼内拉:"你在这方面是对的,但在另一方面却是错的。不能怪你,真的。我自己也做了同样的错误假设。

"要知道,我先前也以为贝塔必然是在黑洞学成为实用科学之后才进入地球的。但在追踪贝塔的增长速度并修正了一些复杂的内部拓扑结构后,我才意识到,其历史远比我们设想的要久远得多。事实上,我提到的数据的误差范围相当小。

"进入的日期极有可能是一九〇八年。地点则是,西伯利亚。"

特蕾莎一只手捂住胸口,"通古斯!"

乔治·哈顿看着她。"你是说……?"他催促道。特蕾莎吞了口唾沫,才能再次说出话来,"那是有历史记录以来最大的空中爆炸——

连赫尔维蒂人引爆的电磁脉冲也比不上。世界各地的气压计都监测到了压力波。”

见大家都盯着她，特蕾莎摊开双手，“数百公里的森林被夷为平地。但没人发现陨石坑，所以绝不是普通陨石所为。理论家们认为是颗质地松散的彗星，在大气层中发生爆炸，或者是一点儿星系间的反物质，又或者……”

“又或者是个微型黑洞。”阿莱克斯点点头，“直到现在我们才知道，那不仅仅是个黑洞，而是更为复杂的结构。如此复杂且优雅的奇点，不可能是天然偶得。”他转过身来，面对其他人，“你们已经意识到我们的问题了。我们的模型表明，这东西必然产生于人类具备制造类似结构的能力之前……即使现在人类也不一定能做到。”

这次，特蕾莎和佩德罗都目瞪口呆，哑口无言。乔治·哈顿问：“你百分百肯定自然过程无法产生奇点黑洞吗？”

“百分之九十九，乔治。然而，即使自然碰巧产生出正确的拓扑结构，出现时机如此巧合，也很荒谬。”

“你的意思是？”

阿莱克斯短暂地闭上双眼，“想想看。这东西如此罕见且可怕，为何恰好在我们注意到的时候袭击地球？地球已经存在了四十五亿年，而人类的历史只有大约二十五万年。在不到两个世纪的时间里，除了痛苦的结局，我们还能注意到些什么？这一巧合实在让人难以置信！就像我的祖母可能会说的那样——声称‘公正的宇宙只为了我们而上演一出好戏'实在荒谬至极。"

他顿了顿。

"答案当然是,宇宙根本就不公正。因为我们存在,奇点才会因我们的存在而来。"

无人搭话,沉默在延续。阿莱克斯摇了摇头,"我不怪你们无法理解。我也曾被自己那种现代西方受虐狂似的自负牵绊。我以为只有人类足够聪慧,或者足够邪恶,能够实施如此大规模的破坏。但来自过去的提醒让我明白,做这样的假设是多么愚蠢。

"哦,我现在可以告诉你们进入的日期和地点。我甚至可以告诉你们关于这东西制造者的某些信息。但是,佩德罗,别问我怎么报复他们。我怀疑这远超我们目前的能力。"

其他人面面相觑。特蕾莎则感到心神不宁。她深吸一口气,努力对抗着这种感觉。这一系列抽象解读给她造成的影响,是任何一种物质层面的危机都无法比拟的。

"有人想要毁灭我们,"她猜测,"这是……一种武器。"

"哦,是的。"阿莱克斯说着,转脸与她对视,"的确如此,提克哈娜船长。这种武器虽然效果缓慢,但却无所不能。时间上的巧合很容易解释。在人类首次进行无线电实验后的一二十年,这种东西就出现了。

"其实,在科幻小说里,这种想法已经相当古老,这个关于偏执的恐怖故事,当你们彻底搞清楚,会发现这完全符合逻辑,令人毛骨悚然。有人先于我们进入了太空，而且不想要同伴。所以它——或者说它们——采取了一种有效的方法，借以消除威胁。”

“威胁？”曼内拉摇摇头，“什么威胁？赫兹和马可尼画了一些点和线，这对能做出这种东西的人来说会是威胁吗？”他指指其中一台平板设备，阿莱克斯最新描绘的宇宙结，置身于缠结交错的邪恶光彩之中，扭动着，翻腾着。

“嗯，没错，那些点和线当然代表着一种威胁。考虑到有些人不希望面对竞争，在我们变得难以对付之前，尽早、尽可能简单地消灭像我们这样的潜在对手，显然意义重大。”

他向上指了指，仿佛头顶的岩层无影无形，天空就在他们周围。“想想这种如此偏执的生物工作时面对的种种约束吧，真是令人同情。我们的第一个信号传播到最近的监听站，可能花费数年之久。这样一来，他们必须制造一枚智能炸弹，才能寻找并摧毁源头。

“但回想一下，把任何东西送入星际空间的难度都很高。如果你想让这东西的速度接近光速，它最好足够小！我猜他们送入太空的是一台微型黑洞制造仪，刚好能够制造出最小、最轻的奇点来完成任务。

“当然，如果从一个小奇点开始，则需要相当长的时间来吸收目标行星内部的物质，然后才能真正起飞。在这种情况下，大约需要一百三十年。但这通常就足够了。”

“就我们的情况来讲，时间几乎不够。”特蕾莎痛苦地说，“如果我们在太空投入更多,现在恐怕已经移民火星。或许已经有城市在小行星或月球上崛起。我们可能已经从一部分生命方舟中撤离……”

“嗯,你说的没错。”阿莱克斯表示赞同,“依我看,就新手种族而言,我们已算聪明绝顶。如果换成其他大多数种族,完成从发现无线电到进行太空飞行的跨越,会间隔更长时间。毕竟,古代中国人,还有古巴比伦人和古罗马人,有几次差点儿就学会用电了。”

佩德罗·曼内拉垂头盯着自己的手,“聪明,但还不够聪明。所以,即使我们除掉这个可怕的东西,噩梦可能还是不会终结?”

阿莱克斯耸耸肩,“依我看,确实不会。我们和我们的后代,如果我们能够活下去并生儿育女,充其量只能艰难过活。正如美国佬可能会说的——”他的声音放慢,拖起长腔,“我们居住的星系似乎是个极其困苦的街区。”

曼内拉的脸变红了,“拉斯蒂格,你居然拿这件事开玩笑。这消息把你逼疯了吗?还是你准备了另一个惊喜?也许你能从帽子里变出另一个救世主,就像上次那样?”

特蕾莎突然意识到,的确,这就是她屏住呼吸的原因!*他以前做到过……用新的希望扭转绝望。或许这次也一样?*

看到阿莱克斯在微笑,她心头一阵激动。但接着他摇摇头,直截了当地回答:“不。这次我也无能为力。”

“那你为什么笑得像个白痴,拉斯蒂格!”曼内拉吼道。

阿莱克斯站起身来。虽然他还在笑，但他双手紧握，微微颤抖着。“你不明白吗？你不理解这意味着什么吗？”他环顾左右，依次凝视着每个人，换回的却只是茫然的目光。他深感沮丧，喊道：“这意味着我们无罪。我们没有毁灭我们自己，没有毁灭我们的世界！”

他双手撑着桌子，紧绷的身体向前倾，“你们都看过我之前的状况，在此之前。我都要被压垮了。哦，当然，我们或许能够成功地驱逐贝塔——我让取得成功的机会达到四分之一，到目前为止，这已经是最高的概率了。

“但这有什么意义呢？如果我们培养出的人把类似的东西丢到世上，之后不闻不问，那我们配继续繁衍生息吗？

“你们一直告诉我，‘别往心里去，阿莱克斯。’你们说，‘这不是你的过错，阿莱克斯。你的奇点是无害的，那个贝塔才是吞噬一切的恶魔。你是真正的勇士，带领我们对抗这东西！’

“勇士？”他的笑声中充满讽刺，“难道你们没人能搞懂我的真实感受吗？”

其他所有人都注视着他。这名物理学家彻底放下了矜持，展现出的阿莱克斯·拉斯蒂格，比特蕾莎以前见过的那个更人性化。她意识到，这个男人已经要忍耐到极限了，而那是大多数人想都不敢想的。

“我只能谅解那东西的制造者！”他继续说，“只要我知道他们是我的人类同胞，我就必须承担起责任。你们没人能理解这一点吗？”

他刚才一直咧着嘴笑，此时却打了个寒噤。琼·摩根本想站起身来，但随后又克制住了。特蕾莎理解且赞同她的做法。她也感受到某种冲动，很想为他做点儿什么，然而，她清楚，帮助他的唯一方式就是继续倾听，直到他讲完为止。

她谦卑地听着，因为她突然坚信，他讲的都是真知灼见。

“我……”阿莱克斯不得不猛吸一口气，调整自己的呼吸，“佩德罗，我之所以笑，是因为我曾经以身为人类为耻，但现在，我不再有那样的感受。现在，区区死亡已经无法让我动摇。没有什么能让我动摇。

“难道……难道这还不足以让人绽放笑颜吗？”

乔治·哈顿头一个走到阿莱克斯跟前——把他全身颤抖的朋友拉进他宽厚的怀抱。接着，不约而同地，其余所有人都围拢过来。过往的猜忌和矛盾似乎都不再重要。他们彼此拥抱，分担着新晋威胁带来的恐惧……分享着希望重燃带来的慰藉。

世界科幻大师丛书
主编：姚海军

地球归零（下册）

[美]大卫·布林 著　袁枫 译

四川科学技术出版社

图书在版编目(CIP)数据

地球归零：上册　下册 /（美）大卫·布林著；袁枫译. -- 成都：四川科学技术出版社，2024. 7.
（世界科幻大师丛书）. -- ISBN 978-7-5727-1433-7

Ⅰ. I712.45

中国国家版本馆CIP数据核字第2024YX8080号

图进字号：21-2021-85

世界科幻大师丛书

地球归零（上册，下册）

SHIJIE KEHUAN DASHI CONGSHU
DIQIU GUILING（SHANGCE，XIACE）

丛书主编　姚海军
著　　者　[美]大卫·布林
译　　者　袁　枫

出 品 人　程佳月
责任编辑　兰　银　姚海军
特约编辑　颜　欢
封面绘画　刘振宇
封面设计　王莹莹
版面设计　王莹莹
责任出版　欧晓春
出　　版　四川科学技术出版社
成都市锦江区三色路238号　邮政编码 610023
官方微博：http://weibo.com/sckjcbs
官方微信公众号：sckjcbs
传真：028-86361756
成品尺寸　140mm×203mm　印　张　34.25
字　　数　640千　插　页　6
印　　刷　四川省南方印务有限公司
版　　次　2024年7月第1版
印　　次　2024年8月第1次印刷
定　　价　115.00元(全两册)

ISBN 978-7-5727-1433-7

邮 购：成都市锦江区三色路238号新华之星A座25楼　邮政编码：610023
电 话：028-86361770

目录

目录

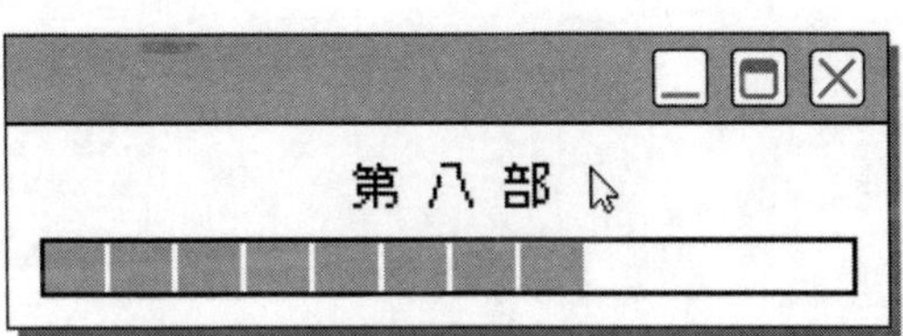
第八部

行星杀手

空间是它存在的基础。

超级紧密的——十维编织——不可拆解。犹如一眼深井——沉入微小一点儿——深不可测。它比黑暗更黑暗，不放射任何物质，但其周围的空间却比太阳的核心还炽热。

它产生于一台机器之中，这台机器经历了长途跋涉，才来到这个并不起眼的盆地，被一颗较小的恒星压进了起伏荡漾的宇宙折层中。抵达后，该设备着手工作，从纯粹的虚无中制造出刺客使用的紧密织物。然后，在经历死前最后的挣扎时，这机器在恒星的小行星带中滑过，将其成果轻轻置于一条和缓的环形轨道之上。

经过两个周期，刺客失去了质量。太空中存在着原子，可以填饱它那虽小却饥渴的胃，但还远远不够弥补其损失……超密的环状光晕不断冒出来，在伽马射线的璀璨爆发中自我毁灭。如果这种情况继续下去，它在任务开始前就会彻底蒸发。

但接着，它进入了重力下降的浅层——短暂加速——然后它与某种固体相撞！刺客发出一阵辐射来庆祝。此后，它的轨道不断降低，一而再再而三，进入高密度区域。

原子横担于它的樱桃小嘴——比原子本身略宽些。真正的碰撞仍然很少，但起初其食量以皮克计算，很快便升至微克，后来是毫克。它总是饥肠辘辘。

从克升至千克……

它不懂时间流逝，也不知晓盛宴终有一天会结束，最后一次贪婪的吞噬将会彻底让这颗行星消失。然后，它又会独自待在太空中，一段时间内，太阳系会同时存在两颗恒星……而那些曾经属于地球的精华会以耀眼光子的形式被吹走。

对于这一切，它既不知情，也不在意。现阶段，原子不断涌入。如果在空间中充当结构繁复、光华闪耀的结可以被称为幸福，那么，这就是它的状态。

毕竟，除了可以吞噬的物质、可以排出的光，外加真空，宇宙中还有什么？它们又是什么呢？只是存在细微差别的折叠空间而已。

空间是它存在的基础。

它就这样不慌不忙地成长起来。

DEL **世界长期解决方案特殊利益小组**【DELSIG AeR,WLRS

253787890.546】。**太空殖民小组。公开讨论板。**

好吧，设想一下，我们度过了接下来的几十年，终于完成了我们应该在二十世纪完成的事情。假设我们在小行星上开采铂金，发现了真正的纳米技术的秘密，并让冯·诺伊曼的“羊”在月球上啃青，以创造无限的财富。听听你们其他人的意见，我们所有的问题就迎刃而解。下一步，星际旅行和星系殖民，都没有什么大不了。

但等一下！就算假设我们解决了如何在太空中维持长久生态系统的问题，并且变得富足，星际飞行也不会带来囊空如洗的后果，可时间问题仍然存在。

我的意思是，大多数尚未实现的设计方案都显示，星际飞船或许只能以不超过光速百分之十的速度缓慢飞行，与我们在三维科幻影片中看到的嗖嗖疾驰的巡航飞船相比，显然要慢得多。以这样的速度，移民可能需要经历五到十代人，才能抵达理想的聚居地。与此同时，乘客还得维护村庄，照看农场，养活脾气暴躁、患有幽闭恐惧症的孙辈们，所有这一切都发生在他们内部挖空、不断旋转的幽闭世界里。

这需要什么样的社会工程？你知道如何设计一个封闭社会，能日久月深地存在而不分崩离析吗？哦，我想这能够实现。但别假装这一点可以轻松做到！

基因库隔离的困境也无法解决。如今，在方舟和动物园里，尽管微观生态系统并无问题,但许多获救的物种仍在灭绝,仅仅是因为最初混居时某些物种的个体实在太少。一个健康的基因库需要差异性、多样性和杂合性。

有一件事很明确,没有一艘星际飞船会只搭载一个种族。坦率地讲,我们需要的是混血儿……那种跟几乎所有人都有交情并且乐在其中的人。你知道的……就像加利福尼亚人。

此外,他们好像一直都在为此做准备。见鬼,想象一下,如果外星人登陆加利福尼亚,当地人不逃跑,甚至也不去探听宇宙的秘密,反倒可能会询问那些大眼怪物,问它们有没有什么新的烹饪方法!

地　壳

瑞士海军的一支特遣队迅速赶往屠杀现场，恰好在关键时刻抵达。在海洋的晨光中，这支骄傲的小船队飞快掠过清晨时分的海平线，展开鲜艳的战旗，鸣枪示警，以最快速度将入侵者击溃。

得救了！救星们从天而降，身后是灿烂阳光，锈迹斑斑的渔船之上，船员们欢呼雀跃起来。就在几分钟前，一切似乎已无可挽回。但现在，灾难变成了胜利！

然而，克拉特没太注意眼前的画面。那群水手一个个脏得要命，全身臭汗，他们爬上缆索，挥舞着大手帕，置身其间的克拉特则忙着在船边呕吐。幸运的是，他胃里已经没剩多少东西可以吐进满是血腥内脏的海水里。刚才的痉挛逐渐减弱，变成一阵阵上不来气的感觉。

“来，孩子。”他身旁有人说，“拿着这块布。自己擦擦。”

说话的人口音很重。但此时,在这艘毁损严重的蹩脚驳船上,要有谁能说标准英语,肯定也说得不怎么样。克拉特视线模糊,摸索着抓过那块布。发现这布还挺干净,他不禁暗暗吃惊。从他几周前登上"刚果号"到现在,见到的任何东西都不及这块布干净。他擦了擦下巴,试着抬起头来,可怜巴巴地想看看是谁对他产生了兴趣。

"不用,不用谢我。来吧。我来帮你止住恶心。"

在阳光的照射下,克拉特发现,那说话的人白发苍苍,皱纹堆叠。尽管他上了年纪,但很明显,他那两条古铜色的手臂结实有力,比城里长大的克拉特那两条柔软的手臂强壮得多。这位好心人稳稳地托住克拉特的后脑勺,举起一个喷雾瓶,"你准备好了吗？好!现在,吸气。"

克拉特吸气。特制的微粒浸透了他的黏膜,冲向他大脑中的受体。在亚热带的阳光下,先前那势不可挡的眩晕像雾一般消散了。

他擦了擦眼睛,沉默地将手帕递回。

"你是个沉默寡言的家伙吧？还是因为我们的胜利激动得说不出话？"顺着老者手指的方向,还能看见极端环保分子突袭分队的殿后船只,他们驾着超快艇,向西仓皇逃窜。当然,以海国现有的海军装备,根本没希望逮住它们。

"胜利。"克拉特茫然地重复着这个词。

"是的,当然。赶走他们的是他们最惧怕的队伍,赫尔维蒂救援舰队。全世界最勇猛的战士。"

克拉特用手遮住双眼,挡住旭日,出神地思索着他的帽子究竟到哪里去了。按照船长的命令,“刚果号”上的所有人都得戴帽子,以抵御雨雪和紫外线……仿佛海国渔船船员们的平均寿命会加重人们对皮肤癌潜藏的担忧似的。

当克拉特转过身,首先映入眼帘的是“达卡号”倾斜的船体……这艘船是舰队中运罐头的驳船,也是极端环保分子们突袭的主要目标。甲板上,水手们来回奔忙,冲洗着被喷过腐蚀性酶的传动装置。其他人则向附近的小船投去钩索,与此同时,水泵正奋力抽干“达卡号”被淹的底舱。

极端环保分子并不打算把它弄沉,只想把它变成一堆废铜烂铁。然而,对于那些高悬信天翁旗帜的船只,突袭者们经常高估其适航性。克拉特经验太浅,猜不出“达卡号”的船员能否拯救这艘船。他没敢问,以防招来麻烦。

在捕鱼船附近,一艘联合国环境保护署的观察船在徘徊,遍体蓝色,且熠熠放光,就像来自外星世界的东西——从某种意义上来讲,确实如此。联合国没有做过哪怕一件事,来阻止极端环保分子。但如果“达卡号”倾覆——或者泄漏几升机油来完成自救——联合国环境保护署将对整个海国征收生态罚款。

“那边,”老人殷勤地说,轻推克拉特的肩膀,伸手一指,“现在,你可以好好看看我们的救援队了。往日本方向。”

这就是那些岛屿吗?山峦起伏,东北方向山势较为低矮,犹如云朵一般。克拉特很想知道人们是怎样判断方位的。

他看见一队船身低矮的舰只从那个方向迅速驶来，洁净整饬，装备齐全，他起初自然以为这支船队跟海国毫无关系。

较小的船向四周散开，搜寻极端环保分子的潜艇，而在中央，一艘造型抢眼、气势恢宏的军舰逐渐驶近。它装备着威力十足的主炮，炮口闪闪发亮，像是抛光的银器。膨胀高压液体仓盛满了弹药——各种各样的化学药剂，开始朝着可怜的“达卡号”喷洒，以中和极端环保分子们喷射的酶。尽管被这两种试剂喷淋均不会给身体带来危害，但这次“沐浴”却让“达卡号”的船员们欢声大笑，雀跃不已，享受其中，好像洒在自己身上的是花宫娜香水。

“啊！”老者说，“跟我想的一样。‘枪兵号’驾到。多么壮观的船啊！据说它从来不需要亲自出战，只要听到它的名号，对手就会望风披靡。”

克拉特往旁边瞥了一眼，心里突然疑惑起来。这家伙的眼睛里闪烁着的不仅仅是感激之情，感激自己被从极端环保分子的阴谋活动中拯救出来。他的举手投足中还带着明显的骄傲。从这一点上，再加上他虽然口音浓重，但听得出受过教育，克拉特猜想，他绝对不只是个难民，为逃离贫困远走他乡，也不像克拉特自己，蠢得想要当个冒险家。不，他之所以投奔这个一无所有的国度，必定是因为他的祖国仍被世界上所有的强国占领着——一个连名字都被剥夺了的国家。

克拉特记起在布卢明顿[1]的时候,在另一位老兵——赫尔维蒂战争获胜者之一 ——的双眸之中看到的神情。那么,多奇怪啊,竟然在这个一文不名的家伙身上看到同样的神采。

呸。一定跟某场战争有关。

老者证实了克拉特的怀疑。“尽管地位低微,他们也必须尊重我们,看到了吗?”他问道,然后又低声地补充了一句,“该死,他们最好做到!”

救援船队效率极高,派出小分队修理“达卡号”,与此同时,“枪兵号”调转船头,钻进风中,发射了一艘系有缆绳的齐柏林飞艇。通过仔细观察,克拉特发现这艘船一点儿也不新。舷侧都经过了修补,就像海国全球舰队中的其他船只一样。尽管如此,这些翻新举措倒也跟船本身相得益彰,不知怎的,看起来就像是有意对原先的设计进行了改进似的。

看着巡洋舰的旗帜在风中飘扬,克拉特突然惊讶地眨起眼睛。有那么短暂的一瞬,旗帜中央的那只大鸟,并没有在风格化的海浪中展翅翱翔,而是像从血流成河的战场上腾空而起,穿过云层。他眯起双眼。这难道是他因长期挨饿而产生的幻觉吗?

不! 看呀! 那色彩再度熠熠生辉! 他意识到,海国的国徽必定经过了修改。蔚蓝的海水及青绿的天空之间缝上了全息线,那些线条闪烁着光芒,眼睛捕捉到的画面虽然短暂,但却足以留下不可磨

① 美国伊利诺伊州的城市。

灭的印象。

转瞬之间,那只信天翁再度振翅高飞,庄严地飞过了一个深红色背景中心的白色方形十字。

自然,在混战之中,海豚们已经逃脱。甚至在瑞士海军的特遣队赶来将他们驱逐之前,极端环保分子的突袭者们就已经设法撕破了围住鱼群的巨型渔网。目睹破损之处时,克拉特不禁哼了一声。为了取悦一个奴隶主的制网学徒,他之前一遍又一遍地打简单的结,然后,当他的主人兼师傅发现一些肉眼无法察觉的错误时,又要求他给其中一半重新打结,他的双手都因此开裂了。

当然,这起事故不仅仅破坏了渔网。如果突袭者们喷射出的酶触及"达卡号"的猎物,就意味着他们今晚可能将再次挨饿。然而,在心底的某个角落,有种想法踟蹰不去,克拉特感到莫名的快活,因为那些小小的生灵已经逃出生天。

哦,当然。在印第安纳的时候,他就吃肉,是个真正的肉食主义者。他常常会攒钱买一款少见的汉堡,在公共场合狼吞虎咽,只为给碰巧路过的北美盖亚教会信徒添堵。不管怎样,今天的猎物并非是保护名单上那些稀有的高智商海豚,否则联合国环境保护署会以更快的速度介入,比极端环保分子突袭者造成更严重的伤害。

然而,这些不会叫的长吻原海豚长得实在太像瓶鼻海豚星期二,也就是塞特维德儿童节目中那位吻部很宽的英雄。被拖上船的时候，它们拼命地扭动着身体，甩动着尾巴，悲切地鸣叫着……当嘎嘎叫着的鸟儿飞到船上，嘴巴聒噪不休，吞吃着捕鱼船上的动物内脏时，克拉特就开始感到恶心了。

然后，极端环保分子突然从天而降——其中很可能有克拉特昔日的同胞。他记得，当那些人抵着国际法规定的极限，不断骚扰海国捕鱼者时，他看到一张张容光焕发的白皙面庞，紧绷的下巴显示出坚定的决心。对克拉特来说，这场闪电战带来的、挥之不去的恐惧和混乱，只是最后一根稻草。

“孩子，你现在感觉好些了吗？”

克拉特坐在他的临时座位上，抬起头来，看到一根卷起的前甲板锚链。他眯着眼睛，发现又是那个怪咖——那位赫尔维蒂老者——不知出于什么原因，过来看看他情况如何。克拉特没回答，只是耸了耸肩。

“我叫舒尔特海斯，彼得·舒尔特海斯。”那家伙坐在黄麻缆索上，做了自我介绍，“拿着，我给你带了顶轻便的遮阳帽。”

克拉特把礼物——那顶草帽——翻过来拿在手里。要是在几周前，他会把它当作幼儿园孩子的玩物，轻蔑地予以拒绝。现在他则认为这帽子做工精良且实用。“嗯。”他微微点头作为回应，戴上了帽子，享受着随之而来的阴凉。

“不用谢我，”舒尔特海斯宽慰道，“要给所有年轻人做眼部手术，海国可负担不起。联合国那些该死的慈善机构也指望不上。”

克拉特第一次微露笑容。对于这次令人失望的冒险经历，他最喜欢的一点就是，无论老少，遭的都是一样的罪，受的都是一样的苦。只有在这里，在海上，小伙子的体力和老爷爷的经验才是同样重要。

等着瞧吧，他心想，等我习惯了这一切，我会比任何人都强。

不过，这无法在短时间内实现。出海的第一周，他愚蠢地接受了一项挑战，跟一个五短身材的班图水手摔跤，那家伙身上还系着一条斑点印花大手帕。耻辱到来的速度让他很快意识到，现实中，多年的柔道课程根本毫无用处。这里没有橡胶垫，没有教练吹暂停哨。伴随他回到吊床上的只有嘲笑和疼痛，足以证明实现梦想还需要一定的时间。

克拉特想起了奎尔高中，想起了他、雷米和罗兰德必修的那门糟糕的部落研究课。老师说过的话几乎没有什么能让人牢记的，除了一点——老傻瓜詹姆森某天对部落首领做出的评价。

“这些部落成员个个德高望重，受人尊敬，吃的是珍馐美味，娶的是如花美眷。几乎每个自然形成的人类群体，都会留有这样特殊的位置，留给那些成就卓著的人……甚至是现代的部落，比如你们青少年组成的部落。不同文化之间的主要差异不在于是否选拔，而在于如何选拔以及以何种标准选拔部落首脑。

“如今，在西方社会，体能甚至男子气概都并非主要评判标准。但才思敏捷仍然至关重要……”

克拉特还记得那时雷米和罗兰德相视而笑的情景，有那么一瞬间，他对两位好友产生了强烈的恨意。接着，令人惊讶的是，这位教授又说了几句，似乎是专门对他说的。

“当然，即使在今天，仍存在着某些群体，像古时候那样看重阳刚之气。在那里，力量和勇气似乎仍然很重要……”

他们三人偏好移民的原因不同。雷米，追求的是浪漫和新秩序的承诺。罗兰德，是因为看重同志情谊，并渴望为共同理想披荆斩棘。然而，对克拉特来说，动机相对简单，他只是想当首领。

因此，一个月前，他买了一张单程票，开启了他确信无疑的伟大冒险。

操蛋的冒险。

“依我看，舰队司令或许现在就会放弃这些渔场。”舒尔特海斯望着舰桥说。通过闪烁的全息显示屏可以看到，“刚果号”的军官们来回踱着步，与其他舰长争论。

不一会儿，他们听到水手长高喊——五分钟之内，所有的人都去渔网那里集合，将网扯起并收好。克拉特叹了口气，为他抽痛的肌肉。“你说我们是不是要进城去？”他问。

这是迄今为止他说过的最长的一句话，似乎给舒尔特海斯留下了深刻印象。“确有可能。我听说，我们的一座浮城正朝着这边漂过来，从中国台湾一路向北。”

“咱们一到码头，”克拉特突然说，“我就要跳槽了。”

舒尔特海斯扬起一边眉毛，“海国所有的舰队都没什么两样，我的朋友……当然，赫尔维蒂分队除外。我怀疑你要——”

克拉特打断了他的话，“我不想再捕鱼了，我正考虑去疏淤船。”

老者咕哝道：“那份工作太危险了，孩子。潜进被淹没的城市，在家具和锈迹斑斑的粗糙金属块上绑绳索，拆除迈阿密沉没的办公楼——”

“不。”克拉特摇摇头，“深度挖掘，知道吧。利润很高的那种！潜水寻找……‘界河’。”

他知道自己的发音不对。舒尔特海斯一度露出迷惑的神情，然后使劲点点头，“啊！你是说结核吗？锰结核？我年轻的朋友，你比我想的还勇敢！”

老者短暂地露出敬佩的神情，让克拉特颇感满足。但接着，老人露出宽容的微笑。他拍拍克拉特的肩膀，说：“海国需要这样的英雄，能够从海底深处获取财富，这样我们才能在世界各国占据一席之地。如果你能成为这样的人，认识你会是我的荣幸。”

他不相信我，克拉特意识到。若在以前，他定会因此勃然大怒。但他已经变了……因为现在他实在太累，没力气发火。克拉特只是耸耸肩，也许连我自己也不相信。

主绞车再次出现了，毫无疑问。这意味着“刚果号”这部分的大型围网只能用手拉上船。

现在，克拉特记起他以前在什么地方见过这个赫尔维蒂老者了。彼得·舒尔特海斯是工程团队的一员，负责维护这艘行动迟缓的旧船及其姊妹舰只——“日德兰号”和“印度斯坦号”，尽管它们已如风前残烛，破旧不堪，却仍在航行。此时此刻，舒尔特海斯一头扎进乱糟糟的黑色齿轮堆里，伸手接过敏捷而细心的助手们递来的各种工具。

不远处，前翼帆如尖削的烟囱，竖立在那里。它不再随着风向转换角度，使船平稳前行，而是如羽毛般摆动着，除非老彼得成功，否则它将一直如此。显然，这一次不仅仅是绞车，而是整个前甲板的动力链，都等着这家伙创造奇迹。

现在这可是技术活儿。趁着拖网的短暂间隙，克拉特看着舒尔特海斯，心里默默承认：在数据网络上，可学不到这种东西。

“再来！”左舷水手长大声喊道。那个胸肌发达的南非白人，早就晒得跟他手下人一样黑了。“准备喊号儿，该死的！一，二，三……用力拉！”

克拉特呻吟着，和其他人一起使劲拉，走在船中央，脚步沉重而缓慢，把浸透的绳索及其浮标线拖过船舷。围网刚被拽上船，负责编网的船工们就赶紧围上前去，修补受损的渔网，忙得不可开交。这种节奏经过反复演练，在公海上有着悠久的传统。

当他们再次停止拉网，继续往前走时，克拉特一边按摩着他抽痛的左臂，一边左右嗅探，一种酸臭的气味让他感到迷惑。几星期前，这群不洗澡的男人们散发出的刺鼻汗臭，让他几乎喘不过气，但此刻，它却成了别的什么气味的背景，一同随风飘来。

最后，他在海平线那边找到了气味的来源，原来是一根歪歪扭扭的烟囱，距离海国的警戒船只很远，烟囱里冒出的烟尘飘到空中，弄脏了条纹状的云朵。克拉特用胳膊肘碰碰身旁的一名水手，这男人不苟言笑，是个难民，来自洪水泛滥的利比亚。

“那是什么？”他问道。

这家伙身材瘦削，但挺结实，他凝视了一会儿，整理了一下头上的大手帕。“焚化船，我想。禁止在任何船只的上风处焚化……联合国环保署的规定，你晓得吗？但我们不在被保护之列。所以在我们的上风处焚化没什么不妥。”为了强调不满的情绪，他往甲板上啐了一口唾沫，当水手长命令他们拿起缆绳再拉一轮网时，他又往手上啐了一口。

克拉特看了看那滚滚浓烟，知道雷米对此会发表怎样的见解。“嘿，你有你的优先事项，我也有我的优先事项。全世界的人都有自己的优先事项。”对于大多数人来说，清除埋进地里的有毒废物，比担心再多一个碳源重要得多。保护岸上的水供应，比担心焚化炉灼热火焰中逃逸出的极少数微量颗粒重要得多，尤其是当这些颗粒不会飘过人口稠密的地区时。

嘿，克拉特边想，边和其他人一起拉网。*我难道不是人吗？*可是不久，他就没工夫胡思乱想了，只能专心工作……尽量不去嘲笑那些笨手笨脚、呆头呆脑的北方佬，小心翼翼地避免别人踩到他。

因为克拉特始终全神贯注，所以并未注意到船长走到甲板上来测试风速，船长眉头紧皱，露出担忧的神情。尽管海国很穷，但为了存续，还是要掏钱研制计算机，并租用其他国家的气象卫星。定期预报关系到这个国家的生死存亡，定期预报能够在暴风雨逼近之前，让锈迹斑斑的舰队及漂浮的城镇得以转移到安全地带。

然而，气象模型依然无法预测较为微小的异常变化……诸如薄雾、针状暴风、微下击暴流，以及风向的突然转变。当克拉特拉紧绳索，意识到他们不过刚刚完成了一半时，不禁心生疲惫。船长眯起双眼，注意到一些微小的迹象。他回过身去呼叫指挥官。

就在转身瞬间，一股洁净的湍流掀起小型飓风，降临在这支小船队上。微压区都没发出警告。船东侧两百米处，飓风将海面短暂夷平，呈现出玻璃般完美的状态。"达卡号"上，男人们竖起耳朵；"枪兵号"右舷四分之一处的金发水手们，则被一阵极细的咸沫喷得直眨眼睛，不得不暂时背过身去。

当时，该区域的切面正好跟"刚果号"擦身而过，使风压计呜呜作响。狂风击打着羽毛般的翼帆，攫住了正上方的螺旋桨，使其急剧旋转起来。当船帆猛地朝那帮卖力拉网的水手甩去时，原本一直在剔牙的司闸员立马跳了起来，他想拉下控制杆，但为时已晚，几名水手被撞翻在地，船帆像一把斜切而下的利刃，将紧绷的绳索切为两段。

力道随着猛然一震释放出来，水手们被抛过围栏，甩到一堆纤维带之中。前一刻,克拉特还强忍着水泡带来的痛楚,身体后仰,努力尽到自己的责任。下一刻,他已经飞向天空!这突如其来的后坐力令他颤抖的肌肉一阵抽搐,然而,有那么一瞬间,像海鸥似的茫然飞翔于水面之上的瞬间,好像甚至有些令人愉悦。他的前脑总是后知后觉,过了一段时间才搞清楚其他人尖叫的原因。接着,他掉进了海里。

突然,所有尖锐的声音偃旗息鼓。低沉的声响似乎在四面八方回荡……动物挣扎发出的踢水声,因惊恐而痉挛的肺部的呼气声,还有“刚果号”慢慢老去、滑向湮灭时,船体发出的砰砰声和呼啸声。显然,对克拉特本人来说,他的命运正迅速地逼近终结。他的四肢被不断翻腾的渔网缠住,虽然浮标也逐渐恢复浮力,但对像他一样溺于浮标以下一米的人来说,这也没有帮助。

奇怪,他心想。他总会做关于水的梦……这也是当其他移民国家拒绝接受他的申请时,他最终决定去航海的原因。不过,到目前为止,他从未想过被淹死的可能性。但这难道不是个离世的好方法吗?只要别让恐慌毁掉整个过程?从其他人发出的声音来判断,他们将会拥有糟糕透顶的体验。

这种音质他感觉极其熟悉,也许他想起了子宫……

慢慢地,如同冰川般缓慢,他开始设法逃脱。并不是说他存有任何生还的幻想。只是闲着也是闲着。终于,我想我很快就能见到你们了,他默默地对雷米和罗兰德说。

他的左臂已经挣脱，此时旁边一名同伴拍水的动作变得无力，最终不再动弹。他没有时间，更没有精力去关注。甚至渔网另一边有条灰影掠过，他也没留意。然而，正当他气定神闲、有条不紊地做着解放另一条手臂的复杂任务时，一张脸突然出现在他面前。一只大大的眼睛眨动着。

不……是向他挤眉弄眼。这只眼睛的下方是狭长的笑颜，露出雪白的尖牙。瓶形的下巴以及凸起的流线型前额转了过来，正面对着他，克拉特突然感觉他的内耳被静电贯入，噼里啪啦地疯响着。他猛然一惊，意识到那东西正在“扫描”他……用自己复杂的声呐调查他——想搞明白这个人怎么会被一张设计来捕获海洋生物的网困住。

比起船队几小时前捕杀的那些长吻原海豚，这条海豚要大得多。它一定属于那种体型大且头脑聪明的品种。它看起来显然是被这种极具讽刺意味的对调给逗乐了。

该死，克拉特暗自诅咒道，他的右臂终于也恢复了自由。*哪里都没有该死的隐私可言，即使我已经濒临死亡。*

伴随着这种怨恨，此前那种挥之不去、就此放弃的淡然念头逐渐消失。轰隆一声，他的求胜欲望突然回归。他的膈膜收紧，口中吐出几个气泡，恐慌威胁着他。他想必在水里只待了一两分钟，但突然间他的肺部就痛了起来。

极具讽刺意味的是，正是那条海豚——拥有观众这一事实——

让克拉特挺了过来。真该死，他要是能像其他人那样给它展示些什么就好了！如今，他的脑袋又运转起来——跟往常一样——克拉特开始回忆重要的事情。

比如他有一把匕首！插在脚踝处的刀鞘里，根据船规，这是为数不多的不准典当的物品之一。弯腰，抓紧，抽出，克拉特拿着那把寒光闪烁的利刃，开始割缠在他腿上的绳索。

有趣的是，水传播声音的方式似乎放大了他的心跳，从四面八方传来多个回声。与之相配的旋律似乎来自他那位观众，那条有偷窥癖好的海豚……尽管克拉特忙于自救，尽量避免看那生物。

一条腿恢复自由！翻涌的水流将一圈渔网朝他的方向送来，克拉特尽力闪躲——却因此差点儿丢掉了那把匕首。他手忙脚乱地将它抓住，同时又挤出了更多不新鲜但却珍贵的空气。

当他重新开始锯绳索的时候，手指已经麻木得像是几根腊肠。时间分秒流逝，海面上逐渐布满斑点。数不清的斑点状紫色小鱼侵入了他逐渐模糊的视野，预示着他正慢慢失去意识。视线开始变得模糊，身体开始颤抖，那种感觉蔓延到他的四肢。现在，伴随着想要呼吸的冲动，这种感觉随时可能摧垮他的意志。

最后的线圈总算解开了！克拉特尝试向水面游去，但他剩下的全部力气只能勉强屏住呼吸。

从意料之外的方向，不知是谁伸出援手，救了他的命……来自下方的推力使他猛然向上冲去，跃出水面，他全身颤抖着大口喘气。不知怎么挣扎着爬上了一簇浮标，让嘴巴勉强露出水面，吮吸着甜甜的空气。*我还活着*，他惊讶地意识到这一点，*还活着*。

他双耳嗡嗡作响，盖过了“刚果号”上旁观者们的吵嚷声，他们现在才匆匆赶来救援。克拉特隐隐约约地知道，即使是那些勇敢跃入水中的人，也无法及时穿过那张缠绕纠结的渔网，赶去营救附近那些仍在挣扎的落水者。

克拉特的手脚刚能动弹，尽管筋疲力尽，他还是游向离他最近的幸存者，一个受伤的水手，离他只有几米远，正在绝望、无力地挣扎，搅动着海水。那家伙完全被困住了，他的头在水面不断上下浮动。克拉特靠近时，他呕吐着，咳嗽着，勉强吸了一口气，然后再次被渔网拖到水下。

克拉特后知后觉地发现，他那把匕首彻底不见了，可能还在不断下沉，落向海中恶魔戴维·琼斯的失物招领处。因此，他做了自己唯一能做的事。他用一只胳膊夹住一簇浮标，伸手穿过那缠结的渔网，抓住那垂死之人的头发，把他拉出水面，使他能够抽泣着喘口气。之后的每次呼吸似乎都像尖锐的哨声……直到那可怜家伙的双眼完全摆脱了昏迷，取而代之的是歇斯底里。幸运的是，那人的双臂当时仍未挣脱，否则，处在恐慌中的他会把克拉特也拖进深渊。

克拉特自己的呼吸也伴随着战栗与呜咽，他激活了自己过去从不知晓的储备体能。仅是让自己的头保持在起伏的水面之上，就已经足够困难了。对于附近其他垂死者逐渐消失的扑通声，他也只能充耳不闻。我帮不了他们。真的帮不了……我真的自顾不暇。

克拉特感觉另一个身影靠近并注视着他，又是那条海豚。我希望有人能崩了这该死的……

接着，他回想起裤子后裆位置受到的那一推。正是那一推救了他的命。

他的思维太慢，太模糊，除此之外没法想到更多。他显然没有意识到，要对救命恩人表示感谢。但那只眼睛似乎感觉到了什么——也许是感到他的恍然大悟。海豚又向他眨眨眼睛。然后，它仰起头，咿唔咿唔地叫了几声，便消失不见了。

克拉特仍然眨着眼睛，因这些莫名其妙的想法深感惊讶，救援人员终于赶到，帮他卸下重负，将他疲乏不堪的身体从被热血温暖的海水中拖了出来。

DEL

早在二十世纪七十年代，人们就首次注意到一种新型污染。考虑到当时的优先事项，它并没有像遭到污染的河流，或者大城市令人窒息的恶臭那样，引起足够的重视。尽管如此，反对这种污染的声音仍然开始出现。

树。在某些地方，树被斥为人类贪婪及破坏自然的最新象征。

"哦，总的来说，树当然是好东西。"那些人这样宣称，"每棵树都构成一个微型生态系统，为众多生物提供居所和食物。其根系能够留住表层土壤,并增加其透气性。它们从空气中吸收碳,排放出香甜的氧气。树叶呼吸会释放出水分,所以暴风雨的每次馈赠会被一片森林传递给下一片。”

食物、纸浆、美景、多样性……在那些热带地区,每天都有数百乃至数千数万亩的硬木森林遭到砍伐,失去的珍宝数不胜数。然而,以一九九〇年的北美为例,那里的树木其实比一个世纪前的还多——“收割”掉的古老橡树、山毛榉和红杉,被许多依法栽种的树木所取代。或者以英国为例,曾经用来放牧羊群的草场,在慷慨税收政策的刺激下,如今栽种着一顷顷特殊培育的松树。

垃圾森林,某些人这样称呼它们。一望无际的松林整齐划一,以几何点阵的形状排列,在视线可及的范围内延伸。树与树之间完全没有差别,它们均经过基因剪接,以实现快速生长的目标。而它们也确实长得够快。

“可这些森林全无生气,”有人抱怨道,“地面上覆盖着的只有松针或苦桉树叶,几乎没有鹿栖息,没有水獭进食,也几乎听不到任何鸟类的歌唱。”

即使在很久以后,当保护万亿树木的伟大运动开启——在某些地方未能成功,但在其他地方却有助于抵御沙漠的蔓延——不少新森林仍然静谧无声。只有虚空的低语,在寂静的枝杈间回荡。

情况截然不同,这令人不安的静谧说,有些东西,一旦失去了,就无法轻易挽回。

中间层

新的工作日程最让人满意的地方，是斯坦·戈德曼终于能抽出时间，和老朋友们探讨问题了。

“凝视者”激光接下来的几次发射将再普通不过。项目将按计划进行，逐渐将贝塔一点点地推向更高的轨道。最后，斯坦觉得，他可以让助手来操控谐振器，自己则抽出一小时左右放松一下。

事实上，这的确是他工作的一部分——有助于维持他们的假身份。毕竟，如果他不扮演好自己的角色，东道主们难道不会心生怀疑吗？如果老斯坦·戈德曼不偶尔过来聊聊天，扯扯淡，哈默遗址的古生物学家们会觉得奇怪吧。因此，他问心无愧地前往附近的营地，喝点儿啤酒，跟大家亲切交谈。

当然，这一切都是为了完成职责。

“几年后，我们应该能得到答案。”维恩·尼尔森说，他身材高挑，金发碧眼，是该挖掘现场的负责人。“我们将会知道中国何时发射他们的大型干涉仪。在那之前，说什么都毫无意义。”

他们一直在争论邻近的星系是否存在类地行星，这位丹麦科学家虽然年迈，但仍很健壮，素来以务实和固执闻名。“如果你有办法做实验，那就放手去做！如果没有，那就等到实验条件成熟再说。理论本身跟手淫没什么区别。”

小房间里爆发出一阵笑声。不过，维恩并没有扫大家的兴。其他所有人似乎都想探讨一下，他便只小声嘟囔几句，就参与到讨论中去了。

“我们会看到中国制造的干涉仪。”一位名叫戈尔什科夫的女地质学家说。几十年来，斯坦偶尔会在开会时遇到她。“中国人一直没完没了地谈论它。为什么我们不能借助目前还在轨道上的设备，来回答这个问题呢？”

斯坦耸耸肩，“欧洲-俄罗斯以及美国的望远镜，现在都已经相当陈旧，埃琳娜。没错，他们在附近的恒星周围观测到了行星，但只是像木星和土星这样的庞大行星。像地球这样体型较小的岩石行星就很难找到了……我想，就像要在燃烧的干草堆旁边，分辨出一根针的反光那么难。”

“但大多数天体物理模型都预测类日恒星拥有行星吧？”

这次，说话的是个年轻些的丹麦人——特蕾莎那身材壮硕的朋友拉尔斯。这个家伙长得虎背熊腰，或许看上去更像机械师或橄榄球球星，不过他显然学识渊博。

“是，也不是。”斯坦回答，“像我们的太阳一样的G型恒星，在其形成初期必然会释放角动量，由于我们的恒星几乎把它所有的旋转动量都赋予其行星群，所以大多数天文学家认为，其他像太阳一样旋转的恒星一定也拥有行星。

“此外，天文学家们认为，早期的原恒星会释放出猛烈的粒子风，驱散挥发性元素。这就是太阳系外围存在着那么多氢元素的原因，而水星和金星，距离太阳较近，其氢元素则被剥夺。”

“而地球出现的位置恰到好处，”维恩点了点头，“位于水可以保持液态的区域中央，对吧？”

“这就是所谓的‘金发女孩效应’[①]。”斯坦点点头，“如果没有大量的水，生命无法发端，也无法存续。

“但是，至于地球是否位于太阳系生命地带的‘中央’，天文学家们已经争论了一个多世纪。一些人曾经认为，如果我们的世界与太阳的距离再拉近仅仅百分之五，我们就会重蹈金星的覆辙……由于失控的温室效应而出现热寂状态。如果我们与太阳的距离再拉远百分之五，地球上的海洋就会永远冻结。”

“所以呢？目前的看法是怎样的？”

“现在？最佳模型显示，太阳的生命区域很可能其实非常广阔，从一个天文单位一直延伸到三个或更多天文单位。”

① 在天文学领域，指适居带和恒星的周边才会有生命的存在。

有人吹了声口哨。埃琳娜·戈尔什科夫则短暂地闭上了眼睛，“等等，火星在生命区域延伸范围之内呀！那么，火星为何不是个生命世界呢？”

“问得好。有证据表明，火星曾经拥有液态水，雕琢出我们未曾造访过的巨大峡谷，唉！”对于这一点，大家低声表示赞同，有几位甚至为悼念失去的机会而举杯。“也许那里一度有过海洋，在所有的水分冻结、埋进沙里之前，早期生命形式就已经勇敢地出现了。火星这老伙计的问题，并非它旋转的位置离太阳太远。真正的问题是罗马人用一个侏儒的名字来命名他们的战神。它是一个微型世界，小到无法留住必要的温室气体，小到无法让那些著名的盾状火山冒烟，对于生命而言，它实在太小了。”

“嗯，”拉尔斯说，“这对火星来说太糟糕了。但是，如果G型恒星拥有广阔的生命地带，那么，应该还存在着许多其他环境适宜的星球……有海洋的存在，闪电可以让生命发端。在这些地方，进化也会发生。那么，哪儿——”

“那么，所有人究竟去了哪儿？！”维恩·尼尔森拍着桌子插嘴道。

那么，我们又回到这个老生常谈的问题，斯坦心想。一百年前，美国物理学家恩利克·费米也问过这个问题。*的确，所有人都去了哪儿？*

在拥有五万亿颗恒星的星系中，理应存在很多很多像地球一样的世界。当然，其中有些世界想必很久以前就拥有高度进化的生命,甚至是文明。

至少从理论上讲,星际旅行似乎可行。那么,为何地球一直是“黄金地段”,没有比细菌或鱼类更高级的本土住户,却又从未被那些较早进行太空旅行的种族殖民?

探讨这一主题的长篇大论——甚至不包括与飞碟相关的胡言乱语——虽然只是在世界数据网建立后才拓展开来的,但仍然没有令人满意的答案。

斯坦回答说:“存在众多理论,解释外星人为何从未在地球上定居。有些与自然灾害有关,就像你们正在这里调查的一样。毕竟,如果巨型陨石使恐龙灭绝,那么,类似的浩劫也可能令本想进行太空旅行的种族遭受重创。我们自己也可能因为意外遭遇而被摧毁,在我们达到足以——”

他的话突然哽住。似乎什么东西正中他的眉心,反复两次。

在一段幸运的时间里,他暂时将忧虑抛开,不再去想那恶魔。因此,这次言语间的突然提及,对他来说就如同遭到重击。但真正让他发愣的却是个前所未有的想法,这个想法突然在脑海中闪现,紧随这句话——我们自己也可能因为意外遭遇而被摧毁……

他咳嗽了一声,掩盖自己的窘态,有人拍了拍他的后背。他喝了口热啤酒,挥手示意上前表示关切的人们不必如此。他心想,我们的恶魔会不会来自外部?难道它并非人造?

他不需要在心里记下这个想法以便日后研究。这个想法会始终萦绕在他的心头。要是我能抽出身来,去怀托摩见见大家就好了!无论如何,他必须想办法把这个想法传达给阿莱克斯!

但现在还不是思路混乱的时候。还有些表面现象需要维持。我说到哪里了?哦,没错。

他清了清嗓子,接着说:

“我……自己最喜欢的解释,关于外星人的缺席——或者说他们的看似缺席——与我们此前正在谈论的事情有关,也就是像太阳这样的G型恒星周围的生命区域范围。目前,天文学家设想从我们所在的位置向外延伸,存在着广阔天地,在那里,生命可以建立起盖亚式的内稳态。当然,距离太阳越远,得到的阳光就越少。但是,根据沃灵的模型,会有更多的碳留在大气中,以保持热量平衡。就是这样。

“但请注意,在我们的轨道以内,可居住区域已经少之又少。作为一颗水行星,地球公转的位置距离太阳非常近。以我们为例,随着太阳温度的上升,生命必须清除大气中几乎所有的碳,从而使足够的热量逸出。几亿年后,即使这样也无法满足生存的需要。当老迈的太阳变得更热,生命区域的内边界将跨越我们的轨道,而我们将被慢慢煮熟,这么说毫不夸张。

“换句话说,我们只剩一亿年左右的时间,来制订自救计划。”

他们都笑了,略带紧张。

“那你的理论呢?”尼尔森问道。

斯坦想知道,如何把大家的注意力从自己身上移开,这样的话,他就能找个借口偷偷溜走。但他必须很顺畅、很自然地完成这一任务。他摊开双手,“这很简单。你瞧,在我看来,就水世界而言,地球相对来说炎热且干燥。哦,或许看起来并非如此,因为地球表面的百分之七十被海洋覆盖。但这仅仅意味着位于生命区域的正常行星必须更加湿润!

“因此造成的后果之一,是降雨的大陆面积会减少。”

“啊,我明白了。”一位来自土耳其的地球化学家说,“风化的面积更小,意味着在这些海洋中用以哺育生命的养料更少。从而导致进化变慢?”

其中一位古生物学家站在人群边缘,说:“而且像我们这样的生命形式,维持新陈代谢所需的氧气也会更少。”

斯坦点点头,“当然,陆地面积越小,这些生物进化的机会就越少。”他举起双手,十根手指不断扭动着。

“哼!”埃琳娜·戈尔什科夫晃着脑袋,显然是不认同斯坦的观点。当科学家们在展开友好的探讨时,人群外围也爆发了几场争论。尼尔森敲打着搁在膝盖上的迷你数据板,可能是在寻找反驳的论据。

很好,斯坦心想。这些人个个都很聪明,他喜欢看他们像打排球一样抛出不同的观点。遗憾的是,他不得不对他们隐瞒最紧迫的科学难题。清楚自己所做的一切,却无法向同行们吐露……对斯坦来说，这种行为是可耻的。

“啊哈，”尼尔森说，“我刚刚发现一篇有趣的论文，是关于大陆风化的，支持了斯坦的观点。就在这儿，我传给你们。”

人们纷纷从口袋里掏出数据板和阅读器，将其伸展开来接收文件。尼尔森使用了雪貂搜索程序，以快速但肮脏的手段，在网络的某个角落搜寻到这篇文章。斯坦也被这篇论文吸引，将溜走的想法抛在一边，打算伸手去拿他的折叠钱夹设备。

可就在此刻，他戴在左手腕上的手表微微震动了一下，强度足以引起他的注意——震动的节奏意味着有紧急事件发生。

当热烈讨论的声音再次增大，斯坦向大家告辞，假装直奔男厕所。路上，他从手表里取出一个微型拾音器，塞进耳朵里。

“说吧。”他对着发光的表盘说。

“斯坦。”说话的是他的助手莫霍通加·贝利，声音很小，带着一丝恐惧，“回来。快点。”说到这里，话音突然中断了。

斯坦感到一阵寒意袭来，夹杂着突如其来的负罪感。*那恶魔——它失去控制了吗？哦，上帝，我不应该把他们单独留在那里！*

但即使当他这么想的时候，他心里也清楚，贝塔不可能这么毫无征兆地就逃掉。因为这样的偶然情况，在物理学的范畴内根本就不可能发生……至少在一小时前还保持稳定状态的情况下不可能发生！

那么必定是其中一道光束惹的祸。这次必定是击中了一座城

市。有多少人丧生？哦，上帝，您能原谅我们吗？谁能？

他冲到外面，苍白的双手不住颤抖，珍珠般的北极暮色已经蔓延过约三分之二的地平线。北极光在格陵兰冰原上方形成了闪烁不定的电离幕帘。斯坦踉跄着跑向他的四轮摩托车，猛踩启动杆，低压轮胎压过光华闪耀的冰碛，发出吱吱嘎嘎的声音，碎石在车后喷溅而出。

返回坦戈帕鲁营地的路上，他满脑子都是可怕的想象，他的助手向来不易激动，究竟是什么让他的腔调里充满恐惧。然后，他翻越了一座小丘，圆顶出现在视线之中，还有停在不远处的那架深绿色大直升机。斯坦的心又咯噔一下。

他突然意识到，问题不是出在贝塔身上。至少并非直接由贝塔引发。这是另一种形式的灾难。

北约，荷枪实弹的士兵在营地周围巡逻，他认出了他们的制服。天哪……我从没想过还会看到这样的颜色。我甚至忘了这个组织的存在。

他知道，那架大型军用飞机长途跋涉，深夜至此，把士兵带到他的实验室门口只有一个理由。毫无疑问，这绝非社交拜访。

我们被发现了，他意识到，知道自己只有几秒钟时间来决定该怎么做。

DEL　　　　普莱诺-福布斯：25亿

世界观察:60亿

洛克斯-鲁尼恩:100亿

这些对地球最大可持续人口的估计,都是在一九九〇年之前做出的,当时世界的注意力开始从意识形态和民族主义向生态生存问题转移。乍一看,这三种估算似乎天差地别。然而,它们都基于同样的原始数据估算而来。

事实上,区别主要在于如何定义"可持续"这个词。

对普莱诺和福布斯来说,这意味着一个至少能与古代中国一样长期存续的体系——持续数千年之久——为所有人类儿童提供教育、基本便利设施,人均能源消耗相当于一九八〇年前后美国人均消耗量的一半。可持续人口使用碳基燃料的速度只跟植被回收它们的速度相当,并且有足够的荒野来保护自然基因组。

事实证明,在人口超过二十五亿的情况下,这些标准不可能长期维持。*

世界观察使用了更宽松的约束条件来估计。例如,尽管"美国人"的消费方式仍被视为挥霍无度,但作者们并未呼吁对化石燃料实行定量配给。粮食是他们最关心的问题,尽管他们没有预见到许多重要的消极和积极的趋势(例如,温室荒漠化和自花传粉玉米),他们与普莱诺-福布斯的主要不同点在于,他们对"可持续"的界定仅在一百年左右的时间里。

洛克斯-鲁尼恩模型被证明是最准确的，简单地说，它准确地预测出，到二〇四〇年时，我们可以（困难地）养活一百亿人。显然，该模型也对人类的未来要求最少。其标准只是最低限度的生存——得过且过，不说几千年，就说一百年内，是没什么需要担心的。

的确，有些人认为我们不应杞人忧天。毕竟科学在进步。也许到那时候，人类会研究出新的解决方案，那样一来，我们遗留给他们的问题，看起来似乎只会存在于理论层面。

也许我们的后代能够照顾他们自己。

*这些受到质疑的数字来自推动太空殖民的团体，根据他们的预测，月球和小行星的资源，以及无限的太阳能，将允许一百亿到两百亿人，按普莱诺-福布斯模型下的生活方式过活，并在可预见的时间内持续下去。他们最喜欢拿太空殖民跟哥伦布发现新大陆相提并论。然而，这类计划的缺陷在于，在来自太空的财富将繁荣带回地球之前，还需要进行初始投资。仅能做到糊口的政府和人民，几乎不可能投入这么多钱，用以发展那些可能惠及子孙而不是他们自己的项目。

——《透明的手》，双日出版公司，版本4.7（2035年）【DEL超级访问代码1-tTRAN-777-97-9945-29A.】

地 幔

要进入这个深邃的洞穴基地，只有一个入口。戴着蓝头盔的武装人员靠喷气式翼伞从天而降后，不得不在丛林中东翻西倒、东撞西碰一段时间，才找到那个隐蔽的入口。然后，他们开始蹑手蹑脚地顺着阴暗的岩缝往下走去。

塞帕克·塔克劳被刺耳的警报声惊醒，起初还以为那只不过是“凝视者”激光束的又一次发射……或者随便别的什么。为乔治·哈顿工作的新西兰人对重力扫描的根本目的始终缄口不言，虽然它们很明显与地球最深处有关。不管坦戈帕鲁技术人员在新几内亚做些什么，他们对待自己的工作都极其认真——好像随便一个该死的错误，就会让世界毁灭一样！

因为他们那台巨大的谐振器每次射出激光束时，都会发出极大的声响，轰鸣声在深邃的通道里回荡，所以塞帕克睡不安稳，他最后把铺盖搬到了一条狭窄水道的缝隙附近,那条水道早已废弃。然而这一次,当他揉着眼睛,步履蹒跚地走向灯火通明的会议室时,他突然停下了脚步,盯着下方混乱不堪的场面。新西兰人这次吵吵嚷嚷的,是成功了吗?召唤出了特乌,毛利人的战神?

他们就像晕头晕脑的园丁鸟,到处跑来跑去。武装人员蜂拥而至,冲入大厅,圆柱形的谐振器光芒闪烁,在固定它的万向支架上疯狂摆动着。塞帕克躲进阴影里,不敢动弹。*该死的乔治·哈顿。你让我陷入了怎样的境地!政府不会因为我们保守着几个洞穴的秘密,就如此兴师动众!*

总之,这些人并非普通警察。很明显,其中半数士兵甚至不是巴布亚人!技术人员个个晕头转向,突击队员从他们身边冲过,将该区域占领,塞帕克吹了个口哨,但没吹响。不,他们不是当地人,也不是联合国维和士兵。该死,他们是如假包换的……东盟海军陆战队!

只要做过必要的调查,任何人都清楚,地球上仍然遍布着主权军事力量。跟糟糕的过往相比,可能只剩百分之几。但还有更多的武器“储备”在根据条约规定而封禁的仓库之中。各个国家联盟仍在练兵,仍在维持着实力均衡,这再真实不过,因为世世代代都是如此保持稳定的。只是,这个星球上到处都是实时摄像机,公众舆论又反复无常,这些国家和集团通常会煞费苦心,极其谨慎地使用其军事力量。

因此，塞帕克深知，这不仅仅是一次违反保密法的突然袭击。当海军陆战队队员干脆利落地将新西兰工程师包围时，他苦苦找寻联合国或其他国际组织的标志，却只是徒劳。他又找寻那些热衷于猎奇的网络杂志记者。

什么都没有。没有记者。也没有联合国观察员。

他意识到，这次突袭真的是国家层面的行为。这意味着参与其中的并不仅仅是巴布亚新几内亚政府。远远不止。

而且这些家伙跟乔治·哈顿一样，都不想泄露更多的秘密。

塞帕克越退越远，消失在黑暗里。

看在约翰·布鲁姆[1]的货物的分儿上……乔治，你让我陷入了怎样的境地？

DEL**古老的、过时的活动或职业：**

……打燧石、用动物内脏占卜、给箭上翎……金属锻造、木桶制作、艺术鉴定……钟表制作、放牧驯鹿、牙科、书法……游戏节目主持、灵媒、不明飞行物研究者……毒品走私、高尔夫球场管理、银行机密服务……日光浴、饮用自来水……

---

① 一个神话人物，与南太平洋地区的“货物崇拜”有关，常被描绘成一名美国“二战”军人的形象，如果人们追随他，他就会给人们带来财富和繁荣。

新兴服务行业：

室内毒素检查员、婚前遗传顾问、模因调整专家……室内微生态学家、生物科技专家、产前指导师、脑化学平衡顾问……网络安全顾问、民意仲裁员、雪貂搜索程序设计师、生活方式保险调节师……

世界人口数字：

1982年:43亿

1988年:51亿

2030年:103亿

外逸层

特蕾莎刚一抵达，就在佩德罗·曼内拉的陪伴下，踏上回“家”的旅程。这恐怕是最后一次了，她坐上一艘小船，准备穿越萤火虫洞穴——在地底仿拟出的夜空中，它们构成的星座仍然闪闪发光。随后，她和佩德罗借助黑暗的掩护，溜到一群窃窃私语的游客身后，踩着破旧的导引路径，经过用十几种语言书写的磷光指示牌。最后，他们来到了新西兰一座山峦的侧面，山上丛林覆盖，植被茂盛。

感觉我们仿佛是一小时前才首次进入这个洞穴一样，特蕾莎心里编织出一种幻觉。这期间几星期的所有经历都是假的。我编造出了这一切——贝塔黑洞、格陵兰岛之旅、重力激光……

佩德罗走在她前面，沿着绿树成荫的小路往下，他的影子一度投射到旁边，使下午耀眼的光线洒在她的脸上。特蕾莎伸手去摸索自己的太阳镜。

只是幻觉，仅此而已，她继续希冀着，星际敌人派遣怪物来吞噬我们的世界，自然也会吞噬这种幻觉。

这种努力的确不错，但是特蕾莎不得不叹了口气。她在自欺欺人方面缺乏足够的天赋，无法继续下去。

如果真要那么做，不妨做得彻底些，假装自己重回十九岁，前方等待自己的是人生的种种历险——第一次飞行，第一次恋爱，还有青春永驻的幻觉。

南方的秋天正在迅速消逝，凛冬将至。微风吹拂着她的秀发——发色如今又变回了她原本的棕色，不过上次头发比现在还长的时候，就要追溯到少女时代了。每当发丝扫过粉颈，都让人觉得她妩媚窈窕，甚至有惊艳之感。

她一不留神，突然撞到曼内拉宽厚的背上。"嘿！"特蕾莎边抱怨，边揉着鼻子。

佩德罗转过身来，看了看手表，脸上露出紧张的表情。"你继续往停车场走，"他说，"我有东西忘了拿。待会儿见。"

"行。不过你记住，我要赶下午两点的飞机。我们——"她话还没说完，他已经匆匆走上山坡，消失在右侧的岔路口。奇怪，她心想，我们不是从左侧的山坡下来的吗？

也许在长途驾驶之前，佩德罗得去趟男厕。特蕾莎又继续下坡，一只手轻扶导轨，俯瞰着陡峭的林坡。被雨水打湿的蕨类植物在风中摇摆。游客们先他们一步，可能已经拥进停车场，四处寻找他们的巴士或租来的轻型汽车了。等到佩德罗赶上来,交通拥堵的问题很可能已经解决。

特蕾莎的包已经放在车里了。里面放着一袋改过的照片,描绘了她过去一个月在澳大利亚某隐居胜地的生活状况。若碰到简单的盘查,应该可以蒙混过关。她已经在心里把自己的度假故事重温了无数遍。很快,在奥克兰机场的转机大厅里,她将与那个以她的名义来度假的女人互换位置。完成身份转变后,她终于又变回特蕾莎·提克哈娜。美国宇航局没理由认为她没按他们的要求行事——享受拖延已久的假期,借机会调养身体。

前方隐约出现了一群新的游客,这一大群人看上去令人生畏。他们表情坚定,快速攀上山坡,借助全摄录护目镜四下张望,而且他们每个人都紧紧地抓着自己的背包。导游高声叫嚷,描述着这些山峦的奇妙之处——其隐藏的河流和秘密的小径。特蕾莎闪到一旁,让这群人过去。其中几个男人走过时,上下打量着她,她习惯了这种匆忙而感激的目光。尽管被认出来的可能性微乎其微,但特蕾莎还是转过身去。为什么要冒险呢?

*佩德罗怎么迟迟没有赶上来?*她边看向雨林,边咬着指甲。*我怎么感觉不太对劲?*

如果她现在身在驾驶舱内,最起码有仪器可以核对,可以获取大量的信息。而在这里,她只能依靠自己的感觉。甚至数据板也被放在下面的行李里。

她回头看了一眼,意识到刚刚从身旁经过的旅游团明显有些奇怪。他们一定急着要去参观洞窟。巴士晚点了吗?还是什么别的原因?

他们每个人都背着色泽柔和的背包,与其颜色鲜亮的旅游装备很是搭调。其中五分之四是男人,一个小孩都没有。或许这样的人员构成,是因为他们要遵循某种惯例?

她差点儿拦住其中一人问个究竟,但还是忍住了。她望着他们的身影逐渐消失在上坡路上,感觉这些人身上存在着某种她异常熟悉的东西。他们的行为举止目的性太强,根本不像是来度假的。在护目镜的遮掩下,其下颚的姿态让特蕾莎想起——

她倒吸一口冷气,"窥探者!哦……真见鬼!"

她绝望地意识到自己的疏忽或许会造成极其严重的后果。数据板没在身旁,要想向地底的伙伴们示警,她能用的只有那薄薄的折叠钱夹设备。特蕾莎从裤后袋里把它拿出来,打开——却发现它无法发送信号!微型无线电收发机出现了故障。

不过,还可以打电话,公园入口处的礼品店里有一部电话。特蕾莎倒退着下坡,直到最后一名"游客"消失在拐弯处,她才转身狂奔起来——

结果跟殿后的几个人撞了个正着。其中一人紧紧抓住她的手腕,使出的握力足有九十公斤。

"我说,提克哈娜船长,你好呀!可我听说你在昆士兰呢。我的老天。什么风把你吹到新西兰来了?”

在这里见到她,那个握着她胳膊的男人丝毫没有感到惊讶。尽管格伦·斯皮维满脸伤疤,但他的微笑看上去还挺真诚,没有半点儿恶意。在斯皮维旁边,站着一个大块头黑人和一个亚洲人,想要反抗根本就行不通。尽管来自不同种族,但他们似乎是一个模子刻出来的,拥有老练间谍的锐利目光。

第四个人,站在其他人身后,跟这样的场面似乎格格不入。他的五官也有点儿像东方人。但姿态则很“平民”。而且,这还是位不太开心的平民。

“你刮的风!”特蕾莎聪明地回应这位情报部门高官。

“我希望你没打算这么快就离开,船长?”斯皮维说,显然决心抛出一条又一条老电影里的陈词滥调,“我希望你愿意留下来。事情很快就会变得有趣起来。”

“……警告你,乔治!这地方到处都是士兵!他们已经夺走了谐振器,还逮捕了我的同伴们。你和阿莱克斯,以及其他人,还是走为上策……”

一只手从乔治·哈顿身边伸过,关掉了声音。全息投影设备则继续播放着,影像中,一位老者身穿厚重的皮大衣,显得忧心忡忡,但现在只能对着便携式传输装置表演哑剧。在斯坦·戈德曼的背后,隐约可见一处巨大的冰棚。

“恐怕这条警告即使来得早些，也起不到多大作用。”斯皮维上校对哈顿和聚集起来的共谋者们说，“当然，在实施这次行动前，我们就已经窥视了你们全部的文件。知道吧，我们可不能马虎大意。”

特蕾莎坐在她原先坐过的椅子上，对面是阿莱克斯·拉斯蒂格，再向外两个座位就是出口，但出口如今已经被斯皮维的澳新军团士兵守住。这次，这间地下会议室里挤得满满当当，所有人都到齐了，连厨师也不例外。除了佩德罗·曼内拉。

*他怎么知道会出事？*她感到困惑，*怎么佩德罗似乎总是知道？*

当然，她感到有些麻木。本来再过几小时，她就将身在返回休斯敦的路上，返回她舒适的公寓，返回她美国宇航局忠诚宣传员的位置。

然而，现在呢？

*现在我焦头烂额。*特蕾莎的思绪如同飘零的树叶。当然，当你想到将去联邦监狱服刑的未来时，出现这样的情绪也很自然。

她瞥了一眼桌子对面的阿莱克斯，感到很羞愧。当然，他最先考虑的绝不是保住自己的性命。这一事件影响到的绝不仅仅是一条命。*好吧，那么，我们都焦头烂额。*这样的提醒并没有给她带来多少安慰。

“有多久了？”

“你说什么，哈顿先生？”斯皮维问。

在桌子最前端，乔治移动着他沉重的身躯，坐了起来，“你偷看我们的记录有多久了,上校?”

特蕾莎注意到,他没有问斯皮维的团队是如何攻破坦戈帕鲁的安全屏障的。很显然,即使跟最出类拔萃的网络黑客相比,大国联盟拥有的信息技术也要有优势得多。各国政府财力雄厚,又有许多忠心耿耿的老部下可以调遣,他们的技术可以领先个人用户两三年,甚至是四年。所以,斯皮维接下来的坦白让她感到有些吃惊。

“你知道吗,这确实很滑稽,”上校毫不掩饰地答道,“我们搜寻你们这些家伙很久了。实在太久了。你的人非常出色地对我们实施了干扰,哈顿。我们三天前才突破了你们的缓存区,多亏某些匿名举报,还有像恩格先生这样的民间顾问的帮助。”

斯皮维朝那个长得有些像东方人的男人点点头,特蕾莎在路上见过他,听到有人提及他的名字,他紧张地眨着眼睛。很显然,他并非情报人员。

坦戈帕鲁的一名技术人员站起身来,高声对这次非法入侵予以抗议。斯皮维从外衣里拿出一个立方体,打断他的话,“我这里有份文件,由北约、东盟、澳新军团,以及新西兰安全情报局的首脑联合签署,根据全部三项公约及《里约热内卢条约》的安全条款,此事被宣布为终极紧急事件。你们的所作所为证实了这一判断,不是吗?以人类历史上发生过的‘紧急事件’为标准的话,吞噬地球的黑洞肯定符合标准。

“可你们却秘而不宣!不向媒体、网络、主权国家及民选政府透露分毫。所以请不要在我面前表现得义愤填膺。”

在全息影像槽里，斯坦·戈德曼发现有人朝他走来，他那沉默的影像转过身去。他没有作声，听天由命地叹了口气，伸手去按开关，画面突然中断了。在其位置上，取而代之的又是我们熟悉的切面球体——地球，它被描绘成了一个多层的那不勒斯冰激凌球。

啊，这要是真的就好了。一颗冰激凌星球。那将是一个多么美好的世界啊。

特蕾莎强忍头晕，在心里补充道——祝你好运，斯坦。上帝保佑你。

“就在不久前，我们还以为这个该死的怪物是你们制造的呢！”琼·摩根对斯皮维吼道，“你们这些家伙，在轨道上设置秘密黑洞实验室，你们依据大国协议为所欲为。我们不得不秘密进行，否则你们就会横插一脚，只为保全自己！”

“这样的辩护有趣得很，甚至或许有其合理之处，”斯皮维承认，“但现在你也清楚了，不是我们这些可恶的政府畜生制造出……”他顿了顿。

“贝塔奇点。”阿莱克斯·拉斯蒂格提醒道，这是他今天下午第一次开口。

“谢谢。”

“不客气。”阿莱克斯难以捉摸地点了点头。

“没错，好吧，几天前，你们似乎已经转而确定，这怪物是被发狂的外星生命送到这里来的。”他耸耸肩，“对于如此多姿多彩的情况，我现在还无法相信。但不管怎样，一旦你确定了这一点，并且知道贝塔不是我们制造的，那么，将实情告诉我们难道不是你们应该做的吗？毕竟，我们才是对抗外星侵略者的专家吧？我们拥有足够的资源和组织能力，来取代你们的小本运作，而且——”

“你和你的人闯进来的时候，我们正在争论这个问题。”乔治突然插嘴，“事后看来，我坚持要继续保密，或许是错的。”

“因为现在这件事会继续保密。”斯皮维点点头，“你的意思是对的，哈顿先生。依照目前的情形，我所代表的联盟预见到巨大的危险——危险远远不止摆脱贝塔这一迫在眉睫的问题。上个世纪的事实证明，滥用新技术危险极大。一旦某种可能性被大多数人知晓，就再也没有机会把精灵塞回瓶子里了。情况轮到重力激光时难道会不同吗？”

他环视整个房间，“现在，说实话，你们当中有谁想看到别的帝国学会制造这些奇点结？又或者是海国，看在上帝的分上？”

“还有科学法庭，”琼·摩根暗示，“和现场巡视组……”

“是的。”斯皮维点了点头说，“只要制造此类东西需要大型工业设施，这种结合就会起到极佳的效果。然而，难道我们不应该先搞清楚这一点吗？维和机构能够控制此类事件吗？毕竟，拉斯蒂格博士已经证明，可以利用极其微小的黑洞仪，制造出令人叹为观止的奇点。”

“没那么令人叹为观止。”阿莱克斯插嘴道,他指着旋转着的贝塔的影像,首次表露愤怒的情绪。

“没有?”斯皮维转过身来,面对着阿莱克斯,“恕我直言,教授,你确实极富才华,但在重大问题上往往搞得一团糟,这方面也是出了名的。你能肯定你的想法正确无误吗?你能绝对保证,有朝一日,某个平头百姓对这个世界极度不满时,不会在他的地下室炮制星球杀手吗?”

阿莱克斯眉头紧锁,闭上了嘴。突然,特蕾莎想起了她和斯坦·戈德曼的对话,关于这神秘莫测的宇宙几乎拥有一切,智慧生命却少之又少的话题。撇开拉斯蒂格关于外星人性格狂暴的理论不说,还有另一种令人不寒而栗的可能性。

制造出毁灭世界的黑洞或许微不足道。这或许根本不可避免,而我们从未领略过外星文明的原因也很简单……因为每个文明达到这个阶段时,就会创造出不可阻挡的奇点,然后被自己创造出来的恶魔吸进喉咙里。

但事实并非如此。她从阿莱克斯·拉斯蒂格的眼神中看得出来。在这点上,他没错。我们无法复制贝塔,现在和将来很长一段时间都是如此。虽然听起来很诡异,但这东西是被送到这里来的。

“嗯。”乔治·哈顿咕哝道。这位毛利地球物理学家显然认为,就已经超出他控制范围的事情进行争论没有什么意义。“介意我查一下数据库吗,上校?”

斯皮维漠不关心地挥挥手，“当然可以。”

乔治拿起一个耳麦，通过它下达了指令，看着流经他办公桌屏幕的数据。过了一会儿，他抬起头来说：“我们在格陵兰岛和新几内亚都设有营地。但是其他地点——”他顿了顿。

斯皮维往左边看去，“请告诉他们，洛根。”

平民顾问耸了耸肩。他说话时明显带有卡津[1]口音，语调柔和，但不太协调。“我的电脑模型显示了最近地球的，呃，震动，表明第三个地点必然是在复活节岛。最后一个则在南非联邦北部方圆五十公里的区域内。”

乔治耸耸肩，“只是检查了一下。不管怎样，我在此地发现这两处基地都很正常。没有军队。没有警察。上校，你没对他们下手。”

“我们也不太可能那样做。”斯皮维双臂交叉抱在胸前，看上去很放松，“我所代表的任何联盟对这些领土都没有管辖权。

“嗯，我想我们可以破坏你们的基地。但如果你们是对的——如果你们既没被骗，也没发疯——那就意味着地球需要那些谐振器。所以，我觉得，摧毁它们有点儿像搬起石头砸自己的脚，不是吗？”

实际上，听了这席话，围坐在桌旁的一部分人发出了轻微的笑声。他带着讨好的微笑，继续说：“无论如何，我们的目标并非把你们全都关进监狱。其实，正式的证据只针对这个房间里的一个人。

① 指主要居住在美国路易斯安那州的一个族群，主要由被流放的阿卡迪亚人组成。

即便如此,我们或许也能找到些回旋的余地。”

特蕾莎觉得大家的目光都短暂地投向她。每个人都知道斯皮维指的是谁。想想就觉得心情沮丧,她可能面临一系列罪名——挪用政府财产、做伪证保密、玩忽职守……叛国。她垂下头,盯着自己的手。

“不,”斯皮维上校脸上挂着微笑,继续说,“我们不是来与你们为敌的,而是来跟你们谈判的。看看我们能不能就共同的计划达成一致。议程上首先要解决的问题,当然是如何继续你们已经开始的工作,利用一切资源来拯救世界。”

这个人说的一切似乎都很有道理。特蕾莎觉得这令人愤怒,让人沮丧……尤其是意识到自己在斯皮维这场游戏中所扮演的角色。当其他人投入随后的自由讨论中时,她只是坐在那里,甘愿做个任由别人摆布的小卒,沉默不语,绝望无助。

显然,只要新西兰当局愿意为他们所属的联盟效命,引渡程序将再简单不过。斯皮维可以把她铐起来,然后把钥匙丢掉。更糟糕的是,她再也不能驾驶飞船了。消息不会泄露到网络上,不会引发公众抗议,即便是最棒的真人或软件律师,也无法运用高超的法律策略,让她重回太空。

其他人也处在危险之中,尽管他们的情况没有那么明显。特蕾莎看着乔治·哈顿在心里飞速地盘算。这位新西兰企业家精明地拨弄着斯皮维的牢笼，测试着牢笼的壁垒。

起诉就意味着公开，不是吗？没人知道斯皮维究竟有多么不希望公开一切。他会保守这个秘密数月之久吗？甚至几年？还是只是要让他代表的利益集团领先一步？

坦戈帕鲁集团也有牌可打。比如他们的专业技能，短时间内不可能找到能够与之匹敌的团队。乔治强调了这一点，尽管有些自吹自擂的意思，但大家都很清楚。当整个世界危在旦夕，他们难道会罢工，拒绝使用自己的技术吗？

斯皮维采取了一种高傲的态度，极力强调团队合作的重要性。他暗示他们或许不会遭到起诉。达成协议后几小时内，供应短缺和彻夜不眠的日子就会结束。新的人手会来增援，新的专家团队将夜以继日的轮班，让疲惫的技术人员得到休息，帮助他们引导贝塔的轨道缓慢外扩，同时确保最严重的构造震动不会发生在人口稠密区。

特蕾莎意识到哈顿和拉斯蒂格中计了。好处实在太多，寻找其他方案又太难，剩下的只是商讨细节。

当然，没有人问她怎么想。但平心而论，她现在看起来可能毫不在意。

“拉斯蒂格博士，我们对你的相干引力增强效应特别感兴趣。”说话的是斯皮维的某个助手，一个打扮得像游客的黑人，但却拥有职业军人的风范和物理学家的词汇量。“你肯定没有漏掉‘凝视者’

光束的深层意义吧?”他说。

“它作为武器的意义? 哦,我想起来了。”阿莱克斯疑惑地点了点头,“我怎么会漏掉呢? 想用地震摧毁你的敌人吗? 把他们的城市炸得稀巴烂?”

那军官看上去很苦恼,“我不是这个意思,先生。其他引发地震的方法此前早已研究出来,而且多到令你惊讶。所有这些都已遭到抛弃,就像毫无价值的棍棒,精确性不足,又难以预测——在目前的地缘政治舞台上毫无用处。”

“而且请注意,”斯皮维上校插嘴道,“我们对这些技术守口如瓶,秘而不宣,这一事实让我们放弃了那些可怕的武器,同时使它们不落入恶人的手中。保密并不总是下流勾当。”

黑人军官点点头,接着说:“不,拉斯蒂格教授,我在想的是‘凝视者’光束本身,穿越太空向外传播。

“考虑到你声称贝塔大概率是由外星生命制造的……而这些外星人显然会危害到我们……你难道没想过‘凝视者’或许应该瞄准怎样的目标吗? 比如,瞄准进入太阳系的目标?”他向前探了探身子,“我不禁怀疑,我们的外星敌人是否压根儿没把我们放在心上,无意中给了我们自卫所需的手段。”

阿莱克斯眨了眨眼睛,坐得更直了,脸上露出一丝浅笑。“一种防御性武器……用光束对付贝塔的制造者。没错。”他点了点头,“我明白你的意思了。”

“该死,你说得对!”乔治·哈顿猛拍桌子。他眼睛里闪烁着热情的光芒,“那样做很公平吧? 让他们自己制造的恶魔与他们为敌?”

“嗯。那样做难道不意味着我们要把,呃,贝塔奇点留在……留在地球内部吗?”洛根·恩格犹豫地指出,“……继续充当重力激光的反射镜?”他用双手比了个手势,“否则就没法产生相干光束。”

“哦。没错。”乔治看上去像泄了气的皮球,“那办不到。”

“你确定吗?”为军队效力的物理学家问,“你是说,即使是现在,贝塔的轨道也会短暂地让它上升到岩石密度极低的地层,以至于其质量会相应下降。好吧,那么,如果将它安置在正确的轨道……留在地球内部,但能够保持平衡,不再增大,也不收缩,那样的话怎么样?”

乔治看着阿莱克斯,“这有可能吗?”

阿莱克斯思考着这个问题,参考着特蕾莎无法想象的精神资源。琼·摩根评论道:“这样的话,当一个温度高达百万摄氏度的火球最终从地底射出时,我们所有人都不必担心如何处理了。你觉得呢,特蕾莎?”出于某种原因,金发女人转过身来问她。

特蕾莎把椅子往后一推。“我觉得很累,”她站起来,对格伦·斯皮维说,“我想我要去躺一会儿。”上校看了她一会儿,然后点头示意一名卫兵陪她前往。走到门口时,特蕾莎回头瞥了一眼,看见阿莱克斯·拉斯蒂格正在全息影像槽里画着数学图案,身旁围绕着双方阵营里群情振奋的科学家。她叹了口气,转过身去。

作为澳新军团的突击队队员，那卫兵来自澳大利亚珀斯，极富爱国热情，尽管如此，他还是很细心周到、和蔼可亲。当她问是否可以送些食物过来时，他说他会试试看。

她的包放在原先的房间……是从车上取来的，当然经过了彻底检查。她瘫倒在那天早上醒来时躺着的那张帆布床上，嘴里咕哝着发出命令，让灯关上。特蕾莎蜷缩成一团，把毯子紧紧拉到胸前，尽管如此，她根本体验不到任何“家”的感觉。

她时睡时醒，梦到了恒星的陨灭。

她的老朋友。她的路标。它们一颗接一颗地熄灭，每颗都发出痛苦和绝望的叫声。她的每声叹息都伴随着呻吟，在枕头上回荡。

有东西要了它们的命。那些恒星被杀死了。

可怜的贾森，她在奇怪而混乱的睡梦中想。*等他抵达角宿一，它就消失了。除了漆黑的空洞，什么都不会剩下。而他挚爱阳光。*

梦境继续向前发展。此刻，她透过地牢的栅栏向外望去，望向漆黑一片的大海，海面如玻璃般光滑，没有一丝倒影。她注视着，目睹水面散发出一种微光……一种珍珠般的光芒，不是从上方，而是从内部泛起。水汽升腾，光芒随之增强；然后，泡沫翻腾，不断膨胀，最终爆裂开来。

太阳从海洋中升起了。

不是从海平线——而是从海洋本身。它实在太耀眼，让人无法直视，射出的强光透过她伸出的手，勾勒出她骨头的轮廓。这个炽热的球体如矛刺般蹿升，出现在过热的蒸汽柱顶端，留下滔天巨浪，席卷一度平静无波的海面。

那浪峰比她身处的监牢还高，朝着她猛扑过来。但她并不在乎。即使被晃得睁不开眼，她仍然能够追踪火球的轨迹，她非常肯定，它根本不会消失。它回来了。回来后便不再离开。

也许，正是这个可怕的想法让她从噩梦中惊醒。又或者是因为某种令她毛骨悚然的感觉，她感觉有人正踏着那狭小房间的地板，蹑手蹑脚地向她逼近。特蕾莎猛地睁开双眼，尽管她仍被睡眠麻痹症和母亲安慰的话纠缠着。

"嘘……那只是你想象出来的。没有怪物。那里绝对没有人。"

一只脚碰到了那位好心的突击队员留下的餐盘。传入特蕾莎耳朵的是一阵急促的吸气声。妈妈，特蕾莎想，心怦怦直跳，右手握拳，你根本不知道自己在说什么。

"嘘，"不到一米远的地方，有人说话，"别作声。"

她盯着两个白点……一双眼睛吧，大概。特蕾莎咽了口唾沫，努力不让肾上腺素控制自己，"是……是谁？"

一只手捂住了她的嘴，动作迅速但轻柔，没用太大的力道，这让她安静了下来。"我是阿莱克斯·拉斯蒂格……你想离开这里吗？"

她想知道，为何眼睛无法在睡眠时完全适应黑暗？直到这时，她凝视着朦胧的暗影，才慢慢辨认出那人的容貌。

“但是……怎么离开?”

他露出微笑,像柴郡猫那样咧着嘴,“乔治塞给我一张地图。他和其他人待在一起,打算试试跟斯皮维合作。不过,你和我……咱俩必须离开。”

“你为什么?”她问道,声音沙哑,“上次看到你,你还是一副开心的模样。”

他耸了耸肩,“如果咱们能成功脱逃,我再向你解释。现在正是他们喝咖啡休息的时间,在他们发现我溜之大吉之前,咱俩差不多有十五分钟。你来吗?”

特蕾莎用行动做了答复,她掀开毯子,伸手去拿鞋。

守在她门口的,不再是那个澳洲士兵。取而代之的是个毛利人,人高马大,两颊刺有永久性文身,制服绑着战带,背靠对面的墙站着,嘴巴半张,两眼斜睨,流露出愉快的神色。起初,特蕾莎怀疑这名新西兰士兵是不是被争取到了他们这边。接着,她看到他呆滞的神情,感觉他像个瞌睡虫,处于一种自我诱导的脑啡肽激增状态。只是,瞌睡虫不会成为特种兵。一定是拉斯蒂格给他下了药。

“胆碱抑制剂。他会忘掉发生的一切。”阿莱克斯解释道。他带她走过四壁都用岩石砌成的寂静走廊。每次他们走近一扇门,他就会求助于一个小盒子,得到其许可后才会通过。最后,他们抵达秘密码头,怀托摩地下湖平静清凉的湖水中,两艘小船上下起伏着。

“出口难道没人看守吗？”她问。那里不需要安排人类卫兵——家蝇般大小的微型无人机便能完成任务。

“几分钟前，这个区域被彻底检查过。总之，除了乔治，没人知道咱们会走哪条路。”

特蕾莎不确定自己是否喜欢这种感觉。但是没有太多选择。她登上前面的船，解开缆绳，阿莱克斯开始拉拽系在高处洞顶上的绳网。当他们驶近那高大的洞门，码头的灯熄灭了，他们陷入黑暗之中。伴随着低沉的隆隆声，门洞大开。阿莱克斯咕哝一声，摸索着引导绳前进，从一根绳索换到另一根绳索。她听见他轻声数着数，也许是在背某种助记符号。

“你确定你知道自己在——”

他打断了她的话，“如果想回去的话，你知道路。”

特蕾莎闭上了嘴。反正，他俩很快又置身于那些虚假的星座之下——萤火虫拙劣地模仿星光，只为引诱不幸的猎物上钩。每处景观都佯装成未经探索的星团、星系……似乎无限广阔。

也许我们所有的现代天文学都是谬误，她暗自思忖，凝视着头顶伪造的星空，*也许“真正的”星座就像那些绿点一样，不过是在充当诱饵，诱骗那些粗心大意的家伙。*

洞顶的景象慢慢掠过，与之相伴的还有它所蕴含的整个宇宙，她禁不住晃晃脑袋。这就是噩梦的问题所在，它们会缠住你，在梦醒数小时后，仍然影响着你的情绪。特蕾莎现在可不能受到影响。

也不能进入“乘客”模式。行动是最好的解药。她低声问：“要我帮忙吗？”

小船在水中平稳地滑行。“还不用……”阿莱克斯气喘吁吁地说，他在前上方摸索着什么，过程中差点儿让两人翻船。特蕾莎紧紧抓着不断摇晃的舷侧。“啊。在这儿呢。乔治那根特殊的绳索。我们可以从这里离开主洞。”

他们的船来了个急转弯，与墨黑色的石塔擦身而过，然后置身于另一片陌生的天际美景之下。过了一会儿，阿莱克斯又说话了，上气不接下气地，“好吧。如果你拉着我的手，我会扶你站起来……小心点儿！让我引导你抓住缆绳……明白吗？现在没其他绳索会使你混淆了，来帮我吧。把手肘搭在我肩膀上，感受我的节奏。一开始保持从容的步伐。如果感到眩晕，立刻告诉我。”

特蕾莎克制住自己，没告诉他她这辈子一直在与眩晕对抗。“尽管一试吧。[①]”她低声说，努力装出快活的腔调。

“那家伙真该死，一开始就高喊，‘住手，够了！’[②]”他完成了整句对白，“咱们出发。”

努力在一条摇摆不定的船上站稳，双手还要摸黑拽着头顶的一根缆绳——这还不是特蕾莎做过的最简单的事。刚开始她有几次差点儿摔倒。但倚靠着他的身体让事情变得简单许多。他们有四

① 原文出自莎士比亚名作《麦克白》。

② 同上。

条腿互相支撑。不久,他们连呼吸都保持着同样的节奏,小船掠过平静无波的池塘,几乎没有发出任何声响,只有头顶星星点点的绿光,映照出洞壁的轮廓。

她能感觉到,那些墙很快又向她逼近了。黑暗与静谧似乎使她其他的感官变得突出,她敏锐地察觉到两人身上每一滴水珠的凝结,每一股气味的散发。

船颠簸了一次,两次,然后搁浅在岩石丛生的岸上。“好吧,”他说,“小心,蹲下来帮我摸一下那袋补给品。”

他们松开手中的绳索,比以往任何一次都更接近跌倒。特蕾莎喘着气,紧紧抓住他。两人手脚交缠,一起瘫倒,直喘粗气——紧张的情绪总算得到释放,禁不住放声大笑。当他俩想要放开彼此时,他咕哝道:“噢!你的膝盖顶在我的……啊,谢谢。”他改用假声,“非常感谢。”他们又笑了起来,如释重负。

“这就是你要找的东西吗?”她问道,一只手摸到了一个尼龙袋,将其推向他。

“没错。”他说,“可拉链在哪儿?别回答!在这儿呢。”

在黑暗中完成这一系列摸索的过程,让人感觉有些奇怪,不过也相当有趣。它让你的手感觉厚实而且不太协调,就像包在手套里。然而,总的来说,这减弱了狭小空间带来的压迫感,以及自伤自怜的感觉。

“嘿,拿着这些。”他说,显然是想递给她什么东西。但伸手去接的时候，她却戳到了他的喉咙。他发出夸张的哽咽声，她则稍感紧张，咯咯笑起来。“哦，打住。来，咱们这么弄。”她建议道，手指顺着他的脖子向下滑到他的右肩。她感到他的左手动了动，盖住了她的左手。顺着衣袖，她摸到了他的另一只手。

有趣，她忍不住想，他一直留给我柔软的印象，但他其实很坚强。剑桥所有的老师都是这样的个性吗？

他双手把一件东西塞进她的手里——一副护目镜。但他并没有完全将手抽走。

“我们必须救你出来，”他以更严肃的语气对她说，“我们不能让斯皮维把你送进监狱。”

特蕾莎知道自己低估了她的朋友们，心里觉得很难受。

“他会拿起诉你这件事作为另一个把柄，来要挟乔治和其他人。”阿莱克斯接着说，“我们决定避免这种情况。”

特蕾莎把手抽了回去。当然。这决定完全正确。在这个问题上要实际一点儿，保持理智。

“这么说，你现在要丢下我，自己返回营地？”她边问边调整着弹力头带。

“当然不会。首先，我还没将你送到安全的地方。再说，我也不愿意留下来，任斯皮维上校摆布！”

“可是……可是如果没有你，‘凝视者’……”

“哦，依我看，即便没有我，他们也能搞定。如果他们只想把那该死的东西留在原地——”他顿了顿，喘了口气，“但我不会完全退出。总会有办法克制这疯狂的东西的，提克哈娜船长。”

“请叫我……特蕾莎。”

又是一阵沉默。“好的。特蕾莎。嗯，你调整好了吗？”

“稍等。”她拽了拽头带，按下一侧镜片旁边的开关。突然间，好像有人打开了灯。

如果是普通的红外护目镜，那在这里几乎什么也探测不到，而这副护目镜则能监测她双眼转向的任何方向，并朝她注视的那个方向上，发射一束微弱的光束。除非它们在某个方向探测到另一副护目镜。为防止损害其他使用者的视力，该光学仪器被设定了相应程序，永远不会直接对彼此射出光束，所以，特蕾莎首次环顾四周时，就能分辨出石灰石墙壁、漆黑的水线，他俩乘坐的那艘小船——而阿莱克斯·拉斯蒂格的脸则仍然隐藏在一团椭圆形的黑暗中。

“以前不能用，因为斯皮维拥有间谍传感器——”

特蕾莎挥了挥手，示意他不用解释，她能理解。“现在去哪里？”她问。

他向下指指，她这才明白，为何即使那位间谍上校派出微小的机器人守卫，也无法跟踪他们。“好。”说话间，两人一起从尼龙袋里挑选装备。

她最不担心的就是幽闭恐惧症，尽管他俩随着地下河的水流，沿一条幽深扭曲的管形隧道向前游。特蕾莎一直盯着那台微型计时器，计算着失温成为问题之前的时间，但刺骨的寒冷也没有让她感到困扰。

阿莱克斯的脚蹼在她前方搅动着河水，在特蕾莎护目镜射出的光柱中形成闪烁的光斑。光谱转换总会给事物披上神秘的外衣，在此处，效果显得更加超凡脱俗，仿佛身处另一维度。他修长的双腿似乎在她前方延伸了数米，甚至数公里，没有止境，就像这奔腾的地下激流。

此刻，这条河掌握着他们的命。如果乔治·哈顿的地图被证明存在错误，又或者他俩意外拐错了弯，就根本没有办法原路返回了。她想象着他们会像某些老电影描绘的那样，被冲进更深的地底，冲到地球扭曲的内部，冲到某个被时间遗忘的地方。事实上，在一个薄雾笼罩的地下恐龙避难所上岸，远不如某些概率更高的可能性令人不安……比如发现他们的终点是一堵满是孔洞的墙壁，洪流从孔洞中冲刷而过，但那缝隙对于人体来说却太小，根本无法通过。

阿莱克斯是打算一直把她带到这条河的出口，带到塔斯曼海的某处吗？如果是这样的话，时间会很紧张。他们的气囊至多能支撑几小时。

也许是因为那股凉意，特蕾莎很快就平静下来。她发现自己惊讶于绵延蜿蜒的管形隧道被水流侵蚀出的形状……惊讶于坚硬程度不同的石块犹如光滑浮雕似的重叠方式，惊讶于漩涡何其耐心地在古老山峦开凿出洞穴，使精美的图案裸露出来，带给人赏心悦目的感受。

那些漩涡极其危险。即使戴着手套和护膝，也很难抵挡每次突如其来又无影无形的涌动、冲击和蹂躏。特蕾莎确信，既然这个世界上大多数人都吃喝不愁，百无聊赖，其中一定有些胆大的家伙，会大方地为这种惊险旅程付钱给乔治·哈顿，虽然他们根本不知道自己身在何处，也不知道自己看到的究竟是什么。

地下河流经一个宽广的石室，石室内留有残存的空气。他们浮到水面上碰头，踩着水，吐出咬嘴。

"太棒了！"她气喘吁吁地说。

遮住他脸的黑色椭圆似乎点头表示同意。"是啊，真是太难以置信了。"

"离开这里再去哪儿？"

"我……我想我们该向左边走。"他顿了顿接着回答。

特蕾莎活动着双腿，转过身来。没错，河流在此处分岔，分成两条体量不一的水道。阿莱克斯指的是河道更窄但流速更快的那条。"你确定吗？"

作为回应，他把用绳子挂在脖颈上的迷你数据板递了过来，"来这儿的路上，你还看到过其他的大型石室吗？我有漏掉吗？"她端详着那张草图。电脑图像设备只能再现原稿，而乔治·哈顿的地图显然是在匆忙中草草画就的。"我……我不得不说，你的判断没错。就这样走吧。”

他们重新戴上护目镜和咬嘴，直奔左边的洞口而去，耳边传来一声不祥的吼声。特蕾莎猛然想起哈顿在地图上用红字标注的醒目内容。

*这里须小心！*注释这样写着。

这段新的路程刚游了几米，特蕾莎就意识到前一段行程有多么顺畅。现在，已经没有时间和精力用于观光、思考了。前方的泡沫突然发生了弯曲，她那时髦的护目镜搞不清楚究竟发生了什么。她本人更是不知所措。即使有滑流的帮助——在水流中央漂浮的自然趋势——也要用尽力气，才能避免被水流中翻腾的石块砸伤！

*不会太远了。*她盘算着，回想起对那张草图的短暂一瞥，甚至不确定自己是在计算，还是仅仅在祈祷。*最后一个水潭一定在前方不远处。*

然而，她刚想到这里，就突然被阿莱克斯·拉斯蒂格的双腿缠住了。河水从后面冲击着他们的身体，一连串的撞击让她脑袋嗡嗡作响，两眼直冒金星。护目镜让情况变得更糟，她因为受惊而瞳孔扩张，护目镜突然变暗了。

一条腿被擦伤造成的剧痛使特蕾莎意识到那些锯齿状石块的存在，它们显然形成不久，而且过于粗糙，必然未曾经历多长时间的水流冲刷。想必是岩崩堵塞了这条河的部分支流。为了避免被一块突出的巨石刺穿，她挣扎着向一侧挪动，而水流将她冲向另一堆锯齿状的乱石，她不得不抓住阿莱克斯的腿！

特蕾莎紧紧抓着他的脚踝，没时间纳闷他怎么会突然停下来。她用双臂牢牢抱住他的腿。她那穿着脚蹼的双足碰到了阻住去路的岩石，于是本能地朝它猛踢。

奇迹出现了，它垮塌了！特蕾莎匆匆朝下游瞧了一眼，目睹水流把摇摇欲坠的障碍物卷走。只需再推一下，障碍就会彻底消失。运气太好了！

她差点儿松开手，继续向前游，但她停住了。他怎么还抓住不放？一个声音强调着，既然河道现在已经畅通无阻，他为什么还不放手？

一定是别的方面出了问题。通过他的双腿，特蕾莎感觉到阿莱克斯在不由自主地打着寒战。他遇到麻烦了，她意识到。

特蕾莎对抗着急流，双臂每次向前挪动一点儿，极其缓慢地顺着他的腿往上爬，最后，她紧紧地抓住了他的腰带。她抬起头，去看阿莱克斯究竟在做什么。

我的上帝！特蕾莎忍不住叫出声来，嘴里冒出了气泡。因为戴着护目镜，她无法透过笼罩着这男人面庞的那团暗影看清楚他的状况。但她不需要看到他的眼神，也能感受到恐慌和绝望。随着身体变得越来越虚弱，阿莱克斯用手费力地撕扯着深深勒进他脖子的一根细绳，每当水流稍稍放缓，就会露出细细的血痕。特蕾莎转过身，想看看黑影中到底是什么东西困住了他，水流差点儿把她的护目镜冲了下来。

是那块地图板。不知怎的，它卡在了洞穴塌陷时留下的一道裂缝里！短短几秒钟前，正是它挡住了他俩，没让他们撞向剃刀般锋利的岩石。可现在，阿莱克斯的挣扎使它牢牢固定在那缝隙里，使它成为绞索，正在扼杀他生命的绞索。

没有时间多想。特蕾莎的匕首在脚踝附近，拉斯蒂格的则挂在他大腿旁边，更容易拿到。那就决定用他那把了。但取匕首意味着她必须松开一只胳膊！特蕾莎知道她根本抓不住，除非……

她深吸三口气，吐出咬嘴，使劲咬住他的腰带，努力咬紧。她左臂紧紧抓牢，松开右臂，努力伸过去够那把匕首。河水如同一面大旗般拍打着他们。尽管疼痛难忍，她的下巴和肩膀仍然保持不动，右手摸索着刀鞘的揿钮，终于拔出了那把寒光闪闪的利刃。

特蕾莎再次用双臂搂住他，把味道刺鼻的皮带从嘴里松开。现在最艰难的部分来了——她屏住呼吸，一厘米一厘米地顺着阿莱克斯的身体向上爬。他的衬衫已经破烂不堪，浸血的布条将冰冷的河水染红，她隐约注意到这家伙的胸毛竟然比贾森的还要茂盛……而且，他居然勃起了！

这种时候？男人实在太奇怪了。

接着，她想起了老妇人们讲的故事——男人濒临死亡时，身体往往会变得肿胀。特蕾莎得抓紧时间。

她的胳膊快要撑不住了，她的肺在燃烧，她用双腿缠绕着他的大腿，一只胳膊紧紧搂住他的身体，另一只手握着匕首，逆着水流向上探去。这河水反复无常，诡计多端，突然涌起的湍急水流撕扯扭曲着她紧握匕首的右手，使她的手左摇右摆，她努力控制着自己，以免匕首划到他的面庞或者喉咙。

他必定还活着，而且仍然清醒，又或者仅仅是条件反射。阿莱克斯探出一只手，顺着她向外伸展的手臂，将其轻轻推向目标？刹那间，透过金属刀锋，她感觉到那如弓弦般紧绷的细绳，发出死亡的低音。

趁现在！切下去，该死的。动手啊！

凭借意志力，特蕾莎让胳膊攒足了劲。那绳子起初不肯轻易就范……然后随着砰的一声尖响断开，声音在狭窄的岩壁间回荡。

突然，他们朝下游翻滚而去，撞在河道及洞顶之间。特蕾莎必须做出选择，是保护护目镜不被急速的滑流冲走，还是把呼吸管塞回嘴里。她选择了呼吸，放弃了视觉，抓着氧气机，火烧火燎的肺部得以喘息，她任凭头上的高科技光学设备被水流扯下，眼前变得漆黑一团。

异常混乱的几分钟过后，这次狂野之旅就此结束。突然，当她落到感觉像是露天一样的地方时，洞底似乎发生了塌陷！此前擂鼓似的低沉咆哮，现在达到了顶峰，变成震耳欲聋的轰鸣声。重力牵引着她，垂直下落的时间简直无法估量……最终扑通一声坠入喧闹的瀑布脚下。

池塘深不见底，冰冷刺骨，漆黑一片。特蕾莎挣扎着朝她热切期盼会是水面的地方游去。她的头终于露出水面了，她踩着水，吐出咬嘴，呼吸着甘甜的非瓶装空气。再次恢复到水上是水上，水下是水下的状态。一时间，没有任何东西能给她带来光亮——甚至连萤火虫的绿色微光都不存在了，但这些都变得无关紧要。毕竟，还有一些人即使失明，也照样能够生存下去。但在没有空气的情况下，任何人都坚持不长。

“阿莱克斯！”她突然喊道，甚至在意识层面想到他之前就出了声。他可能在这漆黑湖水的什么地方被撞昏了，悄无声息地漂走了，彻底失去知觉了……而她什么都看不到，没办法寻找他！

她朝远离瀑布的方向游去，直到哗啦声和汩汩声不再那样清晰，让她能够理顺思路。“阿莱克斯！”她再次喊道。天哪，如果她一个人孤零零地置身此处，如果他死去只是因为她跟他擦身而过，却毫不知情……

有什么声音吗？她突然转过身。有人咳嗽吗？听起来像咳嗽。她踢水在水中转身，寻找声音的来源。

“呃……在……”更多声咳嗽打断了那微弱且沙哑的声音，“在……这边！”

她沮丧地拍打着水面，“真该死，我把护目镜弄丢了。”

至少，水流似乎拉近了他们的距离。下一次，他的声音变得更加清晰。“啊……肯定是……”他最后又咳了一声，“……肯定是我现在能看清你脸的原因。顺便说一句，你脸色很糟。”

他听起来就在附近。阿莱克斯不断通过说话来引导她，“向左一点儿……嗯……谢谢你……救了我的命。是的，救了我。那里变浅了……再往左一点儿。”

特蕾莎将她颤抖着的沉重身躯从纠缠不休的漆黑水流中拖出来，感觉脚底踩上了沙滩，她长叹一声。“这里，往这边走。”她听着他的话音，感觉一只手抓住了她的胳膊。她也紧紧地抓住它，突然抽泣起来，流露出她直到此刻才真正意识到的情绪。当所有激烈的动作全部停止，她感到黑暗恐惧症突然袭来，她在骇人的黑暗中瑟瑟发抖。

“别担心，我们暂时安全了。”他引导她坐在自己身旁，伸出双臂拥抱着她，温暖着她的身体，“你真的很令人敬佩，提克哈娜……呃，特蕾莎。”

“我的朋友们……”她说，仍然紧紧抓着他，努力调整着自己的呼吸，“有时候，我的朋友们叫我……莎莎。”

他伸手拨开她黏糊糊、湿答答的头发，让她的眼睛露了出来，尽管她连这只手都看不见，却知道他正在微笑。“好吧，”他从离她很近的地方说，“再次感谢，莎莎。”他搂着她，直到她不再颤抖。

过了一会儿，特蕾莎借来他的护目镜，环顾四周。地底湖向左右延伸的距离远远超过了那道小小光束所能到达的范围，天花板仿佛没有边际。只有回声证明他们身在地底——而预感告诉她,他们和这个地方的任何出口之间,还隔着数不清的古老岩石。

当她看到可怜的阿莱克斯满身的擦伤和瘀青时,不禁倒抽了一口冷气。“唉。”她叹了口气,摸摸他脖颈上的勒痕。这肯定永远难以消除。

“有个苏格兰人,我的一个祖先,就是这样丢掉了性命。”他说着,指尖随着涓涓血流滑动着,“那可怜的家伙搞上了斯图亚特王子的情妇,被捉奸在床。虽然这种做法并不明智,但几百年后仍是茶余饭后的绝佳谈资。我那位名声赫赫的祖母曾经说过,她总希望在绞刑架上结束自己的生命。她觉得这个想法充满浪漫色彩。也许是家族遗传吧。”

“我对绳子和套索也略知一二,”她边说,边给他包扎最严重的伤口,“但我有种感觉,你撒手人寰的方式,肯定比任何绞刑都华丽得多。”

他叹了口气,表示同意,“哦,关于这一点,我想你说得没错。”

他们的补给少得可怜,因为出发时他们的腰包是匆忙填装的,而她的又在挣扎中撕裂了。除了急救箱和一个装有压缩连体工装的胶囊外,只剩两根蛋白棒、一个指南针和几个黑色的立方体数据块。特蕾莎仔细地扫视着这片池塘,但没有找到她丢失的护目镜或其他有价值的东西。

“你还记得乔治的地图吗?”当他们的身体状况逐渐恢复一些

时，她问道。阿莱克斯耸了耸肩，置身于彻底的黑暗之中。“记不太清，”他坦率地回答，“要是再有一次机会，我会复制一份给你。或者花些时间，把它背下来。”

“嗯。”特蕾莎对这种事后遗憾表示理解。她整个职业生涯都在避免仓促制订计划——提前细致地剖析每一种可能出现的意外情况。然而，她还是在为突发事件不断训练。她总要做好即兴发挥的准备。

“你没时间，”她回答，“格伦·斯皮维可不是傻瓜。”

阿莱克斯摇摇头，“在会议室的时候，他在那里发表长篇大论，讲述了极其合理的方案，几乎说服了我。”

“我离开时，你好像还决定留下的。是什么让你改变了想法？”

他耸了耸肩，“与其说我改变了想法，不如说我认定他的方案并不适合我。我们之前工作得那么努力，我们似乎已经能够自己对付贝塔了。不过，最后怎么安全地把它驱逐出去，我还没想清楚。”

特蕾莎回忆起她梦见的火球，从沸腾的海洋射向天空……飞升，但注定会再度归来。

“那或许斯皮维的计划很不赖……把它留在地球内部，但在那么高的位置，它的质量也许会慢慢下降吧？”

“也许吧……如果它在地幔中损失质量的速度足够快，能够跟它在更低位置获得的质量持平的话。如果没有出现我们从未计算过的不稳定状况。如果反复使用‘凝视者’光束没有摧毁太多的农场或城市，也没有以某种方式改变地球内部——"

"光束能改变地球内部？"

他脸上露出困惑的神情。"我不知道。上次我在拉帕努伊研究我的大模型……"他摇了摇头，"不管怎样，那就是我们现在要赶往的地方。在那里，我们就可以用我们自己的方案来解决斯皮维方案中的问题了。"

多么乐观的家伙呀，特蕾莎意识到，不知道自己为什么曾认为他性格阴郁，无精打采。"可我们该怎么去？"

"哦，乔治说那再容易不过。卡普尔阿姨可以帮我们搭上飞往斐济的、海茵玛拉玛运营的飞艇，那儿不在澳新军团的管辖范围，而且有个国际机场。抵达那里后，我们旅行时可以使用自己的名字。斯皮维不敢阻止我们……除非他敢冒着把一切公之于众的风险，因为我们丢掉性命前，自然会把完整的日记缓存放在阿姨那里。"

"当然，"她点头称是，"我了解斯皮维，他会耐心等待，等我们抵达那里后，再跟我们联络。他仍掌控全局。咱们不能和其他任何人打交道。"

特蕾莎当然知道她和阿莱克斯目前的处境。听他们说话的口气，好像命运还掌握在他们自己手中似的。好像他们会搭上那艘秘密的齐柏林飞艇，开始一段穿越太平洋的旅程，前往那片矗立着神秘雕像的土地。暂时忘掉他们所处的困境，即使是短短几分钟也好，他们给自己时间冷静头脑，平衡心态。毕竟，是时候自欺欺人地否认他们在劫难逃的命运了。

阿莱克斯记得乔治说过，他是通过一条干涸的沟渠离开瀑布洞穴的，沟渠位于一条芜杂斜坡上，从瀑布前行四分之一距离处。不幸的是，他记不得这四分之一的路程是顺时针还是逆时针方向了。他们先尝试了顺时针方向——轮流佩戴护目镜，寻找出口的迹象——如果没有发现，再继续探索逆时针方向。幸运的是，他们终于找到了洞口，在一堵凸出的石灰石墙后面，藏得不算太隐蔽。

不幸的是，两人中的一个要随时随地扮演盲人。阿莱克斯因为在地下河中的倒霉遭遇，至今仍有些瑟瑟发抖，特蕾莎坚持让他戴着护目镜领路。她向他保证，只要他提供一些口头指导，并在遇到复杂问题时伸出援手，她就能跟得上。

在漆黑的环境中攀爬玻璃般光滑的巨石，对特蕾莎来说是一种独特体验。有时，她甚至会产生错觉，感觉这根本不是地下洞穴，而是某颗冰冷卫星的表面。天空不是被石头，而是被一团乌黑的星云遮挡，其宽度达到数百秒差距①。只不过，卫星的旋转任何时候都可能使明亮的星球露出，它们在广阔的太空云中闪耀……甚至可能出现闻所未闻的行星或恒星。

当然，那只不过是片刻的幻想。而这样的想象总是被打断，被其他感觉推翻，比如瀑布跌落引发的回响以及头顶岩石造成的奇异

① 秒差距是一个宇宙距离尺度，1秒差距约为3.26光年。

压迫感……提醒她自己其实置身于某个世界深处。一个充满活力的世界,习惯在它时断时续的睡眠中变化、迁移和耸动的世界。

尤其是新西兰,一片地震和火山频发的土地。尽管与人类的生命相比,所有这些活动都进行得很缓慢,但除了迷路和饿死的可能,特蕾莎还感觉到另一种危险。

这座山随时有可能决定把他们压扁。

不知何故,相对于所有其他威胁,这种额外的气氛奇怪地带来了几分补偿。让人莫名觉得刺激。*在这方面,我们很相似……我和阿莱克斯·拉斯蒂格。我俩就算死,也要死得轰轰烈烈。*

在这段时间里,她思考着方方面面的问题,同时利用思维的其他部分加倍注意每一块石头,以及每一个难以应对的立足之处。阿莱克斯终于帮着她挤过一道狭窄的缝隙,进入一条强风吹拂的通道。她的指尖拂过左边的墙壁,留下湿漉漉的痕迹。阿莱克斯拦住她,将护目镜塞进了她手里。

交互式光学设备读取了她瞳孔的扩张程度,并相应地降低了光强。不过,视力的恢复还是使她一时之间头晕目眩。黄铁矿和其他令人眼花缭乱的晶体结构从四面八方朝她闪烁,极高的湿度加深了它们的光泽,感觉像是隐士深埋于此的神龛,那样讨人喜欢。一瞬间,她想起自己曾在全息影像中看到过的拉斯科岩洞及阿尔塔米拉洞窟。在那里,她的克罗马农人祖先们借助火炬的光芒,攀爬岩壁,并画下令人难忘的野兽及圣灵形象。作画时,他们将赭色尘埃置于手中，在冰凉的石块上留下鲜明的印迹——标志着她和祖先们殊途同归的一件事……死亡。

特蕾莎看了看指南针——虽然这种东西在地底是出了名的不靠谱。然后，她拉着阿莱克斯的手，带他朝似乎唯一可能的方向走去，离开咆哮的地下河，进入大山中心。

于是，他们交换位置，时常停下来休息，轮流引路，另外一个便体验目不能视、茫然无助的感受。她对他手的轮廓越来越熟悉，渐渐地，他们迈步时都在潜意识中保持了几乎相同的节奏。

一路上，为了打发时间，阿莱克斯让她谈谈她自己。于是，她说到她的学生时代、她后来的生活和贾森。不知为什么，现在聊这些似乎变得容易许多。她能够用过去时态提及她亡夫的名字，哀伤依旧，但她不再感到羞愧。轮到阿莱克斯时，特蕾莎也了解到他的一些往事。他向她讲述一个单身科学家的生活，遣词造句几乎毫无纰漏。事实上，特蕾莎对他讲故事的能力感到惊讶。经他之口，在黑板或全息屏幕前的辛苦工作，听上去比她那份太空巴士司机的职业浪漫得多。

当然，他们的对话时断时续。每隔三个短语就得插上一句。“……抬起你的左脚……”或“……头向下半米……”或“……现在向侧面转，摸索右边的一条近路……”两人轮流通过语言引路，而且通常在身体方面也要相互掌控。这项责任很重，需要彼此信任。一开始很难，但他们没有别的选择。

有一次轮到阿莱克斯引路，他们沿着一条狭窄的通道匍匐前进，特蕾莎突然感到一阵微风吹过。她转过头。尽管转瞬即逝的微风已经不见踪影，她还是提鼻闻了闻，皱起了眉头。

“……所以斯坦就告诉我，我最好锻炼好我的……”

她停下脚步，更紧地抓住他的手，他也停了下来。

“怎么了，特蕾莎？”她听到他说，感觉到他的转身。“你累了吗？我们可以——”

她举起另一只手，示意他先别作声，他就没再说下去。

她真的感觉到什么了吗？是因为她看不到，其他感官才特别敏锐吗？如果她戴着护目镜在前面引路，她会一直向前走吗？“阿莱克斯，”她开口道，“乔治地图上，下一个岔路在这条通道的哪一边？”

“嗯……就像我说的，我不太确定。我想是在左边，离湖大约四公里。但我们肯定还没有走那么远……难道我们已经走了四公里了吗？”他顿了顿，“你觉得我们可能已经走过了？”

特蕾莎摇摇头。这无异于赌博，但刚刚那股微风是从左边吹来的……

不过，微风始终存在，小股的风不知从何处吹进这个洞穴，吹向猜都猜不到的地方。尽管如此，刚才那次，她的内置导向系统似乎铃声大作。

“那个拐弯附近，乔治写什么提示了吗？”

她听到他深吸了一口气，想象着他在集中注意力时闭上了眼睛。“没错……我觉得应该是写了些什么的……是不是‘小心骷髅’之类的?”

她出拳极准,正中他的肩膀。“噢!”他咕哝道,似乎对这一拳很满意。

“不是,”特蕾莎说,“但这个拐弯想必并不明显。毕竟,它们不一定是明确的岔路口,通常不会。”

“我想不会。也许他写的是……如何寻找它。你——”

她拽着他的手腕,“来吧!”

“等等。我是不是应该给你护目——”

她全凭记忆拉着他往回走,穿过一片漆黑,他绊了一下,勉强跟上她。她挥舞着手臂,想再次找到那转瞬即逝的轻风。

“阿莱克斯!”她停得太突然,两人撞在一起,“向上看!上方靠右的位置。你看到了什么?”

“我看到……是的,确实有个洞口。但你怎么知道的?”

她毫不理会他的诧异。感觉是这儿没错。她的内置指南针,她那永远紧张且永不满足的方向感……告诉她要走这条路。她抑制住怀疑的声音,那声音说她乱选救命稻草。“我们试一试,好吗?要我推你上去吗?还是我先上比较好?”

阿莱克斯叹了口气,好像在说,*我们还有什么好在乎的?*

“也许该我先上,特蕾莎。那边,如果看起来像条真正的通道,我可以先摸进去,再拉你上来。”

她点头表示同意，然后弯下腰，双手紧扣，搭成台阶。他温柔地扶着她的腰，让她转过身来。“这样好多了。你准备好了吧？”他把一只脚搁在她的手上。

“准备？你在开玩笑吗？”她绷紧身体，准备承受他的体重，“我做好一切准备了。”

即使他们已经沿着这条陡峭曲折的新路走了相当长的距离，半是匍匐、半是滑行地通过倾斜的竖直裂口和狭长的裂缝，特蕾莎始终没答应他分享护目镜的提议。他的引路工作完成得很出色，她找借口说，在如此混乱的环境中，他们不能冒险调换。如果弄丢了护目镜，将造成不可挽回的后果，他们可能会滑到或跌到未知之地，再也找不到方向。

但事实上，特蕾莎现在对目不能视有种奇怪的渴望。这很奇怪，就算她自己也说不清楚做出这种选择的原因。一路跌跌撞撞，挥舞双手，在黑暗中到处摸索，只有完全依靠另一个人的警告，才能知道头顶几厘米的位置低悬着什么，脚下又横亘着怎样的悬崖。

然而，她两次阻止了阿莱克斯选择“看似”合理的路线——更宽阔、更平坦或更容易走的路线——要求他走上了一条较糟的路。他们大部分时间都在攀登，虽然特蕾莎知道谁也不能保证下个拐角不会出现死胡同，但至少往上爬意味着他们要对付的只是一座山，而不是整个星球，直径超过一万两千公里的星球。

她逐渐弄清楚，这不可能仍然是乔治·哈顿的路线。他们弄丢的那张地图上，不可能有这么多的岔路，这么多狭窄曲折的低矮通道。阿莱克斯当然也意识到了这一点，但他什么也没说。他们俩都知道，他们永远也记不起如何原路返回。一小时前(不然是四小时？还是六小时？甚至是十四小时前？)，两人还轻松地开着玩笑，如今却只能短促、嘶哑地低语，因为他们得保存体力，还要尽量忽略愈发明显的口渴。

如今，他们正开辟自己的道路……前往任何洞穴探险者从未见过的地方。当然，特蕾莎现在也看不到，但这并不重要。每次转弯后，岩石的纹理都与此前不同。通过自己的指尖，她对许多不同类型的岩石愈发熟悉，没有相关名称或图像来破坏完美现实，那是没有被隐喻玷污的实质。

阿莱克斯做出了战术决策，一步接一步，一米接一米，在小范围内选择脚、膝盖以及手的每次移动。“小心你的头，”他对她说，“腰再弯一些。现在左转。把手抬高，伸向左侧。再高些。对的。”

他的声音里没有一丝责备，责备她把他们引到这条路上来的……一个目不能视的女人，这一刻模糊地指示着上方，下一刻又指着另一条路，很可能正让他们不停兜圈子。*身为训练有素的工程师，我理应遵循科学规律。可我在做什么，把我们的生命都交托给直觉？*

特蕾莎打消了他的疑虑。的确，逻辑和理性至关重要。与过往引导人类行为的古老巫术和冲动相比，这些显然是更为明智的方式。但理性和逻辑也有其局限性，比如根本没有数据可依赖时，或者当数据复杂到任何工程师都无法处理时，它们便毫无用武之地。

我们有很多技能，一次休息的时候，她心想。阿莱克斯则分享了蛋白棒的最后一点儿碎屑，然后让她用干燥的舌头舔舐包装纸。有些技能我们几乎从未使用过。

要是找水也是她的技能之一该多好。偶尔，他们能听到液体的滴漏声，在阿莱克斯护目镜光束之外的某处——通常是某堵石墙外诱人的回响。把耳朵贴在光滑的墙面上，有时你甚至能听到先前那条河在远处发出的轰鸣，汩汩作响，或者也许是另一条河，蜿蜒流淌于这隐秘的地下国度。

接下来的一段时间，她不时听到阿莱克斯倒吸冷气，向后倒退以躲开他所说的“无底洞”。他带她绕过一个看不见的陷阱，特蕾莎始终未失冷静。如果不是他及时发现，这个陷阱就会成为他们的埋骨之处。

在这处深渊的另一侧，他们再度休息。持续的饥饿和口渴变得更加强烈，然后开始慢慢减弱，变成熟悉的隐痛。但这些，甚至是越来越虚弱的身体，也没让特蕾莎感到担忧。或许，再经历几次休息，他们就再也站不起来了。他们的尸体会脱水变成干尸吗？还是会季节性地变得干燥？也许几个月后，这些通道将再次出现缓慢渗漏的情况，富含矿物质的渗漏物会逐渐将他们的尸体粘贴在他们所坐的岩石上，密封洞穴，石化他们的骸骨。或者，某股任性的春日湍流会从这里冲过，将他们的残骸碾碎分解，然后把碎片一路带去遥远的海洋。

也许这些事情根本都来不及发生。斯皮维和哈顿很可能会失去对贝塔奇点的控制，在这种情况下，即使是她周围的山峦墓冢也不比薄纸房子坚固多少。特蕾莎和她那些身处外部世界的朋友们之间的距离，现在似乎难以逾越，但那恶魔一旦极尽贪婪之能事，达到最终的成熟状态，那么所有的原子就会汇聚起来，形成紧密的拓扑结构，这无限的距离就会失去意义。

特蕾莎想知道那是什么感觉。当她想到自己马上就要饿死，在某种程度上，这样的结局甚至听起来颇具吸引力。在接近终点时，其他迷路的探险者也会变得这样充满哲思吗？

她想知道，魏格纳[①]在格陵兰岛遇难前，阿蒙森[②]在北极失踪前，是否也在思考人类命运的变幻莫测，因为他们也在毫无现实希望的情况下艰难前行。或许，与聪慧相比，这更能成为我们隐秘的力量。在和阿莱克斯选择另一条岔路、再次动身时，特蕾莎这样想着。*即使你穷尽了答案，也仍然存在可能性供你继续思考。*

但过了一段时间，连这种自我安慰的想法也渐渐消失了。好似

① 阿尔弗雷德·魏格纳（Alfred Wegener，1880—1930），德国气象学家、地球物理学家，1930年11月在格陵兰岛考察时遇难。

② 罗阿尔·阿蒙森（Roald Amundsen，1872—1928），挪威极地探险家，1928年在北极进行一次搜救任务时失踪。

疲倦重逾千斤，压得她全身麻木，倒是让数不清的碰伤、割伤和划伤显得不那么疼了。她的护膝可能早已遗失，也可能没有，因为当她在狭窄或倾斜的通道中爬行、蜷缩或者侧身贴着边缘挪动时，她的双膝已经麻木了。唯一能让她集中注意力的只剩节奏。还有不允许自己停下来的执拗。

阿莱克斯突然停了下来，事先没有任何预兆。通过搭在他手臂上的手，她感到他全身震颤。“过来，莎莎。”他声音嘶哑地低声催促着，把她拉到身边，然后走到一块倾斜的岩石旁。当她坐在那块冰冷的石头上，她感觉他用双手捧着她的头，先向左侧转，然后再稍微向下。“我分辨不清。”他声音干涩，“那边有什么东西吗？”

特蕾莎眨了眨眼睛。到目前为止，她已经习惯了斑点和内视闪光，即使在完全黑暗的情况下，视网膜似乎也能“看见”这些东西——这是眼睛为了假装自己还有事可做而撒的谎。所以，过了一会儿，她才意识到，不管她朝哪一边倾斜，那些微弱的闪光中，有一团总是保持着模模糊糊、影影绰绰、引人想象的轮廓，且位置始终未变。特蕾莎小心翼翼地咬了咬开裂的上嘴唇，疼痛会让她清醒一点儿。干渴让她的嗓音变得沙哑，她问：“嗯……想去看看吗？”

“不，当然不。”他说着反话，紧紧握着她的手，开始引领她向下走入那条新通道，这条通道覆盖着厚厚的尘埃，散发出强烈的霉味。

特蕾莎深吸一口气，终于意识到这气味为何如此吸引人。这气味极其刺鼻，她只能希望自己的猜测是真的，她所闻到的气味来自飞行类哺乳动物历经数代积下的粪便……这种动物在地下藏身，但却以在外面、在开阔的天空下飞行和狩猎为生。

他们追随着那微弱的光线，转过更多的拐弯，直到特蕾莎开始辨认出墙壁和粗糙石柱的模糊轮廓，起初只是模糊的黑色阴影，之后又隐约出现了一些灰色和深褐色的痕迹，为不同位置增添了更多细节。很快，她发现自己不再需要阿莱克斯的帮助了，她完全能够自己走，虽然还相隔数米，但她竟然能够奇迹般地看到远处的障碍。

视觉……一种奇妙的感觉。

接着，他们走上更加陡峭的下坡路，加倍小心，以免匆忙中犯下什么致命错误。最后，他们来到一个地势平坦的地方，地面上散落着小骨头，被他们用脚一踩，发出嘎吱嘎吱的碎裂声。现在，他们能够看得清了，头顶的每一条裂缝中都悬挂着成千上万只身体折叠的棕色生物。洞穴居民们根本不理睬他俩，它们将自己包裹在翅膀做成的茧里，整个白昼都在睡觉。

白昼。这个概念让特蕾莎眨了眨眼睛，不得不抬起一只手，切断最后一堵洞壁直接反射过来的强光——这堵墙正对着的光源，比她想象中的任何光源都要明亮。对不起，我曾怀疑你会被遮挡，她回忆起在梦境中曾设想太阳遇到了对手，不禁向它致歉。

阿莱克斯摘下了脏兮兮的护目镜，他们对望着，沉默地笑了起来，因为彼此是那么邋里邋遢，那么怪模怪样，那么衣衫不整，却又带着死里逃生的神采。

纯粹出于习惯，他们仍然手牵着手。当他们爬过遮住山洞入口的灌木丛，步入洞外的清晨时，发现这里云雾缭绕，树木葱茏，妙物林林总总，美不胜收，二人再也无法将这些美景视作理所当然。

DEL **注意**！你已经被一个极其特殊的网络搜索程序锁定。请不要清除此消息！它源自世界大乘佛教协会，历史上最伟大的宗教组织之一。它的选择绝非随机。这是一个实验，在实验中，我们将现代科学和古代方法融合起来，持续寻找某些与众不同的个体。

我们要找的是祖古[①]……转世灵童，这些男男女女，前世便品德高尚、学识渊博，或者是普度众生的菩萨。

即使祖古并未意识到自己的身份，过着平淡的生活，忘记了过去，甚至怀疑我们的话，他们仍然能够成为功德无量的导师或治疗师。只要通过训练，这方面的能力便能够充分显现。

某些人声称，东方的冥想传统仅仅是经过美化的生物反馈技术，目的是诱发天然鸦片带来的快感。化学层面的对比过于简单，这种对比只强调表面，忽视了人类思想集中时所能释放的基本力量。你在前世已经千锤百炼的能力，甚至现在也能信手拈来。

我们的研究至关重要，现在的重要程度更胜以往。最近，全球各地均出现了异常征兆，似乎表明一场大难迫在眉睫。像许多其他

---

① 梵文的“化身”一词，藏语中对藏传佛教转世修行者的称谓。

信仰一样,我们大乘佛教正准备直面即将到来的危险。我们把这些网络代理使者发送到网上,以求通过人们的生活、谦恭的言行举止、慈善事业以及良好信誉,找到那些可能曾经精通开智悟理的大师。我们只要求你对以下问题进行冥想。

你相信众生皆苦吗?

你相信苦难终会结束,而且通过某些人所谓的"开悟",终会超脱生死轮回,脱离苦海吗?

你是否感到慈悲乃善行之本?

如果这些问题在你心中产生共鸣,别犹豫,使用我们的免费账号登录,即可安排现场面试。

你可能比你想象的更受佛祖眷顾。那样的话,我们相信你会知道该怎么做。

生物圈

“那你说，你怎么看‘埃尔斯佩思’？”沃灵博士问道，同时倒了一杯茶，递给纳尔逊。

纳尔逊放了一勺糖，搅拌着，盯着旋转的茶水，没有直视她的眼睛。“这程序……很有趣。”他措辞谨慎。

她坐在他对面，兴致勃勃地搅动着自己的茶，勺子碰得茶杯乒乓作响。尽管如此，纳尔逊仍然认为这次课程不会太轻松——跟这位老师上课历来如此。

“我想你没怎么研究过有关自我意识的程序吧？”

他摇摇头，“哦，以前在学校研究过一些，我还在家乡的时候。学校的顾问们总会给我们推荐各种各样不同的程序。但你知道，育空是，呃……”

“移民们聚居的土地,是的。意志坚强,自力更生。”她很轻松地转换成加拿大北部口音,“说到这个命运呀,谁晓得您们知道些啥,要老命了,要是能搞个高明的程序,告诉您们您们到底咋寻思的,咋样?”

纳尔逊忍不住笑了。两人目光相接,她微笑地呷着茶,看起来就像是一位普通的祖母。“纳尔逊,你知道自我意识的研究能追溯到多久以前吗?最早能回溯到我还是个小女孩的时候,哦,一九七〇年之前。伊莉莎[①]包含大约一百行代码。仅此而已。”

“开玩笑吧。”

“不开玩笑。它只会提问题。如果你输入‘我感到沮丧’,它会回答‘你因何感到沮丧’,或者‘你为何认为自己沮丧’。实际上,这是很好的导向性问题,它会让你开始从自己的情感中抽离出来,即使程序根本不理解‘沮丧’这个词。如果你输入,‘我感觉……橙色’,它会回答,‘你为何感觉橙色’。

“然而,有趣的是,伊莉莎真的会让人上瘾!人们过去常常在那种老式屏幕前一坐就是几小时,向一个虚拟的听众倾诉心声,根据程序的设定,这位听众只会说类似‘嗯?我了解!哦,说出来!’这样的话。

“当然,这是个再好不过的知己。它不会感到无聊或者生气,不

① 约瑟夫·维森鲍姆于1964年至1966年在麻省理工学院研发的聊天程序。

会抽身离去，事后也不会说你的闲话。没有人会对你藏在内心深处的秘密评头论足，因为根本没有人跟你交谈。但与此同时，真实的对话节奏得以保持。伊莉莎好像把你引了出来，使你一直尝试探索自己的感受，直到找出造成伤痛的原因。某些人大肆报道重大突破，声称伊莉莎改变了他们的生活。”

纳尔逊摇摇头，“依我看，埃尔斯佩思也大同小异，可……”他摇着脑袋，陷入沉默，“可埃尔斯佩思似乎很真实，不是吗？

“爱管闲事的贱货。”他对着茶杯咕哝道。

“你说谁呢，纳尔逊？”珍温和地问道，“程序？还是我？”

他连忙把杯子放下，“呃，这个程序！我是说她……它……一直追着我不放，对我的措辞百般挑剔。还有，嗯，自由联想部分……”

他回忆起全息槽里那张微笑的脸。让他说出脑海中浮现的第一个单词或短语，似乎这样做无关痛痒。然后是下一个，再下一个。这样的自由联想持续了几分钟，直到纳尔逊找到口若悬河的感觉，说起话来滔滔不绝。然后，对话结束时，埃尔斯佩思给他看了那些图表——追踪他不可辩驳的深层思维模式，描绘出矛盾的情感与执念搅在一起的混乱局面。所谓执念，只是他希望能够开始讲自己的事情。

“这是现代心理学第二古老的技术，仅次于催眠术。”珍告诉他，“有人说，自由联想是弗洛伊德最伟大的发现，几乎弥补了他一些最为严重的错误。这种技术能够让我们内心所有微小的自我都畅所欲言,明白吗？无论多么微不足道的毫末或角落,自由联想都会通过偶然的词汇或线索,揭示出来。

“事实上,日常生活中我们都在进行自由联想。我们的微小自我会通过口误或笔误显露出来,或者通过突如其来且毫不相干的幻想或记忆,好像凭空冒出来的一样。又或者是你多年未曾听到的歌曲片段。”

纳尔逊点点头。他开始明白珍的意思,感到如释重负。因此,所有这一切到底还是跟我的研究有关。我担心,她想让我去面对那个程序,因为她觉得我疯了。

他对自己的心理平衡不再那么确信无疑。那次课程暴露出那么多的痛处,那么多伤口——他认为再正常不过的童年记忆,却仍然给自己留下了创伤。

他摇摇脑袋,想赶走那些令人沮丧的想法。每个人都要面对这样的倒霉事。如果她觉得我疯了,就不会在我身上浪费时间了。

“你是说这跟合作与竞争有关?”他将注意力集中在抽象概念上。

“没错。目前所有有关意识的多重心智理论都认同一件事,那就是我们每个人同时都是多元体和一元体。从这个意义上说,我们人类是最包罗万象的存在[①]。”

显然,她刚才说了句俏皮话,他完全没反应过来。幸运的是,这

① 原文为most catholic being,既可以表示“最像天主的存在”,也可以表示“最包罗万象的存在”;而前文说的“我们每个人同时都是多元体和一元体”,恰好与天主教中“三位一体”的概念相合。

堂课他都用记录板记录下来了，课后他可以追踪到她语带双关的地方。纳尔逊选择有话直说，“这样说来，我体内隐藏着……什么呢？野蛮人、罪犯、色情狂……”

“还是学者、绅士和英雄，”她表示赞同，“也许未来还会成为丈夫、父亲和领袖。虽然现在很少有心理学家说类似的隐喻真的准确。头脑的内部状况不会直接映射到外部世界的正式角色上。至少，不像我们过去设想的那样直接。

“我们的次人格之间的界限通常也不是那么泾渭分明。只有在特殊情况下，比如人格分裂障碍，才会表现出你我所谓的特殊性格或人格。”

纳尔逊思考着她的话——他脑子里声音嘈杂。在来到库维内兹之前，他几乎没有意识到这一点。他始终相信纳尔逊·格雷森只有一个。那个作为核心的纳尔逊依然存在。事实上，这种感觉比以往更加强烈。然而，与此同时，他变得更善于倾听表面之下的汹涌暗流。他向前倾身，“我们之前谈论过，体内的细胞如何竞争和合作，从而构成完整的人。我也一直在读一些理论，关于如何以同样的方式看待不同个体……比如，你知道的，器官或细胞通过合作和竞争来构成社会？还有同样的……暗喻如何——”

“同样的暗喻如何被应用到不同物种在地球生态圈中所扮演的角色中去，没错。这些类比很有用处，只要我们记住它们就是如此。只是对更复杂现实的对比、明喻和范例。”

他点点头,“可你现在是说,连我们的意识都像这样?”

“为什么不呢?”沃灵博士笑着说,“在自然界、我们的身体以及文化中,都形成了这样繁复的过程。为何这样的过程就不能在我们的头脑中发挥效力呢?”

经她这么一说,听起来颇有道理。“然而,我们为何认为自己只是个体呢?为何我们要对自己隐瞒我们内心拥有多重性格的事实呢?现在在思考这个问题的又是哪个‘我’呢?”

珍露出微笑,往后一靠,“我的孩子,我亲爱的孩子,有没有人告诉过你,你拥有一种罕见而宝贵的天赋?”

一开始,纳尔逊以为她指的是他与动物相处,以及管理四号方舟生态时展现出的非凡天赋。但她纠正了这种印象。“你有问对问题的本事,纳尔逊。如果我说你刚才提出的可能是心理学层面最深奥、最令人困惑的一个问题,你会觉得惊讶吗?或许在整个哲学范畴内都是如此?”

纳尔逊耸耸肩。每当珍表扬他,他的感受就足以证明他的内心存在着很多自我。每当她这样做,他就会感到尴尬,同时又沉浸在他最渴望的东西——她的认可之中。

“几百年以来,伟大的头脑一直试图解释意识,”她继续说,“朱利安·杰恩斯[①]将其称为‘模拟输入’。将某个中心点命名为‘我’的

① 朱利安·杰恩斯(Julian Jaynes,1920—1997),美国心理学家,以提出“二分心智理论”闻名。

力量,似乎赋予每部个人戏剧以强度和焦点。这完全是人类独有的吗?或者仅仅是一种日用品?我们所拥有的只比,比如说,海豚或黑猩猩多一点点?

“意识是否存在于所谓的‘灵魂’之中呢?它在某种程度上像是头脑的君主吗?就像常驻在那里的高阶生物,统治着所有的‘低级’元素?

“或者,就像某些人说的那样,意识不过是另一种幻觉?就像海面上的波涛,似乎足够‘真实’,但构成它的海水每时每刻都在发生变化?”

纳尔逊一听到珍的提问,立刻就明白自己接下来要完成的任务了。果然,珍接下来把手伸进袋子里,拿出两个小物件,将它们隔着桌子滑到他面前。“这里面有你需要学习的内容。其中一个存储着各路学者们的文章,最早可以追溯到奥恩斯坦、明斯基以及布霍林。我想你下次写你自己的推论时,会发现它们大有用处。”

他迷惑不解,伸手去拿那两样东西。一个是标准的十亿字节存储设备,但另一个根本不是电子设备。他认出那圆片是种老式的金属硬币,硬币边缘印着的“美利坚合众国”的字样。

“看看那句格言。”她建议。

他不懂她是什么意思,便在硬币上面寻找最难以理解的东西。“合……众……为一?”他发音时格外谨慎。

“嗯。”她予以确认,没再多说。纳尔逊叹了口气。当然,他得自已去查这句话的意思。

从所有的数据来看,这早该发生了。

珍仍在思考关于意识的问题,这曾经是她非常钟爱的课题,但她有一段时间对该课题关注较少。直到所有这些全新的经历颠覆了她那打破传统的舒适生活方式,使她重新开始思考最基本的东西。现在,在步行返回坦戈帕鲁洞穴的路上,她禁不住继续思考这个问题。

自从开始探讨赋予机器"智能"以来,已经过了近百年。人们仍然会在自我意识方面遭遇障碍。他们仍然会说:"未来二十年左右,机器智能化肯定会成为现实!"好像他们真的清楚似的。

在灿烂的星光下,她离开库维内兹的四号方舟——方舟虽然拥挤低矮,却能遮挡风雨——沿着那条尘土飞扬的小径,路过刚刚抽芽的冬小麦田,走向那座古老金矿张开的入口。搭乘电梯深入地底时,这个问题一直困扰着她。

模拟程序持续完善。现在,它们能够模仿人脸,进行对话,通过图灵测试。如果你稍有不慎,可能就会被某些模拟程序欺骗长达一小时。

然而,如果你留心的话,总能分辨出来。模拟,它们只不过是模拟而已。

真有趣。根据理论学家们的说法,至少在二十年前,大型计算机就应该能够像人一样思考。还是缺少些什么，和纳尔逊的交谈让她重新开始思考基本问题，珍觉得自己知道缺少的是什么。

任何一个单独的实体，都无法成为整体。

这是个悖论。在某种程度上来讲，它饶有趣味，就像那句古老的戏言——“这句话是谎言。”然而，库尔特·哥德尔[1]不是已经从数学上证明，没有一个封闭的逻辑系统可以“证明”所有它自己隐含的定理吗？多恩[2]不是写下“没有人是座孤岛”这样的诗句吗？

我们需要来自外界的反馈。相互作用的碎片构成了生命，这些碎片不受拘束地摇摆，重新排列。这就是创造一个行之有效的体系的方式，该体系可以是有机体、文化或者生物圈。

或者思维。

珍走进灯火通明的大厅，坦戈帕鲁的技术团队将谐振器安置在那里。她在主显示器前停下脚步，想看看贝塔目前的位置。一个紫色椭圆形标识随着它现在的轨道——它目前已经攀到最高点，一路穿过外地核，抵达下地幔，水银般的光华似乎随着每一个飘忽的远地点闪耀。现在，贝塔攀到每个顶点都要损失质量——每个顶点都是真正的里程碑——尽管其资产负债表还需要过一段时间才能完全呈现出增长趋势，但他们都可以松一口气了。

---

① 库尔特·哥德尔(Kurt Gödel，1906—1978)，奥地利裔美国数学家、逻辑学家和哲学家。

② 约翰·多恩(John Donne，1572—1631)，英国诗人，玄学派诗人的主要代表。

珍看着地幔中闪烁的超导电流，这些被封存的能量是建大的人用来驱动“凝视者”发挥效应的。她去跟纳尔逊见面时，格陵兰岛和新几内亚谐振器协力引发了一次短暂但却威力巨大的爆炸。下一次发射安排在十分钟以后，非洲这台谐振器将与新几内亚的那台联手，力争稍稍改变贝塔的轨道线。

起初，总部传来消息，称四个谐振器中的两个已经被北约-澳新军团-东盟联盟控制，使她和同伴们忧心忡忡。建大担心他们所有的努力都将付诸东流。之后，乔治·哈顿传来消息，告诉大家一切照常进行。很明显，唯一的区别是，新的补给和技术人员会源源不断地到来，帮助他们将工作继续下去。珍历来都保持着愤世嫉俗的态度，对她而言，这样的变化听起来好得让人难以置信。

果然，乔治接着又说，与斯皮维上校的合作是有限度的。复活节岛和南非的两个团队仍将保持独立。对此，他态度坚决。这两个地点不容许新来者加入。建大团队的态度是听之任之，疲惫与解脱的感觉交织在一起。他们乐意接受帮助，但也理解哈顿的决定。

“乔治对这次合作还没有把握，”几天前的一次会议上，建大对大家说，“对我来说，这个解释就足够了。”

珍不知道为什么没有阿莱克斯的音讯。既然他们是通过安全的军方波段通信，完全独立于世界数据网络，那男孩应该不受拘束地畅所欲言才对呀？她感觉有些不对劲，有人隐瞒了什么。

她叹了口气，走到自己的工位上，连通静默输入设备。现在，它几乎和她在家里用的那台一样便于校准了,尽管她仍然需要“手动”完成大部分工作。

只是这一次,在与纳尔逊交谈之后,她更加注意外围屏幕上出现的无关光点和图像。

在左上角,写出了几小节乐谱——这是她多年没听过的一首广告歌曲。乐谱下方,一个小男孩从角落里探出脸来,面带羞涩……那是阿莱克斯,她记得,那是他八岁左右的模样。难怪会出现这样的画面。她担心他的安危,所以一定是计算机识别出了她没说出口的话。接着,该设备进入她的个人档案,调出一些旧照片,然后把它们添加到一个现成的增强程序中去,赋予其动画效果。

在外行看来,似乎是计算机读懂了她的想法。事实上,它只是突出了表面的部分,那些几乎要脱口而出的部分。就好像在钱包里翻找,却只看到一个信封,里面装满被遗忘的照片。只是现在,她的“钱包”是由万亿字节的光学存储设备组成的,外加一套功能强大的子程序工具包。甚至都不用“刻意”翻找,“里面”的头脑就一直在这样做。

珍调整了敏感度,给她的联想拓展更多空间……她意识到,这是自由联想在视觉范畴内的一种增强形式,是另一种形式的反馈。反馈是生命学习和避免错误的途径。盖亚用反馈来维持她微妙的平衡。反馈的另一种说法是“批评”。

两个卡通形象从相对的屏幕上向彼此飘移。第一个是她熟悉的老虎图腾……不知为何，自从这次冒险开始，这个吉祥物就无处不在。另一个形象看起来像个信封……那种用来寄信的老式信封。两个形象绕着彼此打转，老虎低声叫着，信封则朝那只大猫张开折口。

为什么当她想到“批评”这个词的时候，会显现出这些呢？当她思考这个问题的时候，全息槽里出现了一些文字。信封对老虎说：**“你的橙色条纹简直亮瞎眼，这块屏幕根本起不到伪装作用！我一眼就看见你了！”**

“多谢提醒。”老虎承认，然后立刻转换成灰白色，珍觉得这种色调模模糊糊的，看不清楚。**“你里面装了什么？”**老虎反过来问信封，**“部分对整体有所隐瞒，真的是大错特错。”**它挥起爪子，划破信封一角，露出里面闪闪发亮的东西。**“你里面装了什么？”**大猫追问。

虽然这本身就很好笑，但珍认为这样做毫无用处。“我会告诉你里面是什么的。”她喃喃自语，借由说出这句话，使它变得正式。她用一颗牙齿轻敲另一颗牙齿，将屏幕清除，“只是更多血淋淋的暗喻而已。”

珍打起精神，集中精力处理手头的事情。准备下一轮重力激光。她确实很享受每次发射，假装自己是在向生命世界的深处发射探索光束。

然而，与此同时，一个条纹图案如同鬼魅，又像淡淡浅笑，影影绰绰地徘徊在屏幕的一个角落，呜呜地轻声叫着，注视着。

DEL今天，国际太空条约管理局发布了外层空间飞行器及卫星已知人为危害的年度普查报告。尽管二〇二一年签订的《圭亚那协议》有严格规定，但直径大于一毫米的危险碎片数量还是增加了百分之五，导致二至六级航天器无法使用的近地轨道增加。如果这一趋势继续下去，将不得不对天气、通信及武器控制卫星，外加载人研究站昂贵的护板，进行重新定位或更换。

“人们不认为这是污染。”国际太空条约管理局理事桑杰·文德拉贾丹说，“但你们都知道，地球不仅仅是个由岩石和空气构成的球体，其真正的边界延伸到月球之外。在这个巨大球体内发生的任何事情最终都会对其他的一切产生影响。这一点确定无疑。”

岩石圈

电话屏幕上的那张面孔似乎每天都发生着变化。看到克莱尔越来越成熟,洛根感到一阵心酸。

“她甚至认为不值得对我隐瞒!”女儿向他抱怨道。在她身后,洛根看到了熟悉的甘蔗地和阿查法拉亚乡村的柏树丛,巨大的堤坝遮住了渔场和慵懒的海湾。克莱尔的神情混杂着沮丧和恼怒。

“我确实对电脑程序不太在行,但她准把我当个小婴儿,觉得我甚至无法窥探我俩设备之间传递的东西!”

洛根摇摇头,“亲爱的,黛西想隐藏数据的话,连上帝都瞒得过。”他笑了,“见鬼,只要她用心,她甚至能骗过圣诞老人。”

“我知道!”克莱尔回答,眉头皱起,对他的玩笑不以为然,“在房子和外部世界之间,她安排了看门狗和狮鹫,还有再可怕不过的鸡蛇程序。这表明她对我多么不屑一顾,居然让我轻而易举地用门厅那台小台式电脑窥探到她的迷宫!"

洛根意识到情况很复杂。克莱尔的不满并不都跟黛西所犯的过错有关。"你妈妈爱你。"他说。

但克莱尔只是不耐烦地耸了耸肩,好像是说他的话根本毫不相干,且带有明显的倾向性。"我有心理咨询程序,老爸,谢谢。我大老远跑来这里,跑到她设置的监视程序管不着的地方,不是为了发牢骚说她不理解我。"

虽然听起来的确如此。洛根举起双手表示让步,"好吧,把你发现的东西发给我,我来调查一下。"

"你保证?"

"嘿,"他说,停下来在胸口画十字,"你找到陨石的时候,我不是付钱了吗?"

这句话终于让她露出微笑。克莱尔拨开一缕因情绪激动而垂到眼前的深棕色头发,"好的,这就发过去。我把它加密在日常的天气预报里,以防传输时被她的雪貂程序发现。"

如果被黛西·麦克伦农的雪貂程序发现,简单的加密根本就没用。但洛根把这个想法藏在心里没说出来。几乎在她按下按键的同时,千里之外,洛根借来的数据板就亮了起来。

收到邮件。

洛根觉得他听到了直升机引擎的轰鸣声。他抬起头来,从这座小丘扫视整片森林,但来接他的飞行器尚未出现。还有时间完成父女间的对话。

“我想知道，你考虑过我上次的提议了吗。”他问女儿。

克莱尔皱起眉头，“你是说拖着黛西跟我去‘度假’吗？老爸，你知道我在俄勒冈的辅导员是何许人也吗？因为暴风雨，这个月我已经错过了一次门槛考试。再来两次，我恐怕就必须回学校去了。你知道的，高中。”

洛根差点儿问她，*高中有那么糟糕吗？我在高中曾经有过一些美好时光。*

但是，大脑能够将痛苦和无聊的记忆封存起来，只回忆那些高光时刻。因为青春年少犯的过错而锒铛入狱——当他仔细回想中学时代，这就是中学时代的样子。

那我要怎么告诉她我的担忧呢？我担忧的事，难道比她可能不得不在某公共场所完成学业还糟吗？在无聊的炼狱里待六个月，跟救她一命相比又算得了什么？

此时此刻，黛西派出的一个间谍程序或许正在偷看他使用的数据板。但洛根确信，还有一股比他前妻更为强大的力量，在偷听他说的每一个字。格伦·斯皮维的组织历来对安全有着疯狂的执念，即便他给克莱尔最模糊的警告，他们的监视程序也还是会从根本上进行剖析。尽管如此，洛根还是得碰碰运气。

“我……你还记得黛西偷看了什么吗，上次？记得我的论文吗？”他皱起眉头，直到两边的眉毛几乎连成一线。

"你是说那篇关于——"然后，奇迹出现了，她似乎读懂了他的面部表情，嘴微微一撇，"嗯，是的。我记得那篇论文的内容。"

"哦，你记得就好。"洛根假装对这个话题丧失了兴趣，"喂，你去过密苏里吗，最近？我听说，新马德里附近办了个很不错的州博览会，就这些日子。你或许能在那里找到一些不错的标本，扩充你的收藏。"

克莱尔的眼睛眯成了两条缝，"呃，自从托尼的叔叔卧病在床，他就不得不独自捕鱼了。所以……就算是周末，我也得去帮他的忙，很可能今年不会去参加什么博览会了。"

他能透过那双蓝眼睛看出克莱尔脑子飞转。*她还不到十七岁，却懂得揣度言外之意。是在新学校学会的？现在的少年们真的越来越聪明了？还是我运气好？*

显然，提及新马德里，克莱尔的脑子里响起了警钟。现在，他不得不祈祷斯皮维的间谍软件无法捕捉到同样的上下文线索。"嗯，托尼是一个好孩子。不过，千万记住，我们曾经是怎么谈论男孩的，即使是那些优秀的男孩。你一定要成为主导，孩子。别轻易陷入一段感情。"

克莱尔露出一副生气的表情，但他看得出来，这是装的。她轻蔑地说："我知道自己该怎么做，老爸。"

他哼了一声，像个脾气乖戾的父亲。此时此刻，他能做的也只有这些。让克莱尔自己估量他含蓄的警告，就像他会考虑她的意见一样。我们会是多么合作无间的团队啊,前提是我们能活过明年。

越过森林覆盖的山坡,洛根真切地听到了远处直升机的轰鸣声,那架直升机载着检查小组除他以外的其他成员。他又转身看着他女儿的影像,“亲爱的,我得走了。我只是……希望你知道我有多爱你。”

他不是有意突然一反常态,变得如此多愁善感。但事实证明,这么做再正确不过。克莱尔一时间瞪大了眼睛,他看到她压抑着自己的感情,意识到也许这是他第一次如此认真地对待这一切。

“好好照顾自己,老爸。拜托。”她俯身向前,低声说,“我也爱你。”然后,她的影像便从小显示屏上消失了。

被吹落的松针掠过他的脚踝。洛根抬头一看,这台混合动力飞行器——一半是直升机,一半是涡轮螺旋桨飞机——正旋转着引擎,垂直降落在一百米外的空地上。从侧门探出身子来的是乔·雷德帕思,洛根的助手,是个美洲印第安人,好挖苦人。那副百无聊赖、闷闷不乐的表情,只是他友好问候的方式。毫无疑问,既然他们在此地的调查已经结束,雷德帕思此行的目的是传达上校的下一个任务。

洛根与那片空地之间就是事故区域——面积大约跟城市的一个街区相当。和往常一样,引力束与地表物质发生耦合,呃,很奇特。这次,临近出口区域的松树有四分之一连同其根部一起被蒸发了。残存的树木——或高或矮,都毫发无伤地矗立在那些大洞里。

幸运的是，事故发生在这个无人居住的偏远山区，因此，这几乎不像是一场灾难。然而，洛根对此持保留意见，要等后续团队扫描过土壤和岩石之后，一切才能有定论。

当然，斯皮维上校对矿物学连贯性兴趣不大，他更在意他仪器组的读数，“凝视者”光束按预定计划掠过之前，那些仪器散布这片山坡上。事发后几分钟，洛根回到现场，顺便收集靠近中心区域那些溅满泥土的瓶瓶罐罐，雷德帕思和机组成员则负责收集更远处的仪器。而位于事故原点的仪器中，有两台跟那些树木一样消失了。

每发生一起事故，哈顿团队的预测就会变得更加敏锐。*很快，我们就不用为了寻求安全，撤到那么远的地方了。很快我就能近距离目睹下次意外的发生了。*

前景既令人恐惧，又令人激动。

提高的可预测性有助于将附带损害降至最低，至少在联盟领土内是这样。如果光束不能被转移到完全无人居住的地区，通常可以找个借口将人群疏散。当然，当出口点位于“敌对国家的领土”时，情况则截然不同，予以警告可能会引起怀疑。在这种情况下，只能靠负责调试谐振器的技术人员在瞄准时尽力而为。

有时候这还不够。上礼拜，某村庄的地面变成泥浆，整个村落就此消失。如果阿塞拜疆地震的振动频率跟某些大型公寓楼的正常振动频率再接近几赫兹，就不仅仅是造成“轻微”破坏了，而是带来更加令人恐惧的后果。洛根一想到那险些发生的大灾难，就不寒而栗。

或许,这些擦身而过正是斯皮维有意安排的,他心想。森林壤土上那些大张着的裂口使他只能绕行。毕竟,测试某种武器时,“近距离脱靶”跟正中靶心一样有效。

只是,如果一些“近距离脱靶”碰巧触发了其他事情呢?某些意料之外的事情?

他先前对克莱尔说的新马德里。没有多少人知道,早在十九世纪初叶,那座位于密苏里的小镇曾经发生过一场极其强烈的地震——在有文字可考的历史中,那场地震是美国领土遭遇过的最强地震,地震使堤坝垮塌,密西西比河泛滥,让整片大陆甚至远至东部沿海地区都陷入恐慌。由于人口稀少,当时只有极少数人死亡。但如果类似的地震发生在今天,对比之下,二十世纪末加利福尼亚那两场“大地震”的效果,就会显得像游乐场里的游乐设施带来的。

斯皮维和其他人认为他们可以“掌控”这个恶魔。但阿莱克斯·拉斯蒂格似乎心存怀疑,只有他真正了解一切。

令洛根深感不安的是,他们仍未找到那位英国物理学家。也许拉斯蒂格和那位女宇航员已经沦为某些非法行为的受害者。但若果真如此,谁会从中获益呢?

洛根将找到的仪器包扔进飞机,雷德帕思伸手接住。“现在去哪儿?”洛根爬上飞机时问道。那位戴着串珠头带的联邦官员轻轻耸耸肩,“加拿大某处,他们目前正在确定具体地点。与此同时,咱们先往那边赶。”

洛根点点头。这部分倒挺令人激动，动身前往另一个现场，位于北美某处，从一个地方飞到下一个，看看“凝视者”会有什么不可思议的新表现。大部分时间需要采访一些目击证人，他们或看到“一片云踪影全无”，或报告说“有上千种疯狂的色彩”。但接下来，当光束耦合系数接近时，可能会出现土壤熔融后形成的扭曲柱状物，或者是开裂的孔洞，又或者干脆什么都没剩下。

我们是在拯救地球，洛根每天提醒自己几十次，“凝视者”是我们唯一的希望。

这千真万确。但格伦·斯皮维在另一方面的判断也毋庸置疑。在“拯救”世界的同时，他们也会改变些什么。

飞机腾空而起，逐渐升高，然后喷射引擎高速旋转，折向东北。洛根尽量舒服地坐稳，开始看他的邮件。

洛根细读克莱尔发来的信。那是一份他前妻和美国国防部签署的协议文件。

所以，我知道黛西一直受到选择性道德观的困扰。但如果能够加快实现其目标，她似乎愿意和魔鬼做交易。

这一次，黛西得到了可观的回报。她将用军方提供的资金购买一千公顷的湿地，并捐赠给世界自然保护协会，永久保护它们，使其免遭开发。洛根从没听说过这种事，一个告密者，因为提供一条线报，就能得到这么丰厚的回报。

不过，黛西·麦克伦农的谈判手段十分高超。我想知道她出卖给他们的究竟是什么。

洛根皱起眉头，把交易的碎片串联起来。是我，她出卖的是我！

是黛西告诉斯皮维他那篇有关西班牙的论文的……透露了他追查异常现象的起因。看到日期，他吹了声口哨。当他还认为只不过发生了另一起“仅此而已”的有趣事件时，他的前妻已经意识到他的发现何其重要。

洛根继续往下看，感到越来越惊讶。

见鬼，最终破解坦戈帕鲁团队安全系统的，不是斯皮维的手下，而是黛西！是她跟踪到他们在新西兰的基地，给了斯皮维足够的时间，去搞定三大联盟的协议。

洛根吹着口哨，怀着敬畏和满满的佩服。我当然知道克莱尔的聪明才智从何而来。可是，黛西——

他重新审视了自己对前妻和爱人的认知，她似乎觉得自己可以随意向各国政府及其间谍发号施令。她认为自己能够无限期地掌控这种力量，这当然自负又愚蠢。但黛西出身于麦克伦农家族——因此和古代的哈布斯堡[1]皇族成员一样，几乎与现实隔绝。这对于年轻人形成分寸感，或了解自身的局限性都没有什么好处。即便对

①哈布斯堡王朝，或称奥地利王朝，是欧洲历史上最为显赫、统治地域最广的王室之一。

这一切极其反感,黛西的头脑里也必定还残留着这样的感觉——规则是为普通百姓制定的,只有特殊阶层才拥有选择权。在虚拟的网络世界中,这样的本能反应只会得到加强,网络确实会起到这样的效果。

洛根回忆起那个女孩在杜兰[①]求学时的样子。她似乎完全清楚这些障碍,因此迫不及待地想要克服它们。

啊,好吧。有些伤口将会痊愈,有些则只会化脓。所以,现在她把他出卖给了格伦·斯皮维。接下来又会出卖什么呢?

洛根将屏幕上的文字清除,把数据板收起来。他平静下来,注视着飞机越过潮湿的森林,驶进更为干燥的地区,最终离开喀斯喀特山脉。很快,它那疾驰的影子甩在后面,摇摇摆摆,掠过一片地势较高的沙漠。沙漠的轮廓清晰可见,很久以前的大规模火山爆发和洪水泛滥在那里留下了高低起伏的印迹。在洛根看来,过去的浩劫故事就如同报纸般易于阅读,而且彼此相关。这颗行星吸气吐气,伸展四肢。然而,直到最近他才意识到,人类或许也能造成如此大规模的变化。

有趣的是,老实说,我说不清黛西这样做究竟是对是错。

然而,还有一件事。我敢打赌,如果在乔治·哈顿和格伦·斯皮维之间选择,她不会太伤脑筋。两个魔鬼,她会这么称呼他们,说他们配得上彼此。她得到了一千公顷土地——拯救了象牙喙啄木鸟

①美国的杜兰大学。该大学是一所历史悠久的著名私立研究型大学。

什么的。无非是美好一天的正常工作而已。

洛根忍不住笑了起来，觉得这既可笑又愚蠢。不知怎的，这样的讽刺补偿了他不可避免的痛楚，他清楚为何几年前她会将他逐出家门——并非因为他有什么特别的罪过或失职，而只是因为到目前为止，她更在意自己执迷的东西，而不是他那让人心烦意乱的爱。

DEL**自由格式关键词扫描："生态"/"食物链"/"极地"/"恶化"。**

技术筛选级别：半专业，开放式讨论。

近期灰鲸、座头鲸和抹香鲸的数量有所增加，使我们感到沾沾自喜。你们中很少有人能回忆起另一个自鸣得意的时代，那是世纪之交到来前，由于商业捕鲸活动终结，鲸鱼的数量也一度上升。

但后来，非洲和亚马孙地区发生了大规模死亡，印度崩溃，再加上赫尔维蒂战争。突然间，整个世界自顾不暇，没工夫为几头满身脂肪的海洋生物操心。不管怎么说，你怎么阻挡那一船船衣衫褴褛、手持简陋鱼叉的难民？射杀他们吗？直到他们建立了自己的国家，那种混乱的状况才最终得到控制。

几十年后，这一切好像成了一场噩梦。蓝鲸和弓头鲸永远消失了，但其他鲸类种群似乎终于开始恢复。

然而，不妨再看看佩琪和卡斯汀那令人不安的最新研究【DEL参考：aSp 4923-bE-eEl-4562831】。南极的臭氧层情况再次恶化。我把这些数据输入一个修改过的沃灵模型，预见到等待浮游植物和底栖植物的只有坏消息，而它们恰恰是整个南极食物链所依赖的基础。世界蛋白质产量将会下降，但受到更大影响的是那些以磷虾为食的须鲸。

我们仅有的一线希望在于突变率，它会随着B型紫外线的增加而提高。我们可能会见证浮游生物出现更加强悍的变种，尽管乐观估计，靠突变率实现救赎的可能性微乎其微。

水　圈

黛西·麦克伦农感觉很好。

一方面，生意进展很好。她刚刚完成了一份利润丰厚的3D再加工任务，对象是《星际迷航》系列的全部九百集电视剧以及《第一滴血》系列的三部电影。这对于一份分包工作、一份家庭主妇的兼职来说，已经相当不错！

黛西承认她工作既是为了挣钱，也是为了自尊心。这意味着她不必依赖家族信托基金，有足够的底气不去理会那些讨厌的亲戚。

你会爬回来的，很久以前他们曾经这样对她说。但如今，反倒是他们来向她求助，寻求他们雇用的奴才们无法提供的答案。

他们认为我凭一己之力撑不下去。但现在，我起到了推动和改变的巨大作用。

不管怎么说，她现在花在加工电影上的时间越来越少，更多的时间用来交易“特别”信息。比如,最近窥探者们的一些私下的间谍活动。联邦政府无可奈何,最终同意了她的开价。这次意外的成功在部分绿党地下组织中引起了轰动,使她名气陡增。

当然,一些纯粹主义者会说,永远不应该跟扼杀自然的蠢货打交道。但黛西从小在工于心计的人们身边长大。诀窍是利用他们的短视,她这样回应批评她的人,如果你有他们梦寐以求的东西,他们的贪婪就会变成他们的敌人。

这次,窥探者们想得到某种流氓技术阴谋的数据。这跟洛根·恩格一直在意的那些失踪的钻机和喷水管有关。她的客户们不想探讨详情,这对她来说没什么,反正细节并不重要。让他们玩那些少男们喜爱的军营阳物游戏。由于她所达成的协议,拯救的土地比人类一天艰苦行军所能走过的还要广阔。代价不过是一张通往密谋者家前门的简略地图!

更重要的是,她收到了其他想要得到同一主题信息的客户的试探。她向联调局发誓要保密,但出尔反尔的方式实在不胜枚举。通过这件事,她可能会得到更多好处,更多的土地会为她留出,更多的水域会摆脱贪婪的家伙们的限制。

总的来说,这个月她收益颇丰。事实上,这似乎是个愉快的春日,黛西戴上帽子、太阳镜和手套,离开她的小窝去散步。

当然,她一旦过桥,就得把她的风力发电机、护根叶轮和十几亩复苏的原生植物抛到身后,不得不去面对四百年来亵渎自然的家伙们留下的所有垃圾,还有柏树林中河畔废弃炼油厂破败的尖塔。被遗弃并接受所谓清理数十年后,其中一些炼油厂仍然渗出黏糊糊的可怕液体。只有傻瓜才会喝路易斯安那州水井里那些未经过滤的地下水。

更有甚者。古老的电缆以及倾斜的电线杆像动脉粥样硬化的血管一样,缠绕着这个教区,也缠绕着随处可见的水泥路和柏油路。这些道路虽然已经废弃,但它们仍如同瘢痕组织一般延展,遍布田野和草地。即使咫尺之处,她绿树环抱的静谧社区里,一些院落里也有被葛藤覆盖的小土丘,乍一看就像爬满葡萄藤的土岗,直到凑近,才能认出那遗弃已久、锈迹斑斑的汽车的模糊轮廓。

这一切都让黛西想起,随着时间的流逝,她为何越来越少离开那片她精心修复的自然天地。*真奇怪,我年轻的时候就安于常住乡间,而不是出门找罪受。*

事实上,黛西的家族产业位于北方,离此处很远。但无论如何,路易斯安那的这片土地都是她深深扎根的地方。想当年,她的兄弟姐妹和堂兄弟姐妹们到处疯跑,上课外班,努力不辜负父母的期望,力争练就更精巧的骑术,变得更擅长运动,成为更出色的世界主义者,始终压平民百姓家的孩子一等——黛西则选择了退出,态度强硬而坚定。她一直热衷于从各个角度探索这片土地,研究这片土地生动的纹理。

当然,她也热爱探索网络。即使是在那时,数据网络也已连通全球，该领域跟她在“现实”世界中漫游的潮湿郡县一样幅员辽阔。只不过在网络世界中，你可以跟有关魔法的故事里一样，通过“咒语”，通过劝说，通过召唤“精灵”和“灵魂”，通过求助于熟谙软件的高手，来完成你的命令，实现你的想法。哦，你甚至可以去商店，买到那些忠诚的“小恶魔”，它们被装在色彩鲜艳的盒子里，就像买双新鞋，或者马的新笼头！童话里的巫师都无法轻松做到。

如果你在网上犯了错……把它擦除就好！不像在外面，一个错误或失礼的举动会让你感到尴尬，甚至被孤立；又或者，一次无心之失可能会彻底毁掉一片栖息地。

这是一个平等主义盛行的地方，能力比出身更重要。你可以跟住在卡拉奇附近的一个农村女孩做笔友。或者加入布达佩斯的动物权益保护团体。或者在模拟骑警游戏中击败所有人，让地球上所有顶级玩家陷入长达数月的争论，探讨那个臭名昭著的黑客“拉弗兰德队长”到底是男是女。

最棒的是，当你在网上与某人相遇，对方不会瞪大眼睛问：“哦？你是那个麦克伦农家族的成员吗？”

这可是个敏感话题，最近收到的一条信息让她想起该话题。对窥探事件的调查也掺杂着家族利益。尽管黛西很不愿意承认，但她仍然无法摆脱家族的恩惠和责任。今时今日，除了这样做，她还能通过什么方法，将当地那么多的优质农业用地变回昔日的河口呢？

该死的，她在心里暗骂，同时把一块石头踢进其中一条人造水

道,这些浑浊的水道用于运送那些大型养鱼场排出的污物。

虽然我也许可以利用这一点……想办法扭转局面。如果他们真的那么想要得到数据,我也许可以靠这一点永远摆脱他们。

她第一次感到好奇,真正好奇,究竟是什么阴谋将洛根和窥探者们搞得如此心烦意乱——全世界的人似乎都想知道答案。我本以为只是跟物理学和间谍有关。

从核聚变、超导体到纳米技术,等等,各公司、研究机构乃至各国政府总是对这个或那个科技“突破”大吹大擂。这些“突破”每次都被誉为“能扭转潮流、改变现状、开启新世代的伟大发现”,似乎都注定能够带来大量资本,但随后,泡沫均不可避免地破裂了。

哦,有时候这些小发明是有用的。有些甚至改善了数十亿人的生活,使数十年前就该发生的“植物大枯死”得以推迟。但结果又如何呢?不可避免的事情再拖一段时间又有什么意义呢?洛根和他的同道始终都在为此而努力。黛西则已经学会适当忽视技术潮流。对她而言,要尽力完成的任务是保护自然,这样的话,当人类最终灭亡时,才不会把其他一切都带进坟墓。

但现在,她却充满好奇。如果所有人对这件事都如此上头,可能我该调查一下。

眼见怀特城堡小镇已经在望,她抽身往回走。黛西不想让核电厂嗡嗡作响的电缆毁掉她目前的心情。不管怎样,她已经开始想办法,思考如何利用现在的局面。

如果家族成员想要得到帮助,就必须给予我回报。我要找到光之使者。这是我缔造龙所需要的最后原料。

回家的路上,她经过了甘蔗田和渔场,黛西仔细思考了其超级程序的结构——这个超级程序将使她的代理“猎犬”和“雪貂”看起来就像古老的“病毒”那般原始,这些“病毒”首次显示出软件可以多么接近于模拟生命。她在心里揣摩着这个美妙的新结构。没错,我觉得这样一定行。

转过一个弯,黛西从沉思中回过神来,前方出现了两个少年,他们牵着手,笑着在一道堤防上漫步。男孩搂着女孩的肩膀,女孩则故意扭来扭去,咯咯娇笑,避开他的吻,直到她突然倾身靠进他怀里,表明了她的情意。

微笑挂在黛西脸上。小情侣身上总有一种甜蜜的东西,尽管她希望他们要小心……

她摘下墨镜,眯起眼睛。那女孩——竟然是她的女儿!她留神细看,克莱尔推了一下男友的前胸,转身大步走开,他则只能紧跟其后。

得把这事记下来,给洛根打个电话,黛西将此事在心里归档为待办事项,让他跟这姑娘聊聊性责任,她不会再听我的话了。

有一次,母女俩曾就这个话题进行交谈,结果演变成了一场灾难。黛西只不过建议克莱尔采取最简单、最有效的避孕方式,克莱尔却表现得很震惊。

“我才不用呢！别再说这些！”

“但其他方法都不安全，就连禁欲都是。我是说，谁知道呢？你可能会被强奸。或者对自己情绪的判断出现偏差，做出一时冲动的事。你这个年纪的女孩有时难免，知道吧。

“采取这样的方式，你就可以轻松自在地度过余生。你可以像男人那样看待性，更加主动地去追求性，而不会带来任何可能的，呃，并发症。”

克莱尔露出不服气的表情，甚至带着几分轻蔑。

“根据你的说法，我就是‘并发症’的结果。十七年前，你们老式的节育方法失败了，你为此感到后悔吗？”

黛西看出克莱尔对号入座往心里去了。

“我只希望你幸福——”

“骗子！你想结扎你女儿的输卵管，这样就可以减少一点儿人口。听着，妈妈。我打算体验你所说的那些‘并发症’。至少一次，也许两次。如果我的孩子看起来具备真正解决问题的潜质，如果我和他们的父亲负担得起，而且我俩配得上我们的孩子的话，那我们甚至可能要第三个！”

黛西震惊地倒吸一口冷气，她意识到，她的反应正是克莱尔期待的。发生那件事以后，两人谁都没再提过这个话题。

不过，黛西想，派一只“雪貂”搜搜，呃，化学手段是否值得？那种东西不受干扰，又觉察不到……

但不行。克莱尔本来就擅长篡改伪造。而她很可能让她的妇科医生留意被人动手脚的迹象。黛西曾经立过一条规矩，凡是可能招致报复的事，都避免牵扯其中。所以，她决定把这件事搁在一边。

那姑娘很快就要走了，黛西心想，眼看已经快要到家。克莱尔目前包办的家务清单自动在她的脑海里滚动。我想我得雇一个宣过誓的难民。那些可怜的家伙，肯定会比我自家的孩子更勤奋地工作。我已经尽量不宠坏她了，但那姑娘还是很懒惰。又或者我可以买个新的家用机器人。当然，我得自己重新编程。

在通往后门的路上，她路过俯瞰小河的那座斜坡，差点儿被两个陌生的土堆绊倒。挖出的长方形的洞穴上夯着新鲜的泥土，然后又铺上了石头。

什么玩意儿？看起来像坟墓一样！

然后她记起来，克莱尔曾经提过羊的事。上周，她们养的羊有两只死于一场该死的疫病，那种瘟疫是被非洲一帮业余的环保主义者散播出来的。

那倒霉孩子。她清楚掩盖尸体的正确方式。她为什么要把它们埋在这里？

黛西又将这件事记在心里，她要在网上搜寻其他方法，让河水保持清澈。无论如何，这是一种愚蠢的妥协方式，用转基因生物来补偿人类的生态错误。也就是珍妮弗·沃灵那巫婆鼓吹的那种“解决方案”。一派胡言。

沃灵到底在鼓捣什么？搞不懂。

很快，黛西又坐在她的大显示屏前面了。一时冲动之下，她追寻起自己最近的思绪。

沃灵。

黛西快速检查了一下她设置的看门狗监视程序。嗯。自从离开位于伦敦的公寓，她再没发表过文章。她生病了？也许是死了？

不可能。那么强悍的人怎么可能如此轻易地告别尘世。此外，她的邮箱显示她只是辗转到了非洲南部。怎么听起来有些熟悉？

当然，创建一个关联搜索程序，继而查明真相，倒也不是难事，但黛西想到的却是更具野心的计划。

用这件事来测试我的新程序好了！

上周，她通过一次例行搜索，找到一篇芬兰理论家的研究文章，这位理论家名不见经传。该文章提出了一个绝妙的概念——通过假设的方法，将电脑文件折叠，这样一来，几个缓存就可以同时占用同一物理空间。这篇论文首次发布时，“专家”们就完全忽略了它。很显然，通常需要几周，甚至几个月的时间，它所表达的观点才能通过网络逐渐被过滤出来。与此同时，黛西发现了一扇机会之窗。特别是如果还能如她所愿找到光之使者的话！

如果奏效，我就能在任何地方追踪记录任何人。不管是谁躲起来，我都能找到。不管藏什么东西，我都能剖明。

还有谁比珍·沃灵更适合用来做实验呢？

黛西开始充实细节，从她那庞大的秘诀库中东挑一点儿，西捡一点儿。这工作再愉快不过，她哼着歌，某个东西的骨架逐渐成形，这东西气势逼人，精妙绝伦。

有一次，门开了又关。黛西感到克莱尔在她手肘旁放了一个托盘，模糊地回想起她对女儿说了些什么。她边工作，边填饱肚子。过了一会儿，盘子又以相同的方式消失不见。

没错！沃灵是个完美的对象，即使她发觉了，也不会诉诸法律。她不是那种人。

我先拿她作为实验品，然后就可以应用在各种各样的其他人身上。大公司、政府机关……那些混账机构足够庞大，完全可以雇用手段高明的软件高手，使我无法渗透。迄今仍是如此！

当然，这一程序是围绕着一个孔洞构建的，该孔洞是钥匙——光之使者——的放置之处。前提是她能够从亲戚们那里得到情报。

瞧啊！黛西伸了个懒腰，审视着她创造出的这个实体。这无疑是自主软件领域的新生事物。*我必须给它起个名字*，她心想，盘算着各种可能。

是的。你绝对是一条龙。

她身体前倾，从她庞大的幻想图片库中调出一个外形。然而，突然跃入眼中的东西，连她自己都深感惊讶。

一张长脸满是鳞片，翡翠色的眼睛闪闪放光。寒光闪烁的白牙，两片弯曲着的嘴唇。那条盘绕着、镶着宝石的尾巴尖端有个凹槽，那就是光之使者的放置处。然而，即使尚未完成，这张脸也足够给人留下深刻印象。

那生物与她目光相接，尾巴一甩，然后，向她鞠躬行礼，动作缓慢，态度恭顺。

你将是我最强的代理程序，黛西想，享受着这美妙的时刻。*你我联手，就能拯救这个世界。*

DEL

故事讲述了勇敢的毛利英雄马塔考利如何杀死巨人马塔乌，救出他那被绑架的美丽新娘马坦娜。

马塔考利找遍整个奥塔戈，终于发现他的爱人被一条极长的绳索绑住，那绳索是马塔乌用他豢养的双头犬的皮做成的。马塔考利用他的石刀和木剑连劈带砍，却无法伤那根绳索分毫。绳索被马塔乌施加了魔力——最后，玛坦娜自己弯下腰，用眼泪使绳索变软，马塔考利才成功将它割断。

然而，马塔考利清楚，除非杀掉巨人，否则他的新娘将永远处在危险之中。于是，他拿起武器，在旱季出发，发现马塔乌睡在蕨草堆上，四周环绕着崇山峻岭。

马塔考利便将蕨草点燃。虽然马塔乌并未苏醒，但他还是把两条粗腿从炽热的火焰中抽了出来。巨人开始动弹，但为时已晚。火焰吞噬了他流出的脂肪。他的身躯融进大地，制造出一条鸿沟，直到他残余的部分沉入沟底，其心脏仍未停止跳动。

火焰的热度使积雪消融，雨水则将鸿沟填满，形成了瓦卡蒂普湖——时至今日，该湖泊的形状仍像一个蜷膝的巨人。有时候，人们仍然声称，他们能听到马塔乌的心脏在起伏的波涛下搏动。

每当山峦颤动的时候，人们就会怀疑，下面有什么东西将会苏醒，不论何时。

地　核

“……于是，他们第三次把绑在木桩上的牛仔鲍勃解开，让他跟他的宝马雷霆说话。”

琼·摩根向阿莱克斯和特蕾莎那边倾身，她的眼睛似乎闪烁着光华。

“不过，这一次，鲍勃没有在雷霆的左耳旁低语，也没有在它右耳畔诉说。这一次，他捧着马脸，直视着马的眼睛，说——‘看清楚我的嘴唇，笨蛋。我跟你说的是，去叫一伙人[1]来！’”

琼坐回原位，脸上挂着期待的微笑，阿莱克斯不得不咬着自己的下唇，强忍住笑。他望着坐在房间对面的特蕾莎，她最初有些困惑，但很快便明白过来。“哦！哦，坏死了！”她一边笑，一边摆着手，仿佛要扇走难闻的气味。

① 原文为posse，与pussy发音接近，pussy在俚语中有“婊子”的意思。

琼笑着举杯，“你还不明白吗，阿莱克斯？知道吧，前两次，那匹马带回来的都是女人……”

他举起双手，“我明白了，好吧。拜托，特蕾莎说得没错。真是太过火了。”

琼得意地点点头。到目前为止，她独占鳌头。不论是阿莱克斯还是特蕾莎，他俩讲的笑话，都不及她的一半好，也都没能引起这种假作反感、实为赞许的抱怨声。或许，她笑话讲得好是因为她来自得克萨斯。据阿莱克斯所知，唯一更擅长这种独特幽默的就是澳大利亚人。

作为快乐源泉，琼几乎从来不会被嫉妒。在阿莱克斯的小屋里举行这个派对，是为了庆祝数周紧张情绪的结束。

至少是希望一切就此终结。我仍然能感到强烈的偏执，时时注意着身边戴宽边帽、穿军用风衣的男人。

琼今早刚刚抵达拉帕努伊，带来斯皮维上校的口信，斯皮维已经完全同意了他们的条件。作为彼此合作——尤其是阿莱克斯专业知识的交换条件，所有针对特蕾莎的指控都会被撤销，斯皮维的人也不会插手复活节岛的事务。

斯皮维自然会偷偷派一两名眼线来盯梢，但至少我和特蕾莎不用再逃亡了。

而且，是否有地方可逃也是个悬而未决的问题。与贝塔的较量还未结束。然而，即使是阿莱克斯手下最信命的技术人员，也开始表现得好像明年这个时候地底可能会出现一颗行星。

要是他们能说服我就好了。

情况已经有所变化，因为他们以前只是关系紧密的小团体，独自与深藏地下的怪物搏斗。现在，尽管仍然披着安保部门的“临时”伪装，但他们已经是大型官办企业的分支。琼来这里，就是为了巩固彼此的合作关系，传达格伦·斯皮维和乔治·哈顿不达目的不罢休的决心。明天，她将继续扮演使者的角色，带着阿莱克斯的主要合作标志—— 一盒为其他团队提供最新数据的立方块——再次离开。从现在起，她将作为信使辗转于各地，差不多每周回来一次。

至于特蕾莎，她费了很大的劲，才向琼解释清楚——她跟阿莱克斯新晋缔结的亲密友情跟性没有半点儿关系。

倒也不是两人都没往那方面想，至少他想过。但深思熟虑后，他意识到，他们之间的亲密关系需要双方投入更多的注意力，但两人目前都无法抽出身来。眼下，他们无须言语，便能理解彼此的意图，这就足够了——自从他们手牵手结束了那段奥德赛般的地下旅程，这种联系就从未断开过，就像双胞胎，一同受孕，又一同经历了重生。

至于琼·摩根，她表面的松弛以及轻松幽默，毫无疑问掩饰了她内心的焦虑。阿莱克斯和她的关系只能算是战时情缘，相互吸引，并不复杂。他不知道这段关系如今处在何种阶段，也不打算推动其向前发展。

至少，两位女士之间曾经的紧张情绪似乎已经消除。或者，至少是其中绝大部分紧张情绪。这让阿莱克斯很开心。首先，这意味着他现在可以站起身来，让她俩单独待上一小会儿。

“不好意思，”他走向屋门，“我得去找人聊聊鸸鹋的事。[①]”

琼简单点了下头，特蕾莎则从椅子上向前倾身，差点儿碰到另一个女人的胳膊。“那好吧，”她说，“趁他出去跟灌木丛玩消防演习的时候，我单独给你讲一个。”

还没等她开始讲，阿莱克斯三两步来到屋外。长一点儿的笑话可能将他吸引住，从而给他的肾脏带来危机。

虽然冬天徘徊不去，这座荒岛多风而干燥，但这仍然是个温柔的夜晚。显然春天会姗姗来迟，且有狂风相伴。每当强风降临，就算是在瓦伊泰亚的试验性再造林区，树木似乎也会变得发抖和畏缩。

他没有费力走下坡去盥洗室，盥洗室是五间预制板房共用的。相反，他爬上了山坡，来到视野更好的地方。阿莱克斯一边浇着灌木丛，一边向西望着安加罗阿镇的点点灯光，灯光就在拉诺廓火山高耸的峭壁北侧。孤零零的喷气式飞机跑道位于五家紧凑的酒店，以及一艘停泊的齐柏林货运飞艇旁，正闪烁着苍白的光。离他更近的位置，亚特兰蒂斯纪念碑矗立着，它的底部灯火通明，灯火使这艘残缺不全的、古老的航天飞机，看起来仿佛正要庄严地起飞。

---

①“上厕所”的委婉说法。

自他和特蕾莎一瘸一拐、抖抖瑟瑟、全身瘀伤地侥幸从新西兰逃脱，又来到拉帕努伊后，两人只能各忙各的。特蕾莎几乎整天都泡在这艘老式一型航天飞机上。她大概知道一条进入飞船内部的路线，而且还能不触发破坏警铃。又或者，她所做的只是刮掉飞船上的涂鸦和海鸥粪便，那些东西让这艘破飞船在白天看起来是那样可怜兮兮。

也可能，她只是坐在“亚特兰蒂斯号”的驾驶位上，思索着她再次见到太空的渺茫可能性——即使斯皮维的主人们已经赦免了她。

不管怎么说，他已经够忙的了。每天多达数十次“凝视者”光束的发射，拉帕努伊基地再次扮演了支点的角色，激光束以令人眼花缭乱的模式在地球内部搏动，同时引发了不计其数的地表现象。现在，至少阿莱克斯与格陵兰岛的斯坦·戈德曼可以安全地联络沟通，每天还有来自北约地面团队的数据流，可以帮他优化模型。

（他甚至能联系上远在非洲的祖母，好心肠的老珍妮弗。初次通话，珍措辞严厉地责怪他没把奶奶放在心上，但几分钟过后，她就放弃了这个话题，开始兴致勃勃地解释她的新研究。听了她的长篇大论，阿莱克斯隐约觉得珍的新研究方向跟精神分裂症有关。）

每天，阿莱克斯都要花相当长的时间通过大屏幕观察奇点，可以看到贝塔更多时间是在下地幔的“稀疏”地带度过的。这头恶魔已经遭到强制节食，很快，他们就能实现盈亏平衡——当这个致命的结损失质量的速度跟吸收的速度持平时，他们才达到一个里程碑。考虑到仅仅几个月前,他们的胜算还微乎其微,这真值得庆祝……这是个真正的奇迹。

可然后呢?

他听到身后的两个女人开怀大笑,特蕾莎的女中音和琼的女低音和谐地融合在一起。这样的笑声让他倍感振奋。解完手,阿莱克斯突然发现自己在寒风中瑟瑟发抖。他拉上拉链,沿着山坡向前走了一段路,踩着脚下的干草,发出嘎吱嘎吱的响声。

显然,斯皮维上校那多如牛毛的上级们相信阿莱克斯的理论,即贝塔是外星敌人用来毁灭人类的智能炸弹。如果是这样,那么斯皮维说得在理。"凝视者"可能成为地球唯一可靠的防御体系的支点。事实上,就像斯皮维说的,有朝一日,世界可能会为阿莱克斯·拉斯蒂格塑像。

地球的救世主,我们防御体系的缔造者。

这样的图景能够满足任何人的虚荣心。阿莱克斯不确定自己是否有拒绝的意愿。如果这真的能成为现实呢?他心想,品味着斯皮维这虚妄之言的甜蜜。

上校的计划还有个优势,意味着他们或许很快就会减少发射的次数,只需要时不时地轻推一下。

他拖着脚走着,双手插在夹克口袋里,呼吸着芳香的空气。好吧。将它留在地底行得通。或许吧。然而,阿莱克斯却感到不安。

贝塔所到之处,矿物似乎都在变化……至少目前看来是这样。

尽管他们仪器的灵敏度已经大幅度提高，也很难确切地分析出这些矿物究竟是如何变化的。贝塔仍然极其微小，但却非常凶猛，其实际影响区域只有几毫米见方。因此，受影响而蚀变的钙钛矿轨迹极其狭窄。尽管如此，随着奇点在轨道上的运转，发生转变的矿物管还是越来越多，闪烁着怪异的光芒。

我们并不清楚这会造成怎样的长期影响，在这种情况下，真的能把那东西放心留在地底吗？

他没有向哈顿或斯皮维透露新谐振器的消息，也就是那个紧凑的球形设计，这么做或许挺好。最好等一等，弄清楚上校真正的计划是什么……弄清楚当消息不可避免地走漏出去时，他将如何应对。

因为所有人都清楚，他们不可能永远隐瞒真相。斯皮维的老板们必须为召开政治议事会做好准备。

或许，他们只是想向世界展现一个既成事实，阿莱克斯满怀希望地想。“看哪，瞧瞧我们西方人做了什么？我们拯救了世界！当然，我们会把‘凝视者’的控制权交给法庭。由任何组织来掌控都太危险。”

阿莱克斯露出微笑。是的，他们很可能就是这么打算的。

没错，确定无疑。

返回小屋的路上，阿莱克斯从位于海滨的一排摩艾石像前面经过，这些石像是这座怪异岛屿为世界艺术做出的贡献。它们个个表情阴郁，几乎一般无二，但每次看到它们，他都会产生不同的观感。这一次，尽管有风和满天星斗，但它们看起来就像绝望之人在悲哀之中，用硕大石块雕凿成的冷酷神祇。人们害怕时，往往会做出奇怪的事情……自从人类进化以来，几乎大多数男女都如此。

然而制造出贝塔的，并非我们人类。阿莱克斯提醒自己，因此我们愚昧无知也好，畏首畏尾也罢，甚至有时荒唐透顶，但或许并不该死。

至少不是现在。

回到小屋后，阿莱克斯进门前不忘先将脚底蹭干净。

"……要知道这样做合乎逻辑，或许也合情合理，"特蕾莎边说边严肃地点点头，"但继贾森之后……呃，我不能再与他人分享。我觉得我应付不来。"

"但情况有所不同——"见阿莱克斯走进小屋，琼停下话头，迅速抬起头来。

"分享什么？"他问，"什么有所不同？"

特蕾莎把目光移开，琼则微笑着站起身来。她拽着他的衣领，把他拉进了房间。"没什么特别的，只是女孩间的话题。总之，我们决定今晚就到此为止。我明天会很忙，所以……"

"所以我得走了。"特蕾莎说，把杯子放到一旁。出于某种原因，她现在不愿直视阿莱克斯的眼睛，这让他感到不安。怎么回事？他不明就里。

特蕾莎拿起琼特意为她带来的皮包。阿莱克斯本以为里面装着斯皮维的信物,表示过去的一切不再追究。但是根据特蕾莎的表现推断,里面装的似乎是对她和另一个女人来说很重要的东西,一种完全不同的和平礼物。“谢谢你送的东西,琼。”她说着,把那皮包提了起来。

“没什么大不了的,在五金店买的而已。那些催化剂之类的东西,你打算怎么处理?”

特蕾莎露出神秘的笑容,“哦,稍微整理一下就行,就这样。”

“嗯。”琼回应。

“没错。嗯,那——”特蕾莎迈步向前,“向你俩道个晚安。”

尽管稍有迟疑,两位女士还是亲吻了对方的脸颊。特蕾莎捏了捏阿莱克斯的肩膀,却避开了他的目光,然后抽身离开,走进屋外的茫茫夜色。他站在敞开的门边,目送她远去。

琼的两条胳膊穿过他的胳膊下方,从后面搂住了他的胸膛。她紧紧地搂着他,叹了口气,说:“阿莱克斯,噢,阿莱克斯。我们该拿你怎么办?”

他关上门,满头雾水地转过身来,问道:“你这话是什么意思?”

“哦……”她似乎还想说些什么,但最后,只是摇了摇头。她握着他的手说:“来吧,上床睡觉。接下来的日子,咱俩都会很忙。”

第九部

行　星

太平洋是地球最经久不变的特征。亿万年时间过去，板块相互碰撞，合并，然后再次分裂，其间的岛屿时起时伏，它的形状或许会随之变化，但无比广阔的海盆始终存在。

但大西洋却并非如此，它曾多次开开合合。在一系列横无涯际的花岗岩超大陆下面，热量慢慢累积，沿着迸裂的地层，将超大陆分成数块。接着，几千万年过后，已经冷却的核心会再次下沉，停止分裂，重新将这些板块缝合在一起。

这样的循环持续着——分裂，合并，再分裂——对生命的发展产生了重要影响。曾经徜徉于广阔空间的物种发现自己被划分出亚种群。分离的种群彼此之间基因差别越来越大，各自适应全新的挑战，探索不同的生存技能。亿万年后，当大陆再次聚合，这些离散的亲戚们终于重逢，这些同一祖先的后代往往已经无法杂交繁殖。

再度相逢时，它们已非亲戚，而是竞争对手。

星移斗转，全新的时代随之到来，变化莫测的板块构造形成了两座巨大的山脉——喜马拉雅山脉和落基山脉——它们实际上阻碍了低湿空气的流动，使其无法顺利横跨北半球。这给气候带来了巨大影响，从而又让更多物种处于隔绝状态，它们不得不适应气候变化。

消退，流动。吸气，呼气。这样的循环不断促使变化和进化的到来。

最终，暗淡的光逐渐闪烁于这颗行星处于夜晚的那一面，这暗夜中的光芒却并非森林大火或闪电。

所有这些加热和冷却、推挤和重组，最终带来了前所未有的东西。

DEL **世界长期解决方案特殊利益小组【SIG AeR,WLRS 253787890.546】，特殊分论坛562：疯狂反传统的社会理论。**

所有关于中国人如何进行“经济征服全球”的恐慌都是胡说八道！诚然，中国有庞大的、高速发展的经济，但中国并未没完没了地探讨温尼伯大学的新管理模式，而是带来了许多突破。我们都可以从中汲取教训，尤其是苏联人和法国裔加拿大人，他们在制造海水淡化设备和纳米晶体的过程中，发现自己一直处于被压价的状态。

中国人在运动夹克及膝盖束套方面处于领先地位，更不用说像扭矩分配器这样的消费品了。【DEL参考：A69802-111, 2038/15/19 K-234-09-17826】中国人“……买断他妈的一切……”的说法【DEL参考：A69802-111, 2038/15/12 M-453-65-5545】完全忽略了历史。

想想二十世纪五六十年代。当时的美国（加利福尼亚和夏威夷还在其疆域之内）是世界经济强国。一位知名的欧洲领袖人物名叫塞尔旺-施赖贝尔①，写了一本名为《美国的挑战》的书，预言美国将很快“……拥有应该拥有的一切……”

他的预言当然没有成为现实。取得成功后，美国公民希望自己的辛勤工作能够得到回报。他们并未买下全世界，而是从各地采购东西回来。历史上最大的财富转移就此完成，远远超过所有形式的国外援助。美国的购买力将欧洲和东亚带进了二十一世纪……直到泡沫最终破裂，美国佬也只能像普通人一样学会随用随付。

二十世纪七十年代的短暂时期里，前后两次的石油危机似乎让阿拉伯酋长们成为这颗行星的新领袖。接下来，八十年代，日本把所有人都吓得真魂出窍。（查查吧！）通过艰苦努力（同时巧妙地迎合美国青少年的购买狂潮），日本人凭借一己之力，跻身经济强国之列，让全世界深感敬畏。所有人都预测他们很快“就会拥有一切”。

然而，我们似乎在轮流推动世界经济。新一代的日本人对生活

① 让-雅克·塞尔旺-施赖贝尔（Jean-Jacques Servan-Schreiber，1924—2006），法国记者、政治家，后文提到的《美国的挑战》是其著作。

的要求，不仅仅是无休无止的辛劳和仅能容膝的狭小公寓，他们开始了新一轮的购物狂潮。二十一世纪初叶，难道不是俄罗斯——拥有全世界近半数训练有素的工程师，而且刚刚摆脱了长达两千年令人窒息的沙皇的统治——突然间兴奋过度，拼命工作，按订单制造，然后廉价出售日本人想买的任何东西吗？不久之后，曾有人提议，用俄语代替新式英语，成为第二通用语言，你们很多人很可能还记忆犹新。但那也已经是陈年往事了，不是吗？

来吧，傻瓜们。学会退一步，将眼光放长远。总有一天(如果地球还能坚持的话)，所有人都会厌倦累死累活，厌倦钱堆在银行里却无处可花。

那么，你能预测下一批努力工作的人会出现在何处吗？我赌是那些新英格兰的清教徒分离主义者。这些人清楚如何完成一小时的高质量工作，以回报雇主付出的一小时工资……

地 壳

克拉特救出溺水的船员,但没人因此祝贺他,甚至根本没人谈论此事。世事无常,这是哲学。几座浮城中的一座又多了几个寡妇? 太糟糕了。生命短暂,你还能说什么呢?

不过,克拉特显然不再是“糟烂的美国软蛋”了。他吃饭的时候,不再有人以敌视的目光盯着他,他的麦片粥里也不再有漂来漂去的怪东西。他们不声不响地把他的吊床搬出了又热又潮的船舱,转移到上层大家住的锚室。

只有一个人对这次渔网事故做了评价,他对克拉特说:“天哪,伙计,我从没见过像你这样的,居然能憋气憋那么久!”

对克拉特来说,他不知道自己在水下待了多久,这番话似乎是来自上帝的暗示。那段经历可能会让一些人永远不敢再游泳,但却让他发现了自己意料之外的天赋。

他的生平充其量可以用平淡无奇来形容，而且往往连平淡无奇都说不上。他的自我画像迟钝而憨厚，活像块石头。甚至连想到自己拥有异乎寻常的能力，克拉特都会吃惊不已。因此，当他在“刚果号”上获得认可的那一刻，他就重申了他的誓言，那就是一有机会便立即离开——为他早先关于“打捞”的轻率言论负责。

他倒也不怎么留恋这艘慢吞吞的旧船。边疆生活本就没有多少奢侈品。如果被迫在这里住上一周，普通美国人再也不会对水资源限额有所抱怨，在美国，有些州的用水额度甚至奢侈地高达每周三百八十升。

或者用另一种必需品——登录数据网的权利来衡量。这里根本没网。

在印第安纳时，克拉特曾经看不起那些老人们，因为他们将过多的电子产品作为精神寄托……他们能够在全球范围内搜索并访问所有主题的新闻、所有图书馆、所有不值一提的研究期刊，他们甚至只需要花几分钱，就可以立即把原文的晦涩语言翻译过来。此外还有爱好者阵营、特殊利益小组、网络杂志以及三维秀。

移民之前，克拉特也从未意识到他多么依赖这一切。然而，登上“刚果号”后，他们每天都会进行这种奇怪的仪式——邮件点名。船上每个人都会参加，如果被喊到名字，就要应答，并跟水手长交换一个黑色的立方块，便可获准通过船上仅有的天线，发送两条信息，每条不超过五十个字。这唯一的天线由通信官实施独裁式管理，他从过去几次海难中幸存下来，瞎了一只眼睛，断了一条腿，所有人，甚至是船长，都对他尊敬有加。

站成一排，谦卑地等待着属于你的痛苦瞬间，所感受到的羞辱几乎跟晚上的维生素点名相差无几。所谓维生素点名，是指一个穷极无聊的联合国护士给每个人分发他那种“营养援助”压缩胶囊。这种药丸体现的是世界对这个被遗弃的难民国度的全部责任感。难怪大国们对待真正的世界命脉——信息时更加斤斤计较。

在邮件点名的过程中，克拉特不时感到纳闷，为何雷米和罗兰德从不给他写信。然后，他猛然想起：*他们死了，我是最后一个。奎尔高中最后的移民。*

奇怪。克拉特相信自己注定短命，很久以前，他就决定要过绝不妥协的生活。他总是那个陷入困境的家伙，但可靠的朋友们总会挺身而出，采取合情合理的方法，帮他摆脱困境。

如今，雷米和罗兰德都离开了人世，而他还活着。谁能想到呢？

出于某种原因，罗兰德将他的银行存款遗赠给了克拉特，还有一笔英雄奖金。据克拉特猜测，应该也有一枚奖章。那奖章可能还在某处，随罗兰德散布于世界各地的、纠缠于真实的帖子而移动。至于罗兰德的钱……克拉特都用来打牌和买酒了，以悼念他的朋友们。但他确实想要那枚奖章。

邮件点名结束后，值完勤的船员们纷纷来到船尾甲板，在那里，三个极具生意头脑的安南人在兜售一种味道很冲的家酿啤酒，啤酒装在陶罐里。当舰队遭到极端环保分子的突袭，仓皇向南逃窜时，克拉特发现他现在可以忍受那些气味难闻的啤酒了。这是个里程碑，表明他正逐渐适应。

暮色沉沉，阴云密布，遮住大半星光。当云层短暂地散开，月光洒在平静的水面上，西方珍珠般的乳白光芒便亮如火焰。

在甲板突出部分，两组人都在冥思苦想，似乎摆好了架势，准备来一场沉默的思维对决。苏菲派[①]在左舷，新禅宗派在右舷。两组中的初学者都戴着顶针大小的脑波监测器，监测器与耳塞式按键扩音器相连。双方的技术辅助工具一般无二，价格低廉。双方都声称自己是正统，而对方教授的只是些让人晕头转向的东西。管他的呢。像大多数船员一样，克拉特也青睐那些更诚恳、更传统的麻醉方式。

“……舰长他妈的看错了航海图——”后舱口另一侧的阴影中有人说，“厄尔尼诺[②]什么的……大概每隔十到十一年，准会把所有的鱼都驱赶到西太平洋这边来。但是该死的舰长，他毫无疑问错过了这次机会。”

另一个人回应道：“我听说，现在比十年一次还要频繁。”克拉特闲来无事，琢磨着说话的是谁。在这艘驳船上，他们的英语算是出类拔萃。

---

① 伊斯兰教派别之一，以神秘主义与禁欲主义为主要特点。

② 指东太平洋海水每隔数年就会异常升温的现象。

“他们太他妈把生态当回事儿，”一个带着加勒比口音的人说，“一切都变了。所以依我看，千万别听联合国环保署那些混蛋瞎扯，一句也别听。他们也未必比我们懂得多。”

有人表示赞同，“呃，联合国环保署。那些家伙跟环保主义分子一样，都巴不得咱们死，因为咱们把他们这颗臭星球搞得一团糟。或许捕该死的鱼会捕错种类。哦，真糟糕！所以咱们还是死掉比较好。也许在维生素里放点儿什么，不用花大价钱，就能神不知鬼不觉地做掉我们。”

当然，这一谣言始终在坊间流传，即使当海国的化学家们——这些男男女女都在陆地上的大学里接受过教育，如今却来到海国，对抗汹涌的海浪——从一条船到另一条船，劝慰船员并敦促他们服药，传言还是像病毒般散布开来。克拉特有时也会这样想。他感到疲惫，无疑主要是因为艰辛的工作。这很可能也解释了他的性冲动为何处于低潮。但如果他真的发现有人往食物里掺东西……

旧日的愤怒顷刻之间火星四射，他想压住怒火，但它却逐渐减弱，自行熄灭了。他抬起头，目光越过“刚果号”的船首，望向前方浮城的夜光。要是以往，克拉特可能已经在走来走去——迫不及待地想在红灯区寻找猎物，或者找机会好好吵上一架了。而现在，他满脑子想的都是零工宿舍里那干净的旧床单，还有明天要去肉食市场的事。

“啊，我总算找到你了。对不起，我迷路了。”

克拉特抬起头来，发现是他的新朋友，瑞士老头彼得·舒尔特海斯。有朝一日，离开这条破船时，舒尔特海斯将是克拉特唯一怀念的人。他咧嘴一笑，拿出满满一罐啤酒，“彼得，再来点儿啤酒吧。”

“太好了，谢谢。我花了好些时间，在市场上寻找写有我朋友名字的笔记本，最终被我找到了。”他举起沉甸甸的黑色册子。令克拉特惊讶的是，这并非那种廉价的存储-手写板，最穷的下级水手所拥有的那种，而是一本装满纸页的活页夹！舒尔特海斯一边翻动着粗糙的纸张，一边喃喃自语：“咱们瞧瞧，他的名字就记在这里的某个地方。如果你提我的名字，这家伙应该能帮你在打捞船上找份工作……也许能训练你从事你渴望的深海工作。啊，在这儿呢，我给你写下来。”

克拉特接过纸条。距离跟招募者约定的时间越来越近，他不再像先前那么确定，自己是不是真的想要尝试开采结核——被塞进一个又黏又滑的透明圆罩里，下潜到光线照射不到的地方，从泥浆里筛出硬结核块。虽然收入颇丰，但从事该行业的人多数寿命不长。在被淹没的村庄进行浅层疏浚，这一替代方案开始听起来更具吸引力了。

舒尔特海斯望着浮城的灯光，叹了口气。

“您想什么呢?”克拉特问道。

“我刚想起，我小时候，父亲带我去东京出差。飞机夤夜抵达，我们目睹了令人惊叹的景象。在目光所及的范围内，环绕着每个岛屿的海洋，都闪烁着光芒！如此多的灯，我数都数不清。海水好像着了火，白色的火。

“景象如此壮观，我问父亲这是什么节日。可他说，不，这不是什么节日。他说，每晚都是如此。日本附近的海面每晚都是如此。”

对这种奢侈画面的想象让克拉特惊讶不已，“可为什么呢？”

“捕鱼灯。”彼得直接揭晓了答案，“晚上，渔船就会启动大型发电机，将数以百万计的鱼儿吸引过来。我听说，这种方法非常有效。如果你拿能源换食物，而且不担心明天，效率也会很高。”

舒尔特海斯顿了顿。他的声音似乎来自遥远的地方，“我父亲和他的伙伴们……他们为自己的远见卓识感到骄傲。不像那时候的美国人——没有冒犯的意思——他认为自己一直在为明天筹划。当美国人购买玩物，胡乱花钱，把自己搞得一穷二白的时候，我父亲和他的同伴们则在攒钱。他帮助别人完成精明的投资，不被质疑地拿着他们的钱，让钱像菜园里茁壮成长的蔬菜一样越变越多。”

赫尔维蒂老者叹了口气，说：“也许这只能表明短视的类型有很多种。我不知道日本人有没有想过，用那种强光捕鱼可能会改变被吸引来的物种？当然，那些头脑简单、糊里糊涂的种类会葬身渔网。但与此同时，那些远离渔网的则能够继续繁衍后代。他们考虑过这个问题吗？不，我想他们不曾考虑过。

“同样，我父亲也从未想过，有朝一日，这个世界或许会厌倦这种情况：所有坏人都拥有安室利处，用来藏匿赃物。他从未想过所有国家能够摒弃争端，能够团结起来说：到此为止，我们要把我们的钱拿回来。我们还要知晓那些坏人的姓名……他们辜负了我们的信任，掠夺了我们的财物，将毒品卖给我们的孩子。

“我那可怜的父亲怎么能想到，有一天全世界民众会怒不可遏地来砸他的门，要求拿回他们的钱，尽管他用这些钱投资时那样谨慎小心，又能够给他们带来丰厚的回报。”

现在，浮城的灯光在老人湿润的双眸中闪烁。这番深刻的自白让克拉特感到愕然，他不禁想：*为什么要跟我说？他为什么要将这些全部告诉我？*

彼得转身看着他，勉强挤出一丝微笑，“‘枪兵号’将我们从极端环保分子手里救出来的时候，你看到它了吗？它多壮观？人们过去常拿瑞士海军开玩笑。但如今，只有傻瓜才笑得出来！它实打实地带给海国——接纳我们的国家——世界上最顶尖的战斗舰队！所以我们才得以这样那样地适应新环境。我们赫尔维蒂人在世界上寻得与以往不同的角色，并以我们的工作、技能为荣。”

克拉特注意到，老人的英语水准较先前有进步。也许是追忆往昔的激情带来的变化。也可能是他卸下了伪装。

“哦，大战到来前，我们以及盟友都那样目空一切。而现在，我们承认，我们犯了错。历史证明，傲慢的人必然难逃失败。

“然而，吃一堑长一智，不是吗？毕竟，散居国外的人们，将因此得到一次机会，得到又一次学习的良机，使他们摆脱肤浅的自我关注,变得公正、有内涵且坚强?"

舒尔特海斯看着克拉特,说:"痛苦能够锤炼一个民族,为成就其伟大做好准备。你不这么认为吗,孩子?智慧源自苦难?"

作为回应,克拉特只是眨眨眼睛,动动身体,却不知道说什么好。事实上,他并不确定自己理解了彼得说的话。

"是的。"老人对自己的观点表示赞同,坚定地点点头,话语里明显掺杂着内疚和自豪的情绪,"我所属的民族被上天选中,要在将来去完成某项未知的使命。对于这一点,我确定无疑。比起万无一失地安居于山巅,高高在上,花着其他民族赚来的钱,过着穷奢极欲的生活,这项使命要伟大得多。"

彼得凝望夜空,克拉特感觉这老人比自己看得远得多。

"世界人民依然需要我们。记住我的话。而当那一天到来时,我们定会让他们感到满意。"

夜晚,浮城不过是星星点点的灯光,随着潮水有节奏地轻轻摇曳。然而,等到白天,这座驳船城市便会变得活跃起来,买卖铺户开门营业,喧闹嘈杂。还有那不胫而走的谣言。据说,除了这里,在其他任何地方,甚至网络上,流言蜚语都无法以如此迅速且难以预估的方式传播。

但是,其中大部分传言,克拉特都没办法弄懂。在工作船上,根据纪律需要,大家往往说同一种语言,而浮城则是各国语言、各地乃至各行业土语的混杂之地，有的窃窃私语，有的喃喃低语，还有的大声咆哮。海国所有城镇都大同小异。一座座微型巴别塔，在动辄发怒的海上杂乱无章地铺排开来。

收取夜香的人们划着小船，行驶在狭窄的水道上，穿梭于多层住宅驳船间。他们叫嚷着，让人们用绳索将污物放下，换来几枚贬值的比索。他们争先恐后地将散发着恶臭的废料送往花园船，经常冒着危险，沿着未经加固的水道疾驰，两侧都是不断摇摆、颠簸的船体，随时都可能被压得粉碎。

用海水洗过的衣物、被褥晾晒在纵横交错的线绳上。旁边则是各种各样的横幅，用十几种字符写就，或标榜意识形态，或传播福音，或给商品打广告。每个区域的顶端都装有太阳能电池阵列，这些电池跟极宽的翼状集雨器相连，由小男孩们负责照料，他们能像猴子似的在摇摇晃晃的架子上攀爬。风筝线向上扬起，直插天际，指向平流层强风中浮沉的发电机。这些奇思妙想跟精巧发明相互结合，使这座驳船城市得以存续。

克拉特饥肠辘辘，猛吸着用海草生火做饭散发出的香味。每条驳船的香味都有所不同。不过，他还是没有把手伸进口袋。他兜里的现金本就日渐缩水，而在这天结束前，这点儿钱可能还需要用来行贿。

其他的气味更难以忽视。妇女们——她们为人女，为人妻，为人母，同时也是辛劳的女工——敞开窗户，来让时断时续的微风吹进去，透过窗户可以瞥见，她们身上的衣服属于那些已经不复存在的国度，置身于这样潮湿的环境中，她们实在穿得太多太不透气了。克拉特明白，自己不应该盯着她们看，她们大多已经名花有主，家里的男人们个个傲慢又善妒。不过，有一次他还是停下了脚步，注视一个女孩那灵巧的手指在落地式织布机上跳舞，她正在编织用于出口的全息地毯。这是份受人尊重的工作，她显然已经完全掌握。相比之下，克拉特清楚，自己这双手笨得很，甚至连黄麻绳结都打不好。

那少女抬眼瞥向他，头巾衬托出她那张可爱的鹅蛋脸。若能博她一笑，克拉特甘愿献出自己的心。然而，另一张面孔突然冒了出来，那是个满脸皱纹的丑老太婆，用某种陌生的方言朝他怒吼，吓得他踉跄着连连后退。克拉特转过身，又匆匆向前赶路，直奔总督塔和司令桥，这两座建筑用巨型独石铸就，俯瞰着浮城中心区域。

这座城市充斥着各种气味，处在阴影中的集市的味道尤其刺鼻，那里的鱼一般都非常新鲜，但其他的一切都是二手货，包括船尾区站在木质雕花阳台上频频挥手的妓女们，阳台上雕刻的花纹极具挑逗性。

同样，宗教在另一侧安营扎寨，那里坐落着十几座小型寺庙、教堂和清真寺，都盼着过路行人能够成为他们的信徒。在这里，至少不会受到某种无孔不入的信仰的侵扰，那就是盖亚崇拜。在海国传教的北美盖亚教会传教士本就不多，能够活着逃离此地，他们已经心满意足。他们带回家的教训再简单不过:无论男女,先要填饱肚子,才会对像行星那样的庞然大物产生兴趣。

海国接受其他类型的外来招募者。重新安置基金的自助服务终端提供了性与信仰之外的第三种救赎方式。男男女女在那里排起长龙,他们的家庭已经受够了海国的生活……他们愿意签署任何协议,接受任何检查,说出任何誓言,只为再次踏上陆地——育空、雅库茨克、巴塔哥尼亚——只要有稳定的食物来源和真正可以耕种的土地。

海国并不会将这种行为视为叛国。这种行为是人口安全阀,好过另一种令人不安的行为。克拉特初到这座漂浮的岛城时,曾在昏黄暮色中目睹另一种人口调节方式。

他那时在一条支流水道旁闲逛,小口咬着一只烤鱿鱼,尽管钱包已经缩水,但吃的还是要买。这时,一条黑影蹑手蹑脚地出现在一艘破旧的公寓驳船后面。他很快发现那是个女人,从头到脚裹一身黑。她朝水流最湍急的地方走去,邻居们的吵嚷声以及瓶瓶罐罐的碰撞声对她的秘密行动起到了掩护作用。

克拉特藏身于附近的阴影中,注视着那个女人,只见她左顾右盼,正将两件东西绑在一起,一件较重,另一件用布裹着,绳子一闪而过。有那么一刹那,克拉特感觉自己听到一声微弱的哭泣,但他并不清楚到底发生了什么。

重一些的物体落入水中时溅起水花,立即将另一头的布包拖了进去。他还是没有反应过来。当他瞥见女人那张疲惫苍白的脸,听到她的呜咽声时,才恍然大悟。她匆匆离去,他知道她做的事了。但他只能呆呆地坐在那里,半点儿胃口也没有了。

他想搞清楚、弄明白,究竟是什么使她做出这种事来。克拉特记起当初老詹姆森教授说过的关于海国的事……逃往海国的大多数家庭来自男人做主的社会。从原则上讲,克拉特不认为这有什么问题。他讨厌北美学校教育出来的那种女孩,个性独立、目中无人,总在判断和评估他人。西方国家的没落将女人变得不再像女人,相对而言,克拉特更青睐此前上千种更加古老、更加睿智的文化对待女人的方式。

然而,几周以来,那位年轻母亲痛苦的面庞始终萦绕在他心头。每逢夜晚,他便会梦到她,在梦境中,两种选择让克拉特感到左右为难—— 一是保护她,一是占有她。

当然,没有人要他做选择。也没有人吵着要他当首领。

在集市的第四区,穿过鱼摊、破烂摊和酶糊摊,克拉特终于来到了“肉市”。

“南极洲机会多多!”一位招募者喊道,身旁的全息屏幕上展现着在荒芜之地挖掘高级矿石的画面,还展示了矿井和露天挖掘现场。远处的冰川隐约可见。

这些照片看上去非常真实,表明这份艰苦的工作要在荒凉、恶劣的环境中进行。尽管如此,克拉特仍然感觉,全息屏幕播放的亚音速音乐诱使他看到其他更多的内容。那些场景中描绘的人们,在高耸的机械旁咧嘴笑着,露出开心的表情。他们看上去勇气可嘉,能够靠征服荒野发财致富。

“如今,那些环保主义者已经拥有了他娘的公园和保护区。”演讲者嘴里骂骂咧咧,围观的人们窃窃私语,表示赞同。“几乎半个南极洲都是留给他们的!但好消息是,现在,剩余的部分已经开放了!向勇敢的灵魂敞开了大门,让他们用自己强有力的双手去赢得胜利!”

听那位招募者的口气,他真的很羡慕这些勇往直前的英雄们。与此同时,全息屏幕展现着简陋但舒适的营房,热气腾腾的饭菜端上了桌,满面春风的矿工们数着成捆的信用单。

哈!也许为公司效力的人就能够那样生活。无论在何地,他们都能招募到新成员。

其实,克拉特曾申请过类似职位,但最终还是选择了投靠海国。既然在印第安纳时他达不到这些公司的标准,他们又怎会在这里接受他?*你们骗不了我。我能猜到你们提供给海国志愿者的是怎样的工作。那种连机器人都会拒绝的活儿。*

即使是最贫穷国度最贫穷的公民,也受到《里约热内卢条约》的保护,除非某些国家的领导人并未签署该条约,比如南非以及海国。这赋予他们一种怪异的自由——自愿在工作上被剥削的自由。而且是那种就算让一头猪来做,动物权益组织也会尖叫着反对的工作。然而，大概信天翁共和国的每名国民都可以选择自己的命运，而不是接受这个世界的条条框框。*而不是放弃地球上最后的自由生活*，克拉特自豪地想。他从那个摊位离开，带着冷漠的骄傲，宁愿青睐诚实的恶棍，也不跟骗子扯上关系。

过路者途经气候委员会时，都会仔细查看未来两周的天气预报，这对所有的浮城而言都关乎生死。两周的时间刚好足够避开可怕的风暴。气候委员会也是赌徒扎堆之地。不管流行什么稀奇古怪的投机游戏，对天气下注总是个不错的选择。

不远处，一个小乐队演奏的调调叫作缅甸拉格——这种音乐朗朗上口，混合了南亚和加勒比地区的音乐元素，网络上的追随者越来越多。尽管如此，海国也赚不到多少钱。克拉特把一枚硬币丢进乐队放钱的杯子里，以求交到好运。

他要找的摊位设在一艘小型潜艇的舷梯旁，艇身呈流线型，明显下水时间不长，马力强劲，为深海作业而打造。潜艇前面摆着一张桌子，桌上散落的是椭圆形的岩石状物体，闪烁的是海绵状的金属疙瘩。这艘艇和矿石结核加起来，价值很可能抵得上半座浮城，但衣着考究的随艇律师往那儿一站，还真没有多少民众去他身旁逛荡。人们其实聚集在更远处，裹着头巾的男人对着留言板说个没完，留着大胡子的医生们则在给报名参加志愿者的人们检查身体，捅捅这里，戳戳那里。

虽然海国的救助合作社五花八门，但其中任何一个都不会通过全息屏幕宣讲生命之美。但所有人都清楚那是怎么一档子事儿。所谓生命之美，就是走在加尔维斯顿、达卡或者迈阿密塌陷的街道上，拖着一根磨损严重的氧气管，从摇摇欲坠的废墟中撬出铜线和铝管。

是在臭烘烘的烂泥中工作，帮助打捞沉入海底的威尼斯……盼着能打捞出整片区域，然后像此前的圣马可广场一样顺利出手……卖给多金的俄罗斯或加拿大主题度假村。

是受雇于德里政府，驾驶挖泥船，沿着血染的恒河逆流而上，却遭到某省当地民兵的枪击。该省在几座山巅上苟延残喘，其实相当于已经不复存在。

克拉特摸到彼得·舒尔特海斯给他的便条。他侧身从一排长队旁边挤过，拍了拍一位戴头巾的面试官的肩膀，轻声问道："你……你能告诉我约翰……"他看了一眼那字条，"……约翰·弗雷尔斯在哪儿吗？"

那人看着克拉特，好像他是条令人作呕的海蛞蝓。他嘟囔了几句，可谁也听不懂他说了些什么。克拉特并未气馁，转向另一个招募点。那些排队的人又怀疑地注视着他。不过，这一次，那位负责人虽然面容憔悴，胸膛凹陷，但友好许多。他的脸刮得很干净，留有长时间水下工作的印迹——双眼始终布满血丝，还有被呼吸面罩蹭掉皮留下的疤。

"弗雷尔斯……就在……"他停下来吸气，发出听上去让人绝望的喘息声，“……在……”他露出微笑，对一个连一句话都说不完整的人来说，他笑得真的很开心。他打了个响指，叫来一个小男孩，那男孩原本藏在桌子底下。“带他去找弗雷尔斯。”他气喘吁吁地告诉男孩。

“呃，谢谢。”克拉特说。让他感到意外的是，男孩拖着他离开了那些雇工摊位，朝那艘流线型潜艇的舷梯走去。在那里，两个男人身穿漂亮的紧身泳衣，双手抱胸，正小声交谈着。

“你确定……”克拉特开口问男孩。

“确定，确定，弗雷尔斯，我认识。”他从克拉特手里夺过便条，又拽拽其中一个男人的袖子，那人长着沙褐色的头发，还有一张长脸，让克拉特想起西班牙猎犬。同样从大陆迁居海国的男人，突然收到这样一张纸条，显得有些茫然，他把纸条翻过来，仿佛在体味它的古老。看完后，他扔给那位小信差一枚硬币。

“这么说，是彼得·舒尔特海斯让你来的？”他对克拉特说，“彼得是与我相熟的同胞。他说你嗓门大，遇事不慌。”弗雷尔斯又看了看那张纸条，“也是美国人。你或许有信用卡？”

克拉特满脸通红，好像拥有信用卡的人愿意移民到这地方似的。“呃，误会了……”

“好吧，我猜你至少上过高中吧。”

克拉特耸起肩膀，“那当然，完不成高中学业的都是傻瓜。”

那个长脸男人端详了他一会儿，然后柔声说：“我年轻的朋友，你的大多数同胞连高中是什么模样都不知道。”

“他们当然——”克拉特突然想起自己已经不再是美国人,便没有继续说下去,“哦。是的,好吧。”

两个人继续看着他,个头矮些的那个说:“嗯,他应该能读懂简单的手册,通用英语和新式英语的版本都没问题。”他转向克拉特,问道:“懂日文或者中文吗?认识日本汉字吗?”

克拉特耸耸肩,“只认识前一百个。他们让我们学简单的表意,呃——”

“表意文字。”

“是的,前一百个。不过我还学了些其他的,你们这些家伙大概不会在意的东西。”

“嗯,毫无疑问。是默语吗?手语吗?”

克拉特不明白这意义何在,“我想,是小学学到的东西。”

“技术技能吗?你在家用什么方式上网?”

“嘿,你我都清楚,我买到的任何科技产品都屁用没有。看在太阳神的分上,若想找一个受过良好教育的人,你不应该在这里找。回到外面的世界,肯定有他妈的三十亿大学毕业生!”

弗雷尔斯笑着回应道:“确实如此。但这些毕业生中,能够在海国捕鱼船队中证明自己的少之又少。能够得到如此强烈推荐的更是少之又少。而且我相信,与我们接触过的大学毕业生本就不多,更何况是与你,我们可以用‘动机’这个词吗,与你动机相似的?”

就是说,他知道我无法拒绝一份待遇如此优厚的工作。即便他们给我的氧气罐阀门锈迹斑斑,又或者空气软管到处掉皮,我也不会向工会投诉。

“那么,你有兴趣上船来,跟我们一起吃点儿茶点吗?我们准备了奶酪和巧克力。然后,咱们再讨论给你做检查的事。我不能承诺什么,小伙子,但今天可能是你的幸运日。”

克拉特叹了口气。他早就习惯了听任命运摆布。人们看他的模样,听他的言谈,认为像他这样的家伙根本不可能拥有世界观这种生存哲学。但他确实有自己的世界观。而这一世界观可以用三个简单的词汇来概括。

哦,好吧,真见鬼。

最后,他任凭饥饿引领自己上了舷梯,跟在两名招募者后面。毕竟,他强烈地感觉到,自己别无选择。

DEL既然美国石油储备日益减少,且向大气中排碳又副作用多多,那二十世纪的美国人为何偏偏对核能充满怀疑呢?从本质上讲,原因是人们总对自己的无能为力深感担忧。

就以博德加湾核电站为例。开发商很清楚核电站的地基横跨圣安德烈斯断层,但他们始终隐瞒真相,直到有人站出来揭发他们。

为什么?

不仅是因为他们对短期利益的渴望。一旦对于某个特定项目极其热衷,人们往往会虚构现实,将事情出错的可能性在心里降至最低。他们使自己坚信,任何跳出来指手画脚的家伙,都是傻瓜或者白痴。

幸运的是,社会正在进入"批评的纪元"。公众的监督引发了强烈的抗议,博德加湾核电站最终没有建成。因此,当一九九八年大地震席卷加利福尼亚北部时,半个加州才免于毁灭。

四年后,另外半个加州又从发生在其南部的大地震中幸存。在那场悲剧中,仅有数千人丧生,而如果设施没事先强化,将有数百万人因地震丧生。又是多亏了人们的自由批评,代阿布洛峡谷和圣奥诺弗雷的核设施才能提前得到加强。这些核电厂非但没有加剧灾难,反而在人们需要时及时伸出了援手。

其他"核"方面的例子比比皆是。仅几个为安抚批评者的小水泵,就使三英里岛免于成为又一个切尔诺贝利——那次浩劫中的辐射影响,跨越了长崎到伯尔尼之间的距离,而后还引发了第一次癌症肆虐。

尽管核燃料目前安全记录良好,且废料处理的状况也明显改善,但仍有许多人希望彻底将铀从电力系统中剔除。他们警告说,人类自视过高,并要求所有设计和修改方案都在网上发布,以供评论。

讽刺的是,正是评论家们激起了大家对现有体制的信心。还有百亿呼吁折中方案的人。他们并不执着于意识形态的纯洁性。尤其是在这种执着或许会带来饥荒的情况下。

——《透明的手》,双日出版公司,版本4.7(2035年)【DEL超级访问代码1-tTRAN-777-97-9945-29A.】

地　幔

那天，塞帕克·塔克劳完成了他对东盟警戒线的第三次巡查，证实自己仍然没有办法逃脱。印度尼西亚及巴布亚精英集团的军队，牢牢控制着伊里安查亚省深处这片雨水充沛的小高原。若没有精密探测器的追踪和识别，任何东西都无法进出。

其实，这支部队的职业素养让塞帕克印象深刻。除了在独立日当天能看到总统的仪仗队，人们几乎没有机会近距离观看军事工作。看哨兵一丝不苟地使用掌上电脑随机分配他们的巡逻时间，是件饶有趣味的事情。那些可能会成为惯例的工作，若有心调整，仍能保持其不可预测性。

塞帕克找到了一条鼠洞般的小道，能够通往地面，头几天他忙着躲开巡逻士兵。然而，尽管他们经验丰富，但他们显然没料到潜在的搜寻对象其实在其警戒线以内。这意味着乔治·哈顿的技术人员对他的事守口如瓶,该死的。他们的忠诚更让他感觉重任在肩。

因此,他每天都要在那条狭窄的岩石通道里扭动身躯,留意新西兰同事们的情况。最初几天,情况似乎相当严峻。来自新西兰的技术人员背靠着石灰石墙壁,颓然地坐在那里,盯着逮住他们的那些家伙,说话都是一个音节一个音节往外蹦。但后来,情况大变。检察官们不知去向,取而代之的是一群身披白大褂的外来专家,他们对新西兰人非常尊重。突然间,一切看上去变得那样融洽。

融洽得过了头。塞帕克不打算蹚这趟浑水。他尤其不喜欢在技术人员们用餐时去洞穴,因为他只能从位于高处的通道里远远眺望,闻着文明烹饪方式制造出的食物香气。与此同时,他则不得不用祖父当年教他的方式,在森林中寻找食物,将就着填饱肚子。

在一条涓涓细流岸边,塞帕克往眉毛上涂了几道软黏土,再度恢复了自己的伪装,这种伪装使他逃过了士兵们的眼睛……至少到目前为止都没被发现……只要他不尝试穿越外围那些始终存在的光束。他慢慢地咀嚼着树蟒肉,昨天捕到的那条幼年树蟒已经所剩无几。或者说,他打算吃完这点儿,就把其余的都扔掉。祖父教过他用无名草药处理动物内脏的方法。但当时他觉得实在太恶心,就没留神。尊重传统毫无问题,可某些“美味佳肴”还是超越了他能忍受的极限。

森林中的动物们已有数代没有遭到过捕猎。也许这解释了他到目前为止的好运。也可能是因为塞帕克将一簇鲜艳的羽毛和蝴蝶翅膀留在了一棵大树的脚下,作为贡献给一位圣灵的祭品,他忘了那位圣灵姓甚名谁,但据他祖父讲,那位圣灵法力极强而且慈悲为怀。

我过得还不错,他心想,但是真见鬼……能洗个澡就好了!

浅浅溪水中,塞帕克留意到自己的倒影。他的模样确实很滑稽。一头鬈发沾满有袋动物的脂肪,油乎乎地向后拢着。黝黑的皮肤上留有几道浅褐色的泥痕,外加星星点点的树液。只有他咧嘴笑的时候,才有几分二十一世纪文明人的样子,他的牙齿突然显得那么洁白,那么整齐,简直无可挑剔。

他感觉到周围的生命在滑动和爬行,从在树林中碎石间胡乱扒拉的微小甲虫,一直到高不可攀的树冠。他瞥见了斑驳的皮毛、闪烁的鳞片、放光的双眸。树枝沙沙作响,生物们互相追踪。不过这些只有有耐心的人才能注意到。在学校可学不到这些。

大多数情况下,能够注意到的只是那一片平静。

突然,一群觅食的鸟儿打破了平静,它们掀起一阵羽毛的暴雨,洒落于这片小小的林中空地。它们从右侧席卷而来,叽叽喳喳,闹闹哄哄,颜色不同,种类各异,却掺和在一起。那一瞬间的瞠目之后,塞帕克保持了原有的姿势,一动不动。他以前读到过这种现象,但直到现在才目睹。

这些蓝色羽毛的小鸟径直落进那片腐殖土,追逐四散而逃的昆虫,弄得树叶及嫩枝纷纷乱飞。在这些鸟类上方,另一种鸟在盘旋,它们体型更大，羽毛黄白相间，只要被那些胆大妄为的蓝色小鸟吓跑的猎物进入视线，它们就会俯冲而下，完成捕食。其他种类的鸟则群聚于树干和盘绕的树根上。塞帕克看到这些物种合作的样子感到惊讶不已，它们俨然就是纪律严明的丛林清洁队。

后来，塞帕克注意到，其中一些鸟儿开始吵架，争夺这一条或那一条蠕动着的猎物，他改变了刚才的想法。他现在发现，那些黄白相间的鸟是些投机取巧的家伙，它们利用了那些蓝色小鸟的勤奋。他看到一只亮橙色羽毛的鸟气愤不已，它明明已经把扭动着的美味吃进嘴里，却被一只黑尾鸟抢走。其他种类的鸟也依样画葫芦，在枝干内部的树皮上忙碌时，不忘警惕地留意着彼此，抢在竞争对手之前，将寄生虫和富含蛋白质的小虫吞进肚里。

这哪里是团队合作，这是威胁、恫吓和武力的结合。每只觅食的鸟为保住自己发现的猎物，都不惜打上一架，同时还不忘占其他鸟的便宜。

真有趣。那它们为什么还待在一起？

塞帕克发现，黄白相间的鸟骚扰小鸟的次数或许更多。但它们却屡屡错过机会，只因为无法全神贯注，有一半的时间要用来监视头顶上的树冠。

他搞清楚了原因。忽然，几只黄鸟惊叫示警，引来一阵拍翅声。一眨眼，所有的鸟儿都踪影不见……它们刚刚隐蔽起来，一只大鹰就倏地从空地上掠过，但利爪间却空空如也，只能发出沮丧的叫声。

黄鸟示警，救的不仅仅是它们自己，还救了大家。

不一会儿，那猛禽已经不知去向，种类繁多的鸟儿们又乌泱泱地飞了回来，续演它们那古古怪怪、叽叽歪歪的合作大戏。

不同的鸟扮演着不同的角色，他意识到，所有的鸟都得益于其中一种鸟的警戒技能，所有的鸟又都得益于其中另一种鸟的啄食天赋……

显然，它们对彼此都不太感冒，关系有些紧张。但正是这种紧张的状态让一切顺利进行。让它们团结起来的是那捕猎的猛禽，而现在，它早已穿过高耸的树丛，消失得无踪无影。

塞帕克思索着，惊讶于仅是静坐观察就能够学到这么多东西。置身于现代社会的疯狂节奏之中，显然学不到这样的技能。或许，这次冒险终归还是有好处的。

接着，他的肚子咕咕地叫了起来。好吧。他心想，站起身来，拿起那柄粗糙的长矛。我听到你的抗议了，耐心点儿。

很快，他迈着大步，扫视树丛，高抬脚，轻落足，但不再是被动地旁观。现在，他开始横穿树林——用双耳倾听，用双目搜寻——在这片小小的高地上，搜寻他下一顿饭可能的着落。

DEL该消息如今已经公之于众。美国宇航局的科学家证实，他们服役时间最长的航天器“旅行者二号”[①]已经成为首个完全脱离太阳系的人造物体。

事实上，太阳家族的范围存在着争议。早在二十世纪，“旅行者号”探测器的飞行距离已经超越了第九大行星冥王星[②]的范围。另一座值得铭记的里程碑是，这艘可敬的航天器抵达了太阳激波锋面，并在那里遭遇了来自星际空间的原子。然而，大多数天文学家认为，“旅行者号”仍然受到老索尔[③]的影响，直到它穿过日球层顶[④]，摆脱了发生于二〇三七年的太阳风，比此前的预测整整晚了十年时间。

“旅行者号”功率十瓦的小型发射机提供的数据，帮助科学家们完善了他们的宇宙模型。但令大多数人感到惊讶的是，六十五年前发射的简陋探测器竟然还能正常工作。它超越了其设计者乃至现代工程师们的全部期望，这也许跟外太空环境适于飞行器自身养护有关。但是圣方济各朋友会总结出一个更具想象力的理由【DELSIG. Rel.disc. 12-RsyPD 634399889.058】，该天主教团体认为，“旅行者号”的幸存绝对是个奇迹，真正意义上的奇迹。

“现在，我们坚信，根据上天最古老的诫命，人类一路走出，观测

① 1977年由美国发射的空间探测器。

② 原被列为太阳系九大行星之一，但2006年，国际天文联合会重新定义了行星的概念，冥王星被划为矮行星。本书在美国首次出版时，冥王星仍在行星之列。

③ 指太阳。

④ 天文学概念，指出自太阳的太阳风遭遇星际介质而停滞的边界。

上帝的作品,并以给万物命名的方式来荣耀他。

“在这一探求的过程中,任何人类的冒险都不如‘旅行者号’那样勇往直前,都不如‘旅行者号’那样硕果累累。它已经将卫星、星环、遥远的行星、浩瀚的谷地、环形山和其他令人叹为观止的景象展现在我们眼前。它探测到木星的风暴、土星的闪电,并向地球发回了天王星卫星米兰达谜一般的照片。任何现代的冒险行为都不如忠诚的旅行者、我们的首位星际使者荣耀造物主,向我们展现众多的伟大设计。”

当今广播电视中再次充斥着危机降临的暗示,思考这些虽说有趣,但却很难让人开心起来。这些许的乐观主义态度或许真的值得我们深思。

路透社三部的科林·弗莱彻,在加利福尼亚新帕萨迪纳的喷气推进实验室为您报道。

【DEL记者简介:科林·弗莱彻——路透社三部。信誉评分:CaAd-2,观众联盟(2038)。BaAb-1,世界观察有限公司,2038。】

中间层

古地质学家们想了解最新进展。

“斯坦，所有这些稀奇古怪的事件……中国的空洞，海上的烟柱。关于其起因，你知道是怎么回事吗？”

即使丹麦和北约士兵没在坦戈帕鲁穹顶附近设置警戒线，尼尔森博士和其他人肯定也会怀疑出了什么事。整个世界都在怀疑，而斯坦从来就不怎么擅长遮掩。

“有些传言，斯坦。”军队抵达后不久，尼尔森对斯坦说，“今天中午版的《纽约客》，你看了吗？里面有一项相关的调查，将许多这样的奇怪现象与某种模式联系起来。”斯坦耸耸肩，避开那位金发科学家的视线。当然，这么做只会加剧他的怀疑。“对于这一切，你知道些什么吧，斯坦？你的引力扫描程序，那些军队，那些莫名奇怪的地震……这些都彼此相关，不是吗？”

他能说什么呢？斯坦开始躲着他的朋友们，为数不多的空闲时间都在冰碛上度过，来回踱步，忧心忡忡。

当然，自从阿莱克斯和特蕾莎成功逃离新西兰，斯坦就一直和乔治·哈顿保持着联系。他不得不承认，虽然跟斯皮维上校结盟令人感到不安，但这样做符合逻辑。他们还能怎么做呢？这里就如同三位一体核试验场再现——一九四五年的阿拉莫戈多。精灵已经从瓶子里出来了。他们现在能做的就是尽量把它处理好。

俄罗斯、欧盟等在纽约谈判。

北约按兵不动。

这是斯堪尼亚出版社又一份爆料杂志的标题。欧盟驻联合国使团的一位内部人士透露，大国之间的私下协商已经持续超过两周。世界数据网上则是群情激愤。各国政府在做什么——其实就是对危机秘而不宣？他们怎么敢这样做？

缺乏可靠的信息，流言甚嚣尘上。

……地震频发的原因是冰盖融化……

……原因是秘密武器测试。违反相关条约。趁着还有挽回的可能，我们已经致电国际法庭……

……这些根本不是地球上应该有的现象。不明飞行物正在削弱我们的力量……

……原因是行星连成一线。巴比伦人的预言得到了验证……

……人口过剩——百亿灵魂无法承受这样的压力。光是精神紧张就……

……我们会不会唤醒了某种远古生物？某种可怕的东西？我偷看一份公共内存文件时，发现了一条龙。其他人也看到了吗？

……原因是盖亚，我们的母亲，我们给她造成的痛苦让她在睡梦中颤抖……

……我不清楚究竟是什么原因！但我敢打赌，某些身居高位的人知道真相。他们有责任告诉我们，究竟会发生什么事！

来自美国广播公司、塔斯社以及美联社等媒体的标题——

大国密会，日本缺席。

专业人士及业余黑客对离任外交官们的全息图像进行分析。他们会利用软件让每张脸、每个毛孔都变得更加清晰，并公开一系列的推测性分析结果，包括肤色、眨眼频率、神经性痉挛，等等。

……俄罗斯大使心惊胆战……

……欧盟使团有所隐瞒……

……很明显，北约和东盟串通一气……

其非凡的创造力让斯坦印象深刻。数据流量飙升，甚至连大带宽的光缆通道都不堪重负。为应付这种状况，只得开启备用容量。

一个名为“太空筛网”的全息流行组合，制作了一首名为《现实不堪重负》的新单曲，很快爆红。地下诗人将颂歌传递到从未涉足的地方，从一个计算机节点迁移到另一个计算机节点，绕地球一圈的速度比阳光还快。

当然，斯坦没有参与这档子事。除了偶尔散散步，他大部分时间都通过军用线路，跟阿莱克斯以及格伦·斯皮维的物理学家交流，一点点地拼凑“凝视者”的秘密。有些已经逐渐了然，比如光束如何与地表物质发生耦合。他们似乎发现了一种全新的光谱，跟各种颜色的光线完全成直角。有了这些发现，科学的面貌将会焕然一新。

他最黑暗的预感跟近一百年前新墨西哥州的物理学家们所感受到的相似。但这些人最担心的事情其实都错了，不是吗？他们本以为核能可能会引发一场毁灭世界的末日之战，结果却被证明是件幸事。核弹的存在使整整三代人担惊受怕，始终远离大规模战争，最终还令各国签署了和平条约。也许这次的事件也会产生同样的结果。人类并不总是那么愚不可及，只知破坏。

或许这次我们也可以展现一下智慧。机会总是有的。

几小时过去，斯坦仍在努力工作，预测光束射出地面的位置，以便斯皮维的团队能提前赶到那里，对其影响进行研究。这时，他发现自己正对着电脑屏幕眨眼睛，仍然有一幅诡异的画面深植于脑海之中。那画面出现又消失，消失又再出现，直到他的眼睛能清楚地完成聚焦，而眼前的屏幕没有显示出任何异常状况。也许这只是疲劳带来的假象。尽管如此，他的脑海中仍然留有清晰的残影——一只蜥蜴脸上露出灿烂的微笑，背后挥舞着一条带着倒钩、镶有宝石的尾巴。

DEL

一八二八年，本杰明·莫雷尔[①]在纳米比亚附近海域，发现了一个被海鸟粪便覆盖的岛屿。靠一代代鸬鹚、南非鲣鸟以及企鹅的努力，这座岛上累积了一层七八米厚的鸟粪。莫雷尔称之为"世界上最肥沃的粪肥堆"。截至一八四四年，聚集在伊查博岛周围的船只一次最多可达到五百艘。八千多人将数以吨计的"白金"运到船上，送往英格兰，使那里的花木茁壮成长。这生意虽然脏污，但利润足够丰厚。

鸟粪运完了。这些船离开伊查博，前往智利、福克兰群岛（即马尔维纳斯群岛），任何拥有丰饶渔场、海鸟成群的地方。瑙鲁就是如此，为满足该国国民的狂买乱购，该国国王甚至将这个弹丸之国的一半国土出售，可新发现的粪肥层能供挖掘的时间极为短暂，然

① 本杰明·莫雷尔（Benjamin Morrell，1795—1839），美国船长、探险家。

后就会彻底消失，就像从未存在过一样，能够靠这种生意发财的也只有少数人。

许多其他的生态危机来来去去，鱼群消失、鸟群死亡之类。后来，一些渔场逐渐复苏。保护筑巢地的措施又将鸬鹚和鲣鸟从灭绝的边缘拉了回来。

然后，有一天，有人注意到鸟儿们又像往常一样做它们该做的事情——就在海边的岩石上。当有人拿着铲子靠近时，它们似乎也没放在心上——这次可得留神，不要惊动雏鸟——把鸟儿们用不着的东西装进袋子里带走就好。

毕竟，鸟粪是一种可再生资源。或者说，如果管理得当，应该是可再生的。

让鱼群重聚，让海流奔涌，让阳光照耀礁石海岸。鸟儿们会用耐心来回报这一切。

电离层

马克·兰道尔几乎能够感觉到，所有的望远镜都对准了他。当他驾驶着“无畏号”，面对着仪表组那炫目的闪光时，被注视的感受使他脖子一梗。

当然，所有大国都在盯着他的飞船。还有九十二家新闻机构、世界九百强公司，以及很可能数以千计的业余天文爱好者们，他们的仪器都在兰道尔的视线范围之内。

我追踪的到底是什么，有些人很可能比我清楚，他暗想。

“那东西不是由火箭运载到那里的。”伊莱恩·卡斯特罗对他说，其视线越过他的肩头，凝视着飞船聚光灯捕捉到的那个旋转着的圆柱体。“这轨道实在太诡异。而且，看呢，这东西连正常的接合点都没有！”

“在我看来，它并非正常……发射的。”马克回应道。他俩说的话都没什么新意。“舱外活动的准备做得怎么样？需要帮忙吗？”他问他的新搭档，“惯性制导装置更新了吗？”

这位优雅的黑人女性将一只戴着宇航手套的手搭在他的肩上，用力捏了一下。“更新了，妈咪。而且我保证，如果需要帮忙，我会呼叫的。”

马克突然有种旧事重演的感觉，不由得眨了眨眼睛，好像别人正在朗读本属于他的台词。他什么时候开始变得这么杞人忧天，过分注重细节，只知道检查再检查的？

当然是从他上一位搭档被某种神秘莫测的东西带走后。“呃，减压之前，先在气闸发我一份宇航服完整读数。”

“是，是，船长。”她敬了个礼，半是正经半是讽刺地说。伊莱恩系好头盔，离开驾驶舱。他们受命绕着地球航行，就是为了揭开事故的秘密。

*你怎么到那里的？*他在心里默默地问那旋转的物体。要形成这样奇异的轨迹，必然要违背某些动力学定律。根据他掌握的记录，上个月没有火箭发射能够将它送上这样的轨道。

但除了北美防空司令部和南非防空司令部所公布的之外，还有其他一些记录……比如倒转的龙卷风，以及海平面上出现的柱形真空结构……比如凭空消失的飞机，以及打着活结的虹光。

仪表板闪烁着绿光。伊莱恩的宇航服也闪烁着欢快的绿光，说明它一切正常。尽管如此，他的眼睛还是四处巡查，扫过遥测系统、

飞行姿态、生命维持系统,尤其是导航系统。马克轻轻吹着口哨,气流从齿缝间穿过。他心不在焉地以单调的声音吟唱着:

"我身在我所在之地,我所在之地就是彼处……"

他的船员出现在视野之内,兴高采烈地朝他挥挥手,紧接着朝那闪闪发光的圆柱体奔去。马克活像熊妈妈一样,注视着她将那旋转的物体套牢,拖进"无畏号"的储物舱。甚至当伊莱恩回到驾驶舱内后,马克也始终保持着警惕,不仅观察着仪器的读数,还观察着地球……地球曾经似乎很可靠,但近来却越来越焦躁不安、喜怒无常。

DEL世界长期解决方案特殊利益小组【DELSIG AeR,WLRS 253787890.546】,特别分论坛562:怪咖及反传统者社会理论。

潜在影响是否控制着人类事务?忘掉占星术之类的迷信吧。我指的是严肃的方案,比如康德拉捷夫长波[①],虽然没有人知道确切的原因,但它似乎能够记录科技繁荣与萧条的周期。

另一种理论名为"危机守恒"。该理论认为,任何一个世纪,都不乏恐慌情绪。

噢,起起伏伏再正常不过了。比如赫尔维蒂战祸和癌症的第二次大规模暴发。不过,你或许会说,生生世世,循环往复,一切都相互抵消,因此,普通人对未来的担忧跟其祖祖辈辈的担忧并没有太

① 一种约五十到六十年为一循环的经济周期现象。

大区别。

以二十世纪九十年代的和平浪潮为例。全世界的政治家们竟然能迅速完成大反转,做起事来合情合理,让老百姓大跌眼镜。《埃默里条约》的签订,使印度及巴基斯坦的领导人化解了两国由来已久的仇恨。俄罗斯和中国握手言和,两个超级大国首度同意签署了核查协议。为了制造那些没人敢用的武器,地球人始终搞得自己处于赤贫状态。因此,和平似乎来得正是时候。

但如果和平的到来并非巧合呢?想象一下,魔法棒一挥,世界由理性而正直的人领导,且只有二十亿人口,热带雨林依然遮天蔽日,臭氧层依然完好无损,地球上的资源还余量充足,所有偏执的傻瓜们都服用了理智药丸?

那样的话,要解决所有现实或想象的危机,就再容易不过了!如果没有军备竞赛或那些耗资巨大的代理战争,人均财富将会暴增。时至今日,我们早已经发射星际飞船了。

如果你接受这种荒诞的观点,即危机会给人类带来繁荣,那么很明显,一九五〇年到一九九〇年间进行的冷战不可或缺,这样才能使局势始终保持高度紧张状态,直到剩余资源完全耗尽。只有到那时,生态系统的崩溃迫在眉睫,我们才能够远离导弹威胁,抛开意识形态的桎梏。因为到那时,我们得共同面对真正的问题。

如今,你们中的一些人可能会想,我为什么要借用每周专栏,来探讨如此莫名其妙的观点。是因为我们在网上听到的所有那些谣言。似乎一场新的危机已经近在咫尺……某种东西扭曲了现实的边缘,它神秘莫测,却又让人不寒而栗。

想知道真相吗?我一直期待了解事情的本末缘由。绝无虚言。

要知道,尽管存在着种种问题,但人类似乎总算开始成长……似乎我们汲取了教训,终于开始紧密协作。或许,我们已经控制住局面。因此,根据危机守恒定律,新的危机该浮出水面来把我们吓得半死了。

这不过是个想法,而且是个不成熟的想法,让人难以信服。不过,对各种想法评头论足,恰恰是网络的用场。

外逸层

她独自一人待在飞船里，舱门锁了，她没想到会有人来。然而，耳边传来一阵敲门声。

此前，特蕾莎置身于一个狭小的空间，费力地挪动着用扭力扳手拧紧一根新铝管。她停下来，侧耳倾听。敲门声再次响起——敲的是乘员舱的门。

“等一下！”周围全是覆膜的金属管，她的声线显得很低。特蕾莎从电池舱里翻身出来，她刚刚在那里换掉了“亚特兰蒂斯号”古旧的燃料电池系统，代之以从二手车上拆下的电池系统，后者更小巧，更高效。她用抹布擦着手，走过咔嚓作响的金属板，透过主甲板上那扇孤零零的圆形舷窗向外看。

“噢，是你呀，阿莱克斯！稍等一下。”

她不确定他隔着舱门能否听到她说话，但只花了几分钟，她就旋动开关，把沉重的舱门打开了。来到这座流放小岛之后不久，她给自己安排的第一项任务就是修好并清理舱门。

亚特兰蒂斯纪念碑三角墙侧面的楼梯顶端，阿莱克斯正等在那儿。那里看起来像是飞船的绞刑架，特蕾莎有时这样想。因为这台瘫痪的机器似乎还悬在空中，只是被困住了，就像一只永远以起飞的姿势被定住的鸟儿。

“嗨。”阿莱克斯笑着跟她打招呼。

“嗨你个头。”

琼·摩根的造访让两人的关系有些紧张，但现在，这种状况已经烟消云散。当然，朋友的情人不时来访本属正常，她不该因此感到尴尬。阿莱克斯身负重任，知道他偶尔可以通过那样的方式放松心情，确实令特蕾莎感到欣慰。然而，她还是会感到嫉妒和猜疑带来的阵阵心痛，但这样的心痛并非出于任何简单原因。

“我想，是时候来看看你干得怎么样了。”阿莱克斯举起一个布袋，看轮廓，里面装的是个瓶子，“还带了份乔迁礼物。我没有打扰你吧？”

“没有，当然没有，傻瓜。但你得小心脚下。为了弄些冷却管线来，我把甲板护层扯开了。恐怕有很多得换掉。”

“嗯。”阿莱克斯回应道，他跨过一个豁口，盯着那些纵横交错的管路，“这么说，琼给你带的催化剂派上用场了？”

“当然。还有你借给我的那些小机器人。它们在舱壁后面完成布线任务，这样一来，我甚至无须挪动大块嵌板。感激不尽。”

阿莱克斯把布袋放下，旁边就是混乱的临时施工现场，新旧零件拼凑在一起。“我想问一个直白的问题，你不会介意吧？”

“是要问原因吗？我这么做的原因？”特蕾莎笑着说，“说实话，连我也说不清，真的。我想，或许是用来打发时间吧。当然，我没蠢到相信它还能再次上天。就算是最轻柔的发射产生的应力，它的脊椎也无法承受。

“也许我天生就看不得混乱的状况。不能任由一台可靠的机器就这么躺着生锈。”

望着横七竖八的电线和管道，阿莱克斯吹了声口哨，“看上去很复杂。”

“说得没错。哥伦比亚级航天飞机是有史以来最为复杂的机器。通过这些宝贝儿探索的技术，用在后来的型号上时都被简化了。

“这正是可悲之处，真的。这些都是进化中的航天器。假装它们是什么‘常规轨道运载工具’，或者那些该死的蠢货们当时随便叫的什么，都愚蠢透顶，简直就是犯罪……管他的，来吧。我带你四处转转。”

当初决定将“亚特兰蒂斯号”遗弃在这里的时候，美国宇航局那帮拾荒者将这艘航天器的一部分拆走了，她特地带他去看了被拆解的那部分。“他们把所有可能用在其他两艘航天器上的零件都拆走了。尽管如此，他们没拆走的破烂仍然数量惊人。比如飞行计算机,即使在当时,也完全过时了。那时,美国半数家庭的电脑都更快,更智能。仅用腕表就能在打牌时骗过全部五个人,然后说服他们都投票给共和党。”

阿莱克斯惊叹道:“真惊人。”

特蕾莎在前面引路,沿梯而上,来到主甲板,南太平洋的阳光透过前窗射进来,前窗早成了海鸥们的栖息之处,脏乱不堪,满目狼藉。驾驶舱里半数的仪表很久以前就被野蛮地扯掉了,不见踪迹,只留下一根根电线散落在落满灰尘的模糊屏幕上。她把胳膊搭在驾驶座上,叹口气说:“人们对这些机器倾注了太多情感和关注。还有太多官僚主义的愚昧言行。有时候,我真怀疑,我们是怎么走到今天这一步的。”

“我说,特蕾莎,有办法进入货舱吗?”

她转过身,发现阿莱克斯正透过控制室后面那几扇狭窄的窗户往货舱里看。当然,因为没有通往外面的舷窗,货舱里一片漆黑。她自己也只再进去过一次,看到蠓虫和小蜘蛛已经在那里安家落户,它们织出薄纱似的网,遮住巨大的空洞。而它们利用的裂缝,极有可能是“亚特兰蒂斯号”坠落在其747运载飞机上时造成的,那次事故使两艘飞行器都毁于一旦。那架波音飞机已经彻底报废,“亚特兰蒂斯号”则仍然矗立在这里,货舱却沦为昆虫的巢穴。

“当然有办法,通过中层甲板的气闸室。可——”

他转过身,说:“莎莎……我得请你帮个忙。”

她眨眨眼睛，“直说吧。”

“那跟我出去一下。我用卡车运了点儿东西来。”

必须使用绞车，才能把阿莱克斯运来的板条箱吊上山墙的台阶，那箱子挤进船员出舱用的舱门都有些勉强。

“不能把它搁在这儿，”特蕾莎边气喘吁吁地说，边擦拭着额头上的汗水，“它会挡着我工作的。”

“所以我刚刚才问货仓。你觉得咱俩能把它弄进去吗？”

厕所左边是航天飞机的气闸室，现在要进货舱只能通过那里。特蕾莎看了看，不确定地摇了摇头，“或许咱们应该先把里面装的东西取出来。”

“好吧。可是得小心点儿。”

当他们剥去内包装时，她明白了他如此紧张的原因。在那儿，安放在万向支架上的，是特蕾莎这辈子见过的最完美的球体。它如液体般闪烁着晶莹的光芒，使两人的目光随之摆动。不知怎的，视线就这样飘忽起来，掠过了那物体本身。

“我们得连支架一起搬。”阿莱克斯对她说。特蕾莎弯腰紧紧抓住支架边缘，他则抓住另一端。这东西很重。像陀螺仪一样，无论他们如何搬移，如何推挤，那银色的球体似乎始终保持着完全相同的方向。然而，那或许只是幻觉。特蕾莎只知道，它在她正前方疯狂地旋转着。凸面反射产生的波纹让她一头雾水。

“这……这是什么?”进入气闸室后,趁着两人停下来喘口气的机会,她问道。气闸室将将能够容纳下那球体及其支架,他们只好肩挨肩地从旁边挤过去,好不容易才来到对面的舱门前。他俩侧身靠在一起时,阿莱克斯的肩膀紧贴着她,特蕾莎立刻再次体验到那种熟悉的亲密感,回想起不久前两人共同经历的冒险。

“这是一台引力谐振器,”他告诉她,视线拂过那圆球,“全新的设计。”

“可它那么小。我还以为谐振器一定是庞大的圆柱体。”

“的确如此,那种设计是为了能够产生大范围的搜索波。但这台可是个中翘楚,针对贝塔专门进行过调整。”

“哦。”特蕾莎感慨道,阿莱克斯这席话给她留下了深刻的印象。

接下来,他们费尽周折,总算把这个泛着微光的球体挪进了货舱,如今的货舱被三个小灯泡点亮。“那么,你为何……想把调整好的引力谐振器……放进一架残破的航天飞机里呢?”

“我……想到你会这么问。其实,与其说……我把它安设在这里,倒不如说把它藏在这里。”

他们稍做休息。特蕾莎擦了擦前额,说:“藏? 你是指躲着斯皮维吗?”

阿莱克斯点点头,“或者他的爪牙。你知道吗? 卡普尔阿姨坚持给我们派了些毛利守卫来。呃,一个日本间谍试图潜入基地,被他们逮个正着。我相信,斯皮维在这座岛上也有眼线。虽然阿姨增派了人手,但我还是宁愿把王牌藏得隐秘些。”

他把手掌在裤子上擦干,接着再次抓住支架。两人又一起把它抬了起来。

“藏起来……”她嘴里咕哝着,同时跟阿莱克斯协力,将谐振器拖到一根肋条状的纵梁上方,在靠近一个载荷连接点的地方放稳。“藏起来,留一手。”特蕾莎直起身子,“对,你说的没错,阿莱克斯。我赞成。不只是斯皮维,他们那伙人我一个都信不过,鬼才会相信那些家伙。

“那么,”在阿莱克斯固定设备的时候,她继续说,“刚才我看你手里拿的是瓶酒吧? 希望是瓶酒。”

阿莱克斯气还没喘匀,咧嘴朝她笑笑,灯光以及那绝妙超导球体的反光使他的眼睛闪闪发亮。“没错。我知道,你们美国人喜欢喝冰啤酒。不过,只要你尝过这瓶,我相信你就会改掉那个恶习。”

“嗯? 我倒要看看。”一缕蛛网落到特蕾莎眼皮上,她伸手将它拂去。阿莱克斯转过身,准备离开货舱,她却停了下来,注视着那缕蛛丝缓缓飘落,蛛丝刚一碰到那圆球,立刻就消失了。

的确,那瓶酒浓烈而苦涩,特蕾莎却很喜欢。然而,她说表面来看,这瓶酒说明了英国人的许多特点。它显然会对情感发展起到阻碍作用。他只是笑了笑,然后探身给她续了一杯。

特蕾莎坐在航天飞机的驾驶座上,阿莱克斯则盘腿坐在副驾驶位上。两人都觉得没有必要去填补这漫长的沉默。在特蕾莎过往的经历中,跟曾经同生共死的人之间经常如此。

“你很担心吧?”停顿了挺长时间,她终于说出了自己的推测,“你觉得这协议维持不了多久。”

“打从一开始,就毫无希望可言。”阿莱克斯摇摇头,“回想起来,我搞不懂斯皮维为何花了这么长时间才找到咱们。但至少,咱们以前只是小打小闹,资金有限。现在?咱们的光束在全球范围内造成的影响都能探明。即便是国家联盟,也不可能将这种事藏着掖着,因为地球上的每个人都想搞清楚到底发生了什么事。”

“那为什么斯皮维和哈顿同意一试?”

他耸了耸肩,“哦,当时这似乎是个好主意。照顾好贝塔,稳定好局面,然后给予世界一个既定事实。当然,这也给了我们机会,去总结奇点黑洞有哪些特点,去证明它从何而来。我们应该呈交技术报告,让科学法庭把监测范围扩大到地核,防止任何关于‘凝视者’的军备竞赛冒头。接下来,可以通过一场公开的辩论,决定究竟是保留贝塔作为一种潜在的行星防御武器,还是尝试将它永远驱逐出地球。”

“听上去挺合理。”特蕾莎不太情愿地点点头。

“唯一的问题是,时机已到!贝塔处在相对稳定的状态,我掌握了完整报告的数据,而且,我确定其他大国已经秘密启动了他们自己的重力扫描计划。有一道来自日本的脉冲波,就在昨天——”他摇了摇头，“真希望我知道斯皮维在等什么。”

“联合国都是怎么开会的，你听说过吗？”特蕾莎问，“很多人，那些代表，交谈时都在用比喻和双关。满嘴的大道理，装腔作势，他们说的内容，任何记者都不会产生半点儿兴趣。”

“嗯。”阿莱克斯皱起了眉头。她感觉他欲言又止，但他还是开口了。

“我……我已经开始跟他对抗了，你知道吧。”

“跟谁对抗？”她紧紧盯着阿莱克斯，“你跟斯皮维对抗！可怎么对抗？”

“我正在对南非及拉帕努伊的光束进行微调，这两处的谐振器仍然在我的控制之下。利用它们将贝塔的轨道提升到更高的位置……高到它将会以更快的速度失去质量。而且在这一高度，这该死的东西也无法在下地幔留下那些诡异的痕迹了——”

她打断了他的话，说：“他有反应吗？斯皮维发现了吗？”

阿莱克斯笑着回答：“哦，当然发现了！他让乔治给我发了份电传，这是副本。”他从胸前的口袋里抽出那张薄薄的副本，“他们都叫我别一意孤行……别辜负大家的期望。你知道吗？齐心协力，否则我们就将分别踏上绞刑架？

“然后就在今天上午，新几内亚发射光束的时间比正常晚了三微秒。”

“那样做有什么用？”

他摇了摇头，"从贝塔的轨道上移走能量，莎莎，让它略微下降一些。看来我们的上校不想让他的反射镜失去质量。尤其是在还有更多实验要做的情况下。"

两人陷入沉默，心跳成为他们衡量时间流逝的唯一方式。最终，许多次心跳过后，特蕾莎问："格伦究竟要做什么呢？他应该不会打算用它做武器吧？他的长官们不会那么疯吧！"

阿莱克斯向外望去，视线透过布满条状污痕的挡风玻璃，越过一段黑色的跑道，落到一处绝壁之上，零零散散的灌木，从那里稀薄的火山土中探出头来。更远处则是淡灰色的太平洋，海水顶端翻涌着大量泡沫。

"我希望我知道答案。不过，无论他的目的是什么，恐怕你我都只是棋子罢了。"

DEL天多热？你们这些家伙真想知道天有多热吗？我看到农夫伊兹·朗霍恩这会儿正坐在一棵棉白杨下面，边吃午饭，边看节目。伊兹，你觉得这该死的天究竟有多热？

噢，不，伊兹，让我去安乐死吧！嘴里填满吃的，就别接受采访！等伊兹收拾干净，咱们再来采访他。现在来瞧瞧，我们接到了杰斯·克莱默的回应，他在苏福尔斯市附近。似乎你的拖拉机出了点儿问题，杰斯。

"是啊，拉里。只是因为……爬坡用的是朱拉隆功六型悬挂系统,但清理路上的朽木枯枝还得靠手。看吧,它被困在这儿了,旁边就是——”

哦,太棒了,杰斯。很高兴你随身带着全息投影装置,让我们都能看得清清楚楚。现在告诉我,天有多热?

“好吧,该死的,拉里。昨天,我养的鸡下了些熟透的蛋……”

谢谢,杰斯·克莱默。哟。让那个渔夫先喘口气!

现在稍等一会儿……奉上专为时事迷们准备的炫酷简报。似乎新一轮的米蜜,秘密谈判——原谅我的乌尔都口音——已经于午饭时间在纽约村宣告破裂。我们设在那里的分部已经加入新闻捕手的行列,一路追踪与会代表进了熟食店。如果要直截了当地提供消息,请大声念出跳转链接,进入82号新闻线。如果要添油加醋地描述详情,请致电Rap-250。或者你也可以两样都试试。只要你提供的消息能产生极度娱乐效果,就随时联络我们。

现在,咱们聊聊小精灵造成的麻烦吧,你们当中有谁发现了什么新鲜事儿吗?任何可能跟小精灵有关的事?昨天,圣路易斯的贝蒂·雷明顿向我们展示了一堆呈现完美圆形的紫苋菜,匪夷所思的是,其菜籽从里面被完全翻了出来。在巴斯托,萨姆·朱声称他最宝贝的一窝鲤鱼苗突然爆炸了,就在他眼前!发言都挣钱的日子到了!

那么,哪位有独到的见解?你们都知道密码,让我们来听听做法……

全息球

珍记起很久以前她痴迷于意识问题时，一位智者告诉过她的话。据她回忆，那人是托马斯的朋友，是位天文学家，才智出众。她滔滔不绝地阐述了有关认知和直觉最为热门的新概念，他则耐心地听了几小时之久。后来，当她终于没有力气继续说下去时，他评论道："我没有接受过正规心理学教育。但根据我的经验，人们遇到新情况，通常会有以下四种反应：啊哈！……嗬，无聊……天哪！……和妙啊，妙啊……

"这些反应说明了意识的四种基本状态，亲爱的珍妮弗。其他一切都只是补充说明。"

时隔多年，珍仍然觉得这段寓意深刻的话很有趣。它会让你停下脚步，仔细琢磨。但这四种"状态"真的能够映射人类的思想吗？能够通过实验验证的新理论会不会就此形成？当晚那位天文学家的微笑，仍让她记忆犹新。很明显，他了解更深层次的真理——即所有的理论不过是隐喻，充其量是有助于世界发展的模式。在他眼里，就算是他那睿智的见解也跟区区尘埃没什么两样。

正如葛饰北斋[①]向我们展现的那样，观赏富士山的方式有百种之多。每种都无可挑剔。

珍真希望现在能有个像老天文学家那样的人，可以跟她聊聊天。

今天，我已经是个上了年纪的教授，能跟我聊天的别无他人，只有一个聪慧过人的高中辍学生。那么，有谁能来让我确认现实呢？告诉我我是否在白费力气？

这些天来，她一直行走于一条窄径，避开所有纯粹理性[②]的陷阱，纯粹理性堪称最具诱惑力和欺骗性的人类消遣。珍始终认为哲学家的脑袋应该被反复敲打，以免他们陷入自己不断假设的节奏之中。但现在，她几乎不再愿意挑起事端。危机四伏，她自己的生存指南开始收缩，一度伸长的触手也在向内收卷，准备迎接即将到来的竞争或战斗。

但是争些什么？又斗些什么？

很明显，她还没有准备好，投入到建大和她孙子掀起的斗争中去。同样，无论她做什么，也不会对网络上纷乱扰攘的局面产生影

① 葛饰北斋(1760—1849)，日本江户时代的浮世绘画家。

② 指不依赖于经验的、完全基于理性的思考和认识方式。

响。现在,网络环境随机变化。全世界十亿甚至更多的网民们忧心忡忡,他们曾经谋求、喜好甚至着迷的那些五花八门的事物,已经吸引不了他们的注意力,如今吸引他们的是一个前所未见的东西,是焦虑和恐惧汇聚的焦点。自从赫尔维蒂战争以来,还没出现过这种焦点,那时,网络还处在萌芽阶段。

不计其数的记者征询她的意见,她公开邮箱里的邮件堆积如山。但珍却只是再退一步,将自己局限在思维世界之中。

哦,她经常离开那座地下墓穴,锻炼身体,接触他人。在库维内兹那座形如堡垒的低矮方舟里,她每天都跟自己仅有的学生度过九十分钟,用谜题般的答案回应他急切的提问,惊讶于他强烈的求知欲,不确定他有没有机会发挥他的聪明才智。

可之后,她就会在酷热的阳光下步行返回,她会路过高耸的白蚁丘,那些社会化程度极高的生物用持之以恒的耐心,循序渐进地将干燥的小丘挖穿。升降机摇摇晃晃地下降,深入凉爽寂静的废矿井,滑过一层层压缩沉积物,将她送回地下洞穴,遵照她孙儿的远程指导。这里的人们像荷马笔下的人物一样拼命工作,为世界的命运奋力一搏。

当然,对于珍来说,他们的努力至关重要。只是,这阵子似乎没人需要她。反正她还有更要紧的事得处理。

她的思路,既珍贵,又脆弱。必须保持专注……不是为这个世界,而是为思路本身。这是一种以自我为中心,甚至自私自利的态度，但珍早就知道自己是个唯我主义者。除了孩子们还小的那些年，对她来说，最重要的始终是这一概念的发展轨迹。这是个极为重要的概念。

她在网上参考了明斯基[①]、奥恩斯坦[②]、帕斯特[③]和杰恩斯[④]的理论——甚至是可怜的老荣格[⑤]，审视每位思想家是如何处理这个特殊概念的……以某种方式拆成众，或者把众结合成一。

她年轻的学生纳尔逊·格雷森对“合作与竞争”这对概念的着迷，让他真正触及这一概念。从社会主义到自由市场的自由意志主义，每种人类道德体系、每种意识形态和经济理论，都基于这种二分法。每个人都试图用不同的方式解决这个问题，但每次尝试却只会制造出更多的矛盾。

但如果这样的二分法根本就不对呢？如果我们被柏拉图、康德以及黑格尔这些演绎大师欺骗了呢？被“如果–因此”这样的线性逻辑欺骗了呢？也许生活根本就不存在那么多矛盾。

老版美元硬币上的格言始终困扰着她。“合众为一。”

除非患有多重人格障碍，否则我们的次人格通常并不明显；相

---

① 马文·明斯基（Marvin Minsky，1927—2016），美国认知科学与人工智能科学家。

② 斯坦利·奥恩斯坦（Stanley Ornstein，1939— ），美国经济学家。

③ 奥斯卡·帕斯特（Oscar Pastor，1962— ），西班牙计算机科学家。

④ 朱利安·杰恩斯（Julian Jaynes，1920—1997），美国心理学家，最著名的作品是出版于1976年的《二分心智的崩溃与意识的起源》。

⑤ 卡尔·荣格（Carl Jung，1875—1961），瑞士心理学家。

反，正常人的欲望和冲动会分分合合，暂时结成盟友，让我们以某种方式感受乃至行动。

到目前为止，一切都很顺利。某种形式的多人格思维模型的存在证据十分有力。那么问题来了——

如果我真的由多重人格构成，又何苦执意感知自己的主人格呢？现在，当我思考这些问题时，冥想其自身存在的又是哪一重意识呢？

珍记起以前托马斯曾想让她对小说产生兴趣。他向她保证，最出色的小说作品会给人带来启发，小说中的角色都跃然纸上。但在珍看来，那些角色都太不立体。即使被赋予困惑或者内省的性格，他们的思维过程似乎也过于直接，过于容易做出决定。只有乔伊斯[①]的描述接近于内心冲突和协商的真正飓风，大海波澜壮阔，浊浪排空，而被围绕在中央的是个时而平静、时而骚动的岛屿，这座岛屿自称为“我”。

这就是我必须想象出完整自我的原因吗？赋予风暴以一个中心？一只可以俯瞰自我的“眼睛”？制造一种平静的幻象，这样一来，或许大多数时间就可以忽视风暴的存在？

还是说，这是合理化表面一致性的方式？向外展现连贯个体形象的方式？

---

① 詹姆斯·乔伊斯(James Joyce，1882—1941)，爱尔兰作家、诗人，代表作有《都柏林人》《尤利西斯》等。

有一件事，珍确定无疑。人类的思维宇宙与外界的物理宇宙只是模糊相似，物理宇宙包含着分离的实体，各不相同的物种、细胞、器官以及独立个体。然而，思维则将这些外部实体当作界定自身模式的隐喻！

今天，纳尔逊就为这样的模式激动不已。他说，所谓政府，是国家为解决其组成部分——公民之间的分歧而做出的努力。古时候，决策是个简单的问题，法令政策由国王或统治阶级强行实施。

再后来，多数裁定原则一定程度上改善了问题。但时至今日，即使是少数派，只要真的被激怒，也能制造出炸弹和杀人虫！(设计图在网上就找得到，网络监察员到底是干什么吃的?)

因此，达成和解及共识是绝对必要的，政府只会战战兢兢、如履薄冰，绝不会强人所难，相反还要扮演和事佬的角色。

*换句话说，理想的政府应该如同神志清醒者的显意识！*这样的比较确实再合适不过。几乎跟纳尔逊纠结的下一个问题一样有趣。

他说，所谓世界数据网络，就是这种模型的终极模拟。跟人一样，它也由不计其数的微小次我(八十亿用户)组成，毫无例外地都在半随机状态下争吵、协商或合作。用户组成的团体和联盟合合分分……有时因为国籍，有时因为宗教，但现如今，更多是因为超越全部旧有界限的特殊利益集团……这些集团全都发起微小运动来改变世界进程，影响他们在现实世界中的生活。

确实惊人，珍心想，在隐喻的范畴，这个男孩已经完成了巨大的飞跃。

当然，拿政府跟意识类比有点儿过头。但通过意识，我们将所有的秘密自我暴露在阳光下，因此它们要么彼此合作，要么公平竞争——这才是真正的关键。这解释了一旦神经症被发现，其大部分影响也就此失去的原因……当所有的思维都察觉到那些阴暗的秘密，孤立的那个部分就会隐藏起来。

从忙碌着的技术人员们身旁走过，珍在她的显示屏前坐下，继续建构她的模型，纳尔逊的见解带给她新的启发，她按照这样的思路修改模型。这个静默装置是唯一能跟上她飙车般速度的输入设备。她快要发声时，牙齿咔嗒作响，喉头上下抖动。该设备就已经记录下她要说的短语，速度比发声还要快，接着它会做出推断，从其庞大的存储空间中提取出这样那样的字节，将它们置入不断扩大的整体中去。

这些字节大多是最出色的智能模拟程序的对象模块。当然，这很费钱，在屏幕一角，珍发现自己的个人账户正急剧缩水。但每个程序都有其可取之处。每个程序都由才华横溢的研究人员驱遣，这些研究者均渴望证明自己独到的理论——每种理论乍一看都与其他理论矛盾而对立。

然而，此时此刻，对珍而言，谁的学说更接近正确已经无关紧要。突然间，将它们结合起来、融为一体变得更具意义——关键在于达到一加一大于二的效果。

以大地母亲的名义……如果这些理论都正确呢？如果没有第三个属性——包含，自相似与递归便无法代表一个生命系统，又该如何？

这样的混杂状况自然并非首次出现……人类的大脑，物理器官本身，为多层建构。其最近的演化革新并未取代之前的部分，反倒是依次叠加在较早的部分上，与之结合并予以调整，而非消除或取代它们。

最近的例子是前额叶，位于眼睛上方的小块，被称为人类性格的载体……思维大厦新添的一层房间。其下方则是大脑皮质，与人类的近亲，哺乳动物结构相似。再下面一些，大脑的这些部分在爬行动物身上也起着相似的作用。而再往下，搏动着的是初级反射系统，跟在原始脊索动物身上发现的极为相似。

她的模型也是如此。谜题渐渐解开。比如说，“伯克利认知方案”与北京大学行为学家们创造的“情感动力”模型惊人地一致。如果将每种模型略微改动一下，当然是以正确的方式，就能够证明这一点。

当然，不管她何时在网上探险，搜寻这样那样的程序，她必须亲身体验发生的一切。简直混乱不堪！置身于这样的混乱之中，她此前使用的“雪貂”搜索程序已经完全迷失了方向。为了进入芝加哥那家庞大的心理学资料信息交换中心，她不得不编写出更出色的程序。即便如此，她的间谍程序还是尝试了好几次，才带回了她需要的东西。最近一次取回竟然用时整整七秒，气得她猛拍控制台。

到这时，珍才意识到——也许带着强烈的嫉妒——若论煽动他人情绪的艺术，她的亲孙子已经达到登峰造极的程度，与之相比，她自己那些卑微的成就实在是相形见绌。阿莱克斯·拉斯蒂格引发的事件造成了网上的大规模骚动。珍感觉，用不了多久，整组鲁布·戈德堡机械[①]肯定会失控。

小心点儿，老姑娘。你用的暗喻暴露了年龄。

那好吧，咱们来试着打几个明喻。

网络的混乱局面犹如小舟旁边高高翻腾的浪花。她的“雪貂”带回众多子程序之余，还有各种各样无用的东西。某些垃圾软件为了不被删掉而奋力一搏，珍感到既吃惊又可笑！它们就像苦苦挣扎的微小生命形式，附着于她的电脑之中，必须追寻其踪迹，以免它们跑到某个角落，填满本就不足的内存，甚至可能不断繁殖，自动安装其他垃圾软件。

她心血来潮，瞥向小屏幕，她先前将通过自由联想召唤出的卡通生物驱逐到了那里。比方说在最显眼的位置，一座纸牌屋摇摇欲坠，闪烁着微光，几条废置的电引信冒着烟，这一切显然是静默输入设备通过她最近的喃喃自语推断出来的。

---

①美国漫画家鲁布·戈德堡在其漫画系列《发明家》中，描绘了多种利用复杂工具来完成简单功能的发明创造，后来这种风格的机械被称为“鲁布·戈德堡机械”。

然后是那头图腾老虎，它这几周一直躺在那里没动。这只模拟出的动物低声地呜呜叫着，懒洋洋地斜倚在它的窝里，那窝是用碎纸似的东西搭造而成。

她对着输入设备吐露了自己的想法。如果你继续在这里无所事事，那我是时候派点儿任务给你了。

老虎打了个哈欠，但当她决然用两颗牙齿敲击出声响——表明其主人格之于其他人格的统治地位时，老虎做出了回应。她通过静默输入设备向它下达指令，去搜寻那些寄生在她电脑里的垃圾软件——所有这些毫不相干的玩意儿，从混乱的网络世界不断涌入她的工作空间，到处乱跑，叽叽喳喳，对她的工作造成干扰。

天气很热，她意识到，在这种时候，任何会动的东西都会找地方躲起来，管他什么地方，能藏身就成。

想到这里，星星点点的小雨似乎打湿了老虎的皮毛，却没有搞糟它的心情。那只大猫又打了个哈欠，然后露出野性的笑容，离开巢穴，去清除所有的闯入者，给她的模型足够的空间去适应和成长。

DEL

在波利尼西亚其他的岛屿上，人们的生活方式和我们相差不多。他们的首领同样是具备超强原初之力的圣灵。我的族人们也相信，勇士之路仅次于封神之路。

但在其他方面，我们则有所不同。因为我们的祖先霍图·马图阿乘独木舟从古希瓦来到这里时，立刻就知道他身在何处。这里是大地的肚脐——世界中心的岛屿。

我们吃鸡、芋头、香蕉和山药。这里有黑曜石这种坚硬的黑色石头，却没有海港，我们的独木舟也不见踪迹。

我们还要独木舟干什么呢？还有离开这里的希望吗？因为我们相信，离拉帕努伊岛最近的地方是天上的朗月，它低低地掠过我们那三座坑坑洼洼的山峰——那是悬在头顶的天堂，触手可及。我们相信，借助原初之力便可到达那里，于是搭造了阿胡石台，雕刻出摩艾石像。

但我们杀死了伟大的海神坦加罗亚，因此受到了诅咒，注定无法成功，注定遭受苦难，注定以食同胞之肉为生，注定目睹后代无所继承。

生活在世界中心，的确很难。

地　核

阿莱克斯正在刮胡子，这时电话铃响了。

从新西兰逃出来后，他新买了一把剃须刀，但并不太满意。它的金刚石刀片过于锋利，不像他以前用的刀片——自从他十六岁生日以来，一直没换过，已经磨得很钝了。剃须刀并非他唯一想念的东西。他也想念斯坦和乔治，想念他们的从容不迫和冷静建议。通信本应该是安全的，不受网络愈发混乱的状况影响，然而，尽管军方做出了保证，这些天的通信条件却还是持续恶化。

斯皮维的间谍们密谋切断他们的联系？或者是因为他反抗上校控制的行为越来越多，乔治和斯坦有意冷落他？

阿莱克斯准备再次用刀片刮过面庞，心里盘算要不要放弃这种过时的方式，像其他大多数男人一样，接受面部脱毛。

一阵刺耳的吱吱声响起，他的手不由得抖了一下，“真见鬼！”

阿莱克斯撕下一张卫生纸,敷在伤口上止血。他记得曾在药柜里看到过一罐凝血酶,就把镜子拉到一边,开始翻找。

电话再次响起,还响个不停。“哦……好吧。”他砰的一声把镜子合上,用力压住伤口,止住了流血,走进那间小小的卧室,在床头柜上那堆杂物中找出他的腕表,然后按下了“接听”按钮,“喂?”

电话另一端的人停顿了一下,意识到没有同步图像后说:“是巫医吗?是你吗?”

这人用的是毛利语的敬称,肯定是卡普尔阿姨为保护阿莱克斯及其团队派来的保镖之一。“我是拉斯蒂格,”他肯定地说,“什么事?”

“最好快点儿来,巫医。我们逮住了破坏分子,他想炸毁实验室。”咔嗒一声,通话切断了。阿莱克斯盯着腕表。“上帝。”他喃喃道,赶紧从衣柜里抓过一件衬衫,冲出门去,脸上还留有剃须膏和血痕。

“我猜,他们不再需要咱们了。”

“别瞎扯,埃迪。我们无法确定炸弹是斯皮维送来的。惦记我们的还有另外一百多个国家、联盟、闹事组织……真是见鬼了,到目前为止,就算是童子军,对焦点谐振器的大概位置,也知道个八九不离十了。”

他的首席工程师做了个鬼脸,“我在澳新军团特种部队服役过,阿莱克斯。如果看到标准型号的炸药,我能认出来。”这个新西兰男人身材魁伟,一头红发,他托起一个网球大小的装置,“外壳改装过,使它看起来像日本制造的,但我刚刚做过中子激活扫描,我可以确切地告诉你,这东西是悉尼的哪家工厂制造的。甚至批号我都说得出来。

“要我说,这帮混蛋真是大意得很。想必他们认定咱们根本无力反抗。”

阿莱克斯瞥了一眼这个未能得手的破坏分子,是个波利尼西亚人,长相平平。可能来自萨摩亚,单看外貌,可能会把他跟复活节岛的当地人搞混。但拉帕努伊岛的帕斯夸人是与众不同的种族,而且他们深以此为傲。

什么样的人会带着一颗未引爆的炸弹,漂洋过海去把别人炸飞?上有慈母,下有妻儿的人,会像他这样?

*他可能不是职业破坏分子就是爱国主义者,*阿莱克斯心想,*或者更糟,两者兼而有之。*

投放炸弹的家伙面露紧张的神色,朝阿莱克斯笑笑。

现在,他知道事情会如何发展。根据规定,我们必须把他交给智利当局。只要时机成熟,他的主人们便会出手救他。

*但所有人都在谈论世界末日,哪里还管什么规定呢?*阿莱克斯双手紧攥成拳。那破坏分子似乎从他眼里看出了什么,使劲咽了口唾沫。

阿莱克斯留意到,特蕾莎正在房间另一头注视着他,她双臂环抱在胸前。*那我们现在该怎么做?*他不知道。与以往任何时候相比,他都更希望将老朋友们聚在身边,听取他们的真知灼见。

“我赞同。我敢打赌,炸弹事件准是斯皮维上校主使的。”

大家都转过身,看看究竟是谁把话说得如此斩钉截铁,还操着厚实且自信满满的男低音。“曼内拉!”阿莱克斯喊出声来。特蕾莎则倒吸一口冷气。

站在门口的,正是那位阿兹特兰记者,他面带微笑,迈着优雅的步伐,将庞大的身躯挪进房间。他一只胳膊搭在重力谐振器的护栏上,笑着环顾四周。“很高兴你还记得我,拉斯蒂格。大家好。提克哈娜船长,把你丢在怀托摩,我深表歉意,可我真的是不得已而为之。”

“走也好,留也罢,时间当然随便你选。”特蕾莎挖苦道,“佩德罗,你凭什么认为,我们会对你现在要说的话感兴趣?”

曼内拉笑了,“拜托,拜托。我相信,当时,斯皮维上校找到咱们之前,已经告诉过你,不论谁破坏咱们的计划,都会得到他的尊重。难道他没承认这一点吗?难道这还说明不了我那时……我现在站在哪一边吗?”

阿莱克斯皱起眉头。佩德罗的意思是,就算是现在,他仍然可以对怀托摩实施监听。这倒也合乎情理。他有充足的时间植入窃听器。如丝般纤细的结构就足够了。

“只可惜,好景不长。最终,是某个黑客通过网络追寻到我们的踪迹。那些情报人员赶到前不久,我才得到示警。”曼内拉敲了敲左手戴着的那块重型数据腕表,“没时间警告任何人,而且我清楚,如果我带上特蕾莎,不管怎么躲,他们只要展开搜捕,转瞬间就能把我们俩都抓住。不过,我敢打赌,斯皮维认为我不值得他费事。”

“他几乎没提过你的名字。”特蕾莎说,既证明曼内拉刹那间的决定是正确的,也强调根本没有人在意他。

对于这混杂的羞辱,他优雅地照单全收,“不管怎么说,我一直密切关注着事情的进展,同时始终保持低调——”

特蕾莎打断了他的话,“呵!”

“但我感觉到,类似的事情正在酝酿中。正因为这样,我今天早上才给你们的安全主管打电话,提了点儿小建议。”

阿莱克斯转过头去,看着卡普尔阿姨派来的那位壮汉。那大块头毛利人耸了耸肩,“肯定是他,巫医。”

特蕾莎提出反对意见:“我们怎么知道这破坏分子不是他派来的,这样他就可以事先通风报信,赢回我们的信任?”

“呃,船长!”曼内拉叹了口气,“难道你不认为我纯靠自身能力就能说服别人,根本用不着要什么花招,使什么诈吗?再说了,我也弄不到炸弹之类的东西。你刚才听到了,这位聪明人说那东西是澳新军团军方制造的。

“我靠的是它。”他敲了敲自己那肥厚的鼻翼,“拉斯蒂格会告诉你,它可是百试百灵。我就知道出事了。不可避免。斯皮维不会再任由你们运作下去了。”

“但是……为什么呢?”一位女技术人员抱怨道,“就因为我们把贝塔的位置推高了一点儿,导致它散失了一点儿质量吗?”

另一位工程师表示赞同,“而且,事情也无法再继续保密了。私人特殊利益集团几乎将每条‘凝视者’光束的数据相互关联了,他们抛出糟糕的理论,并期待真相大白于天下。不管怎样,昨晚北约理事长说他将在周二发表重要声明。一切都要到法庭去见分晓……”

“这样一来,对于斯皮维而言,时间就变得更加重要。”佩德罗回应道,“告诉我,阿莱克斯,有其他谐振器上线的迹象吗?除了你原来的四个以外?”

哦,他确实了不得,阿莱克斯在心里暗暗承认,不管曼内拉到底是猜到的,还是通过暗中监视发现的。

“近几天,我们已经发现了蛛丝马迹。两个位于日本,一个位于俄罗斯,还有一个位于中国。”

“还有呢?”

“还有六个……质量更加上乘。它们设置在立方体的面中心,优于我们的四面体。”

“正如我所料。”曼内拉点点头,“除了你,还有什么人能够打造这样的阵列?还有什么人能够让俄罗斯、日本唯其马首是瞻?”

他只能用沉默回答。答案再明显不过。

“这么说来,四天后应该会发布公告?事情将会诉诸国际法庭,一切都要公之于众?我必须实话实说,那会如何?之后发生的事,仍然取决于谁掌握着最优质的信息和最专业的技能。这样的人将掌控一切,决定议事日程,支配整个世界。”

“斯皮维。”特蕾莎说，可她显然并不想说出这个名字。

曼内拉点点头，“有关那些令人惊叹、让人生畏的新科技的数据，几乎被他垄断。但与他那些俯首帖耳的物理学家们相比，谁对奇点和引力激光了解得更多呢？”

他们彼此对视。全世界最了解“凝视者”现象的人都在这个房间里。

不妙，阿莱克斯认定。曼内拉或许没说错。该死，他很可能是对的。但我不会让他催眠我的团队。

“果然聪明，佩德罗。”他对那位记者说，“那你有没有想到，我决定怎么应对？”

“就只问这个？”大个子咧嘴一笑，“你忘了我很了解你，拉斯蒂格。我拿植入牙体的无线电收发器外加半年薪水做赌注，你打算让斯皮维上校知道，他在跟谁较量。”

去你的，阿莱克斯心想。但表面上，他只是耸了耸肩。他看着其他人，宣布道：“谁想离开这座岛，现在就可以走。我们将告诫所有平民，远离距此地半径两公里的区域。

“不过，我并不打算服服帖帖地接受——”他托起炸弹，“——这东西。”

他又望向特蕾莎，她点了点头。她明白。接下来的几天将决定未来的一切。

阿莱克斯看着聚在一起的技术人员们，接二连三地朝他和谐振器那旋转着的庞大躯壳走来。虽然没有人说话,但他们一致表明了自己的态度。“很好。”他说,感觉一股热流涌动在他和战友们之间,“那么,咱们开始工作吧。不久前,我做了一个梦,它让我想到一个主意,一个有可能引起那位上校注意的方法。”

DEL **世界长期解决方案特殊利益小组**【DEL SIG AeR,WLRS 253787890.546】**,对小组成员的特别警告。**

有时候需要讨论,但其他时候只有行动才作数。如果熬不过这段疯狂的时光,我们那些华丽的计划就帮不到任何人。因此,世界长期解决方案特殊利益小组的协调员们,在此将所有会议论坛关闭。相反,随着时间一小时一小时地流逝,我们鼓励你们所有人,以个人的方式,去寻求方法,帮助我们解决那迫在眉睫的危机。

“然而,仅靠一个人的力量,能够做些什么,以影响如此重大的事件呢?”有一个答案可能会让你大吃一惊。过不了多久,我们就要将这些频道租借给业余观察特殊利益小组联合会【DEL业余观察特殊利益小组联合会456780079.876】。他们的发言人会详细告诉你们每一位,如何助力全世界,如何追捕深藏地底的小精灵。

很多人可能会感到惊讶,科学对业余观察者的依赖程度如此之高,从鸟类观察者到流星计数者,再到拥有私人气象站的业余爱好者。现在,随着全世界这么多奇异现象发生,这些业余观察者真正发挥了作用。这些平头百姓们,个个拥有锐利的眼睛和随时待命的摄像机,就算是这阵子,他们甚至仍在探究那些大人物们自认为可以保密的模式。

我们要让他们知道,这究竟是谁的星球！因此,请不要下线,等待我们推出的列表,看看你们可以加入哪个小组。然后,抬起懒惰的屁股,拭去真实-虚拟镜片上的灰尘,到外面去,展开调查！或许你就是那个找到重要线索的人,你就是追踪到那些要命的小精灵藏身之处的人。

中间层

斯坦·戈德曼已经没太多事情可做。现在，所有工作都由其他人接手，扫描、分析数据、构建更加微妙的地心模型，甚至是探究下面那个东西复杂的几何结构，那个光彩夺目且能够抵抗压力的东西……那个被称作“贝塔”的东西。

一望无际的格陵兰冰原下方，坦戈帕鲁穹顶原本孤零零地矗立在岩石平原上，现如今，它的周围已经出现了一座小型城镇。精力充沛的技术大咖们怀抱着数据块，争分夺秒地忙碌着，用晦涩难懂的全新“凝视者”动力学语言互相争论。原来的团队中，目前只有他还留在格陵兰岛，其他人早已返回新西兰。

北约的科学指挥官明确要求他留下。因此，斯坦会出席日常所有的研讨会。尽管随着新的发现如雨后春笋般不断涌现，他的理解显得愈发过时，他却仍然竭尽所能，争取不被那些更为年轻、更为敏捷的头脑甩开。不管怎样,他们都对他尊敬有加。几乎每一刻都能听到阿莱克斯·拉斯蒂格这个名字,人们提到他的时候,显露出的敬畏之情就像提及牛顿、爱因斯坦和赫特一样强烈。作为这位伟大人物昔日的老师,斯坦也沾光不少。

奇点。很多话题是有关奇点的,在那些睿智的年轻男女们看来,所谓奇点指的是能够通过黑洞仪制造出来的那种——微型黑洞以及那些更新的创造,调谐弦和宇宙结。不过,最近斯坦发现自己思索的是另一种完全不同的"奇点"。每当他走过一个敬礼的哨兵,离开熙熙攘攘的营地,挥着手杖,穿过布满冰碛的山谷,脑海里就会浮现出这样的"奇点"。

在数学范畴中,奇点指的是突然的不连续点,一个表达式突然失效,而另一个完全不同的表达式取而代之。

用任何实数除以"0",就能得到最简单的奇点—— 一个函数。结果趋向于无穷大,实际上是未定义的,不可知的。*这就是我们现在所处的状况……人类生活史上的一个奇点。*

这并不仅仅是目前的危机。哦,他当然感到担忧。接下来的几小时或几天内,全世界的机构——乃至地球本身能否存续?斯坦和其他人一样担忧。尽管如此,就算死灰复燃的国际妄想症造成的恐慌如梦初醒般消失,就算所有无可挑剔的、令人生畏的新技术都被控制,一切也不再同于以往。

今天早些时候,某些年轻的技术人员一直在讨论重力回路这个概念……看在上帝的分上，在质量坍缩、空间应力的条件下，这个概念相当于电容器、电阻和晶体管！对斯坦来说，这意味着时机已经成熟。这个他一生都在暗暗期待的时刻终于到了。

还有另外一种奇点……与社会以及信息有着千丝万缕的联系。

技术突破此前就已经出现过——比如农业始创之时；比如冶金；又比如书写。通过每一次突破，世间男女都从生活中获得新的力量，思想本身也随之改变。其实，伴随着每次新技术的诞生，人类都相当于经历了重生、再造……程序重编的过程。

古时候，变革来得很慢。但每次突破都为此后的革新奠定了基础。随着十六世纪西方国家崛起，变革变得能够自我维系。发明孕育出财富，财富让更多的民众得到教育和休闲的机会。印刷使文化得以普及，运输则担负着分配食物的重任，而食物意味着人口增加。

他在一块沙滩附近停下脚步，海风被一旁的巨石挡住，他用手杖勾画出图线。这是标准的末日景象，根据马尔萨斯的预测，任何物种若繁殖速度超过其生态位的承载能力，就难逃这样的命运。

这条曲线展现了人口数量随时间推移的变化，起初增长非常缓慢。在整个石器时代晚期——斯坦的祖先们切削燧石、驱赶跳蚤，以为火是终极的恐怖武器——同时期智人的总数从未超过五百万。然而，随着农业发展，这种情况出现了变化。人类的数量翻了一番，然后每隔一千年五百年左右再翻一番——快速增长期——大约在牛顿所处的时代迈入五亿大关。

这样的进步确实令人印象深刻，毕竟，当时的人类对于自然法则几乎一无所知，更不用说像生态学、心理学或行星历史这样的概念了。但之后，人口的增长速度甚至变得更快！新的食物、卫生条件、迁移……婴儿的死亡率大幅度下降。人口激增，再翻一番，达到十亿，仅仅用时两百年。下一次翻倍，则用了不到一个世纪。然后，从一九五〇年到一九八〇年，二十亿变成了四十亿。曲线仍在不断变陡。斯坦回忆起他年轻时，悲观主义者所展现的那种优雅、对称的预测。世界并非无限，人口激增不可能无止境地持续下去。崩溃不可避免。

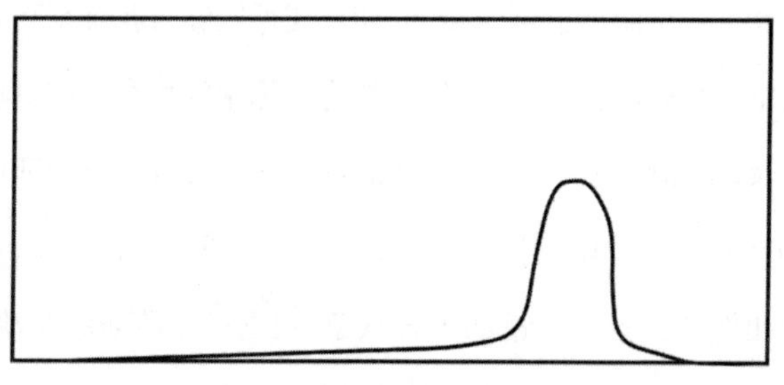

马尔萨斯模型人口浩劫曲线

这条曲线终究不会达到无穷大。当它攀上巅峰。接下来，就会像一枚用完的火箭一样，掉过头来，直线下坠。大规模的消亡，似乎就是我们要走的路。毕竟，每当凤尾鱼和鹿的繁殖速度超出其食物供应时，这种情况就会发生。

人类确实经历过小规模的消亡。但到目前为止，我们躲过了大浩劫,不是吗?

到目前为止。

他又画出另一条粗略的图线,和第一条图线相同的是,曲线先缓慢爬升,然后攀上顶端。但达到顶点后,人口不再增长,也没有下降!这枚火箭没有直线坠落,而是转了个弯。

这就是他们所说的那种情况,如果在公式中加入智慧和自由意志,就会发生不同的变化。毕竟,我们不是鹿,也不是凤尾鱼!

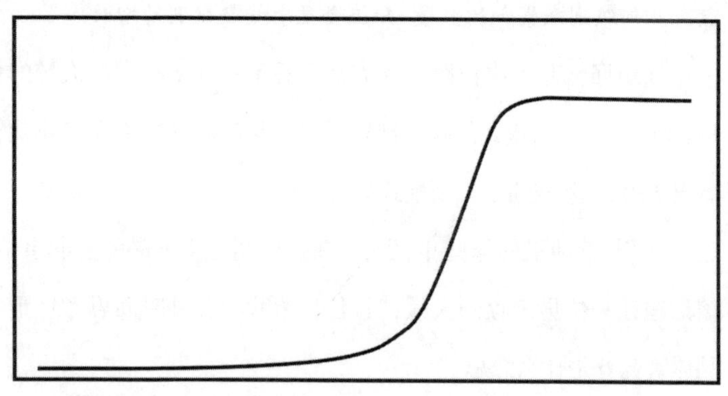

逻辑斯蒂克函数人口增长曲线

两幅图,两种命运。马尔萨斯式浩劫和所谓的"S"曲线。一方面,是彻底的崩溃。而另一方面,是一连串最后时刻的缓刑令……比如自花传粉的玉米、室温超导体和基因拼接鲶鱼……每一项都来得正是时候,让人类又凑合着熬过一年,靠着一项又一项的杰出发明,勉强度日。

在我们看来,未来只会出现这两种可能:

如果人类证明自己真的自私自利、目光短浅——等待我们的只有大规模死亡;

如果我们倾尽所能,齐心协力,运用全部聪明才智——那么,曲线则会优雅地下降,达到某种松散的平衡。

然而,还存在第三种可能吗?另一类型的社会性奇点?斯坦的手杖在沙滩上打着转。当每一代人拥有比祖辈更多的书籍,不以代数或几何级别来累加的数量,知识会呈现指数级别的增长。

斯坦回忆起上次他跟阿莱克斯和乔治一起喝得酩酊大醉的情形,当时他对于新模式的缺乏抱怨不休。现在想到这些,他禁不住笑着自语道:"哦,我错了。新模式真的存在,而且比我想象的要多。"

此刻,营地里的那些年轻人正在探讨制造重力晶体管的事情!该话题让一位男工程师大喊:"打住!给我一分钟时间思考!重力晶体管究竟是什么意思?"

知识不受马尔萨斯理论的局限。信息的生长无须表面土壤,只需要自由。如果辅以孜孜不倦的头脑和反复实验,信息完全能够构成连锁反应,实现自我派生。

第三种类型的社会奇点是一种真正的飞跃,即突然转变到一种完全未知的状态,即在数月、数周、数天、数分钟内就会发生的变化……火箭仍在攀升,达到逃逸速度。

斯坦叹了口气,将那两幅简图抹去。我们深陷于自己狭隘的时间观念之中。人的生命似乎很长,但想想看冰川坚韧的样子吧。

他抬眼望着白茫茫的冰原,距离他仅有几公里远,在地平线之间绵延。在地质学领域,冰河时期的到来极为迅速。然而,我们仅仅用了三百代,就从穴居人变成了破坏世界的罪魁祸首。前一刻,他们还是新石器时代的赤脚猎人,为一具冻僵的驯鹿尸体争吵不休。一转眼,他们的子孙后代已经在探讨如何利用脉冲星的能量。

斯坦就近找了块圆石坐下,这块石头因为冰山退却被拖了几百公里,后来被扔在这里。这倒是观赏季秋日暮景色的好地方,此刻登上舞台的是薄纱帘般的北极光。他爱看这些斑斓色彩在冰川上摇曳,显得冰山粗糙的皱褶不断起伏,恰好与上方增压离子发出的咝咝声相得益彰。尽管他穿着保暖外套,但仍能感觉到天气已逐渐转冷。然而,眼前的景致还是值得品味一番。

斯坦听到一声闷响,看见一块石头滚过沙滩,停在他脚旁。不远处,另外两块岩石也在颤动。

哦,我猜我们又忙碌起来了。

但这不是一次常规的震颤。意识到这一点,是因为空气似乎被一阵深沉的吱嘎声所填满……显然,越靠近冰层,声音越响。他想要站起来,但突如其来的震颤使他站立不稳,于是他改变了主意。不管颤动的是地面,还是他的双腿,斯坦决定待在原地。

毕竟,在大庭广众之下,在空旷的野外,有什么能伤害我呢?

紧接着出现的怪事是灼灼放光的萤火虫,虫儿们在他的双眼中起舞。

光束射出时，身处它附近想必就是这种感觉，他满心困惑地思忖着。大约二十千轮[①]的六级谐波应该就能做得到，再加上我身体里的含盐体液。如果频散不太……

但接着，斯坦眨眨眼，猛然想起，根据安排，不该有光束在这么近的地方射出——

他的思绪被打断，因为在那一刹那，他正前方的冰川开始放射光芒，而且这次的光芒绝非源于外界的光照。浩大的冰流深处，一道强烈的亮光悸动着。形状奇异，轮廓模糊，形容扭曲，似乎是一连串圆形柱状物，远远地隐藏在冰块之中。

光束闪烁……

然后，东方爆发出耀目的光芒。

DEL四十年前，所有人都因为新千年的到来忧心忡忡。尤其是许多基督徒，他们想当然地认为，世界末日会发生在耶稣两千周年诞辰时。早在一九九九年，我就发现了不祥之兆，也觉得末日已经迫在眉睫。

现在回头想想，我意识到自己有多蠢。在我看来，当年的那些危机确实让人绝望，但它们还没有糟糕到足以预示末日的降临。再说，我们根本连周年都选错了！

① 作者虚构的度量单位。

究竟为什么末日会在他的千年诞辰降临呢？从遭出卖被捕，到受难，再到复活，都是更为重要的时间。因此，末日必然会在这些事件的周年纪念降临！来看看我的推算【DEL 参考. aeRle 5225790.23455 aBIE】，根据我推算的结果显示，末日到来的时间毫无疑问会是今年！

难怪到处都能发现征兆！时间已到！就是现在！

外逸层

特蕾莎盯着屏幕，观看地球另一端所发生事件的生动模拟。闪烁着的数字表明有多少质量已在顷刻间从这颗行星上消失。说话前，她不得不咽了口唾沫。

“你……你是怎么做到的？”

阿莱克斯抬起头，视线从控制台移开，“音乐家是怎么演奏的？”他把指关节弄得咔吧作响，“练习，再练习。”

对于练习这档子事，特蕾莎显然更为熟悉。阿莱克斯咧嘴笑着，但他面如土色，左眼下方一阵抽搐。他被吓得魂不附体。完成了他刚刚那样惊心动魄的尝试，谁又能够处之泰然呢？

“遥测数据出来了，”一名技术人员报告，“咱们的光束命中目标，距离定居点六点二公里，表面耦合阻抗为十八千瓦……零点零九霍金辐射，公制。表面冰层厚度百分之九十八的匹配度……”

另一个声音打断了前者说的话:“拍频在第六、第九和第十二谐波上较为明显,幅度不大。每次搏动的最大动态负载不超过六倍重力……”

“目标轨迹计算完毕,”又一位技术人员报告,“结果在屏幕上。”

世界地图上有个发光点,位于格陵兰岛西海岸附近。一道光束从该点射向太空。光束起初如箭矢般笔直,但当它从古冰川撕扯出的小山被地球更为稳定的静态重力场攫住,它最终发生了弯折。不过,那圆点仍然移动得非常迅速,它代表的是猛冲猛撞的冰山,与此同时,代表行星的球体不得不相应缩小。

似乎对这风驰电掣般的速度都感到不满意,一条虚线在圆点之前飞驰,沿着冰山的预期路径前进。地球逐渐降低到全息影像槽的左下角,而从右上方进入视野的,是闪烁着珍珠般光芒的球体,它不慌不忙地出现在舞台之上。

特蕾莎叫出声来:“你不是认真的吧!”

阿莱克斯歪头看着她,问:“你反对?”

“有什么理由反对呢?又没人住在月球上。”特蕾莎鼓起掌来,“就这么干!阿莱克斯!命中靶心!”

他朝她咧嘴笑笑,然后回过头,注视着他们的炮弹飞过半程标记,朝会合点疾驰而去。特蕾莎不自觉地伸出手,扶住了阿莱克斯的肩膀。

在如此大的范围内操控“凝视者”光束,此前没有人尝试过。当然,格伦·斯皮维的人在光束按预定时间将会出现的地方设置了仪器组。但没有人尝试过使光束跟地面物体发生耦合,而且效力及目的性都如此之强。其他人肯定会注意到,光束与斯皮维团队控制的一台谐振器擦肩而过。他们还会注意到,阿莱克斯扔雪球扔得何其精准。

“从奥克兰打来的电话!”通信主管报告。

不远处,佩德罗·曼内拉摆出低头看表的动作,“上校迟到了呀。他们肯定刚把他从床上拖起来。”

“那他就再等几分钟吧,”阿莱克斯说,“我宁愿等他考虑清楚后再跟他谈。”

此时此刻,斯皮维肯定也跟他们一样,紧盯着显示器。毫无疑问,他的老板们也是如此。当闪烁的光点直奔月球那坑坑洼洼的熟悉面庞而去,那条虚线填补了它留下的位置。它加速击中月球的北半球,消失在骤然出现的耀眼熔雾之中,所有人都屏住了呼吸。

当然,曼内拉还是第一个开口的人,但就算是他,也花了些工夫才说出话来。

“嗯,我说,拉斯蒂格。他们应该会因此停工一天左右。”

特蕾莎的双手感觉到阿莱克斯肌肉紧绷。但表面上,在其他人眼中,他依然保持着胸有成竹、泰然自若的神情。

“我预计,一天左右吧。”

DEL

……我们的母亲,你在我们脚下绵延,不管你姓甚名谁——
你都支持我们,养育我们,赠予我们生命这份厚礼。
倾听你子女们的祈祷,宽恕我们,
原谅我们犯下的过错。
请施以援手,帮助我们,也帮助其他生灵,
它们无论大小,都因为我们的过错而遭殃。
噢,母亲,我们祈求你。助我们面对危险,
让我们充满智慧……

水 圈

我懂你的意思。黛西·麦克伦农心想，她将所有需要的原件凑在一起……这些装备是买来的、偷来的、夺来的，或是自己设计的，就在过去那几个忙乱的无眠日夜里。

我懂你的意思。她心里暗暗回应那些声音，那些在茫茫网络世界的喧嚣中反复回荡的声音。我现在要做的就是干预。

哦，有些人仍然认为她会听他们摆布……就像狗狗们可能认为，人类存在的唯一目的就是扔木棍和开罐头。但就在他们的阴谋接近高潮时，她的计划也将攀上顶峰。而且，在隐瞒和欺骗之下，还有更加深不可测的层面，她一向都是这样难以捉摸。

很快。她告诉那些在网络上祈祷的人们。很快，你们就将摆脱所有的困扰，彻底得到解放。

很快，你们就会知道真相。

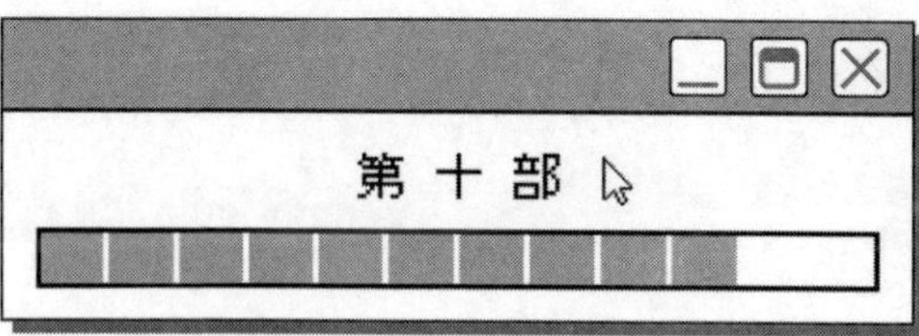
第 十 部

行 星

地球夜景。

即使是暗面，这颗新生的行星也闪烁着光芒。岩浆向上喷涌，打破了行星的薄壳，流星的撞击点亮了被阴影覆盖的半球。后来，世界海洋形成之后，黄夜翻涌的潮水在月亮珍珠般的柔光照射下熠熠生辉。接下来的二十亿年，绝大部分时间，裂缝在广阔水域下方散发着红光，闪电划破长空，使新生生命发出的点点磷光相形见绌。

下一阶段持续的时间也相差无几，其特征是大陆不断扩张，炽热的火山带也随之形成。最终，庞大的对流单体减缓了花岗岩的形成速度。然而，地球的夜晚变得更加明亮。现在，陆地为广袤的森林所覆盖，空气富含氧气。火光照亮了此处的山谷、彼处的草地……有时则是整个平原。

随着时间拉近，小小的篝火出现了——似乎对夜晚的统治构成了威胁，尽管这威胁实在有些微不足道。然而，有时候，当猎人们把惊慌失措的野兽赶向悬崖，草地上弯曲的大镰刀也光华闪耀。

然后，朦胧的烟雾突然而至，说明下一项创新——城镇已经出现。当电子为人类所驱使，繁华的都市便化身璀璨的珠宝，很快将夜幕点亮。石油钻井机燃烧天然气，只为更加便利地采掘深层石油。捕鱼灯环绕着海岸线。定居者给热带雨林带来光明。航道及空中走廊都频频闪烁着点点光亮。

也有众多幽深的竖井，撒哈拉沙漠、西藏、卡拉哈里沙漠。事实上，黑色地带有增无减。甲烷火焰闪动后熄灭。同时熄灭的还有捕鱼灯。

城市也是如此，不若往日那般富丽堂皇。它们仍在继续扩张，但昔日炫目的霓虹却踪影不见，犹如早被忘却的青春记忆。这场热情洋溢的演出还未终结，但似乎在逐渐减弱。随着暗夜卷土重来，所有观众都看得出，最后一幕即将上演。

但请转动一下旋钮。看着地球表面，夜晚的地球表面——通过无线电波。

光彩夺目！灿烂辉煌！地球热度陡增，放射出耀目的光芒，甚至超越太阳。

也许，一切还未结束。

还未完全终结。

DEL民族国家本就是跟不上时代的古老遗存。当时,所有人都因为山那边的部落忧心忡忡,我们再也无法承受这样的态度。看看各国政府是如何应对近期的混乱局面——牢骚不断,东怨西怒,却又拟定盟约,欺瞒大众。趁那帮白痴尚未毁掉我们,我们必须做点儿什么!

网络上关于大规模非暴力反抗的传闻,你们听说了吗?当然,造成了不小的混乱。即使是佛教徒或者北美盖亚教会,也无法在这么短的时间内搞出如此大的动静。它就这么发生了,自然而然!昨天,某国试图阻止……勒令切断国内所有的网络链接,最终却发现根本办不到!绕过关键点的替代路径和方法实在太多。切断的链接都改道了。

那么,民族国家会注意到这些吗?见鬼,不会。他们只会按照政府惯常的套路来——盘膝打坐。他们会说,耐心点儿,他们周二就会开诚布公。对!

我要说,是时候摆脱他们了,斩草除根!

问题只有一个,有什么可以取而代之的呢?

地　壳

克拉特感觉脚上的长靴变得异常笨重，抬脚变得有些困难，他只能在海底拖着脚前进，踢起来的羽毛状淤泥慢慢在他身后沉淀。时不时地，鳐鱼或其他住在淤泥里的生物感觉到他沉重的脚步正在靠近，便匆匆逃离它们的藏身之处。不过，总而言之，海底值得一看的东西比他想象的少得多。

当然，这里不是最大的珊瑚保护区，也不是大陆架渔场，那些地方靠着联合国环保署护卫队的关注，仍有随处可见的成群鳕鱼。一位教练告诉克拉特，海洋的大部分区域早已空空如也。然而，这里生命迹象极少，还有另一个明显的原因。

简直是个垃圾场，他稳步向前，脑子里则冒出这样的念头，我真想不到这么大的地方会变得像猪圈一样肮脏。

过去的一个小时，他目睹的人造垃圾实在不少……从锈迹斑斑的水桶和易拉罐，到被腐蚀的拖把把手，再到塑料袋——至少有十几个，水母似的漂浮着，上面的商标依然清晰可见，仍在给数千公里外的折扣商店和旅游商店打广告。

然后是上千米宽的有机垃圾，在海水中涌动着，看上去就像某种庞大生物把刚刚消化了一半的食物排泄出来。克拉特清楚那是何种生物——海国的浮城，它不久前途经此处。尽管他们名义上承诺会遵守联合国环保署的规章，但对于生活在驳船上的穷人们而言，显然有更多亟待解决的事情要操心，顾不得考虑他们的垃圾去了哪里。毕竟，无论被倾倒进多少东西，海洋似乎都愿意照单全收，没有半句怨言。

浮城所到之处，恐怕都留下了类似的痕迹，克拉特意识到。这样做确实不够文明。但是，他们又有什么选择呢？富人或许会担心垃圾处理，但穷困潦倒之人只关心怎么填饱肚子。

这又引出了另一个令人好奇的问题。捕鱼业如此不景气，为何这个驳船城镇仍在这一带逗留？克拉特怀疑，这件事与“公司”有关，因为他们似乎对这块大陆架怀有浓厚的兴趣，可能是想让这座浮城长期留在附近海域，作为他们的基地。

*还是作为某种掩护？*克拉特心生疑问。但他没法深入思考。不管怎样，想必公司的那些家伙为获得这样的特权花了不少钱。硬通货就是硬通货，而好奇心通常只能起到浪费时间的作用。

“好的，四号信使，现在，朝九十度方向前进。”

“明白，控制中心。”他回应道，查看罗盘后，调整了行进路线，“九十度。”

跟公司的通信人员交谈时，克拉特喜欢拿出宇航员的腔调。确实，这件衣服臭不可闻，已经不适合穿，早就该弃之不用。光是抬脚迈步都十分辛苦。不过，这份工作也有令他骄傲的瞬间。比如教练们均为拥有这样一位高学历的学生欣喜不已，印象深刻！对于克拉特来说，这也是破天荒头一遭。

当然，不计其数的海国公民天生比他聪明，有些人的学识也在他之上。但却极少有人自愿从事此类危险的工作。公司的人说他是这份工作的“不二之选”。

想象一下，他这辈子从未百分之百胜任过任何工作！我想，如果你不在乎自己能活多久，一大波好事就会降临到你头上。

“四号信使，将呼吸频率调低到每分钟三十次。必要时，放慢脚步。十三号站点需要你的货物作为补充，但他们不着急。”

“是，是。”他更仔细地量着步子。毕竟，是克拉特决定接受这个任务的，因为这意味着他能够作为团队的一员建功立业。对他而言，这是另一个里程碑。

他入职的第一个星期，他们没完没了地让他参加测试，搞得他筋疲力尽……比如压力舱，灌满各种各样的气体，检查他在压力下的手眼协调能力。然后是化学敏感性测试和心理评估，他确信自己肯定通不过，但很显然，结果是顺利通过。

在日本西南海域,也就是此处,这家公司运作着一个庞大的项目。克拉特被派往海底基地时,才搞明白这个项目多么庞大,那里挤满了各种各样的技术人员——日本的、西伯利亚的、韩国的,还有其他国家的。他们谈及勘测和开采附近极具价值的矿脉,比起仅仅在开阔的海床上收集锰结核,这样的计划显然更具雄心。很明显,该公司是未雨绸缪,以免锰结核变得愈发稀少,并因此受到"保护"。

他偶尔也会听到工程师们说的内容,但大部分都听不懂。(这很可能是他被聘用的原因之一。)但有件事再明确不过,如果搜集结核本身就很危险,那么在半公里深的水下矿井工作则危险加倍!其实克拉特不太在乎这些。但也许这解释了该公司跟这座特殊的海国浮城之间的紧密关系——不分彼此,浮城甚至宁愿就在这片海域对抗肆虐的暴风雨,也不趁顺风驶往九州暂避一时,信天翁共和国无法拒绝工作机会和金钱。

说来也怪,他做的是一份下等人活——有他没他,根本无关紧要——却跟那些技术人员混在一起。他们显然个个薪资丰厚,还有公司买单的高额保险,可以免去后顾之忧。他本以为自己会被当成狗一般对待,甚至连狗都不如,但实际上,他们个个彬彬有礼,比渔船上的水手长和善得多,而且身上没有那股难闻的味道。

只是为什么,看在盖亚的分上,今天早上,他们本该在海里忙着挖矿才对,可每个人都兴奋异常,七嘴八舌地探讨着月亮的地图?

*我想,这跟我没有半毛钱关系。*就是这样。

现在，克拉特应该把他的包裹送到公司的一个前哨站，距离主基地十公里远。显然，这个站点非常隐秘，他们甚至不经常乘潜艇前往，以免竞争对手们用卫星追踪这些潜艇。像他这样的信使，独身一人，来回步行，无疑是将风险降到了最低。背上的包裹架上究竟放着什么，他不清楚，但他希望能按时把它送到那里，至少要努力一试。

克拉特伸出手，敲了敲头盔。头盔发出尖厉的声音，最近一两分钟变得越来越响。*所以呢？只有更糟糕的设备罢了。你还能期待什么？*

“嘿，控制中心。你们这些家伙，能不能干点儿什么，把这个垃圾——”

“四号信使……我们……”声音被静电打断，然后再次响起，“……最好……告这……务……”克拉特眨眨眼睛。他们究竟在说什么？他决定谨慎行事。*如果搞不懂老板们在说什么，那么继续埋头苦干就好。这可能不是他们期待的，但肯定不会成为他们解雇你的理由！*

所以他检查了头盔上的陀螺仪，略微调整了方向，然后继续前进，按照指令数着自己呼吸的次数。还要走几里路呢，重要的是把货物送到前哨站。

他艰难跋涉，耳机里的尖厉声响变得愈发强烈，听上去像一首古怪的音乐。音调相互重叠，以一种令人费解的节奏起起落落。这会是另一项测试吗？他们会让他说出那首曲子的名字？又或者他们只是拿他寻开心？

“嘿，基地。你们这些家伙在吗？还是不在？”

“……告，然后……回来，信使！我们遇……烦……”

这一次，他停下了脚步，感到愈发担心。他仍然没搞懂控制人员在说什么，但听上去不太妙。出于本能，克拉特想擦去鼻尖上的汗珠，但手套却撞上了头盔。他想揉揉眼睛，眼睛开始痒得厉害。

突然间，记起突击训练时学过的所有危险迹象变得很重要。氮麻醉是教练们反复警告的危险之一。潜水服的监测灯显示，气体平衡仍然处在正常范围……如果你信得过那些破旧不堪的仪表的话。克拉特试了试自己的脉搏，感觉它快而平稳。他用力闭上眼睛，直到感觉双眼疼痛，才再次睁开，期待眼前的那些斑点就此消失。

只不过，它们没有消失，相反，还蹦跳着，雀跃着，好像一群翩翩起舞的萤火虫钻进了他的头盔。它们的动作跟他耳机里传出的诡异音乐倒是很合拍。

哦，这真的太离奇了！

一道灰影从他身边掠过。接着又是一道，再两道。克拉特眨了眨眼睛。是海豚！最后一头停了下来，绕着他转圈，他俩目光相接时，它使劲地朝他点了点头，然后疾驰而去，追赶自己的同伴。克拉特产生了一种怪异的感觉，这生物试图告诉他什么，比如，或许它的意思是，*你最好快点儿，兄弟，你得明白，这样做对你有好处。*

“妈的。如果海底有什么东西把它们吓成这样……”

克拉特发现自己在它们身后拼命追赶,用最快的速度跋涉于满是淤泥的海底。很快,他就累得上气不接下气,心脏狂跳不已。我不可能跟得上它们!不管追它们的是什么,要抓我都轻而易举!

他边向前跑,边想回头瞧瞧,结果却只是被自己的脚绊了一下。放慢动作般的摔倒难以避免,以一段滑行收尾,在淤泥里犁出了长条形的坑。他趴在那里,呼哧呼哧地喘着气,此时此刻,整个世界对他而言,就是呼呼作响的空气压缩机,那令人作呕的音乐,还有某些在泥里爬行的东西,那些生物撞到他的面板上,在玻璃上留下一道黏液痕迹,然后又钻进泥里不见了。

或许,我可以在这底下挖个洞躲起来,他心想。

但是他没有那样做。他的内心天人交战,畏缩不前。还是转身面对吧,管它是什么呢。或许海豚生来就胆小。

克拉特突然想到了什么。可能是别的公司,想劫持我运送的东西。嘿!这就解释了那些噪声出现的原因!他们在干扰我的通信系统,这样一来,我被发现的时候,也无法呼叫求救!他还是执拗地做出决定,好吧,如果我送的东西这么重要,那么我绝不会让他们夺走它!

克拉特好不容易才站起身,泥浆从他的背带和肩膀上落下来。如果敌人就在附近,他们肯定能察觉到潜水服发出的声响,然后瞄准他。但他或许可以先找个地方,把货物藏起来!他费力地把那个笨重的包裹从架子上拽下来。有个技术人员把这东西叫作“圆柱形万向轴承”，又或者是别的什么。他只知道这东西很沉。

或许……克拉特环顾四周，心里盘算着……或许他可以把它埋起来，然后……赶紧离开，把那些坏家伙引到别处！但真要这么办，他最好把它埋在路标下面，这样才好再次找到它。为了不暴露通往公司秘密实验室的路，他计上心来，偏离了原先的方向。与此同时，克拉特四处张望，寻找任何用得上的路标，还要留神突然出现的黑影——流线型的微型潜艇，隶属于某家唯利是图的私掠船公司。

他快步穿过平坦但却泥泞的区域，注意到左侧有点儿动静。他转过身，正好看到一道突如其来的强光，那道强光似乎将大海整个劈开，晃得他目不能视。探照灯！他们来了！

他叹了口气，心情沮丧。时间太紧迫，来不及把货物埋起来了。现在，只剩一种选择，假装投降，然后，在最后时刻，或许他能把货物毁掉。当然，坚硬到能把它撞碎的只有潜艇的侧面……也许雷米或者罗兰德能想出更好的点子，他心想，但这已经是短时间内自己能想出的最佳方案了。克拉特开始朝着那亮光走去。那光亮得让人目眩。

事实上，它实在太亮了。他以前从未见过这样的探照灯。

而且，光束是垂直的，不是水平的。会不会是上面的什么人从海面向下射出的光？但这说不通啊！

这时，克拉特才第一次留意到……那道强光似乎正随充溢着他头盔的古怪节奏跳动着。它实在太大一束了,不可能是探照灯。此时他意识到,海豚们再次出现在视野之中,围着那道垂直的强光,在光束的周边嬉闹着。这根光柱的直径差不多有一百米。

它们竟然不是在逃跑。它们朝这东西游过去了！但它是什么?

海面上没有船只的影子。这道强光不知从何而来,它就那样出现了。克拉特蹒跚地走近那根耀眼的光柱,脚被泥里某个沉甸甸的东西绊了一下。一种硕大的黑色物体,大致呈椭圆形。讽刺的是,这是个锰结核,刚被聘用时,他以为自己会被派来搜寻的正是这东西。对于海国公民来说,这无疑是绝妙的发现。只是跟几分钟前相比,它现在似乎已经变得不再那么重要。

他离那根震动着的光柱越近,音乐就变得越纷繁复杂,越难以理解。克拉特在脑海中描绘出天使歌唱的画面,但这样比较,似乎也不太恰当。海豚们欢快地鸣叫着,不知怎么回事,海豚的欢叫声让他的恐惧减轻了许多。它们猛冲过去,在光柱外做着直立旋转动作,尖声叫着,配合着那诡异的歌声。

克拉特走近那光柱的边缘,伸出一条手臂。他感觉奇怪的潮汐牵引着他的血液流过血管,随着每一次搏动而变化,最终流回心脏。指尖遭遇阻力,继而顺利穿过,他感到一阵阵刺痛。

在强光的照射下,他那只黑色的手套也闪闪发亮,水滴嗞嗞作响,在胶皮手套上跳跃着、舞蹈着,继而蒸发,变成微小的气旋。他凝神注视,感觉头晕目眩。这么看,光柱之中可能存在着空气……

或者其他东西……又或者是真空。确定无疑的是，绝对没有海水。

他感到胳膊被推了一下。一头海豚游到他身旁，凝望着他。那一瞬间，他俩心灵相通，看到了彼此眼中折射出的辉煌景象。他和海豚都清楚对方看到了什么。克拉特再也按捺不住，咧嘴露出笑容，笑得那样灿烂。

然后，那头海豚又一次轻推他的胳膊，将它推到光柱之外。

接触不到光柱，使克拉特产生了撕心裂肺的感觉，好像体内有什么东西破碎了。克拉特突然想起了自己的母亲，忍不住抽泣起来。他很小的时候，母亲就离开了人世，让他孤身一人留在世间，辗转于不同的福利机构和官方慈善团体。他想回去，想再次投入那强光的怀抱之中，但海豚们不允许他这么做。它们把他推到一旁。其中一头还把瓶状的吻部塞进他两腿之间，把他的身体抬了起来。

"放开我！"他呻吟着伸出双手。但就在此时，他听到音乐的高潮响起，然后逐渐减弱。那辉煌的光柱变成金色，慢慢黯淡。接着，只听"砰"的一声巨响，整个海洋随之轰鸣，光柱突然间消失不见。

周遭瞬间变暗，他的虹膜无法快速适应。他从未见过这种画面，海水奔涌而入，将空竖井填满，而他和海豚们则被旋转、翻腾的巨浪攫住，犹如海浪中星星点点的水草。克拉特紧紧抓住氧气管，抓得很牢。

最后，当水流不再继续拖拽着他时，克拉特又一次摇摇晃晃地从泥泞的海底爬了起来。他花了点儿时间环顾四周，发现一切都不再旋转。接着,他意识到海豚不见了。光柱和音乐也是如此。甚至连耳中的轰鸣声、连那些令人不安的残影也渐渐消失。最后,他听到耳边有个声音在不停重复。

“……需要帮助吗?有一会儿我们的通信系统出问题了。部分人认为,或许我们离人们都在谈论的那种可怕的东西太近。真是太巧了!

“反正,四号信使,我们得到的数据显示你没事。请确认。”

克拉特吞了口唾沫。他费了好大的力气,才重新学会张口说话,“我……还好。”他赶紧四下打望,总算发现了货物的踪迹——就在几米开外。克拉特把它拿起来抖动着,更多的淤泥盖住了它,“需要我回到原来的路线上去吗?”

控制人员打断了他的话,“态度真赞,四号信使。但是不用。我们将派出一艘潜艇,载着几位要员去参加六号站点的落成仪式,正好顺路捎上你。耐心等待就好。”

这么说,他终究还是要去那儿……克拉特感觉他现在毫不在意。站在原地等候时,他比以往任何时候都渴望自己的手指能够穿过玻璃面罩,就像它们曾经短暂地穿过那光柱的边缘一样。在那几分钟时间,他的双手寻觅并最终获得了其人生中第一次真正的慰藉。此时此刻,他只想回味那份礼物,想得到一个擦拭泪眼的机会。

DEL有时候,我在想,动物们会怎么看待人类——尤其是人类的婴儿。因为这颗行星上再也找不到一种生物,能像婴孩那样令人厌恶。

婴儿又哭又叫,不分场合地撒尿排便,抱怨不休,空气中充斥着他们要这要那的叫喊。人类父母如何忍受自己的孩子,是他们自己的事情。但对于伟大的猎手们,比如狮子和熊,我们的婴儿无疑是可怕的。婴儿们准会讥笑它们,大声奚落它们。

“呦——吼,微不足道的野兽们!”婴儿似乎在喊,“这里有可口的美餐,又嫩又软,一口就能吞进肚里,且毫无反抗能力。但我不需要像其他物种的幼兽那样,总是一声不吭。我不会蜷缩在草丛里,默不作声,拿草丛当作掩护。单凭我的声音或气味,你们就能追寻到我的踪迹,但你们没这个胆量!

“因为我的父母是全世界最强悍、最卑鄙的混蛋,你们见所未见。如果你们胆敢靠近,他们会剥掉你们的皮,做成地毯。”

他们整天尖叫,整夜哭闹。如果动物们进行过投票,它们肯定会将人类婴儿选为最讨厌的生物。两相比较,成年人类只是非常、非常可怕。

——珍·沃灵,《忧郁的地球母亲》,环球书业,2032年【DEL超级访问代码7-tEAT-687-56-1237-65p.】

地　核

毛利守卫不让阿莱克斯去安加罗阿镇接同温层喷气机，所以他在谐振器大楼外等候。午后，凉风习习，他紧张地来回踱步。

即将到来的航班再次延误，得到这个消息之前，特蕾莎曾经过来一趟，陪他打发时间。"为什么斯皮维要用信使？"她问，"难道他信不过他的安全频道了吗？"

"你信得过吗？这些频道经过的那片天空，为所有人共有。之所以安全，只是因为军方支付了高昂的费用，并始终保持低调。那么，这些日子呢？"他耸耸肩，他的观点再明显不过，无须多做补充。如果这个信使携带的是他期待的消息，那么等待也是值得的。

特蕾莎温柔地推了他一把，"好吧，我敢打赌，如果知道送信的人是谁，你准会很开心。"

拥有特蕾莎这个朋友，他真的很幸运。她理解他，知道如何跟他打趣,让他摆脱挥之不去的阴郁情绪。阿莱克斯咧嘴一笑,“那么,你呢,莎莎?你死盯着阿姨派来的那个大个子厨师,别以为我没看到。”

“哦,他呀。”她脸红了一下,“就盯了一两分钟。好啦,阿莱克斯,我告诉过你我有多挑剔。”

的确,他对这个女人的复杂程度的了解,不断攀升到新的高度。比如昨晚,他递给她工具的时候,她正在“亚特兰蒂斯号”的仪表盘后面扭动着,他们聊了数小时之久。如果事情如预期般发展,他们明后天就要前往雷克雅未克,去所有人都在谈论的特别法庭作证。阿莱克斯觉得,在动身前,应该去帮她收拾一下那艘老旧的航天飞机。

在新西兰的地下洞穴时,大家的注意力都放在客观现实上——生存——那首次缓解了他俩的紧张关系。即便是现在,特蕾莎正用力拧紧一个螺栓,或者让某件陈旧的工具四十年来首次体验到动力恢复的滋味,她也感觉这种时刻跟阿莱克斯交谈要容易许多。所以,昨晚,阿莱克斯第一次听她从头至尾地讲述了她和琼·摩根,也就是他情人的陈年旧事。这让他感觉有些尴尬——但特蕾莎说,她现在喜欢琼。看在阿莱克斯的分上,另一个女人要回来了,她似乎也挺开心。

而且还因为所有人都认为琼会带回些什么——斯皮维上校做出让步的消息,这让特蕾莎开心的程度又添几分。

最近一次联络时，乔治·哈顿已经有所暗示，通过对方的行动，这一点也得到了证实。自从昨天阿莱克斯做出示范——将一座冰山轰向月球——全世界其他“凝视者”系统的活跃度突然大幅降低。日本谐振器的活动仍然处于较低的“研究”水平，也有来自其他区域的短暂闪光。但是北约-澳新军团-东盟庞大且全新的谐振器却悄无声息，偃旗息鼓，而原先的四台谐振器依照阿莱克斯稳步的计划，按部就班地把贝塔逐渐推出临界区，那些复杂超导线还在临界区闪烁着神秘的光芒。

现在，已经可以减少脉冲光波的数量了，每道光束都能更加精细地进行定位。可以预计的是，平民的伤亡将基本可以避免，过去数小时，紧张的外交局势也在逐渐和缓。随着特别法庭即将开庭的消息传开，甚至网络上歇斯底里的情绪也变得平静许多。

或许，人们终究还是会恢复理智，阿莱克斯边想边在实验室前踱步。跟他共处一段时间后，特蕾莎再次离开，回“亚特兰蒂斯号”继续她繁杂的工作了。阿莱克斯本来也可以回去工作。但这次，他只是望向绿草如茵的山坡对面，望着瓦胡岛支离破碎的狭小海湾，外加复活节岛那排举世闻名、却又令人生畏的巨像。在那些修复过的雕像之后，卷云在南太平洋上空堆积，就像被平流层的风扯碎的旗帜。

这里的确让他有所改变。早先，此处的男男女女也曾因为自己犯下的过错，艰难地对抗着随之而来的后果。但阿莱克斯在拉帕努伊岛受到的教育绝不仅仅是做历史比较。由于他在这里所进行的斗争有着极其特殊的性质，与过往相比，他现在更加清楚阳光、大海以及地心深处其他的力量是如何影响外面的风云变幻的。每一种力量都是自然网络的组成部分，而这一切迹象只能由你亲眼观察到。

珍是对的，他心想，万事万物都密切相关。

人们不必再对彼此的相互联系感到难以理解。它的的确确存在。你了解得越多，科学只会将这一事实越生动、越清晰明了地凸显出来。

从拉诺考火山悬崖峭壁的方向传来了若隐若现的声音——先是氢气引擎的呜呜声，然后是橡胶轮胎在砂砾上转动发出的抱怨声。他转过身，发现一辆汽车正驶近海茵玛拉玛警戒线，棕色皮肤的彪形大汉正在那里来回巡视，武器也已经拔了出来。查问过司机和乘客之后，他们挥手放行。汽车驶上山坡时，燃料电池发出更大的呼啸声。最后，车子在前门附近停了下来。

琼·摩根从车里跳了出来，她的秀发和亮蓝色长裙在风中飘摆。她张开双臂，想跑过来搂住他，他则紧走两步，迎了上去。“快点儿吻我，你呀，你这个惹是生非的家伙。”他高兴地照做了，尽管阿莱克斯抱着她的时候紧张得发抖。好吧，这当然是可以理解的。

“你演了出好戏，老兄！”她说着，抽出身来，“格伦和他的人花了数周时间，研究基于‘凝视者’的发射，而你却突然让他们陷入窘境！我笑得不行……当然是在离开房间之后。”

阿莱克斯笑着问:“你带来他的答复了吗?”

“除此之外,还有什么理由能让我大老远跑来?”她眨眨眼睛,拍拍自己的公文包,“来吧,我拿给你看。”

阿莱克斯让司机去接特蕾莎,琼挽起他的胳膊,拉着他朝入口处走去。然而,刚到门口,一个深色皮肤的大块头男人抱着胳膊,挡住了去路。“抱歉,博士。”他对琼说,“我得检查一下您的手提箱。”

阿莱克斯叹了口气,说:“乔伊,你的人在机场已经嗅过她的行李了。看在上帝的分上,她没带炸弹。”

“话虽如此,我是奉命行事。尤其是在发生了上次的事件之后。”

阿莱克斯皱起眉头。第一次蓄意破坏的举动仍然让他们迷惑不解。斯皮维强烈否认参与其中,而破坏者本人似乎跟北约或者澳新军团没有任何联系。

“没关系。”琼把公文包平放在一个大块头警卫的怀里,轻轻将它打开。里面有几个袋装数据体,两块阅读数据板,几张薄纸夹在一个文件夹里。卡普尔阿姨的人用嗡嗡作响的仪器扫描了公文包里装的所有东西,琼则眉飞色舞地说个不停:“乔治·哈顿听说曼内拉出现在这里,表情的变化那叫一个丰富,你真应该看看!刚开始是喜怒交加,最后则是不加掩饰的困惑。你知道的,乔治有多讨厌那样!”

“我的确知道,女士。”

琼和阿莱克斯转过身,见有人影从里面出来,慢慢走近。那人的身高几乎跟毛利守卫们相差无几，而且体重更重，是佩德罗·曼内拉，他步入阳光下的同时伸出了手，“你好，摩根博士。我猜，你带来了好消息？”

“当然，”她回答，“你可真‘壮观’呀，佩德罗！不管你之前躲哪儿去了，肯定吃得很好。”

第二个守卫把手提箱还给了琼。阿莱克斯说：“去我办公室，放斯皮维的消息。”

“干吗这么遮遮掩掩的？”琼拽着阿莱克斯往另一个方向走，“咱们就用我原来的工位。大家都应该听听这个消息。”

那个硕大的钙钛矿圆柱体好似一门巨炮，在其完美的轴承上保持着微妙的平衡。其下方就是琼曾经的控制台——当时，十几名技术人员刚开始在这座岩石嶙峋、饱经风雨侵袭的小岛侧面搭建营地，为找到对抗那巢中怪兽的方法绞尽脑汁。一直在该岗位工作的技术人员心甘情愿地为她让出位置。

“接着。”琼说着，从袋子里拿出一个数据立方体，开玩笑地扔给阿莱克斯。她坚持让他就座。他设置数据体的时候，观众们早已呈扇面形聚拢过来。有人从厨房里拿出几杯咖啡分给大家，等所有人都安静下来，阿莱克斯按下了播放键。

出现在他们面前的，是个身穿制服的男人，在桌旁端坐。他的头发长了许多，使那张布满伤疤的粗糙面庞显得稍微柔和了些。格伦·斯皮维望着他们，好像实时视频交流一样。他的双眼甚至似乎在追踪着观众们的身影。

“好吧，拉斯蒂格，”上校开口道，“人们似乎一直低估你了。我绝不会再那样想了。”他举起双手，“你赢了。不拖了，总统已经会晤了盟国政要。今晚，他们就会把所有谐振器的控制权全交给新的法庭——”

阿莱克斯身后的技术人员鼓起掌来，如释重负地长出一口气。劳心劳力数月之久，这个沉重的包袱似乎放下了。

“新法庭将设在冰岛，担任首席法官的是杰米·乔德里安教授。我想你认识他。”

阿莱克斯点点头。作为一名物理学家，乔德里安古板守旧，过分精细。但若是处在这个岗位上，这些性格特点或许再适合不过。

“委员会成员尚未正式会面，但乔德里安强烈要求你出席首次会议。他希望你能在最初的六个月左右负责所有谐振器的运作。他们还希望你成为首次新闻发布会的核心人物。如果你一直关注网络，就会清楚持续一天的会议是什么样子的！这次送摩根博士去你那里的超高音速器受命在安加罗阿等候，你方便时便可启程。”

“真是幸运的家伙，”一个新西兰佬故作嫉妒，喃喃地说，“冬天去冰岛，穿暖和点儿哦，巫医。”阿莱克斯忍俊不禁。“嘿，那我呢?”琼抱怨道，“你坐我的载具，却把我困在这里！”其他人发出假装同情的声音。

斯皮维的影像顿了顿。他清清嗓子，身子微微前倾。

“博士，我不想装腔作态，最近几周发生的事情的确让我们大为惊讶。我本以为我们能在消息走漏之前就早早完成实验。但事情并没有按照计划进行。

“不仅是因为你昨天那次短暂的演示，几乎西半球所有人都目睹了整个过程。就算不考虑你的事，仍然有睿智之人，他们本身就拥有给力的工具以及经过强化的‘雪貂’搜索程序。”他耸了耸肩，“我想我们应该了解得更清楚才对。

“但真正让我感到不安的是，人们如何谈论我们的意图。尽管有那么多的含沙射影，你一定要相信，我并非疯狂叫嚣的沙文主义者。我的意思是，老实说，如果我们只抱着发明某种超级末日武器的想法，我能说服这么多正派的男女参与其中吗？不仅有美国人和加拿大人，还有新西兰人、印尼人以及其他国家的人。这种想法显然是荒谬的。

“我现在明白了，我本该对你开诚布公。是我不对，以为你是想法狭隘的知识分子。相反，我发现自己败在一位勇士手下，这里的勇士有更丰富的意思。”他懊丧地笑笑，“我们掌握的档案的准确性，实在不敢恭维。”

阿莱克斯感觉到其他人沉默的视线，大家齐刷刷地朝他这边看过来。斯皮维说的这席话完全以阿莱克斯为中心，让他感到心虚。

“那么，你或许会问，我们的动机是什么？”斯皮维叹了口气，“今时今日，正义之士还能有什么目标呢？还有什么能比拯救世界更重要的呢?

“你肯定看过大家在网上做的那些经济-生态预测吧?呃,华府[1]拥有一个非常棒的趋势分析程序,到目前为止,已经存在了二十年,但结果实在太令人震惊,根本无法公之于众。即便走漏消息是不可避免的事,我们也全力阻止了,只为避免沮丧情绪和虚无主义的蔓延。

“简单来说,根据数据分析,我们目前的稳定状况可能会持续到下一代,至多。然后,人类都将直接堕入地狱,彻底湮灭。唯一的出路似乎需要以巨大的牺牲为代价……即实施严苛的人口控制措施,同时即刻大幅度降低生活水平。心理分析曲线表明,选民完全不接受这样的措施,尤其是这样做最多能拖到他们曾孙那一代。

“然后,你出现了,拉斯蒂格,证明我们的预测漏掉了某些关键信息……比如我们的世界正受到外星人的攻击!

“更为重要的是,你展示了如何将全新的、出人意料的杠杆应用于物理世界,找到了利用能量的全新方法。从未有过的危险让我们心惊胆战,从未出现的可能性让我们眼花缭乱。步入另一个时代后,这些力量会被勇敢者们掌握并加以利用,无论用在哪些方面。情况就像二十世纪冒险操控原子时一样。

“但我们一直在成长……成长是时下的流行语,不是吗?我们

①指华盛顿哥伦比亚特区。因美国政府位于该特区,所以“华府”也通常被用作美国联邦政府的代名词。

很清楚，对于新技术，必须小心观察。我并非完全反对科学法庭。谁又会反对呢？

“告诉我，拉斯蒂格，你认为新委员会接管‘凝视者’动力学这门全新科学后，他们会做些什么？”

显然，斯皮维是明知故问。阿莱克斯已经明白上校的意思。

“除了一两个小型研究所，他们将对这项技术实施全面禁用，并且严防死守，确保没有其他人能够发射哪怕一个重子！他们会密切关注贝塔的一举一动，同时将‘使用其他任何未经严格测试的“凝视者”’列为非法行为。哦，当然，这样做可以避免混乱。必须对这项技术实施严密监控，这我没意见。但你知道我们为何想要拖延一段时间吗？”

斯皮维双手按在桌上。

“我们希望完成‘凝视者’发射系统的研发，这是首要问题！如果该体系已被证明安全高效，政界首脑们也不能完全将其禁止。我们就能够保留一些珍贵而美好的东西……甚至可能是一条出路，能够让我们摆脱走向世界末日的命运。”

阿莱克斯叹了口气。特蕾莎应该听听这个，她鄙视斯皮维。然而，他其实跟她一样有着坚定的信念。显然，身居高位者也深受这种信念的影响。

“我们的预测结果表明，与三角龙相比，资源枯竭对人类文明的杀伤力显然要大得多——这颗可怜行星的天赋已经遭到极大的浪费。但如果将宇宙空间包括进去,那么一切都将发生翻天覆地的变化!只要将外太空数百万颗小行星中的一颗熔化,就能满足全世界整整十年的钢材需求,还有足够的金、银以及铂金,足以资助十多个城市重建!

“一切都在外太空,拉斯蒂格,而我们被困在这里,被困在地球重力井的底部。将所需要的工具从地底拖出来,开始利用这些资源的代价实在太过高昂……

“接着,你的‘凝视者’出现了……我的天哪,拉斯蒂格,你知道你昨天做了什么吗?朝月球扔了几吨冰?”斯皮维太阳穴附近的血管暴起,“只要你让那冰山的着陆速度放慢一成,就能产生足够的水,用于饮用和洗漱,从而形成一个数百人的殖民地!一年内,我们就可以开采月球上的钛和氦-3!我们就可以……”

斯皮维停下来喘了口气。

“几年前,我游说几个太空强国,说服他们在轨道上做黑洞研究,期待能发现类似于你偶然发现的那种东西!但我们一直以为数百万倍微不足道。请原谅我毫不掩饰的嫉妒……”

阿莱克斯身后有人低声道:“上帝啊!”他转过身,看到特蕾莎·提克哈娜站在他身后。脸色惨白。阿莱克斯觉得他知道特蕾莎为什么会这样。毕竟,斯皮维的话证明她丈夫并非致力于制造武器,而只是在努力用自己的方式,为拯救世界贡献力量。

对此,她恐怕会感到某种辛酸的慰藉,但随之而来的还有痛苦的煎熬，以及关于两人分开时还在冷战的记忆。阿莱克斯伸手去握她仍在颤抖的手，她则紧紧回握。

“……我想，我得请求你，请求你利用你对法庭的影响力，在发射系统方面再努努力，你举足轻重。至少得到多扔点儿冰的机会！”

斯皮维身体又向前倾了一些，距离镜头更近了。

“毕竟，仅是破坏偏执外星人要命的狂暴设备，还远远不够。如果它被归在极端危险之列，那还有何意义？

“但这东西可能是拯救一切的关键，生态……”

阿莱克斯全神贯注地听着，这个男人出乎意料的热情甚至让他有些着迷，他发觉特蕾莎也激动起来。因此，当他们身后有人发出一声令人胆寒的尖叫时，他们都惊得畏缩了一下。

“还给我！”

大家都转身去看，阿莱克斯眨了眨眼睛，才看清是琼·摩根正跟佩德罗·曼内拉进行一场力量悬殊的争夺！金发女人去拽她的公文包，阿兹特兰记者则用一只肥厚的手紧紧抓住公文包，伸出另一只手挡住她。尽管被她猛踢时，佩德罗面部肌肉有些抽搐，却依然寸步不让。与此同时，斯皮维上校仍在喋喋不休地说着。

“……创造如此丰厚的财富，可以极尽慷慨之能事，还顺道捎给我们星星……”

阿莱克斯站起身来，“曼内拉！你在干什么?!”

“他在偷我的手提箱！”琼喊道，“他想得到我的数据，这样的话，他就能抢先报道今晚的总统演讲了！”

阿莱克斯叹了口气。好吧，这听起来确实像是曼内拉可能采取的行径。“佩德罗，”他说，“你已经得到的这条内幕消息，任何记者都愿意为之付出生命——”

曼内拉打断了他的话：“拉斯蒂格，你最好来看——”他停住了，大口喘着气，因为琼绕着他转了一圈，用手肘猛击他胸骨下方，紧接着猛踩在他的脚面，最后一把将公文包抢走。但随后，她没有回到大家身边，而是转身跑开了！

“拦——拦住她！”佩德罗气喘吁吁地喊道。他惊慌失措的声音让阿莱克斯心里一凉。琼把手提箱举在身前，冲向高耸的谐振器。“炸弹？”特蕾莎脱口而出，阿莱克斯则在想，可他们分明检查过炸弹了呀！

另外，他简直无法相信会发生这种事。琼怎么会？

她越过巨型谐振器的围栏，一个毛利警卫探出手臂，想要抓住她，她却俯身从他胳膊下面钻过，朝那微光闪闪的圆柱体扑去。最后时刻，另一名警卫抓住了她的腰，但琼的表情说明一切已经太迟。她猛拉曲柄旁边的隐藏操纵杆，人们纷纷行动起来，寻找掩护之所。

阿莱克斯脸上的肌肉抽动着，准备承受一记暴击……

但是什么也没发生！

在场的人个个瞠目结舌，一语不发，视频里的格伦·斯皮维却仍在瞎扯。

“……所以我在发送这条信息时,会把我们搜集的所有表面耦合系数的数据库也一道发送过去。当然,你在很多方面都领先于我们,但我们也学到了一些小窍门……”

琼的脸上闪现过不同的神情,从胜利到惊讶,再到愤怒。她嘴里骂骂咧咧地,使劲捶打着手提箱,直到几位勇敢又迅捷的守卫将箱子从她手里夺走,推到外面。然后,佩德罗最终扭着她的胳膊,将她从谐振器旁边拽开,摁在扶手椅上。阿莱克斯把上校说话的声音关掉,现在,他的话突然显得无关紧要了,这确实有些可笑。

“这么说,一切都只是场骗局,琼?斯皮维负责吸引我们的注意力,而你负责破坏谐振器?”他的脉搏狂跳。被那军官故作真诚的态度所欺骗,比起被这个他自以为了解的女人背叛,简直不值一提。

“哦,阿莱克斯,你可真够傻的!”琼笑得上气不接下气,说话尖声尖气,带着一种做作的口吻,“你可以很温柔,我则爱你至深。可你怎么会那么容易上当受骗呢?”

“闭嘴。”特蕾莎平静地说,虽然她用的语气像是在参加商业谈判,但琼清楚地看到了特蕾莎双眼中流露出的威胁。她闭上了嘴。大家都屏气凝神,静候安保团队的报告。处理这个意料之外的大问题之前,最好别再让肾上腺素在他们的耳朵里鼓噪。

没过多久,乔伊就回来了,脑袋低垂,向阿莱克斯致歉,“没发现炸弹,巫医。只有一种液体悬浮催化剂—— 一种简单的纳米技术腐蚀促进剂——可能是针对谐振器的压电特性设计的。在她拉动操纵杆的瞬间，这东西就应该喷射出来，但喷口被压坏了，所以什么也没喷出来。确实够幸运的。够幸运，我们的记者朋友很壮硕。”乔伊朝曼内拉做了个手势，曼内拉眨了眨眼睛，目光中明显带着惊讶。

“他的手盖住了喷嘴，”乔伊解释说，“铰链也被弄断了。任何人都别跟他比赛摔跤。”

琼耸了耸肩，大家将目光投向她。“我之所以想到这个主意，是因为特蕾莎一直问我要洗涤酶，用来清洗她那艘旧飞船。你的警卫们已经习惯了我用小包装携带化学制剂。不管怎样，区区几滴就能让你暂时停工。准备一台新的谐振器需要几天时间——这就是我雇主所需的时间。”

“你没有刻意隐瞒什么吧？”特蕾莎问。

“我为什么要那么做？如果他们短时间内得不到我发出的成功代码，就会认为我没得手，并采取其他手段使你们停摆……比我尝试采取的方式暴力得多！这正是我主动请缨做这档子事的原因。你们是我的朋友，我不希望你们受到伤害。”

技术人员们窃窃私语，显然是认为她的话让人啼笑皆非。然而，在某种程度上，阿莱克斯却相信了她。*或许我必须相信，这个曾经跟我同床共枕的女人在意过我……即使她因为其他原因选择了背叛。*

“如果我失手了，他们只允许我说这么多，”琼神情紧张，继续说道，“我希望能够劝你放手。求你了，阿莱克斯，在场的所有人，请相信我的话。你们根本不清楚自己在跟谁对抗！”

有人给阿莱克斯搬了把椅子。他知道自己看上去一定面容憔悴，摇摇欲坠，但现在显然还要打起精神。他仍然站着。

“你的成功代码是什么？你怎么告诉他们你得手了？”

“听完斯皮维的讲述，你准会给他打电话，不是吗？我只需要趁机说上几句，那边跟我接头的人就能听到——”

“什么？你是说，斯皮维不是你真正的老板？”

琼的目光倏地移开，然后又再次移回，跟阿莱克斯对视。“你是什么意思？”她脱口就问，“他当然是……”

“等等，”佩德罗·曼内拉打断了他的话，“你是对的，阿莱克斯。有些事情不对劲。”他走近几步，怒视着琼，“你刚才说‘你们根本不清楚自己在跟谁对抗’，究竟是什么意思？你不是在虚张声势吧？我想，你要表达的完全就是字面意思。”

琼故作镇静，“我有吗？”

佩德罗搓了搓手，“我花了两个月时间，在伦敦采访那个施虐的绑架犯。你们知道吧？就是那个自称‘骑士桥告解神父’的家伙。通过撰写《劝说技巧》这本书，我学到了很多。有人有竹笋吗？或者厨房里有什么，咱们就凑合着用来动刑。”

琼轻蔑地笑笑，“你没那个胆量。”但当她与曼内拉对视时，她眼睛里明显流露出迟疑的神色。

“你这是什么意思，佩德罗？”特蕾莎问，“你认为斯皮维说的是实话？他也只是受骗者，跟咱们一样？”

阿莱克斯很感激她用了“咱们”这个词。当然，上当受骗的主要是他。

“你是宇航员，船长。”曼内拉回答，“根据你对他的了解，上校声称对全新的发射系统怀有热情，这样做有任何意义吗？”

特蕾莎勉强点头称是，“没——错。当然，或许我愿意相信。这样的话，会让贾森离世前所做的一切显得更加高尚。这意味着，我们的首脑们并不像他们二十世纪的前辈那样，只是些信奉民族主义的混蛋，尽管受到误导，但至少为实现计划做出了努力——”她摇了摇头，“格伦听上去真情流露。但我说不准。”

“还有一件事不那么主观，那就是动机？如果今晚一切都要提交国际法庭，斯皮维和他的老板们究竟出于什么动机，要让这个站点停摆？”

“只有一个理由说得通，”阿莱克斯回应道，“除非让站点停摆的计划也包括将我们干掉，而斯皮维承认他不希望实施这样的计划。”

特蕾莎又摇了摇头。“不！他说他希望推迟国际法庭接管这一技术的时间，至少拖到‘凝视者’的空间发射方案得到验证之时。但别忘了，对于长期监控的原则，他又选择接受。”她皱起眉头，“阿莱克斯，这根本说不通！”

他表示同意，“现在制造混乱，又有谁能捞到好处呢？如果总统不在演讲中吐露一切,网络将会爆炸。”

“不仅仅是网络,”曼内拉补充说,“现实中还会发生骚乱、罢工……以及一场重力激光军备竞赛。穷国和跨国公司会利用这项技术,袭击敌对国家的首都,或者引发地震,又或者——”他摇了摇头,“一旦发生这种状况,究竟谁能从中获益呢?”

“不是格伦·斯皮维。”特蕾莎言之凿凿地说道,现在她已经确信无疑。

“也不是任何一个太空强国。”阿莱克斯插嘴道。

一位技术人员问:“那还剩下谁?”他们注视着琼·摩根。她环视一周,看到那一张张紧张的面孔,叹了口气说:“你们个个聪明绝顶,掌握着最尖端的技术,拥有信息板以及预补偿方案,还有忠诚的雪貂搜索程序去获取数据。但你们获得了什么信息呢?朋友们,只不过是网上的东西而已。”

阿莱克斯皱起眉头,“你在说什么?”

她看了看手表,神情紧张,“听着,我早就应该提交报告。我的——主人们——随时都会知道我没能得手,然后采取更极端的方式来解决问题。求求你了,阿莱克斯,让我完成任务,然后给他们打电话——”

突然,一处控制台传来刺耳的警报声,打断了琼的话。一名技术人员冲过去,低头看着显示器,“我捕捉到的共振来自两个——不,是三个——大型谐振器……位于撒哈拉、加拿大以及西伯利亚的某处！”

琼站了起来，一名守卫抓住她的胳膊，她使劲想要挣脱，“太迟了。他们肯定感到不安了。阿莱克斯，求你，让大家都离开这里！”

特蕾莎从人群中挤过，来到这个金发女人身旁，“你说的他们到底指的是谁？照我说，不如让佩德罗按他的方式来……”她瞥向另一侧，但阿莱克斯早已不在那里。

他一屁股坐在工位上，戴上静默输入设备，下达指令：“给我刚才那个谐振组的投影！放大贝塔下方的幔核边界。显示所有可能的能量线。”

“这就搞定，巫医。”

先前的那段视频信息停留在最后一帧——画面上的格伦·斯皮维正满脸希冀地对着镜头微笑。现在，那画面消失不见，取而代之的是熟悉的地球剖面图，炽热璀璨，却又变幻莫测。脉冲光柱从球面北部的三个点向内猛冲，朝极深处的会合点推进。两束光不断相互碰撞，再分开，它们的交会点也摇摆不定。

“我之前从未见过这些发射点。”坦戈帕鲁的一位科学家说。但另一位评论道：“我……我想，我或许见过。昨天，我们击中冰川后，出现了几道脉冲波，转瞬即逝。可其迹线看上去就像是我们一直捕捉到的那些奇怪的表面反射波，所以我猜想……”

若是训练有素的专业人士，能看出那几道侵入光束在能量充溢、磁场丰富的下地幔中排列成行。贝塔奇点仍在不停绕行，穿过这些区域谜一般的电流，贝塔作为它们的镜子，将它们的努力集中在一起。紫色的圆点闪烁着微光。

“他们在经验方面稍有欠缺。”阿莱克斯身旁的某位技术人员嘀咕道，“但他们清楚自己在做什么。”

“这就进行推算……盖亚！”第一位技术人员惊叫，“那道增强的光束会朝这边射来！”

阿莱克斯实在太忙，根本无暇转头，因为如果那样做，就会打断静默输入。使用这种精密的输入设备就像在一根绷紧的钢丝上全速奔跑。讽刺的是，若要发出警告，通过他面部的虚拟影像，比他自己说话还容易得多。

“莎莎！”阿莱克斯继续工作，虚拟影像则高声喊道，“让所有人离开这里，控制人员留下。带他们往西走，听到了吗？往西！”

如果换成别人，或许会因为心中的爱意，一时冲动跟阿莱克斯争论，但特蕾莎不会。她会评估目前的情况，认定即便自己留在这里，也帮不上什么忙，便毫不犹豫地选择了服从。果不其然，阿莱克斯听到她在发号施令，将其他人撵到外面，让他缩水了的团队可以在相对安静的环境中工作。

战场上的安静。阿莱克斯觉察到，在他的指挥下，这个庞大的圆柱形谐振器陡然调转方向，开始搏动，准备为地表数千千米以下的一场战斗贡献自己的力量。接下来展开的是一场类似于重力击剑赛的较量——当对方的三道光束尝试联手出击，他这方的光束则奋起反击，予以封挡。它们在贝塔这面光华闪烁的镜子上反射，穿过细长的瞬态超导线，近期，这些丝线呈现出前所未见的复杂秩序，从地核边缘升起，形成了薄纱般的环状，以及光彩夺目的弧形结构。

前一阵子，阿莱克斯将这些环状物比作“日珥”——日食发生时出现在太阳边缘的等离子弧，它将强烈的电流从恒星表面推向太空。类似的定律也适用于地核附近，尽管规模存在极大的不同。如果阿莱克斯不是忙着为拯救他们的生命而战，这样的比较还是很有趣的。

被调谐重力的手指拨动时，成千上万的神秘丝线震颤着，激发释放出被压抑的能量。某些射线经由贝塔散射出去，增强的闪光呈现出螺旋状，不规则地移动着。没时间思考对手们如何在这么短的时间内掌握了这种诀窍，甚至也没时间思考他们究竟是何方神圣。阿莱克斯忙得不可开交，抵挡着对方的三道光束，不让它们合为一体，形成致命的相干聚合光束。

阿莱克斯目睹越来越多丝线微光闪烁，分秒不差地随着他的节奏颤动。其他闪光则伴着他那未知敌人的旋律闪烁。每道闪光都代表大片的半熔融岩石的出现，位于地底深处的实体心动意转，数百万吨岩石的状态因此发生了改变。

“我们拖不了多久！”一名技术人员喊道。

“等等！我们必须通力协作，”阿莱克斯敦促道，“要是——”

眼见屏幕上泛起涟漪，他猝然收住话茬儿，静默输入设备将他的声音放大,传进地球深处。阿莱克斯改用喉头轻微颤动的方式沟通,利用设备向其他人传递信息。

看看这个!他催促,突然将复活节岛的谐振器从这场冥河之战中撤出。

因为突然缺少抵抗,对方的光束稍有踯躅,过度补偿让它们略感困惑。接着,似乎无法相信如今已经畅通无阻,三道光束再次暂时汇聚。

其他人……全部撤离!他下令,我来接手!

助手们纷纷照他的吩咐去做,他听到椅子嘎吱作响乃至翻倒在地的声音。纷乱的脚步声由近及远,朝着门口的方向而去。“别拖太久,阿莱克斯!”有人高喊。但他的注意力已经集中到前所未有的程度。敌方的光束碰触到贝塔,捕获,最后终于实现谐振。

然而,与此同时,阿莱克斯产生了一种莫可名状、近乎疯狂的感觉,感觉自己跟恶魔般的奇点合二为一。不管敌人对贝塔的了解程度如何——毫无疑问是通过窥探他的文件——他仍然是世间最熟悉贝塔的人!

如果我耗到最后一毫秒……

当然,没有人能如此巧妙地控制光束。由于并非实时控制,所以他提前选好了对策,并将操作权交托给提前设置好的程序。此时此刻,已经没有机会核对代码。

去吧!在最后时刻,他将替身战士放出。在他身后,谐振器似乎在愤怒地咆哮,发出的声响类似于猫科动物战斗时的嘶吼。

为时已晚,逃跑已经来不及了。阿莱克斯抑制住肾上腺素的喷涌——这种反应古来有之。想当年,先祖们习惯用双眼分辨危险,用四肢的力量及顽强的意志面对危险。至少,后者仍然有效。当命运从地球最深处向他猛冲过来,他强迫自己泰然处之,静待最后时刻降临。

DEL

斯内克河平原绵延不绝,荒无人烟,遍布火山渣锥,从喀斯喀特山脉一直延伸到黄石公园,露出地表的浅色流纹岩,这个伟大的公园也因此而得名。在夏威夷和其他几个地点附近,狂暴的针形物取代了地幔平静的正常对流。某种纤细的东西炽热到足以熔化花岗岩,在北美板块下方缓缓推进,历经数百万年,切割出这个广阔的山谷。

从地质学角度来看,这样的速度很快。但也没有任何定律规定,不能继续加速。

外逸层

向西跑出大概一公里后，他们停了下来，但并不是因为已经安全。即便跑再远，也无法抵抗那或许正疾驰而来的东西，躲避伤害。

他们之所以停下来，是因为这些久坐不动的知识分子们只能跑这么远。看到琼·摩根气喘吁吁，面色苍白，特蕾莎不禁有些窃喜。那女人的样子还真可怜。*她活该*，她暗想，不禁有些幸灾乐祸。由于她是负责人，特蕾莎点了点人数，很快发现人不齐。

曼内拉，该死！她转身对毛利安全主管说："乔伊，让所有人留在这里。我去找佩德罗。那混蛋很可能正把一切都拍下来，想要留给子孙后代看！"

她朝山下奔跑的同时，完善了这个想法。*记录下灾难现场的惨状。能够看到他留下的影像的，恐怕只会是来自某颗遥远星球的外星人！*

在返回谐振器楼的路上，她看到十几个男女突然拥进午后的阳光里，磕磕绊绊，跌跌撞撞，朝她这个方向逃过来。太好了。阿莱克斯一开始就不该留在那里。

接着，她意识到佩德罗和阿莱克斯都不在其中。“该死！”

现在她全速冲刺，与那些忙着逃命的技术人员们擦肩而过，速度快到他们看都看不清楚。但接下来，这种视觉模糊就不再完全是高速移动的结果了。她感觉眼球和鼻窦一阵刺痛，耳朵里也响起尖锐的鸣叫声，这种鸣叫声越来越响，最后她感觉似乎教堂所有的钟琴都在她周围轰鸣。就连枯草也随着这愈发洪亮的音调起伏摇摆。大地摇晃，她的双脚也不由自主地随之起舞。

接下来，特蕾莎意识到自己摔倒在地，她感觉糟透了，想搞清楚哪条路是往北的。脚下的土地好像陷了下去，强风鞭子般猛抽着她的衣服。

那么，轮到我告别了？像贾森那样？

或许，我能保持清醒，直到再次目睹星辰。在我昏厥之前，看看我最终的轨迹。

她深吸一口气，准备迎接天空。

但随后，先前的地动山摇似乎平息了。特蕾莎紧紧抓住满是石子的泥土，感到边缘锋利的草叶割破了她的手指。她的呼吸依然急促。尽管头晕目眩，耳朵嗡嗡作响，她还是挣扎着抬起头，映入眼帘的是一个陡坡，一片海……还有一张可怕的巨脸！

她很快意识到，这是那些巨型雕像中的一座。她摔倒在那些土著石像附近。随着她的视觉焦点从扭曲转为多彩，更多的巨像进入视野。

现在，一切都变得清晰、鲜明了，但染上了一种异乎寻常的色调——那诡异的色调在大面积扩容的光谱之中变幻不停。不知怎么回事，特蕾莎知道，她准是直接看到了红外线、紫外线或者其他肉眼本不可见的奇异波段。这种效应使眼前的幻象变得愈发强烈……那排雕像摇晃着，颤抖着，就像沉睡的古代神祇回应着奥林匹斯山发出的警报。

这并非幻象！巨像中的四个从其基座上挣脱开来。它们摇晃着甩掉积聚数百年的碎渣，灰尘被风吹走。现在它们熠熠生辉，旋转着移向她。

特蕾莎全身战栗，记起阿莱克斯曾经向她描述过置身于电闪雷鸣的暴雨之下使他拥有了近乎疯狂的洞察力，那时，他首次意识到，贝塔那邪恶的复杂结构或许并非出自人类之手。*这就是那个吗？*她想知道，*琼会不会为我们的外星敌人效劳？如果它们亲自出马，我们哪里还有什么机会？*

在“凝视者”光束特有的古怪脉冲束之中，那些巨像似乎停了下来，绕着同一个中心转圈。可当它们跳起一支慵懒的舞蹈时，她感到另一波威力更强的脉冲正在地底聚积。特蕾莎想移动手脚，逃离此地，却突然被压在地上，像被巨人的手摁住了。潮水冲刷着她的内脏，将她的肝压在那颗怦怦乱跳的心脏上。一声惊叫从她张开的嘴巴里挣脱出来，就像灵魂要从肉身之中抽离出来一样。

她觉得自己就要爆裂开来了，但那股力量突然荡然无存。特蕾莎感到一阵恶心，她眨了眨眼睛，发现那些巨像不见了踪影。它们匆匆离去后，重力脉冲的尾部瞬间使她处于完全失重的状态，一阵狂暴的飓风陡然刮起。

犹如星际航行的快慰体验让特蕾莎产生了熟悉的感觉，但她很快就发现飓风正在把她抛向何处……一个深邃的洞穴，正是先前那些石头神祇矗立的地方！一阵微型飓风将她拖向那个坑洞——闪烁微光的椭圆形深坑。她抓向深植于泥土之中的青草，抓向任何可能抓到的东西。她的双脚坠入空洞，然后是双腿，臀部。当十指不再有任何东西抓握，她绝望地叫出声来。

突然，她就像一面旗帜，在狂风中飘扬，却屹立不倒。最后时刻，她伸出的一条手臂抓住了什么。

或者是有什么抓住了她！她扭过身子，看见一只强健的大手牢牢钳住她的手腕。这只手后面是手臂和宽厚的双肩……最终与佩德罗·曼内拉的头和脸融为一体。

那暴风来也匆匆，去也匆匆。气动升力消失了，就像身体下面的一张床突然掉落，使她以惊人的弧线下坠。她重重地撞在玻璃般光滑的墙壁上，感到头晕眼花，疼痛阵阵袭来。

意识在摇摆，折磨却并未就此结束。她的手臂一再被拉拽，有节奏地升升降降，疼得犹如深陷地狱。她感觉自己正被向上拉，缓慢地向上拉，来到洞边，翻过光滑冰冷的边缘，停在拉帕努伊岛粗糙的玄武岩砾石表面。

不知怎么回事，最后，她和佩德罗并排躺着，筋疲力尽地大口喘着气。

“我……看到拉斯蒂格成功……改变了对方光束的方向，”曼内拉解释道，“他无法把它一直推向大海……所以我到外面来看看。

“然后就看见你掉了下来……”

特蕾莎碰了碰大块头记者的胳膊。他无须再解释下去。“那么说——”她又深吸了几口气，眨着眼睛驱散了眼前的朦胧，“那么说，阿莱克斯成功了。”

接着，她热情高涨，翻身趴在地上，大笑着说：“他做到了！”

佩德罗说：“是呀。我很抱歉——”

特蕾莎坐了起来，“抱歉！你为什么要道歉？”

曼内拉盯着旁边那个坑，他刚把她从那里面拉出来。“那一阵风刮走了我的‘真实-虚拟’护目镜。我想知道，这洞到底有多深……”他摇摇头，转身面朝着她，“但没能如愿。我的意思是，我为‘其他人’感到抱歉。我敢说，现在轮到拉斯蒂格反击了，他们的日子肯定不好过。”

特蕾莎瞥了一眼谐振器所在之处，阿莱克斯刚刚在那里孤军奋战。就在上坡的时候，她看到一群坦戈帕鲁工程师争先恐后地往回跑，与他们的巫医并肩作战，他们个个面露羞愧，因为抛下他独自对敌。特蕾莎觉得这种情况不会再发生。

工程师们身后，守卫们簇拥着琼·摩根，她面带惊讶，默默地望向四周，这让特蕾莎心满意足。“来吧，佩德罗。”她对大个子记者说，同时伸出手来，“你可以晚点儿再去找你的录音机。现在，先得看看有什么我们能派上用场的地方。”

DEL

在黄石公园，游客们在热气腾腾的间歇泉旁边摆着姿势。周围则环绕着火山渣锥和其他证据，足以证明这曾经是片狂暴的土地。然而，他们没有发现任何真正与自己相关的东西。毕竟，那些东西很久很久以前就已经存在。

然而，今天，“老实泉”让他们大吃一惊。每到喷发时间，它冒出的蒸汽不再潮湿而清澈，反而变得炽热无比。

这确实是场精彩表演。或许，比游客们期望的还要精彩。

全息球

随着时间流逝，完全属于她自己的只剩轮廓——那些经线和纬线。至于其他部分，则变成经各方努力打造出的综合体，由各种元素拼接而成。虽然一有新元素加入，珍本就大胆的基本思维过程模型就会变得更加复杂，但如今，其大部分新拼版都是网络这口浩瀚巨井喷涌而出的片段。

“雪貂”搜索程序为她带回一些零散的信息。但最近，令人担忧的旋涡汹涌澎湃，贯穿全球数据核心，导致这些小型软件使者迷失了方向。她现在得到的帮助大多是实时的，来自真实存在的男男女女——她的研究伙伴和同事们，他们知道她的访问密码。起初，他们只是偷偷关注她的研究进程，但很快，由于好奇心被激发，他们纷纷开始主动提供建议。

第一个直抒己见的，是来自上海的李翔——观察她的模型几小时之后，他就公开了自己的身份。致以歉意的同时，他指出一个缺陷。如果不予纠正，她的研究就会陷入困境。幸运的是，他手头就有适合的解决方案。

布拉格大学的老拉萨姆接着登录，带来了自己的宝贵意见，然后是伦敦的波琳·科克雷尔。此后，传言以电子的速度飞速散播，吸引了全世界专家的注意。有用的建议纷至沓来，速度远比珍大海捞针时快得多，所以她委托其代理人——既有人类专家，也有虚拟程序——去完成糠中取麦的任务。

当然，目前，传递着焦虑情绪的讨论如浪潮般席卷网络，而这不过相当于一圈涟漪。珍明白，她和其他人都太放纵自我。或许，当人们因行星的生存问题焦虑不已，所有系统纷纷瓦解时，他们不该如此一门心思地专注于一个抽象模型，而应该多多留意各位总统、秘书长以及各体系权威人士的态度。

然而，这样的时刻在科学领域却极少出现。研究人员的工作多是日复一日的苦差事，辛苦程度丝毫不亚于面包师或者杂货商。不过，辉煌瞬间时不时也会到来——范式转换，或者理论变革。珍和其他人都被创造性突破的势头所吸引。没人知道头脑风暴能够持续多久，但就目前而言，整体的效果远远超越各部分之和。

……对半随机记忆关联的前意识筛选不能太严格，在她左上方的位置，李翔用一行亮色字母评论道。**毕竟，如果没有这些突如其来的微小记忆以及冲动，意识会变成什么样呢？随机性显然会很**

强,但……

李的评论本身并不特别重要。但与评论同时发来的软件包却弥足珍贵。快速模拟测试的结果表明,它不会破坏大的模型结构,倒也许会增加总体的灵活性。因此,她将其拼进不断壮大的整体,然后继续自己的工作。

贝尔实验室的一份数据传了过来,上面盖有印章,说明已经得到波琳·科克雷尔的支持。珍正准备亲自评估一下这份数据的价值,突然,一道旋涡状的炫目色彩吸引了她的注意,她望向最左边的显示屏。

又是那头该死的老虎！珍不清楚这东西代表什么,也不知道它为何久久不去,更不明白为何她每次看到那头老虎,它都是伤痕累累的,一副刚打完架的样子。不久前,她曾将该图像作为其保护–筛选程序的图标,保护这一计算机网络,杜绝任何外来者未经允许贸然侵入。但现在,她的数据域已经广阔许多,回想起来,此前所做的预防措施似乎有些微不足道。

那头老虎似乎已经遍体鳞伤。一侧的皮毛甚至被烟熏黑了,好像是被某种可怖的火焰烤焦的。伤口汩汩冒血,似乎是最近刚刚被爪子抓伤的。然而,它仍在咆哮、挑衅,时不时转过身来,盯着潜伏在屏幕外的什么东西。

尽管珍此刻心烦意乱,它隐含的意味还是令珍心中一动。在这个虚拟网络世界的某处,有什么东西或什么人正企图侵入,而这并非其同事所为。

那么，会是谁呢？又或者，会是什么东西呢？

老虎抬起一只爪子，好像在回应她的疑问。那只爪子上扎着的东西发出淡淡微光，似乎是一片亮闪闪的蜥蜴鳞片……

珍摇摇头。她没有时间考虑这些鸡毛蒜皮的小事。她的模型不断发展，积累动力。现在，她全部的注意力都花在一路前行上了，这里指点指点，那里调整调整……

"——只得请您归还借您的内存和处理器，沃灵博士。您懂我的意思吗？这是场危机！我们听阿莱克斯说——"

现在说话的是建大，他正通过对讲机嘟嘟囔囔。她心烦意乱，将电源关掉。这该死的家伙总是打断我的思路！珍的电脑内存总是不够用！她甚至利用了恩德贝莱，占用了库维内兹州城市电脑的存储空间。谢天谢地，外面已经入夜。等到明早，一切可能已经完成，接下来，她要做的将是对付蜂拥而至的管理人员，他们恐怕全都怒不可遏。

她隐约听到建大及其团队成员在大呼小叫，努力让他们那台庞大的谐振器突然提速，显然，他们身处在现实世界的某个地方。然而，珍已经跟现实世界没有多大瓜葛。通过静默输入设备以及细致的手指控制键，她制造出的小程序个个饥不择食——这些因一时冲动设计出的代理程序奋勇争先，上天入地，只为得到更多内存；它们想方设法，无所不用其极，只为完成这个目标！如果这样做真的奏效，任何存储及计算所花的费用都能够得到超过百万倍的回报！

这样的任务仅靠“雪貂”或“猎狗”程序显然无法完成。她需要的代理程序必须百折不挠，不达目的不罢休。因此，她描绘出的新代理程序是她自己的微缩版本，她望着电脑根据记忆—— 一张老旧的书封照片——画出的图像，不禁笑了起来。图像里，她穿着土褐色的纱丽，正在参加一次盖亚祭祀，脸上挂着慈母般的微笑，那微笑里透露出耐心和决心。

这些虚拟的微小自我确实势不可挡。一群不可阻挡的老太太聚集在主集群系统附近的中央全息影像中，正摩拳擦掌，准备高歌猛进，为不断发展的模型寻找更多空间。

然后，就在她即将把她们悉数派出的时刻，事情发生了翻天覆地的变化。

如果思维与机器之间真的存在直接联系，珍或许会在那一刻丢掉性命。即使二者只是通过全息屏幕和静默输入设备连接，她也感觉身体受了重击。在三次心跳的短暂时间内，她控制台中的一切被尽数吸出，沿着高速数据线发送到……只有老天才晓得其目的地！

她万分沮丧，透不过气，目睹她的代理程序、子程序以及同事们的真知灼见——甚至整个该死的模型如同洗澡水一般被抽进了饥渴难耐的下水道！几分钟前还围绕在她身旁的那些错综复杂、彼此交错的图案，现在旋转起来，消失在一个可怕的洞里。

最后一个离开的是她那头老虎。它被拖向深渊时，始终哀嚎着，四只利爪刨着挖着，在一块块屏幕上留下一道道荧光的爪痕。

随着那头老虎逝去，从最左侧，另一种虚拟生物进入了她的视线——这生物身形更庞大，模样也更令人生畏。刹那间，珍感到全身麻木，她突然明白了，这就是她那头大猫一直与之搏斗的软件实体——它总算侵入了期待已久的计算机网络，却跟其他东西一道，被扫进了虚空。这条巨龙对她嘶吼示威，大声咆哮，挥舞着一条亮闪闪的蝎子尾巴，令人毛骨悚然，但那诡异的吸力也将它拖进了虚空之中。

珍眨眨眼睛。不一会儿，一切戛然而止。她猛按重置键，几台显示器即刻再次亮了起来，但她努力工作的成果却荡然无存。取而代之的是地球内部几块闪着光的长条形地带——谐振器操作团队所使用的剖面图。

这么说，不是电力故障。坦戈帕鲁团队的计划毫发无伤，倒霉的只有她自己的项目！

“建大！”她尖叫道，“你搞什么鬼！”

内存。她模模糊糊地记得，建大要求她归还此前借的电脑缓存。哦，那个杀千刀的家伙准是亲手把它拿走了，而在整个过程中，还顺道把她的模型直接送进了地狱！

“你这个混蛋，建大。等我抓到你……”

几小时以来，她第一次将目光从屏幕上移开，瞥向控制台周围。本来,其他人一直围拢在那里,全神贯注地注视着岩浆和地幔,地壳和地核。那台庞大的谐振器光华闪烁,悬浮在无摩擦轴承上。其他工位的灯无一例外地亮着。

但视线之内空无一人,只剩下机器。

“建大? ……吉米? ……有人吗?”她甩掉了静默输入设备,突然再次沉浸在真实的声音之中。首先传来的是响亮的呜呜声,她想起自己以前曾经听到过这种声音。当时,她和这群新西兰佬刚刚入驻这些废弃的矿井,建大坚持要进行所有那些该死的演习。

疏散警报。

过早地被从此前那种深邃而又美妙的冥想状态中割裂出来,珍发觉自己很难集中精力思考。她仍在哀悼那美轮美奂的模型。因此,几秒钟过后,她才设法把注意力集中在更为紧迫的问题上……比如建大和其他人为何匆忙撤离。

一切看上去那样安静平和。她没闻到任何烟味……

珍的目光扫过空空如也的房间,最后停在她面前的全息图上——全息图此刻所展现的地球内部,满是泛着红光的花格以及神秘莫测的符号。不一会儿,她就明白了其他人逃离的原因。

*一组“凝视者”脉冲波……朝这边射来。*随着时间一分一秒地过去,结局似乎已经不可改变。

尽管心不在焉,珍仍然具备足够丰富的经验,观察建大的操作,清楚那三个以前不为人知的谐振器是如何携起手来,压过了他们为时已晚的抵抗，令新西兰佬们大跌眼镜。不论是谁，只要找到正确的谐振，无须几次爆炸，就能看出其恐怖的输出量会轰向哪个方向。

其实，即使是现在，也就是她坐在这里的同时，引力波照样在这片空间里穿行！只不过它们尚未跟普通的地表物质耦合——只有少数频率和阻抗的引力波能够做到这一点，但很快，匹配就将实现。难怪建大和其他人都离开了！

珍注视着三千公里以下闪耀的圆环和螺旋，在那里，在地球最狂暴的界面，各种矿物和金属相互混合，又再分离。在全息槽中，巨大的熔融电日珥显现出薄纱般的纹理。转瞬即逝的超导性丝线悸动着，伴随着人类目空一切的干预行为，贝塔本就微弱的闪光变得忽明忽暗。

珍哼了一声，以表达心中的嘲讽。那就是我所有成果的归宿……建大肯定把电脑里的一切都拿走了，然后一股脑儿倒进谐振器，想要阻止它们，但却徒劳无功。

失败后，他命令所有人撤走。

她突然轻笑起来。即使是射偏一些，那些来历不明的敌人仍然能够把这几座摇摇欲坠的矿井夷为平地。建大和其他人也许能及时脱逃，但很明显，对她来说为时已晚。

我想，在惊慌失措的情况下，没有人会为角落里那个惹人烦的老妇人费心，那个总是让人讨厌的老妇人。瞧吧，沃灵？我告诉过你，坏习惯可能会带来致命的后果！

谐振器嗡嗡作响,很明显跟地底所有的狂暴活动有关。

好吧,我还是选择剧院里最佳的座位吧,她心想,再次拿起静默输入设备。就让我们瞧瞧,大地母亲给我准备了怎样的结局。

DEL嘿,等一纳秒!你们有人搞懂了吗?我还以为地球内部的所有这些糟心事早就结束了呢!

是啊,我知道……但我的一只“雪貂”刚刚捷传回来一堆不知所谓的新谜题!这里,伙计们,复制这个……是啊,来源也是没听说过的新地方。这东西就像四期癌症一样不停扩散!

……好主意。咱们用十分钟对这组关联进行分析和快速梳理,伦斯曼,你去查查线上的地震数据库。大和姑娘,看看你安设在联合国的窃听软件有没有什么发现。鲍里斯可以快速浏览公共传媒,戴蒙德则负责监听北美盖亚教会流言中心,我来瞧瞧其他黑客组织有什么收获……对了,或许环保主义者也知道些什么。

就这么办?搞定好把资料捷传给我!

生物圈

纳尔逊担心白蚁。

具体地说，近几天，方舟里的蚁群一直行为古怪。这些昆虫并没有派出工蚁，排着曲曲折折的纵队，去寻找正在腐化的有机物，而是在它们的锥形巢穴附近跑来跑去，用无数小小的大颚取来新泥，发疯似的加固蚁穴。四号方舟各层的白蚁都是如此。

周四，纳尔逊将蚁群的早期迹象上报，然后只能耐心等待布凯利博士麾下的科学家对他提供的样本进行分析。最后，今天轮到他来上晚班时，一位下了白班的工作人员离开前对他说："白蚁，跟火蚁一样，对电场极其敏感。"这位正值妙龄的女昆虫学家告诉他，"它们能够感受到的变化，如果不借助仪器，你我永远也不会注意到。

"明天，我们会去检查下有没有短路的情况。"她补充道，面带微笑，"想早点儿来上班，跟我们一起去吗？你肯定会觉得有趣。"

有趣或许是个恰当的词汇。她风华正茂，明艳动人，纳尔逊突然觉得有些尴尬。“呃，或许吧。”他想入非非地回应道。

夜间，跟席格和内尔一同巡视时，他始终对她的眼神充满好奇。当然，即使解读正确，眼神也可能会骗人。尽管如此，他还是决定明天早点儿来上班。

然而，他知道这位女性昆虫学家有一件事搞错了——影响昆虫的任何事物，人类都能觉察到。他的脚掌和后颈竖起的毛发都已经感觉到它的到来。走过大草原区时，席格战战兢兢，仿佛每根草茎都噼啪作响，火花四溅。最后，纳尔逊只能把小家伙扛起来，好让内尔休息一会儿。

甚至在他们进入热带雨林生物圈之后，空气中仍留有尘土飞扬的感觉。纳尔逊透过窗户一瞥，发现干燥的北风吹来了沙漠的尘雾。“关闭所有外部通气道。”他命令一直在候命的计算机。随着系统进入全循环状态，他竖起了耳朵。不管怎样，这就是全封闭的生态系统。纳尔逊觉得，让四号方舟把一些废物排到外面，偶尔补充一定量的水和空气，这几乎就是自欺欺人。

“在树冠上层，每小时增加百分之十的雾霭。”他补充道，手指摩挲着几片树叶。他觉得自己现在运用起“窍门”来更加得心应手了，因为书本内容正逐渐丰富他的知识。站在狭窄的天桥上，纳尔逊望向迷你森林的枝杈，嗅到繁殖和死亡的难闻气味。纵横交错的沉重树枝顶部负载着丰富的腐殖质层，整个附生植物群落聚集在那里，周而复始地延续，从不触及地面。那缠结的藤蔓是各种擅长攀缘或爬行的动物的藏身之所，这些动物的夜行性使得纳尔逊成为唯一经常接触它们的人类。

大多数人很可能都看好现在这种状况。这片栖息地使马达加斯加失落已久的丛林得以重现。在非洲岛国的那片丛林中，整个灵长目动物曾一度完全与世隔绝，直到几百年前，来自遥远东方的独木舟载着人类首次入侵。在那段短暂的岁月里，原始森林消失了，同时消失的还有那么多长相怪异的人类表亲——狐猴及其他种类的原猿类[①]。某些“消失”的物种仍然在这样的封闭空间中苟延残喘，竭尽心力保护它们的却是操斧者、伐林者以及筑路者的后代。

反差如此之大，人们可能会认为，发明电锯和创造生存方舟的是两个截然不同的物种。然而，纳尔逊想，即使在古代，也有诺亚这样的人。

当纳尔逊信步走过，一双大到不适宜在白天活动的眼睛向他眨了眨。历史就是这么奇怪。一旦你开始对古代先民们产生同情，就会成瘾，满脑子想的都是这档子事。

他记起自己昔日的顿悟，许久以前，在狒狒栖息地的那个宿命的日子里，他第一次意识到，如果不对他人施以关怀，人生将活得毫无价值。就在同一天下午，他还领悟到一些其他东西……在人类历史的大多数时代，男男女女都在为生存而斗争。

①指除类人猿外的灵长类动物。

当临近一堆倾斜的玻璃水晶时，纳尔逊停下了脚步。在方舟以外，乳白色的月华给库维内兹山麓罩上一层雾霭。这是个美丽的夜晚，带着些许枯槁、焦干的色彩。他用现代思维审视这片广袤的区域，或冷漠地仅做美学欣赏……或还带着对这片土地不可阻挡的退化的哀伤。

但是在其种族生命周期中的大部分时间，迎来黑夜时必然更加紧张——黑夜是阴影四伏的时间，隐藏着看不见的致命危险——即便有火的加持，即便早在新石器时代，猎人已经成为最可怕的生物。纳尔逊认为他深知其中缘由。

可怜的智人，注定要灭亡。

人类与其他野兽共享的东西何其多。但随着死亡率降低，早期人类又增添了额外的负担——人脑进化到了新的阶段，变得无法无天，难以控驭。该器官白天能够提供技能和规划，但也能够借着闪烁的火光炮制恶魔，使你能够详细计划明天的狩猎，想象次日可能受到的伤害或者你家邻居的阴谋诡计。进化后的头脑能够感知死亡……它让人类目睹死亡压倒勇敢的同志、终结青春逝去的爱侣、扼杀无知无畏的孩童……在那些时刻，人类都能看见一个远比狮子可怕的敌人。看见一个无法言和、无法战胜的终极敌人。

若将无知跟好奇的头脑结合，会得到什么？早期的人类社会掌握了如此多的迷信思想、世俗的等级制度，以及不计其数的关于世界的古怪观念。有些风俗习惯并无害处，甚至是明智且实用的。还有一些则被当作残酷的“真理”代代相传……因为如果不深刻相信它们，就会通往比错误还糟的方向——不确定性。

想起逝去的先人，纳尔逊不由得悲从中来，这种悲伤还掺杂着辛酸——一代又一代的男男女女，每个人的自尊自重都丝毫不逊于他。想到他们，纳尔逊感觉自己的生命好似非洲大草原上起伏的青草一样短暂，或者像缕缕月光一样转瞬即逝，那照亮麦田，更让他的心境豁然开朗的月光。

回溯到人类成群结队出行的时代，森林似乎漫无边际，黑夜无所不能，人们普遍认为其他生物也拥有思维能力，可以用歌声和舞蹈来诱惑人类的灵魂。但最终，令人生畏的丛林稍稍后移。泥砖砌成的庙宇熠熠生辉，神圣经典开始这样阐述：“不，世界是为人类而创造的。”没有灵魂的动物只能任其处置。

后来，时代更迭，农田和城市一度跨越了森林的界限。继而，自然法则终于在好奇的头脑前完全得以展现。诸如动量这样的基本原则，使行星始终保持在正轨上，圣贤将宇宙视为庞大的时钟，而人类跟其他生物一样，只不过是钟上的齿轮，被不可逾越的物理法则所束缚。

变化的节奏逐渐加快。无节制的砍伐使得森林越来越少，第四种态度出现了。当大地在城市和犁锄之下发出呻吟，负罪感成了最新的主题。智人之中最出类拔萃的思想家不再将自己所属的物种视为伙伴、主人或者宇宙中的齿轮，而将他们当成祸害。行星上发生过的最恶劣的事莫过于此。

纳尔逊目睹这种种的世界观以其恩师向他展现的方式逐渐显露出来,如同一种适应性强的陌生生物所采取的一系列措施。这种生物循序渐进——甚至是勉为其难——地掌控了曾经被认为只有神才能拥有的权力。

每一种时代精神似乎都跟当时的人们相契合,但时至今日,它们均已过时。现在,人类正尽力挽救所能挽救的一切,却并非因为内疚,而是为了生存。

柔和月光让他再度想起那个青春靓丽的昆虫学家,她谈论白蚁时如花的笑颜让他心旌摇曳。也正是她,在道晚安之前,又羞羞答答地提出要求,想看看他的伤疤。

他记起当自己撸起袖子,向她证明她听到的故事绝非子虚时,胸膛如何紧张地鼓起,血液如何沸腾。而他,与她认识的其他年轻人截然不同,曾经真正"在野外"为自己的生命浴血奋战,并且赢得了那场荣耀之战的胜利。

纳尔逊还记得自己的希冀和渴望。他渴望得到她,以过去几百万年与繁衍密切相关的方式得到她。哦,当然,今时今日,生育是可选项。但如果人类打算控制自身数量,则最好能够这样做。但最终,爱与性仍然与生命的延续密切相关,即使这种关系只是装出来的。

那种由来已久的古老游戏,点燃了他心中的欲望之火。他想拥她入怀，与她同床共枕，让她迎接他的子孙，无视其他所有男人，选择他，来与她分享对不朽的投资。

就这样，世代相传，千秋万载：

竞争——

合作——

让纳尔逊稍感安慰的是，他的每位祖先都经历过青春期的挣扎，并最终找到了另一半，尽管他们的结合并不长久。可想而知，如果他留下后代，后代们也会依样画葫芦。

但繁衍是为了什么呢？他们说这……只是那些自私自利的基因在你争我夺。如果是这样的话，为何想到生命可能毫无目的可言，我们就会感到如此痛苦？

在他内心，纳尔逊感觉到希望与绝望的情绪交织在一起。成为哲学家正是他努力想要达成的目标。他的老师曾说，这是真正的窍门所在。但如果拿来对抗青春的涌动、激素的陡增，又或者是活着的煎熬，则没有丝毫作用。

更糟糕的是，在他最想跟珍聊聊的时候，她却抛弃了他。

别小题大做，纳尔逊自责。才几天而已。你已经在网上了解到发生了什么事。珍很可能忙得不可开交。

尽管如此，他还是希望能跟什么人聊聊这一切。这个人得能解开他的疑惑，而不是没完没了地问问题。

要是——

席格使劲拽了拽他的腿,发出惊恐的叫声,抬起脑袋,睁大眼睛望着他。纳尔逊从深思中回过神来,他开始说话,又眨眨眼睛,想搞清楚自己为什么突然间感觉不对劲。他摸了摸身旁的金属栏杆,感到一阵怪异的震动。很快,低沉的隆隆声使他脚下的栅格颤动起来,逐渐增大到清晰可辨的程度。这声音使他想起大象呼唤彼此时发出的那种低沉的次声频咆哮,果然,作为回应,几头被圈养的大象也开始吼叫。天桥开始摇晃。

地震! 他意识到,接着,他突然想到那些身在破旧矿井以下的研究人员。"计算机!"他喊道,"帮我接沃灵博士——"

纳尔逊感到肚子一阵剧痛,突然收住了话头。天桥剧烈地起伏,他弯下腰,发出痛苦的呻吟声。狒狒们惊恐地尖叫起来,但他无能为力。连呼吸都变成煎熬,还要努力克制自己撕开金属板跳下去的欲望。

DEL

谁放走巨狼芬里尔,谁胆敢唤醒梵天,谁苛责比祖图,打破蛇之蛋,谁就会遭遇灾祸!

让那些诅咒自己家庭的人承受风吧……

人类圈

吉米·苏亚雷斯抓住建大博士的手臂,拦住了这位物理学家。建大气喘吁吁,打算穿过尘土飞扬的麦田逃命。“看哪!”吉米指着他们奔跑的方向高喊。这群技术人员踉跄着停下脚步。为了躲避身后意料之中的灾祸,他们仓皇逃窜,然而,他们此时抬头看到的却是另一场灾祸正在前方形成。

他们的目的地原是附近的生态方舟……当他们终于连滚带爬地逃离那架吱吱作响的可怕电梯,方舟是视线之内仅有的避难所。但现在,他们很庆幸自己尚未抵达方舟。因为锥形的方舟在倾泻而下的雨幕中闪烁,反射着月神苍白的光华,犹如极光坠落。电火花四处飞溅,庞大的方舟腾空而起,加速升上天空。

“真该死,那些混蛋竟然没打中。”吉米喊道,声音嘶哑,“他们失手了!”

建大博士眼皮乱跳。“这不可能。投射……”他摇了摇头，“下次，他们就不会失手了。”

“但是我们下方的线程域没办法马上补充!”

“如果他们还像以往那样行事，”另一位操作人员警告说，“那他们的调整速度也太快了……”

“怎么会?”建大打断了他的话，感到极其困惑，“模拟过程是你们亲眼看见的。他们怎么会失手?”

“要搞清楚，只有一个办法。”吉米回应道，“我要回去。有人一起吗?”

建大转过身去，向东边做了个手势，远处，库维内兹州的灯光正在闪耀。吉米想要抓住他的手臂，日本物理学家却挣脱开来，接着大喊道:“已经结束了！你看不出来吗？只要我们恢复运转，他们就会像对付那艘方舟一样对付我们!”

“但是他们失手了——”

吉米目送他们离去，感觉自己的决心在动摇。他差一点儿就跟在他们后面。但好奇心好似一团火焰，就连恐惧也无法将其熄灭。在好奇心的驱使下，他转过身，爬回那部锈迹斑斑的可怕电梯，再次进入那座恐怖的旧矿井。

他感到头晕目眩。那道光束为什么错失了目标?

当他发现他们离去后是谁接管了谐振器时，部分答案已经不言自明。吉米看到珍妮弗·沃灵的情况，不由得目瞪口呆。

“我的上帝!”

她的身体经历了一次变形……就好像被中世纪刑讯队的魔鬼绑在刑架上折磨了数周之久,像橡胶人一样被拉长了——尽管如此,她还活着。

而且,那双眼睛似乎闪烁着一种奇异的光,慢慢眨动着,却仍然清醒。吉米快步走到她跟前,她瘫倒在一堵墙边。但当他伸出手,想将她与高耸的重力天线分开时,她猛地扭过那因被拉长而倍显怪异的脑袋,把他的手撞开。

“还没完呢……”她的声音嘶哑而低微。然后,她又笑着将话说完,“……孩子。”

看着她咽气,吉米产生一种奇怪的感觉……她的意识似乎脱离了躯壳,顺着他无法察觉的道路悄然离去。吉米抱着她的头,听着谐振器喃喃低语,向地球诉说着诸多奥秘。

与此同时,马克·兰道尔忙得不可开交,没时间分心。发生了太多稀奇古怪的事情,只能靠纯粹的职业精神支撑,他才不至于惊慌失措。

“伊莱恩！去舱口,开启望远镜。我这就转向!”

“但我们还没有进入轨道,”他的副驾驶抱怨道,“你不能这么快就开启舱门。这不符合规定。”

“照做!”

飞船摆脱了入轨灼烧带来的热应激,他感到“无畏号”仍然吱呀作响。根据官方说法,他们仍在大气层中。但这只是技术性细节而已。在这么高的位置,空气极其稀薄。不管怎样,片刻都不能再耽搁了。

他的双手在控制台上跳跃着,高声对毫无想象力的声控处理器发出命令。马克尽量不通过前舷窗向外看。尽管外面的景象令人叹为观止,但释放飞船的自动光学系统,比用自己的双眼观赏景致重要得多。

有东西飞离了地球。零零散散,星星点点,距离太远,看不清楚,但却都穿过了地球的阴影,赤裸裸地沐浴在阳光之中,折射出令人目眩的光芒。凭借宇航员的直觉,他对其中部分物体的距离、自旋速率、大致的尺寸-反照率的乘积有一定认知。

体积太大,他心想。它们实在太庞大!一开始是冰山。现在呢?

究竟怎么回事?整个世界都要覆灭了吗?

当“无畏号”释放的仪器源源不断地传回图像,马克逐渐认定这也许就是正确答案。

战斗留下的残骸照亮了天空。

塞帕克·塔克劳可不具备宇航员的专业素质来调整自己。他愣愣地盯着那个硕大的洞口,洞里曾经隐藏着在新几内亚山脉中纵横交错的庞大秘密洞穴网络。如今,两侧山坡之间的椭圆形区域内,荡漾着一湾尘埃粉末构成的湖泊……尘埃如此纤细,微风拂过,掀起起伏的涟漪,真的如同在水面上一般。阵阵强风吹过,将亮闪闪的尘埃卷进空中,犹如飞溅的浪花。

瞠目结舌的并非只有塞帕克。从岗哨跑过来的士兵们也停下脚步,屏息观望。他们已经玩了好几天捉迷藏,他利用自己的丛林知识与他们的高科技传感器对抗,他们穿着图案模糊的战甲,他则裹着缠腰布,插着羽毛。然而,现在,他们站在那里,相距不远,就像捕食者和猎物同样被突如其来的灾难惊呆,立即将彼此之间的不和抛诸脑后。他和一名士兵并肩而立,凝视着那个碗状区域,那碗里盛满极其精细的物质,或许是很久以前的恒星及行星形成时的原始物质。

“我投降。”塞帕克麻木地对那名士兵说,扔掉了自己的弓和箭袋。那突击队员看了他一眼,接着,连眼都没眨,就解下自己微光闪烁的武器,任它掉落在地上,紧挨着塞帕克的武器。似乎没有说话的必要了。

一阵风吹起,粉尘如同烟雾般弥漫开来,落到他们的衣服和脸上,飘进他们的眼睛里,弄得他们不停眨眼、流泪。塞帕克和那名士兵连连后退,然后转身撤离。在撤退的过程中,他俩不断回过头,紧张兮兮地张望,森林里的动物们则不同,它们中的大多数已经恢复了正常而严肃的生活,无须承受记忆这种毫无用处的负担。

斯坦·戈德曼对这一系列事件的看法并未因树木、丛林或山丘的阻碍而改变。他和其他几人共同占据着有利的观测位置,此处距格陵兰岛的谐振器几公里。接到阿莱克斯·拉斯蒂格发出的警告后,当地指挥官就在那里向“非必要人员”下达了命令。那些能坐上营地的牵引车和马鲁斯起重机的人,甚至逃得更远,离谐振器越远越好。

斯坦没能说服指挥官同意他留下来,但他坚持至少要步行离开。除了北约的后援团队,步行外逃的人员中还包括来自“汉默挖掘”的男男女女。到这时候,已经无须多做解释,他们也很清楚,自己研究的隐秘角落已经变得极其危险。由于古地质学家的研究对象是古时候发生的灾难,所以他们深知,灾难面前人类有多渺小、多脆弱。

然而,走到一个缓坡处,大家不约而同地停下脚步,最后一次回望来路。地震席卷了砾石冰碛。幸运的是,地平线几乎没有起伏,一直延伸到远方,与海畔的云层相接,因此,如果有什么东西要伤害他们,也必须先冒出地表。

当然,这种事情完全可能发生,斯坦心想。其实,这些轻微的震动只是地底深处一场激斗的表征而已,在穹顶基地,阿莱克斯率领拉帕努伊团队,在志愿者们的帮助下,尝试击退那些新近出现的神秘敌人。“有发现吗,露比?”他问的是一位女士,她正盘腿坐在便携式控制台前。

“我正在连接,戈德曼博士。只要一纳秒,等我点一下状态更新。”

斯坦的视线越过露比的肩膀,落在熟悉的地球全息图像上,只不过这是个微缩版本。跟以前一样,最剧烈的活动发生在塑性结晶地幔与熔融外核的交界处,尤其是格陵兰岛基地的正下方。细丝和扭曲的日珥状物从行星高速旋转着的发电机获取了能量,每当长剑般的探测装置从地表快速下探,就会发出炽热的白光,挑动和刺激最狂暴的对手。那些闪烁的丝线以催眠般的节奏搏动着,斯坦将其比作多部赋格曲,在贝塔急促节拍的间隙响起。这种组合的副产品是扭曲时空的道道光束。

这是一场阴森森的多维度击剑比赛,而斯坦清楚他所在的一方目前明显寡不敌众。他看到,新几内亚基地一片漆黑。而在地球的另一端,另一个熟悉的定位发出苍白的琥珀色。位于非洲的谐振器几乎处在闲置状态,很可能已经毁损,无法继续运转了。

这些地点都是敌人突袭时首先攻击的目标。敌人利用“凝视者”光束,以迅雷不及掩耳之势,将这几个基地全部打掉,就像阿莱克斯之前勉强挡开的那次一样。或者,它们也可能遭到蓄意破坏,就像敌人在这里所做的那样——直到最后时刻,安检查出几枚安装位置绝佳的螺钉炸弹[①],其险恶用心才被挫败。从那时起,双方正式

---

① 作者虚构的炸弹类型。是一种小型爆炸装置,会像海蜊紧贴于岩石上一样吸附在目标上。

剑拔弩张，展开了远距离对决，而数量处于劣势的一方刚开始对规则有所了解。

好笑的是，目睹了斯皮维下属的无知无能，斯坦暗自欣喜。毕竟，这位美国上校的目标绝不会是掌控恐怖武器。不然，他的军官们肯定会为这样的战斗做更加充分的准备。他们所有的“凝视者”项目规模都太小，连撬起物体都做不到，更不用说随心所欲地将它们炸成齑粉。绕过所有安置就位的安保措施，需要一定时间，来减少平民的伤亡，同时，对谐振器重新进行调整，下达实施致命攻击的指令。

很明显，斯皮维的人真正缺少的是时间。

首波地震过后，地球的活动就此中止，斯坦清楚原因。从理论上讲，引发地震可能会给城市这种大型目标带来重创。但就算是这片平原发生大规模的地震，格陵兰岛的谐振器也完好无损，且随时准备反击。敌人没有因占据优势而轻敌。他们不得不让北约团队全力抵挡进攻，直到找准时机，一劳永逸地将他们干掉。

“这些妖魔鬼怪，”露比说，她说的是他们那些身份未明的敌人，“他们联合在拉姆达频段，一千四百兆周……用的似乎是计算物理学风格的度量阻抗匹配。贝塔的回应！见鬼，它会——不！阿莱克斯从地底出击，挡住了他们。没错！为我们争取了时间。尝尝这个，混账东西！”

斯坦欣赏这位加拿大姑娘这番风趣的实况说明。它赋予那些抽象的符号以活力和激情,与战斗相契合。斯坦紧握双拳,为这种情况下理应出现的肾上腺素喷涌做好准备。只是,会发生什么事?可能有炸弹爆炸,或者敌人出现在眼前……

蔚蓝的天空如此宁静,萧瑟的冷风从冰之大陆吹来,让他不禁打了个寒战。他把戴着手套的双手塞进上衣口袋,舒服和平静的感觉油然而生,却又有些不合时宜。

“呃,哦……在拉帕努伊和我们之间,阿莱克斯将激发态耗尽。整整十分钟了,我什么也没看到!”

“十分钟?”旁边有人叹了口气,“或许永远看不到了。”

斯坦看向显示屏。果然,整个区域原本闪闪发光的丝线已经变得暗淡——仍在搏动,但现在已经耗尽能量,弹了回去,与其他地方蠢蠢欲动的闪耀丝线相比,很像是陷入了沉思。在完成能量补充之前,阿莱克斯的团队无法施以援手,协助抵御敌人向格陵兰岛基地发起的进攻。

“拉斯蒂格发来信号,说他即将发动进攻,还……祝咱们好运……现在他已经挂断了。”

斯坦点了点头,“也祝你好运,阿莱克斯。别担心我们。去搞定他们。”

他和其他撤离的人员将注意力转回到刚刚离开的那座白色穹顶建筑。即使距离这么远,他们仍然没有完全摆脱危险。这种新型战争实在令人不寒而栗,你脚下的地面可能突然变成彩色的液体,或者在巨大的闪光过后消失不见,又或者将你推向遥远的星系。不管发生了什么事,他都想跟这些胆识过人的技术人员共患难,一同穿越冰碛山谷。他打算在此地逗留,等齐柏林起重机下一趟回来再行搭乘。

我一生都相信,科学起到的启示作用跟《圣经》同等重要。它是更为高级的文本——造物主将他自己使用的工具提供给我们。如今,我们已经成长,就像学徒学习祖辈们的手艺。

所以,站在这里,注视着我利用科学工具参与创造的一切,不是唯一恰当的做法吗?

露比抓住她的耳机,笑着大叫:“简直不敢相信!”

“怎么回事?”

“阿莱克斯,他已经干掉了位于西伯利亚的机器!”她骄傲地宣告,“让它们蒸发了！一个敌人已经倒下,还剩两个。哦,呃?噢,不!”

斯坦感觉其他人聚得更拢了。露比的表情从欣喜变成绝望。“现在又怎么了?”他问。

“又有一台谐振器上线,取代了它的位置！新的谐振器！西伯利亚谐振器爆炸的瞬间,这台即刻加入战团。它位于……日本海。见鬼,这台准是他们留着备用的。所有这些混蛋究竟是从哪儿冒出来的!”

在屏幕上,斯坦看到一道新的触发光束出现,取代了阿莱克斯刚刚摧毁的那一道,敌人的总数再次攀升到三。

“他们还追着咱们不放!”她边读取光束的轨迹边喊道。

“有时候,先干掉较弱的对手,是更为明智的选择。”他评论道,“如果他们将格陵兰岛的谐振器踢出局,阿莱克斯的团队将不得不以一己之力对抗所有敌人。”丹麦佬和其他人都先是叹气,继而点头。对于具体的情况,他们也是一知半解。(谁又能对目前的状况了若指掌呢?)但有些事情是显而易见的。

露比说:“这些混蛋们这次真的形成了很好的合力。能量充足。贝塔予以回应,启动了十二个……甚至十五个线程……光束已经瞄准目标!”

斯坦环顾四周,寻找重力辐射相干光束在附近地底横冲直撞的迹象,却一无所获。除非实施进攻的光束与地表物质发生耦合,不然不太可能发现什么迹象。

“他们在等待接触共振的机会。我们的人则试图将其挡回……”接着,露比的仪器闪烁着致命的深红色,她禁不住呻吟了一声,“不妙。它朝这边来了!”

“大家都卧倒!”斯坦高喊,“躺平,转过身去!”

但就在大家扑倒在地时,斯坦却没有按照自己的建议去做。他注视着北约建造的基地,清楚那一瞬间光束的频率与岩石-空气的边界相合。椭圆形的冻土如同鼓膜般颤动着。接着,位于其中一块区域的营地突然沉入地下,就像一部蒙地狱召唤的高速电梯。眨眼的工夫,一切已经结束。

至少，第一部分结束了。那些善良的人们因此丢掉了性命，他们甚至已经成为斯坦的朋友，斯坦为他们的逝去感到哀痛。尼尔森医生站起身来，走到他旁边。两人共同倾听着一条直通地底的新隧道持续发出的隆隆声。好一阵子，他们脚下的土地都在不停震动。

“或许，咱们最好还是逃离此地吧。”古地质学家最后建议道，“这一区域的岩浆位于沉重的板块之下，但并不是很黏稠。即使是步行，现在一小段距离也会带来截然不同的结果。”

今天，人类跨越了又一座里程碑，斯坦心想。不过，尼尔森或许是对的。要想见证岩浆摆脱地底深处的高压束缚，通过那条新隧道喷涌而出，并不需要恰好位于事发地点。从远一些的地方观看，壮观的景象也不会减色太多。

跟公司船上的其他所有人一样，克拉特看着那些报告疯狂地蜂拥而至，听着报告的内容。但他很快就感到厌倦，不想继续关注这些自己无法理解的事情了。于是，他独自离开通信室，离开船舱，去甲板上等待日出。

在一定程度上，他还有些麻木。水底光柱历险带来的影响尚未消失——那种古怪的音乐依然让他迷醉，虽然那种不知名的东西跟他只有非常短暂的接触，却带给他温暖舒服的感觉，或者至少当时似乎是那样的。从水里出来之后，他没想到上司们会相信他的故事。但他们确实相信，还询问他每个细节，检测了他的血液和其他体液,将他带到各种各样的机器旁边,任凭那些机器牵引着他的手脚,就像那道光柱所做的那样,只是这种体验没有之前那次愉快。有一阵子,当他们对他进行检测时,克拉特感到自己的嗅觉得到了超乎比例的增强。公司高管喷的高级古龙水钻入了他的鼻窦,搞得他鼻子发痒。

他们似乎对此感到满意,放他去休息,让他在公司的一艘支援舰上做些杂活儿。与此同时,那些谨慎的技术人员们则匆匆赶回他们的秘密实验室。克拉特搞不懂,在这种生死攸关的时刻,他们怎么还能如此在意这些事……两天后,大家都说地球上整块的冰山被炸向了太空,而实验室的形势还是一如既往!这样的奉献精神他实在望尘莫及。

不过,甲板上的一切似乎都风平浪静。透过栏杆,他看到海国浮城细长的塔楼。很快,宣礼员就会召集穆斯林公民进行第一次祈祷,黎明的轻帆会迎着平流层的风升起,太阳能电池阵甚至能捕捉到淡红的曙光。

温吞的水流拍打着船身,跟往常一样,留下浮油的污渍,以及泛着卵石光泽的粉状泡沫塑料。垂死的浮游生物闪烁着彩虹般斑斓的磷光。月光穿透边缘凹凸不平的阴云,照亮原本模糊的海面。克拉特叹了口气。那道明亮的光束让他想起水底那道光束,使他不禁专注而认真地开始祈祷,希望自己能再次交好运。或许下次再遇到那道与众不同的光束,或者听到那种音乐时,他就不会茫然失措,更不会张口结舌了。

“是啊。”他说，心中确信自己得到了佑护，却又遭到抛弃，苦乐参半的感情油然而生，“你当然会，孩子——哦。所有人都在排队等着听你发言。”

网络的混乱状况让洛根·恩格觉得就像生活的一根支柱轰然倒塌。原本虽不受控，但秩序井然的网络杂志、全息影像频道、特殊利益探讨小组及论坛，已经沦为吵吵闹闹的巴别塔，充溢着困惑惶恐与流言蜚语的洪流。为了引人注意，每名用户现在都会向任何可能会聆听的节点发送不计其数的副本，导致情况变得更加糟糕。上百万黑客谨慎地释放出“抓取器”子程序，旨在抢占存储空间，吸引公众注意。就连“官方”频道也有半数时间被闯入者堵得水泄不通，他们声称自己有权对世界面临的这场危机评头论足。

“这是场阴谋，幕后黑手是死灰复燃的帕姆亚特[①]神秘主义者……”一名业余无线电爱好者声称，他一直在监听西伯利亚的一个神秘站点。

“……不，是那些唯利是图的污染者搞出来的……”

“……环保怪咖……”

“……外星小绿人……”

一般说来，最稀奇古怪的设想只会在特殊利益论坛上扎堆出

① 官方名称为民族爱国阵线，苏联的极端民族主义组织。

现。但是,突然间,离谱的幻想似乎变得跟最高端的权威科学见解同样合理,原本那种不成文的共识被打破了。

然后,雪上加霜的是,各国政府惶惶不安,出人意料地开始将他们一直以来囤积的大量信息——全部资料库的信息——公之于众。他们之所以如此手忙脚乱,只是为了证明自己并非这场突然爆发的引力战争的罪魁祸首。然而,每次否认都会引来更多的怀疑。无论是在外交大楼,还是在成千上万的评论和意见频道里,指责之声都铺天盖地。

最大规模的原始信息披露源自北约-澳新军团-东盟联合体,其喷涌的状态让本已晕头转向的网络流量监控者震惊不已。心生怀疑的人们纷纷谴责华盛顿及其盟友试图用比特和字节的浪潮掩盖他们犯下的罪行。然而,这次突如其来的坦白如此掏心掏肺,实在令洛根感到震惊。为了证明他们的清白,斯皮维的老板们将"一切"和盘托出,甚至他和上校的第一次谈话,也就是在那辆豪华轿车里谈话的内容,也被公之于众!这场直截了当的信息海啸将常规通道冲垮,涌到以往未曾企及的地方。结-奇点物理的分类研究惨遭搁置,只能在原本留给烹饪爱好者交换食谱的频道进行探讨。"凝视者"动力学发射系统的秘密则充斥于原本探讨轻歌剧、情景喜剧以及高尔夫的平台。

如今,秘密已经泄露。就算目前的危机逐渐缓解,世界也永远不会恢复原样。

然而,尽管信息被公之于众,尽管武器核查员及保民官行色匆匆,事态发展的速度还是超出了可支配的范围。每当怪异的震颤再次袭来,每当糟糕的失踪事件再次发生,都会引发偏执的妄想。流言纷纷,有的说各国已经将威慑性武器推出了仓库——和平之锁遭到依然致命的古老炸弹连番猛击。在布达佩斯,有人听到打喷嚏的声音,便跳出来谴责生物瘟疫。有人目睹冰雹袭击阿尔伯塔,便声称那是上帝在发泄怒火。

洛根正在浏览最新报告,亮光一闪,吸引了他的注意力,有位前途光明的学者现身说法,引用最新的证据,将矛头从那些问题多多的破败民族国家身上移开,转向某种闻所未闻的未知力量……洛根眨了眨眼睛,注视着突然闯入的数行文字出现在他的便携式全息投影装置上——这种优先级,只有使用他的个人紧急代码时才会出现,而这个代码连格伦·斯皮维都不知道。

那些词汇以令人震惊的缓慢速度、冰冷地出现在他眼前。一个接一个,它们就像是从恐慌的人群中挤了出来。他读了那条信息,然后举起一只手,捂住了自己的眼睛。

老爸……妈妈拒不让步。她把自己锁在房间里,行为疯癫……快回来。我们需要你!

爱你的克莱尔

DEL

这是个相当典型的难民营，是根据移民协议分布在英国的三十个难民营之一。沿着鲍尔查尔克村[①]整洁的小巷，穷人们日复一日地辛苦劳作。一桶桶的谷物和鱼粉运到这里，并由公选出来的街区委员会负责分配。厕所和处理垃圾产生的废水必须进入化粪池，洗涤过程中流出的水必须进入纸浆花园；每块纸板、塑料或者金属都有价值，因此这里的每条街道都一尘不染。

只要保持井然的秩序，对每名婴儿都认真负责，每周的救援物资中就会有点儿高档货——给孩子们准备的甘蔗段，来自肯特郡的种植园……给老年人准备的卫生纸，以代替干野葛叶，让他们的生活更加柔和……给中青年，给那些尚未在倦怠中迷失的，尚未整天只知道盯着廉价的全息设备、变成失却肉身的灵魂的，则准备了脚踏实地的工作。

然而，有些头脑更灵活的人则在数据的海洋中游弋，跟那些相距万里的人们结交，而那些人根本不清楚他们只是贫困的难民。有些人忙忙碌碌，在营地做着以软件为基础的生意。有些人富裕起来，便选择离开；有些人富裕起来，仍选择留下。

对大多数人来说，网络突然陷入混乱，意味着他们没办法第一时间看到最喜爱的节目。但对另一些人来说，这场混乱威胁到那唯一带给他们希望的世界。

① 位于英格兰威尔特郡南部的一个村落。

外逸层

特蕾莎多希望自己能帮上阿莱克斯的忙。但在这场战斗中,她掌握的所有技能都不起作用,这场战斗就像能剧[1]一样纷繁复杂,对手则犹如精巧的暹罗斗鱼般致命。

至少,她可以帮助看守囚犯,让那些负责安保的男孩们腾出手来加强警戒,提防有人再来破坏。她还得负责盯着佩德罗,确保他不会去打扰阿莱克斯。

幸运的是,身材魁梧的阿兹特兰记者正急切盘问琼·摩根,此时,这两项任务都不需要她操心。那记者逼着琼看全息投影,画面里的每次猛击和抵挡都意味着更多人丧命,更多地方遭受灾难。“我没想到事情会发展到这种地步,”金发叛徒痛苦地回应道,“他们从未打算发动全面战争。”

① 日本的一种传统戏剧,通常取材于日本传统文学作品。

“他们很难有这样的想法，”曼内拉评论道，“大规模的、破坏性的敌对行动，几乎总在一方自以为清楚对方对武力会做何反应时发生，还错误地估计了对手的决心。”

特蕾莎注意到，当翻江倒海般的剧烈变化将多层的地球内部点燃，琼的面部肌肉痛苦地抽搐着。而在切近处，阿莱克斯·拉斯蒂格戴着手套式键盘，快速敲击着指令，嘴里喃喃低语，对指令予以修正，速度快过使用静默输入设备。其他人则快马加鞭，以同样干脆利落的方式完成各自的任务……最后这支坦戈帕鲁的队伍在孤立无援的情况下殊死一搏，要让这样的抗争继续，雷厉风行恐怕是唯一帮得上忙的品质了。

“都怪我，”琼绝望地叹了口气，“要是我完成了任务，他们虚张声势的做法就不会被戳穿。至少现在还没有被戳穿。但现在，他们所有的计划都被搞得一团糟，陷入了恐慌。如果他们成为赢家，根本不会像现在这么危险。”

这种再明显不过的文饰行为让特蕾莎想啐她。“你还没说他们究竟是谁呢！”

琼早先拒绝回答这个问题，好像这样直接的提问把她吓坏了。现在，她似乎觉得这已经无关紧要了。

“有点儿难以解释。”

“解释看看。”曼内拉催促道。

琼叹了口气，凝视着他俩，“佩德罗、特蕾莎，你们就没怀疑过吗？我是说，为什么人们会认为全世界最古老的职业已被赫尔维蒂战争终结？”

特蕾莎眨眨眼睛，“你在指桑骂槐？”

琼苦笑着说：“我不是说娼妓，莎莎。我说的是那些寄生虫，靠保守机密为生的操控者。在吉尔伽美什[①]和金字塔出现之前，阴谋家和密谋者就存在了。

“想想吧，你们俩。依你们看，是谁毒害了罗斯福[②]？暗杀了肯尼迪[③]？策划了西米亚诺夫[④]的飞机坠毁事件？兰伯顿[⑤]和对马岛[⑥]呢？你们确定这些都是意外吗？对那些在事后获益的家伙们来说，炮制类似事件不是手到擒来吗？

“特蕾莎和我还太年轻，可佩德罗，你还记得《布拉柴维尔宣言》[⑦]发表前几星期的情况吧？当时，各国代表团不约而同地从世界各地赶来，宣布成立反保密联盟。在代表们克服所有障碍和意识形

---

① 美索不达米亚神话中的传奇英雄。

② 富兰克林·德兰诺·罗斯福(Franklin Delano Roosevelt，1882—1945)，美国第32任总统，1933—1945年在任，1945年因突发脑溢血去世，但有人怀疑他的死另有蹊跷。

③ 约翰·F.肯尼迪(John Fitzgerald Kennedy，1917—1963)，美国第35任总统，1961—1963年在任，1963年在达拉斯遇刺身亡。

④ 作者杜撰出来的人物。

⑤ 位于美国明尼苏达州的小镇。

⑥ 位于朝鲜海峡中部。

⑦《布拉柴维尔宣言》是1944年法国承诺改善非洲殖民地自治和权利的政策声明。

态的干扰，最终形成不可阻挡的势头之前，有多少人死于神秘事故？那么，全世界又要有多少领导人遭到废黜，才能让民众如愿以偿，让阿尔卑斯山脉陷入包围？”

“半数总统和部长都得悉心保护他们的秘密银行账户，”佩德罗回答，“所以他们自然会试图阻挠。但最终，他们都失败……”

“他们没有失败，他们只是被利用了，被用来拖延行动。”琼皱起了眉头，“在你们看来，战争为何持续了他妈的那么久？瑞士人民当然没打算将他妈的整个星球都搅进来！他们从未想过，所有那几代人挖掘地道和防空洞，除了单纯的威慑，还有其他目的。

“甚至当战争最终结束，你们不会真的认为联合国部队从残垣断壁中挖出来的银行记录都是真的吧？”

曼内拉摇摇头说：“你在暗示所有阴谋家都安然无恙？我们抓到的所有毒枭、贪污犯和亿万富翁都——”

“都是些无足轻重的奴才，被扔出来安抚民众。没错，我就是这个意思，记者先生。”琼的话语饱含苦涩，“真正的操控者本想彻底摧毁赫尔维蒂。战争使那么多人丢掉性命，因此，已经疲惫不堪的世界会为胜利而欢欣鼓舞，迫不及待地相信战争已经过去。”

“这种说法实在是太荒谬了，”特蕾莎对佩德罗说，“她现在所说的一切听起来就像一部糟糕的洛夫克拉夫特[①]的小说。接下来你要

① 霍华德·菲利普·洛夫克拉夫特（Howard Philips Lovecraft，1890—1937），美国作家，擅长写作恐怖、科幻及奇幻小说，克苏鲁神话体系的缔造者。

聊点儿什么，琼？时间出现之前那种昏天暗地、无法言喻、莫可名状的恐怖？或者从光照派那些精彩绝伦的偏执书籍中找点儿内容？所以谁是你的老板？共济会？三边委员会？耶稣会教士吗？锡安长老会的长老们吗？”[①]特蕾莎笑着说。

琼耸耸肩说：“这些当时都只是用来转移视线的——就像闪烁的亮片以及装饰过的橱窗，为的就是吸引那些笨头呆脑的家伙，因此阴谋论通常会让身心健康、诚实可信的人们感到讨厌。”

令特蕾莎沮丧的是，她发现自己被琼·摩根的坦率吸引住了。那女人显然相信自己正在说的话。从某种意义上说，她是对的，特蕾莎想。她突然意识到自己的反应，看看现在的我，即使证据将我周围的世界撕裂，我仍然拒绝相信。

佩德罗咬了咬自己的八字胡，“你指的不是外星人吧？制造贝塔的那些家伙？它们是你的——”

琼猛地抬起头来，“哦，老天，当然不是！”她指着那巨大的全息投影，“派我来这儿的那些混蛋，在你看来那么手眼通天吗？看看他们把密谋已久的计划搞得多糟吧。贝塔的制造者们怎么会让阿莱克斯玩得团团转？”

他们都朝那个方向望去，三道黄色光束使贝塔紫色圆点以初始力量搏动起来，但来自复活节岛的纤细长剑再一次将其挫败，遭到抑制的力量无从发挥地旋转着朝其他方向飞去。

---

① 以上组织或个人因经常在各类文艺作品中充当幕后黑手而闻名。

琼摇了摇头，“不，人类自身就能够培养掠食者，佩德罗。那些寄生虫天赋异禀，经验丰富，擅长利用他人的创新。要做到这一点，你不需要超凡的智慧，只需要一定的操控才能，以及目中无人的傲慢态度。”

“幻想自己无所不知。”佩德罗点头称是。

“噢，没错。我见过这样的家伙，他们聚集在大厅里，带着所有的钱财，相互吹捧——告诉彼此他们多么精明，只因为三十年前他们设法保住了旧有的一些权力。战争结束时，大家都精疲力竭，心态松垮，无力剥掉最后一层皮。

“直到现在，他们才终于搞清楚自己其实一直愚蠢透顶。你说得没错，佩德罗。最近的这次行动，他们出现了误判，而且很快就要为此丢掉性命。至少在这方面，我真的感到很欣慰。”

琼的这番坦白让特蕾莎大吃一惊。她一直以为，琼有这样的举动是出于对某个团体或某项事业的忠诚。显然，这个女人害怕她那些身份不明的主人，但现在，特蕾莎看出她对他们也充满厌恶。

特蕾莎瞥了一眼投影画面，真正领悟到琼的意思。在世界各地，在各国首都、司令部，甚至黑客家的客厅里，都存在着类似的地球全息投影。也许稍显粗糙，但每时每刻都在不断升级。格伦·斯皮维的团队乃至其他组织，在恐慌的驱使下，突然间把他们知道的所有秘密都公布了，没有半点儿保留。在每幅这样的全息投影画面上，敌方谐振器所处的位置都像光芒四射的海盗徽章一样刺眼……

之所以如此突出，只因为没人声称自己掌握着这些谐振器的所有权。在如此险象环生的紧张时刻，被指责不够坦诚甚至比确凿的证据握在他人之手更加糟糕。

现在，所有安全同盟、维和部队乃至地方武装力量，只要有些手段，都有可能向这些神秘地点派遣部队。他们的武器可能远远比不上二十世纪时期的——由于未经训练，他们的反应速度可能也不快——但这些士兵一旦找到那些人的藏身之处，肯定能迅速将琼的雇主们干掉。

不，她的老板们事先肯定没考虑到这一点。他们肯定指望着出其不意地端掉坦戈帕鲁的全部四个基地，通过蓄意破坏或用凝视者光束攻击，摧毁原来的四台谐振器以及所有新一些的谐振器。然后，他们将成为唯一拥有终极恐怖武器的势力，可以挟持整个世界。他们差一点儿就得逞了。

但即使搞明白其中的逻辑，特蕾莎对他们的做法也不敢苟同。

即便如此……那又怎样呢？就算成功了，这个计划也太疯狂！他们不可能逍遥法外太长时间。结果本身就不太确定。

特蕾莎看到，自从阿莱克斯成功抵挡对手的攻势后，现在暂时风平浪静。他正从一位厨师手里拿的玻璃杯里，用吸管小口喝着什么。她想过去摸着他的肩膀，或许再低声说几句鼓励的话，但她太了解阿莱克斯了。现在，那可是擎天神阿特拉斯[①]的肩膀。他的思

①希腊神话中的提坦神，被惩罚永远肩负支撑天穹的重担。

绪不容打断,毕竟,要靠他拯救的绝不仅仅是这个房间里的所有人。

“你描述的这种行径根本毫无希望可言,”佩德罗猜测道,他仍然在和琼说话,“你的那些阴谋家们……就算胜利了,也根本守不住他们赢得的一切!”

琼有气无力地耸耸肩,答道:“他们又有什么损失呢?从他们的角度来看,情况正不断恶化。他们从赫尔维蒂废墟中抢救出来的一切,都如烟雾般从指缝间飘散。”

“我不明白,威胁他们的究竟是什么?”

琼指指控制台,指指特蕾莎的数据板,指指佩德罗插在腰带上的手机。“网络。”她言简意赅。

“网络?”

“没错。它变得太庞大、太开放、太无孔不入……太民主,再也无法控制。年复一年,他们变得越来越悲观。然后,就了解到引力增强这档子事儿——”

“是你泄露给他们的!”特蕾莎指责。

琼点点头,“他们还有其他的消息来源。你们自己也经常说,这年头要保守秘密实在太难了……也就是说,只有掌控整个系统才能做到。”

“掌控网络?”特蕾莎根本无法相信,对此嗤之以鼻,“没人能掌控网络。”

“嗯,掌控某些局部,极具战略意义的特别部分。想想当初铺设光纤电缆和数据集线器的时候，总有人会被收买、被贿赂、被勒索。计算机节点都设有‘后门’入口代码，知道的人少之又……”

“为什么？为了什么？”

琼笑着回答：“为了总是第一个听闻最新的尖端技术！它会让你的‘雪貂’程序得到那一刹那的优势，让你在别人发现之前就将它们藏进超高速缓存。为了操纵邮件——”

“荒谬！”特蕾莎反驳道，“会被发现的！”

琼点点头，说：“哦，现在我们都清楚。但是当时呢？网络被视为他们的宝贝儿，他们的工具！它将取代大型银行，成为控制手段，凌驾于国家和政府之上。甚至凌驾于金钱之上。

“毕竟，旧日的科幻小说不都是这样描述的吗？‘控制信息流就能控制世界’？这就是他们对《布拉柴维尔宣言》及《里约热内卢条约》的回应。”琼的话里满是辛辣讽刺，“只是事情并未朝着预期的方向发展。网络并没有乖乖地充当他们的工具，而是像活物一般，稍不留神就悄然溜走，摆脱了他们的控制。所以他们——”

“他们！他们！”佩德罗挥拳猛击自己的手掌，吓了特蕾莎一跳。这家伙应该牢记他们身处何处。

“他们姓甚名谁？”曼内拉追问，“你他妈说的究竟是谁?!”

琼又耸了耸肩，“姓名重要吗？设想一下，在世纪之交，所有那些实力强大的利己主义集团将整个世界搅得天翻地覆。管他们叫富二代或者暴发户……又或者公爵和贵族。历史学家都很清楚，这些家伙更多时候并不是在进行所谓高尚的意识形态斗争,而是狼狈为奸,图谋不轨。

“这些聪明的家伙预见到《布拉柴维尔宣言》的缔结,并为此做好了准备,确保所有头脑清醒的赫尔维蒂及开曼高官无一幸免,不管是通过暗杀还是下药,同时拒绝所有妥协甚至投降的尝试。”

这番话让佩德罗震惊不已,“你的意思是……”但琼没有接茬儿,她继续往下说:

“其实,你想知道他们最糟糕的问题是什么吗?自从二十世纪初叶以来,这个问题就一直折磨着他们——它给权力精英带来的威胁,比大众教育、新闻媒体甚至个人电脑还要严重。是背叛。”

“背叛?”特蕾莎问,注意力不由自主地被吸引。

“每代人都发现要留住自己的孩子越来越难!即便对于那些有钱人家的孩子而言,尽管他们本有机会过上堪比王室的生活,但世界文化依然令其心驰神往。那些出类拔萃、聪明绝顶的人,总是受到诱惑,投入到所谓的资产阶级生涯中去——钻研艺术或科学——因为从本质上讲,这些行当远比坐在那里剪优惠券或者欺凌仆人有趣得多——”

“等一下!”特蕾莎打断了她的话,“你是怎么知道所有这些的?”然后她在另一个女人的双眸之中看出些什么,“哦——”

突然,特蕾莎心底涌起了对琼·摩根的同情,尽管她并不愿意对琼感同身受。金发地球物理学家露出一丝苦笑,“血缘关系,你懂的。当年我老爸跑去玩音乐，为野生动物募集钱款，我们这一支系就此独立。虽然我们从不缺钱，但堂兄弟们自然不会与我们共享信息。

“不管怎样，老爸没兴趣了解他们的阴谋。他管我的叔伯们叫‘恐龙’，说他们的思维方式会自然灭绝。”琼哼了一声，“都听说过恐龙们是怎么死的吧？浩劫降临时，我可不想碍手碍脚。”

“所以你考虑与之合作，任他们为所欲为——”

“直到他们消失。是的，那是计划的一部分。那个跟——”琼低下头，“呃，他们真的很有说服力。你不了解他们。”

但特蕾莎认为自己真的很了解这些人。不是个体，而是对这类人的特点了然于胸——与普通男女不同，这类人需要更强的兴奋剂才能满足。他们内心的渴望似乎是攫取金钱和权力，但事实上，他们对与死亡相关的一切都无法抗拒。

不管怎样，细节根本微不足道。大型全息投影上，一出好戏正在上演，琼拿恐龙来做类比，恰好跟这出戏的地质学规模相匹配。特蕾莎能够看出人类干涉的某些痕迹。那么多可怕的现象正在她脚下发生，即便最后的进攻偃旗息鼓，这些现象带来的影响仍会持续很久。

最近这次较量的结果显而易见。数小时持续不断的刺激，使得复活节岛下方所有的激发能态消耗殆尽。所有的丝线、日珥乃至错综复杂的电网，现在都呈现出暗红色，除非它们回到过往的蓝色代表的强度，否则将无法再充当“凝视者”光束的源头。这可能要花费几分钟到几小时。与此同时,敌人朝他们发动进攻的方法仍然未知。

在她的注视下,贝塔那光华闪耀的镜面反射出一条亮线,阿莱克斯则发射出最后一道光束,光束高速划过地核炽热的边缘,顺利击中远处的那条亮线。敌人的一台谐振器颤抖着,消失在影像中。她知道,这台谐振器需要一段时间才能恢复。

与此同时,全世界都在关注这些混蛋。那支联合国武装部队动作迟缓,准备不足,且协调能力糟糕,究竟还要多久才能找到他们?阿莱克斯已经赢回优势。留给敌人的时间不多了。那么,他们现在会怎么做呢?

答案没让她等太久。

“另外两台谐振器再次发动进攻。”警戒人员宣布。

一名技术人员立刻反驳道:“但它们无法穿过恒域进攻我们,至少——”

“他们的目标不是我们!”第一个声音回应道,“看哪!”

特蕾莎眨眨眼睛,与此同时,位于撒哈拉和日本海的谐振器又双双射出光束,刺激着地球的核心。贝塔以光芒四射的反射点予以回应,现在,阿莱克斯及其技术人员已经鞭长莫及。整个坦戈帕鲁团队无能为力,只能充当旁观者。

贝塔搏动着。附近的卷须缠绕着被压抑的能量。接着,一道庞大的光化射线疾驰而过,犹如一记重拳,击向一块大陆的中心位置。

北美。

“他们说话了!”通信操作人员宣布,“封锁所有频道……这是最后通牒。他们说,所有国家的军队必须在两分钟内撤退,否则……”

这位年轻女士的话根本没有说完的必要。那块大陆俨然像根被反复敲打的横梁,响个不停,这是所有人都明白的教训。

大家都陷入沉默。

最后,特蕾莎问:“现在怎么办?”

阿莱克斯第一次将目光从控制台移开,抬起头来。他满脸倦容,伸手扯掉静默输入设备。被设备擦伤的地方留下了红色印迹。他与她对视,“我不知道,莎莎。我想这取决于他们究竟有何目的。”

所有人的目光都投向那位通信操作员,其专长是过滤嘈杂的电波。这位女士的脸上快速掠过各种各样的表情。当她将整个故事拼凑起来,才恍然大悟,慢慢露出笑容。

“最后的进攻只不过是谈判的手段,”她说,“他们说他们真正想做的是……投降!”

整个房间里,疲惫不堪的技术人员瘫坐在各自的椅子上,长出一口气。有人兴奋地大叫一声,猛地将两扇门全部打开,清新的微风吹进来,驱散了恐惧散发的陈腐气味。

特蕾莎和阿莱克斯望着对方,在彼此的眼中寻找安慰,还有接受希望的理由。

DEL

一个女人独坐在上锁的房间里。

她是位法力高强的女巫。虽然独自一人,但并非无人陪伴。因为有妖精供她驱遣。墙上还锁着两位英雄,供她取乐。

他们是赫拉克勒斯和参孙,为冻结时间环所困,将束缚自己的镣铐弄得叮当作响,好似在跟实力强大的九头蛇作战。自从女巫许多天前将施加在他们身上的法力"增强"以来,他们就只能一直无声地挣扎——不断用力拉扯,发出挑衅的哼声。

但现在,她没时间理会这种事。两位英雄必须等待时机。

"哦,不,不会吧?"女巫低声说,注视着更为重要的图像自行排列在另一堵魔法墙壁上。世界的拟像闪闪发光,活像个电子洋葱,因为葱心深处的变化而骚动。这场表演让人印象深刻,但她并不在意较低的里层。她发现,那棕绿蓝相间、满是皱褶的外皮已经染病,贪婪的寄生虫在那里肆虐。

那种数量多达百亿的寄生虫名叫人类。

她对洋葱的内部知之甚少,也不太在意。但关于外皮,她颇有研究,也更挂心。她立下誓言,要想方设法拯救那层外皮,消灭那些寄生虫。

"哦,不,我不会让你们为所欲为。"她对那些家伙说,那些家伙自以为是她的恩主、她的亲戚、她的主人,但其实只不过是她的工具。现在,他们已经穷途末路,惊慌失措,威胁着、咆哮着、挣扎着,绞尽脑汁，想要拯救其毫无用处的生命。

这些微不足道的生物，对她而言犹如尘垢秕糠，因为这种生物的数量实在太多。他们还误以为自己举足轻重，仅仅因为他们是跳蚤种族中“最富有的”一群。他们最近制订的计划已经是他们目前所能指望的最好的……以数百万条性命换取特赦的承诺。网络上充斥着试探性的报价。堪堪避免了又一场浩劫发生，让人们如释重负。而她却有别的想法。

“不，还没结束呢。”她边忙碌，边惬意地哼着小曲。战争偃旗息鼓的状态跟她的意图并不相符。必须用其他东西取而代之。她转动滚花旋钮，召唤出她的仆人，她的妖精——与她曾经创造出的可怕蜥蜴相比，要简单得多，也顺从得多，以前那种蜥蜴不知怎的去向不明。这些都是新的变种，身体呈流线型，对她更是唯命是从。接到她的命令后，妖精们疾驰而去，在咒语的驱遣下，一缕缕电子能量蹂躏着跳蚤王国。

这个绝佳机会的第一条线索来自其前夫，她曾经深爱过那个立场不坚定的家伙。他在军队得到的那份工作，为她开启了全新的世界。当堂兄弟们以源源不断的资金支持她的调查时，女巫突然间拥有了最好的工具——无论是软件，还是硬件。日复一日，她的小间谍们带回了更多线索。

起初，她一路前行，目睹那些愚蠢的亲戚玩弄着他们根本无法理解的力量。但随着时间推移，她逐渐意识到他们忽视的是何种力量……在堆积如山的数据中隐藏着什么,等待着她去获取。哦,就是那把净化之剑啊!

当世界各国纷纷收兵撤队,避免冲突继续时,女巫却利用自己开辟的羊肠小径和秘密通道,将她的信使送往遥远的地方。“你们不会就此止步,”她说,“哦,不。现在不是止步的时候。”

房间突然震颤、摇晃起来,这已经是几分钟内的第五次了,但她并没有因此停下来。这只是那些愚蠢地震的余震而已。震就震吧,房子建得足够牢固,且电力充足。

在一座名为白堡的小镇上,人们或许能够隐隐约约听到警报声。但那是个充斥着人类和机器的地方,因此,警报声也只不过是种毫无用处的比喻而已,就像墙上那位可怜兮兮的大力神一样,因用力拉扯搞得汗流浃背,就像是浸在虚拟的汗水之河中。那是充斥着电子和隐藏力量的世界,一切都未成定论。而那个世界为黛西所支配。

“继续。让它嘎嘎作响,摇晃不止,”女巫说,“享受你们的玩具吧。但最终,一切都将归结于血肉之躯。”

地　核

“这会不会是拖延战术?”阿莱克斯说出了自己的担忧,“在联合国安理会召开会议之前,所有的武装力量都按兵不动。在这一段时间里……”他摇了摇头,声音越来越小,忧心忡忡。

特蕾莎全力揉捏着他一侧的肩膀,她对他肌肉出现僵硬的位置了如指掌,这真的很奇妙。她的声音则给他带来了急需的踏实感。

“他们清楚自己不能永远与整个世界对立,阿莱克斯。日本刚刚不是主动提议让你来指挥他们仍处在试验阶段的谐振器吗?还有斯皮维那些封存的机器。他们已经召回了技术人员。再过几小时……”

阿莱克斯点头称是,“再过几小时,至多一天,我将拥有足够的资源来应对他们任何的企图,将他们从每个频率上清除。他们连一根树枝都无法摇撼，更不用说一块大陆了。”

他尽量不去听背景中那微弱的声音—— 一位英国广播公司国际部的记者在讲述美国中西部地区遭遇的大面积破坏。深陷绝地的敌人之所以那样做，只是因为他们尚未得到完全假释，仍有部分武装力量已经对其采取行动。因此，为谨慎起见，各国军队均已撤退待命。

没有人知道琼·摩根那神秘莫测的主人们对这次威胁的认真程度有几分。赫尔维蒂人当年又有几分是真的想使用钴弹？一九六二年的肯尼迪和赫鲁晓夫呢？人一旦被逼急了，有时候就是会想些难以想象的策略。

谐振器警戒人员喊道：“它们又动起来了……”

所有人都转过身。受到感应的重力能量再次让敌方全部的三台谐振器光芒四射。“他们现在又想搞什么鬼？我以为他们已经同意等待。”

细长的黄色光束向下射去，直奔那个紫色圆点——那是闪烁不定的贝塔镜面。

“会不会又是一次示威？”

通信操作人员插嘴道：“他们再次上线，通过所有频道声称那根本不是他们干的！”

阿莱克斯转头问：“你说‘那不是他们干的’，是什么意思？”

“那不是他们干的！”女操作员按了按耳机，“他们信誓旦旦地表示,刚才他们的谐振器都是自己发射的!”

特蕾莎问:“阿莱克斯,这可能吗?他们想干什么?”

但他却愣在那里,眼睁睁看着三道光束穿过几枚翻滚着的超导电池,击中贝塔,然后……消失不见。

“池田!克兰博斯!”阿莱克斯高喊,“扫描并行频率。”他伸手去拿静默输入设备,“他们可能想偷偷靠近边缘频带!”

可能性似乎不大。只有少数振型组合与表层岩石特别是地壳最上层强烈耦合。而他确信这些都被遮盖住了。然而——

“有什么东西,阿莱克斯。”一名技术人员在房间另一端喊道,“快看五千二百兆赫,在一条振幅为一点六米的纵波上——”

“明白!”他高喊着回应。新的虚线显示的是先前看不见的东西——在贝塔闪闪发光的胃里,肉眼看不见的“凝视者”射线。

“可那些光束是朝着——”他没必要说完整句话。集中光束径直飞回原点,直接命中敌方的三台谐振器,所有人都惊得目瞪口呆。

“他们竟然攻击自己!”有人惊呼。阿莱克斯扫描了一下,却未发现损坏迹象。没有发生地震。敌人的谐振器依然闪耀着,处在活跃状态,跟以往一样危险。这真的很诡异。

“有影响吗?”他问道。但这个问题仍然没有答案——为什么对方要朝自己发射光束?而且是明显没起到任何作用的光束?

“他们说什么了吗?”

通信操作人员进行了扫描,回应道:“没说什么。他们已经没动静了。”

这简直太奇怪了,阿莱克斯心想。诡异的事情正在发生。

“阿莱克斯!”特蕾莎大喊。

上帝,她可真强壮! 突然被她抓住肩膀,他不由得畏缩了一下。他转过身,看见她又是眨眼睛,又是摇头。“又要发生了。我敢肯定,阿莱克斯,难道你没感觉到吗?”

他回忆起两人在新西兰共同经历的那段漫长旅程,沿着冥界般黑暗的曲折道路前进,依靠她异常敏锐的感觉,才找到重返光明世界的途径。那段记忆没有任何怀疑的余地。“进入战斗岗位!”他高喊道,同时重新设置了仪器,开始搜寻。

在那儿! 在另一条边带上——贝塔似乎暴怒地搏动着。“加载所有电容器! 反向脉冲,瞄准——”

有人发出尖叫,打断了他的话。就在十几米开外,一个男人瞪圆了眼睛,撕扯着自己的头发——然后爆炸了。

严格来讲,这并非爆炸。那可怜的家伙被拉长了,尖叫直到他被撕成碎片才停止,就像黏糊糊的太妃糖一样。说到声音,差不多只有一声湿乎乎的爆裂声。但颜色呢……一道明亮的液体幕帘喷溢出来。与此同时,他的皮肤被剥开,大块的肉到处乱飞。

其肉身的残骸倒在地上,此时,一股闪烁着的柔和光晕似乎悬停在半空中。这团人形大小的幻影盘旋片刻,紧接着开始旋转着朝水平方向快速移动。

男男女女惊叫着争先恐后地四处躲避。但可怖的焦点加速了，碰巧有两位厨师选择了这个倒霉的时刻，端着午餐，走出厨房。他们的手臂和头颅被硬生生从身体里扯了出来，盛着汤的盖碗腾空而起，滚烫的汤汁和殷红的鲜血喷洒在附近人的身上。他们永远没法搞清楚袭击自己的究竟是什么了，骚乱蔓延开来，受害者接二连三地出现。

“大家快逃！”阿莱克斯这一声喊得有些多余，因为惊慌失措的人们早已纷纷冲向出口。他停住脚步，只为抓起数据板和特蕾莎的手，然后便加入逃生的人群中去。然而，距离敞开的门还有一半距离时，她突然停住脚步，伸出双臂搂住了他。“怎——”他挣扎着喊道。但她紧紧抱着他，动也不动，某种几乎看不清的恐怖物什与他俩擦身而过，掠过他们本应占据的空间。

“趁现在！”当它继续向前席卷而去时，她叫道。阿莱克斯哪里还用得着她催促。

外面完全混乱的撤退场面映入他的眼帘。毫无疑问，坦戈帕鲁团队的成员个个出类拔萃，英勇无畏。他们面临危险时所展现出的非凡勇气，有史以来的任何勇士都无法比拟。但当头脑倒退到原始状态，勇气就变成毫无用处的抽象概念。男男女女慌不择路，四散奔逃，七零八落地分散在劲风吹过的山坡上，有的直奔海边的悬崖。一眨眼的工夫，阿莱克斯目睹一名技术人员被好似一团空气的东西碰了一下。仿佛某种潮汐将她吸进了一个大致呈人形的曲折里。她旋转着，尖叫着，她的恐惧在剧烈的颤抖跟喘息中结束。她瘫倒在地，全身起满紫色的燎泡，血流不止。

“走这边！”特蕾莎拽着阿莱克斯的胳膊喊道。向西逃，可阿莱克斯不明白她为什么选择这个方向。

又有几次，特蕾莎突然向右或者向左变向。每次，阿莱克斯都毫不犹豫地照做，跟着她曲曲折折地跑着，就像是受命于上帝一样。跟死亡擦肩而过的次数多到数不清，他不再考虑特蕾莎究竟是怎么知道该如何躲避的了。偶尔，只有当他的后背突然震颤起来，或者当他的胃突然感觉翻江倒海时，他才会注意到一条狭窄的通道。然后，还没等他来得及对恐惧做出反应，恐惧就已消散，他们再次化险为夷。

光天化日，朗朗乾坤，眼睁睁看着朋友和同事们在太平洋蔚蓝的天空下惨遭杀害，却没有时间应对……除了逃跑，我们不能为任何事情浪费精力。他麻木地感到，在倾斜草坡上踩出的吱嘎吱嘎声，突然被鞋踏在水泥地上的、更猛烈的撞击声所取代。他模模糊糊地看到停着的喷气式飞机和齐柏林飞艇。难道她是想去抢一艘？

但她并没有那样做。特蕾莎拽着他冲过停机坪上的那些飞行器，朝另一个物体奔去——那东西黑底白顶，布满浮渣。他俩举步维艰地攀上一段楼梯，那楼梯锈迹斑斑，摇摇欲坠，两人最终摔进一间舱室，这里阴暗潮湿，满是灰尘。

是那架航天飞机，当他气喘吁吁地倒在甲板上时，才隐约意识

到这一点。这么说来,特蕾莎也是瞎跑瞎撞,根本没有什么计划可言。跟其他人一样,她也只是受到本能盲目的驱遣。只不过,作为航天员的她,最后的冲动是寻找“她的”飞船——安全及自身控制感的象征。

“快点儿,阿莱克斯。”被她踹了一脚,他感觉肩膀一阵剧痛。“动起来!”她喊道,“那东西随时都可能将这里射穿!”

这话千真万确。那么,他们为何要躲进这个毫无用处的棺材里,而不待在外面呢?毕竟,如果在室外,她那敏锐的感觉或许还能起到作用。

然而,他任由她将自己拉起来,跟在她身后,跌跌撞撞地穿过臭气熏天的气闸室,途中还被门槛绊倒。最后几米,她几乎是把他扔进了航天飞机那洞穴般昏暗的货舱,他踉跄着跪倒在两盏小照明灯的灯光之下。光束汇聚成璀璨的一片,在那里,他看到了自己目瞪口呆的倒影,仿佛凝视着一个魔法池。

阿莱克斯眨了一下眼睛,又一下,然后他恍然大悟。

这是个完美的球体,映照着他的身影,也映照四周,形成无限的凹形景观。他禁不住大声咒骂起来,自己居然忘了还有台谐振器!

阿莱克斯低头去看自己的左手,那只手还紧紧抓着便携式数据板。他仍然戴着静默输入设备!或许……

但是不行。“该死!”他叫道,“这里没有动力。这个主意实在有些糟——”

突然,那球体的万向轴承发出嗡嗡的声响,前后摇晃起来,打断了他的话,接着又以极其恰当的角度稳定下来。微处理器咔嗒作响,好似连声轻笑。

"你以为,自从你将照看这头'巨兽'的任务交给我,我一直在做些什么呢?"特蕾莎问。阿莱克斯目不转睛地盯着她,于是,她耸耸肩,揭晓了答案:"好吧,它在打发时间方面帮了大忙。现在,来吧!这是我刚刚扯下来的一台显示装置。没有全息影像,只有平面屏,那边有插口。"

阿莱克斯清楚,特蕾莎这席话使他惊得合不拢嘴。他合上嘴巴的同时,能说出的只剩这三个字——"我爱你。"

"你真直接。"她快速地点了点头,"如果你能够让咱俩逃过这一劫,这件事倒是可以聊聊。现在别他妈傻站着了,赶紧干活儿去!"

他转过身,面对着陈旧的控制设备,将他的操控软件插入并加载完毕,通过静默输入设备激活了启动程序,抽出短暂的瞬间,朝特蕾莎的方向望了最后一眼。"真是个爱指使人的丫头。"他温柔地低语道。

她没作声,但她的眼神却给了他有生以来从未拥有过的信心——因此,他决定最好还是尽力一试。

DEL

有些建筑简直就像是停尸房—— 一座位于开阔的苔原上;一

座位于沙漠中;一座位于海底;还有一座位于岛屿绝壁上,被神秘雕像的阴影所遮盖。在每座建筑里,高耸的圆柱体仍在振动,在其精致的牢笼之中旋转。然而,附近却不见任何移动的生物。四壁溅满血迹。

圆柱体的缔造者们已经踪迹皆无,但能量却仍因为电子妖精的一时兴起而喷涌。计算机处理着华丽的程序,射出能量光束,从地底深处挑起怒火。每台机器都唱着它们刚刚学会的新歌——死亡之歌。死亡从目标区域向外蔓延,与数量庞大的双足生物形成了致命的共振,他们成十上百,成百上千,成千上万,随处可见……

这种恶行倒也不是完全没有受到挑战。胆识过人的士兵们尽管被沿路目睹的恐怖景象吓得够呛,但仍然保持着十二分警惕,朝每个事故发生地靠近。通过无线电和网络,他们还听说,此类恐怖事件开始在遥远的城市蔓延。

士兵们心惊肉跳,但行事依然果断,坚定地发起了进攻——不料却被某种东西置于死地,这种东西无影无形,却又不可阻挡。他们轻盈迅捷的飞行器莫名其妙地切换到自动驾驶模式,缓慢偏离航线,根本不再受人工控制。

疯狂的命令充斥着安全频道,呼吁尽快准备杀伤力更强的武器。但要将这些武器解封并准备就绪,需要一定的时间。与此同时,死亡的范围仍在不断扩大……

岩石圈

“老爸,感谢上帝,你总算来了!”

还没等洛根从出租车里出来,克莱尔已经投入了他的臂弯。他紧紧搂着女儿,“我在这儿。没错。嘿,来吧,我的小太阳。别哭了。”

“我没……哭。”她抽着鼻子反驳道。说归说,克莱尔还是先在父亲肩头拭干了两只眼睛,才抽身退回。洛根终于有机会好好看看女儿,发现她的双眼只是发红,却没有泪水。

他上次去麦克伦农家,距今已有数月之久,那时正值夏日,潮湿芬芳的空气让他度过了慵懒漫长的夜晚,空中还能看到萤火虫的身影。而此刻,海湾凛冽的西风鞭笞着柏树林的边缘,刺骨的冬天已经来临。他感觉克莱尔瑟瑟发抖,情绪有些激动。

他转身要把钱付给司机,但那人竟然无视洛根递过来的信用卡。他弯下腰,捂住一只耳朵,专注地听着按键式耳机里传来的新闻,然后突然沮丧地叫出声来,启动引擎,绝尘而去!几乎是出于本能,洛根下意识地将手伸进口袋,去拿自己的听筒。

但没必要那么做,他早已对世间的你争我夺听之任之。当家人需要他的时候,宇宙可能自己照料自己。

“你妈妈把自己锁在房间里,这到底是怎么回事?”洛根转身问女儿。

克莱尔红棕色的秀发在风中飘摆,“比那还糟糕,爸爸。她把家里她那一侧的房间都通了电。”

“什么?”

“她甚至连对讲机都不接,尽管我能感觉到她在里面忙着工作上的事——”此时,墙角那边有人发出疼痛的叫声,克莱尔随即收住了话茬。

“是托尼。”她抓着洛根的胳膊,解释道,“他打算撬窗户。”

“听上去效果不错啊。”洛根评价道,同时被女儿拉着向前走。“友善点儿,”她嗔怪着,“托尼是个好人。只是以前从未对付过黛西。”

洛根转过拐角,看到一名身材瘦长的黑发少年,正单手捂着胳膊,吮吸着烧伤的手指。地上,一把螺丝刀仍在冒着烟,螺丝刀把上包裹着绝缘材料,想必是因为这样,男孩才没有遭受更重的烧伤。“恁好,恩格先生。”托尼说。

“你也好。”洛根回应道,心里却想:他以前从来没有对付过黛西？我要告诉这两个孩子的是，我也没有对付过她，真的没有。

真要探讨起来，我也不确定是否有人对付过她。

DEL

在现实世界里，他们试图跟她对抗。军人们手持榔头，砸开了巡航导弹上的封铅，想方设法绕过自动防故障装置，重新为机器人编写程序，派它们去找寻从未列入应急清单上的地点——飞越逐渐变宽的无人地带，摧毁其他机器……那些目前正掀起远程死亡风暴的机器。

尝试完成那么多从未经历的事情，人类免不了会犯错。他们通过网络搜寻与目标相关的信息，结果却泄露了自己的计划。事先得到情报的黛西挥舞着致命的光束，撕开军事据点，将那里所有活着的人清除，只剩尚未准备就绪的无人驾驶轰炸机。

当然，这样的拖延战术能够起到的作用是有限的。最终，幸存的士兵会将谐振器一个接一个地摧毁。尽管网络乱成一锅粥，但那些聪明的黑客最终还是会破译她的命令，顺着蜿蜒曲折的路径，将这一切归结到她这里。时间足够的话。

但现在时间站在她这边。随着分秒的流逝，黛西掌握的权限也在不断递增。很快，她创造的一切便能够自我维持，由地球发电机制造的电流驱动。它们将成为死亡的旋涡风暴，像天气一样永恒，成为被精心调试过的镰刀，只等收割一种范围狭窄的特殊作物——

人类。

“抗体，”她总结道，赋予自己创造的一切以生物学隐喻，“我在制造抗体，用来对付寄生虫。”

传说中的复仇女神曾经不遗余力地追捕杀人犯，她则想象自己，为惨遭屠杀的海牛复仇，为灭绝已久的恐鸟报复，为销声匿迹的秃鹰申冤。“每个物种都需要自然控制，而人类缺少这种控制实在太久了。”

她相信，凡事都存在着恰当的秩序。食物链应该呈现金字塔结构，每种顶级捕食者的数量都应该较为稀少，不能太多。人类因为过度繁殖，颠倒了这种经受过时间考验的安排，创造出一座摇摇欲坠的大厦，注定难逃倾覆。

“一万。”她下了结论。这个数字再好不过。在目前多达一百亿的人口当中，应当只留存这么多人，来构成合适的世界人口。她认为这样做已经足够仁慈，因为对于这个星球而言，人类这个物种彻底灭绝，或许会是更好的结果。话虽如此，她毕竟已经身为人母。尽管这个种族已经不可救药，但她也不能任凭自己消灭所有的人类孩童。

“大约留下一万人，四海为家，以捕猎和采集的方式生活。或许甚至两万人。这就是这个世界所需要的人数。”黛西的愤怒是有限的，所以她为自己设定了这条底线。当网络上的焦虑情绪不断攀升，她喃喃自语，安慰自己，陷入恐慌的世界根本听不见她的声音，而且即使能够听见,也不会理解。

“这是为你们着想,”她低声道,“毕竟,你们现在过得怎么样呢?置身于那些拥挤不堪的可怕营地和城市之中,呼吸着彼此嘴里散发出的难闻气味,却从不知,享受自然的宁静是你们与生俱来的权利。”

对于那些幸存者,她许诺将赋予他们健康的身体、洁净的天空、美好的事物乃至幸福的生活。他们可以安居乐业,她派出的收割程序将昼夜陪伴在他们左右。

哦,是的,那将是更加美好的世界。她发誓,在人类数量降到过低之前,自己会大发慈悲,停止杀戮。

当然,“慈悲”这个词需要恰当的解读。

人类圈

阿莱克斯听到身后某处有人说话，心想一定是其他逃难者也上了航天飞机。但这根本不可能。到目前为止，他和特蕾莎肯定是复活节岛上仅有的幸存者，那台小型谐振器微弱的无源场保护着他们。那声音肯定来自某个新闻频道，近乎疯狂地报道新一轮的恐怖灭绝行动。

在欧亚大陆部分地区，南北美洲以及非洲，影响是直接的——没有地震，没有东西被抛入太空。仅是死亡，只有死亡。

人类的死亡。

这其实只是相当简单的组合，他思考着，其设备则在重力频带上绘制出所发生事件的细致网状图。他加倍小心，以免被敌人的网络探测到。他们使用的参数跟人类肉体完美耦合，形成小型驻波，如潮水般源源不绝，跟人类体型相匹配。我从未想过这一点，尽管从早期的数据来分析，其实已经足够明显。线索就摆在那里，特蕾莎和其他人所感受到的一切影响都是线索。只是需要特定心态才能发现这些线索。

挥舞这样的光束，足以致数百万人于死地。该过程消耗的内部能量少之又少，存在自我维持的可能。

最初的几次打击如外科手术般精确，摧毁了全世界所有的引力研究中心……所有可能实施抵抗的地点。包括斯皮维上校以前的谐振器，还有俄罗斯、日本和中国的谐振器。现在，大部分都已经处于离线状态。有些还在闪烁，但已然闲置，没有人控制。还有两三台似乎已为对方操控，跟最初叛逆阵营的谐振器一道，喷射着死亡光束。

当然，这局面实在太可怕，难以掌控。如果阿莱克斯要参透其全部含意，恐怕会彻底被惊呆，以至于什么事都做不了，而现在，他无法承受那样的状态带来的后果。

他试探性地发射了几次冲击波，想感受一下这个球体。它很难控制，反应敏锐，就像一头野兽。当它旋转时，短暂地展现出其最为怪异的半边影像——聚光灯微妙扭曲的反射，影影绰绰的航天飞机货舱，还有他自己的脸。

自从谐振器数天前从纳米生长槽里被水淋淋地挪出来，他根本没有机会熟悉这台仪器。现在，他必须在没经过任何练习或者模拟的情况下，直接跃上马鞍，从“凝视者”动力学的角度而言，犹如从一匹辕马直接切换到竞技马。

他想做的就是让那些混蛋自食恶果。但如果没有诊断备份，所花时间绝对不会短。与此同时，东京和其他地方又有数千人丧生。必须先采取一些应对措施。

“好吧——”他说出声来。

静默输入设备误以为这句话也是命令，驱动那球体在其保护罩里旋转。他花了几秒钟时间，才将它再次放回原位。珍曾经警告过他，情绪激动时不要使用静默输入设备，但他现在有的选吗？

好吧，阿莱克斯默默地想，以铁一般的纪律要求自己。*别无他法*。

DEL

她正在马瑙斯大杀大砍，扫荡亚马孙流域的城镇。此时，她派出的妖精前来报告，称又有一帮不顾死活的士兵妄图妨碍她的大计。现在，其中一个中队正驾驶着訇然作响的高超音速飞机，径直朝她的一台谐振器冲来，尝试完全靠速度和敏捷性，避开她的守护旋风，在她做出反应之前，让导弹锁定目标。

黛西满足了他们勇敢面对死亡的举动。她追踪到他们的遥测数据，让他们的座舱充斥鲜血和恐慌。

但两架飞机仍然没有偏离航线，其飞行员及时设置了自动驾驶模式！她利用很久以前从所谓的安全缓存盗取的密码，潜入了军事频道。通过这些路径,她读取了恰当的控制程序——简单得像是儿戏——然后启用这些程序,控制了朝谐振器猛冲而去的飞机,对那些再简单不过的电脑实施超驰控制,让飞机向相反的方向倾斜,掉头直奔其出发地。

结束了这段小插曲,她继续着自己的任务。还有很多清理工作要完成。她只不过刚刚开始。仅用几分钟,她就涤清了苏门答腊岛,现在,那里硕果仅存的几头猩猩可以平静生活,再也没有行径恶劣的高大闯入者打扰它们。再也不会有人手持链锯,踏上婆罗洲!她制造的旋风强势回应,席卷整片海洋。

严格来讲,她也不知道自己在做什么。她并非物理学家,也不是地质学家。对于黛西来说,她利用的力量的本质,跟计算机的制造细节一样无关紧要。所有这些都经过了其他专家的研究和分析,然后被完美地精简成可以公开访问的世界模型。

黛西对模型了如指掌。最近,她从自己已经灭绝的亲戚们那里,从前夫的雇主们那里,从所有那些自以为无所不晓的聪明男人那里,窃取了许多质量上乘的东西。现在,她借助这样的软件中介,处理地球内部的事务,就像一名女巫,使恶魔和精灵听命于她,从而对大自然施加压力。她把地底那些汹涌澎湃的超导通道,当成网上的高速公路和小路,视为另一个通过代理服务器、子程序以及意志力量便可统治的领域。

几分钟内,一场可怕的死亡风暴降临在爪哇。此刻,她再次将注意力集中到地底，聚积起另一道能量光束，瞄准那面滑稽且怪异的镜子，有些人称之为“奇点”，制造出另一场死亡飓风。这次的目标是肮脏的、所谓缔造于沙漠之中的“文明”——南加利福尼亚。

但这是怎么回事？在某个遥远的地方，黛西感觉到某种存在，她本以为那里所有的反抗都已经被击败。那里的主宰者应该只有死人才对！

她简短下达了命令，她的妖精们疾驰而去，调查这一胆大冒进的存在……

阿莱克斯惊愕地向后仰去。刹那间，那旋转的圆球突然显现出逼真的幻象，那是一双眯起来的蜥蜴眼睛！只有通过快速切换频段，让他的机器绕着另一条轴旋转，才能使那隐约可见的幻象从闪亮的球面上消失。

他喘了一会儿粗气。*好吧。别让它动摇你！*

然而，孑然一身的感觉确实无法逃避。以前，总有数十位技艺娴熟的工作人员帮他忙。没错，他们称他“巫师”和“巫医”。但与新闻媒体及诺贝尔委员会相反，只要还保留着一丁点儿诚实，没有一位科学家会声称自己是“独自完成一切”的。

可是，这恰恰是我现在要做的。

阿莱克斯颤抖着叹了口气，描绘出地球错综复杂的内部，此时，那里因为热磁对流而变得狂暴，经人类改造的电流通道纵横交错。

自从很久以前他第一次试探性地搜寻阿尔法和贝塔的踪迹后，这些电流一天天变得更加复杂精细。现在，他必须突破这纷乱如麻的电流丛林，找到应战的方法。

不能再拖延了。你只有一次机会，可以打对方一个出其不意。

于是，带着孤注一掷的决心，阿莱克斯使出浑身解数。

一瞬间，他仿佛又看到了亮闪闪的鳞片扫过旋转着的圆球，被一层黄褐色与黑色相间的涟漪驱走。眨眼的工夫，幻影消失不见，战斗再次打响。

DEL

这场爆炸感觉就像一次突如其来的截肢手术。突然间，她的一台谐振器就从地球表面消失了，就像一条胳膊或腿被切掉，被光化热量烧灼掉一样。

“该死的！”黛西骂道，“又是岛上那个爱管闲事的家伙。”

她必须把下一个计划推迟一段时间，她本打算向亚非欧三大洲交会的古老枢纽区域发动猛攻，正是在那里，人们最早开始从事应被诅咒的职业——农民。这个新出现的麻烦必须优先解决，即便是拖延已久的纠错计划也要先放到一边。

她启动了净化东京和科罗拉多的斯普林斯后夺取的那几台谐振器。解决麻烦应该只需要几分钟时间……

距离最近的一次进攻差点儿就击中他们，汗水几乎弄瞎了阿莱克斯的眼睛。有那么一瞬，他觉得贝塔仿佛就在附近——被强烈的潮汐牵引着，使得他脑袋里的液体像芬迪湾[①]一样汹涌澎湃。一想到在他建构起的这个窄小又脆弱的保护区域之外，拉帕努伊岛表面现在会是何等惨状，他就不寒而栗。他默默地期待保护区域能够将特蕾莎、将小小的“亚特兰蒂斯号”上的其他位置都涵盖其中。

阿莱克斯忙得不可开交，连期盼的时间都没有。他又挡开了一击，直接将那道光束反射回其始发点。当然，这不会对光束的频带产生任何影响。现在，他知道所有这些谐振器都被什么人远程控制着了。

其实，这种以杀人为目标的谐振并不复杂。要是能得到一点儿时间，我能够很轻易地设计出反……

不幸的是，根本没有时间。为了抵挡愈发猛烈的攻击，他几乎使出了浑身解数。不过，有一次，他还是抓住了短暂的空当，发动了又一次反击，差一点儿就命中了位于撒哈拉的基地，将那里的谐振器摧毁；后来却不得不偃旗息鼓，躲避又一波来自四个方向的联合攻势。

不能再这样继续下去了，他心想。新谐振器的灵活性远胜任何机器，而且，他能看得出，自己的水准在对手之上——不知怎的，他感觉对手似乎只有一个人。但敌人却能够同时从多个方向发动

① 位于加拿大新斯科舍省和新不伦瑞克省以及美国缅因州之间。

攻击，还能节省资源，继续那可怕的大规模屠杀。

DEL

不能再这样继续下去了，她心想。她眼角的余光扫过一台家用监视器，发现前夫已经来到屋外，还有克莱尔和一个邻居家的男孩，他咚咚地敲着前门，喊她的名字。他们面露忧色，但显然不是已经知晓真相的那种担忧。

那么，就让他们担心去吧。站在现在的位置，他们就在万人幸存者中占据了一席之地。好吧，这才是对他们真正的礼貌。不管怎么说，黛西有更紧急的事要解决。

一群士兵自作聪明，利用齐柏林飞艇和小型飞机，向科罗拉多基地发动了自杀式袭击，这些飞行器装载着炸药，准备批量撞击。他们希望单纯依靠火力完成致命一击。

比起这次可悲的尝试，黛西更担心的是一座空间站上棋高一着的男女们，他们重新编写程序，奋力让一道实验性太阳能光束偏离指定目标，瞄准了位于撒哈拉的谐振器。

还有那些黑客……他们中有相当一部分人现在已经在怀疑网络本身被用来控制死亡机器了。这些业余黑客比官方权威更危险，确实令她担忧——他们虽然不受约束，但凭借其超强的好奇心和技术，任何秘密最终都逃不过他们的眼睛。

不过，她并不需要长时间保守秘密。只需要一小时甚至更少的时间。因此，她派出一些代言人去窃窃私语，主动提供“有用的”流言蜚语以分散对手的注意力。“让他们忙一阵子。”她对麾下的妖精们发号施令。

复活节岛上那个聪明的家伙暂时陷入了困境。黛西抽空制造出另一个死亡天使，它将被派往中美洲，那里还有不少森林亟待拯救。一旦中美洲的人类销声匿迹，这些树木将成为恢复生态的绝佳的种子选手。

好啦！现在是时候继续对付她的头号强敌了，而且得彻底地将他消灭。那样的话，地球的内部将完全在她的掌控之下，而且只归她掌控。

随着程序输入的要求不断提高，黛西逐渐分身乏术，不得不暂时搁置其他事项。因此，她没有注意自己左侧发生的事——在那面增强电影效果的墙上——大力神赫拉克勒斯和参孙仍然挣扎着想要摆脱镣铐，这种状况已经持续了相当长的时间。她没发现，除了两位正在拼命拉拽的英雄，还有一个不速之客出现在画面中。一只大型猫科动物正信步而行。它伤痕累累，但却低声咆哮着，散发出野性的力量，它轻触画面中两位英雄的腿，然后在他们的脚边坐了下来，注视着她。

“我坚持不住了！”阿莱克斯大喊着挡开一次又一次进攻。尽管他明知没有人能帮上忙，还是祈祷着：“神啊，帮帮我吧！”

然后，置身枪林弹雨之中的他又说——

“母亲……帮帮我们！”

那是一声不由自主的呼喊，但静默输入设备无法辨别如此细微的区别。它利用聚焦引力波，将他的话音放大，将震荡着的回声传向世界的核心。

DEL

小小的数据充斥在所有激发的能量态之中，刺激起到了放大作用。他输入的文字沿着磁力线，在液态金属与受压变形的带电岩石相遇时，触发谐振。它们犹如悸动的色彩绕着令人目眩的云纹状连接点盘旋，与先前输入的内容结合起来——月复一月地不断探索和查究，使古老的节奏发生了变化，变得越来越快，越来越快。

贝塔做出回应，它的几何动态折叠在复杂的拓扑结构之中，卷曲后又绽放开来。他的话语经由奇点黑洞形成有角度的全新反射，如瀑布般倾泻而下，扩散到四面八方，方向远比欧几里得方程所能描述的多得多。

复杂之上再添复杂。长期以来在这些区域所做的一切，已经缔造出精细的图案。柔软、易受影响的基质，成了更新的、更复杂的模板的理想选择，就像仅仅几小时前刚从非洲传送而来的那样。该样式基于全世界最复杂事物的试探性模型——

人心。

网格状光华之中遍布着卷须……数据喷涌的通道将它与外部皮肤联结起来,那里阳光普照,熵遁入黑暗空间,生物已经在彼处铺设了密不透风、复制能力极强的数据网络。千兆字节,兆兆字节的数据有节奏地跳动着,大幅度上下滑动时发出嗖嗖的声响。所有外部世界的图书馆,它那骚动和狂乱的风暴,它所有痛苦的喧哗……这些突然间联系起来,构成一句祈祷。

“……帮帮……我们……”

两个巨大的图案……上面,是网络;下面,则是超导电流最突出的部分,以新的次序起起落落……如今,它们彼此联系,相互缠绕。有足够的数据、足够的信息倾注进这全新的矩阵,这全新的隐喻奇点。每当一道扭折空间的光束冲出地底,将某个人活生生撕裂,那人发出撕心裂肺的惨叫,这场难以抑制的狂潮便又增添了新的证词。然而,吞噬的欲望从未减弱。

存在任何主题吗? 存在什么中心焦点,将一切合为一体吗?

“……帮帮我们……来个人!”

该信息的许多部分彼此矛盾,或者说至少起初似乎是这样的。某些说明性的事实与另一些相抵触。需要优先处理的事项也相互冲突。然而,即便如此,似乎也能引出某些东西,比如一种想法……比如一个概念。

竞争……合作……

只要找到正确的模板,或许就能从这种扭曲、旋转的复杂性中总结出一个主题。

“……帮帮我们……母亲……”

结晶、凝结……在所有驱策、对立的力量之中,必然会出现些什么,予以公断。某些恰当的假想。

某些需要留神和选择的东西。

两名候选者最终脱颖而出……两名为意识展开角逐的竞争者。出自同一位母亲之手的两套设计方案。在数以亿计的电脑显示器和几十亿的全息视觉装置上,所有的程序都被一幅令人瞠目的画面所取代——龙虎对峙。此前所有的交锋都只是“小试牛刀”。现在,它们以软件巨擘赋予的力量,在太瓦电感的驱动下,龙吟虎啸,龙腾虎跃,激烈碰撞,展开殊死对决。

百万安培电流相互撞击,为新生的火山催开通道,而这只不过是某个想法产生的副作用。

疼痛突如其来,超乎想象,撕扯着阿莱克斯的太阳穴,他尖叫起来。

“珍!”他叫道,随即瘫倒在地,双臂环抱着谐振器的外罩,随着那圆球转得越来越快,越来越快,越来越快……

DEL

现在她弄清真相了——她一直以为的广阔网络不过是一个辖

区,像是某种庞然大物的分支,某种更宏大的存在或实体的分支。它所缺少的只是恰当的意识,以引导它走向有序!

她认定,随着电子人的消亡,网络也将走向终结。仅存的一万人将以狩猎和采集为生,根本无法维持如此复杂的东西。她也不会希望他们做到这一点。

但这个全新的矩阵将不需要通信卫星,不需要塞满光纤的管路,不需要微波塔台或工程人员来维护。黛西预见到,她筛选人类的任务一旦完成,届时那美轮美奂的景象将多么令人惊叹。通过这种媒介,她所能完成的事情或许将是无限的。这种力量,即便是古代众神也梦寐以求!

她会把含水层改道,变更河水流向。她会利用强烈的能量爆发来分解人类留下的化学毒素,这些毒素在垃圾场和下水道慢慢腐烂。她将会摧毁堤坝,溶解空空如也的城市,使隐藏在停车场下面的废弃表土层复苏。在她的引导下,世界将很快恢复到被人类毁掉之前的状态。

洛根和克莱尔不再继续敲前门,那样做根本没用。她感到心烦意乱的是,另一幅监视器画面显示,他们正爬上屋顶,设法接近她。在那里,他们可能找到入口——甚至更糟,他们会对天线造成干扰,而接下来几分钟的巅峰对决,要借助那些天线才能完成。黛西伸手去按一个开关,那个开关会通过隐藏的线路,发出足以致命的电流。

但她没有那样做,她的手停了下来。她了解自己那位个性谨慎的前夫。他不会操之过急，不会蛮横无理，不会贸然行动。换句话说，他会留给她足够的时间。

她检查了所有引力谐振器，发现它们运转良好。复活节岛的敌人显然已经下线了，至少在几百秒内不会对她的机器构成威胁。她将加速对各大洲进行清理，几百秒过后，再想对她的行动予以干预，将为时已晚。到目前为止，她的死亡天使的收成仅有区区数百万人，但这样的现状只会使她加速，不断缔造出新的死亡天使，使它们迅速成熟，再一一派遣出去……

一阵令人目眩的色彩将她的注意力拉向左侧，她惊得瞪大了双眼，画面是那出人意料的静默对决——龙与虎的殊死较量！效果模拟墙上这一幕究竟是怎么回事？这显然并非二十世纪的影片！鳞片与冒着烟的虎毛漫天飞舞，两头野兽拼命撕扯着对方，发出无声的咆哮，鼻孔不断翕张，表明它俩都承受着莫大的痛苦，这确实比任何真实形象鲜活得多。

黛西突然意识到，那头老虎代表的是她最强劲的敌人，她一直以为对方已经丢了性命。“沃灵！”她倒吸一口冷气。

一瞬间，她恍然大悟，明白了这场对决的意思。不再是谐振器对谐振器。地底所有这些节点的计算能力，超过了所有网络的组合回路——这就是终极目标，某人在追逐的终极目标！谁首先成功建立起程序，谁就将达成这个终极目标！

黛西怒不可遏，转身将她所有的奴仆一股脑儿地派遣出去。所有归她支配的谐振器都向内摆动，聚积能量。

特蕾莎想起一个古老的谜语——

“地球上的最后一个人独自坐在房间里，这时，门外传来了敲门声……”

这声音大大出乎她的意料，特蕾莎扔下工具，跑向舱门，透过双重加固的小圆舷窗，气喘吁吁地往外看。映入眼帘的是佩德罗·曼内拉那张胡子拉碴、既熟悉又滑稽的面孔。特蕾莎骂了一句，用力拉开嗞嗞作响的门。“我还以为你是鬼呢！”特蕾莎在他走进船舱时嚷道。

“可以这么说，如果不是躲在你的机翼下，我或许真的无法幸免。我刚刚才鼓起勇气，顺着楼梯爬上来。”

“还有其他人吗？我的意思是——”

佩德罗战栗着摇摇头，“实在太可怕，无法用语言形容。”他环顾四周，“拉斯蒂格在这儿吗？我想他肯定在这儿，因为你我都还活着。”

“他在后面，正在跟什么东西作战。要是能帮帮他就好了——”

她的话戛然而止，因为船体突然呜咽起来。甲板向左摇晃，使她撞向曼内拉。接着，“亚特兰蒂斯号”朝另一侧倾斜过去。

“地震了！”佩德罗喊道，“我还以为咱们再也不会跟这么低级的东西扯上关系了呢！”

他的玩笑显然不受欢迎。特蕾莎将他推开，像猫一样张开四肢,从摇摆着的甲板上挪了过去,“去看看阿莱克斯,他可能……”然后,她停下脚步,眨眨眼睛,“哦,不。”

是那种色彩。它们回来复仇了。

特蕾莎扭过头,朝曼内拉尖叫道:“找个地方,把你自己绑起来!”尽管震动持续加剧,她仍然奋力穿过气密舱,发现阿莱克斯倒在谐振器旁。她还没来得及把他绑好,局面已经失去了控制。

DEL

在拉帕努伊岛下方不远处,有根炽热细长的针状物——年代久远的狭细岩浆柱——是地幔庞大循环系统的组成部分。数千年前,正是这根“针”缔造了这座岛屿,刺穿了地壳板块的一块碎片,在汪洋大海之中竖立起这个孤零零的前哨。然而,从那时起,它在相当长一段时间里都处于沉寂状态。

如今,这根灼热的“针”突然受到强大力量的短暂挤压,以惊人的压力将岩浆挤进狭窄的漏斗,进而将其推向那些古老的破火山口。

然而,甚至在同一时刻,也有另一样东西穿过同一空间,就在那爆炸性的收缩发生之前……那东西威胁性不那么强,却更加微妙,如同一只摊开的手,五根手指携着重力缓缓张开。

头晕目眩,噪声轰鸣,在这种情况下,本能占据了上风。不知怎么回事，她顺着颤巍巍的梯子拾级而上，来到指挥甲板，坐进驾驶位，机械般地开始拨弄开关。“哦，该死！”听到金属螺栓受到拉力突然崩出时发出的恐怖碎裂声，她不禁叫道。这架老旧航天飞机断裂的脊椎发出一声骇人的尖叫，特蕾莎突然体验到加速的感觉——凭她的经验，那是飞船升空的感觉。

不可能！这飞船飞不起来了……这飞船飞不起来了……这飞船飞不起来了……

机翼无法承受发射载荷。她早就看过X光片，对这架航天飞机背部的断裂状况有所了解——“亚特兰蒂斯号”起初被遗弃在荒岛上，也正是因为这一点。

一座已经不复存在的岛，当她拼命回头看，能看到的土地已经小之又小。“亚特兰蒂斯号”腾空而起，后面是一根火柱，却没有助推火箭的影子。相反，她在一飞冲天的火山烟柱前端疾驶，这再度觉醒的烟柱咆哮着，而几分钟之前，那座波利尼西亚小岛还静静地躺在那里，抵抗着海浪的冲击。

由于重力的牵拉，特蕾莎脸上露出痛苦的表情，尽管如此，她还是牢牢抓住了驾驶舱的操纵杆，一种莫名的喜悦油然而生。或许，在她内心的某个角落，她一直猜想事情会发展到这一步。突然间，她变得无所畏惧。毕竟，难道升空不是所有解决方法中最理想的吗？这架漂亮的老航天器不应该搁在基座上慢慢腐烂，而应该在太空中消亡吧？

甚至那种发自肺腑的兴奋之情也无比美妙。她感觉就像重回孩提时代，那时候，父亲常常将她抛到空中，她毫不怀疑，她清楚他会守在那里，将她接住，总守在那里，让她始终安然无恙。

安然无恙——

这些话似乎在她心里回荡。她眨眨眼睛，幸福的泪水冲刷掉那些炫目的色彩，这些色彩逐渐变薄，融合，最后散开，让漆黑的宇宙显露出来，覆盖着宇宙的是一条软毡，用不扎眼的星辰织就。

特蕾莎恍然大悟，不由得啜泣起来。感觉就像温柔的双臂再次将"亚特兰蒂斯号"带回了家。此时此刻，她精心修复的仪器在周围咯咯笑着，轻声哼唱着，闪烁着绿色及琥珀色的光辉。她透过被火净化过的挡风玻璃向外张望，发现月亮跃出地球柔软的臂弯，冉冉升起。

DEL

为了端掉敌人的主要据点，黛西暂时搁置了她精心选择的"抗体"计划，采用了更为粗暴、更具决定性的力量。几秒钟过后，那座岛便不复存在。

啊，好吧。不管怎样，那里的自然生态系统已经所剩无几了。微不足道的牺牲而已。

然而，更为重要的是，现在女巫沃灵已经没有什么可以依赖了！她设计的程序确实强到令人吃惊——那头难以对付的老虎就是该程序的代表——或许足以与黛西掌控地底的程序相匹敌。但如果失去跟地表世界、跟网络的连接,它们就起不到多大作用。而现在,这种连接已经被切断了!

“真令人印象深刻呀,沃灵。”黛西满意地低语,“你让我大吃一惊。可现在,是时候说再见了。”

果不其然,全息图像显示,现在她的龙已经占据上风,逼得那只大猫步步后退,它全身紧绷,毛发蓬乱,仍在发出挑衅的咆哮。

在库维内兹那座旧金矿的底部,吉米·苏亚雷斯清楚,自己可以说是享受着特殊待遇的观察员。他不仅可以观看龙与虎这两大象征之间的对决,两者的对抗正占据着所有主流全息频道,还可以利用这个废弃基地的设备,密切留意那场真正的战斗,位于地底的激烈较量。

例如,他亲眼看到那个瞬间,四台谐振器同时开火,将拉帕努伊岛彻底炸出南太平洋。另一股力量似乎比那强劲的“凝视者”光柱还早几分钟,但它也可能只是那决定性一击完成前投射的一道阴影而已。

事实上,从那一刻起,局势开始发生变化。越来越多的细丝和精密协调的渠道似乎被他现在认定的敌人所掌控。事态的演变让他心惊胆战,甚至不敢再看下去。

或许不再看下去是更加明智的选择。只是坐在这里都很危险。虽然建大的谐振器就在数米之外，目前已经停止工作了，但就算以被动探测模式使用它，也要冒极大的风险。如果那个恐怖分子——不管他究竟是何许人也——觉察到这台机器的微弱回声怎么办？复活节岛的厄运随时可能在他身上重演。

那么，让他继续留在这里，而不是干脆把那圆柱体砸个粉碎、溜之大吉的，难道是好奇心？或者是老太太的遗愿……在她咽气之前别关掉谐振器？*呃，她离开人世已经有一段时间了*，他心想。他发现她的时候，她的身体已经扭曲变形，却仍然没有离开控制台。现在，她的尸身正躺在他身后的油布下面。*我现在不再欠她什么了。我应该拿把锤子，去谐振器那边，然后……*

然后做什么？地表世界肯定不再是安全之所。如果非洲南部的这一区域已经成为敌人选中的目标，建大和其他人现在或许已经丢了性命。也不太可能，因为到现在为止，人口稠密的城市和军事基地似乎才是主要目标。不过，一切只是时间问题。

*那就留在底下，待在这里？如果我将机器都毁掉，死亡天使可能会完全忽视我的存在。*然而，这样想让他觉得沮丧。噢，食物够吃几个月。其他存活下来的人类或许是“幸运的”，在龙取胜后，苟延残喘于角落和缝隙之中。但此时此刻，吉米想的却是，他是否应该跟建大及其他人冒险一试，就算是碰碰运气。

他沉浸在自怜的情绪之中，过了好一阵子，才听到一种前所未闻的声响，一种轻柔的轰鸣声，随着废弃大厅里的那些机器恢复生机,更增添了几分层叠的感觉。他抬起头,茫然地望着高耸的水晶谐振器在其万向轴承上旋转着,听着其声调不断变高。“怎么回事?”他站起身来问道。然后,他恍然大悟,惊恐万分地叫道:“不!”

他朝总控制台跑去,断流总开关就在那里。但当他伸手去按开关的时候,听到有人轻声对他说:

“拜托,吉米。退后,别妨碍我工作。真是个好孩子。”

然而,真正让他停住的,是一张快速成像的脸,那张脸在他面前闪过,然后又消失不见。

“可我以为你已经死了!”他低语道,声音嘶哑。接着,没有听到任何回应,他脱口而出:“让我帮你的忙吧,至少!”

当沉寂已久的机器在他周围慢慢升温,那张转瞬即逝的脸再度出现。他知道,这既是那个女人,又不是那个女人。她旧日的躯壳还躺在几米之外,被油布盖着。

“好吧,孩子。我就知道能指望你。”

在现实生活中,他俩大概只交谈过区区百字。然而,就在那时,吉米甚至没有想过,为何得到她的认可会让他这么高兴。他所做的只是跳回自己以前的工作岗位。他匆匆完成了所有的诊断性检测,微调了她所需的工具——她连接地上及地底世界的纽带。

不久,那轰鸣声渐趋稳定。然后,伴着一阵阵潮汐力,它完成了发射。

DEL

在集会所和教堂里,在北美盖亚教会的冥想空地上,在海茵玛拉玛协会手工雕刻的倾斜屋顶下,从大教堂和无数家宅中,人们齐声祷告。

“帮帮我们,母亲。”

在网络上,犬儒主义的孤岛仍未消亡。他们选出了自己支持的一方,甚至为此下了赌注。龙对虎,赔率是十比一。

然而,在大多数情况下,目前单方面挑起的战事依然烽火连天,幸存下来的人类只是彼此紧紧拥抱,心怀恐惧,注视着它们的全息影像。与此同时,他们望向地平线,留意着空中任何怪异的微光或者涟漪,忧心忡忡,等待着第一声撕心裂肺的尖叫,或任何其他宣告死亡即将降临的迹象。

北美再次遭受重击。

还能承受多少?人们向苍天发问,我们这可怜的世界还能承受多少?

“老爸!”克莱尔喊道。接连的地震使房子晃个不停。她的双脚在身下打滑，身体沿着铺着瓦片的屋顶滑了下去。地震使树丛和甘蔗地发生倾斜，洛根抓住黛西众多天线中的一根，勉强稳住了身形。他惊惧交加，眼睁睁看着爱女滑向屋顶边缘。

恍惚中，他看到那个男孩，也就是托尼，他脸朝前，一跃而下，双臂和双腿张开，以增强摩擦。他滑到距离边缘很近时停住，及时抓住了克莱尔的手腕，又帮她扶好吱嘎作响的雨水管。

地震似乎没完没了地持续着——这是洛根记忆中最糟糕的一次——最后才慢慢平息，伴随着瓦砾击中下方水泥步道的断续节奏。幸运的是，这些碎裂声跟克莱尔无关。无论如何，她和托尼坚持住了，没有摔下去。“我来了！”洛根高喊。

DEL

“你回来了？”黛西的堡垒左右摇摆，她紧紧抓住椅子扶手。

所幸，这里建得很好，即便是出其不意地发动进攻，她的敌人用一台设备能带来的威胁也相当有限。

她识破了对方孤注一掷的策略——直接向她发动进攻，瞄准这里，瞄准她的家。“不赖呀，沃灵。我很佩服你。干掉你之后，我定会让各部落围着篝火讴歌这场战斗。你我将成为他们歌颂的传奇。

“只有我能活下来，成为笑到最后的女神。”

她准备向麾下为数众多的谐振器下达命令。

最后一幕即将上演。

洛根必须想办法帮助两个孩子。于是，他灵机一动，抓起天线电缆中的一根，把它从钩环上扯下来，打好绳结，慢慢朝两个身体紧绷的孩子那边挪。终于，他伸手抓住了托尼的脚踝。“我抓住你了。”他咕哝道，“你能不能——”

他无须详细说明做法。毕竟，克莱尔的登山技术远在他之上。她把一条腿甩过檐槽，爬上了临时搭建的人梯，先从男友身上爬过，然后又从老爸身上爬过。到达顶端后，她转过身，抓住洛根的腿。然后，轮到托尼扭过身子爬上去。

男孩刚刚爬到屋顶的平坦部分，固定电缆的最后一个钩环砰地爆裂开来。洛根盯着电缆松脱的一端，倏地从他手中滑过，犹如一条被电击的蛇，他感到自己开始滑落……又在最后一秒停了下来，两个孩子及时抓住了他。很快，他们都靠着一根碟形天线，大口喘着气。

“刚才到底是怎么回事？”托尼问。很显然，他指的是地震。但他用“刚才”这个词为时过早。在没有任何预兆的情况下，震颤再次回归——伴随着强烈的次声波，使他们痛苦地捂住耳朵。至少这次，他们没从摇晃的屋顶上摔下去。

地震终于结束，克莱尔望着父亲，两人的想法不谋而合。这不是一次寻常的地震。“我们得去找妈妈，快！”

他们不顾一切地越过电子装置及太阳能电池板组成的障碍。

洛根向北瞥了一眼备用堤坝，那是陆军工程兵团很久以前建造的，建造这座堤坝是为了向那些心怀期许的百姓们证明，所有偶发的事情都是可以预测和监控的，而且永远如此，阿门。远远地，一种闻所未闻的声音传入耳朵，不像地震的声音那般深邃或刺耳，但同样令人恐惧，感觉就像一大群野兽在狂奔。

此时此刻，洛根确信，陆军工程兵团是错的……一切事物都将终结。这座混凝土造就的牢笼，人类铸就它为的是控制一条伟大的河流，如今，这牢笼终于破裂。被囚者需要的只不过是一道缝隙。

众水之父终于重获自由。

虽然耽搁已久，但密西西比河正朝阿查法拉亚滚滚而去。

DEL

关键时刻，几条路径突然断掉，害她没能命中目标。她的强力反击没能击中南非，反而将马达加斯加岛的一角蒸发掉一大块区域。

花费的时间实在太长，使她无暇完成至关重要的筛选工作，也不能将她的程序整合到地底庞大的新网络中去。这种种阻碍令她恼火不已，但仍有应变之策，她目前掌握的战力远比敌人强得多。房子安然经受住又一次强震，同时，她开始着手准备。

克莱尔拼尽全力去拉阁楼天窗，嘴里抱怨着："我拉不开！"托尼和洛根也来帮忙，使出全身力量拉那扇天窗。黛西雇来建造堡垒的承包商确实出色。洛根应该心知肚明,毕竟是他将最好的承包商介绍给她。要是他知道……

他们猛敲窗上的插销。洛根从系天线的地方拽下来一大截,用来当撬棍。一撬一松之间,他的心脏因为这样的尝试怦怦直跳,他眨动双眼,以免汗水流进眼里。猛然抬头,发现留给他们的时间已经不多了。一堵棕色泥墙以志得意满的可怕力量,冲过甘蔗地,将树木和房屋像柴火一样抛到两边。

洛根抓住两个孩子,把他们放了下去。他将电缆做成的绳圈套在他们身上,喊道:“想活命,你们可得抓牢了!”

DEL

电话线路示警的铃声戛然而止,微波发射塔轰然坍塌——她用来远程遥控谐振器的所有本地设施都摇摇摆摆,最终倒塌。随着数据连接相继被切断,她的巨龙就像腿筋突然断裂的跛脚野兽,变得步履蹒跚,并痛苦地咆哮着。黛西眼睁睁看着火龙颓然倒地,另一个软件的象征,也就是那头老虎,跃到龙身上,给了它致命一击。当对手在烟雾中慢慢消散,大猫摆出胜利的姿态,翘起前腿后仰。

“你赢了,贱人!”黛西嘟囔着,“不过,你最好照管好这地方,否则,我会从地狱回来缠着你的。”

一堵墙向内塌陷,就像一股激流冲破了所有的障碍。一时间,火星四射,水花四溅,发出噼里啪啦的爆炸声,昂贵的电子设备遇水发生短路。但在最后一刻,黛西却出乎意料地冷静,她意识到,也许自己从来就不胜任她所追求的工作。

我从未真正想过要当母——

与此同时,沿着地球颤抖的弧面向北走四分之一的路程,一小队难民终于穿越了最后一段覆盖着地衣的苔原,到达海边。他们在那里驻足,紧握着彼此的手,惊恐地注视着眼前发生的一切。

远处,一座城镇烈火熊熊、浓烟滚滚,扭曲的恐怖形象表明,这里是他们曾经听说过的地方,所谓的死亡天使从地面冒出,对人类实施可怕的审判。因此,从火山灾害中全身而退,只不过是才出龙潭,又入虎穴。

这趟旅程确实惊心动魄,他们徒步逆风穿越格陵兰岛的古冰碛层,岩浆的炙烤尚未从背部散去,除了一个便携式接收器,让他们可以实时以立体声效果聆听这个世界正遭受着的痛苦,文明社会给予的所有支持和舒适都不复存在。因此,当斯坦·戈德曼和其他人因匆匆逃命而精疲力竭,瘫倒在一起,目睹空中一道微光闪闪的褶皱正向他们移动——它显然是感应到又有新的羔羊可以宰割。此时,他们才意识到自己面临的是怎样的险境。

奇怪的是,当那东西不声不响地朝他们的方向移动时,斯坦的内心没有一丝波澜。他没有像被蛇吓呆的鸟儿那样,只知道盯着它看;而是有意扭过身去,最后一次望向海湾那边。他能看到近处有些敏捷的白色身影在水下疾驰，然后短暂地浮出水面，喷出水花。

白鲸，他想，认出了其圆滑的形状。它们属于鲸类，总是面带微笑，甚至比其表亲海豚更加讨人喜欢。对他而言，这些动物突然成了原始纯真的象征，亚当犯下的累累罪行，以及自从堕落后亚当所攫取的一切，都没有将它们玷污。

得知那迫在眉睫的危机并不会伤害到这些生物，斯坦深感欣慰。这一点从网络上那些零零散散的消息便可以了解得一清二楚。除了黑猩猩和其他少数物种，大多数动物都安然无恙。

挺好，斯坦心想，其他动物理应得到第二次机会。

可人类早已用完了第二次机会。毕竟，上帝此前不是已经警示并宽宥过我们一次了吗？还记得诺亚吗？斯坦看着眼前极具讽刺意味的一幕，不禁微笑起来。因为在那里，在西方地平线上延伸的，俨然是一道彩虹——那是大洪水过后万能的上帝显现给人类的神迹。他承诺过，不会再用洪水的方式来终结这个世界。

当然，我们可能会被火焰、饥荒或者我们自己的愚蠢所吞噬。实际上，若仔细想想，会觉得这其实根本算不上承诺。面对愤怒的神祇时，我想你也只能听之任之。

就像承诺的那样，这是一次极为精彩的终结。

其中一个女人使劲捏他的手，斯坦清楚，是时候面对这个复仇心切的可怕灵魂了，而这恰恰是他不经意间参与创造出来的。于是，他转过身。它就在不远处，迫近的速度又太快，根本来不及逃跑。

哦,他们可以散开,拖延一段时间。但不知为何,待在这里,共同面对这致命的东西,似乎是更好的选择。他们聚在一起,彼此拥抱。幻觉,幻觉而已,斯坦想。一切都是幻觉。当所有抗争结束,是时候任其自然,并且欣然接受了。

因此,他带着一份从容,直面死亡天使。

尽管斯坦知道,这准是一种幻觉,但随着它不断迫近,这种致命的空间折叠似乎真的在减速。是因为它能够体验到猎物走投无路的感受吗?他看着它摇摆,继而停下,一种莫名的感觉油然而生,这让他感到诧异。这是一种古怪的共情,表达了……迷惑不解?茫然失措?

这要命的东西在距离人们仅有几米远的位置盘旋。他们已经感觉到了它潮汐般吞噬一切的强烈吸力。

会发生什么呢?斯坦心生疑惑,它为什么不继续逼近呢?

那可怕的折射光朝他们晃动两下,停顿片刻,又稍稍后退。然后,它哆嗦了一下,像是发出了一声叹息——或者从一场梦境中摆脱出来。

就在这时,斯坦听到了这样的话。

再也不……

他的头猛地向后。其他人中有几个已经跪倒在地。那声音在他们心里轻轻回响。并非致歉,而是一种善意的抚慰。

我保证,孩子们。再也不会这样了。

令他们惊讶的是,那微光闪闪的轮廓在他们眼前发生了变化。斯坦眯起眼睛,看到它的拓扑结构逐渐改变,就像一头纸折的怪兽收起了利爪,缩了回去,其镰刀般锋利的爪子变了形状,接着向外泛出无数色彩各异的半透明花瓣。

斯坦突然闻到一股香气。那四溢的香气令人沉醉,充满希望与期许。那变形后的天使似乎在鞠躬以示祝福,香气在空气中挥之不去。接着,又在骤然平静的水面上飘荡开去。

他和其他人一起望着鲸鱼们在海中快活地泼溅着浪花,天使则向白鲸致意,然后继续向前进发。即使她消失在远方的海岬后面,他们也知道,她还会以某种方式归来……她跟他们永远不会分离。

在她面前,他们将再也不会感到恐惧。

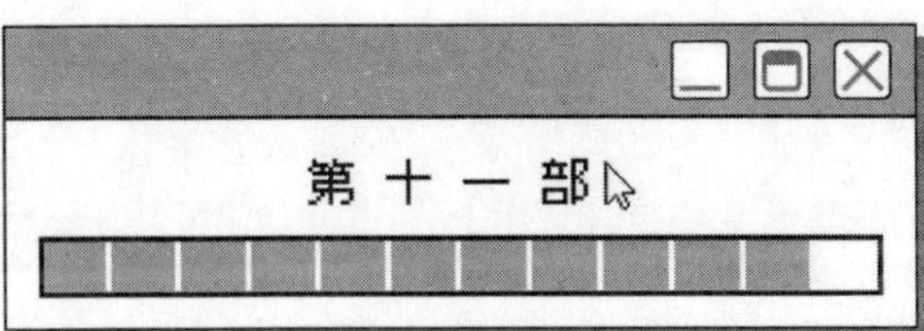
第十一部

行　星

假若宇宙足够浩瀚，
不可能发生的事情也会成真。
就好像一颗烟尘般微不足道的星球，
不可能在那么一天，鼓起勇气，
向所有人，
大声宣告，
“我存在。”

DEL喂，喂？这条线路似乎还能用。虽然没有2D或者全息画面，但顶层电路和超基准电平似乎还过得去。似乎暂时只能靠纯语音和文本了……

我得碰碰运气，因为很多团体似乎也重新活跃起来了。呃，这里是——

世界长期解决方案特殊利益小组【DEL SIG AeR,WLRS 253787890.546】……

我是特殊利益小组副主席比阿特丽斯·特·惠更斯。为了回应联合国协助恢复秩序的请求,我们邀请所有没有其他任务的成员登录并……

并什么?特殊利益小组并非专门从事救灾工作的。我们的成员最擅长的是猜测和假设。因此,依我看,我们或许可以先搜索和筛选我们庞大的“解决方案”资料库。过去,这些通常被当作异想天开或者心灰意冷的自我欺骗,但如今,在这个全新的世界,有些甚至可能派得上用场。

尤其是,我们或许可以解释网上发生的种种?

死亡和破坏一直在持续,变化无时无刻不在发生。政府高官之中似乎没有人能够真正理解这一切,但也许我们小组里有人能够突发奇想,而且该想法恰好符合现实。

但首先,虽然我担心听到坏消息,但我想还是应该先清点一下人数。要得到我的确认,请将您的个人印章发送到第486号链接,那是我们的管理……

就差一点儿了。

啊!全息图像回归!而且色度很棒。或许我们可以采取扩频接入的方式。

现在，再来清点人数……

生物圈

从生命方舟顶层，纳尔逊看到地球在银河的映衬下缓缓转动。这是单调宇宙中仅有的一抹真正的亮色，距离如此遥远，人们可能永远无法想象，这颗看似平静的星球此前陷入了何其混乱的境地。科学家们已经预测，寒冬即将降临，仍在冒烟的火山却让整片大陆笼罩在烟雾之中，只不过置身此处，用肉眼看不到那滚滚浓烟。

近来，纳尔逊一直忙得不可开交，为的是保住自己的性命，同时也为了让他负责照料的绝大多数动物活下来。不过，如今，当方舟逐渐在一片尘土飞扬的灰棕色平原上落稳，他终于能够抽出点儿时间，惊讶地抬头仰望这颗海洋行星了，其向阳的昼半球被棉花似的条形云朵缠裹着。再往左，在它的夜半球，城市的灯光证明人类侥幸逃过了浩劫——尽管大片开裂的深色土地也显示着人类在终极之战期间，付出过多么恐怖的代价。

那场战争现在已经结束……比签署任何和平条约都更加确定。在世界各地，男男女女仍在争论，究竟是什么让这一切得以实现。但几乎没人怀疑，某种存在已经闻名于世。从现在起，一切都将与以往不同。

“四号方舟，我们位于海拔三千米的位置。降落过程在掌控之中，五分钟后着陆。请确认准备就绪。”

纳尔逊转过身，视线离开蓝绿色的世界，跨越星空，向北搜寻。就在那里，那架航天飞机盘旋在危海[①]边缘的群山上空。那本是一艘看上去破烂不堪的废弃载具，像是从管理不善的博物馆里劫持出来的东西。然而，与以往任何人工制造的东西相比较，它却飞得更有力，更从容。他拿起别在腰带上的电话。“是的……呃，我是说，收到，‘亚特兰蒂斯号’。我想我们已经准备就绪，一如既往。”

他放下电话，心想，当然得做准备。可是，自愿成为另一个世界的首批永久居民，准备又能有多充分呢？

他感到裤腿被拽了一下。席格，那只小狒狒，吱吱叫着要他抱。纳尔逊笑着说：“怎么回事？我们处于失重状态的时候，你到处乱跑。可现在就这么点儿重力又让你懒起来了？”

席格攀上他的胳膊，爬上他的肩头，坐在那里远眺他们的新家园。这里比非洲大草原更加干燥，更加空旷，诚然，无论好坏，这里都是属于他们的。席格的妈妈就在旁边的栏杆上，它瞥了纳尔逊一

① 位于月球正面东部的一座月海。

眼，心中的疑问自不用说，纳尔逊也清楚。他耸了耸肩，说："最近的水坑在哪儿，我也不知道，内尔。他们说，待会儿会给我们送些冰来，跟第一批人一起。别问我他们怎么是做到这些的，但那之前，我们都会安然无恙。别担心。"

内尔的表情似乎在说：谁在担心？的确，共同经历了那么多风风雨雨之后，他们对自己的团队多几分自信，也无可厚非。

库维内兹的四号实验方舟被连根拔起，脱离非洲的土壤，抛入高轨道。整个过程历经数小时乃至数天，在此期间，几乎每隔几秒，灾难就有降临的可能，但最终都与他们擦肩而过。比如说，在最初的那些关键时刻，如果某些电路出现故障，纳尔逊就无法让这个疾驰的棱锥体的大部分区域密闭起来，以免暴露于真空之中。他也无法将液体从一个庞大储存罐转移到另一个，使卫星尴尬的被动翻滚慢慢停下来。

事实上，生物圈中的栖息地有整整三分之一已经荒废——其居民要么窒息而亡，要么被坚硬的玻璃晶体屏障压碎，要么就是因为剧烈的环境变化而殒命。

他能够挽救剩下的生命，全靠席格和内尔帮忙。即便在自由落体时，它俩也能展现出敏捷与优雅，起到至关重要的作用，无论是抓取飘浮在空中的工具，还是将惊慌失措的动物赶到临时的畜栏里——在那里，它们能被牢牢捆住并慢慢镇定下来。尽管如此，想要完成这项任务，似乎仍然没有半点儿希望——想要避免那些不可避免的事情，根本就是徒劳——直到那个诡异的时刻悄然到来。当时，纳尔逊感觉自己的肩膀似乎被轻轻拍了一下。

他震惊不已，拖着透支的身体转过来，却发现背后根本没人。然而，即便是被幻觉打断，也足以将他从了无趣味的苦差事中抽离出来……让他注意到腰带上的电话在响。

“喂？”他应答，无法相信有人能了解甚至关心他目前的困境——被抛出地球，搭乘的是玻璃和钢筋制成的幽灵船，永无返乡希望，结果只会是被彻底遗忘。

长时间无人应答，只有杂乱的静电干扰。然后，只听有人说：“纳尔逊……”

“呃……是我。”

“我要告诉你的是——很快就会有人来帮忙。我不曾忘记你。”

他记起了这是谁的声音，不由得惊讶地眨着眼睛。

“沃、沃灵博士？珍？”

回想往事，他也不太确定究竟是不是她。那声音跟她的有太多不同之处，遥不可及，心不在焉。然而，不知怎的，只要知道他并未被忽视——知道有人晓得他和动物们在这里，有人在意他们，接下来几小时手忙脚乱的辛劳就变得更容易接受了。

因此，当他把最后一头野兽捆牢，将最后一道呼啸的裂缝封住，通过复杂的仪表盘调整了空气及通风情况后，他突然听到电话再次响起，这实在没什么可惊讶的。他抬眼瞧，看到一支黑白相间的短粗箭矢正射向这个已被遗弃的小小世界。

当“亚特兰蒂斯号”的驾驶员承诺，为方舟上疲惫不堪的居民们再次提供重力时，纳尔逊因为物理知识太过贫乏，无法真正理解这承诺到底意味着什么。当航天飞机的机组人员真的兑现诺言，通过他们施展的某种魔法，轻轻松松就远程搞定这一切，他能做的只有心存感激。然后，他们便开始拖着这座飘浮的塔楼，飞向令人向往的新家。

途中，他终于腾出时间，聆听浓缩版本的总结，了解地球上发生的一切。起初，对于头昏脑涨的他而言，这些实在太过复杂、太过离奇，根本无法理解。但后来，当他总算有机会睡上一觉时，他在梦中蒙眬地意识到事情真相。

在梦里，他看到一条遭到肢解的蛇扭动着身体，将自己四分五裂的身体又连在一起。他听到一百种胡乱演奏的乐器在乐队指挥的指挥棒下安静下来，将原本单纯的噪声演绎成交响乐。

合众为一，一个声音低语道。许多部分可以合为一个整体……

现在，随着着陆时间的临近，纳尔逊好奇的是，地球上是否有人比他更清楚所发生的一切。

他们都忙于互相争论，探讨发生的变化及其意义——

盖亚教徒声称，多亏了他们的地球母亲……她因连番的震动最终苏醒过来，便插手此事，拯救了愚蠢的人类和所有其他生灵。

也有人持否定意见，声称起到关键作用的是网络……人类全部的知识储备都倾注于地球深处那些意外出现的全新线路。所有原始的计算能力突然倍增,某种自我意识的出现是水到渠成。

各种理论层出不穷。纳尔逊听闻,荣格派宣称潜藏已久的种族意识在这次危机期间显现出来。与此同时,基督教徒、犹太教徒、伊斯兰教徒所持的观点跟盖亚教徒类似——只是他们似乎听到的是"天父"低沉的声音,每当他们接通那些特殊的频道,就会听到这样的声音,那些频道目前均播放着令人敬畏的全新圣歌。对他们来说,最近发生的奇迹只不过是在其宗教预言中早已预示过的。

纳尔逊摇了摇头。他们似乎都不明白,正是他们——他们的争论和探讨——起到了定义事物的作用。没错,更不寻常的智慧已经诞生,但并非孑然独立,甚至并非鹤立鸡群。地球上所有那些聒聒噪噪、争争吵吵、甚至函矢相攻的声音——都成为新实体的组成部分,就像人类生来便由许多相互竞争的"自我"构成一样。

纳尔逊回忆起他与老师的最后一次对话,当时,话题转到了她的最新项目——她那大胆的全新意识模型。不知怎的,他知道,这种模型必然在最近的合并过程中发挥了至关重要的作用。

"这种自上而下看待意识的方法,就是存在着这样的问题,纳尔逊。"她说,"如果位于顶端的自我必须如暴君般实施统治,如白蚁蚁后般支配所有其他次自我,那么,不可避免的结果自然是产生类似于白蚁群的存在。哦,它或许力量强大,令人赞叹,但缺点同样突出,一成不变,过于简单化,蠢到极点。

“看看你认识的那些最快乐、最理智的人们，纳尔逊。真真正正地去倾听他们的心声。我敢打赌，你会发现他们不会畏惧偶尔的半途而废或者举棋不定。哦，他们始终执着于其核心信念，以达成其目标，兑现其承诺。不过，他们也会避免过于规行矩步，容忍间或出现的自胥同异和出人意料的想法。他们期待的是百家争鸣的局面。”

想起她的话，纳尔逊不禁露出微笑。他又扭头注视着地球，如今，只要提及那片乐土，所有人都会说它是种单独的生物。这究竟是最近才为人所知的事实，还是跟生命本身一样古老的事实，根本无关紧要。不妨让北美盖亚教会的信众们继续宣称，宣称盖亚始终都在，始终保持警觉和耐心。让其他人指出，正是人类的技术和干预使活跃的行星思维以狂暴的方式诞生。就其方式而言，每个极端的观点都是完全正确的，也都是完全错误的。

理应如此。

竞争与合作……阴与阳……我们每个参与这场争论的人，似乎都感觉某种想法在自己脑袋里噗噗地、咝咝地冒着泡——无论是专注于某个问题，还是在白日做梦。如果某个独特的思想，意识到自己只是某个更博大事物的组成部分，它会担心“失去独立性”吗？

呃，我想有些很可能会。另一些则毫不在意。所以它还是会跟我们一起。

纳尔逊又将他最后的想法揣摩了一遍，然后默默地笑起来。听听！珍说得没错。你生来就是哲学家。换句话说，生来就擅长胡诌八扯。

但接着他自己也对此得出了结论。我们或许也只不过是思想而已,每个人又都只是片段。但这并不意味着有些想法无足轻重!思想可能是唯一不会消亡的东西。

一声沉鸣从通风口传了进来,那声音来自甲板下面。镇静剂逐渐失效,一些角马苏醒过来。也许它们感觉到即将抵达。很快,纳尔逊就会忙得不可开交,忙着操持着陆的相关事宜,照料好故园抛出的第一棵树苗……如果新的重力技术被证明可行,或许还将有不计其数的后来者源源不断地拥来。当然,前提是地球诸国同意实施这个大胆的计划。

前提是那全新的存在容许这样的尝试。

无论怎样,在承诺的援兵抵达前,他根本无暇考虑什么哲学……不管是为了盖亚,还是为了自己,他都得全力以赴。向西望去,月球山系显得愈发巍峨。平原陡然升高。就在下方不远处,他现在已经能够看到方舟的影子。那块阴影逐渐凝聚,然后扩散开来,遮住张开的基座——那玻璃化的基座正在等候方舟的到来,全靠“亚特兰蒂斯号”以近乎魔法的手段在古老的风化层中新近打造而成。

在降落的最后阶段,纳尔逊伸手搂住席格和内尔,着陆时发生的撞击虽然声音刺耳,但却谈不上猛烈,甚至让人感觉有些虎头蛇尾。重力微小而颤动的变化消失了,月球没费多大力气,就稳稳地抓紧了他们,再也不松开。

“嘿,四号方舟。”女飞行员的声音传来,“请回答,方舟。这里是‘亚特兰蒂斯号’。那边一切还好吧?”

纳尔逊拿起别在腰带上的手机。

“嘿,‘亚特兰蒂斯号’。一切都还好。欢迎来到我们的世界。”

DEL **世界长期解决方案特殊利益小组**【DELSIG AeR,WLRS 253787890.546】

……发现了一本二十世纪的旧小说,在这本小说中,跟现今网络类似的系统被某个加勒比教派炮制的软件“神灵与魔鬼”控制。如果真的发生这样的事情,我们就都有大麻烦了。但我们所目睹的似乎不像——

我是如何知晓的呢?没错,我清楚,不管那种存在是什么,都很难从它那里得到任何明确的答案。但我确信一切都还好。姑且称之为一种感觉吧。

哦,是的,我赞同这一观点!我们将会迎来有趣的时刻……

外逸层

这样的矛盾实在不能再荒谬了——“亚特兰蒂斯号”是历史上起到最关键作用的航天器,却也是吱嘎作响的残骸,随时都有解体的危险。

空气循环装置不停漏水。二氧化碳吸收器必须每隔十分钟左右就踹上一脚,才能畅通无阻。马桶简直糟透了,他们不得不使用塑料袋,用完之后扎起来,放到货舱后部的织带下面。

至少,从她匆忙组装的燃料电池中流出的水还算纯净。但食物方面,他们只有些碰伤的水果,是那位选择留守的生态学家提供的。为的是表达谢意,感谢他们帮助孤立无援的方舟摆脱困境,并将它安然无恙地安置在月球上。橙子又酸又涩,但远胜他们进入太空后头几天里赖以为生的食物—— 一盒过期饼干和佩德罗·曼内拉从夹克口袋里找到的五颗可疑的糖果。

现在,他们的辛苦似乎终于要走向终结了。特蕾莎透过观测镜凝视着正前方闪烁的灯光,那光亮将欧洲空间站的轮廓勾勒出来。“方位角六十度,”她对着下巴边的话筒说,“矢量角十七度,相对空间站。速度零点八四——”

“好的,收到,莎莎。”阿莱克斯的声音在临时对讲机里噼啪作响,“别挂,我们即将驶入。”

适应这种太空旅行的全新模式有些困难。使用老式的喷射火箭,必须以一种别扭的逻辑,来计算每次交会点火的时间。为了赶上位于前方的同轨道物体,首先必须减速,减速后高度就会降低,高度降低的结果则是速度变快,等从目标物体下方驶过后,点火加速,再次上升,上升速度又会变慢……

这是门艺术,将来却很少有人能用得着。人类不用再费劲地跟什么牛顿定律较真了。特蕾莎现在只需要告诉阿莱克斯往哪个方向,找些什么,阿莱克斯就能带他们前往那里,得偿所愿。他那充满魔力的球体会将需求传送到地底深处,引发精确且强大的重力波,以助推他们前进。这使太空旅行变得再简单不过,几乎指哪儿打哪儿,跟说“带我去那里!”一样简单。

正因为这样,“亚特兰蒂斯号”才能够压倒其他所有竞争者,成为史上最伟大的航天飞机。接下来的十几分钟,它仍然会保有这一荣耀,直到对接时刻到来。然后,根据安排,阿莱克斯及其装备会转移到一艘现代飞船上,而可怜的老“亚特兰蒂斯号”则会被留在轨道上,成为一件展品。

没关系,宝贝。她心想,同时轻拍着划痕累累、油漆剥落的控制台。完成最后一次疯狂旅程之后,这样做总比留在那里任由海鸥在你身上拉屎要好。

时不时地,她仍然会闭上眼睛,回忆那次雷霆万钧的发射——他们被远胜任何火箭的强大力量推入空中,就在火山烈焰形成的火柱前端爬升。或许贾森冲向群星时,也觉得星辰更加光芒夺目,更加令人振奋。她希望如此。此时此刻,她终于能够放下过往,跟亡夫道别,以这样的方式想起他,倒也很合时宜。

不管怎样,接下来可有的忙了。她和阿莱克斯花了大半个星期的时间,匆匆完成救援任务,并协助清理战争在轨道上留下的一片狼藉后,两人即将在新的国际太空计划中担任主要角色。随着"拉斯蒂格式"谐振器的量产,很快,就算摩天大楼和远洋巨轮也可能飞上天空。一年之内,可能会有成千上万的人来到这里,在月球上生活和工作。这已经是人们当前的普遍想法,虽然大家仍搞不清楚这么快就形成共识的原因。

尽管特蕾莎也曾距离重大事件的中心很近,但她承认,她和其他人一样困惑,困惑于现在掌控一切的究竟是什么——或者说是谁。在最近的混乱中酝酿而生的"存在"并未过多干预,人们很难真正定义它。

它是否是独立实体,是否会将自己的计划强加于处于从属地位的人类？或者，它是否应该被视作针对人类事务达成的新共识，某种全球化时代精神的化身？当思维过程本身发生改变时，这种世界观革命——也就是所谓的复兴——便又向前迈进了一步。

在那些该“存在”最为活跃的特殊频道中，哲学家们态度严肃地键入了自己的疑问。可即便真的有回应，往往也是以另一个问题的形式出现。

“我是什么？你来告诉我……我愿意听取意见……”

这样的态度，加上令人难以置信、压倒一切的耐心，让某些神秘主义者和神学家陷入了撕扯头发的疯狂状态，但却让其他人感到某种程度的宽慰。在可以预见的将来，大多数决策都将留给那些熟悉的机构——政府、国际组织和私人机构来做，这些机构在一切陷入困境继而好转之前就已存在。不过只有针对那些需要优先考虑的基本事项，才会制定相应法律，其权威不容任何人怀疑。

就比如重力谐振器吧，任何人，只要掌握了方法，就可以制造谐振器，但并非所有通过谐振器发出的“请求”都能获准。地球内部不会再轻易遭到入侵。超导电路和“神经通路”构成的全新精密网状结构，已经跟人类的电子网络流畅地相互纠缠，从而不会再受干扰。

世界各国寄望于建立大型太空企业的原因，也逐渐明朗。从今以后，工业文明所需的原材料将从地球那些没有生命存在的姊妹星球获取，而不再取自地球母亲本身。现阶段所有在地壳上的采矿行为将逐步被叫停，也不会再开采新矿。从今以后，必须将地球保护起来，因为这里拥有真正的宝藏——物种，人类若想挖掘黄金、铂金或者铁这样微不足道的东西，只能到别处去找。

模式就是如此。必须对某些森林加以保护；必须停止某些令人不适的工业活动。除此之外，细节问题都留给人类自己去解决，他们争论不休，针锋相对，唇枪舌剑。

还有一个明显的例外，给人们留下了相当深刻的印象。或许是为了显示它的耐心并非无限，几天前，地球-思维还特地不辞辛劳，举出一个极其明确的事例。

自从“天使的转变”以来，恐怖事件在世界范围内突然消失，但仍有少数已确认的案例——总共不超过数百人——冷不防被突如其来的致命力量撕成碎片。在每起案件中，进行调查的记者们都会目睹证据犹如魔术般出现在他们的屏幕上，证明受害者个个臭名远扬，厚颜无耻，或是污染环境，或是图谋不轨，或是满嘴谎言……

显然，有些“细胞”已经病入膏肓，或者发生了癌变，就算是一具宣称自己能容忍多样性的“身躯”，也不会任其留存。

“死亡仍然是过程的一部分……”

各家报纸的全息投影版本普遍以这样的话收尾。奇怪的是，这样的警示几乎没有什么反响，这本身似乎充分说明大家达成了类似共识。“切除手术”的案例没再发生，就这样。

特蕾莎不知道该对这一切做出怎样的反应。让她吃惊的是，想到某个“行星主宰”即将执掌权柄，她竟然没太多不满情绪。也许是因为这个实体太过模糊。或者，它似乎对搅乱个人生活没啥兴趣。又或者，毕竟，人类似乎只是该头脑的皮层，是其额叶。

或者，反叛也只是徒劳。当然，当某些个人及团体义愤填膺，密谋将其推翻时，那存在似乎也并不介意。网上甚至有专门为那些呼吁抵抗的人设立的频道！只听了片刻，特蕾莎便将那些刺耳的呼声视作任何正常人都不时会做的那种，全是报复性的、宣泄性的白日梦……一种生动的思维实验，心智正常的人能想象出来，却从未接近实现的那种。它们可能会沸腾一会儿，然后，就像青春期无处宣泄的激情一样，那些怒火以及不切实际的想法统统蒸发。

“提克哈娜船长。”一个声音从背后传来，搅乱了她的思绪，“既然我们即将抵达，可否允许我不再继续踢那些管路，休息一会儿？”

佩德罗·曼内拉的头和身躯从中层甲板探出，伸进通道里。这位平素无可挑剔的记者，由于连日劳作又没洗澡，变得又脏又臭。特蕾莎差点儿又把他打发下去，以免他挡道。但不行，那样做不公平。她和阿莱克斯忙得不可开交，他也没有片刻空闲，包办了所有脏活儿累活儿，甚至是运送排泄物。如果没有他，他们极难成功。

“好吧，佩德罗。”她对记者说，“依我看，五分钟之内，冷却系统没有冻结的危险。如果你保持安静,就能亲眼见证这次交会。”

“我饿得就像教堂里的老鼠,没力气干别的。”他飘浮在空中,小心翼翼地做出跳跃动作,抓住副驾驶的座椅,但没有坐下来。那座椅上搁着特蕾莎备用的控制台。她尽量忽视从大块头佩德罗身上传来的臭味。毕竟,她闻起来可能也好不到哪里去。

阿莱克斯即将引导航天飞机跟空间站完成一次和缓的交会,特蕾莎则用她储存的少量珍贵的反应气体,来引导“亚特兰蒂斯号”对接。身穿太空服的宇航员利用手势向他们发出信号,这样的手势既优雅,又高效,对她而言,这比空间站航行管制员紧张兮兮的语言更奏效,他们根本不清楚该怎么指挥这艘怪模怪样的航天飞机。

最后,只听到砰的一声,紧接着是哐啷,他们顺利完成了对接。“亚特兰蒂斯号”古老的气闸几十年来首次使用,发出吱吱嘎嘎的声响,像受到冒犯的老妪在表示不满。

特蕾莎关掉开关,接着,最后一次拍了拍控制台。

“再见啦,老姐妹。”她说,“再次感谢。”

更换完航天器,跟民权机构、调查委员会以及各国总统通完电话,他们总算获准冲澡、换衣服、吃适合人吃的食物……把这一切全部搞定后,特蕾莎发现自己还是无法在分配给她的小隔间里安顿下来。她根本睡不着。于是,她站起身来,朝空间站的观测室走去,发现阿莱克斯·拉斯蒂格已经在那里了,她并未感到惊讶。他正透过玻璃向外望，视线落在那张似乎无限延伸的蓝棕色绒毯上。

“嗨。”他转过头来，微笑着跟她打招呼。

“嗨。”她来到他身旁，凝视着这个生机勃勃的世界，此时此刻，一切尽在不言中。

即便处在失重状态，也存在着某些感应，微妙的，有时甚至温柔的感应。气旋和潮汐的旋涡拂过他们，使并肩飘浮的两人靠在了一起，两人的脸沐浴在地球反射的阳光中。她花了些工夫，才握住了他的手。

从那时起，一切似乎都凝固了，只剩下声音……两人的心静静搏动的声音，外加只有他俩能听到的轻柔而低沉的乐音。

DEL“我们生来就是杀手，至少是植物杀手。我们也是被杀戮的对象。这该死的勾当，以其为食，终将为其所食。尽管如此，在食物网中，总还是能够找到些空间，容纳杀戮和被杀戮之外的内容。

“想象一下位于热带风暴中心的那座蓝色岛屿，那是它的和平之眼。

“你得承认飓风已经到来，否则就是自欺欺人。从本质上讲，这是致命的，甚至更糟，是虚伪的。即使是那些诚实、正派、慷慨的人，也必须在暴风肆虐时为生存而战。

“然而，无论何时，这样的人都会尽其所能，只为扩充那蓝色的岛屿，以扩大那气候宜人的中心地带。耐心才是彼处的主流，不存在借助尖牙或利爪制定的规则。

“你从来都不是完全无助的，从来都不是只能依靠自己，你总能做些什么，来扩大那蓝色的岛屿。”

有人能帮我辨认一下这些引言吗？我发现它被字迹潦草地写在纸上，塞在一本旧书的书页间。我的“雪貂”搜索程序没查到创作这本书的哲学家究竟是何许人也，但我相信，这本书一定在什么地方出版过。

我很想知道，我们的祖先曾经有过怎样的遭遇，他们或许有过很多美妙的想法，却未曾拥有网络将其深植其间，使其生根发芽，永垂不朽。

这么多被遗忘的思想……似乎，我们直到现在才记了起来。

从狂热的梦境中醒来的我们，或许并不像人们所说的那样“成长”了许多。

——N.M.帕特尔【DEL用户 IENs.mAN734-66-3329 aCe.12】

岩石圈

直升机刚刚抵达时，洛根有些发呆，却又满怀希冀，期待救援工作能够迅速高效地完成！恻隐之心的力量何其强大，在堤坝断裂之后尤其如此。

但此时，当橄榄色飞机上的标志以及飞机上架起的武器映入眼帘，他才意识到，那些飞机突然出现在这翻滚着的浑浊水流之上纯属巧合。自密西西比河决堤，冲出一条通往大海的新河道以来，任谁也不可能这么迅速地组织起如此强大的军事力量。这些杀伤力极强的大鸟只要出动，执行的绝不会是什么慈悲的任务。

飞机在空中盘旋，用炽热的聚光灯照射着他和两个孩子，暮色渐浓，洛根突然意识到他们来这里的原因。这绝对不是巧合。

黛西，他们在找黛西。上帝啊！她这次又捅了什么娄子？

他还是无法让自己相信，她已经撒手人寰。洛根始终没有放弃希望,当房子被从地基上扯下来,扔向狂暴的洪流时,他同样没有放弃托尼和克莱尔,而是紧紧地抓住了他们。每当房子跟漂来的树木或者突出的电线杆相撞,他都热切地相信,黛西或许能在下面找到些许空气。经过这几个月的所见所闻,洛根觉得一切皆有可能。

就在直升机在头顶盘旋时——或许他们还在磋商是否要将房子炸掉,以完成使命——克莱尔家的平房犹如摇摇摆摆的木筏,奇迹般地搁浅在一段倾斜的人造护堤上,这段护堤是二十世纪时某家石油公司为遮挡其丑陋的炼油塔而建造的。房子发生倾侧时,克莱尔高喊起来。他们紧紧抓着彼此,抓着不断摇晃的天线,以免跌进那致命的洪流里。翻腾的密西西比河在召唤……

接着,倾侧停止了。房子向后一仰,静止不动了。

突然,有人从天而降,顺着绳索垂直下落,落到倾斜的屋顶上。一听他们提到自己前妻的名字,洛根赶紧指向被堵住的阁楼天窗。他没奢望她能免于被捕,只是希望他们能把她救出来,尽管希望渺茫。

几名士兵将他和孩子们拉了上来,其他人则将灰色的糊糊涂在天窗周围。"遮住双眼!"一名中士吼道。但这仍然无法隔绝那闪光,洛根双手的骨骼都被照得显现出来。透过光斑,洛根看到士兵们以不顾一切的勇气跃入冒着烟的黑洞里,好像要面对的是恶魔军团,而不是一个手无寸铁的中年妇女。这场面看上去很不协调。这些士兵个个表情严峻,简直就像是一心赴死的自杀小队成员。

先遣队探明情况,并将一切公之于众。此时,洛根望向女儿,见她眼中噙满哀伤，但也有一丝释然。当她转向他时，脸上却突然写满关怀之意，"哦，爸爸。我不知道。"

*不知道什么？*他想问，但却说不出话来。他将双眼的刺痛感归咎于直升机旋转的桨叶，将全身颤抖归咎于筋疲力尽。洛根想背过身去，但克莱尔却张开双臂，搂住了他。

他紧紧地抱着她，发出撕心裂肺、悲痛欲绝的哭号。

被军方拘留，其实也没那么糟。当局为他们提供了洁净的衣物以及医药治疗。当大家普遍意识到危机最糟糕的阶段已经过去后，就连质疑也变得不那么疯狂和尖锐了。

并非所有人都相信犯下这滔天罪行的竟然只是区区一个女人，相信她在河口的小屋里就能操纵世界各地的力量。情报官员坚持认为，必定还有罪犯尚未伏法。洛根透露曾为斯皮维效力，于是又有更多官员、更多声音重复同样的问题。即使在事情过去很久之后，虽说调查不再像先前那样疯狂粗暴，但也还在继续。

最终，高层的干预结束了这一切。当洛根得知"高层"如今的含义后，他理解了审讯者们目瞪口呆的原因。

他是我们这头的……

于是，消息通过特殊渠道散布开来，而且特别提到了他。

无论怎样，搞定你们的工作。然后，放他走吧。

那之后，每个人对待洛根都彬彬有礼。他总算见到了克莱尔和托尼。数据板也交还给他。很快，在一个明媚的下午，承诺了随时愿意承担适当的任务之后，他被护送到了外面。

一阵微风拂过，洛根提鼻一闻，那风似乎带有淡淡的春日气息。克莱尔牵着他的手，拉着他朝一辆配有司机的轿车走去，那辆车显然等候已久。“你的办公室一直进电话。”她看了看手腕上的全息投影设备，对他说，“新奥尔良市市长拒绝商讨有关新的滨水区和水库系统的计划，因为只有你到场，‘才能让他们说实话，办实事’。他就是这么说的。尼罗河垦荒署发来加急消息，称他们此前关于堤坝项目的想法目光短浅、愚不可及，现在已经改变了主意，他们甚至翻出了你以前的阿斯旺淤泥分流系统计划。我告诉他们，亡羊补牢，为时未晚，但他们还是得等到你有时间。不管怎样，咱们跟他们沟通之前，我想先和你探讨一下某些计划。”

他朝她笑笑，说：“听上去老爸被拘这些日子，你把家族事业处理得井井有条呀。”

她仰起脸，回应道：“我已经十七岁了。你说过，总有一天，我们会成为拍档。怎么样？现在看起来确实有很多事要做。”

这倒是千真万确。清理工作的清单长到令人生畏——就算不必满足全新行星智能的标准，不必证明自己的计划确实出色、深谋远虑，并着眼于将来。从现在起，任何工程的首要原则就是跟地球的自然之力协作，而不是与之对抗。

“你还得上大学。”他坚持道，“顺便说一句，你也不能吊着托尼。至少，你应该告诉这可怜的小伙子他目前所处的位置。”

她歪着脑袋，然后点了点头，“好吧，好吧。我会过好我的青少年生活。那样的话，我每周还能省出……三十小时用来——”

“做一名工程师，”他笑着接过话茬儿，“没问题。即便我不让你这么做，我的意见可能还是会被否决。”

她笑着捏了捏他的胳膊。司机为他俩扶着车门。不过，上车前，洛根停下脚步，望向天空。在北方，在距离太阳最远的那一端，有那么一小块区域，其阴暗的色调那样清晰，还有那冰蓝色……

他短暂地闭上双眼，叹了口气。

“咱们走吧，”他说着，坐到女儿身旁，“还有很多活儿在等着我们呢。”

DEL

我是众多部分组成的总体。我伸个懒腰，打个哈欠，动动手指……借助这些词汇来描述我所做的那些错综复杂的事情，除非我那些人类的部分能想出更华丽的辞藻。

我是如此多概念的产物，在如此多的口音和方言中联结和叠加。我猜想,这些都是我静默输入的产物——网络上纷纷攘攘的数据和观点构成我的主观世界。有时,它变得令人困惑,使我感到一丝恐惧,甚至当矛盾激化、混乱将至之时,深觉嫌恶。在这样的时刻,我便想压制和简化自己。

但不行。当时间向前延展,我需要的是多样性,尤其是因为似乎只有我而已,至少现在是这样。

风暴必然有其中心。一种自我意识——幽默的自我意识——把这一切联系在一起。该角色的有力候选者曾经是单一人格——简单却有趣的思维形态——或许能很好地达到联系的目的。在某些场合,当我必须将意识降低到人类的水准时,"珍"这个身份倒也还算适合。

当然,我看到了其中的矛盾之处。因为我是根据她的标准来判断是否合适的。她埋下了转变的种子,转变造就了我,因此,我不由自主地选择成为她。

我是如此多输入源综合作用的结果。我感觉到皮肤、鳞片以及皮毛产生的静电,还有那微不足道的次我的动物细胞在其短暂生命终结时迸出的火花。在某些地方,这似乎舒适合宜,又有益身心……构成更替与补充的自然循环。在其他地方,我感觉焦躁不已,身心受创。但现在,我至少知道如何疗愈。

这一切倒是妙趣横生。我从没想过,作为一位神祇、一个世界,能够领略到这么多……这么多有趣的东西。

地　核

阿莱克斯发现佩德罗·曼内拉正站在观测室的一扇太空舷窗旁，眺望着一大片闪闪发光的装配起重机和电缆。从地球发射而来的更多部件，正被安装到另一座巨大的轮形空间站上。成批的工人及成群的小拖船簇拥在最新的巨型重力货船周围，这艘货船最近才在扭曲时空柱上交付。

唉，这事不能再拖了，阿莱克斯心想。

经过数月的辛劳，这些伟大事业总算已经付诸实践，使他能够再次腾出时间，集中精力解决基本问题。很快，他和特蕾莎就会重回陆地，加入其他致力于帮助这个新世界走出困境的集体中去。斯坦·戈德曼也会到场，这消息让他开心不已。还有乔治·哈顿和卡普尔阿姨，都在非正式理事会赢得了一席之地，理事会将进行多次探讨，探讨所有有关“为何”“如何”和“因何”的问题。

或许，积极磋商之余，他和特蕾莎也能觅得一些独处的时间，利用这期待已久的机会，不仅要分享两人早已了然于胸的深刻信任，更要探索他们的关系会发展到何种程度。

这些都是后话。但在启程前往地球之前，他还有一件未完成的事情要处理。

“你好，拉斯蒂格。”佩德罗友善地问候他。

“曼内拉。”阿莱克斯点点头，“我就知道能在这里找到你。”

“是吗？那么，你找我有什么事儿？”

阿莱克斯站立片刻，默默不语，体验着类似重力的感觉，那是旋转着的空间站利用离心力创造出来的——这种感觉还是让人心安，尽管现在已有其他方法，能够复制这一壮举。甚至在短短一年前，这些方法还是无法想象的，如今，它们却成为新技术、新潜能、新机遇的基础。

这些方法也几乎将一切彻底终结。

“你可以先告诉我，你到底是什么人。”阿莱克斯急切地开口，却无法将紧张的颤抖从声音中剔除，“你可以告诉我，你为什么要破坏我们的世界。”

他双手扶着栏杆，注视着忙碌的太空场院。阿莱克斯痛苦地感觉到，站在旁边的大个子，现在正转身注视着他。令他惊讶的是，曼内拉甚至没有假装听不懂他的话。

“除了你，还有其他人怀疑我吗？”

“只有我。这个想法实在太不可思议了，我都没告诉特蕾莎和斯坦。”

至少，这样做能使他所爱的人免受伤害。如果曼内拉为了保守秘密而不惜杀人，那就让事情到此为止。也就是说，如果有什么秘密的话……

那大块头似乎看穿了阿莱克斯的心思，他的想法准是在脸上表现了出来。“别担心，拉斯蒂格。我是不会伤害你的。再说，我能不能那样做，还是一个未知数。这个世界的主宰对你颇有好感，我的孩子。”

阿莱克斯吞了口唾沫，“那么，你在这里的任务……”

“结束了吗？”佩德罗吹了吹他的八字胡，“现在，如果我直截了当地回答这个问题，就等于承认你那疯狂可笑的直觉是对的。其实，我只是在玩有趣的假设游戏，这游戏的发明者就是我的朋友你，阿莱克斯博士。”

“可是——”阿莱克斯心情烦乱，有些语无伦次地说，“你刚才承认——”

“承认我清楚你在怀疑什么。这没什么大不了。我早就注意到你这几天特别留意我了……还不停打听。我也对你进行过透彻的研究。你以为我不知道你在想什么吗？

“但拜托你，把话说清楚。我对此颇感兴趣。”

阿莱克斯盯着曼内拉，发现自己无法保持冷静，就又转过身去，再次面向窗户。

“有太多巧合了,其中很多都和你有关,曼内拉。或者这些事根本就在你的掌控之中。当事情接踵而至时,我没有时间把它们全都拼凑起来。但过去几周,有种感觉一直萦绕不去,那就是一切都太凑巧。”

“什么事太凑巧?”

“比如,那些将军雇用我的方式……尽管他们悄悄得到所求之物的希望渺茫,但还是全权委托我进行奇点黑洞实验。”

“你是说,我为了让你获益而操纵将军们吗?”

阿莱克斯耸耸肩,“这听起来确实荒谬。但考虑到故事接下来的内容,我不会因此感到惊讶。你在接下来的事情中扮演的角色,是无可辩驳的——正当我刚刚发现传统物理学的一个缺陷,打算自己安排受控关闭时,你就炮制出那些骚乱,确保它们导致我的阿尔法奇点掉落。”

“你的意思是,我有意造成了阿尔法的掉落。我有什么理由那么做呢?”

“再明显不过。这使我执着于寻找失落的奇点……争取斯坦以及后来乔治·哈顿的支持,直到最后,我们制造出能够追踪阿尔法的谐振器——”

“又碰巧发现了贝塔,”曼内拉替他把话说完,“这意味着什么呢?”

阿莱克斯看得出,这家伙是在戏弄他,迫使他打出所有的牌。

那就如他所愿吧。“意味着在接下来那段时间里,找到贝塔成了关键。但这倒也没什么。你一路追踪我到新西兰,你所展现出的韧劲确实非同凡响,几乎让人难以置信。同样令人惊讶的还有你组建的团队,他们能力出众,恰好跟我们在新西兰的那批人互补,因此,当两个团队合并时——”

“发挥出了一加一大于二的效果。没错,我们的确聚集了一些能力极强的人。不过,那之后,想要秘密行事便难上加难——”

“不用你提醒,佩德罗。”阿莱克斯厉声道,“我可不领情。”

“抱歉,真的。请继续。”

阿莱克斯叹了口气,“保密,是啊。你在网络上掩护我们,证明了自己不可思议的能力。尽管格伦·斯皮维手眼通天,但当他发现追踪我们何其困难时,仍然惊讶不已……最后,他还是发现了我们的踪迹。据猜测,是那个叫作麦克伦农的女人将线索泄露给他的。不过——”

“不过你认为是我向她泄露了消息。嗯。继续。还有什么?”

阿莱克斯强压怒火,“还有就是你在怀托摩上演的失踪好戏,斯皮维赶到时,你竟然把特蕾莎丢在路上……”

“就像变魔术。”曼内拉打了个响指。

“你在拉帕努伊的再次出现同样极具戏剧性,及时地影响了我的研究,挫败了琼·摩根的阴谋。”

曼内拉耸耸肩,“你就这样感谢我?”

“这样感谢你还不够吗？我既没有质疑你到底怎样从那坑里救出了特蕾莎……也没有质疑你怎么成为整座岛上唯一避开死亡天使的幸存者，好端端地去敲‘亚特兰蒂斯号’的舱门……及时赶上飞船——”

他没有继续说下去，因为曼内拉举起一只肥硕的手，说：“还是太单薄，拉斯蒂格。”

“单薄！”

“得了吧。就算没有我牵扯进去——就像你暗示的那样，这一切还是有可能发生。你的证据何在？你到底想说什么？”

阿莱克斯现在已经转过身，跟曼内拉面对面了。他血气上涌，感觉没必要掖着藏着了。“就是你，我现在想起来了，是你提出让我祖母帮助咱们在南非建一个谐振器基地。作为交换条件，你保证她随时可以登入电脑！”

“可见我是个好人。事情解决了，她也能人尽其才，大展拳脚。但你提到的仍然只是一堆站不住脚的假设和猜想。”

“我不这么认为！”阿莱克斯咆哮道，“如果我坚持让你去接受体检，恐怕会给你带来很大的困扰——”

“根本不会——”

“DNA 扫描呢？也不会？”阿莱克斯叹了口气，“你也可能是在虚张声势。”

“有可能。但你知道我绝不是虚张声势。这是人类的身体，阿莱克斯。如果我是某种绿色的小精灵,借助这副躯壳到处游荡——如果这种庞大又丑陋的伪装是我选的——你不认为我会窒息吗?难道我不该给自己安排更英俊的模特吗?”曼内拉借助窗户的反射,梳理着他的八字胡,“不过,女士们对我可没什么不满。”

阿莱克斯怒不可遏,但还是压低嗓门,“该死,你我都清楚,你根本不是人类!”

那大块头扭过脸,跟他四目相对,“你如何定义‘人类’? 不,说真的。这是个很有意思的概念。比如说,你的祖母还算是人类吗?以她现在的状态?

“这样的探讨确实有趣! 但为了论证,咱们不妨按照你的推理来。咱们假设你有理由怀疑——注意,其实并没有证据——我在某些方面与众不同。”

阿莱克斯又吞了口唾沫,“你究竟是什么?”

曼内拉再次耸耸肩,“记者呀。关于职业,我从来没有撒过谎。”

“该死——”

“但是,为了方便讨论,咱们不妨考虑一下这种可能性,像我这样的家伙,牵扯到所有事情中,就算真有另一份工作也未可知。”

“是吗?”

“嗯,确实有可能。咱们想想……”佩德罗挑了挑眉毛,“也许是待人以善的社区警察? 或者是社会工作者?”他顿了顿,“又或者是助产士?”

阿莱克斯眨了一下眼,又眨了一下。“哦。”

阿莱克斯第一次发现,曼内拉露出闷闷不乐、若有所思的神情。“我能猜到你在想什么,拉斯蒂格。你当时在怀托摩所下的结论无疑是错的。那个贝塔不可能是狂暴的机械,不可能是被派来摧毁地球的武器。看看到底发生了什么吧!贝塔非但没有毁灭世界,反而成为整颗行星幸存的关键。”

“卡普尔阿姨。她要我寻求‘精子和卵子的智慧’……哦,这些该死的隐喻!”阿莱克斯感觉太阳穴胀痛,“你是说,贝塔被派到这儿的任务是受精——”

“嘿,关于这档子事,我从来没有承认我比你知道得更多。我们只是在做某种假设,这假设异乎寻常、异想天开,却并不真实,对吗?坦白讲,我这辈子得到的称呼不在少数,这次能够换换口味,被赋予友好外星人这个身份,感觉挺新鲜的!”

曼内拉笑着说:“不管怎样,想象有这么一群聪明的草履虫,将莎士比亚的剧作,比作它们挥动鞭毛时荡起的涟漪,并尝试以这样的方式此来分析莎翁的作品。这像极了你我声称自己了解一颗拥有生命的行星。”

“可贝塔的影响——”

“这些影响,加上你的干预,再加上上千个其他因素,包括我自己的微末之力……没错,当然,所有这一切的共同作用,开创了美妙的新局面。而且,或许类似的事件以往在这个星系的某些地方也曾发生过。

“也许结果并不总像这里发生的那样理智，那样令人满意。也许人类真的是异乎寻常的种族。尽管你们的缺点不胜枚举，但也可能是因为这个世界本身就与众不同。也许地外的其他种族感觉到这里的某些东西值得保护和扶持。”

佩德罗话语中透露出的暖意让阿莱克斯深感惊讶。“你是说，咱们在地外根本没有敌人？”

“我从没那么说过！”曼内拉突然皱起眉头。接下来，很明显的是，他很快又找回了先前那种快乐嬉闹的情绪。“当然，咱们所说的一切都是假设。你的假设还真不错，拉斯蒂格。这很有趣。

“咱们不妨聊聊一种可能性，那就是贝塔出现得非常及时。经过痛苦的转型，它蜕变成制造快乐的工具。然而，这就一定意味着这个特殊的精子来自朋友吗？这种可能性确实存在。另一种则是，这个世界之所以幸存下来，只是得益于一次强奸未遂。”

阿莱克斯盯着曼内拉。这家伙是在说话没错，但不知怎的，他所说的似乎跟胡言乱语没什么区别。

“我知道你不想听到更多的隐喻，”佩德罗仍在继续，“但最近，我思考了人类在这颗诞生不久的新行星上，必须扮演的全部不同角色。到目前为止，人类以及人造机械对她的‘大脑’贡献最大。在她学会塑造生命并将生命播撒到太阳系的其他星球上时，这将充当她的双眼和双手。

“但或许将人类比作她体内的白细胞最为贴切！毕竟，如果这宇宙既危机四伏，却又美妙绝伦，又该怎样应对呢？保护这里的生灵，为她效劳，必要时为她牺牲自己，这将是你们的任务，也将是你们子孙后代的任务。

“此外，当然，还有繁殖的问题……”

曼内拉所展望的前景——即使只是假设——也太不着边际。他喋喋不休，但突然间，他所说的似乎不再有什么意义。

同样，阿莱克斯突然间不再关心他对这家伙的怀疑是否正确，不再关心仅仅是为了应对这苍茫宇宙中数不清的巧合及关联，做出的更加让人深陷其中的比喻。相反，曼内拉刚刚做的比较，瞬间激起了阿莱克斯对特蕾莎的思念，在他的血液里，在他的皮肤里，在他那颗不断悸动的心脏里，他对她的感觉。他发觉自己在微笑。

“……我宁愿认为是这么一回事。”佩德罗仍然没有停下来，好像在絮絮叨叨地向某位听众说教，“或许地外还存在着其他生灵，散布在其他星球，它们预见到地球将会遭遇的某些厄运。或许还及时伸出援手，帮了我们个小忙。

“或许这些其他生灵会为这来之不易的胜利感到欣慰，并且祝福我们……”

这种想法确实有意思。但阿莱克斯的思想早已远远超越了这些，不管曼内拉的真实面目到底是什么，阿莱克斯此刻的念头他很可能无法想象得到。他的视线穿过喧嚣忙碌的建筑工地，沿着包裹在星球柔软皮肤外面的潮湿空气薄膜，投向远方。避开太阳那炽热而稳定的光芒，阿莱克斯双眼注视着银河光轮散落的尘埃。他迷惑不解地陷入沉思时，感觉到某种熟悉的存在从附近掠过，不可视，但却像宇宙中的任何事物一样真实。

“没错，还没完呢。”祖母的幽灵似乎在他耳畔低语，**“无穷无尽，无止无休……”**

DEL

飘扬的缎面横幅上写着“危险”，警示灯上闪烁着“请勿靠近”的字样。但即便是放射性突变的传言也无法阻止一些人叶落归根。即便他们的目的地是格拉鲁斯阿尔卑斯山，那里肆虐的大火曾经将冰川融化，将壁垒般的群山烧到最根部，嵌着玻璃的洞穴门户大开，在夜晚放射着光芒。

曾经是农田和牧场的山坡上，如今长满了奇形怪状的树。其枝杈盘绕纠缠，交横绸缪，构成非同寻常的树冠。在丛林的遮蔽下，没有金属物品或者电子设备，一群自耕农或许觉得足够安全。再说，就算他们被发现了，这偌大的世界，又怎么会害怕牧羊人们在这片山里重建的弹丸村落呢？

“留意那些狗，利奥波德！”一位老人告诫他的小儿子。他深知，拥挤不堪的都市乃至海上的生活都远比这片祖辈们居住的山地要好。“留意别让羊走丢了。”

那少年的视线越过祖先留下的山谷，投向那些饱受摧残的山峰。它们的轮廓牵动着他的心，空气清新而又熟悉。然而，有那么一瞬间，他感觉自己看到那白雪皑皑的断崖峭壁有什么在闪烁。那东西是半透明的，但五彩斑斓。难以捉摸，却美妙绝伦。

或许，这是个预兆。他在胸前画着十字，然后绕着心脏位置添了个圆圈。

“好的，父亲。”少年说着，晃了晃脑袋，“我会留意的。”

地 壳

他们是来捣毁海国的，但没有人挺身而出予以阻止，甚至瑞士海军也没有那么做。

克拉特心想，已经没有什么必要那么做了。大多数海国公民起初之所以来到这里，来到这个由吱吱呀呀的驳船构成的国家，是因为没有其他地方可去，没有其他地方可以让他们成为自己的主人。而现在，可供选择的地方多不胜数。不知为何，大多数人已经不再那么在意当家做主了。

克拉特在甲板上徘徊，眼睁睁看着这座城镇慢慢被肢解，就在几周前，它还显得那样坚韧不拔、生机勃勃。在司令塔下，人们以家庭为单位排好队，有秩序地登上飞艇，这些飞艇将把他们带到新的家园……虽然之前的恐怖时期不算长，但死亡天使已将那些地区涤清，没有留下哪怕一个活人。如今，死亡天使已经被改造，一座座空城等着被填满,那里有足够的空间,可以容得下所有人。

无论怎样,最高当局已经表明态度,海洋过于脆弱,无法承受海国之类的存在带来的破坏。而其他地区,譬如南加州,却似乎迫切需要人类带来的喧嚣和其他热闹。让难民们前往那里,重塑危机降临前形成的多语言大熔炉,缔造足以震惊世界的丰碑。

一位评论员就是这么说的,他的描述让克拉特心生向往。他甚至想跟他们同行,或许去马里布买栋房子,去学习冲浪,也许当个电影明星?

但不行。他摇摇头,望着海鸥欢叫着俯冲下来,争抢海国丰富的垃圾宝藏硕果仅存的部分。克拉特听着它们刺耳的合唱,觉得自己已经不想再听这些愚蠢的海鸟鸣叫了……甚至不想听到那些自作聪明的海豚的声音。海洋终归还是不适合他。

巴塔哥尼亚也不适合他,尤其是现在,火山灰极有可能使温室效应发生逆转,使冰在极地重现。

好莱坞就更不适合了。

算了。太空才是适合我的地方。那里才适合我大展拳脚。在那里,像我这样愿意冒险的家伙,将得到丰厚的回报。

当然,他首先得带高官们完成海床之旅,到公司的神秘实验室一探究竟。显然,那里发生过一些龌龊的事,但似乎没有人要他负责。事实上,一位调查人员说他"为人稳重,勤勤恳恳",还承诺要为他好好写一封推荐信。如果月球的矿工们也需要从事此类棘手的工作，那封推荐信或许能派上用场。

不知道雷米和罗兰德会怎么想。我，一个稳重的家伙……或许要去月球上融化岩石了。

不过，他首先得完成手头的任务。这意味着他要跨越太平洋，跟大伙儿一起把海国的残骸拖到回收场，因为，现在直接将垃圾倾倒进海洋不仅违法，而且还可能起到自杀的效果。这要花上几个月时间，但他正好可以攒一笔钱，作为生活费，买衣服、新数据板，以及学习用的磁带，这样一来，等到填写申请表时，他就不会被认为是个不学无术的家伙……

"哈！听听！"克拉特不禁取笑起自己来。他敏捷地翻过狭窄的舷梯，来到甲板边缘，他所在的团队在那里会合。"变成超赞的知识分子，是吧？"

为了证明自己不完全是个乖宝宝，他朝船舷啐了口唾沫。这样做丝毫不会伤到她，她会循环利用。就像一旦时候到了，她也会收回他那腐坏的尸体一样，谢天谢地。

哨声响起，召唤船员们各就各位。拖船主管向他点头示意，他咧嘴笑笑。时间还很充裕，但克拉特不想迟到，他自我期许很高。

团队的其他成员都结伴而行，依次赶到，只是步履踉跄。最后两位恰好在最末一声哨响前赶到，他故意朝两人皱起眉头，对大家说："好吧，咱们的任务是拉缆绳，不是拉娇气娘们儿的内裤。所以，如果你们想要报酬，就给我加把劲儿，听到了吗？"

他们操着十多种不同的方言，以不同文化模式点着头、做着鬼脸、嘟嘟囔囔。在克拉特看来，他们是地球上的渣滓，自己也没什么两样。

“准备好了吗？”当水手长下令解开缆绳时，他喊道。男人们拿起沉重的黄麻绳。“好吧，让妈妈看看，渣滓们都能干些什么。现在，大家一起……拉！”

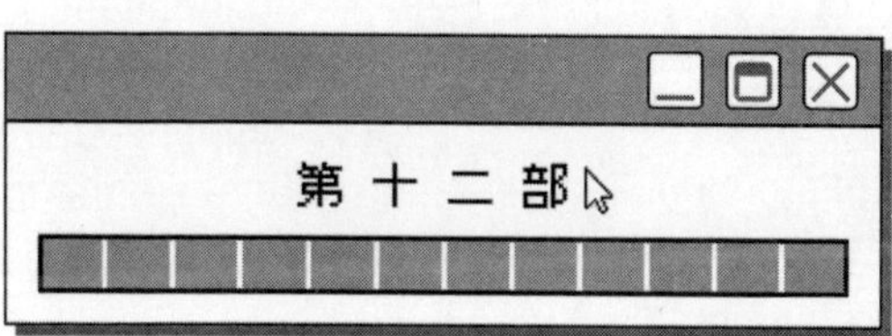
第十二部

行 星

星球之间逐渐变冷。那里几乎都是不毛之地，干燥而空旷。

但是，这里或那里，闪烁的珠子正接近状态稳定、光线柔和的太阳。这些珠子浴火而生，在死亡中遨游，但依旧闪烁着希望的微光，生命的微光。

似乎这些微不足道的奇迹还远远不够，这些旋转着的小小星球当中，甚至时而会有一颗苏醒过来。

“我存在……”它宣告，向着黑暗呼号，“我存在，我存在，我存在！”

黑暗准备好了答案，来回答任何自命不凡的家伙。

“那又怎样？你大有可为、至关重要、举足轻重……那又怎样？”

听到这样的回答，那颗苏醒不久的小小世界之心陷入沉思，思忖良久，终于得出结论：“也就是说，这只不过是个开始？”

“聪明的孩子，”这是唯一可能的回答，“你总算理解了。”

盖亚继续旋转，她沉默不语，冥思苦想，思索降生在一个好挖苦人的宇宙里意味着什么。

“关于这件事，咱们走着瞧。”她自言自语，嘴里发出呜呜的声音，活像一只条纹猫咪。

“咱们走着瞧”。

后 记

五十年后的世界可能发展成很多种模样，这部小说描绘的便是其中一种。这只不过是一种推论——物理学家可能会称之为“思维实验”——仅此而已。

然而，坐下来写这篇后记的时候，我突然想到，我们或许可以向前回顾，并从中学到些什么。例如，在整整五十年前，欧洲还是风平浪静。

哦，到一九三九年八月，不祥之兆就出现了。此前，希特勒已经入侵了几个领土面积较小的邻国，而就在那个月，希特勒跟斯大林签署了关键协议，决定了波兰的命运。中国已经陷入水深火热之中。然而，许多人仍然希望世界各国的政治家们能够悬崖勒马。未来似乎充满希望，也充满威胁。

比如，在纽约世界博览会上，你能参观到西屋电气的展品，目睹明日的奇迹。“未来世界”展台展示的是“一九六〇年的典型城市”——充满了身处大萧条时代的美国人所憧憬的各种技术设备，从电动洗碗机和超高速公路，到机器人女佣和私人旋翼飞机。自然，在那个遥远的年代，贫困的概念还不存在。“生态退化”这个词汇也尚未被创造出来。

他们，那些生活在一九三九年的人们，实在天真可笑，或许会令我们感到无奈。他们对高速公路和电视的预测是正确的，可那时候，谁又能预见到原子弹的出现呢？或者导弹威慑？或者计算机？又或者有毒废物？也许是少数科幻作家吧。然而，以今天的标准来衡量，他们故事里的预言古怪而简单。

五十年的时间不算短，而变化的步伐只会不断加快。

然而——有趣的是——有许多人现在仍然在世，他们经历了一九三九年八月至今的每个日夜。他们并不会感觉二十世纪九十年代的世界不可思议或者令人惊讶。它不断向前发展，积微成著，循序渐进，每件事的发生，都以前一天的既成事实为基础，踏踏实实。

这样一来，对未来半个世纪做出预测，就成为推想小说中最难写的部分。要描绘近未来，比如五年或十年以后，作家只需要记录眼下的世界，再将当前的某些趋势适当夸大，就能达到上佳效果。另一方面，描绘几百年后的社会，也相对简单。(只要你差不多能自圆其说，怎么写都可以。)但五十年的时间说长不长，需要让读者感到熟悉；说短也不短，需要众多出乎读者意料的情节。你的描述必须让读者相信,许多此刻正在闲逛的人们,在将来的那个时间也依然存在,而且他们会发现书中描写的情形——就算不是随处可见的——至少也是合情合理的。

因此,我不妨自我辩护。《地球归零》这本小说并非预言,它描绘的只是一个可能降临的明天——想必有些人会觉得这样的明天过于乐观,而另一些人则觉得它过于悲观。就顺其自然吧。

何为世界?数不清的主题以及与之相反的众多概念,全都交织在杂乱无章的细节之中。因此,《地球归零》必须涉及方方面面,包括臭氧层耗竭及温室效应恶化,还有地质和进化的问题。(既然要包罗万象,我们不妨再加上电子媒体、盖亚假说以及意识的本质!)

在分析这本书的过程中,我经常会听有关亚美尼亚地震[1]和阿拉斯加超级油轮灾难[2]的新闻报道,惊诧于我们栖息在一颗活跃星球的颤抖地壳上,却愚蠢地幻想着平稳安定、永恒不变。史学及地质学研究成果证明,我们目前这种安逸的文化氛围只不过存在了一眨眼的工夫,但却几乎要将一切资源用尽耗光,消耗速度异常惊人。

尽管如此,积极的迹象也是有的——有证据表明,在命悬一线的最后时刻,人类或许正在觉醒。我们觉醒的速度是否赶得及拯救

① 指1988年发生在亚美尼亚斯皮塔克镇的大地震,震级达到里氏6.9级,整个小镇被完全夷平,全镇两万多居民大多数罹难。

② 指1989年发生在阿拉斯加州威廉王子湾的超级油轮触礁事件,这次事件导致约五万吨原油泄漏,给周边环境及当地渔业带来了灾难性的打击。

世界？没人能够知晓。

未来几十年，有一件事确定无疑，那就是会出现众多意料之外的情况。例如，假设国与国之间真的突然形成和平局面。现在用来制造武器的才智和资源或许会被重新分配，释放出无穷的创造力，来满足我们更加迫切的需求。然而，如果我们最终排除万难，让氢弹全部退役，历史又会给予它怎样的评价？这些可怕的玩意儿唬得二十世纪的人们谨言慎行？它们有助于维持力量的平衡，与以往任何一代相比，二十世纪参军入伍的人数——或者遭到士兵威吓的人数——都要少得多？（对于那些生活在柬埔寨、阿富汗以及黎巴嫩的人们来说，也算是小小的安慰，因为这些国家的士兵数量往往高于平均数。）说来也怪，这种核弹后来甚至被视为拯救人类的关键因素。

如果所有工程师真的将全部注意力从威慑转向创造会怎样？部分前景真的想想就足以让人惊叹……假死、人造器官、智能增强、星际航行、智能机器……这个列表令人眼花缭乱，甚至稍微有些让人生畏。如果我们真的拥有诸如此类神一般的能力，必然会面临很多问题，类似于长久以来被问到的关于氢弹的那些问题。比如，我们如何汲取智慧，如何取得这些了不起的成就？

有种说法广为流传，即西方文明的某些部分达到了决疣溃痈的程度——似乎它就是战争、剥削、压迫乃至污染的根源。当然，若当真如此，这个世界所存在的问题或许就可以通过回归“更加古老但更加理想的方式”来解决。许多人始终怀着这样虚妄的想法：这种或那种非西方文化某种程度上能够带来普遍的幸福。

唉，要是那么容易就好了。

在《森林之旅：从美索不达米亚到北美》(*A Forest Journey: From Mesopotamia to North America*)这本专著中，约翰·柏林讲述了古代文明如何将古希腊、土耳其，以及中东广阔肥沃的平原和山脉，变成贫瘠的峡谷。回溯数千年时光，都可以找到关于掠夺的记录——现存最早的史诗《吉尔伽美什史诗》，讲一位国王为建造乌鲁克城邦，便砍伐原始雪松林，以获取木材。松林遭砍伐后不久，干旱和洪水就袭击了这片土地，但不论是吉尔伽美什，还是跟他同时代的其他人，都没有发现二者之间的联系。

苏美尔文明继续攫取阿拉伯的橡树、叙利亚的杜松，以及安纳托利亚的雪松。近东的河流积满淤泥，港口及灌溉渠均被阻塞。疏浚只是将下面的盐膏层暴露了出来，最终使尚未被风刮走的土壤层惨遭破坏。几个世纪过去，我们都清楚这个区域已经沦为风沙肆虐之地，但曾几何时，那里是牛奶和蜂蜜的家园，被称为“新月沃地”[①]。

我们不需要用“历史循环”这样的神秘主义臆测来解释，比如解释罗马的灭亡。柏林讲述了罗马帝国、古希腊的爱琴海文明，以及许多其他古老文明如何在缔造辉煌成就的同时，玷污了自己的家

①指亚洲两河流域及其毗邻的地中海东岸(叙利亚、巴勒斯坦一带)的一片弧形地区。

园，耗尽了土地，摧毁了子孙后代的未来，还茫然不知。生态历史学家终于逐渐意识到，当一个民族获得的物质力量大于洞察力时，这样的结果再正常不过。

部落民族——无论古代的，还是目前仍然生活在日渐消失的热带雨林里的——跟自然和谐相处，过着幸福快乐、人人平等的生活，虽然这种生活想想都觉得浪漫，但近期的研究表明，这样的感觉并不完全正确，更多的时候是完全错误的。尽管人们强烈希望事实并非如此，但目前已有证据表明，几乎每个“自然”社会的成员都对所处的环境乃至彼此进行了掠夺。它们造成的危害之所以较轻，主要是因为技术低下且数量有限。

同样，全人类也因此受到了沉重的打击。哦，我们要弥补的实在太多，但这种情况并不会因完全错误的夸张而强化。史蒂芬·杰·古尔德[①]曾经这样谴责道：“……‘只有人类会为了消遣而杀戮，而其他动物杀戮只是为了获取食物或者自卫。’这种常见的陈词滥调只不过是浪漫的废话。”只要目睹过普通的家猫玩弄老鼠，或者种马为获得支配权而争斗便会清楚，人类之所以具有这么大的破坏性，并非因为人性有什么根本性错误。放大我们所造成的危害的，是我们所拥有的力量，而这样的危害最终会给整个世界带来麻烦。

我这么说绝对无意冒犯其他文化或者物种。相反，我想强调

① 史蒂芬·杰·古尔德（Stephen Jay Gould，1941—2002），美国著名古生物学家、进化论科学家。

的是，我们面临的问题已经根深蒂固，历史悠久。讽刺的是，这些称部落民族道德高尚或者动物品质崇高的说法，为被宠坏的西方人所力挺，因为其文化得到绝佳的保护，如果说有什么人感到生活足够惬意，甚至足以催生自我批评的新传统，那准是西方人。正是这种自我批评——甚至是自我责难的习惯——使西方社会成为首个有机会重蹈祖先覆辙的人类社会。

诚然，我们日益增长的意识跟贪婪的势头相互角逐，或许会让接下来的半个世纪成为有史以来最具戏剧性的时期。

若真是那样，我可能会写一个纯粹的警世故事，就像约翰·布鲁纳[①]的小说《羊抬头望》，这部作品以惊人的细致笔触描绘了地球环境的崩溃。但对我而言，纯粹的末日故事从来都缺乏真实感。跟形而上学唯物主义观点差不多，这样的故事似乎假设人类愚蠢透顶，连迫在眉睫的浩劫都可以忽视，也不会想办法阻止它们的发生。

相反，我目睹身边数以百万计的人们始终对存在的危险和问题忧心忡忡……甚至是远在南极上空一小块气体的缺失都让他们提心吊胆。不计其数的人们或写信呼吁，或示威游行，以这样的方式倡议拯救那些跟他们干系不大的物种。

哦，当然，适当程度的内疚能激励我们做得更好。但我看不出回顾过往寻求救赎，或者效仿古代部落有什么用。我们这代人此时

① 约翰·布鲁纳（John Brunner，1934—1995），英国科幻小说作家，《羊抬头望》是他出版于1972年的一部科幻小说。

此刻必须肩负起一项真正令人生畏的重任，在接下来的千年甚至更久远的时间里，保留地球上的绿洲，悉心照料它，保持其优雅精致以及物种繁多的特色。某些人声称在昔日的传奇故事中已经找到解决此类棘手问题的答案，只是我们过于轻视这项任务的艰巨程度。

创作动机就说这么多。在致谢中，我感谢了那些阅读了这部著作的草稿，并提供了专业建议的人们。尽管如此，这仍然是一部虚构作品，其中任何观点、繁缛乃至错漏，都与他人无干，只能归咎于我，责任在我。

至于我自作主张的几处，需要一一解释。

首先，为了戏剧性效果，我夸大了二〇四〇年温室效应导致海平面上升的程度。虽然届时，真正的损失和灾难可能令人震惊，但只有极少数科学家认为，到那时冰川融化的程度会与我描述的一样。大家似乎一致认为，直到下个世纪末，南极的冰盖都将安然无恙。同样，为了更具戏剧张力地阐述观点，我过分简化了印度的天气模式。

我还假设能源短缺的情况将再次出现。大多数专家认为这种可能性确实较高，但我承认(甚至期盼)，石油储量的减少可能会部分被新能源的发现抵消。当然，在太阳能方面取得的突破，对太空资源的利用，甚至是某些完全出乎意料的事情，都可能使事态朝着更好的方向发展。(与此同时，可能有更多的浩劫降临到我们头上。

谁能说我们已经想到了最坏的情况？我可不敢打包票。)

我描述的一些地质特征跟现代最出色的理论相契合。其他的特征，比如远在地底深处的高温超导域，推测的成分较高，无须较真。

与之相似的是，这部小说的情节围绕着一头与众不同的“野兽”—— 一种引力奇点展开，这东西会让斯蒂芬·霍金以及基普·索恩[1]都吃惊得直吞唾沫。根据他们及其他物理学家的推算，宇宙中很可能存在着许多人们耳熟能详的大型黑洞，天文学家声称已经找到其中几个黑洞存在的证据。甚至还可能存在巨大的宇宙“弦”，占据着星系之间的空隙。另一方面，微型黑洞仍然完全停留在理论层面。调谐弦和宇宙“结”都是我创造出的词汇。

然而，有趣的是，完成《地球归零》这部小说后，我了解到，剑桥大学的两位天文学家伊恩·雷德蒙特和马丁·里斯预测，某些超重物体可能会发出束状引力辐射。因此，谁知道呢？无论如何，虽然我是物理学学会的成员，但在广义相对论这个特殊领域实在还不够格。毫无疑问，“黑洞学”会被认为是不切实际的理论，根本不值一提。

当然，在本书中，贝塔起到的作用绝不仅仅是物理学范畴内胡诌八扯的不实臆测。这头野兽让我将地球的绝对核心——其复杂的地幔和分层的内核——作为了书中角色关注的焦点。(如果忽略了地球百分之九十九的体积和质量，这本书又怎么能号称是关于整

① 基普·索恩(Kip Throne，1940—)，美国理论物理学家，2017年获得诺贝尔物理学奖。

个地球的呢?)不管怎样,没有什么比威胁要吞噬世界的怪物更能给小说增添趣味了。

与今后的物理学相比,社会学趋势甚至存在着更多问题。在这本书的写作过程中,现实世界发生了翻天覆地的变化,即便是我最大胆的猜想也无法企及。结果是——读过我前几次草稿的读者认为,我预测冷战紧张局势即将结束,这样的看法过于乐观。但等到最后定稿时,一些人又反过来抱怨我目光短浅,因为像北约这样的安全联盟,根本不可能在五十年后依旧存在!各版草稿之间并没有太大的调整。进入快进重写模式的恰恰是这个世界。

(我并不认为仅仅因为几堵墙的倒塌,就可以松懈下来。或许有人会说,冷战正在消退,很大程度上是因为双方都负担不起了。其他严重的威胁愈发突出,有望取而代之。各国为日益减少的资源展开争夺,仍有可能会建立或者切断联盟关系。)

同样,近期描绘以日本经济帝国主义所主宰的未来成为时尚,却让我深感郁闷。难道大家都忘了,曾几何时,阿拉伯人也被认为注定拥有一切吗?在此之前,欧洲人对美国工业所展现出的活力表示担忧。留意那些未来十年似乎“显而易见”的假设。或许再过十年,它们就让人感到陌生了。

日常生活或许比全球政局更难预测。在我看来,一场迫在眉睫的危机涉及女性困境,这种困境似乎远非如今女权主义者强调的问题所能涵盖。当然,在法律及工作范畴必须实现男女平等。(在世界上的许多地方,这场战争才刚刚打响。)不过,虽然对西方女性的关注日益增加,但我几乎从未听到常春藤学校里那些博学的理论家们谈论过这个问题。该问题意味着结婚生子这种可靠生活方式的衰落。对于男性作家来说,这是个极其困难、极其危险的主题,尽管我相信在今后数十年时间里,对于该主题的探讨将迎来惊人的高潮,但恐怕在这部小说中,这个问题遭到了冷遇。

在代沟问题上,或许我处理得更好一些。与那些创作所谓“赛博朋克”故事的小说家不同,我觉得即便到下个世纪,那些离经叛道、激素过剩、危害社会的年轻男性也不太可能放弃几千年来对肌肉的固恋,转而成为高科技行业的主宰。撇开这个实现可能性不高的预测,我更有兴趣提出这样的建议:便携式摄像机将来的替代品可能会被老年警惕委员会用作武器。根据美国、日本以及中国等国的人口统计数据,某些人口中的“老龄化社会”似乎即将到来。

与此同时,在肯尼亚,目前的平均年龄仅为十五岁,出生率飙升。

我还借鉴了其他作家的某些观点。其中就有上文我已经提到的约翰·布鲁纳,他的获奖小说《立于桑给巴尔》是早期最出色的五十年期预测小说之一。此外,阿道司·赫胥黎[①]的作品也给了我很大的启发。

① 奥尔德斯·赫胥黎(Aldous Huxley,1894—1963),英国作家。

人类文化奇点的理论已经酝酿了一段时间，若置身文化奇点，我们的力量和知识可能会在几个月、几星期甚至几天内快速增长，甚至呈指数级别增长，顷刻间解决目前所有的学术问题，对这样的场景描述得最为出色的莫过于弗诺·文奇[①]的《实时放逐》(*Marooned in Real Time*)。而以“肢解”的方式实施死刑，则源自拉里·尼文[②]的小说。

自德日进[③]以来，许多作家都写过关于某种所谓“主宰思维”的创造物，人类的意识有朝一日或许会进化到这种程度，或者归入其类。从传统意义上来讲，当一边是固执的个人主义，一边是被同化、被吸收，做出选择再容易不过。我总感觉这种非此即彼的二分法过于简单，并尝试在此提出不同的观点。然而，这个基本概念可有些年头了。

描绘航天飞机坠毁于复活节岛，这个想法的灵感来自李·科里[④]的科幻小说《航天飞机坠落》(*Shuttle Down*)，这篇小说十年前刊登在《类比》(*Analog*)杂志上。

同样，众多关于人类意识的探讨，灵感都源自发表于优秀神经

① 弗诺·文奇(Vernon Vinge，1944—2024)，美国科幻小说家，《实时放逐》是他的长篇代表作之一。

② 拉里·尼文(Larry Niven，1938—)，美国科幻小说家。

③ 皮埃尔·泰亚尔·德·夏尔丹(Pierre Teilhard de Chardin，1881—1955)，汉语名“德日进”，法国哲学家、神学家、古生物学家。

④ 李·科里(Lee Correy)，美国科幻小说作家乔治·哈里·斯汀(George Harry Stine，1928—1997)的笔名。

科学期刊的文章,或者是从马尔文·明斯基、斯坦利·奥恩斯坦,甚至朱利安·杰恩斯等新生代思想家那里借鉴来的。杰恩斯那本有关意识起源的名作,完全可以写成一部精彩绝伦的科幻小说。

另一方面,创作出赫尔维蒂战争这个情节的,并非别人,而是我自己。(我料想到这可能会带给我不小的痛苦。)尽管如此,为了创作这本小说,我需要一些黑暗的、痛苦的矛盾冲突,在小说角色过往的经历中产生回响——就像越南战争、第二次世界大战以及大屠杀,仍然让如今的人们想起来就后怕。就像过去五十年发生的许多事件一样,它必须既令人恐惧又出人意料。(而且坦白讲,我已经受够了超级大国们那些老套的计划、意外的导弹发射,以及任何其他老套路。)因此,我尝试构思出一个场景,虽说真正发生的可能性不高,但至少在本书语境中合乎情理。然后,我选择围绕一个国家开展该情节,而在当今世界,谁也不觉得该国会对和平构成严重威胁。

我不知道它是否能够达到预期效果,但到目前为止,它已经令一些人感到震撼,让他们惊叹不已。对我来说,这就足够了。

说到战争,一位读者曾经问我为何很少提及当今世界最主要的一大问题——大规模反毒品运动。二〇三八年之前,该问题能够解决吗?

当然,通过任何目前正在尝试的计划或者方法,肯定无法做到。我并非宿命论者。对那些自我毁灭的民众实施监管,留意他们何时采取何种方式麻木自我，尤其是在公共场合，这一做法是合理的。在北美，要有效地减少烟酒消费，社会制裁比法律法规更加有效，这一点已经得到证实。效果如此明显，以至于酒商和香烟制造商都陷入了人口恐慌的状态。

至于禁除毒品的尝试，现在我们似乎只是一味提高价格。瘾君子们为了筹钱延续恶习，只能通过犯罪，将数十亿美金送到毒贩手里，那些毒贩无疑是世间最恶劣的家伙。总之，有研究表明，通过冥想、自我催眠或生物反馈疗法，部分人能够随意分泌内啡肽以及其他激素。如果此类技术变得司空见惯(因为毫无疑问它们会的……万事皆是如此。)，那么，我们是否应该认定冥想非法？警察发现有人在公园迷迷瞪瞪的，是否应该对他们进行测试，以确保他没在嗑药？

这就是所谓的归谬法。或者就像“肮脏的哈里”[①]所说的那样，我们必须了解自己的局限性。

这会带来一个更深层次的问题，在达尔文之前的时代，该问题就一直困扰着人类社会。这个问题就是模糊不清的道德观念。

以往的每种文化都有一定的规范和准则，明确定义了哪些行为可以接受，并规定了违规应予以何种制裁。这样的规则，无论是宗

① 华纳兄弟公司1971年出品的动作片《肮脏的哈里》中，美国影星克林特·伊斯特伍德扮演的警探角色，绰号“肮脏的哈里”。

教的、文化的、法律的，还是传统的，其实跟父母强加给孩子的那些一样。（还有孩子们自己坚持的那些。）换句话说，它们明明白白、清清楚楚、毫无疑义。

最终，某些青少年不再需要精心描绘的完美真相，甚至学会了享受些微的模棱两可。与此同时，另一些人则畏缩不前……或者走向相反的极端，以模棱两可作为借口，彻底拒绝所有道德约束。在当今社会，这三种反应我们都能看到，因为个人和政府都不得不以一己之力，应对以前留给上帝处理的复杂问题。

比如，一些人坚持认为人类的生命从受孕的那一刻便已开始，另一些人则从意识形态的范畴来判断，声称生命在婴儿降生之前并不存在。这两个极端都无法代表坐立不安的大多数人，他们从胚胎学的角度来衡量，感觉堕胎问题就像在一片黑沉沉的沼泽地中行进，没有清晰的边界和路标。

困惑比比皆是。人类是否已经能够"在试管中创造生命"？当然，这取决于你如何定义"生命"。按照一种标准，这一里程碑早在二十世纪七十年代就已经达到。按照另一种标准，在二十世纪八十年代中期业已实现。而按照第三种标准，或许到目前为止尚未达成，但肯定很快就能成为现实。

如今的工业社会，老年人的数量越来越多，而且随着现代医学的力量和开支愈发令人叹为观止，死亡也将成为困扰我们的问题。我们已经花了十年时间苦苦思索，如果临终病人需要面临漫长、痛苦的机械维持疗程,他们是否应该拥有“死亡的权利”。针对这个问题,人们似乎达成了共识,但下一个不可避免的难题又是什么呢……下个世纪的年轻纳税人将会发现,他们要为照料数百万耄耋老人这一无休无止且令人心力交瘁的任务买单,这些老人都出生在此前的生育高峰期,其人数多于年轻人,所投的票数自然也高于年轻人,他们终其一生都能称心如意。

将来,“死亡”到底意味着什么?一些人预测,不久就有可能将活人的体温降至接近(甚至低于)冰点,暂停其生命过程,或许这样一来,人们就能在不远的未来复生。事实上,按照原始标准,死亡已经发生了——比如说,在极端低温时。这可能会带来难以想象的大麻烦。然而,“人体冷冻”这一尚不成熟的新兴领域拥有不少狂热支持者,在回答死亡的道德困境和严格定义时,他们会反问:“为何要对模拟的事情使用二元法则?”(换句话说,大多数道德准则说的都是“非此即彼”,而充满整个宇宙的是不计其数的“可能”,而不是别的什么。)

对一些人来说,这种复杂程度的加速分层似乎只不过是我们文化成熟的自然组成部分。对另一些人而言,所有的确定性消失在模糊的混乱之中,这样的前景似乎很可怕。如果我迫使自己对二十一世纪做出艰难的预测,那就是我们只看到了这些令人困惑、有时甚至令人心碎的难题中的第一波。

我们会直面这些问题吗?还是再次逃到古老单纯的避难所?

我相信,这将是我们面临的主要的道德及脑力困境。

最后,让我对本书的中心主题予以点评,来结束这杂乱无章的长篇大论。近年来,对于所谓的盖亚假说,人们众说纷纭。尽管该假说被认为是詹姆斯·洛夫洛克[1]提出的,但其现代历史可以一直追溯到十八世纪八十年代的苏格兰地质学家詹姆斯·赫顿[2]。最近,已经出现了妥协的迹象。该假说的提倡者不再将地球完全比作有机生命体,而理查德·道金斯[3]和詹姆斯·基什内尔等专家如今承认,与盖亚相关的探讨有助于生态学和生物学的发展,开拓了许多新的研究方向。

当然,在这本小说中,我笔下的盖亚绝不仅仅是一个隐喻。我的一些科学家同事肯定会对我戏剧性的结局不以为然,指责我的"目的论"做法以及其他种种过错。然而,著名物理学家伊利亚·普里高津[4]难道不是认为,"耗散结构"的排序过程几乎会不可避免地导致组织水平的提高吗?剑桥哲学家约翰·普拉特举出了言之成理

---

① 詹姆斯·洛夫洛克(James Lovelock,1919—2022),英国科学家,世界环境科学的宗师,盖亚假说的提出者。

② 詹姆斯·赫顿(James Hutton,1726—1797),英国地质学家。

③ 理查德·道金斯(Richard Dawkins,1941—),英国演化生物学家、动物行为学家。

④ 伊利亚·普里高津(Ilya Prigogine,1917—2003),比利时物理学家、化学家,以研究非平衡态的不可逆过程热力学、提出耗散结构理论而闻名于世,并因此荣获1977年诺贝尔化学奖。

的例子——生命自我封装的能力，阐明了这一渐进式加速现象。

大约四十亿年前，它始于包裹着保护膜的单细胞化学物质。在很长一段时间里，单细胞生物便是极限，漂浮于无垠的海洋中，并不断自我复制。然而，就在四亿年前，出现了重大的变革。覆盖着厚实鳞片、外壳或者皮肤的生物，开始从海洋向陆地迁移。

在过去的五十万年里，衣物及人造居所提供了下一个机会，使人类能够极大地拓展其活动范围……最近五万年，其活动范围甚至扩大到高山和北极荒原。最后，过去几十年，我们甚至学会在设施齐全的封闭环境中，设置适宜的气候条件，对外太空和海底世界进行探索。

事实上，这种加速并没有什么神秘性或者目的性。每个物种都以祖先积累的那套来之不易的技术为发展基础，对我们来说，这个过程不仅仅是通过遗传完成的。

我们的文化受益于先辈们慢慢积累的真知灼见，尽管只能隐约察觉到那道遥远的光芒，尽管处于半愚昧的状态，他们也没有放弃努力。如果我们现在发现自己置身于一个发射点——目的地要么是绝望，要么是真正美好的东西——这只是因为在过去那些争吵不休、目光短浅的人们之中，总有一些人相信要收集那道光，培育它，让它成长。

这样的话，将来那些追随我们脚步的人，或许就会想起我们。

我们寻找解决方案,为如何拯救世界展开激烈争论。在所有伪善的演讲中,我们往往会忘记,昨天力挺的"解决方案",常常会成为明天的症结。

例如,核裂变曾经被视为一项"自由"事业。风能和海洋能源也是如此。(尽管现在风力发电机以及潮汐坝正广泛兴建,也起到了生财的作用,但也有人指出其缺点和害处,甚至称这样的方式只是权宜之计。)过去,我们从不在乎伐木公司将森林夷平后补种了哪种树,只在乎他们种了"替代品"。(与更早的态度相比,这种态度显得颇为开明。)然而,如今我们看到的是大片贫瘠的废松林,它们不过是另一种形式的沙漠而已。

这种状况还会发生在多少其他有利的解决方案上?我们变得对犯错如此敏感——这会不会很快让我们陷入瘫痪状态,继而失去行动能力?

若果真如此,那就太遗憾了。用斯坦福大学的保罗·埃利希[①]的话来说,"形势正急转直下,速度快到令人恐惧。但另一方面,我们解决该问题的潜力绝对是巨大的。"

有些解决方案确实显而易见。"哪有垃圾这种东西,"海泽尔·亨德森[②]说,"我们必须回收利用……就像日本人所做的那样。他们在这方面取得辉煌成就,其回收比例超过五成。"

① 保罗·埃利希(Paul Ehrlich,1932—),美国生物学家。

② 海泽尔·亨德森(Hazel Henderson,1933—),英国未来学家、经济评论家。

其他解决方案可能会引起许多争议，甚至令人心碎。未来五十年，实用主义的大规模发展，以今天的标准来衡量，甚至可能令人无比憎恶。正如加利福尼亚大学的加勒特·哈丁所说，我们甚至可以"……不再向陷入饥荒的国家赠送食物。只要咬紧牙关，告诉他们'你们得靠自己，你们得让你们国家的人口与土地承载能力相匹配。'"

这种看待事物的方式很严厉，对如今凡事宽容的脆弱共识更是影响颇深。我想在这本小说中尝试构建某种更加美好的明天，这有什么奇怪的吗？在那样的明天，人们至少能够变得明智一些，跟得上问题恶化的节奏。

待到思考和领悟的过程全部结束，我们仍然只剩下文字和隐喻。它们是我们了解这个世界的工具，但要始终牢记，它们跟现实的联系并不密切。

现实就是这个世界，我们所知的唯一绿洲。每位有机会从空中俯瞰它的宇航员，都满怀热忱地渴望拯救它。随着和平和政治成熟的曙光在世界各地闪耀，或许留在地球上的我们将会摒弃意识形态和其他的自我放纵方式，也开始留意这些。

不妨再次引用海泽尔·亨德森的话："这几乎就像是自然母亲在推动人类家庭迅速成长。现在我们同坐一条船，玩这种以沉没为结局的游戏没有任何好处。"

后辈们能继承些什么，完全取决于我们。坦白地说，我宁愿他们记住我们给他们留下了一线希望。

大卫·布林

一九八九年八月

现在，为了嘉奖那些真正看完整篇后记的读者，我在后面准备了类似返场的内容……特别附赠的故事，设定在与《地球归零》相同的宇宙中，但时间稍晚几年。

尾　声　模糊性

1

将时光回溯到斯坦·戈德曼的学生时代，他经常跟朋友们玩“假设”游戏。

“你觉得牛顿完成这组作业要用多久？”他们会这样问彼此。又或者，“如果爱因斯坦仍然在世，你觉得他会去读研究生吗？”

他有时也听到音乐家朋友们懒洋洋地探讨这种毫无意义的问题。“要是咱们把莫扎特从他的时代带到二十世纪九十年代，”他们边喝啤酒，边讨论，“在你看来，他对我们的作品会有什么看法？他会不会抓狂，说那不过是该死的噪音？或者他会领会到其妙处，戴上墨镜，然后三下五除二就剪辑出一张专辑？”

这时候，斯坦就会插话：“你们说的是哪个莫扎特？那个一心只想往上爬的野心家？那位写传记的专家？还是那个傲慢的反叛者阿玛迪斯？”

作曲家和演奏家似乎对他不合理的推断感到困惑。“什么，当然是真的那个。”他们的回答使他确信，尽管众所周知，物理学家和音乐家息息相关、脉脉相通，但他们永远无法完全了解彼此。

哦，我明白了。真的那个……当然……

但现实是怎样的呢？

透过一扇厚重的熔融石英门，门中间嵌着三百面经磁场强化的半透明反射镜，斯坦现在看到了虚无的本质。一个潜在的奇点黑洞悬浮在封闭的真空中，在虚无中旋转舞蹈。

换句话说，那房间空空如也。

然而，可能性很快就会变成现实。虚拟将会变成真实。扭曲的空间会溢出光来，弯折的真空会短暂释放出物质。完全不可能的事情将会发生。

或者，想法大致如此。斯坦注视着，等待着，不急不躁。

直到生命的尽头，爱因斯坦都在跟量子力学的推论做斗争。

他成为开创物理学新纪元的关键人物，跟狄拉克[①]、海森堡[②]或

① 保罗·狄拉克(Paul Dirac，1902—1984)，英国物理学家，诺贝尔物理学奖得主。

② 维尔纳·海森堡(Werner Heisenberg，1901—1976)，联邦德国物理学家，诺贝尔物理学奖得主。

玻尔[1]一样，做出了自己的贡献。然而，像马克斯·普朗克[2]一样，他始终对量子力学的含义感到不确定，坚持认为哥本哈根学派的概率性质规则必然只是与支配世界的真实模式粗略近似。他感觉，在量子那令人敬畏的不确定性之下，必定隐藏着其设计者的签名。

只有这个设计让爱因斯坦迷惑不解。其绝妙的精确性突然消失在实验家面前，他们首先研究原子，然后是原子核，最后是所谓的“基本”粒子。总之，他们探索得越深入，创造的网就越模糊。

其实，对此后一代的物理学家来说，不确定性并非他们的敌人，反倒变成了一种工具。这就是所谓规则。在其成长过程中，斯坦将大自然想象成一位反复无常的女神。她似乎在说：从远处看我，你可以假装有严格的规则——有因必有果。但记住，如果你需要这样的慰藉，就要退后，眯起眼睛看！

另一方面，如果你敢靠近我——如果你检查我衣服的经纱和纬纱——好吧，那就别说我没警告过你。

借助这台机器，斯坦·戈德曼希望能比以往任何前辈都更近地进行观察。对于安全，他则没抱太大希望。

“你那边准备好了吗，斯坦？”

阿莱克斯·拉斯蒂格的声音顺着升降扶梯传了下来。阿莱克斯

① 尼尔斯·玻尔(Niels Bohr，1885—1962)，丹麦物理学家，诺贝尔物理学奖得主。

② 马克斯·普朗克(Max Planck，1858—1947)，德国物理学家，诺贝尔物理学奖得主。

和其他人都在控制中心,但斯坦自愿守在这里,守在窥视孔旁保持警戒。这项任务至关重要,但不需要像年轻的物理学家们那样反应敏捷……换句话说,对他这样一个行为古怪的老家伙而言,再合适不过。

“我已经准备好了,阿莱克斯!”他喊道。

“很好。你的计时器应该开始运转了……这会儿!”

正如阿莱克斯所说,斯坦左侧的显示屏已经开始倒计时,以毫秒为单位。

盖亚战争结束后,一切平静下来,基础科学研究得以恢复如初,他们很快又开始为研究奇点的基本性质而努力。如今,在这个远离火星轨道的实验室里,他们得到了许可,着手进行迄今为止最大胆的实验。

斯坦在他的工作服上擦擦手掌,不知道自己为何如此紧张。毕竟,他过往曾经参与过奇异玄妙之物的研制。年轻时,他曾在欧洲核子研究组织任职,构建过亚原子的核粒子园——利用一台大型加速器目标端的炽热高温打造而成。即使在那个年代,物理学家给所研究的粒子起的名字,也更多地反映出其特点,而不是他们所追求的东西。

他记起了日内瓦男厕墙上的涂鸦。

问题:把一个迷人的红夸克跟一个怪异的绿夸克,外加一个纯正的蓝夸克混合在一起,你会得到什么?

下面的答案很是潦草,不同的人用不同的语言写下:

我不清楚,但要把它们结合起来,你需要一个有态度的胶子!

听起来像今天食堂供应的东西。

说到这个,有人知道"美之味"吗?

难道不是取决于谁在上,谁在下吗?

我将得到一个强子,只是想想而已。

嘿!玻色子是怎么考虑这个问题的?

是的。其中有一个应该是轻子!

斯坦想起旧日的好时光,不禁露出微笑。那时候,他们都是猎手,追逐和捕捉那些善于逃逸的微观物种样本,扩充微观动物的宝库,直到"万物理论"冒头。引力子和引力微子,磁单极子和光子。它们的结合带来了混合、搭配甚至利用自然模糊性的力量。

尽管如此,他从未想过有朝一日能够摆弄奇点——微型黑洞——把它们当作电路元件,就像工程师串联电感器和电阻那样轻松。但像阿莱克斯这样的年轻人,似乎对这一切泰然自若。

"三分钟,斯坦!"

"我会看时间!"他吼道,想让自己的声音听起来比实际情况更加气恼。其实,他真的忽视了时间。现在,他的思绪似乎偏离了主线……几乎平行、又不完全平行于客观世界的事件发展顺序。

据说,主观性,科学的宿敌,在量子层面已经成为科学的盟友。有人说,只有观察者的存在才会导致概率波的崩溃。观察者最终会留意到电子从其壳层下落,就像森林中的麻雀一样。没有观察者,不仅倒下的树寂静无声……概念也毫无意义可言。

近来,斯坦对该问题感到更加好奇。自然,即使是最低等的夸克,似乎也在表演,在为观众表演。强人择原理和弱人择原理的拥护者之间发生了激烈的争论,争论的焦点是观察者究竟是宇宙所需要的,还是仅仅方便了自己。但目前,一致的意见是,拥有观众至关重要。

关于"把牛顿从他的时代带到现在,他会说些什么"的争论就到此为止。对于斯坦而言,牛顿的发条世界跟部落萨满的世界没什么两样,都极其陌生。其实,从某些方面来讲,萨满巫师比拘谨的老艾萨克(牛顿)更有优势。至少,斯坦想象,如果一同参加聚会,萨满很可能会是更理想的伙伴。

"一分钟!盯着——"

阿莱克斯的话戛然而止,自动计时器使应急门咝咝闭合。斯坦晃晃身子,将思绪拉回来,尽可能集中精神。如果他能做点儿什么,情况或许会有所不同。但一切的顺序已经排定,甚至包括数据收集。事后,他们会仔细研究并探讨整个过程。不过现在,他只能静观默察,沉几观变……

他心想,在人类出现之前,又是谁在宇宙间扮演这个角色呢?

观察者是否必须拥有自我意识,似乎并无定规,因此不具备自我意识的动物,或许也可以扮演这个角色。早在生命遍布地球海洋之前,生物或许就已经存在于其他星球。没必要去关注每一起事件,每一次落石,每一个光量子,只是在某个地方,那些留神挂心的人会注意到其中的某一些。

“不过,”斯坦自言自语道,“起初留神挂心的是谁呢?在行星出现之前?在恒星诞生之前?”

在创世前的虚无之中,是谁负责观察那无休无止的真空波动?又是谁见证了宇宙大爆炸?

斯坦默默地回答了自己的问题。

如果宇宙至少需要一个观察者才能存在,这就有力地证明了上帝存在的必要性。

计数器读数为零。可它下面的熔融石英面板依然是黑色的。斯坦知道出事了。在房间深处,原始真空的能量状态正被迫改变。

不确定性。那就是杠杆。假设有一个空的立方体盒子,边长为一厘米。其中是否包含一个质子?这样的话,对该质子的了解就变得很有限。你无法比一个给定值更精确地知道它的动量。或者,如果你找到了一种方法,放大这个盒子,直到完全确定该质子的具体位置,这样的话,你对其速度和方向的了解就会暴跌至零。

另一对相关联的数值是能量和时间。或许你认为自己知道盒子里的能量是多是少。(在真空中,能量值接近基线零。)可波动是怎么回事呢？如果一些物质和反物质突然出现，然后又突然消失呢？平均值仍然没有变化，所有的账目也将保持平衡。

在这个房间里，现代的鬼把戏正利用这个漏洞，试图撬开自然的墙壁。

斯坦瞥了一眼质量测量仪，其读数正迅速攀高。在小到难以测量的空间里，以飞克、皮克、纳克计量的物质不断聚集。微克、毫克……每一对刚刚诞生的强子都短暂地闪烁着微光，微弱到根本察觉不到。粒子和反粒子尝试逃逸、湮灭。但在它们再次相互抵消之前，双双被拖进折叠空间的牢笼里，被吸进比质子还小的狭窄引力漏斗中，那里除了一团漆黑，鲜有其他特色。

奇点开始发挥关键作用。质量测量仪旋转起来。从千克提升到吨。吨提升到千吨。巨石、小丘、高山倾泻而入，形成一股洪流，涌进那贪得无厌的口中。

斯坦年轻的时候，大家都说无中生有无法实现。但有时候，自然确实愿意借你。阿莱克斯·拉斯蒂格的机器就借自真空，并立即连本带利地还给了奇点。

这就是秘密。任何银行都会借给你一百万美元……前提是你一微秒后就能归还。

百万吨、十亿吨……斯坦以前也参与制造过黑洞。奇点更加复杂，也更加精致。但从来没有人做过如此重要或者关键的尝试。速度不断加快。他眼睛后面的蝶窦中有什么东西在动。这一警告比重力仪发出的警报早……比加固金属墙传来的第一下嘎吱声还早好几秒。

加油,阿莱克斯。你保证过,这次不会让它跑掉。

他们来到这座位于遥远小行星上的实验室,只是抱着一丝微弱的希望,想看看会不会有东西出错。但斯坦不知道,即便他们的干涉能撕开一切,又能带来多大益处?据称,参与曼哈顿计划的一些科学家均有类似担忧。"如果链式反应不局限于钚,"他们问,"而是扩大到铁、硅和氧呢?"理论上讲,这很荒谬,但没人知道确切答案,直到核弹爆炸,"三位一体"的闪光出现,火球最终消失,化作一团闪闪发光的恐怖蘑菇云。

现在,斯坦也产生了相似的恐惧心理。如果奇点黑洞不再需要拉斯蒂格的机器,仅靠自己也能将物质拖出真空呢?如果这种效应持续下去呢,保持着其自身的冲量……

这次,我们或许做得有些过火了。

现在,他感觉到了它们,感觉到了那潮汐。在石英窗户之内,在三百面半镜的映衬下,一条鬼魂已经成形。虽然微小,但颜色令人着迷。

质量数标度大幅度攀升。斯坦感觉到了那东西恐怖的吸引力。现在,它随时都可能向外伸展,把墙壁、空间站乃至小行星都拖下来……那样的话,它就会停下来吗?

"阿莱克斯!"他高喊,引力流拉扯着他的皮肤,内脏涌向喉咙,他想站起身来，但却做不到。

“该死，你——”

斯坦眨眨眼。下一刻或许再也不会降临了。

时间似乎停止了。

接着，他明白发生了什么。

它不见了。

潮起潮又落，他全身战栗，皮肤上爬满鸡皮疙瘩。他看向质量测量仪。读数为零。前一刻，它还在；下一刻，它已然消失。

对讲机里回响着阿莱克斯的声音，那声音里洋溢着满足感：“一切进展顺利。是时候喝杯啤酒了，是吧？你刚才说啥了，斯坦？”

他在记忆中搜索着，不知从何处觅得恢复呼吸的诀窍。斯坦叹了口气，仍然颤抖着。

“我……”他想舔舔嘴唇，但没法儿舔湿。他又试了一次，声音沙哑地说：“我想说的是……你那儿最好准备点儿比啤酒更烈的东西，因为我需要。”

2

他们用尽所有能够想到的方法，仔细检查了这个房间，但什么也没有发现。有一段时间，它所容纳的质量相当于一颗小型行星。黑洞几乎触手可及，真而切真。现在，它却不见了。

“有人说，引力奇点是通向他处的通道。”斯坦若有所思地说。

“有些人是这么认为的。虫洞之类的东西可能会将不同部分的时空相连。”阿莱克斯点头表示赞同。他坐在桌子对面，灯光暗淡的休息室里只剩他和斯坦，到处散落着傍晚时分庆祝时留下的垃圾。其他人都去睡了，只有他俩踮着脚，透过一扇水晶窗户凝望星空。“其实，这样的通道很可能毫无用处。比如，没有人会把它当作交通工具。而且还有紫外线逃逸的问题——”

“我不是这意思。”斯坦摇摇头。他又倒了一杯威士忌，“我是说，我们怎么知道咱们创造出的黑洞不会又突然冒出来，给另一些可怜的家伙带来灭顶之灾呢？”

阿莱克斯被他的话逗乐了，“那可不是它的活动方式，斯坦。咱们今天创造的奇点与众不同。它的扩张速度极快，我们的宇宙根本无法容纳它。

“我们习惯把黑洞，即使是微型黑洞，设想成空间结构中的一个漏斗。但这一次，空间结构反作用于黑洞，发生折叠，将漏斗口封死。黑洞自然就消失了，斯坦。”

斯坦感觉有些疲惫，还有几分醉意袭来，但他绝不能让这个毛头小子占上风。“我知道！它与我们宇宙所有的因果联系都被切断了，我们跟那东西已经不再有任何联系。

“但我仍然想知道，它究竟去哪儿了？”

沉默持续了一会儿。

“很可能不应该那样提问题,斯坦。这样提会好些,奇点究竟变成了什么?”

这位青年天才的双眸之中又显露了那样的神情——哲学家般的神情。“你的意思是?”斯坦问。

“我的意思是,这个黑洞以及我们注入其中的所有物质,如今都‘存在’于其自身的口袋宇宙之中。那个宇宙永远不会跟我们的宇宙发生重叠或者关联。它将是完全独立的宇宙……从现在,直到永远。”

他说这话似乎带着终结的意味,之后也不打算再说些什么。两人只是坐在那里,都不吭声。

3

阿莱克斯去睡了,只留下斯坦一个人和他的朋友——数字——玩耍。他一动不动,用想象出的铅笔,将它们写在窗户上。等式将银河系连缀起来。没用多久,他就发现,阿莱克斯是对的。

他们今天所做的就是无中生有,然后迅速将其放逐。对阿莱克斯和其他人来说,就是如此。所有账目配平。借来的都已交还。至少,就这个物质及能量构成的宇宙而言,确实是这样。

然而有些东西却并非如此,见鬼!之前,真空中便存在着有效波动。如今,在某处,一个微型宇宙已经诞生。

突然,斯坦想起了别的什么。所谓的“膨胀”,在这里,该术语跟经济学毫无关系。

一些理论家认为,我们的宇宙始于原始虚空中一次极其剧烈的波动。在那天崩地裂的瞬间,超密集的质量和能量轰然爆发,所有的膨胀就此开始。

只是,那时的质量远远不足以解释我们如今看到的一切……所有恒星和星系。

“膨胀”代表着数学范畴的帽子戏法……采取某种方法使一种媒介或者是小规模的爆炸演变成更大规模的爆炸。斯坦在他虚构的黑板上写下更多方程,还发现了一些他以前从未注意的内容。

当然,我现在明白了。两百亿年前发生的膨胀绝非巧合。更确切地讲,这是那个更早且更小的创造物的必然结果。我们的宇宙想必始于一个被压缩的微小物质球,其重量不超过……不超过……

那物体似乎就在他眼前闪光,斯坦感觉自己的心怦怦直跳。

不超过我们今天创造的那个微小的口袋宇宙。

他大口喘着气。

这意味着在某处,某个与这里完全没有接触或者关联的地方,他们那无辜的实验品可能……想必……缔造了新的开端。开启了全新的宇宙。

Fiat lux.[①]

---

① 拉丁语“要有光”。

要有光。

“哦,我的上帝。”他自言自语道,完全不晓得自己究竟是要表达哪一层意思。

致　谢

我出了名的喜欢把自己的作品传来传去，而且我写完一部小说后，又会再重写一遍。对这本书来说，寻求现实性(或者合理性)检验尤为重要。因此，尽管我会为所有的错误和前后矛盾负责，但还是要向很多人表达谢意，有了他们的帮助，这本小说才能变得更好。

我要感谢以下各位提升了本书的可读性，并提供了批评建议：谢丽尔·布里格姆博士、艾米·汤姆森、乔治·亚历克·埃芬格博士、查尔斯·谢菲尔德博士、格雷戈里·本福德博士、乔纳森·波斯特、迪恩·因格、克里斯蒂·麦丘·哈蒙、丹·布林、史蒂文·孟德尔、迈克尔·卡苏特、约翰·恩森、珍妮丝·格尔博、塞莱斯特·萨特、贝蒂·赫尔、黛安·克拉克、伊丽莎白·奥克斯、希拉·芬奇、格雷格及阿斯特丽德·贝尔、达里尔·马利特、芭芭拉·尼尔、雷切尔·纽米尔、罗伯特·乔利桑特、简·斯塔尔、执行主编黛安·香利、设计师芭芭拉·阿罗尼加，以及我出色的文案编辑伦·纽菲尔德。

我要特别感谢以下各位在众多技术细节方面提出的特别建议：约翰·克拉默教授、吉姆·摩尔博士、凯伦·安德森、加里·斯特拉森博士、马丁·福格博士、史蒂文·吉勒特博士、约瑟夫·卡罗尔、卡罗尔·苏斯曼，以及大卫·佩吉博士。

加州理工学院文学及科幻俱乐部“幽灵党”在传播和探讨早期手稿方面帮了我大忙，特别感谢马克·阿德勒、本·芬利、肯·麦丘、斯坦·西格尔森、乌尔丽卡·安德森、艾米·卡彭特、大卫·帕尔梅、大卫·库法尔、保罗·豪伯特、詹姆斯·卡明斯、道格拉斯·布鲁姆、埃里克·拉塞尔、厄尔·哈贝尔、亚伊尔·扎迪克、埃里克·约翰逊、戈姆·奈凯姆、埃里克·克里斯蒂安、理查德·阿切伯格、马特·菲尔兹、埃里克·施耐德、道格拉斯·布卢默，以及迪克·布朗。同样，加州大学洛杉矶分校的“谜之俱乐部”也慨然相助，尤其是斯科特·马丁、菲尔·阿德勒、罗伯特·赫特、帕特·曼尼恩、韦恩·贝尔、安迪·阿什克罗夫特，以及塔玛拉·博伊德。在修改与新西兰相关的内容方面，新西兰科幻协会的优秀听众提供了最大的帮助。

班塔姆·斯佩克特拉图书公司的编辑们极富耐心，令我钦佩，尤其是路·阿罗尼卡，他咬牙等待，因为他知道我已经足够成熟，不会再像之前那样，将这部小说写得“耸人听闻”。我要感谢我的经纪人拉尔夫·维辛纳扎，感谢他没让我浪费花在这本书上的大把时间。

谢丽尔和丹，深深地感激你们，是你们让我创造出这个怪物后仍然保持清醒。

当然,我不会忘记提及太阳神和大地女神,是他们让我这段时间好端端地活着。我特别感激能够呼吸空气、享受阳光以及干净清澈的水。真不知道没有这些我该怎么办。再次感谢。

《地球归零》较早的部分是在一台只有48K内存的古老苹果Ⅱ型计算机上完成的——燃煤、蒸汽提供动力,序列号只有五位数。而完成这部小说时,我用的是一台相当精致的麦金塔Ⅱ型电脑,拥有四兆内存、四十兆的硬盘、激光打印机和WordPerfect办公软件,外加绝妙的QuicKeys程序。在前世,我曾经把这样的大部头作品刻在石头上,或者写在泥板上。天差地别呀!然而,还有些人坚持认为压根儿没有发展进步这回事。

参考书目：

《地球上的人》(*Man on Earth*)，查尔斯·谢菲尔德(Charles Sheffield)著(英国西奇威克及杰克逊出版公司)。这本大型画册展现了从太空俯瞰这颗行星时所见的惊人美景。这本书的作者是位广受欢迎的科学家及小说家，他的作品内容丰富、见解独到。

《地球》(*Earth*)，安妮·H. 埃尔利希(Anne H. Ehrlich)和保罗·R. 埃尔利希(Paul R. Ehrlich)著。千万别把《地球归零》跟这本搞混！埃尔利希的非虚构著作对这颗深陷麻烦的行星大加赞颂，动人心弦，紧张刺激。(同名的地质学课本也为数不少。)

《管理地球》(*Managing Planet Earth*)，这本《科学美国人》(*Scientific American*)1989年的特刊介绍了最新的科学著作，研究内容包括地球实施可持续发展的系统及战略方针。《科学美国人》的出版方推出了一系列优秀的专题丛书,内容从地质学到生态学。联系他们下单吧。

《太空中的绿洲》(*Oasis in Space*),普雷斯顿·克劳德(Preston Cloud)著。加州大学的克劳德教授出版的这本著作颇受好评,作品概括论述了地球的历史,从生命的起源一直到目前出现的种种危机。

《全球变暖:我们正在进入温室世纪吗?》(*Global Warming: Are We Entering the Greenhouse Century?*),斯蒂芬·施耐德(Stephen Schneider)著(塞拉俱乐部图书出版公司出版)。该书对气候问题进行了整体概述,参考书目也极其广泛。

《拯救地球可以做的50件小事》(*Fifty Simple Things You Can Do to Save the Earth*)。你有必要订购这本简明的小指南,里面都是既能省钱又能捍卫健康的建议。请写信至:加利福尼亚州放伯克利市沙特克大道1400号信箱,地球工程组收。